Die Vererbung von Personengesellschaftsanteilen im deutsch-österreichischen Erbschaftsteuerrecht

Europäische Hochschulschriften
Publications Universitaires Européennes
European University Studies

Reihe II
Rechtswissenschaft

Série II Series II
Droit
Law

Bd./Vol. 4229

PETER LANG
Frankfurt am Main · Berlin · Bern · Bruxelles · New York · Oxford · Wien

Christina Hildebrand

Die Vererbung von Personengesellschaftsanteilen im deutsch-österreichischen Erbschaftsteuerrecht

PETER LANG
Europäischer Verlag der Wissenschaften

Bibliografische Information Der Deutschen Bibliothek
Die Deutsche Bibliothek verzeichnet diese Publikation in der Deutschen Nationalbibliografie; detaillierte bibliografische Daten sind im Internet über <http://dnb.ddb.de> abrufbar.

Zugl.: Trier, Univ., Diss., 2005

D 385
ISSN 0531-7312
ISBN 3-631-54047-7

www.peterlang.de

Vorwort

Die vorliegende Arbeit wurde im Sommersemester 2005 vom Fachbereich Rechtswissenschaft der Universität Trier als Dissertation angenommen. Das Manuskript wurde im September 2004 abgeschlossen.

Es ist mir eine besondere Freude und ein besonderes Anliegen meiner Doktormutter Frau Prof. Dr. Gabriele Burmester für die stets wohlwollende und vielfältige Begleitung der Arbeit und die überaus schnelle Korrektur zu danken. Mein Dank gilt auch Herrn Prof. Dr. Dr. h.c. Peter Bülow für die Erstellung des Zweitgutachtens.

Ferner möchte ich Herrn Prof. Dr. Michael Lang für die Möglichkeit der Nutzung der Bibliothek des Instituts für österreichisches und internationales Steuerrecht an der Wirtschaftsuniversität in Wien danken.

Mein besonderer Dank gilt der Partnerschaft Flick Gocke Schaumburg in Bonn und insbesondere Herrn Dr. Frank Hannes, der mir Einblicke in die praktische Nachfolgeberatung ermöglichte und zahlreiche Anregungen zur Arbeit lieferte.

Herrn Albert Rogge danke ich für den Einsatz bei den Korrekturarbeiten.

Schließlich möchte ich mich bei meinen Eltern und bei meinem Freund Herrn Dr. Michael Geilert bedanken. Ohne deren täglichen Rückhalt wäre diese Arbeit nicht entstanden. Ihnen gilt daher mein herzlichster Dank.

Gewidmet sei die Arbeit meinen Eltern.

Herford, im Mai 2005 *Christina Hildebrand*

Inhaltsverzeichnis

Abkürzungsverzeichnis

AbgÄG	Abgabenänderungsgesetz 1993, BGBl 1994/680.
ABGB	Allgemeines bürgerliches Gesetzbuch, JGS 1811/946 idgF.
AcP	Archiv für civilistische Praxis
AEAO	Anwendungserlass zur Abgabenordnung v. 15.7.1998, BStBl I 1998, 630.
AnwBl	Österreichisches Anwaltsblatt (Zeitschrift Österreich)
AO	Abgabenordnung v. 1.10.2002, BGBl I 2002, 3866, ber. BGBl I 2003, 61 idgF.
AÖF	Amtsblatt der österreichischen Finanzverwaltung
AStG	Außensteuergesetz - Gesetz über die Besteuerung von Auslandsbeziehungen v. 8.9.1972, BGBl I 1972, 1713 idgF.
AußStrG	Außerstreitgesetz, BGBl 1854/208 idgF.
AWD	Außenwirtschaftsdienst des Betriebs-Beraters
BAO	Bundesabgabenordnung, BGBl 1961/194 idgF.
BauGB	Baugesetzbuch v. 27.8.1997, BGBl I 1997, 2141, ber. BGBl I 1998, 137 idgF.
BayObLG	Bayerisches Oberstes Landesgericht
BayObLGE	Entscheidungen des Bayerischen Obersten Landgerichts in Zivilsachen
BB	Der Betriebs-Berater
BBeglG 2001	Budgetbegleitgesetz 2001, BGBl 2000/142.
BBeglG 2003	Budgetbegleitgesetz 2003, BGBl 2003/107.
Begr.	Begründer
BeurkG	Beurkundungsgesetz v. 28.8.1969, BGBl I 1969, 1513 idgF.
BewG	Bewertungsgesetz v. 1.2.1991, BGBl I 1991, 230 idgF. (Österreich: Bewertungsgesetz 1955, BGBl 1955/148 idgF.)
BFH	Bundesfinanzhof
BFH/NV	Sammlung amtlich nicht veröffentlichter Entscheidungen des Bundesfinanzhofs
BFHE	Sammlung der Entscheidungen und Gutachten des Bundesfinanzhofs

BGB	Bürgerliches Gesetzbuch v. 2.1.2002, BGBl I 2002, 42, ber. BGBl I 2002, 2909, ber. BGBl I 2002, 2909 u. BGBl I 2003, 738 idgF.
BGBl	Bundesgesetzblatt
BGH	Bundesgerichtshof
BGHZ	Sammlung der Entscheidungen des Bundesgerichtshofs in Zivilsachen
BKA/RIS Rechtsdatenbank	Rechtsinformationssystem der Republik Österreich, abrufbar: www.riska.gv.at
BlgNR	Beilage zu den stenografischen Protokollen des Nationalrats (Österreich)
BMF	Bundesfinanzministerium/ Bundesministerium der Finanzen
BRD	Bundesrepublik Deutschland
BR-Drs.	Bundesrats-Drucksache
BStBl	Bundesteuerblatt
BT-Drs.	Bundestags-Drucksache
BVerfG	Bundesverfassungsgericht
BVerfGE	Sammlung der Entscheidungen des Bundesverfassungsgerichts
B-VG	Bundes-Verfassungsgesetz, BGBl 1930/1 idgF.
BWG	Bankwesengesetz, BGBl 1997/753 idgF.
BWNotZ	Zeitschrift für das Notariat in Badem-Württemberg
DB	Der Betrieb
DBA	Doppelbesteuerungsabkommen
DBA-Österreich/ErbSt	Abkommen zwischen der Bundesrepublik Deutschland und der Republik Österreich zur Vermeidung der Doppelbesteuerung auf dem Gebiete der Erbschaftsteuern v. 4.10.1954, BGBl I 1955/220.
DBA-Österreich/ESt 1954	Abkommen zwischen der Bundesrepublik Deutschland und der Republik Österreich zur Vermeidung der Doppelbesteuerung auf dem Gebiet der Steuern vom Einkommen und vom Vermögen sowie der Gewerbesteuern und der Grundsteuern v. 4.10.1954, BGBl II 1955, 749.
DBA-Österreich/ESt 1992	Abkommen zwischen der Bundesrepublik Deutschland und der Republik Österreich zur Vermeidung der Doppelbesteuerung auf dem

	Gebiet der Steuern vom Einkommen und vom Vermögen sowie der Gewerbesteuern und der Grundsteuern i.d.F. des Änderungsabkommens v. 8.7.1992, BGBl II 1994, 122.
DBA-Österreich/ESt 2000	Abkommen zwischen der Bundesrepublik Deutschland und der Republik Österreich zur Vermeidung der Doppelbesteuerung auf dem Gebiet der Steuern vom Einkommen und vom Vermögen sowie der Gewerbesteuern und der Grundsteuern v. 24.8.2000, BGBl II 2000, 734.
DNotZ	Deutsche Notar-Zeitschrift
DStJG	Deutsche Steuerjuristische Gesellschaft
DStR	Deutsches Steuerrecht
DStRE	Deutsches Steuerrecht Entscheidungsdienst
DSTZ	Deutsche Steuer-Zeitung
DSWR	Datenverarbeitung Steuer Wirtschaft Recht
DVO	Durchführungsverordnung
DVR	Deutsche Verkehrsteuer-Rundschau
EAS	Express-Antwort-Service der Abteilung für Internationales Steuerrecht des öBMF (Österreich)
EB	Erläuternde Bemerkungen
Ecolex	Ecolex (Zeitschrift Österreich)
EFG	Entscheidungen der Finanzgerichte
EG	Europäische Gemeinschaft
EGBGB	Einführungsgesetz zum Bürgerlichen Gesetzbuche v. 21.9.1994, BGBl I 1994, 2494, ber. BGBl I 1997, 1061 idgF.
EGV	Vertrag zur Gründung der Europäischen Gemeinschaften v. 2.10.1997, ABl. Nr. C 30, 1, ber. BGBl II 1999, 416.
Endbesteuerungs-BVG	Endbesteuerungs-BVG v. 18.12.1992, BGBl 1993/11.
ErbÄG 1989	Erbrechtsänderungsgesetz 1989, BGBl 1989/656.
ErbBStg	Erbfolgebesteuerung
ErbStB	Erbschaft-Steuerberater
ErbStG	Erbschaftsteuergesetz v. 27.2.1997, BGBl I 1997, 378 idgF. (Österreich: BGBl 1955/141 idgF.)

ErbStH	Erbschaftsteuer-Hinweise, Gleich lautender Ländererlass v. 17.3.2003, BStBl I 2003, Sondernummer 1, 91.
ErbStR	Erbschaftsteuer-Richtlinien 2003, v. 4.3.2003, BStBl I 2003, Sondernummer 1, 2.
ErbStRG	Erbschaftsteuerreformgesetz 1974, v. 17.4.1974, BGBl I 1974, 933.
Erk.	Erkenntnis
ErlRV	Erläuterungen zur Regierungsvorlage
EStG	Einkommensteuergesetz v. 19.10.2002, BGBl I 2002, 4210, ber. BGBl I 2003, 179 idgF. (Österreich: BGBl 1988/400 idgF.)
Et	European Taxation (Zeitschrift: Niederlande)
EuGH	Europäischer Gerichtshof
EuGRZ	Europäische Grundrechte – Zeitschrift
EuZW	Europäische Zeitschrift für Wirtschaftsrecht
EV	Einführungsverordnung
EvBl	Evidenzblatt der Rechtsmittelentscheidungen in der Österreichischen Juristen-Zeitung (Zeitschrift Österreich)
EVHGB	Vierte Verordnung zur Einführung handelsrechtlicher Vorschriften im Lande Österreich vom 24.12.1938 dRGBl 1938/1999, öRGBl 1939/86.
EWS	Europäisches Wirtschafts- und Steuerrecht
FamRZ	Zeitschrift für das gesamte Familienrecht
FG	Finanzgericht
FGPrax	Praxis der Freiwilligen Gerichtsbarkeit
FinArch	Finanzarchiv
FinMin	Finanzministerium
FJ	Finanzjournal (Zeitschrift Österreich)
FJ-GVR	Finanzjournal-Gebühren und Verkehrsteuerrundschau (Zeitschrift Österreich)
FR	Die Finanz-Rundschau
FS	Festschrift
FV	Finanzverwaltung
GBO	Grundbuchordnung v. 26.5.1994, BGBl I 1994, 1114 idgF.
GbR	Gesellschaft bürgerlichen Rechts

GesRZ	Der Gesellschafter, Zeitschrift für Gesellschafts- & Unternehmensrecht (Zeitschrift Österreich)
GG	Grundgesetz für die Bundesrepublik Deutschland, BGBl 1949,1 idgF.
GmbH	Gesellschaft mit beschränkter Haftung
GmbHG	Gesetz betreffend die Gesellschaft mit beschränkter Haftung v. 20.5.1898, RGBl 1898, 846 idgF. (Österreich: BGBl 1906/58 idgF.)
GmbHR	GmbH-Rundschau
GmbH-StB	Der GmbH-Steuerberater
GP	Gesetzgebungsperiode
GrEStG	Grunderwerbsteuergesetz v. 26.2.1997, BGBl I 1997, 418, ber. BGBl I 1997, 1804 idgF. (Österreich: BGBl 1987/219 idgF.)
GrS	Großer Senat des BFH
GS	Gedenkschrift
h.L.	herrschende Lehre
h.M.	herrschende Meinung
Haager Testamentsabkommen	Haager Übereinkommen über das auf die Form letztwilliger Verfügungen anzuwendende Recht v. 5.10.1961, BGBl II 1965, 1145, in Kraft seit 1.1.1966. (Österreich: in Kraft seit 5.1.1964)
HBeglG 2004	Haushaltsbegleitungsgesetz 2004, v. 9.12.2003, BGBl I 2003, 3076.
HGB	Handelsgesetzbuch v. 10.5.1897, RGBl 1897, 219 idgF. (Österreich: DRGBl 1897, 219 idgF.)
HöfeO	Höfeordnung v. 26.7.1976, BGBl III 7811-6.
i.d.F.	in der Fassung
i.V.m.	in Verbindung mit
idgF	in der geltenden Fassung
INF	Die Information
Intertax	International Tax Review (Zeitschrift United Kingdom)
IPRax	Praxis des Internationalen Privat- und Verfahrensrechts
IPRG	Internationales Privatrechtsgesetz, BGBl 1978/304 idgF.
IStR	Internationales Steuerrecht
IWB	Internationale Wirtschaftsbriefe

JA	Juristische Arbeitsblätter
JbFSt	Jahrbuch der Fachanwälte für Steuerrecht
JBl	Juristische Blätter (Zeitschrift Österreich)
JN	Jurisdictionsnorm - Gesetz über die Ausübung der Gerichtsbarkeit und die Zuständigkeit der ordentlichen Gerichte in bürgerlichen Rechtssachen, RGBl 1895/111 idgF.
JStG	Jahressteuergesetz
JStG 1996	Jahressteuergesetz 1996 v. 11.10.1995, BGBl I 1995, 1250.
JStG 1997	Jahressteuergesetz 1997 v. 20.12.1996, BGBl I 1996, 2049.
Jura	Jura: Juristische Ausbildung
JuS	Juristische Schulung
JW	Juristische Wochenschrift
JZ	Juristenzeitung
KG	Kommanditgesellschaft; Kammergericht
KindRÄG	Kindschaftsrecht-Änderungsgesetz, BGBl 1989/162.
KÖSDI	Kölner Steuerdialog
LG	Landgericht
LM	Das Nachschlagewerk des Bundesgerichtshofes in Zivilsachen
MA	Musterabkommen
MDR	Monatsschrift für Deutsches Recht
MittBayNot	Mitteilungen der Bayrischen Notariatskammer
MittRhNotK	Mitteilungen der Rheinischen Notarkammer
MK	Musterkommentar
n.F.	neue Fassung
n.v.	nicht veröffentlicht
NJW	Neue Juristische Wochenschrift
NJW-RR	Neue Juristische Wochenschrift – Rechtsprechungsreport
Nr.	Nummer
NWB	Neue Wirtschaftsbriefe
NZ	Österreichische Notariatszeitung (Zeitschrift Österreich)
NZG	Neue Zeitschrift für Gesellschaftsrecht

NZI	Neue Zeitschrift für das Recht der Insolvenz und Sanierung
NZM	Neue Zeitschrift für Miet- und Wohnungsrecht
ö	österreichisch, -e, -er, -es.
OECD	Organisation für wirtschaftliche Zusammenarbeit und Entwicklung; Organization for Economic Cooperation and Development
OEG	Offene Erwerbsgesellschaft
OFD	Oberfinanzdirektion
OGH	Oberster Gerichtshof (Österreich)
ÖGWT	Zeitung der österreichischen Gesellschaft der Wirtschaftstreuhänder (Zeitschrift Österreich)
oHG	offene Handelsgesellschaft
ÖJZ	Österreichische Juristen-Zeitung (Zeitschrift Österreich)
öKO	Konkursordnung, RGBl 1914/337 idgF.
OLG	Oberlandesgericht
OLGE	Die Rechtsprechung der Oberlandesgerichte auf dem Gebiet des Zivilrechts
ÖRZ	Österreichische Richterzeitung (Zeitschrift Österreich)
ÖStZ	Österreichische Steuerzeitung (Zeitschrift Österreich)
ÖStZB	Die finanzrechtlichen Erkenntnisse des VwGH und des VfGH, Beilage zur Österreichischen Steuerzeitung
OVG	Oberverwaltungsgericht
ÖZW	Österreichische Zeitung für Wirtschaftsrecht (Zeitschrift Österreich)
PIStB	Praxis der Internationalen Steuerberatung
RabelsZ	Rabels Zeitung für ausländisches und internationales Privatrecht
RdL	Recht der Landwirtschaft
RdW	Österreichisches Recht der Wirtschaft (Zeitschrift Österreich)
RegE	Regierungsentwurf
RFH	Reichsfinanzhof
RG	Reichsgericht

RGZ	Sammlung der Entscheidungen des Reichsgerichts in Zivilsachen
RHeimStG	Reichsheimstättengesetz v. 25.11.1937, RGBl I 1937, 1291 idgF.
Rh-Pf	Rheinland-Pfalz
RIW	Recht der internationalen Wirtschaft
Rn.	Randnummer
Rpfleger	Der Deutsche Rechtspfleger
RStBl	Reichssteuerblatt
Slg F	Sammlung Neue Folge
StAG	Staatsangehörigkeitsgesetz v. 22.7.1913, RGBl I 1913, 583 idgF.
StÄndG 1992	Steueränderungsgesetz 1992, v. 25.2.1992, BStBl I 1992, 146.
StÄndG 2001	Steueränderungsgesetz 2001, v. 20.12.2001, BGBl I 2001, 3794.
StandOG	Standortsicherungsgesetz v. 13.9.1993, BGBl I 1993, 1569.
StB	Der Steuerberater
StBG	Staatsbürgerschaftsgesetz 1985, BGBl 1985/311 idgF.
Stbg	Die Steuerberatung
StbJB	Steuerberater-Jahrbuch
StBP	Die steuerliche Betriebsprüfung
St-GG	Staatsgrundgesetz, RGBl 1867/142 idgF.
StrAG	Strukturanpassungsgesetz 1996, BGBl 1996/201.
StRefG 1993	Steuerreformgesetz 1993, BGBl 1993/818.
StRefG 2000	Steuerreformgesetz 2000, BGBl 1999/106.
StStud	Steuer und Studium
StuW	Steuer und Wirtschaft
SWI	Steuer & Wirtschaft international (Zeitschrift Österreich)
SWK	Steuer- und Wirtschaftskartei (Zeitschrift Österreich)
UmwStG	Umwandlungsteuergesetz v. 15.10.2002, BGBl I 2002, 4133, ber. BGBl I 2003, 738 idgF.
UntStFG	Gesetz zur Fortführung der Unternehmensteuerreform v. 20.12.2001, BGBl I 2001, 358.
UVR	Umsatzsteuer- und Verkehrsteuer-Recht

VfGH	Verfassungsgerichtshof (Österreich)
VfSlg	Sammlung der Erkenntnisse und wichtigsten Beschlüsse des Verfassungsgerichtshofes
VO	Verordnung
VStG	Vermögensteuergesetz v. 14.11.1990, BGBl I 1990, 2467 idgF.
VStR 1989	BMF v. 3.7.1989, 084004/1-VI8/89, AÖF 1989/257.
VwGH	Verwaltungsgerichtshof (Österreich)
WBl	Wirtschaftsrechtliches Wirtschaftsblatt (Zeitschrift Österreich)
WEG	Gesetz über das Wohnungseigentum und das Dauerwohnrecht (Wohnungseigentumsgesetz), v. 15.3.1951, BGBl I 1951, 175, ber. BGBl I 1951, 209.
WiB	Wirtschaftsrechtliche Beratung
WM	Zeitschrift für Wirtschafts- und Bankrecht, Wertpapier-Mitteilungen
WPg	Die Wirtschaftsprüfung
Wt	Wirtschaftstreuhänder (Zeitschrift Österreich)
WÜRV	Wiener Übereinkommen über das Recht der Verträge v. 23.5.1969, BGBl II 1985, 926.
ZaöRV	Österreichische Zeitschrift für Öffentliches Recht und Völkerrecht (Zeitschrift Österreich)
ZErb	Zeitschrift für Steuer- und Erbrechtspraxis
ZEV	Zeitschrift für Erbrecht und Vermögensnachfolge
ZfRV	Zeitschrift für Rechtsvergleichung
ZGR	Zeitschrift für Unternehmens- und Gesellschaftsrecht
ZGV	Zeitschrift für Gebühren und Verkehrsteuern
ZHR	Zeitschrift für das gesamte Handelsrecht und Wirtschaftsrecht
Ziff.	Ziffer
ZIP	Zeitschrift für Wirtschaftsrecht
ZNotP	Zeitschrift für die Notarpraxis
ZvglRWiss	Zeitschrift für vergleichende Rechtswissenschaft

1. Teil: Einführung

Die Unternehmensnachfolge hat sich in den letzten Jahren - bedingt durch die demographische Entwicklung der Bevölkerung[1] - zu einem „neuen" Feld der steuerrechtlichen Beratung entwickelt. Es wird geschätzt, dass im Zeitraum von 1997 bis 2007 in Deutschland bei ca. 600.000 mittelständischen Unternehmen ein Generationswechsel erfolgen wird.[2] In Österreich sollen ca. 52.000 klein- und mittelständische Betriebe in der Dekade von 2001 bis 2010 übergeben werden.[3]

Infolge der zunehmenden Globalisierung der Wirtschaft wird hiervon vielfach auch Auslandsvermögen in Form von Betriebsvermögen betroffen sein. In besonderem Maß gilt dies für Österreich: Aufgrund der geographischen Nähe der beiden Nachbarländer, vielfältigen wirtschaftlichen und persönlichen Querverbindungen[4], besteht eine Großzahl von klein- und mittelständischen deutsch-österreichischen Unternehmen, die als Personengesellschaften ausgestaltet sind.

Die vorliegende Arbeit widmet sich der Unternehmensnachfolge bei Personengesellschaften im Erbschaftsteuerrecht. Untersucht werden sollen primär die Rechtsfolgen von ausgewählten gesellschaftsrechtlichen Nachfolgeklauseln im deutschen und österreichischen Erbschaftsteuerrecht. Diese sind sowohl in Österreich als auch in Deutschland gang und gäbe. Trotz der großen praktischen Relevanz sind mit der rechtlichen Bewertung der Klauseln erhebliche Probleme verbunden. Diese resultieren zum einen aus den vielfältigen Ausgestaltungsmöglichkeiten der Klauseln. Insbesondere sind bei der Vereinbarung der Klauseln möglicherweise zu zahlende Abfindungszahlungen an weichende Erben zu berücksichtigen, die z.T. aus dem Betriebsvermögen bestritten werden müssen. Die größte Schwierigkeit besteht aber darin, dass für die erfolgreiche Vereinbarung und Durchführung der Klauseln neben den steuerrechtlichen Vorgaben insbesondere das Erbrecht und das Gesellschaftsrecht beachtet werden müssen. Da das Gesellschaftsrecht und das Erbrecht im Bezug auf die

---

[1] Vgl. Statistiken für Deutschland: Bevölkerungsentwicklung in Deutschland, Stand: 2004, abrufbar unter: www.destatis.de/download/d/bevoe/bev_91_03_graf.pdf; Fortschreibung des Bevölkerungsstandes Deutschland, Tabelle 1211-001, Stand: 30.7.2004, abrufbar unter: www.genesis.destatis.de/genesis/online. Statistiken für Österreich: Bevölkerungsstand und Vorausschätzung, Anlage 14, abrufbar unter: www.statistik.at/statistische_übersichten/deutsch/pdf/k14t; Part, Bevölkerungsalterung, 9f., Stand: 1.11.2002.

[2] Lutterbach, 1. Vgl. auch: Albach, BB 2000, 781 (781): 1996-2000: 300.000 Unternehmen; Knebel/Nekola, BB 2000, 169 (169): 2000-2004: 380.000 Unternehmen; Rautenstrauch, 1: 2002-2007: 700.000 Unternehmen.

[3] Institut für Gewerbe-/Handelsforschung, Unternehmensnachfolge 2002, 23. Ähnlich: Fraberger, 6: 1998-2007: 51.400.

[4] Bspw. bestanden im Jahr 1995 allein in Bayern 90.000 Ehen mit Beteiligung eines österreichischen Staatsangehörigen. Vgl. Flick/von Oertzen, IStR 1995, 558 (558); Rierig/Bachler, DNotZ 1995, 580. Allein in Bayern leben 89.733 Bürger mit österreichischer Staatsangehörigkeit. Vgl. Ausländer in Bayern am 31.Dezember 2003, 8, abrufbar unter: www.statistik-bayern.de/webshop unter Bestellnummer: A 14003200300.

Unternehmensnachfolge nur teilweise aufeinander abgestimmt sind und ein „Unternehmenserbrecht" vom Gesetzgeber nicht kodifiziert worden ist, ist im Wege der Rechtsfortbildung das Institut der Sonderrechtsnachfolge für Personengesellschaftsanteile etabliert worden. Es ist sowohl in Österreich als auch in Deutschland allgemein anerkannt.

Während bereits auf nationaler Ebene die erfolgreiche Vereinbarung und Durchführung der Klauseln mit Schwierigkeiten verbunden ist, verschärfen sich diese, wenn ein internationaler Bezug vorliegt. Dieser kann daraus resultieren, dass das Unternehmen international tätig ist, unternehmerisches Vermögen im Ausland belegen ist oder aber ein persönlicher Auslandsbezug des Erblassers oder der Erben besteht. Bei einem internationalen Erbfall[5] sind daher zusätzlich die Vorgaben des ausländischen Zivil- und Steuerrechts und das Internationale Privatrecht der betroffenen Staaten zu beachten. Gerade im Erbschaftsteuerrecht kann die Beurteilung einer Nachfolgeklausel im ausländischen Recht zu völlig unterschiedlichen Rechtsfolgen und Belastungen führen.[6] Nicht zu unterschätzen ist schließlich das Problem, dass Doppelbesteuerungen drohen, die zu erheblichen Liquiditätsbelastungen führen können.

Ziel der vorliegenden Arbeit soll es aber nicht nur sein, die Problemfelder der erbschaftsteuerlichen Behandlung einzelner gesellschaftsrechtlicher Nachfolgeklauseln aufzuzeigen. Vielmehr soll auch auf allgemeine Schwierigkeiten eines „deutsch-österreichischen" Erbfalls eingegangen werden, wenn unternehmerisch gebundenes Vermögen zum Nachlass gehört. Insbesondere sollen die Unterschiede und Gemeinsamkeiten zum deutschen Recht herausgearbeitet werden. Dass diese Problemfelder bisher nur vereinzelt - meist allgemein im Bezug auf die Spezifika des österreichischen Erbrechts bzw. auf die Besonderheiten der österreichischen Privatstiftung - angesprochen worden sind, ist Ansporn und der Grund für die vorliegende Arbeit.

Die Darstellung der Arbeit erfolgt in fünf Teilen. Der Einleitung folgt der Grundlagenteil. In diesem werden zunächst die Grundlagen des Internationalen Privatrechts im deutschen und österreichischen Recht unter besonderer Berücksichtigung der Nachfolgeklauseln dargestellt. Daran schließt sich eine Einführung in die Grundlagen des deutschen und österreichischen Erb- und Gesellschaftsrechts an. In diesem Zusammenhang sollen die Besonderheiten des österreichischen Erbrechts herausgestellt werden. Ferner werden im weiteren Verlauf die Grundprinzipien des deutschen und österreichischen Erbschaftsteuerrechts aufgezeigt, bevor das Erbschaftsteuerecht für die Länder getrennt dargestellt wird. Um den Rahmen zu wahren, wird das Erbschaftsteuerrecht grundsätzlich jeweils nur soweit dargestellt, wie es für das Verständnis der Behandlung der Nachfolgeklauseln notwendig ist. Im österreichischen

---

[5] Vgl. zum Begriff des internationalen Erbfalls: Flick/Piltz, Rn. 1ff.; Schaumburg, Steuerprotokoll 1997, 147ff.; Schindhelm, 2; Streck/Steuerberaterinstitut-Piltz, 85f.

[6] Vgl. bspw.: 3. Teil B II 2 bzw. 3. Teil B III 2.

Erbschaftsteuerrecht wird zudem auf allgemeine Unterschiede zum deutschen Recht hingewiesen, insbesondere um Gestaltungsmöglichkeiten herauszuarbeiten. Ferner werden für beide Erbschaftsteuersysteme aktuelle Entwicklungen aufgezeigt.
Der dritte Teil der Arbeit beschäftigt sich sodann mit der Behandlung von einzelnen gesellschaftsrechtlichen Nachfolgeklauseln. Hierfür wird zunächst die zivilrechtliche Behandlung zusammenfassend dargestellt, um im Anschluss daran die erbschaftsteuerliche Behandlung zu erörtern. Den Gegenstand der Untersuchung werden die Fortsetzungsklausel, bei der die Personengesellschaft unter den verbleibenden Gesellschaftern unter Ausschluss der Erben fortgeführt wird, die einfache Nachfolgeklausel, bei der sämtliche Erben in die Gesellschafterstellung des Erblassers nachfolgen, sowie die qualifizierte Nachfolgeklausel, bei der nur einer oder einzelne qualifizierte Erben in die Gesellschafterstellung des Erblassers einrücken, bilden. Insbesondere die Behandlung der qualifizierten Nachfolgeklausel ist mit erheblichen Problemen verbunden und bis heute nicht abschließend geklärt. Für die Klausel wird ein einheitlicher Lösungsvorschlag für das österreichische und deutsche Erbschaftsteuerrecht entwickelt.
Der vierte Teil der Arbeit befasst sich mit dem internationalen Erbschaftsteuerrecht. Zunächst werden die Ursachen für die Doppelbesteuerung bei deutsch-österreichischen Erbfällen dargestellt. Im Anschluss daran wird auf die Maßnahmen zur Vermeidung der Doppelbesteuerung eingegangen. Aufgrund des Bestehens eines Doppelbesteuerungsabkommens auf dem Gebiet der Erbschaftsteuern zwischen der Bundesrepublik Deutschland und der Republik Österreich werden unilaterale Maßnahmen zur Vermeidung der Doppelbesteuerung vernachlässigt. Der vierte Teil befasst sich daher primär mit dem Doppelbesteuerungsabkommen. Insbesondere werden die einzelnen Maßnahmen zur Vermeidung der Doppelbesteuerung im Hinblick darauf dargestellt, dass unternehmerisch gebundenes Vermögen im Nachlass vorhanden ist.
Die Arbeit wird im fünften Teil mit der Zusammenfassung der Ergebnisse abgeschlossen.

2. Teil: Grundlagen

A. Internationales Privatrecht

I. Allgemeines

Für die Behandlung der deutsch-österreichischen Unternehmensnachfolge ist zunächst das anzuwendende Recht zu ermitteln. Dieser Fragestellung widmet sich das Internationale Privatrecht. Es bestimmt die maßgebliche Privatrechtsordnung bei Sachverhalten mit Auslandsberührung.[7] Das Internationale Privatrecht enthält ausschließlich Kollisionsnormen; eine Entscheidung in der Sache wird nicht getroffen.[8] Für die Beantwortung materiell-rechtlicher Fragen ist das - durch das Internationale Privatrecht der einzelnen Staaten - berufene Recht (sog. Sachstatut) zuständig.

Um im Hauptteil einzelne gesellschaftsrechtliche Nachfolgeklauseln nach nationalem Recht behandeln zu können, werden im Folgenden die Grundzüge des Erb-, Sachenrechts- und des Gesellschaftsstatuts dargestellt, um das jeweils anzuwendende Recht bestimmen zu können.[9]

II. Deutschland

1. Erbstatut

a) Allgemeines

Das internationale Erbrecht ist in Art. 25, 26 EGBGB kodifiziert. Ferner gilt das Haager Testamentsabkommen.[10]

b) Gesetzliche Bestimmung des Erbstatuts

Gemäß Art. 25 Abs. 1 EGBGB unterliegt die Rechtsnachfolge von Todes wegen dem Recht des Staates, dem der Erblasser im Zeitpunkt des Todes angehörte. Es handelt sich um eine Gesamtverweisung. Die objektive Anknüpfung führt zu einer einheitlichen Beurteilung aller Nachlassgegenstände nach einer einzigen Rechtsordnung und ist grundsätzlich unabhängig von der Belegenheit des Nachlassvermögens, sog. Grundsatz der Nachlasseinheit.[11]

---

[7] Vgl. Haack, IWB F.3 Gr.9, 151 (152); Jülicher, DSWR 2003, 20 (20); Kropholler, § 1 I 3; Mähnhardt/Posch, IPR, 1/3; Palandt-Heldrich, EGBGB, Einl. v. EGBGB, Rn. 1; Rauscher, 1; Schwimann, 1; Süß/Haas-Haas, § 1 A Rn. 1.

[8] Flick/von Oertzen, IStR 1993, 82 (82); Müller-Etienne, 22; Rauscher, 3; Scherer-von Oertzen/Pawlytta, § 39 Rn. 3; Schotten, Rn. 1; Süß/Haas-Haas, § 1 A Rn. 29.

[9] In der folgenden Darstellung wird nicht auf Rückverweisungen (Renvoi) und Weiterverweisungen eingegangen. Soweit ersichtlich werden sämtliche Verweisungen angenommen.

[10] Vgl. ausführlich dazu: Süß/Haas-Haas, § 1 A Rn. 25ff.

[11] DGfE-Völkl, EGBGB, Art. 25 Rn. 17; Firsching/von Hoffmann, IPR, § 9 Rn. 7; Fischer, BB 1984, 1033 (1033); Jülicher, IStR 2004, 37 (37); Koch/Magnus/Winkler von Mohrenfels,

Anknüpfungsmoment ist das Heimatrecht des Erblassers, sog. lex patriae. Vorfrage hierfür ist die Staatsangehörigkeit des Erblassers im Todeszeitpunkt. Die Staatsangehörigkeitsfeststellung richtet sich nach dem Recht des Staates, dessen Staatsangehörigkeit in Frage steht.[12] Das deutsche Recht bestimmt über den Besitz der deutschen Staatsangehörigkeit oder einer Gleichstellung zu dieser bei sog. Statusdeutschen.
Bei Besitz mehrerer Staatsangehörigkeiten ist zu unterscheiden: Besaß der Erblasser verschiedene fremde Staatsangehörigkeiten, ist die effektive Staatsangehörigkeit gemäß Art. 5 Abs. 1 S. 1 EGBGB maßgeblich.[13] Besaß der Erblasser hingegen neben der ausländischen auch die deutsche Staatsangehörigkeit, so geht letztere gemäß Art. 5 Abs. 1 S. 2 EGBGB vor.[14]

c) Wahl des Erbstatuts durch den Erblasser

aa) Bedeutung des Art. 25 Abs. 2 EGBGB

Als Ausnahme zu Abs. 1 räumt Art. 25 Abs. 2 EGBGB dem Erblasser das Recht ein, seine letztwillige Verfügung dem deutschen Recht zu unterstellen, soweit sie im Inland belegenes unbewegliches Vermögen zum Gegenstand hat.[15]
Als Ausnahmevorschrift ist Art. 25 Abs. 2 EGBGB weder verallgemeinerungs- noch erweiterungsfähig.[16] Daher ist weder die Rechtswahl ausländischen Rechts noch die Wahl des deutschen Erbrechts für im Ausland befindliches Nachlass-

---

§ 4 A I; Kropholler, § 51 I 2; Scherer-von Oertzen/Pawlytta, § 39 Rn. 28; Steiner, ZEV 2003, 500 (500); Tiedemann, 3; Werkmüller, ZEV 2004, 365 (365).

[12] Vgl. Flick/Piltz, Rn. 185; MüKo-Birk, EGBGB, Art. 25 Rn. 10; Staudinger-Dörner, EGBGB, Art. 25 Rn. 423; Süß/Haas-Haas, § 1 C Rn. 5; Tiedemann, 8. Rechtsgrundlage für die Frage, ob jemand die deutsche Staatsangehörigkeit besitzt, ist das StAG. Dazu ausführlich: Staudinger-Dörner, EGBGB, Art. 25 Rn. 425ff.

[13] Es ist das Recht anzuwenden, mit dem der Erblasser „am engsten verbunden" war. Eine solche Verbindung begründet insbesondere der gewöhnliche Aufenthalt oder der Verlauf des Lebens. Vgl. Staudinger-Dörner, EGBGB, Art. 25 Rn. 436ff.

[14] Bei einer Person, die sowohl die deutsche als auch die österreichische Staatsangehörigkeit besitzt, kommt es aufgrund der Kollision der Geltungsansprüche verschiedener Rechtsordnungen zu einer faktischen Nachlassspaltung: Aus Sicht eines deutschen Richters ist deutsches Recht, aus der Sicht eines österreichischen Richters ist österreichisches Recht anzuwenden. Vgl. Steiner, ErbStB 2004, 223 (223); Steiner, ZEV 2003, 145 (145ff.); Steiner, 28ff.

[15] Ohne Wirkung ist die Rechtswahl bei deutschen Erblassern, da ohnehin das deutsche Erbstatut gilt. Bedeutung erlangt sie jedoch bei einem späteren Personalstatutenwechsel. Vgl. Schömmer, Rn. 35; Tiedemann, 21.

[16] Vgl. Flick/Piltz, Rn. 203; Mankowski/Ostheim, DNotZ 1997, 10 (13); Staudinger-Dörner, EGBGB, Art. 25 Rn. 466; Süß/Haas-Haas, § 1 C Rn. 37.

vermögen für ausländische Erblasser möglich.[17] Relevanz erlangt die Bestimmung bei ausländischen Erblassern, da deren allgemeines Erbstatut, soweit keine Rückverweisung auf das deutsche Recht erfolgt, deren Heimatrecht darstellt.[18] Folge der wirksam getroffenen Rechtswahl ist die unmittelbare Anwendung deutscher Sachnormen. Die Rechtswahl führt zu einer Nachlassspaltung: Der im Inland belegene Grundbesitz wird nach deutschem Recht, der übrige Nachlass nach dem von Art. 25 Abs. 1 EGBGB berufenen und vom anderen Staat angenommenen Heimatrecht behandelt.[19]

bb) Zulässigkeit der Rechtswahl

Die Rechtswahl ist ein eigenständiges erbrechtliches, von der Verfügung von Todes wegen zu trennendes Rechtsgeschäft.[20] Für die Form gilt nicht die allgemeine Regel des Art. 11 EGBGB, da Art. 25 Abs. 2 EGBGB auf die Vorschriften für Verfügungen von Todes wegen verweist.[21] Es ist Art. 26 Abs. 1-4 EGBGB bzw. das Haager Testamentsabkommen zu beachten.

Gegenstand der Rechtswahl ist im Inland belegenes unbewegliches Vermögen. Die Bestimmung des Begriffs „unbewegliches Vermögens" ist mit Problemen verbunden. Sie richtet sich nach dem lex fori.[22] Die eigentliche Schwierigkeit liegt darin, dass der Begriff dem deutschen Sachenrecht fremd ist,[23] obgleich er

---

[17] Flick/Piltz, Rn. 203; Hüßtege, 78; Kroiß, Int. Erbrecht, Rn. 57; Soergel-Schurig, EGBGB, Art. 25 Rn. 3; Süß/Haas-Haas, § 1 B Rn. 1; Wachter, ErbStB 2003, 298 (298). Ist eine derartige Wahl vorgenommen worden, so ist sie unbeachtlich. Vgl. DGfE-Völkl, EGBGB, Art. 25 Rn. 20; Erman-Hohloch, EGBGB, Art. 25 Rn. 16; Schömmer, Rn. 35.

[18] Lange, ZEV 2000, 469 (471); MüKo-Birk, EGBGB, Art. 25 Rn. 21; Rierig, ZEV 1995, 404 (405); Staudinger-Dörner, EGBGB, Art. 25 Rn. 467.

[19] DGfE-Völkl, EGBGB, Art. 25 Rn. 19; Palandt-Heldrich, EGBGB, Art. 25 Rn. 7; Rierig, ZEV 1995, 404 (404); Schömmer, Rn. 46; Soergel-Schurig, EGBGB, Art. 25 Rn. 18; Wachter, ErbStB 2003, 298 (300).

[20] Firsching/von Hoffmann, IPR, § 9 Rn. 16; MüKo-Birk, EGBGB, Art. 25 Rn. 32. Vgl. zur Möglichkeit einer konkludenten Rechtswahl: OLG Zweibrücken v. 28.5.2003, 3 W 218/01, ZEV 2003, 162; LG Stuttgart v. 11.9.2002, 19 T 313/02, MittBayNot 2003, 305; Wachter, ErbStB 2003, 298 (299).

[21] BayObLG v. 30.9.1999, 1 Z BR 142/98, ZEV 1999, 485 (486); Firsching/von Hoffmann, IPR, § 9 Rn. 17; MüKo-Birk, EGBGB, Art. 25 Rn. 35.

[22] Firsching/von Hoffmann, IPR, § 9 Rn. 19; Kemp, 131; Koch/Magnus/Winkler von Mohrenfels, § 4 A 3 c aa; MüKo-Birk, EGBGB, Art. 25 Rn. 63; Pünder, MittRhNotK 1989, 1 (3); Rierig, ZEV 1995, 404 (405); Schömmer, Rn. 44; Staudinger-Dörner, EGBGB, Art. 25 Rn. 477.

[23] Vgl. BGH v. 5.6.1957, IV ZR 16/57, BGHZ 24, 352 (356); Derstadt, 48; Firsching/von Hoffmann, IPR, § 9 Rn. 19; Flick/Piltz, Rn. 210; Süß, ZErb 2001, 84 (85); Wachter, ErbStB 2003, 298 (299). Das deutsche Sachenrecht unterscheidet zwischen Grundstücken und beweglichen Sachen (§§ 90ff. BGB), nicht aber zwischen unbeweglichem und beweglichem Vermögen.

im deutschen Zwangsvollstreckungsrecht (§§ 864, 865 ZPO),[24] im Haager Testamentsabkommen in Art. 1 Abs. 1 lit.e, im deutsch-türkischen Nachlassabkommen und im deutsch-sowjetischen Konsularvertrag verwendet wird.[25]
Unstreitig werden als unbewegliches Vermögen im zuvor genannten Sinne das Eigentum an Grundstücken samt wesentlicher Bestandteile und Zubehör, sowie Wohnungseigentum und Rechte, die mit dem Eigentum am Grundstück verbunden sind, verstanden.[26]
Umstritten ist hingegen, ob der Begriff „unbewegliches Vermögen" so weit ausgelegt werden kann, dass auch Miterbenanteile und Anteile an einer Personengesellschaft darunter fallen, wenn deren Vermögen ganz oder nahezu ganz aus Grundstückseigentum oder grundstücksgleichen Rechten besteht.[27]
Eine derartige Auslegung wird von der herrschenden Meinung[28] abgelehnt: Gesellschafts- und Miterbenanteile werden als bewegliches Vermögen qualifiziert. Begründet wird dies mit dem Ausnahmecharakter der Norm und der daraus resultierenden restriktiven Handhabung des Anwendungsbereichs der Norm.[29]
Zudem habe der historische Gesetzgeber nur den inländischen Grundstücksverkehr erleichtern wollen.[30] Entscheidend dürfte aber sein, dass das Grundvermögen den Gesellschaftern nicht unmittelbar zugeordnet wird, sondern vielmehr einer eigenen Vermögensmasse, dem Gesamthandsvermögen, zugehörig ist, an der dem Gesellschafter nur ein Anteil zusteht:[31] Es ist zwischen der gesamthänderischen Bindung und dem in der gesamthänderischen Bindung

[24] Der Begriff des Zwangsvollstreckungsrechts ist für die Begriffsbestimmung des Art. 25 Abs. 2 EGBGB nicht weiterführend. Vgl. Erman-Hohloch, EGBGB, Art. 25 Rn. 18; Flick/Piltz, Rn. 210; Staudinger-Dörner, EGBGB, Art. 25 Rn. 479; Süß/Haas-Haas, § 1 C Rn. 37.

[25] Die Verwendung des Begriffs in den Staatsverträgen hat zu keiner weiteren Konkretisierung des Begriffes geführt. Vgl. Staudinger-Dörner, EGBGB, Art. 25 Rn. 478.

[26] DGfE-Völkl, EGBGB, Art. 25 Rn. 21; Firsching/von Hoffmann, IPR, § 9 Rn. 19; Flick/Piltz, Rn. 211; Kroiß, Int. Erbrecht, Rn. 60; MüKo-Birk, EGBGB, Art. 25 Rn. 66; Rierig, ZEV 1995, 404 (405); Schömmer, Rn. 44; Süß, ZErb 2001, 84 (85); Wachter, ErbStB 2003, 298 (298).

[27] So die Mindermeinung: Dörner, DNotZ 1988, 67 (95f.); Erman-Hohloch, EGBGB, Art. 25 Rn. 18 nur im Bezug auf Gesellschaftsanteile; Krzywon, BWNotZ 1986, 154 (160); Pünder, MittRhNotK 1987, 1 (4) unter Hinweis auf Vereinfachungsgesichtspunkte für juristische Laien; Staudinger-Dörner, EGBGB, Art. 25 Rn. 485: begründet mit Ordnungs- und Verkehrsgedanken.

[28] BGH v. 24.1.2001, IV ZR 24/00, ZEV 2001, 235 (236); DGfE-Völkl, EGBGB, Art. 25 Rn. 21; Kemp, 86 i.V.m. 134; Koch/Magnus/Winkler von Mohrenfels, § 4 A 3 c aa; Krug/Rudolf/Kroiß-Kroiß, § 24 Rn. 52; MüKo-Birk, EGBGB, Art. 25 Rn. 67; Rierig, ZEV 1995, 404 (405); Schotten, Rpfleger 1991, 181 (186); Soergel-Schurig, EGBGB, Art. 25 Rn. 4, Tiedemann, RabelZ 55 (1991), 17 (36); Witthoff, 78.

[29] Flick/Piltz, Rn. 211; von Oertzen, IPRax 1994, 73 (78).

[30] von Oertzen, IPRax 1994, 73 (78). Vgl. Amtliche Begründung zu Art. 25 Abs. 2 EGBGB abgedruckt in: Pirrung, Internationales Privat- und Verfahrensrecht, 171 rechte Spalte.

[31] Rierig, ZEV 1995, 404 (405).

befindlichen Vermögenswert zu unterscheiden.[32] Daher ist mit der herrschenden Meinung die Anwendung des Art. 25 Abs. 2 EGBGB für Personengesellschaftsanteile abzulehnen.

cc) Umfang der Rechtswahl

Nach wohl überwiegender Auffassung kann die Rechtswahl gegenständlich auf Teile des inländischen unbeweglichen Nachlasses beschränkt werden, da der Wortlaut des Art. 25 Abs. 2 EGBGB die Rechtswahl nicht allein für den Nachlass insgesamt vorsieht.[33] Die Wahl einzelner erbrechtlicher Komplexe ist hingegen nicht möglich; gewählt werden kann nur das deutsche Erbrecht als Ganzes.[34]

d) Vorrang des Einzelstatuts

aa) Allgemeines

Der in Art. 25 Abs. 1 EGBGB statuierte Grundsatz der Nachlasseinheit wird ferner durch Art. 3 Abs. 3 EGBGB durchbrochen: Das lex rei sitae verdrängt die Vorschriften des an sich gemäß Art. 25 Abs. 1 EGBGB berufenen Erbstatuts (Gesamtstatut), soweit der Belegenheitsstaat die dort befindlichen Nachlassgegenstände besonderen Vorschriften unterwirft.[35] Durch Art. 3 Abs. 3 EGBGB wird der Grundsatz „Einzelstatut bricht Gesamtstatut“ normiert. Folge ist die gegenständliche und funktionelle Nachlassspaltung.[36]

---

[32] Vgl. z.B. § 719 Abs. 1 BGB. Besonders deutlich wird die Unterscheidung im Zwangsvollstreckungsrecht: Dort können die §§ 864ff. ZPO auch dann nicht angewendet werden, wenn das Gesellschaftsvermögen ausschließlich aus Grundstücken besteht, vgl. §§ 857, 859 ZPO. Vgl. Flick/Piltz, Rn. 211; von Oertzen, IPRax 1994, 73 (79).

[33] Erman-Hohloch, EGBGB, Art. 25 Rn. 19; Firsching/von Hoffmann, IPR, § 9 Rn. 20; Flick/Piltz, Rn. 214; MüKo-Birk, EGBGB, Art. 25 Rn. 47; Schindhelm, 5; Soergel-Schurig, EGBGB, Art. 25 Rn. 11; Staudinger-Dörner, EGBGB, Art. 25 Rn. 503; Tiedemann, RabelZ 55 (1991), 17 (25). Ablehnend: Kemp, 127; Kühne, IPRax 1987, 69 (73); Schotten, Rn. 292 mit der Begründung, dass erbrechtliche Normen in ihrer Tendenz auf die rechtliche Ordnung des gesamten Vermögens ausgerichtet seien. Zu beachten ist, dass bisher - soweit ersichtlich - eine höchstrichterliche Entscheidung zu diesem Problem fehlt. Vgl. Süß/Haas-Haas, § 1 C Rn. 41.

[34] Flick/Piltz, Rn. 212; MüKo-Birk, EGBGB, Art. 25 Rn. 49; Schömmer, Rn. 39; Süß/Haas-Haas, § 1 C Rn. 41; Tiedemann, RabelZ 55 (1991), 17 (25).

[35] Courtoisie gegenüber dem Belegenheitsstaat, die Achtung fremder staatlicher Interessenssphären sowie die Vermeidung von im Belegenheitsstaat nicht durchsetzbaren Entscheidungen sind Erwägungen, die Art. 3 Abs. 3 EGBGB zugrunde liegen. Vgl. Firsching/von Hoffmann, IPR, § 9 Rn. 61; MüKo-Sonnenberger, EGBGB, Art. 3 Rn. 18; Süß/Haas-Süß, § 1 B Rn. 11.

[36] Flick/Piltz, Rn. 219; Kroiß, Int. Erbrecht, Rn. 54; Scherer-von Oertzen/Pawlytta, § 39 Rn. 29; Schotten, Rn. 282; Süß/Haas-Süß, § 1 B Rn. 20; Tiedemann, 39.

bb) Besondere Vorschriften des Belegenheitsstaates

Besondere Vorschriften des Belegenheitsstaates sind Sachnormen, die rechtliches Sondervermögen vorsehen, die dem allgemeinen bürgerlichen Recht entzogen sind.[37] Ferner bezieht sich Art. 3 Abs. 3 EGBGB auf Kollisionsnormen des Belegenheitsstaates, die unbewegliche Vermögensgegenstände der lex rei sitae unterwerfen.[38] Nicht nur wenn die Erbfolge als solche dem lex rei sitae unterworfen wird, sondern auch wenn nur Teilfragen[39] dem Recht des Belegenheitsstaates unterworfen werden, greift Art. 3 Abs. 3 EGBGB ein.[40] Daher stellen - die im Einführungsteil des österreichischen Internationalen Privatrechts zu behandelnden Normen -[41] §§ 28 Abs. 2,[42] 32 i.V.m. 31 IPRG[43] besondere Vorschriften i.S.d. Art. 3 Abs. 3 EGBGB dar.

cc) Anwendbares Recht

Art. 3 Abs. 3 EGBGB bestimmt lediglich, welche Kollisionsnormen nicht zur Anwendung kommen.[44] Eine positive Aussage über das anzuwendende Recht wird nicht getroffen. Die herrschende Meinung geht von der Anwendung des lex rei sitae für die betroffenen Gegenstände aus.[45]

---

[37] Bspw. Lehen, Stammgüter, Anerbgüter, Erbhöfe. Vgl. MüKo-Sonnenberger, EGBGB, Art. 3 Rn. 21; Scherer-von Oertzen/Pawlytta, § 39 Rn. 30; Süß/Haas-Haas, § 1 B Rn. 9; Tiedemann, 49.

[38] Erstmals BGH v. 2.5.1966, III ZR 92/64, BGHZ 45, 351 bestätigt durch BGH v. 21.4.1993, XII ZR 248/91, IPRax 1994, 375. Dieser Ansicht hat sich der Gesetzgeber durch Billigung der Rechtsprechung angeschlossen. Vgl. BT-Drs. 10/504, 3. Nunmehr h.M.: OLG Zweibrücken v. 21.7.1997, 3 W 111/97, IPRax 1999, 111; Kropholler, § 26 II 2.b); MüKo-Sonnenberger, EGBGB, Art. 3 Rn. 25; Staudinger-Hausmann, EGBGB, Art. 3 Rn. 60. A.A. weiterhin: Schurig, IPRax 1990, 389 (390 Fn.6); Soergel-Kegel, EGBGB, Art. 3 Rn. 18.

[39] Bspw. Eigentumsübertragungsvorgang, Schuldenhaftung.

[40] MüKo-Sonnenberger, EGBGB, Art. 3 Rn. 25; Staudinger-Dörner, EGBGB, Art. 25 Rn. 539.

[41] Vgl. hierzu ausführlich: 2. Teil A III c) und 2. Teil A III d).

[42] Firsching, IPRax 1983, 166 (168); Jayme, ZfRV 1983, 162 (167f.); von Oertzen, ZEV 1997, 240 (241); Staudinger-Hausmann, EGBGB, Art. 3 Rn. 114; Steiner, ZEV 2003, 500 (500). A.A.: - zu Unrecht - BayObLG v. 2.6.1982, 1 Z 45/81, IPRax 1983, 187 (190). Ungenau: Luger, IPRax 1994, 235 (236).

[43] Firsching, IPRax 1983, 166 (168); Jayme, ZfRV 1983, 162 (168); Staudinger-Hausmann, EGBGB, Art. 3 Rn. 113; Steiner, ZEV 2003, 500 (500); Süß/Haas-Süß, § 1 B Rn. 31.

[44] Firsching/von Hoffmann, IPR, § 9 Rn. 63; Kropholler, § 26 II 4; MüKo-Sonnenberger, EGBGB, Art. 3 Rn. 29.

[45] Flick/Piltz, Rn. 223; MüKo-Sonnenberger, EGBGB, Art. 3 Rn. 29; Staudinger-Hausmann, EGBGB, Art. 3 Rn. 75.

dd) Erfasste Güter
Art. 3 Abs. 3 EGBGB bezieht sich sowohl auf körperliche Gegenstände als auch auf immaterielle Rechtsgüter wie Forderungen, jedoch nicht auf Gesellschaftsanteile.[46]

e) Umfang des Erbstatuts und erbrechtliche Qualifikation
Nach dem Erbstatut werden grundsätzlich alle erbrechtlichen Fragen beurteilt;[47] Formfragen werden vom Haager Testamentsabkommen bzw. von Art. 26 EGBGB erfasst.[48] Ob das Erbstatut eingreift, richtet sich nach den allgemeinen Qualifikationslehren des Internationalen Privatrechts, wobei die deutschen Rechtsinstitute Wertungszusammenhänge vermitteln.[49]

aa) Testament
Testamente beurteilen sich bezüglich der Voraussetzungen und Wirkungen nach dem Erbstatut zum Zeitpunkt der Errichtung.[50]

bb) Schenkung auf den Todesfall
Entsprechend der materiell-rechtlichen Unterscheidung in § 2301 BGB werden - der herrschenden Meinung nach - noch nicht vollzogene Schenkungen von Todes wegen dem hypothetischen Erbstatut des Versprechenden, bereits vollzogene dem Schenkungsstatut[51] des Versprechenden unterstellt.[52] Die Unterscheidung richtet sich nach dem für den Rechtserwerb maßgeblichen Recht.[53]

---

[46] Vgl. Flick/Piltz, Rn. 224; Tiedemann, 43. A.A.: Kropholler, § 26 II 3, der ohne nähere Begründung auch Gesellschaftsanteile miterfassen will. Vgl. zur Problematik der Gesellschaftsanteile ausführlich: 2. Teil A 3 c dd).

[47] Jülicher, IStR 2004, 37 (37); Palandt-Heldrich, EGBGB, Art. 25 Rn. 10; Scherer-von Oertzen/Pawlytta, § 39 Rn. 52; Schotten, Rn. 307; Witthoff, 51. Insbesondere werden der Eintritt des Erbfalls, Umfang des Nachlasses, Erbfähigkeit, Erbunwürdigkeit, Anfall und Erwerb der Erbschaft, Erbenhaftung vom Erbstatut erfasst. Vgl. ausführlich: DGfE-Völkl, EGBGB, Art. 25 Rn. 45ff.; MüKo-Birk, EGBGB, Art. 25 Rn. 188ff.; Staudinger-Dörner, EGBGB, Art. 25 Rn. 71ff.; Süß/Haas-Süß, § 1 D Rn. 4ff.

[48] Vgl. ausführlich: Staudinger-Dörner, EGBGB, vor Art. 25 Rn. 31ff. Umstritten ist das Verhältnis von Art. 26 EGBGB zu den Vorschriften des Haager Testamentsabkommens. Vgl. Basedow, NJW 1986, 2971 (2975); Erman-Hohloch, EGBGB, Art. 25 Rn. 17; MüKo-Birk, EGBGB, Art. 26 Rn. 2; Palandt-Heldrich, EGBGB, Art. 26 Rn. 1; Soergel-Schurig, EGBGB, Art. 26 Rn. 3.

[49] Erman-Hohloch, EGBGB, Art. 25 Rn. 21; Süß/Haas-Süß, § 1 D Rn. 2ff.

[50] Erman-Hohloch, EGBGB, Art. 25 Rn. 21, 29; Palandt-Heldrich, EGBGB, Art. 25 Rn. 11; Schotten, Rn. 307; Süß/Haas-Süß, § 1 D Rn. 34f.

[51] Schenkungen werden grundsätzlich dem Schenkungsstatut (Art. 28 EGBGB) unterworfen. Die Rechtswahl ist gem. Art. 27 EGBGB möglich. Bei fehlender Rechtswahl kommt das Recht des Staates zur Anwendung, zu dem das Schenkungsversprechen die engste Verbindung hat, vgl. Art. 28 Abs. 2 S. 1 EGBGB für bewegliche Sachen, Art. 28 Abs. 3 EGBGB für unbewegliche Sachen.

2. Sachenrechtsstatut[54]

a) Bestimmung des Sachenrechtsstatuts

Das Sachenrechtsstatut ist in den Art. 43ff. EGBGB kodifiziert: Gemäß Art. 43 Abs. 1 EGBGB unterliegen dingliche Rechtsverhältnisse an einer Sache dem Recht des Staates, in dem sie sich befinden (lex rei sitae).[55] Dies gilt sowohl für bewegliche als auch für unbewegliche Sachen.[56] Für die Form sachenrechtlicher Geschäfte ist gemäß Art. 11 Abs. 5 EGBGB ausschließlich die lex rei sitae anzuwenden; die Ortsform genügt nicht, wenn das Ortsrecht nicht zugleich das Belegenheitsrecht darstellt.[57]

b) Umfang des Sachenrechtsstatuts

Das Recht des Lageorts gilt für den gesamten Bereich des Sachenrechts, insbesondere für die Entstehung, Änderung, Übergang, Untergang und den Inhalt dinglicher Rechte.[58]

c) Abgrenzung des Sachenrechtsstatuts zum Erbstatut

Allgemein gilt für das Verhältnis der beiden Statuten, dass das Erbstatut den Erwerbsgrund, das Sachenrechtsstatut den Erwerbsvorgang regelt.[59] Das Erbstatut betrifft die Fragen der Verteilung des Vermögens eines verstorbenen Rechtsträgers; das Sachenrechtsstatut regelt, unter welchen Voraussetzungen sich eine Zuordnungsänderung an der einzelnen Sache vollziehen kann. Ferner

---

[52] OLG Düsseldorf v. 16.8.1996, 7 U 209/95, FamRZ 1997, 61 (62); DGfE-Völkl, EGBGB, Art. 25 Rn. 46; Kropholler, § 51 IV 5 b); Lorenz, ZEV 1996, 406 (410); Palandt-Heldrich, EGBGB, Art. 25 Rn. 15; Schotten, Rn. 323; Süß/Haas-Süß, § 1 D Rn. 85; Winkler von Mohrenfels, IPRax 1991, 237 (239). A.A.: generell erbrechtliche Qualifikation: Kegel/Schurig, § 21 II; Scheuermann, 114; Staudinger-Dörner, EGBGB, Art. 25 Rn. 359. Differenzierend: Henrich, FS Firsching, 111 (120ff.); Soergel-Schurig, EGBGB, Art. 26 Rn. 44.

[53] Dittmann/Reimann/Bengel-Lichtenberger, B Rn. 32; Erman-Hohloch, EGBGB, Art. 25 Rn. 34; Henrich, FS Firsching, 111 (118); Palandt-Heldrich, EGBGB, Art. 25 Rn. 15; Winkler von Mohrenfels, IPRax 1991, 237 (240).

[54] Das Sachenrechtsstatut wird zumeist verkürzt als Sachstatut bezeichnet. Vgl. Staudinger/Stoll, IntS, Rn. 122.

[55] Zu beachten ist die Ausnahmeregelung des Art. 46 EGBGB bei wesentlich engerer Verbindung zu einer fremden Rechtsordnung. Von dieser Regelung ist zurückhaltend und nur im Ausnahmefall Gebrauch zu machen. Vgl. Palandt-Heldrich, EGBGB, Art. 46 Rn. 2.

[56] Kegel/Schurig, § 19 I; Kropholler, § 54 I 1; Palandt-Heldrich, EGBGB, Art. 43 Rn. 1; Scherer-von Oertzen/Pawlytta, § 39 Rn. 69; Schotten, Rn. 385.

[57] Kropholler, § 54 I 2; Schotten, Rn. 386.

[58] Kegel/Schurig, § 19 II; Kropholler, § 54 I 3; Palandt-Heldrich, EGBGB, Art. 43 Rn. 3; Schotten, Rn. 385. Vgl. ausführlich: MüKo-Kreuzer, EGBGB, nach Art. 38 Anh. I, Rn. 23ff.

[59] Flick/Piltz, Rn. 141; Frieser/Sarres/Stückemann/Tschichoflos-Rohlfing, Kap. 11 Rn. 125.

bestimmt es, welche Vermögensrechte zum Vermögen des Erblassers gehören und nach dem Tod in den Nachlass fallen.[60]
Nicht zum Sachenrechtsstatut gehört hingegen der durch Gesamtrechtsnachfolge eintretende Erwerb dinglicher Rechte. Dieser erfolgt unabhängig von der lex rei sitae nach dem für die Gesamtrechtsnachfolge maßgeblichen Recht (Erbstatut).[61]
Sind Erb- und Sachstatut nicht identisch,[62] werden dingliche und erbrechtliche Wirkungen nach verschiedenen Rechten beurteilt. Das Erbstatut entscheidet darüber, wer nach dem Tod des Erblassers neuer Eigentümer geworden ist; die dinglichen Wirkungen (Voraussetzungen der Zuordnungsänderung, Typen dinglicher Rechte) richten sich nach dem Sachenrechtsstatut.[63]

3. Gesellschaftsstatut

a) Bestimmung des Gesellschaftsstatuts

Im EGBGB befindet sich keine Kodifizierung des Gesellschaftsstatuts. Dennoch unterliegen Personenhandelsgesellschaften nach der von der herrschenden Meinung[64] vertretenen Sitztheorie dem Recht des Staates, in dem sich der tatsächliche und effektive Verwaltungssitz befindet.[65] Die Gesellschafterstaatsangehörigkeit ist ohne Bedeutung.

b) Umfang des Gesellschaftsstatuts

Dem Gesellschaftsstatut unterliegen die Fragen der Gründung, Entstehung und Beendigung der Gesellschaft, Rechtsfähigkeit, Geschäftsführung, Vertretungs-

---

[60] Süß/Haas-Süß, § 1 D Rn. 121.
[61] Flick/Piltz, Rn. 138; Kegel/Schurig, § 19 II; Kropholler, § 54 I 3d.
[62] Typischerweise entsteht diese Situation bei der Beerbung von unbeweglichem Vermögen.
[63] MüKo-Birk, EGBGB, Art. 25 Rn. 167.
[64] Vgl. bspw.: BGH v. 21.3.1986, V ZR 10/85, BGHZ 97, 269 (271); Erman-Hohloch, EGBGB, Art. 37 Anh II Rn. 41; MüKo-Kindler, IntGesR, Rn. 264, 312ff.; Palandt-Heldrich, EGBGB, Anh. Art. 12, Rn. 2; Staudinger-Großfeld, IntGesR, Rn. 73. A.A. Gründungstheorie, nach der das Recht maßgeblich ist, nach dem die Gesellschaft gegründet worden ist. Zumindest im Ausgangspunkt vertreten von: Behrens, RabelZ 52 (1988), 498 (517); Grasmann, Rn. 84ff., 470ff.; Knobbe-Keuck, ZHR 154 (1990), 325 (355); Neumayer, ZVglRWiss 83 (1984), 129 (139ff.). Auf die europarechtliche Problematik der Sitztheorie soll in diesem Rahmen nicht eingegangen werden.
[65] Es werden die Personenhandelsgesellschaften den juristischen Personen gleichgestellt. Vgl. Arlt, 26; Erman-Hohloch, EGBGB, Art. 37 Anh. II Rn. 41; Firsching/von Hoffmann, IPR, § 7 Rn. 28; Gebel, Gesellschafternachfolge Rn. 553; Kegel/Schurig, § 17 III 1; MüKo-Birk, EGBGB, Art. 25 Rn. 182; Staudinger-Großfeld, IntGesR, Rn. 747; Witthoff, 8. Eingeschränkt: Ebenroth, JZ 1988, 18 (23).

macht und Haftung der Gesellschafter.[66] Die Übertragung von Mitgliedschaftsrechten ist ebenfalls dem Gesellschaftsstatut zuzuordnen.[67]

c) Abgrenzung des Gesellschaftsstatuts zum Erbstatut

aa) Allgemeines

Die Frage der Vererblichkeit von Personengesellschaftsanteilen betrifft sowohl den Bereich des Gesellschaftsstatuts als auch den des Erbstatuts. Allgemein gilt: Zunächst entscheidet das durch das Gesellschaftsstatut berufene Recht über das „Schicksal" der Gesellschaft,[68] da die Fragestellung die mitgliedschaftliche Ausgestaltung des Gesellschaftsverhältnisses betrifft.[69] Es wird bestimmt, was den Erben aus dem Gesellschaftsverhältnis „zufließt". Nach Beantwortung der Vorfrage entscheidet das durch das Erbstatut berufene Recht darüber, wer Erbe und damit Rechtsnachfolger des verstorbenen Gesellschafters wird.[70]

bb) Fortsetzungsklausel und einfache Nachfolgeklausel

Die Zulässigkeit und Wirkung der Fortsetzungs- und einfachen Nachfolgeklausel richtet sich nach dem durch das Gesellschaftsstatut berufenen Recht.[71]

cc) Qualifizierte Nachfolgeklausel

Bei einer qualifizierten Nachfolge richtet sich die Zulässigkeit und Wirksamkeit der Klausel zunächst nach dem durch das Gesellschaftsstatut berufene Recht.[72] Zudem muss das durch das Erbstatut berufene Recht beachtet werden, da eine materiell-rechtlich wirksame testamentarische Anordnung Voraussetzung für die Durchführung der Klausel ist. Über das Erbstatut wird entschieden, ob die Einsetzung eines qualifizierten Nachfolgers erbrechtlich zulässig ist.[73] Die

---

[66] von Oertzen, IPRax 1994, 73 (74); Palandt-Heldrich, EGBGB, Anh. Art. 12 Rn. 6ff.; Scherer-von Oertzen/Pawlytta, § 39 Rn. 64.

[67] Scherer-von Oertzen/Pawlytta, § 39 Rn. 64; Witthoff, 52.

[68] D.h. die Fortführung oder Auflösung der Gesellschaft bei Tod eines Gesellschafters und die Frage, ob der Gesellschaftsanteil vererbt wird oder lediglich ein Abfindungsanspruch in den Nachlass fällt.

[69] Frieser/Sarres/Stückemann/Tschichoflos-Rohlfing, Kap.11 Rn. 127; Martiny, IStR 1998, 56 (60); von Oertzen, IPRax 1994, 73 (74); Steiner, 48; Süß/Haas-Süß, § 1 D Rn. 134; Witthoff, 53.

[70] Arlt, 26; Flick/Piltz, Rn. 137; Firsching/von Hoffmann, IPR, § 9 Rn. 47; Krug/Rudolf/Kroiß-Kroiß, § 24 Rn. 87; MüKo-Birk, EGBGB, Art. 25 Rn. 183; Schömmer, Rn. 135; Schotten, Rn. 335; Süß/Haas-Süß, § 1 D Rn. 132.

[71] Vgl. Ferid, FS Hueck, 343 (367); von Oertzen, IPRax 1994, 73 (75); Scherer-von Oertzen/Pawlytta, § 39 Rn. 64; Staudinger-Dörner, EGBGB, Art. 25 Rn. 60.

[72] Ferid, FS Hueck, 343 (371); von Oertzen, IPRax 1994, 73 (75); Scherer-von Oertzen/Pawlytta, § 39 Rn. 65; Süß/Haas-Süß, § 1 Rn. 135.

[73] Ebenroth, Rn. 1281; Ferid, FS Hueck, 343 (371f.); von Oertzen, IPRax 1994, 73 (74); Scherer-von Oertzen/Pawlytta, § 39 Rn. 65.

Ausgleichspflicht des in die Personengesellschaft einrückenden Erben ist dem Gesellschaftsstatut kollisionsrechtlich zuzuordnen.[74]

dd) Ausländisches Erbstatut und inländisches, deutsches Gesellschaftsstatut bei einer Nachfolgeklausel

Wenn nach deutschem Gesellschaftsstatut die Beteiligung vererblich ist, so ist im zweiten Schritt zu untersuchen, welches Erbstatut anzuwenden ist. Nach der ganz herrschenden Meinung[75] richtet sich der Vorgang der „Vererbung von Personengesellschaftsanteilen" nicht nach allgemeinen erbrechtlichen Vorschriften, sondern nach speziellen Regeln, die eine Sondererbfolge begründen.

Umstritten ist, ob diese Sondererbfolge eine „besondere Vorschrift" im Sinne des Art. 3 Abs. 3 EGBGB darstellt, mit der Folge, dass das ausländische Erbrecht als Gesamtstatut insoweit durch das deutsche Recht als Einzelstatut verdrängt wird.[76] Teile der Literatur nehmen dies für den Gesellschaftsanteil des persönlich haftenden Gesellschafters, nicht aber für den des Kommanditisten an.[77] Andere[78] sehen in der Vererbung von Gesellschaftsanteilen keinen Anwendungsfall des Art. 3 Abs. 3 EGBGB, sondern ein Qualifikationsproblem bezüglich der Abgrenzung zwischen erb- und gesellschaftsrechtlichen Kollisionsnormen: Unabhängig von der Frage, ob der Gesellschaftsanteil in den Nachlass falle, sei das Gesellschaftsstatut aber letztlich für die Frage der Sondernachfolge entscheidend.[79]

Für die letztgenannte Ansicht spricht, dass der historische Gesetzgeber bei der Vorgängernorm von Art. 3 Abs. 3 EGBGB zwar inländische Sondergüter

---

[74] DGfE-Völkl, EGBGB, Art. 25 Rn. 41; MüKo-Birk, EGBGB, Art. 25 Rn. 186; Scherer-von Oertzen/Pawlytta, § 39 Rn. 64; Schömmer, Rn. 141.

[75] Vgl. ausführlich: 3. Teil C I und 3. Teil D I.

[76] Nach Art. 25 Abs. 1 EGBGB ist bei einem ausländischen Erblasser das Heimatrecht des Erblassers anzuwenden. Es ist davon auszugehen, dass die Verweisung vom ausländischen Erbstatut angenommen wird. Das ausländische Erbstatut findet somit grundsätzlich Anwendung.

[77] von Bar, IPR II, Rn. 371; DGfE-Völkl, EGBGB, Art. 25 Rn. 18; Erman-Hohloch, EGBGB, Art. 3 Rn. 16; von Oertzen, RIW 1994, 818 (819): generell für Personengesellschaftsanteile; Raape/Sturm, IPR, § 12 IV 2 e; Schotten, Rpfleger 1991, 181 (185); Staudinger-Graue, EGBGB, Art. 28 a.F. Rn. 2; Ferid, FS Hueck, 343 (369): analoge Anwendung des Art. 28 a.F. (Art. 3 Abs. 3 EGBGB), da sich Art. 28 a.F. EGBGB lediglich auf inländisches Sondervermögen beziehe.

[78] Kegel/Schurig, § 12 II 2 b) bbb); Lüderitz, Rn. 168 Fn. 38; MüKo-Sonnenberger, EGBGB, Art. 3 Rn. 32; Staudinger-Hausmann, EGBGB, Art. 3 Rn. 73; Süß/Haas-Süß, § 1 B Rn. 10; Witthoff, 73. Wohl auch: Staudinger-Dörner, EGBGB, Art. 25 Rn. 60.

[79] Vgl. Schurig, IPRax 2001, 446 (447); Staudinger-Hausmann, EGBGB, Art. 3 Rn. 73; Süß/Haas-Süß, § 1 D Rn. 135f.; Witthoff, 71f. Auf der Ebene des Internationalen Privatrechts ist das Gesellschaftsstatut maßgeblich. Im deutschen materiellen Recht hingegen richtet sich die Sonderrechtsnachfolge vornehmlich nach erbrechtlichen Vorschriften. Vgl. zu materiellrechtlichen Problematik: 3. Teil C I 1.

erfassen wollte, dass aber Gesellschaftsanteile mit einbezogen werden sollten, lässt sich nicht feststellen.[80] Neben der Sondererbfolge ist den anerkannten „besonderen Vorschriften“[81] zudem gemein, dass das Interesse an der Erhaltung des Gegenstandes gesellschafts- bzw. rechtspolitisch motiviert ist.[82] Zwar mag die Fortführung mittelständischer Personengesellschaften volkswirtschaftlich gewünscht sein,[83] ein Kapitalerhaltungsinteresse muss aber genauso wie beim Anerbenrecht rechtlich begründet sein, um sich gegenüber erbrechtlichen Ausgleichsinteressen durchzusetzen. Bei den Gesellschaftsanteilen besteht allerdings vorrangig ein dingliches Interesse gegenüber dem Erbrecht, damit die Erben nicht der gesamthänderischen Bindung unterliegen.[84] Dieses Interesse kann aber für Art. 3 Abs. 3 EGBGB allein nicht ausreichen.

Zudem spricht das Normgefüge gegen eine weite Auslegung des Gesetzes: Das Erbstatut nach Art. 25 Abs. 1 EGBGB bildet den Regelfall. Art. 3 Abs. 3 EGBGB ist als Ausnahmevorschrift konzipiert worden. Eine weite Auslegung der Norm steht daher im Widerspruch zum Normgefüge. Es ist der zweitgenannten Ansicht der Vorrang zu geben: Art. 3 Abs. 3 EGBGB ist nicht anzuwenden.

Bedeutsam ist diese Problematik im deutsch-österreichischen Verhältnis sowohl bei der einfachen als auch qualifizierten Nachfolgeklausel, da diese den unmittelbaren und direkten Erwerb der Gesellschaftsbeteiligung beim einzelnen Erben im Wege der Sonderrechtsnachfolge voraussetzen. Das deutsche Erbstatut kommt aber bei der in Frage stehenden Problematik nicht zur Anwendung. Da ein Vonselbsterwerb dem anzuwendenden österreichischen Erbrecht nicht bekannt ist,[85] ist zu überlegen, wie die Situation zu lösen ist.

Ein derartiges Parallelproblem kann sich in Österreich nicht stellen, da das österreichische Gesellschaftsrecht die Nachfolgebestimmungen auf die erbrechtliche Situation hin angepasst hat: Der Nachlass ist vor der Einantwortung rechtsfähig und in dieser Zeit als Gesellschafter anzusehen. Mit der Einantwortung endet die Gesellschafterstellung, der Erbe wird Gesellschafter. Diese Lösung kann jedoch auf das deutsche Gesellschaftsrecht mangels Rechtsfähigkeit des Nachlasses nicht übertragen werden.[86]

Witthoff schlägt für diesen Fall vor, das ausländische Erbrecht in der Weise zu modifizieren, dass eine Teilnachlasspflegschaft i.S.d. § 1960 BGB für den

---

[80] Gebhard, Entwurf des Allgemeinen Theils (1881), zitiert nach Wochner, FS Wahl, 1973, 161 (168); Witthoff, 65.

[81] Für Fideikommisse, Lehensrechte, Anerbengüter, Rentengüter, Erbhöfe.

[82] MüKo-Sonnenberger, EGBGB, Art. 3 Rn. 21.

[83] Pfeiffer-Frenzel, 143, 146.

[84] Witthoff, 70. A.A.: von Oertzen, RIW 1994, 818 (819).

[85] Vgl. zum Einantwortungsverfahren ausführlich: 2. Teil B II 1 b).

[86] Witthoff, 111.

Gesellschaftsteil angeordnet wird.[87] Eine Modifikation des ausländischen Erbstatuts sei geboten, da die Störung der Gesellschaftsnachfolge im ausländischen Erbrecht liege. Eine weitere Auseinandersetzung mit dieser Problematik hat - soweit ersichtlich - bisher nicht stattgefunden.[88]

III. Österreich

1. Erbstatut

a) Allgemeines

Das internationale Erbrecht ist in den §§ 28-32 IPRG kodifiziert. Österreich ist dem Haager Testamentsabkommen mit Wirkung zum 5.1.1964 beigetreten.[89]

b) Grundsatz

Gemäß § 28 Abs. 1 IPRG wird das Erbstatut durch das letzte Personalstatut des Erblassers im Todeszeitpunkt bestimmt. Für Österreich gilt der Grundsatz der Nachlasseinheit.[90] § 28 Abs. 1 IPRG stellt eine Gesamtverweisung dar.[91] Maßgeblich für das Personalstatut ist die Staatsangehörigkeit gemäß § 9 Abs. 1 IPRG.[92] Bei Mehrstaatern setzt sich grundsätzlich die effektive Staatsangehörigkeit durch, § 9 Abs. 1 S. 3 IPRG, wenn auch die österreichische Staatsangehörigkeit besteht, hat diese Vorrang, § 9 Abs. 1 S. 2 IPRG.

c) Ausnahme

Eine Ausnahme des Prinzips der Nachlasseinheit stellt § 28 Abs. 2 IPRG dar.[93] Soweit der Nachlass in Österreich abzuhandeln ist, sind Nachlasserwerb und Nachlassschuldenhaftung nach österreichischem Recht zu beurteilen, auch

---

[87] Witthoff, 111. So auch: Fahrenkamp, Rpfleger 1977, 159 (161) für die vergleichbare Situation im italienischen Recht.

[88] Auf eine weitere Auseinandersetzung wird im Rahmen dieser Arbeit verzichtet, da das Internationale Privatrecht lediglich in Grundzügen dargestellt werden soll.

[89] Vgl. Posch, Rn. 12/2; Staudinger-Dörner, EGBGB, Anh. Art. 25f. Rn. 485.

[90] BayObLG v. 30.9.1999, 1 Z BR 142/98, ZEV 1999, 485 (486); Ferid/Firsching-Wirner, Österreich, Rn. 15; Fraberger, 454; von Oertzen/Mondl, ZEV 1997, 240 (240).

[91] OGH v. 12.6.2003, 2 Ob 81/03f, JBl 2004, 255; OGH v. 22.11.1997, 8 Ob 233/96h, ZfRV 1998, 79; Flick/Piltz, Rn. 827; Kroiß, Int. Erbrecht, Rn. 158; von Oertzen/ Mondl, ZEV 1997, 240 (240); Staudinger-Dörner, EGBGB, Anh. Art. 25f. Rn. 489.

[92] Die Staatsangehörigkeit bestimmt sich wieder nach dem Recht des Staates, dessen Staatsangehörigkeit in Frage steht. Die österreichische Staatsangehörigkeit richtet sich nach dem StBG. Vgl. Kroiß, Int. Erbrecht, Rn. 157.

[93] Dieser Grundsatz wird durch zahlreiche Normen bzw. Gesetze gebrochen. Praxisrelevant ist § 14 öWEG, der bestimmt, dass das gemeinschaftliche inländische Wohnungseigentum zwingend dem überlebenden Ehegatten im Wege des Vorausvermächtnisses zugewiesen wird. Vgl. Rummel-Schwimann, IPRG, § 28 Rn. 1.

wenn für das Erbrecht im Übrigen ausländisches Recht anzuwenden ist.[94] Der Grund für die Normierung ist im materiellen österreichischem Erbrecht zu finden, da kein Vonselbsterwerb der Erbschaft - so wie in Deutschland - stattfindet, sondern es der Antretung und der förmlichen Einantwortung bedarf.[95] Der historische Gesetzgeber hielt, aufgrund des engen Zusammenhanges zwischen dem Verfahren (Einantwortung) und den materiellen Rechtsfolgen, eine Durchführung der Verlassenschaftsabhandlung in Österreich unter Berücksichtigung materiellrechtlicher Normen eines ausländischen Heimatrechts für undurchführbar.[96]
Wann eine Verlassenschaftsabhandlung in Österreich durchgeführt wird, richtet sich nach österreichischem Verfahrensrecht. Maßgeblich sind die §§ 21-25 AußStrG.[97] Entscheidend für die Beurteilung sind die Erblasserstaatsangehörigkeit sowie die Belegenheit des Nachlassvermögens im Todeszeitpunkt. Hervorzuheben ist in diesem Zusammenhang, dass Gesellschaftsrechte am Sitz der Gesellschaft belegen sind.[98]
In folgenden Fällen ist § 28 Abs. 2 IPRG anwendbar:[99]

aa) Österreichischer Erblasser
Bei österreichischen[100] Erblassern ist das gesamte bewegliche Vermögen sowie das inländische unbewegliche Vermögen ausschließlich[101] in Österreich abzuhandeln, § 21 AußStrG.[102] Dies gilt aus österreichischer Sicht unabhängig vom

---

[94] Vgl. OGH v. 1.10.1986, 1 Ob 591/86, ZfRV 1988, 132; Dorazil/Taucher, ErbStG, § 6 Rn. 3.7; Solomon, ZVglRWiss 2000 (99), 170 (174); Wachter, ZErb 2003, 306 (307).
[95] Vgl. OGH v. 12.6.2003, 2 Ob 81/03f, JBl 2004, 255; OGH v. 22.12.1997, 8 Ob 2343/96h, NZ 1998, 341.
[96] ErläutRV 784, Blg NR. XIV.GP,45; OGH v. 22.12.1997, 8 Ob 2343/96h, NZ 1998, 341; OGH v. 8.10.1991, 4 Ob 522/91, IPRax 1992, 328; Ferid/Firsching-Wirner, Österreich, Rn. 24; Hoyer, FS Beitzke, 520 (536); Taucher, Int. Erbschaften, 13. Dieser Ansatz wird auf Schwind, 260 zurückgeführt. Teilweise wurde die Norm auch als sachenrechtliche Kollisionsnorm bezeichnet. Vgl. Wirner, FS Schippel 1996, 981 (983f.). Dieser Gedanke wurde aber durch Solomon, ZVglRWiss 2000 (99), 170 (177f.) überzeugend entkräftet.
[97] Vgl. Berther, Int. Erbschaftsverwaltung, 235; Fasching-Fucik/Kralik, JN, §§105-108 Rn.1; Mähnhardt/Posch, IPR, 3/33; Posch, Rn. 12/3; Rummel-Schwimann, IPRG, § 28 Rn. 3; Solomon, ZVglRWiss 2000 (99), 170 (175).
[98] Schwimann, NZ 1979, 102 (103); Taucher, Int. Erbschaften, 14.
[99] Vgl. mit tabellarischer Übersicht: von Oertzen/Mondl, ZEV 1997, 240 (241).
[100] Als österreichischer Staatsbürger gilt auch eine Person mit doppelter Staatsangehörigkeit. Vgl. OGH v. 21.12.1992, 7 Ob 633/92, ZfRV 1993, 212.
[101] Berenbrok, 156; Berther, Int. Erbschaftsverwaltung, 180; Johnen, MittRhNotK 1986, 57 (65); Mähnhardt/Posch, IPR, 3/33.
[102] Da gemäß § 28 Abs. 1 IPRG das österreichische Recht bereits anwendbar ist, kommt Abs. 2 insofern keine selbstständige Bedeutung zu. Vgl. Berther, Int. Erbschaftsverwaltung, 235; Solomon, ZVglRWiss 2000 (99), 170 (174); Staudinger-Dörner, EGBGB, Anh. Art. 25f. Rn. 493.

letzten Erblasserwohnsitz, ob die österreichische Entscheidung im „Belegenheitsstaat“ anerkannt wird oder ob dort bereits ein Nachlassverfahren hinsichtlich dieses Vermögens durchgeführt wird.[103] Kein Anwendungsfall des § 28 Abs. 2 IPRG ist das im Ausland gelegene unbewegliche Vermögen.[104]

bb) Ausländischer Erblasser

(α) Beweglicher Nachlass

(A) Grundsatz

Grundsätzlich ist der im Ausland belegene bewegliche Nachlass in Österreich nicht abzuhandeln.[105] Auch der in Österreich befindliche bewegliche Nachlass eines ausländischen Erblassers ohne Wohnsitz in Österreich unterliegt gemäß § 23 Abs. 2 AußStrG nicht der österreichischen Abhandlungsjurisdiktion, wenn der Heimatstaat seine internationale Zuständigkeit ausübt. Es dürfen von österreichischen Behörden nur Maßnahmen zur Sicherung des Nachlasses vorgenommen werden, vgl. § 23 Abs. 2 AußStrG.[106]

(B) Ausnahmen

Ausnahmsweise sind die österreichischen Gerichte zur Verlassenschaftsabhandlung für den in Österreich gelegenen beweglichen Nachlass berufen (§§ 23f., 140 AußStrG), wenn der ausländische Erblasser seinen letzten Wohnsitz in Österreich hatte und wenn im Verhältnis zum ausländischen Heimatstaat keine Gegenseitigkeit i.S.d. AußStrG besteht[107] oder das Verhalten des ausländischen Staates nicht ermittelt werden kann (§ 23 Abs. 3 S. 1 AußStrG) oder wenn der Heimatstaat seine Zuständigkeit ablehnt (§ 23 Abs. 3 S. 2 AußStrG) oder wenn alle in Österreich befindlichen Erben die Durchführung einer Verlassenschaftsabhandlung durch ein österreichisches Gericht beantragen und nach Edikt-

---

[103] OGH 21.12.1992, 7 Ob 633/92, ZfRV 1993, 212; OGH v. 8.10.1991, 4 Ob 522/91, IPRax 1992, 328; OGH v. 7.5.1976, 2 Ob 515/76, ZfRV 1977, 294 (295); Berther, Int. Erbschaftsverwaltung, 180; Schwimann, NZ 1979, 102 (103); Solomon, ZVglRWiss 2000 (99), 170 (175).

[104] Burgstaller-Anzinger, Int. Zivilverfahrensrecht, Kap. 6 Rn. 6.6; Kuhn, 134; Mähnhardt/Posch, IPR, 3/33; Schwimann, 176f.; Schwimann, NZ 1979, 102 (103); Zemen, ZfRV 1987, 283 (288).

[105] Berther, Int. Erbschaftsverwaltung, 181; Schwimann, NZ 1979, 102 (104).

[106] Dazu: Burgstaller-Anzinger, Int. Zivilverfahrensrecht, Kap.6 Rn. 6.11ff.; Ferid/Firsching-Wirner, Österreich, Rn. 27ff.; Schwimann, NZ 1979, 102 (104).

[107] Im Bezug auf Deutschland besteht gerade keine Gegenseitigkeit. Vgl. OGH v. 1.10.1986, 1 OB 591/86, ZfRV 1988, 132; von Oertzen/Mondl, ZEV 1997, 240 (240).

erlassung kein weiterer der sich rechtzeitig meldenden Anwärter der österreichischen Abhandlung widerspricht (§§ 24, 140 AußStrG).[108]

(β) Unbeweglicher Nachlass

Bei ausländischen Erblassern ist der in Österreich gelegene unbewegliche Nachlass gemäß § 22 AußStrG in Österreich abzuhandeln.[109] Unbewegliches Vermögen im Ausland kommt für die österreichische Abhandlung nicht in Betracht.[110]

cc) Nichtanwendungsfälle des § 28 Abs. 2 IPRG

Kein Verlassenschaftsverfahren wird durchgeführt in Fällen der Abtuung armutshalber, wenn kein Vermögen hinterlassen wird (§ 72 Abs. 1 AußStrG). Ferner erfolgt keine Durchführung, wenn die Aktiva des Nachlassvermögens nicht € 3000 übersteigen und Liegenschaften nicht zum Nachlass gehören (§ 72 Abs. 2, 3 AußStrG) oder im Fall der Überlassung an Zahlungsstatt, wenn der Nachlass unbedeutend ist und zu vermuten ist, dass nur die dringendsten Schulden beglichen werden können (§ 73 AußStrG). Des Weiteren ist der Fall des Nachlasskonkurses zu nennen, wenn der Nachlass nicht unbedeutend, aber überschuldet ist (§ 74 AußStrG).

d) Nachlasserwerb dinglicher Rechte an Liegenschaften

Gemäß §§ 32 i.V.m. 31 Abs. 1 IPRG richtet sich beim Erwerb von Todes wegen der sachenrechtliche Erwerbsakt bezüglich dinglicher Rechte an Liegenschaften nach dem Recht des Belegenheitsortes.[111] Nach ganz herrschender Ansicht[112] bezieht sich § 32 IPRG nur auf das „Wie“ (Modus), also auf die

---

[108] Berther, Int. Erbschaftsverwaltung, 182; Ferid/Firsching-Wirner, Österreich, Rn. 26; Mähnhardt/Posch, IPR, 3/33; Schwimann, IPR, 177; Schwimann, NZ 1979, 102 (103f.).

[109] Vgl. OGH v. 28.1.1999, 6 Ob 251/98z, ÖJZ 1999, 131; Burgstaller-Anzinger, Int. Zivilverfahrensrecht, Kap. 6 Rn. 6.9; Ferid/Firsching-Wirner, Österreich, Rn. 26; Schwimann, NZ 1979, 102 (103).

[110] Ferid/Firsching-Wirner, Österreich, Rn. 26; Schwimann, 177; Schwimann, NZ 1979, 102 (103).

[111] Aus § 32 IPRG ergibt sich gleichzeitig der Umkehrschluss, dass sich der Erwerbsmodus bei beweglichen Sachen nach dem allgemeinen Erbstatut richtet. Vgl. Staudinger-Dörner, EGBGB, Anh. Art. 25f. Rn. 495.

[112] RV 785 BlgNR 14 GP 47; OGH v. 8.10.1991, 4 Ob 522/91, JBl 1992, 460; BayObLG v. 30.9.1999, 1 Z BR 142/98, ZEV 1999, 485 (486); OLG Köln v. 25.3.1997, 14 UF 186/96, FamRZ 1997, 1176; Berther, Int. Erbschaftsverwaltung, 236; Burgstaller-Anzinger, Int. Zivilverfahrensrecht, Kap. 6 Rn. 6.32; Kroiß, Int. Erbrecht, Rn. 162; Lurger, IPRax 1994, 235 (236); Mähnhardt/Posch, IPR, 3/34; Rummel-Schwimann, IPRG, § 28 Rn. 4; Solomon, ZVglRWiss 2000 (99), 170 (180f.); Staudinger-Dörner, EGBGB, Anh. Art. 25f Rn. 494; Wirner, FS Schippel, 981 (984); Zemen, ZfRV 1988, 89 (92); Zemen, ZfRV 1987, 283 (288). Der Beschluss des OGH vom 27.5.1986 (2 Ob 526/86, IPRax 1988, 35), in dem der OGH für spanischen Grundbesitz einer österreichischen Erblasserin von der Anwendung spanischen

Frage, ob die dinglichen Rechte mit dem Erbfall automatisch oder erst durch einen gerichtlichen Übertragungsakt übergehen, nicht aber auf den für den Erwerb notwendigen Titel (erbrechtlicher Berufungsgrund). Für die Beurteilung, ob eine bewegliche oder unbewegliche Sache vorliegt, ist gemäß § 31 Abs. 2 IPRG das Recht des Lageortes entscheidend.
Für in Österreich gelegenen Grundbesitz eines deutschen Erblassers ist daher grundsätzlich das deutsche Erbstatut anzuwenden, Art. 25 Abs. 1 S. 1 EGBGB, § 28 Abs. 1 IPRG. Gemäß Art. 3 Abs. 3 EGBGB, §§ 28 Abs. 2, 32 IPRG wird an das österreichische Recht, das die Verweisung auch annimmt, bezüglich des Erbschaftserwerbs (Modi) verwiesen. Es ist ein Einantwortungsverfahren erforderlich, damit der Erbe Eigentümer des Nachlasses wird. Für den in Österreich belegenen unbeweglichen Nachlass ist das Ergebnis deckungsgleich mit § 28 Abs. 2 IPRG.[113] Selbständige Bedeutung erlangt § 32 IPRG bei ausländischen Nachlassliegenschaften:[114] Bei einem österreichischen Erblasser mit unbeweglichem Nachlassvermögen in Deutschland ist gemäß § 28 Abs. 1 IPRG, Art. 25 Abs. 1 S. 1 EGBGB das österreichische Erbstatut maßgeblich. Für das in Deutschland belegene unbewegliche Nachlassvermögen wird gemäß § 32 IPRG bezüglich der Modalität des Erwerbs auf das deutsche Recht zurückverwiesen. Diese partielle Rückverweisung wird vom deutschen Recht angenommen, Art. 4 Abs. 1 S. 2 EGBGB. Es findet kein Einantwortungsverfahren, sondern ein Vonselbsterwerb (§ 1922 BGB) statt, auch wenn im Übrigen auf die Erbfolge das österreichische Recht anzuwenden ist.[115]

e) Rechtswahl

Die Möglichkeit der Rechtswahl durch den Erblasser besteht im österreichischen Internationalen Privatrecht nicht.[116]

f) Umfang des Erbstatuts

Sachlich erstreckt sich das Erbstatut auf die gesamte Rechtsnachfolge von Todes wegen, soweit keine Sonderanknüpfung greift.[117] Gesondert angeknüpft

---

Rechts ausging, führte zu Irritationen. Diese sind aber mittlerweile überwunden. Vgl. ausführlich: Hoyer, IPRax 1988, 255 (255ff.); Lorenz, IPRax 1990, 206 (206).

[113] Vgl. Berther, Int. Erbschaftsverwaltung, 237; Rummel-Schwimann, IPRG, § 28 Rn. 4; Schwimann, NZ 1979, 102 (107); Solomon, ZVglRWiss 2000 (99), 170 (187); Süß/Haas-Süß, § 1 B Rn. 18. Vgl. auch: 2. Teil A III 1 c).

[114] Berther, Int. Erbschaftsverwaltung, 237; Schwimann, IPR, 178; Schwimann, NZ 1979, 102 (107); Solomon, ZVglRWiss 2000 (99), 170 (187).

[115] Vgl. OLG Köln v. 25.3.1997, 14 UF 186/96, FamRZ 1997, 1176; Berther, Int. Erbschaftsverwaltung, 237; Kroiß, Int. Erbrecht, Rn. 162; Schwimann, NZ 1979, 102 (107); Süß/Haas-Süß, Österreich, Rn. 202; Wirner, FS Schippel, 981 (985).

[116] Vgl. Beitzke, RabelZ 1979 (43), 245 (259); Dittmann/Bengel/Reimann-Lichtenberger, B Rn. 70; Fraberger, 455; Kuhn, 137; Rierig/Bachler, DNotZ 1995, 580 (586); Schwimann, 173; Süß/Haas-Haunschmidt, Österreich, Rn. 11.

wird bei der Testierfähigkeit und bei den sonstigen materiellen Erfordernissen an die Gültigkeit der letztwilligen Verfügung (§ 30 Abs. 1 S. 1 IPRG), der Form letztwilliger Verfügungen (Haager Testamentsabkommen; §§ 30 i.V.m. 8 IPRG) und der gesetzlichen Nachfolge in eine Gebietskörperschaft (§ 29 IPRG).[118]

aa) Verfügungen von Todes wegen

Zu den Verfügungen von Todes wegen zählen Testament und Kodizill sowie Erb- und Erbverzichtsverträge, nicht jedoch die Schenkung bzw. der Auftrag auf den Todesfall.[119] Bei letzterem wird eine schuldrechtliche Anknüpfung i.S.d. §§ 35, 37 IPRG befürwortet.[120] Für die Vorraussetzungen an eine Verfügung von Todes wegen ist gemäß § 30 Abs. 1 S. 1 IPRG das Personalstatut des Erblassers maßgeblich, primär im Errichtungszeitpunkt und bei Ungültigkeit das Personalstatut im Todeszeitpunkt.[121] Die Auslegung und die Rechtfolgen der Verfügung von Todes wegen richten sich hingegen nach § 28 IPRG.[122]
Für die Formgültigkeit ist das Haager Testamentsabkommen für Testamente und Kodizille maßgebend. Das allgemeine Formstatut des § 8 IPRG gilt nur für Erb- und Erbverzichtsverträge und ihre rechtsgeschäftliche Auflösung.[123]

bb) Übriges Erbrecht

Alle übrigen materiellen Erbrechtsfragen, insbesondere die Erbfähigkeit, gesetzliche Erbfolge, Erbausschlagung, Noterb- und Pflichtteilsrecht, gesetzliche Vermächtnisse, Enterbung, Erbschaftserwerb, Nachlassschuldenhaftung, Wirkung und Auslegung von Verfügungen von Todes wegen sind nach § 28 Abs. 1 IPRG zu beurteilen.[124]

---

[117] Hoyer, FS Beitzke, 521 (535); Kroiß, Int. Erbrecht, Rn. 159; Kuhn, 136; Rummel-Schwimann, IPRG, § 28 Rn. 1; Schwimann, 174.

[118] Ferid/Firsching-Wirner, Österreich, Rn. 21f.; Fraberger, 458f.; Rummel-Schwimann, IPRG, § 29 Rn. 1f., § 30 Rn. 3; Schwimann, NZ 1979, 102 (106).

[119] Ferid/Firsching-Wirner, Österreich, Rn. 21; Kuhn, 138 Fn. 59; Rummel-Schwimann, IPRG, § 30 Rn. 2; Schwimann, 173.

[120] Vgl. OGH v. 23.2.1999, 4 Ob 34/99z, NZ 1999, 346 (348); Ferid/Firsching-Wirner, Österreich, Rn. 20; Fraberger, 459; Rummel-Schwimann, IPRG, § 30 Rn. 2; Schwimann, NZ 1979, 102 (105). Vgl. zum Schuldstatut: Schwimann, 65ff.

[121] Vgl. OGH v. 5.8.1999, 1 Ob 140/99s, ZfRV 2000, 6; LZG Wien v. 25.6.1992, 43 R 318/92, EFSlg. 69.643; Rummel-Schwimann, IPRG, § 30 Rn. 1; Schwimann, NZ 1979, 102 (105); Süß/Haas-Haunschmidt, Österreich, Rn. 7.

[122] Hoyer, FS Beitzke, 521 (535); Rierig/Bachler, DNotZ 1995, 580 (587); Rummel-Schwimann, IPRG, § 30 Rn. 1; Schwimann, 173.

[123] Demnach hat die Form entweder den Vorschriften am Errichtungsort oder dem von § 30 IPRG berufenen Recht zu entsprechen. Vgl. Ferid/Firsching-Wirner, Österreich, Rn. 21.

[124] Vgl. OGH v. 28.3.2000, 1 Ob 33/00, ZfRV 2000, 74; Fraberger, 457f.; Mähnhardt/Posch, IPR, 3/33; Rummel-Schwimann, IPRG, § 28 Rn. 1ff.; Schwimann, 175.

2. Sachenrechtsstatut

a) Allgemeines

Das österreichische Sachenrechtsstatut ist in §§ 31-33 IPRG kodifiziert. Gemäß § 32 Abs. 1 IPRG ist die lex rei sitae im Zeitpunkt der Vollendung des Rechtserwerbs maßgeblich für Erwerb und Verlust dinglicher Rechte an körperlichen Sachen einschließlich des Besitzes.[125] Abs. 2 stellt klar, dass die rechtliche Gattung und der Inhalt der Sachenrechte nach dem Recht des Lageortes zu beurteilen ist.

b) Umfang des Sachenrechtsstatuts

Das Sachenrechtsstatut umfasst nach § 31 IPRG alle sachenrechtlichen Fragen wie Entstehung, Erwerb, Typologie, Inhalt, Wirkungen, Schutz, Übertragung und Untergang dinglicher Rechte an.[126] Nach herrschender Meinung, unter Berufung auf den gesetzgeberischen Willen, richtet sich auch die Form dinglicher Verfügungen nach dem Belegenheitsstatut.[127]

3. Gesellschaftsstatut

a) Allgemeines

Für Personenhandelsgesellschaften ist entsprechend der Behandlung von juristischen Personen das Recht am tatsächlichen Hauptverwaltungssitz der Gesellschaft maßgeblich, § 10 IPRG.[128]

b) Umfang des Gesellschaftsstatuts

Das Gesellschaftsstatut umfasst Fragen der Entstehung, Auflösung, Rechtsfähigkeit, Geschäftsführung, Vertretung der Gesellschaft, Mitgliedschaftsrechte, Haftung der Gesellschafter.[129]

---

[125] Beitzke, RabelZ 1979 (43), 245 (266); Hoyer, ZfRV 1988, 98 (98); Mähnhardt/Posch, IPR, 3/39; Rummel-Schwimann, IPRG, § 31 Rn. 3.

[126] DACH-Baier, 7 (32); Schwimann, 135.

[127] Beitzke, RabelZ 1979 (43), 245 (253); DACH-Baier, 7 (32); Mähnhardt/Posch, IPR, 3/40; Rummel-Schwimann, IPRG, § 31 Rn. 5: Bei der Redaktion wurde übersehen, dass von Gesetzes wegen die „Form einer Rechtshandlung" nach § 8 IPRG zu beurteilen wäre. Dieser Paragraph ist für das internationale Sachenrecht nicht ausgeschlossen worden. Bezüglich der Abgrenzung zwischen Sachenrechts- und Erbstatut gelten die vergleichbaren Grundsätze wie in Deutschland.

[128] DACH-Baier, 7 (21); Mähnhardt/Posch, IPR, 2/7; Rummel-Schwimann, IPRG, § 10 Rn. 2; Schwimann, GesRZ 1981, 142 (143). Genauso wie in Deutschland gilt die sog. Sitztheorie.

[129] Ausführlich dazu: Schwimann, 56ff.; Schwimann, GesRZ 1981, 142 (142ff.); Staringer, 39ff.

c) Abgrenzung des Gesellschaftsstatuts zum Erbstatut

Das Gesellschaftsstatut entscheidet über die Auflösung der Gesellschaft im Todesfall eines Gesellschafters, die Fortführung mit den Altgesellschaftern oder Erben sowie über die Frage, ob Ausgleichsansprüche in den Nachlass fallen.[130] Daher ist für die Zulässigkeit und die Folgen einer Fortsetzungsklausel und einfachen Nachfolgeklausel das Gesellschaftsstatut entscheidend. Im Bezug auf die qualifizierte Nachfolgeklausel ist in einem zweiten Schritt das Erbstatut bezüglich der Einsetzung des qualifizierten Nachfolgers maßgeblich.

B. Zivilrecht

I. Deutschland

1. Erbrechtliche Grundlagen

a) Systeme des Erbschaftserwerbs

Ein Grundanliegen des Erbrechts ist, dass der Eintritt in die Rechts- und Pflichtenstellung des Erblassers dem zur Erbfolge Berufenen nicht gegen seinen Willen aufgedrängt wird, da einerseits neben den Aktiva auch die Passiva übergehen und andererseits persönliche Gründe des Berufenen zu respektieren sind.[131] Die gesetzliche Ausgestaltung des Erbschaftserwerbes muss dem Berufenen daher die Freiheit gewähren, sich gegen den „Erbschaftserwerb“ zu entscheiden. Diesem Bedürfnis kann sowohl durch das Anfallprinzip als auch durch das Antrittsprinzip Rechnung getragen werden.

Das Anfallprinzip oder Vonselbsterwerb-Prinzip stellt einen mit dem Erbfall ipse iure eintretenden Erwerb mit Ausschlagungsrecht, welchem rückwirkende Kraft zukommt, dar.[132] Solange der Erbe ausschlagen kann, ist er nur vorläufiger Erbe. Hat er die Erbschaft angenommen[133] oder die Ausschlagungsfrist verstreichen lassen, kann er nicht mehr ausschlagen: er ist endgültiger Erbe.

Beim Antrittsprinzip ist hingegen zum Erbschaftserwerb eine positive Antretungserklärung des Berufenen (aditio hereditatis) erforderlich. Bis zu diesem Zeitpunkt bildet der Nachlass einen subjektlosen Vermögenskomplex als hereditas iacens.

Das deutsche Recht folgt in § 1942 BGB im Anschluss an das preußische Allgemeine Landrecht dem Anfallprinzip.[134] Es zeichnet sich durch praktische

---

[130] Vgl. Fraberger, 460; Schwimann, 58.

[131] Staudinger-Otte, BGB, § 1942 Rn. 1.

[132] Wacke, JA 1982, 242 (242).

[133] Staudinger-Otte, BGB, § 1942 Rn. 2: Die Annahme der Erbschaft hat nur die Aufgabe, das Ausschlagungsrecht zu vernichten.

[134] Diesem Prinzip folgt auch das französische (Art. 718, 711 CC), das griechische und das schweizerische Recht (Art. 560 ZGB).

Vorzüge aus: Einfachheit der gesetzlichen Regelung, Anpassung an die Lebenswirklichkeit, in der die Erbschaften häufiger angenommen als ausgeschlagen werden. Ferner ist die Regelung für Nachlassgläubiger vorteilhaft, da sie nicht den Erbschaftsantritt beweisen müssen.[135]
Im österreichischen Recht gilt hingegen das Antrittsprinzip.[136] Als österreichische Besonderheit ist hervorzuheben, dass neben der Erberklärung noch zusätzlich eine gerichtliche Einweisung für den Erbschaftserwerb vorgesehen ist. Die Fürsorge der ruhenden Erbschaft wird dem Gericht übertragen. Der Vorteil dieses Systems wird darin gesehen, dass Eigenmacht und Erbstreitigkeiten vermieden werden.[137]

b) Gesamtrechtsnachfolge

Sowohl das deutsche als auch das österreichische Erbrecht beruhen auf dem Prinzip der Gesamtrechtsnachfolge. Dies bedeutet, dass der Nachlass „als Ganzes" (vgl. § 1922 Abs. 1 BGB, § 547 ABGB) d.h. als Einheit auf den Erben uno actu übergeht.[138] Es findet im Gegensatz zu den Rechtsgeschäften unter Lebenden keine Singularsukzession statt.
Die Universalsukzession dient dem Interesse der Erben und Nachlassgläubiger und verschafft Rechtsklarheit:[139] Das Vermögen des Erblassers wird unverändert in dem Zustand wie es im Erbfall „steht und fällt"[140] auf den Erben überführt.[141] Das Konzept der Gesamtrechtsnachfolge führt in seiner Konsequenz dazu, dass eine Sonderbehandlung wirtschaftlicher Einheiten oder einzelner Vermögensgegenstände im Erbgang ausgeschlossen ist.[142] Eine sachliche Aufteilung des Nachlasses in einzelne Vermögensmassen mit getrennter Erbfolgeordnung ist nicht vorgesehen.[143] Eine Gegenstandszuwendung kann nicht mit „dinglicher" Wirkung, sondern nur mithilfe von schuldrechtlich wirkenden

---

[135] Motive Band 5, 258f.; Lange/Kuchinke, § 8 I 4; Mertens, 29f.; Staudinger-Otte, BGB, § 1942 Rn. 3; Wacke, JA 1982, 242 (243).
[136] Dem Antrittsprinzip folgt auch das italienische Recht (Art. 456, 457, 459 CC) und das englische Recht.
[137] Ferid/Firsching-Wirner, Österreich, Rn. 139; Haunschmidt, Rn. 93; Ost, 21.
[138] Frank, § 1 Rn. 7; Gschnitzer/Faistenberger, 4; Palandt-Edenhofer, BGB, § 1922 Rn. 6; Schwimann-Eccer, ABGB, § 532 Rn. 2. Dieses Prinzip gilt auch für Fälle, in denen mehrere Erben vorhanden sind. Die Erbengemeinschaft erwirbt den Nachlass als Einheit.
[139] Vgl. OLG Hamm v. 4.10.1978, 15 W 425/77, OLGZ 1979, 44 (45); Bamberger/ Roth-Müller-Christimann, BGB, § 1922 Rn. 15; Scherer-Hennicke, § 4 Rn. 1.
[140] So ausdrücklich: OLG Hamm v. 4.10.1978, 15 W 425/77, OLGZ 1979, 44 (45).
[141] Vgl. Bamberger/Roth-Müller-Christimann, BGB, § 1922 Rn. 15; Ferid/Firsching-Wirner, Österreich, Rn. 47; Lange/Kuchinke, § 5 II 2; Scherer-Hennicke, § 4 Rn. 1; Staudinger-Marotzke, BGB, § 1922 Rn. 45.
[142] Frank, § 1 Rn. 9; Muscheler, Jura 1999, 234 (238).
[143] Erman-Schlüter, BGB, § 1922 Rn. 52; Kapp/Ebeling, ErbStG, § 3 Rn. 111; Otte, NJW 1987, 3164 (3165); Piltz, ZEV 1997, 1075 (1075); Staudinger-Marotzke, BGB, § 1922 Rn. 47. A.A.: Schrader, NJW 1987, 117 (118).

Anordnungen wie Vermächtnis oder Teilungsanordnung durchgeführt werden.[144] In diesem Fall wird der Erbe zunächst alleiniger Rechtsträger aller - auch der sonderzugeteilten - Nachlassgüter. Aufgrund der Erblasseranordnungen ist er allerdings schuldrechtlich dazu verpflichtet, diese Gegenstände auf den Bedachten zu übertragen.

Durchbrechungen erfährt der Grundsatz der Universalsukzession nur in den wenigen anerkannten Fällen der Sondererbfolge. Charakteristisch für diese ist, dass bestimmte Vermögensgegenstände oder Nachlasseinheiten, losgelöst vom übrigen Nachlass, unmittelbar mit dem Erbfall einer bestimmten Person zufallen.[145] Es entstehen zwei rechtlich selbständige Vermögensmassen. Jeder Nachlassteil wird für sich wie ein eigener Nachlass betrachtet.[146] Sondererbfolgen finden sich abschließend im Bereich des Höferechts (§ 4 S. 1 HöfeO; AnerbG, Kärntner ErbhöfeG, Tiroler HöfeG), des Heimtättenrechts (§ 24 RHeimStG bis zum 30.9.1993; öRHeimStG) und nach ständiger Rechtsprechung bei der Vererbung von Personengesellschaftsanteilen wieder.[147]

c) Gesetzliche und gewillkürte Erbfolge

aa) Gesetzliche Erbfolge

Das BGB folgt bei der Festlegung der gesetzlichen Erben dem Prinzip der Familienerbfolge.[148] Gesetzliche Erben[149] sind die rechtlich anerkannten Verwandten des Erblassers (§§ 1924ff. BGB), der Ehegatte (§ 1931 BGB) und der (die) Lebenspartner(-in) (§ 10 LPartG).

(α) Grundzüge der Verwandtenerbfolge

Nach dem Parentelsystem werden die Verwandten des Erblassers in verschiedene Ordnungen (Parentelen) unterteilt. Die §§ 1924-1929 BGB bilden aus dem Kreis der Verwandten jeweils eine in sich geschlossene Gruppe möglicher

---

144 Erman-Schlüter, BGB, § 1922 Rn. 52; Michalski, Erbrecht, Rn. 738; Piltz, ZEV 1997, 1075 (1075); Staudinger-Marotzke, BGB, § 1922 Rn. 51.

145 Bamberger/Roth-Müller-Christimann, BGB, § 1922 Rn. 22; Schlüter, Rn. 42.

146 BGH v. 5.6.1957, IV ZR 16/57, BGHZ 24, 352 (355); Palandt-Edenhofer, BGB, § 1922 Rn. 7; Scherer-Hennicke, § 4 Rn. 2.

147 Muscheler, Jura 1999, 289 (290ff.). Vgl. zur Sondererbfolge bei Personengesellschaftsanteilen: 3. Teil C I und 3. Teil D I.

148 Frank, § 2 Rn. 1; Leipold, Rn. 86; Olzen, Jura 1998, 135 (135); Palandt-Edenhofer, BGB, § 1924 Rn. 1; Soergel-Stein, BGB, § 1922 Rn. 86ff.

149 Eine Unterscheidung zwischen nichtehelichen und ehelichen Kindern findet seit dem 31.3.1998 nicht mehr statt. Nichteheliche Kinder sind genauso wie eheliche Kinder mit dem Erzeuger verwandt. Vgl. zur früheren Rechtslage und zu Übergangsvorschriften ausführlich: Rauscher, ZEV 1998, 41 (41ff.); Soergel-Stein, BGB, § 1924 Rn. 7ff.

Erben.[150] Soweit Verwandte einer vorhergehenden Ordnung vorhanden sind, scheiden Mitglieder fernerer Ordnungen aus der gesetzlichen Erbfolge aus, sog. Grundsatz der niedrigeren Ordnung, § 1930 BGB.[151]
Das Stammessystem ergänzt das Parentelsystem, nachdem festgestellt worden ist, welche Ordnung maßgeblich ist. Innerhalb einer Parentel werden Untergruppen gebildet: Diejenigen Personen werden zu einem Stamm zusammengefasst, die durch dieselbe Person mit dem Erblasser verwandt sind.[152] Gemäß § 1924 Abs. 4 BGB erben Stämme zu gleichen Teilen. Innerhalb der zweiten und dritten Ordnung treten an die Stelle von Stämmen Linien, welche wiederum zu gleichen Teilen erben, §§ 1925 Abs. 2 u. 3, 1926 Abs. 2 u. 3 BGB.[153]
Gemäß § 1924 Abs. 2 BGB erbt innerhalb jedes Stammes ausschließlich dessen Repräsentant, d.h. der nächste Verwandte des Erblassers, sog. Repräsentationsprinzip.[154] Ist der Repräsentant verstorben, tritt an seine Stelle gemäß § 1924 Abs. 3 BGB der mit diesem am nächsten Verwandte des Stammes, sog. Eintrittsrecht.

(β) Gesetzliches Ehegattenerbrecht

Da der Ehegatte des Erblassers mit diesem nicht verwandt ist, ist in § 1931 BGB ein Ehegattenerbrecht normiert. Hintergrund des gesetzlichen Erbrechts ist die „Ehegewinnausgleichung" und die Sicherstellung der wirtschaftlichen Existenz des überlebenden Ehegattens.[155]
Bei Vorliegen der Voraussetzungen des Ehegattenerbrechts[156] bestimmt sich der Umfang des gesetzlichen Erbrechts nach § 1931 BGB.[157] Ferner kann der

---

[150] Olzen, Jura 1998, 135 (136); Palandt-Edenhofer, BGB, § 1924 Rn. 2. Erben der ersten Ordnung sind die Abkömmlinge des Erblassers, § 1924 Abs. 1 BGB. Erben der zweiten Ordnung sind die Eltern des Erblassers und deren Abkömmlinge, § 1925 Abs. 1 BGB. Erben der dritten Ordnung sind gemäß § 1926 BGB die Großeltern des Erblassers und deren Abkömmlinge. Die Zahl der Ordnungen ist unbegrenzt.

[151] Frank, § 2 Rn. 8; Leipold, Rn. 113; Soergel-Stein, BGB, § 1930 Rn. 2.

[152] Belling, Jura 1986, 579 (582); Leipold, Rn. 114; Olzen, Jura 1998, 235 (236); Soergel-Stein, BGB, § 1930 Rn. 35; Staudinger-Werner, BGB, vor §§ 1924-1936 Rn. 15.

[153] Das Gradualsystem, wonach die Anzahl der vermittelnden Geburten maßgeblich ist, löst ab der vierten Ordnung das Stammessystem ab, §§ 1928 Abs. 3, 1929 BGB.

[154] Belling, Jura 1986, 579 (583); MüKo-Leipold, BGB, § 1924 Rn. 22; Olzen, Jura 1998, 235 (236). Entsprechendes gilt für die zweite und dritte Ordnung gem. §§ 1925 Abs. 2, 1926 Abs. 2 BGB.

[155] Battes, FamRZ 1977, 433 (434f.); Belling, Jura 1986, 579 (584); Palandt-Edenhofer, BGB, § 1931 Rn. 1; Schlüter, Rn. 96; Staudinger-Werner, BGB, § 1931 Rn. 2.

[156] Vgl. ausführlich: MüKo-Leipold, BGB, § 1931 Rn. 6ff.; Lange/Kuchinke, § 12 II; Staudinger-Werner, BGB, § 1931 Rn. 7ff.

[157] Neben den gesetzlichen Erben erster Ordnung erbt der überlebende Ehegatte ein Viertel, neben denen der zweiten Ordnung oder neben Großeltern die Hälfte, § 1931 Abs. 1 S. 1 BGB. Werden gemäß § 1926 Abs. 3 BGB neben den Großeltern Abkömmlinge derselben als Erben berufen, fällt der Erbteil der Abkömmlinge zusätzlich an den Ehegatten, § 1931 Abs. 1

konkrete Güterstand zu einer Erweiterung des Erbrechts führen.[158] Der Grund hierfür ist darin zu sehen, dass mit dem Erblassertod auch gleichzeitig die Ehe beendet wird und daher vom Ansatz her der normale Ausgleich bei Beendigung der Ehe eingreifen müsste. Im gesetzlichen Regelgüterstand der Zugewinngemeinschaft wird daher regelmäßig das gesetzliche Erbrecht um ein Viertel erhöht als pauschale Abgeltung des Zugewinns, § 1371 Abs. 1 BGB.[159]
Ist der überlebende Ehegatte gesetzlicher Erbe, besteht zusätzlich gemäß § 1932 BGB ein gesetzliches Vorausvermächtnis gegen die anderen Miterben auf Übereignung von Hausratsgegenständen und Hochzeitsgeschenken ohne Anrechnungspflicht auf die Erbquote.[160]

(γ) Erbrecht des Staates
Sind weder letztwillige Verfügungen noch gesetzliche Erben vorhanden, erbt der Staat als gesetzlicher Zwangserbe, § 1936 BGB.

bb) Verhältnis der gesetzlichen zur gewillkürten Erbfolge
Die gesetzliche Erbfolge tritt nur dann ein, wenn und soweit es nicht aufgrund einer wirksamen letztwilligen Verfügung zur gewillkürten Erbfolge kommt.[161]

cc) Gewillkürte Erbfolge
Das BGB gewährt dem Erblasser durch die verfassungsrechtlich geschützte Testierfreiheit als Ausdruck der Privatautonomie grundsätzlich das Recht, nach freiem Belieben Verfügungen von Todes wegen zu treffen.[162]

S. 2 BGB. Der überlebende Ehegatte erbt gemäß § 1931 Abs. 2 BGB den gesamten Nachlass, wenn er auf Verwandte der vierten oder entfernterer Ordnungen trifft sowie bei Abkömmlingen von Großeltern der dritten Ordnung.

[158] Da es im Fall der Gütertrennung lediglich zu einer Modifizierung durch § 1931 Abs. 4 BGB kommt, ist es gerade bei unternehmerischen Vermögen - insbesondere vor dem Hintergrund des § 5 Abs. 1 ErbStG - sinnvoll, eine sog. modifizierte Zugewinngemeinschaft zu vereinbaren. Vgl. Crezelius, Rn. 25; Frieser/Sarres/Stückemann/Tschichoflos-Hannes, Kap 9 Rn. 457; Michalski, Erbrecht, Rn. 68f.; Soergel-Stein, BGB, § 1931 Rn. 29ff.; Staudinger-Werner, § 1931 Rn. 43ff. Vgl. zur Gütergemeinschaft: MüKo-Leipold, BGB, § 1931 Rn. 33ff.; Scherer-Hennicke, § 4 Rn. 27; Staudinger-Werner, BGB, § 1931 Rn. 51.

[159] Vgl. ausführlich: MüKo-Leipold, BGB, § 1931 Rn. 22ff.; Soergel-Stein, BGB, § 1931 Rn. 21ff.

[160] Frank, § 2 Rn. 41; Olzen, Jura 1998, 135 (141); Scherer-Hennicke, § 4 Rn. 39; Staudinger-Werner, BGB, § 1931 Rn. 22, 28; Soergel-Stein, BGB, § 1932 Rn. 2; Schlüter, § 9 Rn. 115.

[161] Lange/Kuchinke, § 9 II 1f.; Scherer-Hennicke, § 4 Rn. 15; Schlüter, § 6 Rn. 70.

[162] Belling, Jura 1986, 625 (625); Ebenroth, Rn. 179; Leipold, Rn. 182; Scherer-Hennicke, § 4 Rn. 15. Die Testierfreiheit ist im Wesentlichen in den §§ 1937-1941 BGB geregelt. Sie findet ihre Grenzen durch das Pflichtteilsrecht und die allgemeinen Grenzen der privatautonomen Gestaltung. Vgl. zur verfassungsrechtlichen Absicherung: BVerfG v. 14.12.1994, 1 BvR 720/90, NJW 1995, 2977; Pabst, JuS 2001, 1145 (1146ff.); Vyas, ZEV 2002, 1 (2ff.).

Verfügungen von Todes wegen sind das Testament (§§ 2064-2264 BGB), der Erbvertrag (§§ 2274-2302 BGB), sowie die Zwischenform des gemeinschaftlichen Testaments (§§ 2265-2273 BGB). Es handelt sich um Rechtsgeschäfte, die Anordnungen für den Fall des Todes enthalten.[163] Deren Voraussetzungen, Formen und Wirkungen werden im Folgenden nicht dargestellt. Lediglich österreichische Besonderheiten und Unterschiede zum deutschen Recht sollen im Kapitel „Österreichisches Erbrecht" angesprochen werden.
Neben Erbeinsetzungen können Verfügungen von Todes wegen u.a. Teilungsanordnungen und Vermächtnisse beinhalten. Deren Wirkungsweisen sollen aufgrund der Relevanz für die Behandlung von gesellschaftsrechtlichen Nachfolgeklauseln im Folgenden skizziert werden.

(α) Teilungsanordnung

Mittels einer Teilungsanordnung kann der Erblasser im Rahmen einer letztwilligen Verfügung bestimmte Vermögensgegenstände einzelnen Miterben zuweisen, vgl. § 2048 BGB. Der Anordnung kommt obligatorische Wirkung zu.[164] Für Testamentsvollstrecker, Richter und Notare – soweit diesen die Vermittlung der Auseinandersetzung nach §§ 86ff., 193 FGG übertragen worden ist – ist die Anordnung zwar verbindlich, Miterben können jedoch einvernehmlich von dieser abweichen.[165]
In ihrer Wirkungsweise beschränkt sich die Teilungsanordnung auf die „technische" Durchführung der Erbauseinandersetzung.[166] Die Höhe der Erbquote bleibt unverändert.[167] Der zugewiesene Gegenstand wird wertmäßig auf den Erbteil des Miterbens angerechnet.[168] Übersteigt der Wert des zugewiesenen Gegenstandes wertmäßig das, was dem Miterben quotenmäßig zusteht, ist er

---

[163] Brox, Rn. 83; Lange/Kuchinke, § 17 I 1, II.

[164] BFH v. 4.5.2000, IV R 10/99, NJW 2001, 173 (174); Brox, Rn. 524; Carlé ErbStB 2003, 131 (132); Ebenroth, Rn. 790; Frank, § 10 Rn. 16; Haas, 84; Muscheler, Jura 1999, 234 (239); MüKo-Dütz, BGB, § 2048 Rn. 8; Staudinger-Werner, BGB, § 2048 Rn. 2; Steiger, UVR 1993, 72 (73).

[165] Ebenroth, Rn. 790; MüKo-Dütz, BGB, § 2048 Rn. 8; Soergel-Wolf, BGB, § 2048 Rn. 2; Staudinger-Werner, BGB, § 2048 Rn. 3.

[166] FG Hessen v. 6.2.1990, 10 K 10 90/89, EFG 1990, 367; Eidenmüller, JA 1991, 150 (151); MüKo-Dütz, BGB, § 2048 Rn. 16; Schlüter, Rn. 898; Soergel-Wolf, BGB, § 2048 Rn. 2.

[167] Crezelius, Rn. 57; Ebenroth, Rn. 792; Piltz, ZEV 1997, 1075 (1075); Soergel-Wolf, BGB, § 2048 Rn. 2.

[168] BGH v. 23.5.1984, IVa ZR 185/82, FamRZ 1985, 62; BGH v. 14.3.1984, IVa ZR 87/82, FamRZ 1984, 688; BGH v. 23.9.1981, IVa ZR 185/80, BGHZ 82, 274; Haas, 84; MüKo-Dütz, BGB, § 2048 Rn. 2; Soergel-Wolf, BGB, § 2048 Rn. 2; Schwald, 28; Steiger, UVR 1993, 72 (73).

zur Zahlung eines entsprechenden Ausgleiches gegenüber den übrigen Miterben verpflichtet.[169]

(β) Vermächtnis

Das Vermächtnis beinhaltet keine Erbeinsetzung, sondern begründet einen vor Auseinandersetzung zu erfüllenden schuldrechtlichen Anspruch des Vermächtnisnehmers gegen den durch das Vermächtnis Beschwerten auf Leistung des Vermächtnisgegenstandes, sog. Damnationslegat.[170] Das Vermächtnis fällt mit dem Erbfall an, § 2176 BGB. Dem Vermächtnisnehmer steht ein Ausschlagungsrecht zu. Gegenstand eines Vermächtnisses kann jeder „Vermögensvorteil" sein, § 1939 BGB. Dieser Begriff ist nach ganz herrschender Meinung[171] weit auszulegen: Jede Begünstigung des Bedachten wird erfasst. Auch die Beteiligung an einer Personengesellschaft kann Gegenstand eines Vermächtnisses sein.

Dass der Erblasser gemäß § 2151 Abs. 1 BGB die Vermächtnisnehmerbestimmung einem Dritten überlassen kann, wenn der in Frage stehende Personenkreis hinreichend genau bestimmt ist,[172] führt zur besonderen Attraktivität des Vermächtnisses. Relevanz kommt diesem Aspekt insbesondere bei der Regelung von frühzeitigen Unternehmensnachfolgen zu, da Unsicherheiten im Bezug auf § 2065 Abs. 2 BGB vermieden werden können.[173] Die Drittbestimmung ist nach der herrschenden Meinung auch dann möglich, wenn das Unternehmen nahezu das gesamte Vermögen darstellt.[174]

---

[169] BGH v. 4.3.1992, IV ZR 309/90, NJW-RR 1992, 771; BGH v. 14.3.1984, IVa ZR 87/82, FamRZ 1984, 688; Scherer-Schlitt, § 15 Rn. 3; Soergel-Wolf, BGB, § 2048 Rn. 6; Staudinger-Werner, BGB, § 2048 Rn. 6.

[170] Eidenmüller, JA 1991,150 (151); Frank, § 10 Rn. 4; Palandt-Edenhofer, BGB, § 1939 Rn. 1; Scherer-Schlitt, § 15 Rn. 1; Schlüter, Rn. 883.

[171] Brox, Rn. 439; MüKo-Leipold, BGB, § 1939 Rn. 5; Palandt-Edenhofer, BGB, § 1939 Rn. 3; Staudinger-Otte, BGB, § 1939 Rn. 8; Schlüter, Rn. 903. Enger: Eidenmüller, JA 1991, 150 (152).

[172] Ebenroth, Rn. 463; Palandt-Edenhofer, BGB, § 2151 Rn. 1; Schwald, 27; Soergel-Wolf, BGB, § 2150 Rn. 2.

[173] Bei „frühzeitigen Unternehmertestamenten", in denen ein Dritter testamentarisch dazu verpflichtet ist, den Unternehmensnachfolge-Erben zu „benennen", kommt regelmäßig ein Verstoß gegen § 2065 Abs. 2 BGB in Betracht. Vgl. Brox, JA 1980, 561 (563), Sens, 5ff. Umstritten ist im Rahmen des § 2065 Abs. 2 BGB, ob dem Dritten überhaupt ein Beurteilungsspielraum (so: RG v. 6.2.1939, IV 188/38, RGZ 159, 296 (299)) zustehen kann oder lediglich ein Bezeichnungs-, nicht aber ein Bestimmungsrecht (so: BGH v. 18.11.1954, IV ZR 152/54, BGHZ 15, 199 (202)) besteht. Vgl. Goebel, DNotZ 2004, 101 (101ff.); Mayen, ZEV 1995, 247 (247ff.); Sens, 97 ff.; Soergel-Loritz, BGB, § 2065 Rn. 28ff.; Staudinger-Otte, BGB, § 2065 Rn. 31ff.; Wagner, 66ff., 159f.

[174] Drobroschke, DB 1967, 803 (805); Ebenroth, Rn. 469; Klunzinger, BB 1970, 1197 (1199); Lange/Kuchinke, § 29 II a); Langenfeld, Rn. 494; MüKo-Schlichting, BGB, vor

(γ) Vorausvermächtnis

Ein Vorausvermächtnis liegt vor, wenn ein Miterbe neben dem bestehenden Erbrecht zusätzlich vom Erblasser mit einem Vermächtnis bedacht wird, vgl. § 2150 BGB. Die Anordnung stellt eine von der Erbenstellung rechtlich unabhängige Begünstigung dar.[175]

Voraussetzung für das Vorliegen eines Vorausvermächtnisses ist die Zuwendung eines objektiven Vermögensvorteils sowie ein entsprechender Begünstigungswille.[176] Das Vorausvermächtnis wird dem bedachten Miterben ungekürzt vor der Auseinandersetzung und ohne Anrechnung auf die Erbquote gewährt.[177] Es kommt daher zu einer Wertverschiebung zugunsten des bedachten Miterben.[178]

Abgrenzungsschwierigkeiten ergeben sich zur Teilungsanordnung, da bei beiden Anordnungen eine Einzelgegenstandszuordnung intendiert ist. Maßgeblich für die Abgrenzung ist der wirkliche oder hypothetische durch Auslegung zu ermittelnde Erblasserwille im Bezug auf Zielverfolgung der wertmäßigen Verteilung des Nachlasses.[179] Entscheidend ist, ob der Erblasser dem Miterben einen nichtausgleichspflichtigen Mehrwert, also einen besonderen Vermögensvorteil oder einen Vorteil anderer bspw. rechtlicher Art, zuwenden wollte.[180] Ist dies der Fall, liegt insoweit ein Vorausvermächtnis vor. Zu beachten ist in diesem Zusammenhang, dass nach heute herrschender Meinung eine Anordnung sowohl eine Teilungs- als auch eine Vermächtnisanordnung enthalten kann, wenn ein Gegenwert für den zu übernehmenden Gegenstand zu zahlen ist, der nicht dem vollen Wert entspricht.[181]

---

§ 2147 Rn. 4; Schlüter, Rn. 902. A.A.: Menz/Sudhoff, DB 1967, 1719 (1720), da dies der Sache nach eine Erbeinsetzung darstelle.

[175] BFH v. 6.6.2001, II R 76/99, BStBl II 2001, 605; BGH v. 8.11.1961, V ZR 31/60, BGHZ 36, 115; Ebenroth, Rn. 461; Palandt-Edenhofer, BGB, § 2048 Rn. 5; Schlüter, Rn. 896; Soergel-Wolf, BGB, § 2150 Rn. 2.

[176] MüKo-Dütz, BGB, § 2048 Rn. 16.

[177] Brox, Rn. 436; Ebenroth, Rn. 461; Frank, § 10 Rn. 17; Leipold, Rn. 777; Scherer-Schlitt, § 15 Rn. 85; Staudinger-Otte, BGB, § 2150 Rn. 6f.

[178] Frank, § 10 Rn. 17; Soergel-Wolf, BGB, § 2048 Rn. 7.

[179] BGH v. 15.10.1997, IV ZR 327/96, NJW 1998, 721; BGH v. 27.6.1990, IV ZR 104/89, NJW-RR 1990, 1220; BGH v. 28.1.1987, IVa ZR 191/85, FamRZ 1987, 475 (476); Ebenroth, Rn. 793; Schlüter, Rn. 898, Schwald, 28.

[180] BGH v. 15.11.1997, IV ZR 327/96, NJW 1998, 682; BGH v. 28.1.1987, IVa ZR 191/85, FamRZ 1987, 475 (476); Ann, 283; Bamberger/Roth-Lohmann, BGB, § 2048 Rn. 4; Benk, MittRhNotK 1979, 53 (60); Coing, JZ 1962, 529 (529); Eidenmüller, JA 1991, 150 (152); Mattern, DNotZ 1963, 450 (463); Müller, 55f.; Scherer-Schlitt, § 15 Rn. 4. Kritisch: Loritz, NJW 1988, 2697 (2701ff.) aber vom Ansatz ähnlich; Bürger, MDR 1986, 445 (450).

[181] BGH v. 27.6.1990, IV ZR 104/89, NJW-RR 1990, 1220 (1221); OLG Oldenburg v. 7.7.1998, 5 U 42/98, FamRZ 1999, 531 (532); Mattern, DNotZ 1963, 450 (463); Schlüter, Rn. 898; Soergel-Wolf, BGB, § 2048 Rn. 8; Staudinger-Werner, BGB, § 2048 Rn. 7. Ein-

d) Erbenstellung und Erbauseinandersetzung

aa) Vonselbsterwerb mit Ausschlagungsmöglichkeit

Gemäß § 1922 Abs. 1 BGB geht das Vermögen des Erblassers mit dem Erbfall ipse iure auf den Erben über. § 1942 Abs. 1 BGB bezeichnet diesen Vonselbsterwerb als Anfall der Erbschaft und gibt dem Erben gleichzeitig das Recht diesen Vorgang durch Ausschlagung wieder rückgängig zu machen, § 1953 Abs. 1 BGB.[182]

Der „Anfall“ der Erbschaft bewirkt den automatischen und einheitlichen Übergang aller vererblichen Rechtspositionen, also die Universalsukzession.[183] Sie vollzieht sich unabhängig davon, ob dem Berufenen der Erbfall bekannt ist. Der Eigentumserwerb an beweglichen Sachen erfolgt unabhängig von der Besitzergreifung durch den Erben; der Eigentumserwerb an unbeweglichen Sachen vollzieht sich außerhalb des Grundbuchs, das durch den Erbfall unrichtig wird.[184]

Dem ausgeübten Ausschlagungsrecht kommt rückwirkende Kraft zu: Der beschriebene Anfall gilt als nicht erfolgt, § 1953 Abs. 1 BGB. Die Erbschaft fällt demjenigen zu, der Erbe des Erblassers sein würde, wenn der Ausschlagende bereits vorverstorben wäre, § 1953 Abs. 2 BGB.

Die Ausübung des Ausschlagungsrechts ist jedoch fristgebunden: Sie beträgt grundsätzlich sechs Wochen, § 1944 Abs. 1 BGB, um im Interesse von Nachlassgläubigern und möglichen Nachberufenen eine zügige Klärung der Erbenstellung zu erreichen.[185] Ausnahmsweise beträgt sie gemäß § 1944 Abs. 3 BGB sechs Monate, wenn der ausschließliche Wohnsitz des deutschen Erblassers sich zum Todeszeitpunkt im Ausland befindet oder wenn sich der Erbe zum Ausschlagungsfristbeginn im Ausland aufhält,[186] um der im Regelfall bestehenden erschwerten Faktensammlung zur Entscheidungsfindung und möglichen Kommunikationsproblemen Rechnung zu tragen.[187]

---

schränkend: Diekmann, FS Coing Bd. 2, 53 (63). Ablehnend: Eidenmüller, JA 1991, 150 (154); Staudinger-Otte, BGB, § 2150 Rn. 9.

[182] Zu beachten ist, dass dem Fiskus von vornherein kein Ausschlagungsrecht zusteht, § 1942 Abs. 2 BGB.

[183] Staudinger-Marotzke, BGB, § 1922 Rn. 43.

[184] Bamberger/Roth-Müller-Christimann, BGB, § 1922 Rn. 18; Soergel-Stein, BGB, § 1922 Rn. 10. Das Nachlassgericht soll aber das Grundbuchamt benachrichtigen, wenn zum Nachlass ein Grundstück gehört, § 83 GBO.

[185] Erman-Schlüter, BGB, § 1944 Rn. 1; Lange/Kuchinke, § 8 III 1b); Leipold, Rn. 603.

[186] Da eine Auslandsreise als ausreichend angesehen wird, kann es u.U. sinnvoll sein, dass sich der potentielle Erbe bewusst zum maßgeblichen Zeitpunkt im Ausland befindet. Vgl. Dauner-Lieb/Heidel/Ring-Ivo, Anwaltskommentar 2004, BGB, § 1944 Rn. 22; Wachter, ZNotP 2004, 176 (178).

[187] Vgl. Olzen, Jura 2001, 366 (368); Palandt-Edenhofer, BGB, § 1944 Rn. 1; Soergel-Stein, BGB, § 1944 Rn. 2; Staudinger-Otte, BGB, § 1944 Rn. 3; Wachter, ErbStB 2004, 218 (220).

Die Frist beginnt mit Kenntniserlangung des Erben vom Anfall und Berufungsgrund, § 1944 Abs. 2 S. 1 BGB, wobei die Kenntnis ein zuverlässiges Erfahren der maßgeblichen Umstände voraussetzt.[188] Im Fall der gewillkürten Erbfolge ist die Kenntnis von der Eröffnung der letztwilligen Verfügung erforderlich, vgl. § 1944 Abs. 2 S. 2 BGB.[189] Die Ausschlagung ist gegenüber dem Nachlassgericht zu erklären, § 1945 BGB.

bb) Erbauseinandersetzung

Im Fall der Erbenmehrheit geht der Nachlass ungeteilt auf die kraft Gesetzes entstehende Erbengemeinschaft über.[190] Der Nachlass wird gemäß § 2032 Abs. 1 BGB gemeinschaftliches Vermögen der Erben. Die Erbengemeinschaft ist als Gesamthandsgemeinschaft ausgestaltet. Sie ist keine juristische Person und nach bisher ganz herrschender Meinung kein selbständiges Rechtssubjekt:[191] Träger der Nachlassrechte und Schuldner der Nachlassverbindlichkeiten sind die einzelnen Erben in ihrer gesamthänderischen Bindung. Zwar ist insbesondere im Hinblick auf die Rechtsprechungsänderung des BGH[192] zur Rechts- und Parteifähigkeit der BGB-Gesellschaft diskutiert worden, ob sich diese auf die dogmatische Einordnung der Erbengemeinschaft auswirke.[193] Der BGH[194] hat aber mit dem Urteil vom 11.9.2002 ausdrücklich erklärt, dass die Erbengemeinschaft nach wie vor nicht rechtsfähig ist: Die Anerkennung der Rechtsfähigkeit der GbR könne nicht übertragen werden. Der Unterschied liege in den

---

[188] Dazu: BGH v. 5.7.2000, IV ZR 180/99, ZEV 2000, 401; BGH v. 19.2.1962, III ZR 196/65, LM BGB § 2306 Nr.4; BayObLG v. 26.8.1993, 1 Z BR 80/93, FamRZ 1994, 264 (265); Gothe, MittRhNotK 1998, 193 (200); Schlüter, Rn. 461; Soergel-Stein, BGB, § 1944 Rn. 6; Staudinger-Otte, BGB, § 1944 Rn. 10ff.

[189] Vgl. BGH v. 26.9.1990, IV ZR 131/89, BGHZ 112, 229 (234f.); MüKo-Leipold, BGB, § 1944 Rn. 15.

[190] Dagegen fällt eine Beteiligung des Erblassers an einer Personengemeinschaft nicht in die Erbengemeinschaft, sondern geht im Wege der Sondererbfolge unmittelbar und in Höhe der Erbquote auf den einzelnen Erben über. Vgl. ausführlich: 3. Teil C I.

[191] BGH v. 7.4.1989, V ZR 252/87, NJW 1989, 2122 (2124); VG Duisburg v. 21.6.2000, 8 A 383/99, ZEV 2001 442 (443); Bamberger/Roth-Lohmann, BGB, § 2032 Rn. 5; Erman-Schlüter, BGB, § 2032 Rn. 1; Leipold, Rn. 721; Michalski, Erbrecht, Rn. 739; Palandt-Edenhofer, BGB, § 2032 Rn. 2; Borg, Staudinger Symposium 1998, 181ff.; Ulmer, AcP 198 (1998), 113 (124ff.). Für Rechtsfähigkeit: Ann, 354ff.; Eberl-Borges, 41ff.; Grunewald, AcP 197 (1997), 305 (305ff.); Weipert, FS Bezzenberger, 439 (440ff.).

[192] BGH v.18.2.2002, II ZR 331/00, NJW 2002, 1207; BGH v. 29.1.2001, II ZR 331/00, NJW 2001, 1056; OLG Karlsruhe v. 26.2.2001, 11 W 5/01, NJW 2001, 1072.

[193] Vgl. Ann, MittBayNot 2003, 193 (195f.); Eberl-Borges, ZEV 2002, 125 (127f.); Fritz, NZM 2003, 676 (676ff.); Soergel-Wolf, BGB, § 2032 Rn. 1; Weipert, ZEV 2002, 300 (300ff.). Die Autoren sprechen sich für die Anerkennung der Erbengemeinschaft als rechts- und parteifähig aus.

[194] BGH v. 11.9.2002, XII ZR 187/00, NJW 2002, 3389 (3390). So auch: AG Duisburg v. 4.8.2003, 63 IN 170/03, NZI 2004, 97 (98); Erman-Schlüter, BGB, § 2032 Rn. 1.

besonderen Bedürfnissen des Rechtsverkehrs im Bereich des Gesellschaftsrechts und in der gesetzlichen Begründung der Erbengemeinschaft, die auf Auseinandersetzung angelegt sei.[195] Zudem fehle der die Handlungsorganisation prägende Gesellschaftsvertrag.
Der einzelne Miterbe kann über seinen Anteil an einzelnen Nachlassgegenständen nicht verfügen (§ 2033 Abs. 2 BGB), wohl aber kann er vor Erbauseinandersetzung über seinen Erbteil gemäß § 2033 Abs. 1 BGB mittels notariell beurkundetem Vertrag verfügen, wobei den Miterben ein gesetzliches Vorkaufsrecht zusteht, §§ 2034f. BGB.
Von Anfang an ist die Erbengemeinschaft auf Auseinandersetzung gerichtet. Dementsprechend kann jeder Miterbe nach § 2042 Abs. 1 BGB jederzeit die Auseinandersetzung verlangen, soweit nicht §§ 2043-2045 BGB etwas anderes bestimmen. Zur Auseinandersetzung stehen verschiedene Wege zur Verfügung: Es kann die Auseinandersetzung aufgrund eines Auseinandersetzungsvertrages zwischen den Miterben, durch Testamentvollstreckung, durch Vermittlung staatlicher Stellen, durch Auseinandersetzungsklage durch das Prozessgericht oder durch einen Schiedsrichter bei Bestehen eines Schiedsvertrages erfolgen.[196] Zudem ist sowohl eine persönliche[197] als auch gegenständlich beschränkte Teilauseinandersetzung[198] einvernehmlich und unter Mitwirkung aller Miterben möglich.

2. Gesellschaftsrechtliche Grundlagen

Im Rahmen der gesellschaftsrechtlichen Grundlagendarstellung werden die oHG und die KG behandelt. Es werden die Vermögenszuordnung, die Finanz- und Haftungsverfassung sowie die gesetzlichen Regelungen zur Vererbung von Personengesellschaftsanteilen angesprochen.

a) Vermögenszuordnung

Die Personenhandelsgesellschaften sind Gesamthandsgesellschaften. Nach herrschender Meinung ist die Personengesellschaft gegenüber ihren Mitgliedern

---

[195] Vgl. auch: Marotzke, ZEV 2002, 506 (507); MüKo-Ulmer, BGB, § 705 Rn. 81.

[196] Vgl. ausführlich: Eberl-Borges, 96ff.,127ff.; Lange/Kuchinke, § 44 III 6, § 44 III 7; Palandt-Edenhofer, BGB, § 2042 Rn. 4ff.; 15; Sarres, Rn. 20ff., 108ff., 131ff., 139ff., 166ff.; Sarres, ZEV 1999, 377 (378ff.); Schmucker, 90ff.; Soergel-Wolf, BGB, § 2042 Rn. 18ff., 26ff.

[197] Dies ist möglich indem der ausscheidungswillige Miterbe seinen Erbteil auf die anderen Miterben überträgt oder im Wege der nach § 738 BGB formfreien „Abschichtung". Vgl. zu Letzterem: BGH v. 21.1.1998, IV ZR 346/96, NJW 1998, 1557; LG Köln v. 7.5.2003, 11 T 63/03, NJW 2003, 2993; Damrau, ZEV 1996, 361 (361ff.); Reimann, ZEV 1998, 213 (213ff.); Weser/Saalfrank, NJW 2003, 2937 (2397ff.). Ablehnend: Keller, ZEV 1998, 281 (281ff.). Ausführlich: Spanke, 10ff.

[198] Vgl. dazu: BGH v. 9.7.1956, V ZR BLw 11/56, BGHZ 21, 229 (231); Soergel-Wolf, BGB, § 2042 Rn. 37ff.

derart verselbständigt, dass sie das Zuordnungssubjekt des Gesellschaftsvermögens ist und damit auch Trägerin der gesamthänderischen Aktiva und Passiva.[199] Sie ist aber keine juristische Person,[200] wenngleich auch nahezu einhellig anerkannt ist, dass Gesamthandsgesellschaften als personell verselbständigten Personenverbänden zumindest eine partielle Rechtsfähigkeit zukommt. Für die Personenhandelsgesellschaften ergibt sich dies bereits aus 124 HGB.[201] Aus der Teilrechtsfähigkeit als Ausdruck und Konsequenz der personellen Verselbständigung folgt aber nicht zwangsläufig eine eigene Vermögenszuständigkeit der Gesamthand.[202] Dem Gesellschafter stehen am Gesellschaftsvermögen keine unmittelbar wirkenden dinglichen Rechte zu. Es besteht nur eine wertmäßige Berechtigung als Charakteristikum des Gesamthandsprinzips.[203]
Die höchstrichterliche Steuerrechtsprechung zur Vermögenszugehörigkeit bei Personengesellschaften hingegen schwankte in den letzten Jahrzehnten: Während Ende der achtziger Jahre vom BFH Gesamthandsgemeinschaften als Erbschaftsteuersubjekte gewertet wurden,[204] wird seit dem 14.9.1994[205] wieder davon ausgegangen, dass der Steuerschuldner im Fall des Erwerbs einer Gesamthandsgemeinschaft nicht die Gesamthand, sondern die Gesamthänder sind.

---

[199] Sog. Gruppenlehre bezüglich oHG bspw.: Eberl-Borges, ZEV 2002, 125 (126); Hüffer, ZHR 151 (1987), 396 (398); Lindacher, JuS 1981, 431 (433); Rieger/Weipert-Neubauer, MünchHdB PG Bd 1, § 67 Rn. 2. Gruppenlehre bezüglich GbR bspw.: Erman-Westermann, vor § 705 Rn. 18; Flume, ZHR 136 (1972), 177 (190ff.). Mit dem Urteil des BGH v. 29.1.2002, II ZR 331/00, BGHZ 146, 341ff., hat die Gruppenlehre - aller Voraussicht nach - den endgültigen Durchbruch erreicht. Nach der traditionellen individualistischen Auffassung sind die Gesellschafter alleinige Träger von Rechten und Pflichten. So bezüglich oHG noch: Weber-Grellert, AcP 182 (1982), 316 (328f.). Dagegen ausführlich: Eberl-Borges, 24ff. So bezüglich GbR bspw.: Zöllner, FS Gernhuber, 563 (576); Zöllner, FS Claussen, 423 (429ff.); Hueck, FS Zöllner, 275 (279ff.).

[200] Ebenroth/Boujong/Joost-Boujong, HGB, § 105 Rn. 8; Eisenhardt, Rn. 203; Rieger/ Weipert-Neubauer, MünchHdB PG Bd 1, § 67 Rn. 2; Straub-Ulmer, HGB, § 105 Rn. 39.

[201] Die alte traditionelle Auffassung qualifizierte § 124 HGB als „Notlüge des Gesetzes", vgl. RG v. 18.6.1901, Nr. 144/1901 VII, JW 1901, 576; Schmidt, § 46 III.

[202] Vgl. Gebel, Betriebsvermögensnachfolge, Rn. 740.

[203] Flume, PG, § 17 VIII.

[204] BFH v. 7.12.1988, II R 150/85, BStBl II 1989, 237; BFH v. 9.8.1989, I R 88/85, BStBl II 1990, 224 (225) (zur Gesellschaftsteuer). So auch bereits früher: RFH v. 2.10.1919, A 244/19, RStBl 1919, 385; RFH v. 28.10.1921, Ia A 101/21, RStBl 1922, 292. Ausführlich zur Rechtsprechung: Haas, 20ff.

[205] BFH v. 14.9.1994, II R 95/92, BStBl II 1995, 81; BFH v. 15.7.1998, II R 82/96, BStBl II 1998, 630. Auch zwischenzeitlich vertrat der BFH diese Ansicht: BFH v. 22.6.1960, II 256/57 U, BStBl III 1960, 358; RFH v. 12.6.1928, V e A 242/28, RStBl 1928, 270.

b) Beitragspflicht und Haftung eines unbeschränkt haftenden Gesellschafters

Korrespondierend zur persönlichen, unmittelbaren, primären, unbeschränkten Haftung für alle Gesellschaftsverbindlichkeiten gemäß § 128 HGB sind der oHG-Gesellschafter und der Komplementär der KG von Gesetzes wegen nicht zur Kapitalaufbringung verpflichtet, sondern zur Leistung von Beiträgen zur Gesellschaftszweckförderung (§§ 105 Abs. 3 HGB i.V.m. § 705 BGB). Bei der Beitragsauswahl herrscht Dispositionsfreiheit, da im Gegensatz zu beschränkt haftenden Gesellschaftern kein bestimmtes Gesellschaftsvermögen als Haftungsfond aufgebaut werden muss.[206]

c) Erbringung der Haftsumme und Haftung eines Kommanditisten

Zwar haftet auch der Kommanditist gemäß § 171 Abs. 1 1.HS HGB den Gesellschaftsgläubigern unmittelbar und persönlich. Soweit er die gesellschaftsvertraglich bestimmte Haftsumme erbracht hat, kein Fall der Rückgewähr vorliegt und der Geldbetrag im Handelsregister eingetragen ist, haftet er jedoch nicht, denn die im Gesellschaftsvermögen vorhandene Einlage ersetzt seine Haftung, § 171 Abs. 1 2.HS HGB.[207]

d) Tod eines persönlich haftenden Gesellschafters

Seit der HGB-Reform 1998[208] scheidet der Erblasser gemäß § 131 Abs. 3 Nr. 1 HGB - wenn gesellschaftsvertraglich keine abweichende Regelung getroffen worden ist - mit seinem Ableben aus der Gesellschaft aus und erhält eine Abfindung, § 738 Abs. 1 S. 2 BGB. Die Gesellschaft wird mit den verbleibenden Gesellschaftern fortgeführt.

Ist hingegen gesellschaftsvertraglich die Fortsetzung mit den Erben vereinbart,[209] so wird diesen die Stellung eines unbeschränkt haftenden Gesellschafters von Gesetzes wegen nicht aufgezwungen, sondern das HGB gewährt jedem Erben nach Maßgabe des § 139 die Möglichkeit, das Verbleiben in der Gesellschaft von der Umwandlung der Beteiligung in einen Kommanditanteil abhängig zu machen.[210]

---

206 Beck PG HdB-Müller, § 4 Rn. 44.

207 Vgl. Ebenroth/Boujong/Joost-Strohn, HGB, § 171 Rn. 5; Kraft/Kreutz, 241; MüKo-Schmidt, HGB, § 171,172 Rn. 21; Schmidt, § 54 I 1a; Westermann-Aderhold, HdB PG, I Rn. 2077.

208 Art. 3 Handelsreformgesetz, BGBl I 1998, 1474.

209 Sowohl bei der Nachfolge von sämtlichen Erben in die Gesellschaft (einfache Nachfolgeklausel) als auch bei der Nachfolge eines bestimmten Erben in die Gesellschaft (qualifizierte Nachfolgeklausel) kommt es zur Sonderrechtsnachfolge. Vgl.: 3. Teil C I und 3. Teil D I.

210 Vgl. ausführlich: Baumbach/Hopt/Merkt, HGB, § 139 Rn. 37ff.; Heymann-Emmerich, HGB, § 139 Rn. 35ff.; Röhricht/v. Westphalen-von Gerkan, HGB, § 139 Rn. 26ff.; Schlegelberger-Schmidt, HGB, § 139 Rn. 56ff.

Ist der Erbe bereits vollhaftender Gesellschafter vor dem Erbfall gewesen, erbt er einen zusätzlichen Teil, mit dem sich die bisherige Beteiligung zu einem einheitlichen Anteil vereinigt. Aufgrund des fehlenden Schutzbedürfnisses des Erben ist § 139 HGB unanwendbar.[211]
Tritt zu dem vor dem Erbfall bestehenden Kommanditanteil ein Komplementäranteil durch Vererbung hinzu, wird der Erbe einheitlicher Komplementär. Das Wahlrecht des § 139 HGB steht ihm für die gesamte einheitliche Komplementärbeteiligung zu.[212]

e) Tod eines Kommanditisten

Der Anteil eines Kommanditisten ist gemäß § 177 HGB im vollen Umfang vererblich.[213] Beim Tod eines Kommanditisten wird die Gesellschaft mit den Erben fortgesetzt. Die Kommanditbeteiligung geht unmittelbar in Höhe der Erbquote auf den oder die Erben über.[214] Da die Regelung des § 177 HGB dispositiv ist, kann die Vererblichkeit durch den Gesellschaftsvertrag eingeschränkt oder ausgeschlossen werden.[215]
Ist der Erbe bereits Kommanditist gewesen, vereinigen sich beiden Anteile zu einem einheitlichen Kommanditanteil.[216] Ist der Erbe hingegen Komplementär gewesen, erhöht sich der Kapitalanteil um den Kommanditanteil; an der unbeschränkten Haftung ändert sich hingegen nichts.[217]

II. Österreich

1. Erbrechtliche Grundlagen

Das österreichische Erbrecht wird nur teilweise und in Grundzügen dargestellt. Im Rahmen dessen soll insbesondere auf die bestehenden Unterschiede zum deutschen Recht hingewiesen werden. Auf Ausführungen zur Verfügung von

---

211 KG v. 30.7.1936, 1 Wx 267/36, JW 1936, 2933; Heymann-Emmerich, HGB, § 139 Rn. 38; Koller/Roth/Morck, HGB, § 139 Rn. 4; Schlegelberger-Schmidt, HGB, § 139 Rn. 65; Westermann-Aderhold, HdB PG, I Rn. 2440.

212 BGH v. 21.10.1970, II ZR 258/67, BGHZ 55, 267 (269f.); Heymann-Emmerich, HGB, § 139 Rn. 37; Koller/Roth/Morck, HGB, § 139 Rn. 4; Röhricht/v. Westfalen-von Gerkan, HGB, § 139 Rn. 26ff.; Schlegelberger-Schmidt, HGB, § 139 Rn. 65; Westermann-Aderhold, HdB PG, I Rn. 2077.

213 Vgl. BGH v. 10.2.1977, II ZR 120/75, BGHZ 68, 225 (230); Beck HdB PG-Müller, § 8 Rn. 19; Heymann-Horn, HGB, § 177 Rn. 11.

214 Auch für den Kommanditanteil kommt es zur Sonderrechtsnachfolge. Vgl. BGH v. 4.5.1983, IVa ZR 229/81, WM 1983, 672 (673).

215 Vgl. Heidelberger Kommentar-Stuhlfelner, HGB, § 177 Rn. 3; Heymann-Horn, HGB, § 177 Rn. 3; Koller/Roth/Morck, HGB, § 177 Rn. 10; Kraft/Kreutz, 248; Röhricht/v.Westfalen-von Gerkan, HGB, § 177 Rn. 5; Schmidt, § 53 V 1a.

216 Baumbach/Hopt/Merkt, HGB, § 177 Rn. 4; Ebenroth/Boujong/Joost-Strohn, HGB, § 177 Rn. 9; Heymann-Horn, HGB, § 177 Rn. 12; Westermann-Aderhold, HdB PG, I Rn. 2440.

217 Baumbach/Hopt/Merkt, HGB, § 177 Rn. 4; Heymann-Horn, HGB, § 177 Rn. 12.

Todes wegen und der Teilungsanordnung wird verzichtet. Zwar bestehen bei der letztwilligen Verfügung Unterschiede zum deutschen Recht im Bezug auf die Form und die einzelnen Voraussetzungen, in der Wirkungsweise entspricht sie aber dem deutschen Recht.[218]
Das österreichische Erbrecht ist weitgehend im „8. Hauptstück" des ABGB in den §§ 531-824 ABGB geregelt.

a) Gesetzliche und gewillkürte Erbfolge

aa) Gesetzliche Erbfolge
Gesetzliche Erben sind neben den Verwandten der überlebende Ehegatte, bei Geistlichen auch Kirchen und Ortsarme (§§ 730, 761 ABGB).

(α) Grundzüge der Verwandtenerbfolge
Erbberechtigt sind die Verwandten des Erblassers, vgl. §§ 40ff. ABGB. Sie erben nach dem Parentelsystem (§§ 730ff. ABGB). Die erste Parentel umfasst die Abkömmlinge des Erblassers (§ 731 Abs. 1 ABGB). Unerheblich ist dabei, ob der Nachkomme ein eheliches, nichteheliches[219] oder ein Adoptivkind[220] ist. Leben noch alle Kinder, so wird die Erbschaft unter ihnen nach Köpfen geteilt (§ 732 ABGB). Im österreichischen Parentelsystem besteht eine Erbrechtsgrenze: Es gibt nur vier Ordnungen.[221] Innerhalb der ersten drei Ordnungen gilt das Eintrittsrecht, § 733 ABGB. Im Rahmen der vierten Ordnung sind nur Großeltern als gesetzliche Erben berufen, nicht jedoch deren Abkömmlinge.[222]

---

[218] Vgl. ausführlich: Ferid/Firsching-Wirner, Österreich, Rn. 77ff.; Firsching, DNotZ 1954, 229 (236f.); Flick/Piltz, Rn. 803ff.; Haunschmidt/Haunschmidt, Rn. 41ff.; Koziol/Welser, 463ff., 482ff.; Süß/Haas-Haunschmidt, Österreich, Rn. 57ff. Als Besonderheit ist hervorzuheben, dass Erbverträge nur zwischen Eheleuten und Brautleuten, bedingt durch die Eheschließung abgeschlossen werden können, vgl. §§ 602 i.V.m. 1249 ABGB. Ferner darf im Erbvertrag nur über drei Viertel des Nachlasses verfügt werden, § 1253 ABGB. Ein Viertel muss für freie letztwillige Verfügungen verbleiben. Vgl. ausführlich: Steiner, ZEV 2004, 362 (362ff.).

[219] Das seit 1.1.1991 geltende ErbRÄG 1989 hat die unehelichen Verwandten den ehelichen gleichgestellt. Vgl. Dorazil/Taucher, ErbStG, § 2 Rn. 2.42; Eccer, Erbrecht, 3/3; Haunschmidt/Haunschmidt, Rn. 9; Schömmer, Rn. 257; Schopper, Unternehmensnachfolge, 11 (24). Ausführlich: Welser NZ 1990, 137 (137ff.).

[220] Ferid/Firsching-Wirner, Österreich, Rn. 66; Flick/Piltz, Rn. 795; Haunschmidt/Haunschmidt, Rn. 11; Koziol/Welser, 434; Kroiß, Int. Erbrecht, Rn. 169; Meyer, ZEV 1995, 8 (9); Ost, 9.

[221] Ferid/Firsching-Wirner, Österreich, Rn. 66; Schömmer, Rn. 258; Süß/Haas- Haunschmidt, Österreich, Rn. 20.

[222] Eccer, Erbrecht, 3/6; Koziol/Welser, 433; Schömmer, Rn. 258.

(β) Gesetzliches Ehegattenerbrecht

Der überlebende Ehegatte erhält kraft gesetzlichen Erbrechts neben Erben der ersten Ordnung ein Drittel, neben Erben der zweiten Ordnung und Großeltern zwei Drittel, § 757 Abs. 1 S. 1 ABGB. Sind neben Großeltern Nachkommen vorverstorbener Großeltern vorhanden, erbt der Ehegatte zudem jenen Teil, der kraft Eintrittsrechts auf diese Nachkommen entfiele, vgl. § 757 Abs. 1 S. 2 ABGB. Sind weder Erben erster oder zweiter Ordnung noch Großeltern vorhanden, erbt der Ehegatten den gesamten Nachlass, vgl. § 757 Abs. 1 S. 3 ABGB. Auf den Erbteil muss sich der Ehegatte anrechnen lassen, was er aufgrund von Ehepakten oder Erbvertrag aus dem Vermögen des Erblassers erhält, § 757 Abs. 2 ABGB. Im gesetzlichen Güterstand der Gütertrennung entfällt ein Zugewinnausgleich.[223]

Neben dem gesetzlichen Erbrecht erhält der nicht enterbte Ehegatte gemäß § 758 ABGB ein gesetzliches Vorausvermächtnis an der Ehewohnung und den zum Haushalt gehörenden beweglichen Sachen, soweit diese zur Fortführung des Haushaltes entsprechend den bisherigen Lebensverhältnissen erforderlich sind.[224] Es handelt sich um einen schuldrechtlichen Anspruch, der vor allen anderen Vermächtnissen ungekürzt zu entrichten ist.[225]

Zudem erwirbt der überlebende Ehegatte, wenn dies nicht bereits im Wege der gewillkürten Erbfolge angeordnet worden ist, den Anteil des verstorbenen Ehegatten am Mindestteil des gemeinsamen Wohnungseigentums unmittelbar kraft Gesetzes, § 14 Abs. 1 Nr. 1 öWEG. Der Anteil geht unmittelbar in das Eigentum des überlebenden Ehegatten über;[226] allerdings ist der Ehegatte gleichzeitig zur Bezahlung eines Übernahmepreises an den Nachlass verpflichtet, der regelmäßig der Hälfte des Verkehrswertes entspricht.

Ferner steht dem Ehegatten bis zur Wiederverheiratung grundsätzlich ein Unterhaltsanspruch wie bei bestehender Ehe zu, § 796 ABGB.[227]

---

[223] Vgl. zum Einfluss des Güterrechts auf den Erbfall: Flick/Piltz, Rn. 816; Meyer, ZEV 1995, 8 (9).

[224] Dazu: Eccer, Erbrecht, 9/27; Ferid/Firsching-Wirner, Österreich, Rn.71; Paliege, ZfRV 1991, 169 (174ff.); Watzl, JBl 1992, 613 (613ff.); Welser, NZ 1990, 137 (141ff.).

[225] Koziol/Welser, 435f.

[226] Ausführlich dazu: Koziol/Welser, 439. Nach überwiegender Auffassung stellt die gesetzliche Regelung kein gesetzliches Vorausvermächtnis, sondern ein Erbrecht sui generis dar. Grund hierfür ist der veränderte Wortlaut des WEG 2002. Während die Vorgängernorm (§ 10 öWEG 1975) den Erwerb ausdrücklich als gesetzliches Vorausvermächtnis bezeichnete, ist eine solche Formulierung in der Neuregelung nicht enthalten. Vgl. Wachter, ZErb 2003, 306 (310).

[227] Aufgrund der zahlreichen in § 796 ABGB genannten Einrechnungsposten kommt dem Anspruch in der Praxis kaum eine Rolle zu. Vgl. Bitzyk, FS Deloitte & Touche, 91 (97); Haunschmidt/Haunschmidt, Rn. 8.

(γ) Gesetzliches Erbrecht der Legatare

Sind weder gewillkürte noch gesetzliche Erben zur Annahme der Erbschaft bereit bzw. vorhanden, liegt aber eine letztwillige Verfügung mit Vermächtnissen vor, so steht den Vermächtnisnehmern ein außerordentliches Erbrecht hinsichtlich des gesamten Nachlasses zu, vgl. § 726 S. 3 ABGB. Sie erben quotenmäßig nach dem Wertverhältnis der Vermächtnisgegenstände.[228]

(δ) Erblose Verlassenschaft

Bei einem erblosen Nachlass (§ 130 AußStrG) steht dem Staat gemäß § 760 ABGB ein öffentlich-rechtliches Aneignungsrecht zu, nicht aber so wie in Deutschland ein Erbrecht.[229]

bb) Verhältnis der gesetzlichen zur gewillkürten Erbfolge

Es gilt wie im deutschen Recht der Vorrang der gewillkürten vor der gesetzlichen Erbfolge, vgl. § 727 ABGB.[230]

cc) Gewillkürte Erbfolge

Das österreichische Erbrecht kennt zwei Arten letztwilliger Verfügungen: Testament und Erbvertrag. Bei einseitigen letztwilligen Verfügungen wird weiter unterschieden: Ist u.a. eine Erbeinsetzung Gegenstand der Verfügung, liegt ein Testament vor, andernfalls ein Kodizill, vgl. § 533 ABGB. Die Formen sind gleichwertig, nur hinsichtlich des Widerrufs bestehen Differenzen.[231]
Das Vermächtnis im österreichischen Erbrecht entspricht dem des deutschen Rechts.[232] Das Legat fällt zwar am Erblassertodestag an, § 684 ABGB. Im Gegensatz zum deutschen Recht ist es aber im Zweifel erst ein Jahr nach dem Erbfall fällig, sog. Zahlungstag, § 685 ABGB.[233]

---

[228] Vgl. ausführlich: OGH v. 27.11.1991, 3 Ob 518/91, NZ 1992, 131; Koziol/Welser, 499f.

[229] Vgl. OGH v. 9.8.2001, 2 Ob 26/01i, ZfRV 2002, 22; Dorazil/Taucher, ErbStG, § 2 Rn. 2.41; Ferid/Firsching-Wirner, Österreich, Rn.74; Flick/Piltz, Rn. 797; Schömmer, Rn. 274. Dieser „Erwerb“ ist nicht erbschaftsteuerpflichtig. Auch wird kein Einantwortungsverfahren durchgeführt.

[230] Vgl. Koziol/Welser, 419.

[231] Vgl. Ferid/Firsching-Wirner, Österreich, Rn. 76; Flick/Piltz, Rn. 808; Kroiß, Int. Erbschaften, Rn. 174; Schömmer, Rn. 375. Auch im österreichischen Erbrecht muss der Erblasser den Erben selbst bestimmen, § 564 ABGB. Die mögliche zulässige Drittbestimmung wird jedoch großzügiger als im deutschen Recht gehandhabt: Als zulässig wird die Bestimmbarkeit erachtet. Zulässig ist, dass der Erblasser dem Dritten die Auswahl des Erben unter mehreren Personen nach sachlichen Beurteilungskriterien überlässt. Vgl. Haunschmidt/Haunschmidt, Rn. 38f.; Kletečka, JBl 1999, 277 (280f.); Koziol/Welser, 459f.; Kralik, Erbrecht, 91ff.

[232] Flick/Piltz, Rn. 808.

[233] Vgl. ausführlich: Koziol/Welser, 496f.; Rummel-Welser, ABGB, § 685 Rn. 1ff.

b) Erbschaftserwerb, Verlassenschaftsverfahren

Im österreichischen Recht wird die Erbschaft zeitlich gesehen nicht unmittelbar, sondern erst nach Abschluss des von Amts wegen durchzuführenden Verlassenschaftsverfahrens[234] erworben. Daher darf der Erbe die Erbschaft nach dem Erblassertod nicht eigenmächtig in Besitz nehmen, § 797 ABGB.

aa) Anfall

Materiell-rechtlich fällt mit dem Erblassertod dem Erben die Erbschaft an, §§ 536, 545 ABGB. Der Erbe erwirbt das Recht, die Erbschaft durch Antretung und Einantwortung zu erwerben.[235]

Mit dem Anfall bildet das Nachlassvermögen ein Sondervermögen, den sog. ruhenden Nachlass oder hereditas iacens. Die Verlassenschaft wird so betrachtet, als wenn sie noch vom Verstorbenen besessen werden würde, § 547 ABGB. Der ruhende Nachlass ist Rechtssubjekt und gilt nach herrschender Ansicht[236] als juristische Person. Der Nachlass ist auch Besitzer des Erblasservermögens. Er kann als Partei klagen und verklagt werden.[237]

bb) Todesfallaufnahme

Nach Erhalt der Sterbefallanzeige beauftragt das zuständigen Gericht[238] i.d.R. den örtlich zuständigen Notar als Gerichtskommissär (vgl. § 2 GerichtskommissärG) mit der Erstellung der Todesfallaufnahme, § 36 AußStrG.[239] Zur Todesfallaufnahme werden die Verwandten vorgeladen, so dass die erbberechtigten Personen festgestellt werden können.[240] Ferner ermittelt der Notar das ungefähre Nachlassvermögen.[241] Vorgefundene letztwillige Verfügungen werden eröffnet und kundgemacht, §§ 41, 61ff. AußStrG. Die Ergebnisse der Todesfallaufnahme werden dem Verlassenschaftsgericht mitgeteilt, § 50 AußStrG.

---

[234] Gleichbedeutend sind die Begriffe: Abhandlungsverfahren, Verlassenschaftsabhandlung. Vgl. Berther, Int. Erbschaftsverwaltung, 15.

[235] Behrens, 66; Ferid/Firsching-Wirner, Österreich, Rn. 117; Schömmer, Rn. 343.

[236] Berther, Int. Erbschaftsverwaltung, 20; Bielefeld, 69; Dorazil/Taucher, ErbStG, § 13 Rn. 2.6; Fritz/Schauer/Augustin, 195; Koziol/Welser, 520; Kralik, Erbrecht 26; Ostheim, 27f.; Taucher, Unternehmensnachfolge 1996, 9 (12). Nach der Gegenansicht hat er nicht den Charakter einer juristischen Person, wohl aber eine „juristische Realität". Vgl. dazu: Behrens, 65; Ferid/Firsching-Wirner, Österreich, Rn. 117.

[237] OGH v. 27.2.2001, 5 Ob 14/01x; Behrens, 65; Fritz/Schauer/Augustin, 195; Haunschmidt/Haunschmidt, Rn. 100; Koziol/Welser, 521.

[238] § 105 JN: Bezirksgericht am letzten Wohnsitz oder gewöhnlichen Aufenthaltsort des Erblassers. Zwar ist für die Todesfallaufnahme gemäß § 28 AußStrG das Bezirksgericht, in dem sich der Todesfall ereignet hat, zuständig. In der Praxis übernimmt dies aber meist das Gericht des Erblasserwohnsitzes. Vgl. Haunschmidt/Haunschmidt, Rn. 93.

[239] Haunschmidt/Haunschmidt, Rn. 94; Meyer, ZEV 1995, 8 (11).

[240] Meyer, ZEV 1995, 8 (11); Süß/Haas-Haunschmidt, Österreich, Rn. 115.

[241] Berther, Int. Erbschaftsverwaltung, 16; Bielefeld, 19; Haunschmidt/Haunschmidt, Rn. 94; Maschmeier, 28; Süß/Haas-Hausnschmidt, Österreich, Rn. 115.

Ergibt sich bei der Todesfallaufnahme, dass der Verstorbene kein Vermögen hinterlassen hat, beschließt das Verlassenschaftsgericht, keine weiteren Verlassenschaftsverfahren durchzuführen, sog. Abtuung armutshalber (§ 72 Abs. 1 AußStrG). Wenn das Aktiva-Nachlassvermögen nicht € 3000 übersteigt und keine Immobilien zum Nachlass gehören, hat das Gericht von einer Abhandlung abzusehen, sog. Unterbleiben der Abhandlung (§ 72 Abs. 2 AußStrG).[242] Entfällt die Einantwortung, bleibt nach wohl herrschender Meinung der ruhende Nachlass weiter bestehen. Der Erbe wird nicht Eigentümer, aber Besitzer, so dass die Ersitzung möglich ist.[243]
Ist der Nachlass unbedeutend[244] und zu vermuten, dass nur die dringendsten Schulden berichtigt werden können, hat das Gericht im Einvernehmen mit denjenigen, deren Rechte dadurch beeinträchtigt werden könnten, das Vermögen den Gläubigern an Zahlungsstatt oder einem Dritten gegen Zahlung der aufgeführten Schulden und Auslagen zu überlassen, sog. Iure-crediti-Einantwortung, § 73 AußStrG.[245] Über einen bedeutenden, aber überschuldeten Nachlass ist auf Antrag eines Erben oder Nachlassgläubigers der Nachlasskonkurs einzuleiten, § 74 AußStrG i.V.m. §§ 67ff. KO. In allen anderen Fällen findet das Verlassenschaftsverfahren statt.

cc) Antretung

Die Antretung der Erbschaft erfolgt durch die sog. Erbserklärung.[246] Die Abgabe ist unwiderruflich bis zur Rechtskraft der Einantwortung möglich, §§ 800, 806 ABGB.[247] Trotz der abgegebenen Erbserklärung bleibt der Nachlass für den Erben fremdes Vermögen.[248]

---

242 In diesen Fällen besteht die gerichtliche Verpflichtung in der Benachrichtigung der zur Erbschaft Berufenen und der Pflichtteilsberechtigten, so dass diese die Durchführung des Verlassenschaftsverfahrens fordern können. Vgl. Birkner, 81; Koziol/Welser, 520.

243 OGH v. 16.1.1986, 6 Ob 716/85, NZ 1986, 259; Eccer, Erbrecht, 6/5; Ferid/Firsching-Wirner, Österreich, Rn. 120, 142; Maschmeier, 31; Schwimann-Eccer, ABGB, zu § 798 Rn. 7. Nach der Gegenansicht erwirbt der Erbe den Nachlass durch Besitzerwerb. Vgl. Bajons, JBl 1970, 169 (173); Bydlinski, JBl 1972, 41 (41); Koziol/Welser, 528; Kralik, Erbrecht, 326ff.

244 Ein unbedeutender Nachlass wird bei stark differierender Praxis der Gerichte bei einem aktiven Nachlassvermögen bis zu € 10.000 angenommen. Vgl. Süß/Haas-Haunschmidt, Österreich, Rn. 132. Umstritten ist, ob ein Nachlass unbedeutend ist, wenn eine Liegenschaft sich im Nachlass befindet. Ablehnend: OGH v. 24.6.1997, 5 Ob 247/97b, ÖJZ 1997, 203; Kaufmann, NZ 1955, 106 (106). Bejahend: Meyer, NZ 1979, 89 (91).

245 Ausführlich dazu: Köhler, NZ 1982, 181 (181ff.); Maschmeier, 30; Mayerhofer, NZ 1992, 220 (220ff.).

246 Brunner, NZ 1979, 96 (97); Hofmann-Wellenhof, NZ 1984, 17 (17); Hummel, NZ 1955, 113 (114f.); Süß/Haas-Haunschmidt, Österreich, Rn. 141.

247 OGH v. 25.1.1994, 5 Ob 508/94, NZ 1994, 210; Haunschmidt/Haunschmidt, Rn. 103. Zu den Modalitäten im Einzelnen insb. zur unbedingten (§ 801 ABGB) und zur bedingten Erbserklärung mit den unterschiedlichen haftungsrechtlichen Folgen. Vgl. Haunschmidt/

Alternativ zur positiven Erbserklärung besteht die Möglichkeit, eine negative Erbserklärung abzugeben, um die Erbschaft auszuschlagen, § 805 ABGB. Der Erbanfall an den Ausschlagenden gilt als nicht erfolgt und wirkt nach noch herrschender Meinung auch für die Abkömmlinge desselben analog § 551 ABGB.[249]

dd) Einantwortung

Die Einantwortung ist die durch Gerichtsbeschluss erfolgende Übergabe des Nachlasses in den rechtlichen Besitz des Erben, § 797 ABGB.[250] Mit deren Rechtskraft wird das Nachlassverfahren beendet, § 819 ABGB.

Die Einantwortung bewirkt nach heute ganz herrschender Meinung den Rechtsübergang des gesamten Nachlasses im Wege der Universalsukzession;[251] der ruhende Nachlass hört auf zu bestehen. Trotzdem wird der Erbe nicht als Rechtsnachfolger des ruhenden Nachlasses, sondern des Erblassers angesehen.[252] Auf diese Weise wird die ununterbrochene Kontinuität zum Erblasser wieder hergestellt.[253] Entsprechend gehen Besitz, Eigentum, Forderungen und sonstige Rechte ohne Übertragungsakt auf den Erben über, der zugleich Schuldner der Erbschaftsgläubiger wird.

Haunschmidt, Rn. 104; Koziol/Welser, 521f.; Süß/Haas-Haunschmidt, Österreich, Rn. 144f.; Tabacs, ABC, 81.

[248] Behrens, 67; Eccer, Erbrecht, 6/15; Ferid/Firsching-Wirner, Österreich, Rn. 95. Allerdings kann der Erbe bei hinreichendem Nachweis des Erbrechts die Überlassung der Nachlassverwaltung verlangen, § 810 ABGB. Eigenmächtig darf er den Nachlass jedoch nicht in Besitz nehmen, § 797 ABGB.

[249] So: Ferid/Firsching-Wirner, Österreich, Rn. 122; Haunschmidt/Haunschmidt, Rn. 106; Kralik, Erbrecht, 50. Ablehnend: Hofmann-Wellenhof, NZ 1984, 17 (23f.); Koziol/Welser, 525; Zemen, 25ff.; Zemen, JBl 2004, 356 (360). Differenzierend: Eccer, NZ 1982, 20 (20ff.).

[250] Voraussetzung für die Einantwortung ist eine positive Erbserklärung, der Erbrechtsausweis und der Testamentserfüllungsausweis, § 819 ABGB, 149 AußStrG.

[251] Sog. austriazistische Auffassung: OGH v. 15.12.2000, 5 Ob 110/99h, RdW 2000, 307; OGH v. 29.3.1990, 6 Ob 557/90, NZ 1992, 111; OGH v. 17.5.1988, 2 Ob 651/87, NZ 1991, 151; Behrens, 67; Doralt, ErbStG, § 2 Rn. 8; Dorazil/Taucher, ErbStG, § 13 Rn. 2.6; Eccer, Erbrecht, 6/25; Ferid/Firsching-Wirner, Österreich, Rn. 95; Haunschmidt/Haunschmidt, Rn. 127; Rummel-Welser, ABGB, § 532 Rn. 3; Ost, 21. Wann die Rechtsnachfolge des Erben eintritt, war lange Zeit sehr umstritten. Teilweise wurde dies im Zeitpunkt des Erbanfalls angenommen mit Hinweis auf § 537 ABGB, sog. germanistische Auffassung. Vgl. Wolff, Grundstück, 101ff. Teilweise wurde die Erbserklärung unter Hinweis auf § 547 ABGB als maßgeblich angesehen, sog. romanistische Auffassung. Ausführlich: Bielefeld, 23ff.; Maschmeier, 9ff.

[252] OGH v. 30.10.1995, 2 Ob 552/94, NZ 1996, 64; Behrens, 65; Rummel-Welser, ABGB, § 531 Anh. Rn. 9. A.A.: Ferrari-Hofmann-Wellenhof, Erbschaftsklage, 56, 59: Der Erbe ist Rechtsnachfolger des ruhenden Nachlasses. Wohl auch: Taucher, NZ 1991, 212 (212ff.).

[253] Behrens, 65.

c) Erbengemeinschaft und Erbauseinandersetzung

Mehrere Erben bilden eine Erbengemeinschaft, § 550 ABGB. Im Gegensatz zum deutschen Recht bilden sie eine Bruchteilsgemeinschaft bzw. schlichte Rechtsgemeinschaft, §§ 550, 825ff. ABGB.[254] Nach der Einantwortung wird jeder Miterbe entsprechend seiner Erbquote Miteigentümer der Nachlassgegenstände.[255] Dieser kann seinen Anteil jederzeit veräußern und die Erbauseinandersetzung verlangen, §§ 829f. ABGB. Die Auseinandersetzung kann auch vor der Einantwortung vereinbart werden, § 170 AußStrG. Dingliche Wirkung entfaltet sie jedoch erst nach der Einantwortung.[256] Die Erbauseinandersetzung erfolgt regelmäßig durch einvernehmliche Vereinbarung eines gerichtlichen oder außergerichtlichen Erbteilungsübereinkommens. Die Erben können den Inhalt der Teilung frei vereinbaren; über Teilungsanordnungen können sie sich einvernehmlich hinwegsetzen.[257]

2. Gesellschaftsrechtliche Grundlagen

a) Vermögenszuordnung

Gemäß § 124 Abs. 1 öHGB[258] i.V.m. Art. 7 Nr. 9 EVHGB ist Träger des Gesellschaftsvermögens die oHG. Während früher vereinzelt im österreichischen Schrifttum[259] die oHG als juristische Person qualifiziert worden ist, wird heute

---

[254] OGH v. 28.9.1999, 5 Ob 7/99m, RdW 2000, 47; Aicher/Ostheim, ÖJZ 1981, 253 (255); Ferid/Firsching-Wirner, Österreich, Rn. 125f.; Flick/Piltz, Rn. 817; Kralik/Beer, NetV 2000, 3 (3); Ost, 13; Rummel-Welser, AGBGB, § 825 Rn. 7; Süß/Haas-Haunschmidt, Österreich, Rn. 165.

[255] OGH v. 31.3.1998, 2 Ob 2292/96i, NZ 1999, 148; Rummel-Welser, AGBGB, § 550 Rn. 1.

[256] Koziol/Welser, 534; Rummel-Welser, AGBGB, § 550 Rn. 3.

[257] OGH v. 19.5.1988, 6 Ob 586/88, NZ 1990, 257; Haunschmidt/Haunschmidt, Rn. 125; Koziol/Welser, 534; Kralik, Erbrecht, 339; Rummel-Welser, AGBGB, § 550 Rn. 4.

[258] Das heutige österreichische HGB beruht auf der EVHGB vom 24.12.1938. Im Zuge des „Anschlusses" Österreichs wurde das seit dem 1.1.1900 geltende deutsche Handelsgesetzbuch im österreichischen Rechtsgebiet in seinen wesentlichen Teilen - hinsichtlich des Rechts der Handelsgesellschaften vollständig - zur Geltung gebracht. Zwar galten mit dem 10.4.1945 sämtliche auf nationalsozialistischem Gedankengut basierende und nach dem 13.3.1938 erlassene Vorschriften aufgrund des Verfassungsgesetzes vom 1.5.1945 über die Wiederherstellung des Rechtslebens in Österreich (Rechtsüberleitungsgesetz StGBl. Nr. 6/195) als aufgehoben, bis zu einer Neugestaltung wurden sie aber in vorläufige Geltung gesetzt. Da bis heute keine Neugestaltung i.d.S. vorgenommen worden ist, gelten noch immer die „alten" Vorschriften. Daher ist allgemein anerkannt, dass die deutsche Rechtsprechung und Literatur ab dem 1.1.1939 auch in Österreich zu beachten ist. Vgl. Behrens, 60f.; Rieden, 9.

[259] Ostheim, 169ff.

allgemein die Gruppenlehre vertreten.[260] Das Gesellschaftsvermögen ist Gesamthandsvermögen.[261]

b) Beitragspflicht und Haftung eines persönlich haftenden Gesellschafters

Parallel zur deutschen Rechtslage besteht für den persönlich haftenden Gesellschafter keine Einlagepflicht.[262] Er haftet für Gesellschaftsschulden gemäß § 128 öHGB persönlich, unmittelbar und unbeschränkt.[263]

c) Erbringung der Haftsumme und Haftung eines Kommanditisten

Dem deutschen Recht entsprechend haftet der Kommanditist unmittelbar und persönlich.[264] Eine betragsmäßige Begrenzung tritt ein bei geleisteter und nicht zurückgewährter Hafteinlage, die in das Firmenbuch eingetragen sein muss, § 171 Abs. 1 2.HS öHGB.[265]

d) Tod eines persönlich haftenden Gesellschafters

Nach dem gesetzlichen Regelmodell stellt gemäß § 131 Nr. 4 öHGB der Tod eines persönlich haftenden Gesellschafters der oHG einen Auflösungsgrund dar, sofern keine andere gesellschaftsvertragliche Regelung besteht.[266]

Ist hingegen die Fortsetzung der Gesellschaft mit den verbleibenden Gesellschaftern gesellschaftsvertraglich vereinbart worden (§ 138 öHGB), enthalten Art. 7 in Nr. 15, 16 EVHGB ergänzende, vermögensrechtliche Regelungen bezüglich des Abfindungsanspruchs gegen die Gesellschaft.

Wenn im Gesellschaftsvertrag die Fortführung mit Erben vorgesehen ist (§ 139 öHGB), nimmt bis zur Einantwortung der ruhende Nachlass die Gesellschafterstellung ein, vgl. Art. 7 Nr. 17 Abs. 1 EVHGB.[267] Mit der Einantwortung wird

---

260 OGH v. 29.8.1995, 5 Ob 59/95, WBl 1996, 81; OGH v. 10.7.1986, 7 Ob 583/86, WBl 1987, 161; Feil, GesRZ 1975, 108 (109); Fritz, 7; Hämmerle/Wünsch, Handelsrecht, 129; Jabornegg-Jabornegg, HGB, § 105 Rn. 5; Roth/Fitz, Rn. 208; Straube-Koppensteiner, HGB, § 124 Rn. 5. Teilweise A.A.: Hochedlinger, GesRZ 2002, 185 (186ff.).

261 Vgl. Art. 7 Nr. 10 EVHGB, insoweit wurden die Rechtsgrundlagen aus dem deutschen Recht in der EVHGB (Art. 7 Nr. 9-11) übernommen. Vgl. Jordan, WBl 1994, 149 (152).

262 Straube-Torggler/Torggler, HGB, Art. 7 Nr. 2 Rn. 5; Wolf, 3; Wünsch, GesRZ 1978, 1 (2ff.).

263 Aicher/Ostheim, ÖJZ 1981, 253 (258); Fritz, 14; Hämmerle/Wünsch, Handelsrecht, 127; Jabornegg-Jabornegg, HGB, § 128 Rn. 30; Rieden, 24; Roth/Fitz, Rn. 244; Straube-Koppensteiner, HGB § 128 Rn. 8ff.

264 Jabornegg/Jabornegg, HGB, § 171 Rn. 8; Wünsch, GesRZ 1978, 51 (52ff.).

265 Fritz, 26f.; Hämmerle/Wünsch, Handelsrecht, 293; Jabornegg/Jabornegg, HGB, § 171 Rn. 10ff.; Rieden, 25.

266 Dies gilt auch für den Komplementär der KG, § 161 Abs. 2 öHG. Vgl. OGH v. 14.11.1991, 8 Ob 534/91, GesRZ 1993, 40 (42).

267 OGH v. 14.11.1991, 8 Ob 534/91, GesRZ 1993, 40 (42); Behrens, 73; Fraberger, 1997, 347; Hämmerle/Wünsch, Handelsrecht, 227ff.; Holzhammer/Roth, Gesellschaftsrecht, 76; Kastner/Doralt/Nowotny, Gesellschaftsrecht, 125; Rummel-Welser, ABGB, § 531 Anh. Rn.

der gesellschaftsvertraglich zugelassene Erbe Gesellschafter und rückt in die Rechtsstellung des Erblassers ein.[268]
Kommt es aufgrund von Nachlassüberschuldung oder fehlender Erbserklärung nicht zur Einantwortung, bleibt der hereditas iacens Gesellschafter.[269] Ist es zur Einantwortung gekommen, kann der Erbe parallel zur deutschen Rechtslage gemäß § 139 öHGB die Einräumung der Kommanditistenstellung verlangen; allerdings muss dieses Begehren innerhalb eines Monats nach der Einantwortung gestellt werden, § 139 Abs. 3 öHGB.[270]

e) Tod eines Kommanditisten

Gemäß § 177 öHGB hat der Tod des Kommanditisten, wenn gesellschaftsvertraglich keine andere Regelung getroffen worden ist,[271] nicht die Auflösung der Gesellschaft zur Folge.[272] Die Beteiligung ist vererblich. Zunächst rücken der Nachlass und nach Einantwortung die Erben in die Gesellschafterstellung des Erblassers ein.[273] Im Fall der Erbenmehrheit wird nicht die Erbengemeinschaft, sondern jeder Erbe entsprechend der Erbquote aufgrund der im Hauptteil zu erörternden Sondererbfolge Kommanditist.[274]

C. Erbschaftsteuerrecht

I. Allgemeines

1. Erbschaftsteuer im Steuersystem

a) Erbanfallsteuer im Gegensatz zum Nachlasssteuersystem

Steuerrechtstheoretisch sind zur Erbschaftsbesteuerung zwei verschiedene Modelle möglich: das Nachlass- und das Erbanfallsteuersystem.[275]

3; Straube-Koppensteiner, HGB, § 139 Rn. 9. Vgl. zum Abhandlungsprovisorium ausführlich: Schwimann-Eccer, ABGB, § 531 Rn. 51ff.

268 OGH v. 14.11.1991, 8 Ob 534/91, GesRZ 1993, 40 (42); OGH v. 10.11.1988, 8 Ob 617/88, RdW 1989, 129; Eccer, Antizipierte Erbfolge, 37; Fraberger, 1997, 347; Hämmerle/Wünsch, Handelsrecht, 230; Kastner/Doralt/Nowotny, Gesellschaftsrecht, 125; Straube-Koppensteiner, HGB, § 139 Rn. 16.

269 Fraberger, 1997, 347.

270 Heymann-Emmerich, HGB, § 139 Rn. 2a; Straube-Koppensteiner, HGB, § 139 Rn. 19.

271 Abweichende Regelungen sind möglich. Vgl. Fraberger, 1997, 369; Kalss-Schauer-Schauer, Unternehmensnachfolge, 111 (123); Rummel-Welser, ABGB, § 531 Anh. Rn. 18; Straube-Koppensteiner, HGB, § 177 Rn. 3; Wolf, 13.

272 Vgl. ausführlich: Stölze, GesRZ 1977, 109 (110ff.).

273 Schwimann-Eccer, ABGB, § 531 Rn. 40; Straube-Koppensteiner, HGB, § 177 Rn. 2.

274 Fraberger, 1997, 369; Straube-Koppensteiner, HGB, § 177 Rn. 2; Wolf, 13.

275 Vgl. ausführlich: Timm, FinArch 42 (1984), 552 (552ff.).

Im Nachlasssteuersystem[276] ist die Erbschaftsteuer als letztmalige Vermögensteuer des Erblassers ausgestaltet.[277] Da das Steuerobjekt der gesamte, ungeteilte Nachlass bildet, bleiben Verwandtschaftsverhältnisse außer Betracht.[278] Der Steuertarif richtet sich ausschließlich nach dem Umfang des Nachlasses. Durch die Nachlassteuer soll eine rückwirkende Belastung des Einkommens vom Erblasser insbesondere im Hinblick auf noch nicht erfasstes Einkommen und Vermögenswertsteigerungen erfolgen. Fiskalinteressen stehen im Vordergrund.[279] Im heutigen deutschen (österreichischen) Rechtssystem würde dieses System, da es weder nach den familiären Verhältnissen noch nach der Anzahl der Erben differenziert, gegen Art. 6 Abs. 1 GG bzw. Art. 3 Abs. 1 GG (Österreich: Art. 2 StGG, Art. 7-BVG) verstoßen.[280]
Sowohl das österreichische als auch das deutsche Erbschaftsteuerrecht sind als Erbanfallsystem ausgestaltet.[281] Im Erbanfallsystem wird die infolge des Rechtsübergangs des Nachlasses auf die Erben eingetretene Leistungsfähigkeitssteigerung besteuert.[282] Im Zuwachs an wirtschaftlicher Leistungsfähigkeit ohne eigenes Zutun wird die sachliche Rechtfertigung der Erbschaftsteuer gesehen.[283]

---

[276] In Deutschland basierte das Erbschaftsteuerrecht in den Jahren 1919-1922 auf diesem System. Derzeit ist die Erbschaftsteuer in Großbritannien, in den USA und den Schweizer Kantonen Graubünden, Solothurn und Neuenburg als Nachlasssteuer ausgestaltet. Vgl. Al-brecht, 15ff.; Eidg. Steuerverwaltung, Die Steuern der Schweiz, III.Teil, A 11ff.; Jülicher, ZErb 2003, 204 (205); Klein, Rn. 34; Schömmer, Schweiz, Rn. 444; Strunz, ZEV 2003, 157 (157); Strunz, RIW 1991, 322 (323); Urnik, 46 Fn. 215; Wassermeyer, Rn. 3, 148ff. Allerdings wird in den USA die der deutschen Erbschaftsteuer entsprechende Steuer in mehreren Stufen bis 2009 abgeschafft. Vgl. Seer, GmbHR 2002, 873 (878).

[277] Doralt, ErbStG, Einl. Rn. 3; Seer, GmbHR 2002, 873 (873); Söffing/Völkers/ Weinmann, 1; Troll/Gebel/Jülicher, ErbStG, Einf. Rn. 2; Urnik, 46.

[278] Crezelius, 1979, 25; Jülicher, ZErb 2004, 14 (14); Klein, Rn. 34; Meincke, DStR 1996, 1305 (1306); Süß/Haas-Reich, § 4 II Rn. 13; Tipke, Steuerrechtsordnung II, 873; Weber, 112; Zipfel, 1.

[279] Sog. Back-tax-theory. Vgl. Crezelius, 1979, 25; Klein, Rn. 34; Schindhelm, ZEV 1997, 8 (10); Weber, 113.

[280] Crezelius, 1979, 26; Haas, 10; Spitzbart, 126.

[281] Vgl. BR-Drs. 390/96, 62; Degenhard, IFSt Nr. 344, 7; Scheffler/Spengel, BB 2004, 967 (968). Für Österreich: Doralt, ErbStG, Einl. Rn. 3; Doralt/Ruppe, Rn. 103; Fellner, RdW 1994, 412 (412); Jochum, UVR 2003, 162 (162); Tabacs, ABC, 74; Toifl, Methoden zur Vermeidung der Doppelbesteuerung, 389 (389). Der Erbanfallsteuer sind auch Frankreich, Griechenland, Luxemburg, Spanien, Tschechien, Türkei, Ungarn und Japan zuzuordnen. Vgl. Eisele, INF 1997, 135 (135); Hoog, Rn. 15; Rautenstrauch, 6; Schindhelm, 12; Schwald, 3; Sonneveldt/Bom/Zuiderwijk, France, 33; Süß/Haas-Reich, § 4 II Rn. 14.

[282] BVerfG v. 22.6.1995, 2 BvR 552/91, BVerfGE 93, 165 (172); Eisele, INF 2002, 578 (579); Kessler/Märkle/Offerhaus, DB Beilage 2/2003, 1 (7); Seer, Harzburger Steuerprotokoll 1998, 159 (162); Taucher, 38.

[283] Ergänzend wird eine zusätzliche Umverteilungsfunktion angeführt. Vgl. BR-Drs. 390/96, 62; Crezelius, 1979, 26f.; Doralt, ErbStG, Einl. Rn. 1; Kegel, 28; Kulzer, 126f.; Löhle, 9;

b) Klassifizierung der Erbschaftsteuer in Steuerarten

Problematisch ist die Einordnung der Erbschaftsteuer in verschiedene Steuerarten. Als Steuer auf den Vermögenserwerb wird sie den Steuern auf das Einkommen im weiteren Sinne zugerechnet.[284] Die Qualifikation als Vermögen- bzw. Substanzsteuer ist auch möglich, wenn auf die ererbte Vermögenssubstanz abgestellt wird.[285] Zum Teil, insbesondere in Österreich, wird die Erbschaftsteuer als Verkehrsteuer qualifiziert, da sie formal an einen in einem Vermögenstransfer bestehenden Akt des Rechtsverkehrs anknüpfe.[286] Gegen diese Charakterisierung spricht jedoch, dass es nicht auf den Bruttovermögenserwerb, wie sonst bei der Verkehrsteuer üblich, sondern auf den Nettovermögenserwerb ankommt. Zudem ist die doppelte Progression (Verwandtschaftsgrad und Erwerbsumfang) nicht mit einer Verkehrsteuer vereinbar.[287] Die Erbschaftsteuer ist eine direkte, aperiodische Personensteuer.[288]

2. Grundprinzipien des Erbschaftsteuerrechts

a) Bereicherungsprinzip

Aufgrund der Entscheidung für das Erbanfallsystem kommt nur dann eine Besteuerung in Betracht, wenn eine in Geld zu bewertende Vermögensmehrung

---

Meincke, DStJG 22 (1999), 39 (39ff.); Moench-Moench, ErbStG, Einf. Rn. 3f.; Offerhaus, DB 2003, 2064 (2064); Schaumburg, § 7 Rn. 7.1. Ausführlich zur Erbschaftsteuerrechtfertigung: Crezelius, FS Tipke, 405ff.; Löhle, 4ff.; Meincke, DStJG 22 (1999), 39 (39ff.); Schneider, StuW 1979, 38 (38ff.); Tipke, Steuerrechtsordnung II, 874ff.

[284] Fischer, DB 2003, 9 (11); Meincke, ErbStG, Einf. Rn. 1; Moench-Moench, ErbStG, Einf. Rn. 3; Seer, Harzburger Steuerprotokoll 1998, 159 (162); Schneider, StuW 1979, 38 (40); Spitzbart, 128; Tipke/Lang-Seer, § 13 Rn. 103. Für Österreich: Taucher, Steuern Österreich, 437 (438).

[285] Kegel, 28; Rose, Substanzsteuern, 97; Schindhelm, ZEV 1997, 8 (10); Seer, StuW 1997, 283 (285); Söffing/Völkers/Weinmann, 1f. Die beim Erben eingetretene Bereicherung ist nicht das Resultat einer am Markt gebildeten Wertschöpfung, sondern eines bloßen Vermögenstransfers. Es wird daher kein Ertrag, sondern die Vermögenssubstanz abgeschöpft. Haas, 10, schlägt eine systematische Zuordnung zwischen Einkommensteuer und Vermögensteuer vor.

[286] Vgl. BFH v. 22.9.1983, II R 61/80, BStBl II 1983, 179 (180); Meincke, ErbStG, Einf. Rn. 1; Vocke, 121. Für Österreich: Dorazil/Taucher, Einl. 3.1; Haunschmidt/ Haunschmidt, Rn. 153; Jochum, UVR 2003, 162 (163); Ost, 23; Tabacs, ABC, 74; Taucher, NZ 2002, 129 (129); Taucher, NZ 2001, 117 (118).

[287] Haas, 10; Klein, Rn. 20, 26; Leisner, 33ff.; Reinisch, 3; Tipke, Steuerrechtsordnung II, 876; Urnik, 47.

[288] öBMF Steuerreformkommission, ÖStZ Beilage 24/1998, 1 (10); Doralt/Ruppe, Rn. 104; Dorazil/Taucher, ErbStG, Einl. Rn. 3.3; Fraberger, RdW 2002, 631 (631); Haas, 10; Jochum, UVR 2003, 162 (163); Meincke, ErbStG, Einl. Rn. 1; Nekola, 24; Ost, 23; Reinisch, 2; Söffing/Völkers/Weinmann, 2; Taucher, 38; Troll/Gebel/Jülicher, ErbStG, Einf. Rn. 3; Urnik, 45.

beim Erwerber eingetreten ist, sog. Bereicherungsprinzip.[289] Im Gesetz findet sich der Bereicherungsgedanke in § 10 ErbStG/ § 20 öErbStG wieder: Es gilt nach § 10 Abs. 1 S. 1 ErbStG als steuerpflichtiger Erwerb die Bereicherung des Erwerbers soweit sie nicht steuerbefreit ist. § 10 Abs. 1 S. 2 ErbStG definiert die Bereicherung für den Erwerb von Todes wegen als die aufgrund des § 3 ErbStG eingetretene Bereicherung („Ob" der Bereicherung) mit ihrem nach § 12 ErbStG und anderen Bewertungsvorschriften ermittelten Wert („Wie/ Höhe" der Bereicherung) abzüglich der abziehbaren Schulden und Lasten.[290]

b) Stichtagsprinzip

Notwendige Ergänzung findet das Bereicherungsprinzip durch das Stichtagsprinzip: Alle Steuertatbestandsmerkmale sind einheitlich auf den Stichtag zu beurteilen.[291] Beim Erwerb von Todes wegen ist der Erblassertodeszeitpunkt maßgeblich, § 9 Abs. 1 Nr. 1 ErbStG/ § 12 Abs. 1 Nr. 1 öErbStG. Durch die zeitliche Fixierung werden willkürliche Veränderungen der Erbschaftsbesteuerung bspw. infolge von Abnutzungen oder Wertschwankungen vermieden.[292] Zu Härten kann das Stichtagsprinzip führen, wenn zwischen dem Bewertungsstichtag und dem Tag der tatsächlichen Verfügungsberechtigung Wertveränderungen eintreten.[293] Diese bleiben aufgrund des Wortlauts unberücksichtigt; sie sind der Vermögenssphäre des Erben zu zuordnen.[294]

---

[289] VwGH v.14.1.1998, 86/16/0035; VwGH v.14.6.1997, B 184, 324/96; Reinisch, 2.

[290] Crezelius, 1979, 27; Crezelius, SteuerR II, 307. Das Bereicherungsprinzip, das seiner Grundidee nach eine Nettobereicherung verlangt, wird aber gerade im Bereich des Schuldenabzugs durch die Normierung von Beschränkungen nicht strikt durchgehalten. Vgl. Gassner ÖStZ 2003, 600 (600ff.).

[291] Haas, 14; Kapp, StuW 1993, 67 (67). Dem Stichtag kommt u.a. Bedeutung zu für die Merkmale der subjektiven Steuerpflicht (§ 2 ErbStG/ § 6 öErbStG), der Wertermittlung (§ 11 ErbStG/ § 18 öErbStG), der Steuerklasse (§ 15 ErbStG/ § 7 öErbStG). Vgl. Dorazil/Taucher, ErbStG, § 12 Rn. 1.3; Meincke, ErbStG, § 9 Rn. 5.

[292] Haas, 14; Crezelius, 1979, 29.

[293] Dieser Grundsatz ist bei Wertpapieren von besonderer Bedeutung, denn nach dem Todestag eingetretene Kursverluste werden nicht berücksichtigt. Da das Stichtagsprinzip in diesen Fällen zu Härten führen kann, wird diskutiert, ob Billigkeitsmaßnahmen zur Anwendung kommen können. Befürwortend: Ebeling, DStJG 22 (1999), 227 (236); Kapp, StuW 1993, 67 (68); Kapp/Ebeling, ErbStG, § 9 Rn. 10; Kümmerling/Depp, BB 2002, 655 (658f.); Meincke, ErbStG, § 11 Rn. 6; Michel, UVR 2000, 49 (53); Moench-Weinmann, ErbStG, § 11 Rn. 7; Naujok, ZEV 2003, 94 (96f.); Tipke/Lang-Seer, § 13 Rn. 169. Ablehnend: BFH v. 22.9.1999, II B 130/97, BFH/NV 2000, 320; BFH v. 28.11.1990, II S 10/90, BFH/NV 1991, 243; FG München v. 24.7.2002, 4 K 558/02, ZEV 2003, 127; Fin.Min. Bay v. 18.7.1996, 34-S-3811-10/31-42221; Klein-Blenkers, DStR 1991, 1549 (1550); Schuhmann, UVR 2000, 450 (453). Vgl. ausführlich: Klarner, 146ff.; Meincke, DStR 2004, 573 (573ff.). Vgl. zur Problematik in Österreich: Fraberger, SWK 2004, 623 (623ff.).

[294] VfGH v. 7.10.1978, B 213/76, ÖStZB 1979, 108; VfGH v. 30.9.1972, B 244/71, ÖStZB 1973, 65; VwGH v. 9.9.1993, 92/16/0190; VwGH v. 14.5.1992, 91/16/0019; VwGH v.11.5.1955, 3089/53, Slg 1157 F; Crezelius, 1979, 29; Daragan, ZErb 2004, 8 (11); Dora-

c) „Maßgeblichkeit des Zivilrechts“

Sowohl das österreichische als auch das deutsche Erbschaftsteuergesetz sind auf dem Erbrecht des ABGB/BGB aufgebaut, indem zivilrechtliche Institute zu Tatbestandsmerkmalen des Erbschaftsteuerrechts gemacht werden. Durch die unmittelbare Anknüpfung an das Zivilrecht wird von einer bürgerlich-rechtlichen Prägung,[295] teilweise auch von der Maßgeblichkeit des Zivilrechts für das Erbschaftsteuerrecht gesprochen.[296]

Eine Bindung an das Zivilrecht kann dann angenommen werden, wenn und soweit das Erbschaftsteuerrecht die Steuerfolgen an einen Vermögensanfall anschließt, dessen Voraussetzungen es nicht selbst bestimmt, sondern dem Zivilrecht entnimmt.[297] Dennoch ist von einer Maßgeblichkeit wenn überhaupt nur eingeschränkt auszugehen, denn die Anknüpfung an zivilrechtliche Gestaltungen im Erbschaftsteuerrecht schließt nicht aus, dass zivilrechtliche Gestaltungen und Begriffe entsprechend den steuerrechtlichen Bedeutungszusammenhängen selbständig interpretiert werden können und müssen.[298] So hat der BFH festgestellt, dass es keine Vermutung dafür gebe, dass vom Zivilrecht entlehnte Tatbestandsmerkmale einer Steuerrechtsnorm im zivilrechtlichen Sinne auszulegen seien.[299] Es sei vielmehr von nebengeordneten, gleichrangigen Rechtsgebieten auszugehen, die den Sachverhalt aus anderen Perspektiven und Wertungsgesichtspunkten beurteilen. Es ist daher bei den dem Zivilrecht entnommenen

---

zil/Taucher, ErbStG, § 6 Rn. 2.1; Fellner, ErbStG, § 6 Rn. 12a; Fraberger, 1997, 622f.; Kemmerling/Delp, BB 2002, 655 (658); Tipke/Lang-Seer, § 13 Rn. 169; Wendt, StuW 1987, 18 (30). Landsittel schlägt in ZEV 2003, 221 (224) eine Steuerentstehungsverschiebung auf den Zeitpunkt des Erhalts der erstmaligen Verfügungsmacht vor aufgrund des Leistungsfähigkeitsprinzips und der Differenzierung im BGB zwischen dem Besitzerwerb gemäß § 857 BGB und der Erlangung der tatsächlichen Verfügungsmacht. Allerdings kann angesichts des eindeutigen Wortlauts des § 11 ErbStG dem Vorschlag nicht gefolgt werden. Auch eine Analogie dahingehend, dass in Ausnahmefällen ein vom Erblassertodestag abweichender Zeitpunkt als Stichtag angenommen werden kann, erscheint als unzulässig, da der Gesetzgeber die Möglichkeit einer Vermögensminderung nach dem Bewertungsstichtag erkannt hat. Vgl. Naujok, ZEV 2003, 94 (95).

[295] BFH v. 26.11.1986, II R 190/81, BStBl II 1987, 175 (176); Landsittel, ZEV 2003, 221 (223); Kobor, 56; Schäfer/Schwalfenberg, Rn. 356; Schaumburg, § 7 Rn. 7.16.

[296] Crezelius, 1979, 37; Dorazil/Taucher, ErbStG, Einl. Rn. 6.2; Kapp/Ebeling, ErbStG, § 1 Rn. 6; Sonneborn, 21.

[297] Dorazil/Taucher, ErbStG, Einl. Rn. 6.2ff.; Fraberger, 443; Kapp/Ebeling, ErbStG, § 1 Rn. 6; Meincke, ErbStG, Einf. Rn. 7; Troll/Gebel/Jülicher, ErbStG, Einf. Rn. 30; V/G/H/K/S-Viskorf, ErbStG, Einf. Rn. 29.

[298] BFH v. 8.12.1993, II R 61/89, BFH/NV 1994, 373 (376); Kapp/Ebeling, ErbStG, § 1 Rn. 6. A.A. für Österreich: Taucher, 19, 31.

[299] BFH v. 8.12.1993, II R 61/89; BFH/NV 1994, 373 (376) unter Hinweis auf BVerfG v. 27.12.1991, 2 BvR 72/90, StuW 1992, 186 (187) (zur Grunderwerbsteuer). Dagegen: Meincke, ErbStG, Einf. Rn. 7; Meincke, StuW 1992, 188 (189). Klarner, 35ff. leitet aus dem o.g. Urteil eine deutliche Tendenz zur Verselbständigung des Erbschaft- und Schenkungsteuerrechts ab.

Rechtsbegriffen jeweils durch Auslegung zu ermitteln, ob das Erbschaftsteuerrecht den zivilrechtlichen Wertungen folgt oder aber mit Hilfe der entlehnten Begriffe eigenständige steuerrechtliche Tatbestände bildet.[300]

d) Erbschaftsteuerrecht und ausländisches Zivilrecht

Sowohl das österreichische als auch das deutsche Erbschaftsteuergesetz greifen auf Begriffe des innerstaatlichen Erbrechts zurück. Infolge der Inkongruenz zwischen dem räumlichen Anwendungsbereich des Erbschaftsteuerrechts und dem des Erbrechts stellt sich die Frage, ob und inwieweit vom Erbschaftsteuergesetz verwendete Begriffe auf ausländische Rechtsinstitute anwendbar sind.
Aus dem Grundsatz der Tatbestandsmäßigkeit der Besteuerung[301], dem verfassungsrechtlich verankerten Gleichheitssatz[302] und der engen Verbindung zwischen Zivilrecht und Erbschaftsteuerrecht kann jedoch nicht geschlossen werden, dass nur Erwerbe, die dem innerstaatlichen Zivilrecht unterliegen, dem Erbschaftsteuerrecht zugänglich sind. Vielmehr erfordert das der Erbschaftsteuer zu Grunde liegende Leistungsfähigkeitsprinzip, Erwerbsvorgänge unabhängig davon zu erfassen, nach welcher Rechtsordnung sie vollzogen werden.[303] Diese Betrachtungsweise entspricht auch dem gesetzgeberischen Konzept.[304] Andernfalls würden insbesondere die Regeln über die beschränkte Erbschaftsteuerpflicht weitgehend ins Leere laufen.
Der BFH nimmt zur Qualifizierung ausländischer Rechtserwerbe eine „zweistufige Objektqualifikation“[305] vor:[306] Zunächst wird der ausländische Zivilrechtsbegriff auf Grundlage der ausländischen Rechtsordnung analysiert. Es schließt sich ein Privatrechtsvergleich der ausländischen Rechtsfigur mit verwandten inländischen Rechtsinstituten an. Besteht inhaltliche Identität, wird das auslän-

---

[300] Vgl. BVerfG v. 27.12.1991, 2 BvR 72/90, StuW 1992, 186 (187); Troll/Gebel/Jülicher, ErbStG, Einf. Rn. 31. Inzwischen hat der BFH zu mehreren grundsätzlichen Rechtsfragen eine eigenständige Begriffsentwicklung aus dem Erbschaftsteuergesetz entwickelt. Vgl. BFH v. 6.6.2001, II R 76/99, BStBl II 2001, 605; BFH v. 6.6.2001, II R 14/00, FR 2001, 1117 zum Kaufrechtsvermächtnis; Fraberger, 442 m.w.N.

[301] Österreich: Art. 18 B-VG; Deutschland: Art. 20 Abs. 3 GG.

[302] Österreich: Art. 2 StGG, Art. 7 B-VG; Deutschland: Art. 3 GG.

[303] BFH v. 12.5.1970, II 52/64, BStBl II 1972, 462 (462f.); RFH v. 12.5.1938, III e 49/37, RStBl 1938, 717 (718); RFH v. 24.9.1935, III eA 27/35, RStBl 1935, 1366 (1370); RFH v. 2.12.1930, I eA 395/397/30, RStBl 1931, 122. Ähnlich das Schrifttum: Arlt, 37; Arendt, StuW 1960, Sp. 349 (Sp. 352f.); Klein, IWB F.3 Gr.9, 139 (139); Kluge, internationales Steuerrecht, U Rn. 3; Martiny, IStR 1998, 56 (56).

[304] Arlt, 38; Schaumburg, § 7 Rn. 7.17; Taucher, 26.

[305] So: Troll/Gebel/Jülicher, ErbStG, § 2 Rn. 106.

[306] Bspw.: BFH v. 8.6.1988, II R 243/82, BStBl II 1988, 808; BFH v. 7.5.1986, II R 137/79, BStBl II 1987, 425; BFH v. 12.1.1973, II R 30/72, BStBl II 1973, 440; BFH v. 15.5.1964, 177/61 U, BStBl III 1964, 409; BFH v. 20.7.1960, II 262/57 U, BStBl III 1960, 385; BFH v. 19.9.1956, III 128/55 U, BStBl III 1956, 363. Ausführliche Darstellung der Rechtsprechung: Klein, Rn. 110ff.; Möller, 105ff.

dische Rechtsinstitut unter die betreffende Vorschrift des Erbschaftsteuerrechts - das innerstaatliche Pendant - subsumiert. Lässt sich kein vergleichbares Zivilrechtsinstitut finden, bleibt es nicht beim Privatrechtsvergleich, sondern es folgt eine wirtschaftliche Analyse des ausländischen Rechtsvorgangs.[307] Im Rahmen dieser sog. Anpassung ist dasjenige innerstaatliche Rechtsinstitut zu ermitteln, das in seiner wirtschaftlichen Bedeutung dem Rechtsvorgang nach ausländischen Recht am Nächsten kommt. Ergibt sich eine Übereinstimmung mit dem Gehalt der entsprechenden innerstaatlichen Rechtsnorm, so wird der Erwerb von Todes wegen besteuert.[308] Im Rahmen der Anpassung sind die von der Judikatur[309] aufgestellten Einschränkungen aus verfassungsrechtlichen Gründen zu berücksichtigen, um einer lediglich auf wirtschaftlicher Betrachtungsweise basierenden Besteuerung entgegenzuwirken: Sind mehrere vergleichbare Rechtspositionen vorhanden, denen die ausländische Rechtsposition gleichermaßen zugeordnet werden kann, ist diejenige maßgeblich, die zur milderen Besteuerung führt. Ergibt hingegen die wirtschaftliche Betrachtungsweise, dass auch anhand der wirtschaftlichen Auswirkungen des ausländischen Rechtsinstituts kein Erbschaftsteuertatbestand eruiert werden kann, so findet überhaupt keine Erbschaftsbesteuerung statt.[310]

Die Analyse der wirtschaftlichen Auswirkungen ist insbesondere aus verfassungsrechtlicher Sicht unter Hinweis auf die Tatbestandsmäßigkeit der Besteuerung angegriffen worden:[311] Es bestehe die Gefahr, dass die „Maßgeblichkeit des Zivilrechts" zugunsten eines bloßen Bereicherungsprinzips verdrängt werde. Der Vergleich zwischen in- und ausländischen Rechtsinstituten könne wegen des Zusammenwirkens von Internationalem Privatrecht und Länderrecht nicht auf bürgerlich-rechtliche Maßstäbe verzichten.

Zusammenfassend ist aber trotz der dem Grunde nach berechtigten Kritik anzumerken, dass sich die wirtschaftliche Betrachtungsweise vielfach dadurch auflösen wird, dass sich die wirtschaftliche Stellung des Erwerbers nur aus der zivilrechtlichen Stellung nach ausländischem Recht ableiten lässt, so dass

[307] Vgl. Klein, FR 2001, 118 (119); Martiny, IStR 1998, 56 (57).

[308] Vgl. Fraberger, 473; Schindhelm, 27.

[309] BFH v. 7.5.1986, II R 137/79, BStBl II 1986, 615; BFH v. 12.5.1970, II 52/64, BStBl II 1972, 462 (464).

[310] Bisher hat die Rechtsprechung allerdings zumeist Wege gefunden, auch „exotische" ausländische Erbrechtsinstrumente unter einen inländischen Erwerbstatbestand zu subsumieren. Vgl. Flick/Piltz, Rn. 1248; Kamps, ErbStB 2003, 92 (94); Klein, Rn. 160ff.; Möller, 108f.

[311] Crezelius, 62ff.; Geck, ZEV 1995, 249 (250); Haas, 44ff.; Jülicher, IStR 1996, 575 (577); Klein, Rn. 113; Möller, 109; Real, RIW 1996, 54 (60); Taucher, 30f.; Troll/ Gebel/Jülicher, ErbStG, § 2 Rn. 108. Vgl. zur Frage, ob § 3 ErbStG als Ausgangspunkt des Problems oder der allgemeine Steuertatbestand § 1 Abs. 1 Nr. 1 ErbStG angesehen werden kann: Schindhelm, 27; Schindhelm, ZEV 1997, 8 (12); Schaumburg, § 7 Rn. 7.16.

faktisch eine Brücke zwischen zivilrechtlicher und wirtschaftlicher Betrachtung geschlagen werden kann.[312]
Aufgrund der zahlreichen Parallelitäten im österreichischen und deutschen Erbrecht sind - soweit ersichtlich - bisher keine Qualifikationsprobleme der jeweils ausländischen Rechtsinstitute aufgetreten.

3. Anknüpfung im Erbschaftsteuerrecht

Gemäß § 1 Abs. 1 Nr. 1 ErbStG/öErbStG unterliegt der Erwerb von Todes wegen der Erbschaftsbesteuerung. Aus der weiten Fassung des § 1 ErbStG/öErbStG folgt, dass auch Erbfälle ohne Inlandsbezug in den Anwendungsbereich des Gesetzes fallen würden.[313] Aufgrund des völkerrechtlichen Anknüpfungsgebotes ist allerdings eine sinnvolle, der Steuermaterie wesensgemäße Verknüpfung zwischen dem normierenden Staat und dem normierenden Sachverhalt geboten.[314] Daher ist das Steuerrecht unter Beachtung der völkerrechtlichen Vorgaben nur befugt, Sachverhalte mit tatsächlichem und hinreichendem Inlandsbezug der Steuerpflicht zu unterwerfen, sog. Limitierung durch Territorialitätsprinzip.[315] Diese Filterfunktion übernehmen § 2 ErbStG/öErbStG und ergänzend § 4 AStG, indem bestimmt wird, inwieweit Fälle mit Auslandsberührung der Erbschaftsbesteuerung unterliegen.[316]
Im Rahmen der Anknüpfung ist zwischen den subjektiven Merkmalen, die auf die beteiligten Personen abstellen, und objektiven Anknüpfungspunkten, die sich auf die Nachlassgegenstände beziehen, zu unterscheiden.[317] Im Rahmen der subjektiven Anknüpfungspunkte wird international auf die Peron des Erblassers und/oder die Person des Erben[318] abgestellt. Sowohl Österreich als auch Deutschland knüpfen an Erblasser und Erben an.[319] Bezugspunkte sind der Wohnsitz, der gewöhnliche Aufenthalt und die Staatsangehörigkeit. Diese

---

[312] Fraberger, 476; Troll/Gebel/Jülicher, ErbStG, § 2 Rn. 108. Ähnlich: Jülicher, IStR 1996, 575 (577). Eigenständige Lösungsvorschläge: Klein, Rn. 475ff.; Rädler/Raupach, 536.
[313] Vgl. Dorazil/Taucher, ErbStG, § 6 Rn. 1.1; Geck, ZEV 1995, 249 (249); Meincke, ErbStG, § 2 Rn. 2.
[314] Burmester, JZ 1993, 698 (702).
[315] Vgl. VwGH v. 3.6.1993, 92/16/0174, ÖStZB 1994, 263 (264); Fraberger, 291; Geck, ZEV 1995, 249 (249); Hey, IWB Gr.1, 2003 (2004); Jochum, UVR 2000, 415 (416); Schaumburg, § 3 Rn. 3.13; Vogel/Lehner-Vogel, DBA, Einl. Rn. 11; Weber, 124.
[316] Vgl. Dorazil/Taucher, ErbStG, § 6 Rn. 1.1; Geck, ZEV 1995, 249 (249).
[317] Schindhelm, 13; Süß/Haas-Reich, § 4 II Rn. 15.
[318] Während in vielen Staaten (u.a. Frankreich, Griechenland, Luxemburg, Schweiz, Tschechien) nur auf die Person des Erblassers abgestellt wird, knüpfen Spanien, die Türkei, Ungarn und Japan nur an den Erben an. Vgl. Flick/Piltz, Rn. 1218; Jülicher, ZErb 2004, 14 (15); Jülicher, ZErb 2003, 204 (205); Müller-Etienne, 32; Reckhorn-Hengemühle, RIW 1996, 212 (213); Süß/Haas-Reich, § 4 II Rn. 17f. Ausführlich: Reckhorn-Hengemühle, 23ff.
[319] Vgl. § 2 Abs. 1 Nr. 1 S. 1 ErbStG, § 6 Abs. 1 Nr. 1 öErbStG. Vgl. Doralt/Ruppe, Rn. 119; Klein, IWB F.3 Gr.9, 145 (149); Ost, 38; Schindhelm, 14; Süß/Haas-Reich, § 4 II Rn. 20; Taucher, 39ff.

Doppelanknüpfung ist ungewöhnlich. Sie erscheint im Hinblick auf die Ausgestaltung des Erbschaftsteuerrechts als Erbanfallsteuer als widersprüchlich und systemfremd.[320] Die fiskalisch motivierte Doppelanknüpfung provoziert geradezu Fälle der Doppelbesteuerung.[321]
Im Rahmen der sachlichen Anknüpfungspunkte wird unabhängig von den beteiligten Personen auf die im Inland belegenen Vermögensgegenstände abgestellt. Der Umfang der Güter ist im internationalen Vergleich sehr unterschiedlich ausgestaltet: Finnland, Frankreich, Griechenland, Großbritannien, Italien und Portugal unterwerfen nahezu alle inländischen Güter der Erbschaftsteuer.[322] Belgien, Liechtenstein, Luxemburg, Norwegen sowie mit einigen Ausnahmen die Niederlande und Schweden besteuern nur Grund- und/oder Betriebsstättenvermögen.[323] Deutschland und Österreich, sowie Schweden für einheimische Staatsbürger nehmen eine Mittelstellung ein und besteuern einen Katalog von Vermögensgegenständen, die einen besonderen Bezug zum Inland aufweisen.[324]

II. Deutsches Erbschaftsteuerrecht

1. Persönliche Steuerpflicht

a) Unbeschränkte Steuerpflicht

Die unbeschränkte Steuerpflicht tritt gemäß § 2 Abs. 2 Nr. 1 S. 1 ErbStG ein, wenn der Erblasser zur Zeit seines Todes oder der Erwerber zum Zeitpunkt der Steuerentstehung Inländer ist.

aa) Steuerinländer

Inländer sind nach der Legaldefinition des § 2 Abs. 2 Nr. 1 S. 2 a) ErbStG natürliche Personen, die im Inland einen Wohnsitz oder ihren gewöhnlichen Aufenthalt haben, sowie Körperschaften, Personenvereinigungen und Vermögensmassen, die ihre Geschäftsleitung oder ihren Sitz im Inland haben, § 2 Abs. 2 Nr. 1 S. 2 d) ErbStG.

---

[320] Crezelius, JbFStR 1999/2000, 646 (645); Kluge, internationales Steuerrecht, U 2; Meincke, ErbStG, § 2 Rn. 8; Schaumburg, § 7 Rn. 7.31; Schindhelm, ZEV 1997, 8 (10); Tipke/Lang-Seer, § 13 Rn. 139.
[321] Vgl. Müller-Etienne, 31; Schaumburg, § 7 Rn. 7.4.
[322] Vgl. Albrecht, 237; Arlt, 88; Bärtels, 52ff.; BDO, 37, 42, 72, 56, 161; Boochs, UVR 1994, 264 (265); Nagel, ZEV 1998, 463 (463ff.); Troll/Gebel/Jülicher, ErbStG, § 21 Rn. 100ff.; Wacker, intertax 1985, 60 (60ff.); Wassermeyer, Rn. 32ff.; Watrin, 83f.
[323] Vgl. Arlt, 88; BDO, 20, 87f., 98, 105, 133; Nagel, ZEV 1998, 463 (463ff.); Süß/Haas-Reich, § 4 II Rn. 22; Troll/Gebel/Jülicher, ErbStG, § 21 Rn. 93, 113ff., 125; Wacker, intertax 1985, 60 (60ff.); Watrin, 84.
[324] Vgl. § 121 BewG; § 6 Abs. 1 Nr. 2 öErbStG. Vgl. Nagel, ZEV 1998, 463 (463ff.); Süß/Haas-Reich, § 4 Rn. 22; Troll/Gebel/Jülicher, ErbStG, § 21 Rn. 121; Watrin, 84.

Einen Wohnsitz hat jemand gemäß § 8 AO dort, wo er eine Wohnung unter Umständen innehat, die darauf schließen lassen, dass er die Wohnung beibehalten und benutzen wird.[325] Ob ein Wohnsitz besteht, ist nach tatsächlichen Gesichtspunkten zu beurteilen.[326] An die Annahme setzt die Rechtsprechung keine hohen Anforderungen.[327] Die Räumlichkeiten müssen zum dauernden Aufenthalt von Menschen objektiv geeignet sein, wobei die jeweiligen persönlichen und wirtschaftlichen Verhältnisse zu berücksichtigen sind.[328] Für das zeitliche Element des „Innehabens" ist ausreichend, dass die Wohnung jederzeit als Bleibe tatsächlich zur Verfügung steht. Es genügt eine mit gewisser Regelmäßigkeit oder Gewohnheit erfolgende Rückkehr zur Wohnung, selbst wenn zwischen einzelnen Aufenthalten größere Zeitabstände liegen.[329]
Eine natürliche Person gilt auch dann als Inländer, wenn sie zwar keinen Wohnsitz, aber ihren gewöhnlichen Aufenthalt im Inland hat. Den gewöhnlichen Aufenthalt hat jemand gemäß § 9 AO dort, wo er sich unter Umständen aufhält, die erkennen lassen, dass er an diesem Ort nicht nur vorübergehend verweilt.[330] Stets und von Beginn an ist dieser anzunehmen, wenn ein zeitlicher Zusam-

---

[325] Für Österreich: § 26 Abs. 1 BAO.

[326] BFH v. 5.11.2001, VI B 219/00, BFH/NV 2002, 311; BFH v. 23.11.1988, II R 139/87, BStBl II 1989, 182 (183); BMF v. 15.7.1998, IV A4-S 0062-13/98, BStBl I 1998, 630 (632); Moench-Weinmann, ErbStG, § 2 Rn. 6; Pahlke/Koenig, AO, § 8 Rn. 4; Pump/Lohmeyer/Leibner-Kühr, AO, § 8 Rn. 6; Weber, 126. Für Österreich: Ost, 102; Taucher, 40. Dies gilt im Gegensatz zum bürgerlichen Recht, das im Bezug auf Begründung, Beibehaltung und Aufgabe des Wohnsitzes auf den rechtsgeschäftlichen Willen abstellt, vgl. §§ 8, 9 BGB (Österreich: § 66 JN).

[327] Vgl. BFH v. 23.11.1988, II R 139/87, BStBl II 1989, 182; Arlt, 49; Geck, ZEV 1995, 249 (250); Meincke, ErbStG, § 2 Rn. 6; Moench-Weinmann, ErbStG, § 2 Rn. 6; Troll/Gebel/Jülicher, ErbStG, § 2 Rn. 218.

[328] Vgl. BFH v. 14.11.1969, III R 95/68, BStBl II 1970, 153 (154); Beermann-Buciek, AO, § 8 Rn. 16; Hübschmann/Hepp/Spitaler-Hellwig, AO, § 8 Rn. 13; Pump/Lohmeyer/Leibner-Kühr, AO, § 8 Rn. 6; Scherer-von Oertzen, § 40 Rn. 9. Für Österreich: VwGH v. 19.1.1994, 1942/65; VwGH v. 7.5.1969, 125/68, Slg 3901F; VwGH v. 7.7.1967, 1860/66; Dorazil/Taucher, ErbStG, § 6 Rn. 6.3; Fraberger, 297; Lechner, FS 30 Jahre WU-Wien, 251 (254).

[329] BFH v. 23.11.1988, II R 139/87, BStBl II 1989, 182; Hübschmann/Hepp/Spitaler-Hellwig, AO, § 8 Rn. 26; Klein-Gersch, AO, § 8 Rn. 3. Für Österreich: VwGH v. 26.11.1991, 91/14/0041, ÖStZB 1992, 322; VwGH v. 16.9.1992, 90/13/0299, ÖStZB 1993, 115; Lechner, FS 30 Jahre WU-Wien, 251 (255); Ost, 40; Ostendorf/Lechner, DB 1996, 799 (800). Als ausreichend wird angesehen, wenn eine Wohnung zweimal jährlich zu bestimmten Zeiten über mehrere Wochen genutzt wird. Vgl. BFH v. 23.11.1988, II R 139/87, BStBl II 1989, 182. Für eine Ferienwohnung ist ausreichend, dass sie gelegentlich und nicht nur unregelmäßig genutzt wird. Vgl. FG Hamburg v. 18.2.1988, II 297/85, EFG 1988, 424 (425). Auch eine im Ausland lebende Ausländerin, die im Inland eine Wohnung besitzt und diese mit einer gewissen Regelmäßigkeit für Arztbesuche nutzt, hat einen Wohnsitz im Inland. Vgl. FG München v. 23.10.1991, K 10085/97, UVR 1993, 148 (149). Für Österreich: Dorazil/Taucher, ErbStG, § 6 Rn. 6.1.

[330] Für Österreich: § 26 Abs. 2 BAO.

menhang von sechs Monaten besteht, wobei kurzfristige Unterbrechungen unberücksichtigt bleiben.[331] Zu beachten ist, dass jemand gleichzeitig mehrere Wohnsitze innehaben kann, aber immer nur einen gewöhnlichen Aufenthalt.[332] Die Geschäftsleitung ist gemäß § 10 AO der Mittelpunkt der geschäftlichen Oberleitung. Den Sitz hat eine Körperschaft bzw. sonstige Rechtseinheit gemäß § 11 AO an dem Ort, der durch Gesetz, Gesellschaftsvertrag, Satzung, Stiftungsgeschäft oder dergleiche Instrumente festgelegt ist. Im Regelfall sind beide Orte identisch, es genügt jedoch im Zweifel, wenn einer der Orte im Inland liegt.[333]
Von § 2 Abs. 1 Nr. 1 d) ErbStG werden nicht nur deutsche, sondern auch ausländische Rechtsgebilde erfasst, da die Norm nicht ausdrücklich auf deutsche Rechtsformen abstellt.[334] Aus deutscher Sicht fallen unter die Norm juristische Personen.[335] Personengesellschaften werden nach heute herrschender Meinung nicht von § 2 Abs. 1 Nr. 1 d) ErbStG erfasst.[336]

bb) Umfang der Steuerpflicht

Die unbeschränkte Steuerpflicht tritt für den „gesamten Vermögensanfall" ein, § 2 Abs. 1 Nr. 1 ErbStG. Es unterliegt grundsätzlich der gesamte Vermögensanfall mit inländischem und ausländischem Vermögen der Besteuerung unabhängig davon, ob sich der Erwerb im In- oder Ausland verwirklicht, sog. Weltvermögensprinzip bzw. Universalitätsprinzip.[337]

---

[331] § 9 S. 2 AO; § 26 Abs. 2 S. 2 u. 3 BAO. Zu beachten ist aber die Ausnahme des Satzes 3. Vgl. zu § 26 Abs. 2 S. 3 BAO im öErbStG: VwGH v. 11.5.1955, 3089/53, VwSlg 1.157; Ost, 41f.; Taucher, 40.

[332] Vgl. BFH v. 19.3.1997, I R 69/96, BStBl II 1997, 447; BFH v. 6.2.1985, I R 23/82, BStBl II 1985, 331; BFH v. 10.8.1983, I R 241/82, BStBl II 1984, 11; BMF v. 15.7.1998, IV A4-S 0062-13/98, BStBl I 1998, 630 (635); Arlt, 51; Schindhelm, 18. Für Österreich: VwGH v. 22.6.1987, 86/15/0078; VwGH v. 22.11.1968, 846/68; Doralt, ErbStG, § 6 Rn. 12; Dorazil/Taucher, ErbStG, § 6 Rn. 6.4; Fraberger, 301.

[333] FG Niedersachsen v. 12.12.1969, I 43/68, EFG 1970, 316; Troll/Gebel/Jülicher, ErbStG, § 2 Rn. 36.

[334] Schaumburg, RIW 2001, 161 (163).

[335] Moench-Weinmann, ErbStG, § 2 Rn. 8; Schaumburg, § 7 Rn. 7.14; Wilms-Wilms, ErbStG, § 2 Rn. 103f.

[336] BFH seit Urteil vom 14.9.1994, II R 95/92, BStBl II 1995, 81; Daragan, ZEV 1998, 367 (367ff.); Kamps, ErbStB 2003, 92 (93); Tipke/Lang-Seer, § 13 Rn. 135; Troll/Gebel/Jülicher, ErbStG, § 2 Rn. 39; Wilms-Wilms, ErbStG, § 2 Rn. 119; Wohlschlegel, ZEV 1995, 94 (95ff.). Begründet wird diese Ansicht mit dem Verweis auf §§ 718, 719 BGB, der Entstehungsgeschichte des ErbStG, dem Sprachgebrauch im Erbschaftsteuerrecht, der Systemstimmigkeit und der eintretenden Steuervereinfachung. A.A. noch: BFH v. 7.12.1988, II R 150/85, BStBl II 1989, 237; Hollatz, DStR 1995, 589 (590f.). Dazu: Hueck, 23ff.

[337] Arlt, 55; Christoffel/Geckle/Pahlke-Pahlke, ErbStG, § 2 Rn. 13; Flick/Piltz, Rn. 1208; Jorde/Schneider/vom Kolken, WPg 2004 120 (120); Kamps, ErbStB 2003, 92 (93); Meincke, ErbStG, § 2 Rn. 8; Moench-Weinmann, ErbStG, § 2 Rn. 16; Schaumburg, Steuerprotokoll

Ist der Erblasser Inländer, so unterliegen alle Erwerbe von Todes wegen der Erbschaftsteuer.[338] Irrelevant ist, ob sich der Erwerberkreis aus In- oder Ausländern i.S.d. ErbStG zusammensetzt. Wird die Steuerpflicht allein vom Erben abgeleitet, erstreckt sich die Besteuerung nur auf das dem inländischen Erben anfallende Vermögen, unabhängig davon, ob dieses im In- oder Ausland belegen ist, sog. Universalitätsprinzip für das erworbene Vermögen.[339]
Dem Begriff „gesamter Vermögensanfall" kommt daher gegebenenfalls eine unterschiedliche Bedeutung zu; der Gesetzeswortlaut ist ungenau.[340]

cc) Erweiterte unbeschränkte Steuerpflicht
Gemäß § 2 Abs. 1 Nr. 1 b) ErbStG tritt die unbeschränkte Steuerpflicht auch dann ein, wenn der Erblasser zum Todeszeitpunkt oder der Erwerber zum Steuerentstehungszeitpunkt Personen sind, die sich als deutsche Staatsangehörige, ohne im Inland einen Wohnsitz zu haben, nicht länger als fünf Jahre dauernd im Ausland aufhalten.[341] Zweck der Norm ist es zu vermeiden, dass durch kurzfristige Wohnsitzverlegung ins Ausland die deutsche Erbschaftsbesteuerung umgangen werden soll.[342] Allerdings kommt die Norm effektiv grundsätzlich nicht zum Tragen, wenn die Wohnsitzverlegung in ein Land erfolgt, mit dem ein Erbschaftsteuer-Doppelbesteuerungsabkommen besteht und nach dem dem Wohnsitzstaat das Besteuerungsrecht vorrangig zusteht,[343] so wie es im deutsch-österreichischen Doppelbesteuerungsabkommen gemäß Art. 1 Abs. 2 i.V.m. Art. 5 Nr. 1 DBA-Österreich/ErbSt der Fall ist.[344]

1997, 147 (159); Scherer-von Oertzen, § 40 Rn. 13; Stein, Rn. 594; Troll/Gebel/Jülicher, ErbStG, § 2 Rn. 2.

[338] Flick/Piltz, Rn. 1273; Hechler, Rn. 382; Meincke, ErbStG, § 2 Rn. 8; Moench-Weinmann, ErbStG, § 2 Rn. 16; Stein, Rn. 594; Troll/Gebel/Jülicher, ErbStG, § 2 Rn. 2.

[339] Flick/Piltz, Rn. 1274; Hechler, Rn. 382; Kamps, ErbStB 2003, 92 (93); Moench-Weinmann, ErbStG, § 2 Rn. 16; Piltz, DStJG 22 (1999), 275 (278); Scherer-von Oertzen, § 40 Rn. 12; Stein, Rn. 594; Süß/Haas-Reich, § 4 II Rn. 26.

[340] Geck, ZEV 1995, 249 (250); Christoffel/Geckle/Pahlke-Pahlke, ErbStG, § 2 Rn. 13 verlangen daher eine Gesetzeswortlautkorrektur.

[341] Vgl. zur verfassungs- und europarechtlichen Problematik der Norm: Dautzenberg, EWS 1998, 86 (87f.); Höninger, INF 2004, 225 (337f.); Kaass, 127ff., 151ff.; Meincke, ZEV 2004, 353 (357); Müller-Etienne, 156ff.; Nekola, 184ff.; Schaumburg, RIW 2001, 161 (165); Schnitger, FR 2004, 185 (188ff.); Suhrbier-Hahn, ErbStB 2004, 124 (128).

[342] Begründung der Regierungsvorlage zum 2.Steuerreformgesetz, BR-Drucks. 140/72. Vgl. auch: Fischer, BB 1984, 1033 (1034); Fischer/Warneke, 77; Jülicher, PIStB 2001, 50 (50); Killius/Borschel, IStR 2002, 544 (545).

[343] Arlt, 58; Kapp/Ebeling, ErbStG, § 2 Rn. 11; Ost, 108; Schaumburg, RIW 2001, 161 (165); Süß/Haas-Reich, § 4 II Rn. 33; Wachter, ErbStB 2004, 25 (25).

[344] Noll, DStZ 1995, 713 (713); Ostendorf/Lechner, DB 1996, 799 (805); Piltz, Steuerberaterkongress 1999, 79 (83); Piltz, DStJG 22 (1999), 275 (284); Wachter, ErbStB 2004, 25 (25); Schaumburg, Steuerprotokoll 1997, 147 (165); Thömmes, Österreich - Der steuerliche EU-Nachbar, 213 (233); Troll/Gebel/Jülicher, ErbStG, § 2 Rn. 25; Weber, 129. Zu beachten

b) Beschränkte Steuerpflicht

Ist weder der Erblasser noch der Erwerber Steuerinländer, tritt eine beschränkte Steuerpflicht nur insoweit ein, als sich der Erwerb auf Inlandsvermögen i.S.d. § 121 BewG erstreckt, § 2 Abs. 1 Nr. 3 ErbStG.[345] Der Norm liegt die Zielvorstellung zugrunde, dass solche Vermögensgegenstände, die eine ausreichend enge Verbindung zum Inland aufweisen, auch dann der Erbschaftsteuer zu unterwerfen sind, wenn sie von einem Steuerausländer auf einen anderen Steuerausländer übertragen werden.[346]

aa) Steuerpflichtiges Inlandsvermögen

§ 121 BewG enthält einen numerus clausus derjenigen Vermögensgegenstände, die zum Inlandsvermögen zählen.[347] Bei der Qualifikation der Erwerbsgegenstände ist die isolierende Betrachtungsweise zu beachten:[348] Ob Vermögensgegenstände dem § 121 BewG zugeordnet werden können, ist danach zu entscheiden, wie sie sich vom Inland aus gesehen darstellen.[349] Bei der Qualifizierung ist auf Begriffe und Maßstäbe des deutschen Rechts abzustellen.[350]

(α) Grundvermögen

Dem inländischen Grundvermögen i.S.d. § 121 Nr. 2 BewG unterfallen die im Inland belegenen Grundstücke (§ 70 BewG), zu denen neben Grund und Boden

---

ist allerdings, dass dies nur für den Erbfall gilt, da das Abkommen keine Schenkungen erfasst.

[345] Vgl. zur europarechtlichen Problematik der beschränkten Erbschaftsteuerpflicht: FG München v. 5.11.2003, 4 K 4790/01 (Az. BFH: II R 2/04), DStRE 2004, 339; FG Düsseldorf v. 3.7.1996, 4 K 5910/91Erb, EWS 1998, 146; Dautenberg/Brüggemann, EWS 1998, 147 (147f.); Dautzenberg, EWS 1998, 86 (89); Müller-Etienne, 168ff.; Troll/Gebel/Jülicher, ErbStG, § 2 Rn. 49; Wachter, IStR 2004, 361 (263ff.). Vgl. auch: EuGH v. 11.12.2003, C-264/01, IStR 2004, 18. Dazu: Burgstaller/Haslinger, SWI 2004, 108 (108ff.); Schnittger, FR 2004, 185 (185ff.); Subhier-Hahn, ErbStB 2004, 124 (124ff.); Wachter, DStR 2004, 540 (540ff.).

[346] Flick/Piltz, Rn. 1283; Kamps, ErbStB 2003, 92 (94).

[347] Christoffel/Geckle/Pahlke-Pahlke, ErbStG, § 2 Rn. 17; Grotherr-von Oertzen, Hdb internationale Steuerplanung, 1497 (1500); Gürsching/Stenger, BewG, § 121 Rn. 4; Kreutziger/Lindberg/Schaffner-Kreutziger, BewG, § 121 Rn. 4; Noll, DStZ 1995, 713 (714); Rolfs, IWB F.5 Gr.2, 439 (447); Schaumburg, RIW 2001, 161 (165), Stein, Rn. 612.

[348] Vgl. Gürsching/Stenger, BewG, § 121 Rn. 14; Schaumburg, § 7 Rn. 7.35; Süß/ Haas-Reich, § 4 II Rn. 40; Troll/Gebel/Jülicher, ErbStG, § 2 Rn. 51; Walter, 86.

[349] Bsp.: Verpachtet eine ausländische Personengesellschaft (vergleichbar mit deutscher OHG) inländische Mietgrundstücke, sind diese nicht dem inländischen Betriebsvermögen zuzuordnen. Vgl. BFH v. 15.3.1995, II R 25/91, BFH/NV 1995, 1046. Bei Beteiligung eines beschränkt steuerpflichtigen Gesellschafters an einer ausländischen Gesellschaft ist der auf ihn entfallende Anteil am Inlandsvermögen der betreffenden Personenvereinigung maßgeblich. Vgl. Gürsching/Stenger, BewG, § 121 Rn. 15.

[350] Bärtels, 182f.; Hueck, 33; Schaumburg, RIW 2001, 161 (166).

auch das Erbbaurecht und das Wohnungseigentum (§ 68 Abs. 1 BewG) sowie Gebäude auf fremden Grund und Boden (§ 70 Abs. 3 BewG) zählen.[351] Ein Anspruch auf Übereignung eines inländischen Grundstücks gehört nicht zum Inlandsvermögen.[352]

(β) Betriebsvermögen

Als inländisches Betriebsvermögen gilt das Vermögen, das einem im Inland betriebenen Gewerbebetrieb dient, für das im Inland eine Betriebsstätte[353] (§ 12 AO) unterhalten wird oder ein ständiger Vertreter[354] (§ 13 AO) bestellt ist, § 121 Nr. 3 S. 2 BewG. Ob im Inland ein Gewerbebetrieb betrieben wird, ist im Rahmen des § 121 Nr. 3 BewG nach den gleichen Grundsätzen zu beurteilen wie bei unbeschränkter Steuerpflicht.[355] Der Begriff des Gewerbebetriebs ist mit dem ertragsteuerlichen Begriff des Gewerbebetriebs identisch.[356] Gleichgültig ist, ob es sich bei dem inländischen Betriebsvermögen um einen Teil eines ausländischen Gewerbebetriebs (bspw. inländische Zweigniederlassung) oder um einen selbständigen Gewerbebetrieb handelt.[357]

Als inländisches Betriebsvermögen gilt jedoch nur dasjenige Vermögen, das einem im Inland betriebenen Gewerbe dient. Die notwendige funktionale Zugehörigkeit liegt vor, wenn die Wirtschaftsgüter der Erreichung des Betriebszwecks dienen.[358] Unerheblich für die Zuordnung ist, ob sich die Wirtschaftsgüter im In- oder Ausland befinden.[359] Daher gehören bei einer inländischen

---

[351] Es handelt sich bei § 121 Nr. 2 BewG um eine Rechtsgrundverweisung, so dass die §§ 68ff. BewG uneingeschränkt anwendbar sind, vgl. Kreutziger/Lindberg/Schaffner-Kreutziger, BewG, § 121 Rn. 10.

[352] So ganz h.M.: BFH v. 10.10.1958, III 98/58S, BStBl III 1959, 22 (23); Gürsching/Stenger, BewG, § 121 Rn. 31; Hechler, Rn. 387; Rössler/Troll, BewG, § 121 Rn. 5; Stein, Rn. 599; V/G/H/K/S-Glier, BewG, § 121 Rn. 6; Wachter, ErbStB 2004, 25 (27).

[353] Ausführlich dazu: BMF v. 24.12.1999, IV B 4-S 1300-111/99, BStBl I 1999, 1906; BMF v. 15.7.1998, IV A4-S 0062-13/98, BStBl I 1998, 630 (635f.); Gürsching/Stenger, BewG, § 121 Rn. 43ff.; Hübschmann/Hepp/Spitaler-Birk, AO, § 12 Rn. 8ff.; Tipke/Kruse-Kruse, AO, § 12 Rn. 4ff.

[354] Ausführlich dazu: Gürsching/Stenger, BewG, § 121 Rn. 49ff.; Hübschmann/Hepp/Spitaler-Birk, AO, § 13 Rn. 2ff.; Tipke/Kruse-Kruse, AO, § 13 Rn. 2ff.

[355] Gürsching/Stenger, BewG, § 121 Rn. 36.

[356] BFH v. 30.1.1981, III R 116/79; BStBl II 1981, 560.

[357] Gürsching/Stenger, BewG, § 121 Rn. 39; V/G/H/K/S-Glier, BewG, § 121 Rn. 9; Troll/Gebel/Jülicher, ErbStG, § 2 Rn. 53.

[358] Gürsching/Stenger, BewG, § 121 Rn. 61.

[359] RFH v. 19.4.1934, III A 140/30, RStBl 1934, 738; Bärtels, 183; Gürsching/Stenger, BewG, § 121 Rn. 65; Piltz, IStR 1998, 47 (48); Rössler/Troll, BewG, § 121 Rn. 13; Schaumburg, § 7 Rn. 7.39; Stein, Rn. 605; Troll/Gebel/Jülicher, ErbStG, § 2 Rn. 54; V/G/H/K/S-Glier, BewG, § 121 Rn. 11. A.A.: Groß-Bölting, 114ff., 128ff., 154. Dieser spricht sich grundsätzlich gegen das Zuordnungsmerkmal Funktionszusammenhang aus und will das Betriebsstättenprinzip durch das Belegenheitsprinzip begrenzen.

Personengesellschaft auch im Ausland befindliche Wirtschaftsgüter zum inländischen Betriebsvermögen, wenn sie nicht einer ausländischen Betriebsstätte dieser Personengesellschaft zuzuordnen sind.[360]
Ist ein „Steuerausländer" an einer ausländischen, als transparent zu qualifizierenden Personengesellschaft beteiligt, die ihrerseits an einer inländischen Personengesellschaft beteiligt ist, und geht die Beteiligung im Erbweg auf einen anderen „Steuerausländer" über, so unterliegt der Erwerber entsprechend der Beteiligungsquote der Besteuerung, die auf das Inlandsvermögen „durchgerechnet" wird.[361]

(γ) Grundpfandrechtlich gesicherte Forderungen
Als Inlandsvermögen i.S.d. § 121 Nr. 7 BewG gelten Hypotheken, Grundschulden, Rentenschulden und andere Forderungen oder Rechte, wenn sie durch inländischen Grundbesitz oder inländische grundstücksgleiche Rechte oder durch Schiffe, die in ein inländisches Schifffahrtsregister eingetragen sind, unmittelbar[362] oder mittelbar[363] gesichert sind. Entscheidend für die Qualifizierung ist die dingliche Sicherung:[364] Vorausgesetzt wird eine Rechtsbeziehung, die es dem Gläubiger im Sicherungsfall ermöglicht, die Befriedigung aus dem Grundstück zu verlangen. Unbeachtlich ist hingegen, wer Schuldner der Forderung ist.[365]

(δ) Forderungen aus stiller Beteiligung und partiarischem Darlehn
Zum Inlandsvermögen gehören ferner die typisch stille Beteiligung und die Forderung aus partiarischem Darlehn, wenn der Schuldner unbeschränkt steuerpflichtig ist, § 121 Nr. 8 BewG. Für die stille Beteiligung ist ferner notwendig,

---

[360] BFH v. 24.2.1988, I R 95/84, BStBl II 1988, 663 (665); Schaumburg, § 7 Rn. 7.39. AA.: Groß-Bölting, 128ff., 154. Hueck, 34 i.V.m. 26 will alle im Ausland belegenen Vermögensgegenstände i.S.d. § 121 BewG (§ 121 Abs. 2 a.F.) als Auslandsvermögen behandeln, auch wenn sie vom Inland aus betrachtet an sich inländisches Betriebsvermögen darstellen. Grundlage seines Ansatzes ist der Gedanke, dass sich die Begriffe Inlandsvermögen und Auslandsvermögen spiegelbildlich entsprechen müssen. Unklar: Troll/Gebel/Jülicher, ErbStG, § 2 Rn. 54.

[361] Flick/Piltz, Rn. 1289; Troll/Gebel/Jülicher, ErbStG, § 2 Rn. 55. Vgl. zur Behandlung der vergleichbaren Konstellation im österreichischen Recht: 2. Teil C III 2 b) bb) (β).

[362] Eine unmittelbare Absicherung liegt vor, wenn der Gläubiger unmittelbar auf den Grundbesitz zur Befriedigung zurückgreifen kann. Vgl. Kreutziger/Lindberg/Schaffner-Kreutziger, BewG, § 121 Rn. 39.

[363] Eine mittelbare Absicherung liegt vor, wenn der Gläubiger anderweitig die Möglichkeit hat, Befriedigung aus dem Grundbesitz zu erlangen. Bspw.: Verpfändung eines Grundpfandrechts, treuhänderische Verwaltung von Grundschuld- und Hypothekenbriefen zugunsten eines ausländischen Gläubigers. Vgl. Schaumburg, § 7 Rn. 7.47.

[364] Kreutziger/Lindberg/Schaffner-Kreutziger, BewG, § 121 Rn. 38.

[365] Gürsching/Stenger, BewG, § 121 Rn. 162; Hechler, Rn. 399; Rössler/Troll, BewG, § 121 Rn. 40; V/G/H/K/S-Glier, BewG, § 121 Rn. 24; Schaumburg, § 7 Rn. 7.45.

dass das Handelsgewerbe selbst im Inland betrieben wird. Die Forderung auf Auszahlung des Gewinnanteils als reine Geldforderung gehört nicht zum Inlandsvermögen.[366] Eine Ausnahme gilt dann, wenn die Beteiligten vereinbart haben, dass die Gewinnanteile auf Dauer stehengelassen werden und fortan als Bestandteil der Einlage gelten sollen.[367] Es richtet sich dann die künftige Gewinnbeteiligung nach der durch die Gewinnanteile erhöhten Einlage.[368] Zu beachten ist, dass die atypisch stille Beteiligung Betriebsvermögen i.S.d. § 121 Nr. 3 BewG darstellt.[369]

(ε) Nicht zum Inlandsvermögen gehörende Vermögenswerte

Andere nicht von § 121 BewG erfasste Vermögensgegenstände wie bspw. private Bankguthaben, Wertpapierdepots bei inländischen Kreditinstituten, nicht dinglich gesicherte Forderungen gegen inländische Schuldner, nicht aufgeführtes Sachvermögen (bspw. Hausrat, Schmuck, Sammlungen) oder Anteile an inländischen Kapitalgesellschaften, die nicht die in § 121 Nr. 4 BewG genannte Beteiligungshöhe erreichen, unterliegen nicht der Erbschaftsteuer.[370] Da ein ungesicherter Geldanspruch nicht zum Inlandsvermögen gehört, ist der auf Geld gerichtete Pflichtteilsanspruch, selbst wenn er gegen einen inländischen Erben gerichtet ist und der Nachlass ausschließlich aus Inlandsvermögen besteht, nicht beschränkt erbschaftsteuerpflichtig.[371] Gleiches gilt für das einem ausländischen Vermächtnisnehmer zugewandte Geldvermächtnis.[372] Nach herrschender Meinung[373] wird auch der Anspruch des Vermächtnis-

[366] Flick/Piltz, Rn. 1305; Hechler, Rn. 401; Moench-Weinmann, ErbStG, § 2 Rn. 32; Troll/Gebel/Jülicher, ErbStG, § 2 Rn. 65; V/G/H/K/S-Glier, BewG, § 121 Rn. 26; Wilms-Wilms, ErbStG, § 2 Rn. 137.

[367] BFH v. 17.10.1975, III R 66-67/74, BStBl II 1976, 275; Schaumburg, § 7 Rn. 7.49; Troll/Gebel/Jülicher, ErbStG, § 2 Rn. 65; V/G/H/K/S-Glier, BewG, § 121 Rn. 26.

[368] Gürsching/Stenger, BewG, § 121 Rn. 186; Troll/Gebel/Jülicher, ErbStG, § 2 Rn. 65.

[369] Hechler, Rn. 400; Stein, Rn. 611.

[370] Bellstedt, IWB F.3 Gr.9, 91 (97); Gürsching/Stenger, BewG, § 121 Rn. 11; Jülicher, IStR 2004, 37 (40); Kamps, ErbStB 2003, 92 (94); Meincke, ErbStG, § 2 Rn. 11; Moench-Weinmann, ErbStG, § 2 Rn. 22, 34; Stein, Rn. 612; Wachter, ErbStB 2004, 25 (27).

[371] Flick/Piltz, Rn. 1303; Geck, ZEV 1995, 249 (251); Kamps, ErbStB 2003, 92 (94); Kapp/Ebeling, ErbStG, § 2 Rn. 52; Meincke, ErbStG, § 2 Rn. 11; Moench-Weinmann, ErbStG, § 2 Rn. 34; Schaumburg, Steuerprotokoll 1997, 147 (165); Schindhelm, 21; Süß/Haas-Reich, § 4 II Rn. 42.

[372] FG Bremen v. 7.6.1955, II 13/55, EFG 1955, 336; Daragan (Wohlschlegel), DStR 1998, 357 (358); Flick/Piltz, Rn. 1301; Moench-Weinmann, ErbStG, § 2 Rn. 34. Zu beachten ist, dass der Abzug der Pflichtteils- oder Vermächtnislast beim Erben nicht berührt wird. Er ist ungekürzt möglich. Vgl. BFH v. 21.7.1972, III R 44/78, BStBl II 1973, 3. Vgl. zu Steuergestaltungsmöglichkeiten in diesem Zusammenhang: Daragan (Wohlschlegel), DStR 1998, 357 (358f.); Grotherr-von Oertzen, Hdb internationale Steuergestaltung, 1497 (1501ff.).

[373] BFH v. 10.10.1958, III 98/58S, BStBl III 1959, 22 (23); Geck, ZEV 1995, 249 (251); Flick/Piltz, Rn. 1302; Jülicher, IStR 2004, 37 (40); Kapp/Ebeling, ErbStG, § 2 Rn. 52;

nehmers auf Übertragung eines Grundstücks nicht von § 121 Nr. 2 BewG erfasst, da sowohl das Bewertungsrecht als auch die zivilrechtliche Dogmatik exakt zwischen dem einzelnen Vermögensgegenstand und dem auf Übereignung dieser Gegenstände gerichteten Sachleistungsanspruch unterscheiden. Eine andere Auslegung würde auch der abschließenden Aufzählung in § 121 BewG entgegenstehen und eine unzulässige steuerbegründende Auslegung zulasten des Steuerpflichtigen darstellen.[374]

bb) Erweiterte beschränkte Steuerpflicht

Aufgrund der Schrankenwirkung des Doppelbesteuerungsabkommens (Art. 1 Abs. 2 i.V.m. Art. 5 Nr. 1 DBA-Österreich/ErbSt) kommt die erweiterte beschränkte Steuerpflicht effektiv nicht zur Anwendung, da das Besteuerungsrecht an Vermögensgegenständen, die dieser Steuerpflicht unterliegen, bei Verfügungen von Todes wegen dem Wohnsitzstaat zugeordnet ist.[375]

2. Sachliche Steuerpflicht/Erbschaftsteuerpflichtige Tatbestände

Nach § 1 Abs. 1 Nr. 1 ErbStG unterliegt der Steuer u.a. der Erwerb von Todes wegen. § 3 ErbStG normiert auf dieser Grundlage abschließend, welche Tatbestände zu dieser Erwerbsart gehören.[376] Bei den in § 3 Abs. 1 ErbStG normierten Grundtatbeständen handelt es sich zum einen um Erwerbstatbestände, die auf einem gesetzlichen, erbrechtlichen Berufungsgrund beruhen oder denen eine letztwillige Zuwendung zugrunde liegt und zum anderen um Zuwendungen, die aus lebzeitigen Zuwendungen resultieren, die erst im Todesfall wirksam werden. Daneben bestehen Ergänzungs- und Ersatztatbestände in § 3 Abs. 2 ErbStG, die jedoch nicht sämtliche Abfindungen erfassen, die für einen ausgeschlagenen oder zurückgewiesenen Erwerb geleistet werden.[377]

a) Erwerb durch Erbanfall

Gemäß §§ 1 Abs. 1 Nr. 1 i.V.m. 3 Abs. 1 1.Alt ErbStG ist der Erwerb durch Erbanfall erbschaftsteuerpflichtig.

Scherer-von Oertzen, § 40 Rn. 23; Troll/Gebel/Jülicher, ErbStG, § 2 Rn. 72; V/G/H/K/S-Hübner, ErbStG, § 2 Rn. 27; Wilms-Wilms, ErbStG, § 2 Rn. 142. A.A: Groß-Bölting, 108f.; Meincke, ErbStG, § 2 Rn. 11, die sich für eine Gleichstellung von Vermögenszuordnung und Bewertung bei Sachleistungsansprüchen aussprechen.

[374] Vgl. Moench-Weinmann, ErbStG, § 2 Rn. 72. A.A.: Groß-Bölting, 78, der davon ausgeht, dass der Sachleistungsanspruch noch vom möglichen Wortsinn erfasst sei.

[375] Becker/Höppner/Grotherr/Kroppen-Bellstedt/Binder, vor DBA-Österreich/ErbSt Rn. 5; Christoffel/Geckle/Pahlke-Pahlke, ErbStG, § 2 Rn. 20; Flick/Wassermeyer/ Baumhoff, AStG, § 4 Rn. 11c; Ostendorf/Lechner, DB 1996, 799 (805); Schaumburg, RIW 2001, 161 (166); V/G/H/K/S-Hübner, ErbStG, § 2 Rn. 37; Wöhrle/Schelle/Groß, AStG, § 4 Rn. 5.

[376] Vgl. BFH v. 6.3.1991, II R 69/87, BStBl II 1991, 412; Horschitz/Gross/Schnur, Rn. 3407.

[377] Troll/Gebel/Jülicher, ErbStG, § 3 Rn. 4.

Wer als Erbe in welchem Umfang durch Erbanfall erwirbt, bestimmt sich nach der in Abs. 1 Nr. 1 in Bezug genommenen zivilrechtlichen Lage. Zu dieser gehört auch die Vermutungswirkung, die sich hinsichtlich der Erbfolge aus einem vom Nachlassgericht ausgestellten Erbschein ergibt. Sie bindet grundsätzlich ebenfalls die Steuerbehörden.[378]

Zum Erbschaftserwerb gehören auch die Nachlassgegenstände, die der Erblasser bspw. mittels Vermächtnis einem anderen „zugewandt" hat, also Gegenstände, die auf Anordnung des Erblassers aus dem Nachlass an den Begünstigten „weiterzuleiten" sind.[379]

Wird ein Erblasser von mehren Personen beerbt, entsteht eine Erbengemeinschaft, die zivilrechtlich als Gesamthandsgemeinschaft ausgestaltet ist.[380] Da dem Steuerrecht der Begriff „Gesamthandsbeteiligung" grundsätzlich fremd ist, bestimmt § 39 Abs. 2 Nr. 2 AO, dass Wirtschaftsgüter, die mehreren zur gesamten Hand gehören, den Beteiligten anteilig, also so zugerechnet werden, als ob sie zu Bruchteilen beteiligt wären.[381] Die Höhe des Bruchteils bestimmt sich nach dem, dem jeweiligen Miterben im Erbanfallzeitpunkt zustehenden Anteil am Gesamthandsvermögen. Damit wird für die Erbschaftsbesteuerung nicht der Wert des Nachlassanteils, sondern der anteilige Wert der zum Nachlass gehörenden Vermögensgegenstände zugrunde gelegt.[382]

Mit dem unmittelbaren Vermögensübergang, der kraft Gesetzes erfolgt, ist der Erbanfall abgeschlossen.[383] Da § 3 Abs. 1 Nr. 1 ErbStG nur diesen Vorgang erfassen will und bezüglich der Steuerentstehung und der Wertermittlung auf den Todeszeitpunkt abstellt, ist eine nachfolgende Erbauseinandersetzung für die Besteuerung irrelevant.[384] Es wird auf den „Erwerb durch Erbanfall", nicht auf den „Erwerb aufgrund des Erbfalls" und damit gerade nicht auf das

---

[378] BFH v. 17.8.1962, VI 70/61 U, BStBl III 1962, 444; FG Nds v. 23.2.2000, 3 K 612/96, EFG 2000, 960 (961); FG Rh-Pf v. 27.8.1993, 4 K 1176/93, UVR 1993, 373; FG Hess v. 6.2.1990, 10 K 1089/89, EFG 1990, 368; Meincke, ErbStG, § 3 Rn. 12; Troll/Gebel/Jülicher, ErbStG, § 3 Rn. 105. Im Ausnahmefall sind Abweichungen vom Erbschein zulässig, wenn gewichtige Gründe vorliegen. In diesem Fall müssen die Finanzbehörden das Erbrecht und die Erbteile selbständig ermitteln. Vgl. BFH v. 22.11.1995, II R 89/93, BStBl II 1996, 242.

[379] Meincke, ErbStG, § 3 Rn. 18.

[380] Vgl. 2. Teil B I d) bb).

[381] Gebel, Gesellschafternachfolge, Rn. 415; Haas, 92; Kapp/Ebeling, ErbStG, § 3 Rn. 116; Schwald, 7; Steiger, UVR 1993, 72 (72).

[382] Meincke, ErbStG, § 3 Rn. 18; Schwald, 7; Steiger, UVR 1993, 72 (72).

[383] Kapp/Ebeling, ErbStG, § 3 Rn. 118.1; Moench-Moench, ErbStG, § 3 Rn. 61; Stobbe/Brüninghaus, BB 1998, 1611 (1613); Troll/Gebel/Jülicher, ErbStG, § 3 Rn. 112.

[384] BFH v. 1.4.1992, II R 21/89, BStBl II 1992, 669; BFH v. 10.11.1982, II R 85-86/78, BStBl II 1983, 329; BFH v. 30.6.1960, II 254/57 U, BStBl III 1960, 348; Esch/Baumann/Schulze zur Wiesche, Teil 2 Rn. 29; Haas, 92; Kapp/Ebeling, ErbStG, § 10 Rn. 22; Moench-Moench, ErbStG, § 3 Rn. 68; Tipke/Lang-Seer, § 13 Rn. 109; Troll/Gebel/Jülicher, ErbStG, § 3 Rn. 112.

Ergebnis der Abwicklung des Nachlasses abgestellt.[385] Vom Erblasser angeordnete Teilungsanordnungen sind ohne Bedeutung.[386] Irrelevant ist daher, wem die Nachlassgegenstände im Rahmen der Erbauseinandersetzung tatsächlich zugewiesen werden und welcher steuerliche Wert ihnen zukommt. Ohne Belang ist auch, wer einzelne Verbindlichkeiten übernimmt. Erhält jedoch ein Erbe im Rahmen der Auseinandersetzung auf Kosten der anderen Miterben mehr als ihm nach seiner Erbquote zusteht, kann dies bei größeren Erbquotenabweichungen einen außerhalb des Erbfalls liegenden schenkungssteuerpflichtigen Vorgang begründen.[387]

b) Erwerb durch Vermächtnis

Zu den Erwerben von Todes wegen gehört gemäß §§ 1 Abs. 1 Nr. 1 i.V.m. 3 Nr. 1 3.Alt ErbStG der Erwerb durch Vermächtnis. Sowohl für die Steuerentstehung als auch für die Bewertung des Vermächtnisses ist auf den Todeszeitpunkt abzustellen, vgl. §§ 9 Abs. 1 Nr. 1, 11 ErbStG. Daher erfolgt eine Gleichstellung hinsichtlich der Steuerentstehung und der Bewertung mit dem Erwerb durch Erbanfall, obwohl zwischen beiden Erwerbsgründen erhebliche Unterschiede bestehen: Während beim Erwerb durch Erbanfall infolge der Universalsukzession unmittelbar der Nachlass auf den Erben übergeht, erwirbt der Vermächtnisnehmer lediglich einen schuldrechtlichen Anspruch auf den Vermächtnisgegenstand.[388]

Aufgrund des Abstellens auf die Todestagsverhältnisse sieht die herrschende Meinung[389] als Besteuerungs- und Bewertungsgegenstand den Vermächtnisanspruch, also ein Forderungsrecht, an. Hingegen will Hübner[390] aufgrund der sprachlichen Differenzierungen im Gesetz als Steuerobjekt den Vermächtnisgegenstand selbst ansehen, denn § 3 Abs. 1 Nr. 1 ErbStG nehme im Gegensatz zum „Erwerb durch Erbanfall“ nicht den „Vermächtnisanfall“ zum Anknüpfungspunkt der Besteuerung, sondern den „Erwerb durch Vermächtnis“.

Zwar bezeichnet Moench[391] diesen Ansatz als wichtigen Alternativstandpunkt. Allerdings ist der Vorschlag mit § 9 Abs. 1 Nr. 1 ErbStG, der mit dem Zeitpunkt der Steuerentstehung auch den Abschluss der Tatbestandsverwirkli-

---

385 BFH v. 5.2.1992, II R 7/89, BFH/NV 1993, 100; Riedel, ZErb 2002, 17 (17); Troll/Gebel/Jülicher, ErbStG, § 3 Rn. 129.2.

386 BFH v. 1.4.1992, II R 21/89; BFH BStBl II 1992, 669; BFH v. 5.2.1992, II R 7/89, BFH/NV 1993, 100; BFH v. 10.11.1982, II R 85-86/78, BStBl II 1983, 329; Schwald, 30. Vgl. ausführlich zur Teilungsanordnung: 3. Teil D II 2 b).

387 BFH v. 14.7.1982, II R 125/79, BStBl II 1982, 714; Moench-Moench, ErbStG, § 3 Rn. 113; Troll/Gebel/Jülicher, ErbStG, § 3 Rn. 119; V/G/H/K/S-Hübner, ErbStG, § 3 Rn. 72.

388 Vgl. Gebel, UVR 1994, 74 (74).

389 Christoffel/Geckle/Pahlke-Harnischfeger, ErbStG, § 3 Rn. 16; Gebel, ZEV 1999, 85 (86); Troll/Gebel/Jülicher, ErbStG, § 3 Rn. 170.

390 Hübner, 95; V/G/H/K/S-Hübner, ErbStG, § 3 Rn. 127.

391 Moench-Moench, ErbStG, § 3 Rn. 96.

chung markiert, und dem auch für das Vermächtnis geltenden Anfallprinzip (§ 2176 BGB), nicht zu vereinbaren.[392] Es ist daher weiterhin für die Vermächtnisbewertung zu prüfen, was der Bedachte „durch Vermächtnis" im Erblassertodeszeitpunkt erwirbt und nicht, was er „aufgrund" des Vermächtnisses, d.h. in Erfüllung letztlich erwirbt.[393]
Das Forderungsrecht als Bewertungsgegenstand ist auf Grundlage der herrschenden Meinung mit dem gemeinen Wert gemäß § 12 Abs. 1 ErbStG i.V.m. § 9 BewG Wert anzusetzen.[394] Allerdings ist im Rahmen der Wertermittlung das aus der inneren Erbschaftsteuerrechtsystematik und dem Grundsatz der Besteuerungsgleichheit abgeleitete Korrespondenzprinzip zu beachten:[395] Danach muss ein Vermögensgegenstand, der von den durch den Erbfall ausgelösten Vermögensbewegungen mehrfach betroffen wird und somit mehrfach als Wertfaktor im Rahmen der Erbschaftsteuer zu berücksichtigen ist, mit identischen Wertansätzen bewertet werden.
Ein Konflikt zwischen der Bewertungsmaxime und dem Korrespondenzprinzip ergibt sich jedoch, wenn der Vermächtnisgegenstand zum Nachlass gehört und aufgrund der Sonderregelungen in § 12 Abs. 3-5 ErbStG mit einem vom gemeinen Wert abweichenden Ansatz zu erfassen ist.[396] Die Problematik ist bei Sachvermächtnissen in Form von Grundstücks- und Beteiligungsvermächtnissen anzutreffen.[397] In diesem Fall wird der Vermächtnisgegenstand aufgrund der Nachlasszugehörigkeit mehrfach erfasst: Einmal bei der Ermittlung des Nachlasswertes, sowohl als Nachlassgegenstand als auch als Objekt einer Nachlassverbindlichkeit, und zum anderen findet eine Erfassung bei der Ermittlung des Vermächtniswertes beim Vermächtnisnehmer statt.
Würde der Vermächtnisgegenstand als Nachlassgegenstand mit dem Steuerwert, bei der Bewertung als Nachlassverbindlichkeit und Vermächtnisanspruch hingegen mit dem gemeinen Wert angesetzt werden, würde das Bewertungsergebnis zu einer überproportionalen Minderung des Nachlasswertes führen, obwohl die Erfüllung des Vermächtnisses nur zur Folge haben kann, dass der Nachlassgegenstand schlicht i.S.v. steuerneutral ausscheidet.[398]

---

[392] Vgl. Daragan, ZErb 2004, 8 (9); Gebel, UVR 1994, 74 (74); Troll/Gebel/Jülicher, ErbStG, § 3 Rn. 170.
[393] BFH v. 6.6.2001, II R 76/99, BStBl II 2001, 605; BFH v. 6.6.2001, II R 5/00, HFR 2001, 1164; BFH v. 25.10.1995, II R 5/92, BStBl II 1996, 97; Daragan, ZErb 2004, 8 (9); Kapp/Ebeling, ErbStG, § 3 Rn. 169.
[394] Christoffel/Geckle/Pahlke-Harnischfeger, ErbStG, § 3 Rn. 16; Gebel, ZEV 1999, 85 (86).
[395] Troll/Gebel/Jülicher, ErbStG, § 3 Rn. 172.
[396] Gebel, ZEV 1999, 85 (86).
[397] Vgl. Piltz, DStR 1991, 1108 (1108f.); Söffing/Völkers/Weinmann, 311.
[398] Martin, DB 1990, 1536 (1537); Troll/Gebel/Jülicher, ErbStG, § 3 Rn. 172.

Die herrschende Meinung[399] vermeidet dieses Ergebnis, indem sie bei Vermächtnissen, die auf einen zum Nachlass gehörenden Gegenstand gerichtet sind, den Steuerwert ansetzt. Damit trägt sie insbesondere dem vom RFH ausgearbeiteten Gedanken Rechnung, dass das Recht, einen Gegenstand zu erwerben, keinen höheren Wert haben kann als der Gegenstand selbst.[400] Zudem entspricht die Lösung dem mutmaßlichen Willen des Erblassers, dem es wohl darauf ankommen wird, dass der Vermächtnisnehmer nach dem Steuerwert des vermachten Gegenstandes besteuert wird.[401]

Bei einem Vorausvermächtnis ist ferner zu beachten, dass dieses vom Gesamtsteuerwert des Reinnachlasses als Nachlassverbindlichkeit bei der Erbengemeinschaft abzuziehen und der Anteil des Vermächtnisnehmers seiner Erbquote vorab zuzurechnen ist, wobei das Vermächtnis einen eigenständigen Erwerbsgrund bildet.[402]

c) Schenkung auf den Todesfall

Das Erbschaftsteuerrecht regelt zwei Fälle der steuerlichen Behandlung einer Schenkung auf den Todesfall in §§ 1 Abs. 1 Nr. 1 i.V.m. 3 Abs. 1 Nr. 2 ErbStG: einmal den Grundtatbestand (Nr. 2 S. 1) und dann eine Gleichstellung von bestimmten Anteilsübergängen im Gesellschaftsrecht (Nr. 2 S. 2).[403]

---

[399] BFH v. 15.3.2000, II R 15/98, BStBl II 2000, 588; BFH v. 25.12.1995, II R 5/92, BStBl II 1996, 97 (98); Christoffel/Geckle/Pahlke-Harnischfeger, ErbStG, § 3 Rn. 16; Gebel, ZEV 1999, 85 (86); Gebel, BB 1995, 2611 (2612); Hörger/Stephan/Pohl-Pohl, Rn. 159; Landsittel, ZEV 2003, 221 (222); Troll/Gebel/Jülicher, ErbStG, § 3 Rn. 172; Schuhmann, UVR 1999, 431 (433); Schwald, 29; Wälzholz, ZEV 2001, 392 (393). A.A.: V/G/H/K/S-Hübner, ErbStG, § 3 Rn. 130, der das Korrespondenzprinzip ablehnt. Viskorf, FR 2001, 967 (967) und Moench, ZErb 2003, 98 (99) bezweifeln, ob die Rechtsprechung aufrechterhalten werden kann, da dem deutschen Zivilrecht ein Vindikationslegat fremd sei. Um den Steuerwertansatz zu „retten", sei zu erwägen, ob die oben aufgezeigte Lösung Hübners aufgrund ihrer dogmatischen Klarheit nicht doch fruchtbar zu machen sei. Den Ansatz Hübners macht sich Landsittel, ZEV 2003, 221 (223) im Bezug auf die Bewertung zu eigen und stellt generell auf den Steuerwert des vermachten Gegenstandes ab.

[400] RFH v. 19.4.1929, 562, Ve A 824/82, RStBl 1929, 562.

[401] Moench-Moench, ErbStG, § 3 Rn. 102.

[402] Moench-Moench, ErbStG, § 3 Rn. 69; Troll/Gebel/Jülicher, ErbStG, § 3 Rn. 115. Der BFH geht im Urteil v. 1.8.2001, II R 47/00, HFR 2002, 620 davon aus, dass der durch das Vorausvermächtnis bedachte Erbe den Vermächtnisgegenstand bereits aufgrund seines Erbrechts im Umfang seines Erbanteils erworben habe. Das Vorausvermächtnis beziehe sich daher nur auf den Teil, den der Vermächtnisnehmer nicht bereits durch Erbfall erworben habe. Daraus folge, dass die Vermächtnislast nur bei den übrigen Erben abgezogen werden dürfe, da der Vermächtnisnehmer selbst durch das Vorausvermächtnis nicht beschwert sei. Diese Ansicht lehnt die Finanzverwaltung zu Recht ab (OFD München v. 24.4.2002, S 3811-11 St 353, DStR 2002, 1121), da nach § 2150 BGB das einem Erben zugewandte Vorausvermächtnis auch insoweit als Vermächtnis gilt, als der Erbe beschwert ist. Allerdings ist zu beachten, dass beide Ansichten zum gleichen rechnerischen Ergebnis führen.

[403] Vgl. Wilms-Wilms, ErbStG, § 3 Rn. 163.

aa) Schenkung auf den Todesfall i.S.d. § 3 Abs. 1 Nr. 2 S. 1 ErbStG

Die Schenkung auf den Todesfall stellt ein Schenkungsversprechen unter der Bedingung dar, dass der Beschenkte den Schenker überlebt, § 2301 BGB. Im Rahmen des § 2301 BGB wird im Gegensatz zum Erbschaftsteuerrecht unterschieden, ob die Schenkung bereits zu Lebzeiten des Schenkers vollzogen worden ist.[404] Im Erbschaftsteuerrecht wird die zu Lebzeiten vollzogene Schenkung als freigebige Zuwendung i.S.d. § 7 Abs. 1 Nr. 1 ErbStG behandelt.[405] Die aufschiebend bedingt vollzogene und die nicht vollzogene Schenkung auf den Todesfall sind § 3 Abs. 1 Nr. 2 S. 1 ErbStG zuzuordnen.[406]

Hervorzuheben ist, dass die auf der Schenkung auf den Todesfall beruhende Vermögensverschiebung nicht - wie bei der Nr. 1 - auf einer letztwilligen Verfügung, sondern auf einem Rechtsgeschäft unter Lebenden beruht. Voraussetzung für die Schenkung auf den Todesfall ist, dass sowohl die objektiven als auch die subjektiven Merkmale des Zuwendungstatbestandes erfüllt sein müssen und die Schenkung unter der Überlebensbedingung des Empfängers steht.[407] Es muss der Zuwendungsvorgang objektiv zu einer unentgeltlichen Vermögensverschiebung[408] führen und Einigkeit über die Unentgeltlichkeit bestehen.[409]

bb) Ausscheiden eines Gesellschafters durch Tod

Als Schenkung auf den Todesfall „gilt" der auf dem Ausscheiden eines Gesellschafters beruhende Übergang eines (Teil-)Anteils an einer Personengesellschaft unmittelbar auf die verbleibenden Gesellschafter, „soweit" der nach § 12 ErbStG für den Todeszeitpunkt zu ermittelnde Anteilswert Abfindungsansprüche Dritter übersteigt, §§ 1 Abs. 1 Nr. 1 i.V.m. 3 Abs. 1 Nr. 2 S. 2 ErbStG. Ein Anteilsübergang auf die Personengesellschaft selbst wird nicht erfasst.[410] Ob eine fingierte Schenkung auf den Todesfall vorliegt, hängt jeweils von der

---

[404] Kapp/Ebeling, ErbStG, § 3 Rn. 237; Troll/Gebel/Jülicher, ErbStG, § 3 Rn. 250; V/G/H/K/S-Hübner, ErbStG, § 3 Rn. 145.

[405] Carlé, KÖSDI 1996, 10571 (10572); Kapp/Ebeling, ErbStG, § 3 Rn. 237; Moench-Moench, ErbStG, § 3 Rn. 129; Troll/Gebel/Jülicher, ErbStG, § 3 Rn. 250; V/G/H/K/S-Hübner, ErbStG, § 3 Rn. 145. Kritisch: Meincke, ErbStG, § 3 Rn. 56f.

[406] Carlé, KÖSDI 1996, 10571 (10573); Kapp/Ebeling, ErbStG, § 3 Rn. 238; Moench-Moench, ErbStG, § 3 Rn. 130; Troll/Gebel/Jülicher, ErbStG, § 3 Rn. 252.

[407] Troll/Gebel/Jülicher, ErbStG, § 3 Rn. 244.

[408] Aufgrund der Vermögenshingabe des Zuwendenden, bei dem es zu einer Entreicherung kommt, muss es bei dem Beschenkten zu einer Bereicherung kommen.

[409] BFH v. 5.12.1990, II R 109/86, BStBl II 1991, 181; Kapp/Ebeling, ErbStG, § 3 Rn. 237; Klein-Blenkers, DStR 1992, 1577 (1578); Meincke, ErbStG, § 3 Rn. 60; Moench-Moench, ErbStG, § 3 Rn. 131; Troll/Gebel/Jülicher, ErbStG, § 3 Rn. 244; V/G/H/K/S-Hübner, ErbStG, § 3 Rn. 146; Wilms-Wilms, ErbStG, § 3 Rn. 165. Anders noch: BFH v. 22.2.1961, II 278/58, BStBl III 1961, 234.

[410] Meincke, ErbStG, § 3 Rn. 64; Troll/Gebel/Jülicher, ErbStG, § 3 Rn. 262.

Höhe der Abfindung im Rahmen der Fortsetzungsklausel ab:[411] Bei Vorliegen einer Buchwertklausel wird sich regelmäßig kein Saldo ergeben, da der anteilige Wert nach § 12 Abs. 5 ErbStG und die Steuerbilanzwerte grundsätzlich übereinstimmen.[412] Allerdings greift S. 2 bei einer Abfindung unter dem Steuerwert.[413] Zu den Voraussetzungen gehören weder das subjektive Bewusstsein der Unentgeltlichkeit noch die Einigkeit darüber. Allein die objektive Bereicherung ist ausreichend, da der S. 2 nur in seinen Rechtsfolgen, nicht in den Tatbestandsmerkmalen auf S. 1 verweist.[414]

3. Entstehung der Steuer

Beim Erwerb durch Erbanfall oder Vermächtnis entsteht die Steuerschuld grundsätzlich mit dem Tod des Erblassers, § 9 Abs. 1 Nr. 1 ErbStG.[415] Dieser Zeitpunkt ist mehrfach relevant: für die Wertermittlung (§ 11 ErbStG), die persönliche Steuerpflicht (§ 1 Abs. 2 ErbStG) und für die Steuerklasse (§ 15 ErbStG). Weiter ist er von Bedeutung für die Fristberechung im Zusammenhang mit § 14 ErbStG, den nachträglichen Wegfall von Steuerbefreiungen innerhalb von 10 Jahren (§ 13 Abs. 1 Nr. 2, 3, 13, 16b ErbStG), den Bewertungsabschlag für Betriebsvermögen innerhalb von 5 Jahren (§ 13a Abs. 5 ErbStG) sowie bei der Vergünstigung für den mehrfachen Erwerb desselben Vermögens innerhalb von 10 Jahren (§ 27 Abs. 1 ErbStG).[416]

4. Wertermittlung

a) Allgemeines

Während die §§ 3-9 ErbStG die Erwerbs- und Zuwendungsvorgänge beschreiben, regeln die §§ 10-12 ErbStG die Ermittlung der steuerlichen Bereicherung.[417] § 10 ErbStG bestimmt, *was* zu bewerten ist, also woraus die objektive Bereicherung des Erwerbers besteht. § 12 ErbStG legt fest, *wie* zu bewerten ist und bestimmt damit die Bewertungsmaßstäbe.

---

[411] Handzik, Rn. 26; Hübner, 31.
[412] Handzik, Rn. 30; Gebel, Gesellschaftsnachfolge, Rn. 480; Kapp/Ebeling, ErbStG, § 3 Rn. 240; Moench-Moench, ErbStG, § 3 Rn. 138; Troll/Gebel/Jülicher, ErbStG, § 3 Rn. 269.
[413] Carlé, KÖSDI 1996, 10571 (10673); Ebenroth, WiB 1995, 689 (690); Handzik, Rn. 27.
[414] BFH v. 1.7.1992, II R 20/90, BStBl II 1992, 912; Christoffel/Geckle/Pahlke-Harnischfeger, ErbStG, § 3 Rn. 19; Gebel, DStR 1993, 325 (330); Kapp/Ebeling, ErbStG, § 3 Rn. 241f.; Moench-Moench, ErbStG, § 3 Rn. 134. Kritisch: Klein-Blenkers, DStR 1992, 1577 (1578); Meincke, ErbStG, § 3 Rn. 69f.
[415] Im Rahmen dieser Arbeit wird auf Besonderheiten des § 9 ErbStG nicht eingegangen.
[416] Vgl. Brandmüller/Sauer-Christoffel, Teil F Rn. 2438; Kapp/Ebeling, ErbStG, § 9 Rn. 3; Söffing/Völkers/Weinmann, 10.
[417] Troll/Gebel/Jülicher, ErbStG, § 10 Rn. 1.

Für den Erwerb von Todes wegen schreibt § 10 Abs. 1 S. 2 ErbStG ein genaues Berechnungsschema vor:[418] Der gesamte aktive Vermögensanfall stammend aus dem steuerpflichtigen Vorgang wird erfasst und sachliche Steuerbefreiungen (§§ 13 Abs. 1 Nr. 1-4a, 13a ErbStG) werden von diesem abgezogen. Unter Anwendung der Bewertungsgrundsätze des § 12 ErbStG wird der Wert des gesamten Vermögensanfalls ermittelt. Es werden die gemäß § 10 Abs. 5-9 ErbStG abzugsfähigen Nachlassverbindlichkeiten festgestellt und mit ihrem gemäß § 12 ErbStG zu ermittelnden Wert vom positiven Vermögensanfall abgezogen. Der Saldo stellt die Bereicherung des Erwerbers dar, den Reinvermögenszuwachs.[419] Von diesem werden weitere Steuerbefreiungen (§§ 5, 13 Abs. 1 Nr. 5ff., 18 ErbStG) sowie der persönliche Freibetrag (§§ 16, 17 ErbStG) abgezogen. Dieser Betrag stellt den steuerpflichtigen Erwerb dar, wobei eine Abrundung auf volle hundert Euro vorzunehmen ist, § 10 Abs. 1 S. 5 ErbStG. Der so ermittelte Wert stellt die Bemessungsgrundlage für die tarifliche Steuer dar.
Im Folgenden soll aus Systematisierungsgründen zunächst dargestellt werden, was zu bewerten ist und daran anschließend die Bewertungsgrundsätze.

b) Gesamter Vermögensanfall

Dem gesamten Vermögensanfall sind alle mit dem steuerpflichtigen Vorgang zusammenhängenden Vermögensvorteile zuzuordnen, die dem Erwerber als Teil seines einheitlichen Erwerbs zufallen.[420]
Das Erblasservermögen kann jedoch nur in dem Umfang und mit dem rechtlichen Inhalt auf den Erben übergehen, den es beim Erbfall hat.[421] Daher können Vermögensrechte, die kraft Gesetzes oder aufgrund vertraglicher Abreden durch den Tod des bisherigen Rechtsinhabers modifiziert werden, nur mit diesem Inhalt auf den Erwerber übergehen.[422] Mithin fällt bei einem Personengesellschaftsanteil u.U. statt des Gesellschaftsanteils nur ein Abfindungsanspruch in den Nachlass.
Soweit Steuerbefreiungstatbestände Vermögensteile vollen Umfangs von der Steuerpflicht ausgrenzen, bedarf es keiner Bewertung dieses Vermögensanfalls.[423] Solche Posten sind bereits bei der Ermittlung des Gesamtvermögensanfalls aus den zum Erwerb zählenden auszuscheiden. Vom gesamten Vermögensanfall werden in der Praxis auch diejenigen Vermögensposten

[418] Vgl. Meincke, ErbStG, § 10 Rn. 11; Söffing/Völkers/Weinmann, 45.
[419] Brandmüller/Sauer-Christoffel, Teil F Rn. 2439.1; Eisele, INF 2002, 577 (578).
[420] Vgl. Christoffel/Geckle/Pahlke-Pahlke, ErbStG, § 10 Rn. 6; Meincke, ErbStG, § 10 Rn. 12.
[421] Vgl. Christoffel/Geckle/Pahlke-Pahlke, ErbStG, § 10 Rn. 6; Troll/Gebel/Jülicher, ErbStG, § 10 Rn. 25.
[422] Meincke, ErbStG, § 3 Rn. 18; Troll/Gebel/Jülicher, ErbStG, § 10 Rn. 25.
[423] V/G/H/K/S-Hübner, ErbStG, § 3 Rn. 5; Meincke, ErbStG, § 10 Rn. 13.

ausgenommen, die aufgrund der Freistellungsregelung eines Doppelbesteuerungsabkommens von der inländischen Besteuerung befreit sind.[424]

c) Abzug von Verbindlichkeiten

Da das ErbStG die Bereicherung erfassen will und vom Nettoprinzip ausgeht, sind die Nachlassverbindlichkeiten vom aktiven Vermögensanfall abzuziehen. Der Begriff der Nachlassverbindlichkeit i.S.d. ErbStG setzt voraus, dass die Verbindlichkeit rechtlich entstanden ist[425] und für den Erben wirtschaftlich eine Last darstellt.[426]

§ 10 Abs. 5 ErbStG zählt die zum Abzug zugelassenen Nachlassverbindlichkeiten auf, wobei die in den Absätzen 6 bis 9 enthaltenen Abzugsverbote den Anwendungsbereich begrenzen. Jedoch ist die Anordnung nicht vollständig, da § 21 ErbStG nach ganz herrschender Meinung ein weiteres Abzugsverbot darstellt.[427]

Im Folgenden wird nicht auf die einzelnen Nachlassverbindlichkeiten eingegangen.[428] Hervorzuheben ist jedoch, dass die mit einem Gewerbebetrieb zusammenhängenden Schulden ausdrücklich vom Schuldenabzug ausgenommen sind aufgrund der bereits erfolgten Berücksichtigung im Rahmen der Betriebsvermögensbewertung, vgl. § 10 Abs. 5 Nr. 1 2.HS ErbStG.

aa) Beschränkung des Abzugs von Schulden und Lasten

Im Rahmen der beschränkten Steuerpflicht dürfen nur diejenigen Schulden und Lasten abgezogen werden, die mit den der beschränkten Steuerpflicht unterliegenden Vermögensgegenständen im wirtschaftlichen Zusammenhang stehen, § 10 Abs. 6 S. 2 ErbStG.[429] Soweit jedoch in einem Doppelbesteuerungsab-

---

424 Meincke, ErbStG, § 10 Rn. 13; Rössler/Troll, BewG, § 31 Rn. 5; Troll/Gebel/Jülicher, ErbStG, § 12 Rn. 936; V/G/H/K/S-Hübner, ErbStG, § 10 Rn. 5; V/G/H/K/S-Viskorf, BewG, § 31 Rn. 4. Daher stellt sich oftmals gar nicht die Problematik der Bewertung ausländischen Vermögens.

425 In Ausnahmefällen kann auch eine sittliche Pflicht ausreichen. Vgl. BFH v. 18.11.1963, II 166/61, HFR 1964, 83; FG BW v. 30.1.1998, 9 K 73/96, EFG 1999, 80; Christoffel/Geckle/Pahlke-Pahlke, ErbStG, § 10 Rn. 37; Moench, DStR 1992, 1185 (1186); Söffing/Völkers/Weinmann, 230; Troll/Gebel/Jülicher, ErbStG, § 10 Rn. 134; V/G/H/K/S-Schuck, ErbStG, § 10 Rn. 59.

426 Moench, DStR 1992, 1185 (1186); Troll/Gebel/Jülicher, ErbStG, § 10 Rn. 69.

427 Meincke, ErbStG, § 10 Rn. 15.

428 Vgl. ausführlich: Kapp/Ebeling, ErbStG, § 10 Rn. 70ff.; Meincke, ErbStG, § 10 Rn. 32ff.; Troll/Gebel/Jülicher, ErbStG, § 10 Rn. 105ff.

429 Im Gegensatz zu § 10 Abs. 6 S. 1 ErbStG wirkt der wirtschaftliche Zusammenhang als Tatbestandsvoraussetzung nicht abzugsschädlich, sondern abzugsbegründend. Parallelvorschrift: § 20 Abs. 5 S. 2 öErbStG. Die Anordnung im Bezug auf die beschränkte Steuerpflicht kann bei geringem steuerpflichtigen Vermögen i.S.d. § 121 BewG und hohen allgemeinen Nachlassverbindlichkeiten dazu führen, dass der Erbe eigenes Vermögen zur Tilgung der Erbschaftsteuer einsetzen muss. Vgl. BFH v. 9.5.1958, III 131/56U, BStBl III 1959,

kommen abweichende Regelungen statuiert sind, gehen diese dem ErbStG vor.[430]
Die Regelung ist vergleichbar mit der des § 3c EStG: Sie ist Ausdruck des allgemeinen steuerrechtlichen Grundsatzes, dass Lasten, die im Zusammenhang mit steuerbefreiten Bereicherungen stehen, nicht steuermindernd angesetzt werden dürfen, um einen doppelten steuerlichen Vorteil auszuschließen.[431]
Der erforderliche wirtschaftliche Zusammenhang ist gegeben, wenn die Entstehung der Schuld oder Last ursächlich und unmittelbar auf Vorgängen beruht, die den belasteten Vermögensgegenstand betreffen.[432] Dies ist insbesondere der Fall, wenn die Schuld zum Erwerb, zur Sicherung oder Erhaltung des Gegenstandes begründet worden ist.[433] Nicht ausreichend ist die bloße Sicherungsbelastung eines Vermögensgegenstandes zur Sicherung einer Verbindlichkeit, da lediglich ein rechtlicher, nicht aber der erforderliche wirtschaftliche Zusammenhang hergestellt wird.[434] Die Schuld belastet nicht den entsprechenden Vermögensgegenstand.

bb) Betriebsschulden

In § 10 Abs. 6 S. 4 ErbStG wird ferner klargestellt, dass Schulden und Lasten, die mit dem nach § 13a ErbStG befreiten Betriebsvermögen in wirtschaftlichem Zusammenhang stehen, in vollem Umfang trotz der Betriebsvermögensprivilegien abzugsfähig sind. Da sich der Wert des Betriebsvermögens i.S.d. § 12 Abs.

271; Hechler, Rn. 434; Meincke, ZEV 2004, 353 (358). Vgl. zur europarechtlichen Problematik: Meincke, ZEV 2004, 353 (357f.); Müller-Etienne, 174; Höninger, INF 2004, 335 (338); Schnitger, FR 2004, 185 (195); Wachter, IStR 2004, 540 (541f.).

[430] Kapp/Ebeling, ErbStG, § 10 Rn. 167; Meincke, ErbStG, § 10 Rn. 56; Troll/Gebel/Jülicher, ErbStG, § 10 Rn. 256.

[431] Vgl. Kapp/Ebeling, ErbStG, § 10 Rn. 158; Meincke, ErbStG, § 10 Rn. 53; Müller-Etienne, 36f.; Söffing/Völkers/Weinmann, 231; Troll/Gebel/Jülicher, ErbStG, § 10 Rn. 242.

[432] BFH v. 19.2.1982, III R 108/80, BStBl II 1982, 449; BFH v. 28.1.1972, III R /71, BStBl II 1972, 416; BFH v. 11.3.1966, III 281/62, HFR 1966, 401; Jülicher, ZErb 2004, 204 (209); Jülicher, IStR 2004, 37 (40); Schaumburg, § 7 Rn. 7.53. Für Österreich: VwGH v. 28.4.1994, 92/16/0161, ÖStZB 1995, 47; VwGH v. 17.6.1955, 962/53, Slg. 1189 F; Dorazil/Taucher, ErbStG, § 20 Rn. 10.2; Fraberger, 322; Taucher, 49.

[433] BFH v. 25.10.1995, II R 45/92, BStBl II 1996, 11 (15); Jülicher, ZErb 2003, 204 (209); Piltz, ZEV 1998, 461 (461); Schindhelm, 35; Troll/Gebel/Jülicher, ErbStG, § 10 Rn. 255. Für Österreich: Fraberger, 322. Da auch in Österreich eine vergleichbare Regelung besteht, bietet sich jeweils an, das der beschränkten Steuerpflicht unterliegende Vermögen fremd zu finanzieren, um die positiven Vermögenswerte mit den Verbindlichkeiten zu verrechnen und die Steuerbelastung im Belegenheitsort signifikant zu senken. Vgl. Süß/Haas-Reich, § 4 II Rn. 77.

[434] BFH v. 25.10.1995, II R 45/92, BStBl II 1996, 11 (15); BFH v. 28.9.1962, III R 242/60 U, BStBl III 1962, 535; Hechler, Rn. 436; Jülicher, ZErb 2003, 204 (209); Kapp/Ebeling, ErbStG, § 10 Rn. 159; Schindhelm, 35; Troll/Gebel/Jülicher, ErbStG, § 10 Rn. 247.

5 ErbStG bereits nach dem Nettoprinzip richtet, kommt dem Satz nur eine klarstellende Funktion zu.[435]

d) Bewertung für Zwecke der Erbschaftsteuer

aa) Allgemeines zur Bewertung von Personengesellschaftsanteilen

Vergleichbar mit der Behandlung von Personengesellschaftsanteilen im Einkommensteuerrecht, bei denen die erzielten Gewinne den Mitunternehmern zugerechnet werden, müssen im Erbschaftsteuerrecht dem Erblassergesellschafter auch anteilig die zum Gesellschaftsvermögen gehörenden Wirtschaftsgüter zugerechnet werden, da die Gesellschaftsbeteiligung kein einheitliches Wirtschaftsgut darstellt, sondern die Zusammenfassung der Anteile an den Wirtschaftsgütern der Gesellschaft.[436] Es wird durch die Gesellschaft „hindurchgesehen" - dem Gesellschafter wird unmittelbar anteilig das Gesellschaftsvermögen zugerechnet.

Der Erblasseranteil am Betriebsvermögen wird somit in zwei Schritten ermittelt: Zunächst wird für das gesamte Gesellschaftsvermögen ein Stichtagswert festgesetzt.[437] Auf Grundlage dieses Wertes wird dann der Steuerwert des Anteils bestimmt.

bb) Gesamtwert des Betriebsvermögens

Gemäß § 12 Abs. 1 i.V.m. Abs. 5 ErbStG ist das Betriebsvermögen unter entsprechender Anwendung der §§ 95-99, 103, 104, 109 Abs. 1, 2 und 137 BewG zu ermitteln, wobei die Normen des BewG ihrerseits an Normen des Ertragsteuerrechts anknüpfen. Der Wert des Betriebsvermögens wird gemäß § 98a BewG - und damit abweichend von § 2 Abs. 1 S. 2 BewG - in der Weise ermittelt, dass zunächst die Summe der Vermögensgegenstände, die zum

---

[435] Kapp/Ebeling, ErbStG, § 10 Rn. 169; V/G/H/K/S-Schuck, ErbStG, § 10 Rn. 152. Für Österreich: Ost, 49. Da die Betriebsschulden aufgrund der vorzunehmenden Saldierung wie die Aktiva dem Bewertungsabschlag unterliegen, mindern sie faktisch in Deutschland nur i.H.v. 65% die erbschaftsteuerliche Bemessungsgrundlage. Vgl. Grützner, StuB 2004, 49 (54).

[436] Eisele, ZEV 1999, 369 (375); Hueck, 13; Rössler/Troll, BewG, § 95 Rn. 33. In diesem Zusammenhang wird die Personengesellschaft im deutschen Steuerrecht als eine „transparente Einheit" bezeichnet.

[437] Auf den Bewertungsstichtag ist eine besondere Vermögensaufstellung zu fertigen. Trotz der Anknüpfung an die steuerliche Wertermittlung, wird nicht der letzte Jahresabschluss übernommen, sondern es ist „fiktiv" eine selbständige Bilanz auf den Todestag zu erstellen. Vgl. FG Köln v. 23.10.1997, 9 K 4567/96, EFG 1998, 677 (678). Die Stichtagswerte werden jedoch aus Vereinfachungsgründen aus dem letzten Jahresabschluss abgeleitet und zum Großteil übernommen. Aufgrund zwischenzeitlicher eingetretener Änderungen werden als Korrekturposten insbesondere (1) Gewinn und Einlagen, Verlust und Entnahmen (2) Vermögenswertänderungen und (3) Vermögensbestandsänderungen berücksichtigt. Vgl. R 39 Abs. 2 S. 4 ErbStR.

Betriebsvermögen gehören, angesetzt und bewertet werden. Aus dem Grundsatz der Einzelbewertung und § 98a BewG ist gleichzeitig auch die gesetzgeberische Entscheidung für ein Substanzwertverfahren abzuleiten.[438] Der so ermittelte Betrag, das Rohbetriebsvermögen, wird um die Summe der Schulden und sonstigen Abzüge gekürzt. Der Saldo stellt das Reinvermögen dar.

cc) Umfang des Betriebsvermögens

Gemäß § 95 Abs. 1 BewG umfasst das Betriebsvermögen grundsätzlich alle Wirtschaftsgüter und sonstigen aktiven Ansätze, die bei der steuerlichen Gewinnermittlung zum Betriebsvermögen gehören. Auch Bilanzansätze aus bestehenden Ergänzungs-[439] und Sonderbilanzen der Gesellschafter werden einbezogen.[440] Die Anknüpfung an das Ertragsteuerrecht und die damit dem Grunde nach einhergehende Übernahme der ertragsteuerlichen Ansätze führt bei bilanzierenden Gewerbetreibenden zu einer Bestandsidentität zwischen Steuerbilanz und Vermögensaufstellung.[441] Aufgrund der Anknüpfung der Steuerbilanz an die Handelsbilanz (§ 5 Abs. 1 S. 1 EStG) wird bisweilen auch von der verlängerten Maßgeblichkeit der Handelsbilanz gesprochen.[442]
Der Grundsatz der Bestandsidentität wird jedoch durch einige Ausnahmeregelungen durchbrochen, u.a. bei Betriebsgrundstücken (§ 99 BewG), Schulden und sonstigen passiven Ansätzen, die nicht mit dem Betriebsvermögen in wirtschaftlichem Zusammenhang stehen (§ 103 Abs. 1 BewG).

dd) Bewertung des Betriebsvermögens

Das Betriebsvermögen von bilanzierenden Gewerbetreibenden ist entsprechend dem Grundsatz der Bewertungsidentität (§ 12 Abs. 5 ErbStG i.V.m. § 109 BewG) - als Ergänzung des Grundsatzes der Bestandsidentität - mit den

---

[438] Moench-Moench, ErbStG, § 12 Abschn. II Teil 3 Rn. 7; Troll/Gebel/Jülicher, ErbStG, § 12 Rn. 730. Zwar hat das BVerfG (v. 22.6.1995, 2 BvL 37/91, BStBl II 1995, 655; 3 BvR 551/91, BStBl II 1995, 671) den Übergang zum Ertragswertverfahren dem Gesetzgeber nahe gelegt. Auch sah der Regierungsentwurf zum JStG 1997 (BT-Drs. 13/839, 64) dieses Verfahren grundsätzlich als geeigneter an, dennoch hat der Gesetzgeber aufgrund der günstigeren Bewertungsergebnisse am Substanzwertverfahren festgehalten.

[439] Kritisch zur Behandlung der Ergänzungsbilanzen: Hübner, ErbStB 2004, 197 (197ff.); Hübner, ZEV 2003, 12 (12ff.); Hübner, DStR 2000, 1205 (1214).

[440] Brandmüller/Sauer-Christoffel, Teil F Rn. 2643; Jülicher, IStR 2004, 37 (40); Lutterbach, 203; Rautenstrauch, 10; Troll, BB 1990, 674 (676).

[441] Eisele, ZEV 2000, 187 (187); Gebel, Betriebsvermögensnachfolge, Rn. 112; Hörger/Stephan/Pohl-Pauli, Rn. 361; Meincke, ErbStG, § 12 Rn. 135; Moench-Moench, ErbStG, § 12 Abschn. II Teil. 3 Rn. 7; Seer, GmbHR 1999, 64 (65); Weinmann, ZEV 1999, 176 (176).

[442] FG Köln v. 23.10.1997, 9 K 4567/96, EFG 1998, 677 (678); Eisele, INF 1997, 135 (136); Gebel, DStR 1997, 801 (803); Herzig, DB 1992, 1052 (1053); Rautenstrauch, 12; Seer, Harzburger Steuerprotokoll 1998, 159 (165); Zipfel, 10.

Steuerbilanzwerten anzusetzen.[443] Ausnahmen gelten u.a. für Betriebsgrundstücke (§ 138 BewG: Grundbesitzwert), Personengesellschaftsbeteiligungen (§ 97 Abs. 1a BewG: Anteil am Betriebsvermögen) und ausländisches Sachvermögen (§ 31 BewG: gemeiner Wert).

(α) Übernahme der ertragsteuerlichen Wertansätze

Bei der ertragsteuerlichen Bewertung von Aktivvermögen gelten die Vorschriften der §§ 252-256 HGB, soweit § 6 EStG oder eine spezielle steuerrechtliche Bewertungsvorschrift nichts anderes vorschreibt.[444] Der Steuerbilanzwert ist auch dann maßgebend, wenn für Wirtschaftsgüter (Sonder-)Abschreibungen durchgeführt werden bzw. geringwertige Wirtschaftsgüter im Jahr der Anschaffung oder Herstellung sofort abgeschrieben werden.[445] Schulden und sonstige passive Ansätze sind sowohl dem Grunde als auch der Höhe nach mit den Steuerbilanzwerten anzusetzen, soweit sie in wirtschaftlichem Zusammenhang mit dem Betriebsvermögen i.S.d. BewG stehen, vorbehaltlich des Abzugsverbots für Rücklagen gemäß § 103 Abs. 1, 3 BewG.[446]

---

[443] Die grundsätzliche Maßgeblichkeit der Steuerbilanzwerte für die Ermittlung des Substanzwertes sowohl dem Grunde als auch der Höhe nach wurde durch das StÄndG 1992 eingeführt. Zuvor nahm § 109 Abs. 1 BewG a.F. Bezug auf den Teilwert (§ 10 BewG). Dass durch den Steuerbilanzwertansatz nicht die vom BVerfG geforderte realitätsgerechte Wertrelation zwischen den Vermögensarten hergestellt werden kann, ist vom Gesetzgeber erkannt worden. Im Rahmen der Beratungen zum JStG 1997 wurde zwar herausgestellt, dass zumindest theoretisch der Verkehrswert für Betriebsvermögen angesetzt werden müsste. Mangels eindeutiger Bestimmbarkeit des Verkehrswertes und aus Praktikabilitätsgründen wurden jedoch die Steuerbilanzwerte beibehalten. Vgl. BR-Drs. 390/96, 64. Vgl. auch: 2. Teil C II 6.

[444] Gebel, Betriebsvermögensnachfolge, Rn. 137.

[445] Esch/Baumann/Schulze zur Wiesche, Teil 2 Rn. 157; Gebel, Betriebsvermögensnachfolge, Rn. 136; Rautenstrauch, 12f. Daher sollte aus erbschaftsteuerlicher Sicht immer die maximale Abschreibungsmöglichkeit zur Senkung der Steuerbemessungsgrundlage in Anspruch genommen werden. Vgl. Hübner, DStR 2000, 1209 (1211).

[446] Die Fassung des § 103 BewG wirkt sich besonders bei Betriebsgrundstücken aus, wenn nur ein Teil der Schulden in der Steuerbilanz erfasst ist und daher nur dieser abgezogen werden kann. Wenn das Grundstück nach § 99 BewG als Grundvermögen qualifiziert werden kann, können die mit dem Grundstück zusammenhängenden Schulden nicht als Betriebsschuld abgezogen werden. Es findet ein Abzug als private Nachlassverbindlichkeit statt. Die Einschränkung wirkt sich mittelbar steuermindernd aus, da der Abzug als sonstige Nachlassverbindlichkeit nicht das Begünstigungsvolumen i.S.d. § 13a ErbStG schmälert. Vgl. Gebel, Betriebsvermögensnachfolge, Rn. 125; Moench-Moench, ErbStG, § 12 Abschn. II Teil 1 Rn. 32f. Hübner und Seer fordern aufgrund des vom Gesetzgeber nicht beabsichtigten Vorteils eine Korrektur des Gesetzeswortlautes. Vgl. Hübner, DStR 2000, 1205, (1207); Seer, Harzburger Steuerprotokoll 1998, 159 (169).

Die Übernahme der ertragsteuerlichen Wertansätze bewirkt insbesondere, dass stille Reserven des Betriebsvermögens und der Gesamtunternehmenswert i.S.e. originären Firmenwertes unberücksichtigt bleiben.[447]

(ß) Betriebsgrundstücke

Betriebsgrundstücke folgen weder dem Grundsatz der Bestands- noch dem der Bewertungsidentität. Auch ist im Gegensatz zum Ertragsteuerrecht eine Aufteilung in Wirtschaftsgüter nach Nutzungs- und Funktionszusammenhängen nicht möglich. Vielmehr folgt das Bewertungsrecht dem „Alles oder Nichts-Prinzip" bei unterschiedlicher Nutzung.[448] Entscheidend ist, ob das Grundstück zu mehr als der Hälfte seines Wertes (nicht Flächennutzungsanteil) dem Gewerbebetrieb dient, vgl. § 99 Abs. 2 S. 1, 2 BewG. Ferner sind die Eigentumsverhältnisse für die Qualifizierung relevant: Gemäß § 99 Abs. 2 S. 3 BewG muss der Betriebsinhaber der alleinige Eigentümer sein. Allerdings ist bei Personengesellschaften unerheblich, ob das Grundstück einem Gesellschafter, einzelnen Gesellschaftern oder allen Gesellschaftern gehört, solange keine andere Person an diesem beteiligt ist.[449] Wenn das Grundstück von der Personengesellschaft gehalten wird, ist es unabhängig vom Umfang der betrieblichen Nutzung stets Betriebsgrundstück, § 99 Abs. 1 S. 4 BewG.

Für Betriebsgrundstücke bestehen keine eigenen Bewertungsvorschriften. Sie werden wie Grundstücke des Grundvermögens bewertet (§§ 138 Abs. 3 i.V.m. 145ff. BewG). Es wird daher im Folgenden die Grundstücksbewertung in Grundzügen dargestellt.

(A) Allgemeines

Im Gegensatz zum Konzept der Einheitsbewertung, in dem zu einem Zeitpunkt der Wert aller Grundstücke gesondert festgestellt wurde, wird nach derzeitigem Recht eine Grundstücksbewertung nur noch im Bedarfsfall (Erwerb von Todes wegen mit inländischem Grundvermögen bzw. Betriebsgrundstücken im Nachlass) durchgeführt, § 138 Abs. 5 S. 1 BewG.[450] Die Bedarfsbewertung richtet

---

[447] Gebel, DStR 1996, 1880 (1885); Gebel, Betriebsvermögensnachfolge, Rn. 135; Kegel, 44; Seer, DStJG 22 (1999), 191 (197); Söffing/Völkers/Weinmann, 73; Troll/Gebel/Jülicher, ErbStG, § 12 Rn. 703. Dies wirkt sich regelmäßig bei ertragstarken Unternehmen sowie bei Unternehmen mit einem großen Bestand von Anlagevermögen steuergünstig aus.

[448] Bärtels, 156; Eisele, ZEV 2000, 187 (187); Koblenzer, Rn. 166; Seer, Harzburger Steuerprotokoll 1998, 159 (168); Seer, GmbHR 1999, 64 (66); Söffing/Völkers/Weinmann, 85; Zipfel, 17.

[449] Vgl. Christoffel, GmbHR 1997, 517 (519); Rautenstrauch, 11; Sauer/Ritzer/Schuhmann-Ritzer, Teil 2 Kap. 5 Rn. 557; Seer, DStJG 22 (1999), 191 (204); Tipke/Lang-Seer, § 13 Rn. 46.

[450] Die gesonderte Feststellung wird einheitlich vorgenommen, wenn die Bewertung des Grundbesitzes für mehrere Beteiligte benötigt wird (§ 179 Abs. 2 S. 2 AO). Dies ist bspw.

sich bei unbebauten Grundstücken nach den tatsächlichen Verhältnissen zum Besteuerungszeitpunkt und den Wertverhältnissen zum 1.1.1996[451] (§ 145 Abs. 3 BewG); für bebaute Grundstücke gelten sowohl die tatsächlichen als auch die Wertverhältnisse zum Besteuerungszeitpunkt, § 146 Abs. 2 S. 1 BewG. Bodenrichtwerte gelten bis zum 31.12.2006.[452] Der gesondert festgestellte Grundbesitzwert ist der für die Erbschaftsteuer maßgebende Wert. Ihm kommt als Grundlagenbescheid (§ 182 AO) Bindungswirkung zu.[453]

(B) Unbebaute Grundstücke[454]

Für unbebaute Grundstücke sieht § 145 BewG ein Vergleichswertverfahren vor, das sich an dem typisierten Verkehrswert, dem Bodenrichtwert, orientiert:[455] Der Wert unbebauter Grundstücke bestimmt sich durch Multiplikation der Fläche mit dem um 20% reduzierten Bodenrichtwert (§ 196 BauGB), § 145 Abs. 3 S. 1 BewG. Im Regelfall liegen die Bodenrichtwerte um 10-20% unter dem Verkehrswert, so dass im Durchschnitt ein Verkehrswertniveau von 70% erreicht wird.[456] Um dennoch Überbewertungen auszuschließen, räumt die Öffnungsklausel des § 145 Abs. 3 S. 3 BewG dem Steuerpflichtigen die Möglichkeit ein nachzuweisen, dass der gemeine Wert niedriger ist als der ermittelte Grundbesitzwert.[457]

---

der Fall bei einem Erwerb durch Erbanfall durch eine Erbengemeinschaft, wenn sich eine Immobilie im Nachlass befindet.

451 Eiselt, INF 2004, 381 (384); Tipke/Lang-Seer, § 13 Rn. 28. Delp weist in INF 2004, 264 (264f.) darauf hin, dass die tatsächlichen Verkehrswerte insbesondere in den neuen Bundesländern und in West-Berlin aufgrund der gesunkenen Immobilienpreise stark von den Wertverhältnissen zum 1.1.1996 abweichen. Bei letzteren handle es sich - so Delp - um „Mondpreise".

452 Die Bodenrichtwerte sollten zunächst nur bis zum 31.12.2001 gelten. Die Verlängerung erfolgte durch Gesetz vom 10.12.2001 (BStBl I 2002, 45), nachdem der Vorschlag eines bewertungsrechtlichen Systemwechsel durch Entwurf zur Änderung eines Gesetzes zur Änderung des Bewertungsgesetzes und anderer Gesetze (BR-Drs. 229/01) vom 22.3.2001 scheiterte.

453 Gebel, Betriebsvermögensnachfolge, Rn. 151; Hübner, 22f.; Tipke/Lang-Seer, § 13 Rn. 28; Wittmann, BB 1997, 548 (548). Ausführlich dazu: Eiselt, INF 2004, 381 (383ff.).

454 Zur Abgrenzung zwischen bebauten und unbebauten Grundstücken: Christoffel, DB 1999, 551 (551); Moench-Moench, ErbStG, § 12 Abschn. II 1. Teil Rn. 21ff.; Sauer/Ritzer /Schuhmann-Ritzer, Teil 2 Kap 5 Rn. 725ff.; Weinmann, ZEV 1997, 359 (360f.).

455 Seer, GmbHR 1999, 64 (67).

456 Halaczinsky, Harzburger Steuerprotokoll 2000, 149 (154): 72%; Moench/Höll, 38; Moench-Moench, ErbStG, § 12 Abschn. II Teil 1, Rn. 31; Rössler/Troll, BewG, § 145 Rn. 3; Weinmann, ZEV 1997, 359 (361): 80%; Wittmann, BB 1997, 548 (550): annähernd Verkehrswert.

457 Aufgrund des Schweigens des Gesetzes ist umstritten, ob der Verkehrswert zum Besteuerungszeitpunkt oder zum 1.6.1996 nachzuweisen ist. Für ersteres: R 163 Abs. 1 S. 1 ErbStR; Haar/Wittenmayer, Bewertungsrecht, Rn. 535. Wohl auch: Salzmann, DStR 1999, 345 (346); Weinmann, ZEV 1997, 359 (363). Für letzteres: Eisele, INF 2004, 381 (384); Eisele, ZEV

(C) Bebaute Grundstücke

Der Wert bebauter Grundstücke wird im Regelfall mittels Ertragswertverfahren ermittelt, vgl. § 146 BewG.[458] Ausgangspunkt ist die jährliche Nettokaltmiete. Die durchschnittliche Nettojahreskaltmiete der letzten drei Jahre ist mit dem 12,5fachen anzusetzen, § 146 Abs. 2 S. 1 BewG. Von diesem Betrag ist ein Altersabschlag von 0,5 % pro Jahr seit Bezugsfertigkeit des Gebäudes vorzunehmen, § 146 Abs. 4 S. 1 BewG, wobei maximal 25 % abgezogen werden dürfen. Bei ausschließlich zu Wohnzwecken genutzten Gebäuden mit nicht mehr als zwei Wohnungen ist der ermittelte Wert um 20 % zu erhöhen, § 146 Abs. 5 BewG. Zu einer Mindestbesteuerung kommt es gemäß § 146 Abs. 6 BewG, wenn der oben ermittelte Wert geringer ist als derjenige, der sich aus § 145 Abs. 3 BewG ergeben würde. In diesem Fall ist der sich aus § 145 Abs. 3 BewG ergebende Wert maßgeblich.[459] Für den Steuerpflichtigen besteht auch bei bebauten Grundstücken die Möglichkeit nachzuweisen, dass der Verkehrswert niedriger ist, als der nach § 146 Abs. 2-6 BewG ermittelte Wert, § 146 Abs. 7 BewG.

In Fällen, in denen das Gebäude nicht vermietet ist, und sich keine übliche Miete i.S.d. § 146 Abs. 3 BewG ermitteln lässt - typischerweise bei Fabrikati-

---

1999, 369 (371); Geiß, ZEV 1998, 13 (15); Gürsching/Stenger, BewG, § 145 Rn. 100f.; Sauer/Ritzer/Schuhmann-Ritzer, Teil 2 Kap. 5 Rn. 738; Strahl KÖSDI 1997, 11253 (11255).

[458] In den Beschlüssen des BVerfG vom 22.6.1995 (2 BvL 37/91, BStBl II 1995, 655; 3 BvR 551/91, BStBl II 1995, 671) war dem Gesetzgeber aufgegeben worden, ein neues Bewertungsverfahren zu schaffen, das anstelle der Einheitswerte von 1964 bzw. 1935 zeitnähere und realitätsgerechtere Wertansätze sichert. Zunächst wurde im Rahmen der Vorbereitung des JStG 1997 ein vereinfachtes Sachwertverfahren, das Wohn/Nutzflächenverfahren, dessen Praktikabilität und Bewertungsgenauigkeit erprobt war, ausgearbeitet (BR-Drs. 390/96, 43). Auf Drängen der Verbände wurde das Ertragswertverfahren aufgenommen, das sich im Rahmen des Finanzausschusses durchsetzte (BT-Drs. 13/5952). Im Vermittlungsausschuss wurden zwecks Aufkommenserhöhung „Verwässerungsmaßnahmen" des Konzeptes, insb. die Mindestwertregelung ausgearbeitet. Im Durchschnitt erreichen die Grundstückswerte ein Niveau von ca. 50-70% des Verkehrswertes. Auffallend ist aber die Streubreite der Bewertungsergebnisse in einzelnen Regionen, bei den einzelnen Grundstücksarten und Altersklassen bei Anwendung der Regelbewertung und Mindestbewertung. Sowohl die Literatur (grundlegend: Seer, StuW 1997, 283 (283ff.); Klein, FS Flick 1997, 327 (327ff.); Wolf, DStR 1997, 349 (350ff.)) als auch der BFH (BFH v. 22.5.2002, II R 61/99, DB 2002, 1747 (1750f.)) halten diese Bewertung für verfassungswidrig. Vgl. Hübner, 11f., 23f.; Eisele, ZEV 1999, 369 (370f.); Kulzer, 55ff.; Moench-Moench, ErbStG, § 12 Abschn. II Teil 1 Rn. 33ff. Für Verfassungsmäßigkeit des § 146 BewG: FG Münster v. 7.6.2001 (Az. BFH: II R 7/04), 3 K 7778/98 EW, EFG 2004, 967; FG Hess v. 11.9.1998, 3 V 4925/98, StE 1998, 802; FG Rh-Pf v. 28.7.1998, 2 K 3388/98, EFG 1998, 1563.

[459] Durch die angeordnete Mindestbewertung kommt dem Bodenrichtwert große Bedeutung zu. Aufgrund der niedrigen Bewertungsfaktoren im Ertragswertverfahren sind gerade in Ballungsgebieten und bevorzugten Siedlungsgebieten reine Mindestwertgebiete entstanden. Ungleich werden daher Mindestwert- und Regelwertfälle behandelt. Vgl. Hübner, 23f.; Moench-Moench, ErbStG, § 12 Abschn. II Teil 1 Rn. 31; Seer, DStJG 22 (1999), 191 (207).

onsgrundstücken[460] - findet gemäß § 147 BewG eine Sonderbewertung statt. Sie wird teilweise als vereinfachtes Substanzwertverfahren, teilweise als Steuerbilanzwertverfahren bezeichnet.[461] Die Wertermittlung erfolgt durch getrennten Ansatz von Boden- und Gebäudewert.[462] Der Bodenwert wird wie der Wert eines unbebauten Grundstücks ermittelt mit dem Unterschied, dass ein auf 30% erhöhter Abschlag vom Bodenrichtwert erfolgt, § 147 Abs. 2 S. 2 BewG. Der Gebäudewert richtet sich nach den ertragsteuerlichen Bewertungsvorschriften im Besteuerungszeitpunkt, § 147 Abs. 2 S. 2 BewG. Es wird von der Finanzverwaltung bei bilanzierenden Steuerpflichtigen der Steuerbilanzwert ohne weitere Prüfung übernommen.[463] Der Nachweis eines niedrigeren Verkehrswertes ist für die Sonderbewertung nicht ausdrücklich vorgesehen.[464] Allerdings ist aufgrund der uneingeschränkten Verweisung des § 147 Abs. 2 S. 1 BewG auf § 145 BewG zumindest für die Bewertung des Grund und Bodens ein Verkehrswertnachweis möglich.[465]

ee) Bewertung ausländischen Vermögens[466]

Da die besonderen Bewertungsvorschriften des Bewertungsgesetzes nur für inländisches Vermögen gelten, wird ausländisches Vermögen entsprechend der

---

460 Vgl. BT-Drs. 13/5962, 42; Haar/Wittenmayer, Bewertungsrecht, Rn. 587; Halaczinsky, Harzburger Steuerprotokoll 2000, 149 (163); Kulzer, 217; Moench/Höll, 64; Rössler/Troll, BewG, § 147 Rn. 2f.; Sauer/Ritzer/Schuhmann-Ritzer, Teil 2 Kap. 5 Rn. 778.

461 Für Ersteres: Tipke/Lang-Seer, § 13 Rn. 36. Für Letzteres: Eisele, StStud 2004, 229 (231); Kreutziger/Lindberg/Schaffner-Schaffner, BewG, § 147 Rn. 1.

462 Mangels vorhandener Mieten kann das Ertragswertverfahren nicht angewendet werden. Der Gesetzgeber hat für diese Fälle ein gemischtes Verfahren geschaffen. Aufgrund der Übernahme der Steuerbilanzwerte für Gebäude ist die Bewertung von Zufälligkeiten, insbesondere von der Inanspruchnahme von Abschreibungsmöglichkeiten abhängig. Während bei der Großzahl von Betriebsgebäuden infolge der Inanspruchnahme von hohen AfA-Volumina lediglich ein Erinnerungswert anzusetzen ist, droht bei neu errichteten Gebäuden eine Überbewertung, da die Bewertung von den Herstellungskosten ausgeht, diese aber nicht mit dem Verkehrswert durch den Neubau konform laufen müssen. Vgl. Eisele, ZEV 1999, 369 (374); Halaczinsky, Harzburger Steuerprotokoll 2000, 149 (154f.); Lutterbach, 132; Moench/Höll, 63; Moench-Moench, ErbStG, § 12 Abschn. II 1.Teil Rn. 84; Piltz, ZEV 1997, 61(61); Rössler/Troll, BewG, § 147 Rn. 2; Wolf, DStR 1997, 349 (353).

463 R 179 Abs. 3 S. 2 ErbStR.

464 Eisele, ZEV 2000, 187 (190); Geiß, ZEV 1999, 338 (340); Moench-Moench, ErbStG, § 12 Abschn. II Teil 1 Rn. 95. A.A.: Hörger/Pohl/Pauli-Pohl, Rn. 270; Thouet/Thouet, UVR 1998, 307 (309). Letztgenannte fordern allgemein die Möglichkeit des Verkehrswertansatzes für Betriebsvermögen.

465 Eisele, StStud 2004, 229 (232); Geiß, ZEV 1999, 338 (340); Korezkij, ZEV 1999, 262 (262); Moench/Höll, 67; Moench-Moench, ErbStG, § 12 Abschn. II Teil 1 Rn. 95; Rössler/Troll, BewG, § 147 Rn. 17.

466 Vgl. zur europarechtlichen Problematik: Dautzenberg, EWS 1998, 86 (89); Meincke, ZEV 2004, 353 (357); Schaumburg, RIW 2001, 161 (164); Schnitger, FR 2004, 185 (191); Suhbier-Hahn, ErbStB 2004, 124 (128).

Regelbewertung des allgemeinen Teils mit dem gemeinen Wert (§ 9 BewG) bewertet. Explizit ordnet dies § 31 BewG für ausländischen Grundbesitz und ausländisches Betriebsvermögen an, und § 12 Abs. 6 ErbStG stellt zur Vermeidung von Missverständnissen klar, dass dieser Bewertungsgrundsatz für das Erbschaftsteuerrecht gilt.[467] Der Bewertungsansatz gilt unabhängig davon, ob es sich um eine selbständige wirtschaftliche Einheit im Ausland oder um einen ausländischen Teil einer wirtschaftlichen Einheit handelt, die sich auf Inland und Ausland erstreckt.[468]

(α) Ausländisches Betriebsvermögen

Zum ausländischen Betriebsvermögen gehören alle Vermögenswerte, die einer ausländischen Betriebsstätte dienen, sog. funktionale Betrachtungsweise.[469] Erstreckt sich der Gewerbebetrieb sowohl auf das Inland als auch auf das Ausland gilt § 31 BewG nur für den ausländischen Teil der wirtschaftlichen Einheit.[470] Es ist eine getrennte Bewertung durchzuführen entsprechend den Grundsätzen der direkten Wertermittlungsmethode. Ist diese nicht möglich, ist die indirekte Wertermittlungsmethode anzuwenden.[471]

Als gemeiner Wert des Betriebes ist der Wert anzusehen, der bei Veräußerung im Ganzen - bei gedachter Unternehmensfortführung - zu erzielen wäre.[472] Es wird gemäß § 2 Abs. 1 BewG eine Gesamtbewertung vorgenommen:[473] Einzelne Wirtschaftsgüter stellen lediglich Bewertungsgründe, nicht aber Berechnungsposten dar.[474] Ferner sind neben der Substanz des Betriebes auch die

---

[467] Arlt, 63; Jorde/Schneider/vom Kolken, WPg 2004, 120 (121); Meincke, ErbStG, § 12 Rn. 149; Rössler/Troll, BewG, § 31 Rn. 3; Watrin, 69.

[468] Christoffel, GmbHR 1997, 517 (525); V/G/H/K/S-Viskorf, BewG, § 31 Rn. 1.

[469] Hueck, 16; Rössler/Troll, BewG, § 95 Rn. 44.

[470] Zur Abgrenzung zwischen ausländischem und inländischem Betriebsteil: BFH v. 1.4.1987, II R 186/80, BStBl II 1987, 550.

[471] Während bei der direkten Methode der ausländische Betriebsteil so bewertet wird, als sei er ein selbständiger Gewerbebetrieb, wird bei der indirekten Methode zunächst ein Gesamtbetriebsvermögen ermittelt und anschließend aufgeteilt. Der im Bereich der ertragsteuerlichen Gewinnzurechnung von in- und ausländischen Betriebsstätten judizierte Vorrang der direkten gegenüber der indirekten Methode gilt auch für die Bewertung für erbschaftsteuerliche Zwecke aufgrund der höheren Genauigkeit. Vgl. Schindhelm, 33; Troll/Gebel/Jülicher, ErbStG, § 12 Rn. 943. Kritisch zur Anwendbarkeit der indirekten Methode im Erbschaftsteuerrecht: Christoffel/Geckle/ Pahlke-Christoffel, ErbStG, § 12 Rn. 694.

[472] Arlt, 65; Rössler/Troll, BewG, § 31 Rn. 8.

[473] Arlt, 65; Fischer/Warneke, 78; Hechler, Rn. 425; Hueck, 16; Piltz, Steuerberaterkongress 1999, 79 (88); Rädler/Raupach, 491; Rössler/Troll, BewG, § 31 Rn. 8; Spitzbart, 111; V/G/H/K/S-Viskorf, BewG, § 31 Rn. 2; Zipfel, 57. A.A.: Troll/Gebel/Jülicher, BewG, § 12 Rn. 940: Einzelbewertung.

[474] Arlt, 65; Ebeling, IWB F. 3 Gr. 8, 159 (164); Hueck, 17; Laubrock, 63.

Ertragsaussichten zu berücksichtigen.[475] Welche Bewertungsmethode konkret anzuwenden ist, richtet sich nach den Umständen des Einzelfalls. Es bleibt dem Finanzamt und dem Steuerpflichtigen vorbehalten, sich auf einen Ansatz zu verständigen.[476]
Aus Vereinfachungsgründen akzeptiert die Finanzverwaltung das Abweichen von der Gesamtbewertung in R 39 Abs. 1 S. 2 ErbStR durch Anerkennung der Übernahme von Steuerbilanzwerten, soweit die Übernahme nicht zu unangemessenen Ergebnissen führt.[477] Daher ist die Frage, ob in- oder ausländisches Betriebsvermögen vorliegt, de facto primär für die Anwendung der §§ 13a, 19a ErbStG denn für die Bewertung von Bedeutung.[478]

(β) Ausländischer Grundbesitz[479]

Ob ausländischer Grundbesitz vorliegt, ist entgegen den Grundsätzen des Internationalen Privatrechts nicht nach dem lex rei sitae, sondern anhand der Vorschriften des deutschen BewG zu bestimmen.[480] Im Rahmen der Ermittlung sind Bestandteile und Zubehör, nicht aber Zahlungsmittel, Geldforderungen, Wertpapiere und Geldschulden zu berücksichtigen, § 31 Abs. 2 BewG.
Die Ermittlung des Verkehrswertes wird im Wesentlichen seine Grundlage in den Angaben des Steuerpflichtigen finden.[481] Fehlen genaue Angaben, wird der gemeine Wert geschätzt.[482] Als Anhaltspunkte für die Schätzung können Werte dienen, die in fast allen ausländischen Ländern aus steuerlichen Gründen für

---

[475] Arlt, 65; Ebeling, IWB F. 3 Gr. 8, 159 (164); Hechler, Rn. 425; Hueck, 17; Piltz, DStJG 22 (1999), 275 (289); Zipfel, 57.

[476] Arlt, 65; Jorde/Schneider/vom Kolken, WPg 2004, 120 (121); Moench/Höll, 90.

[477] So auch: Arlt, 66; Jorde/Schneider/vom Kolken, WPg 2004, 120 (122); Meincke, ErbStG, § 12 Rn. 149; Schild/Ehlermann, Hdb internationale Steuerplanung, 1245 (1247), Scherer-von Oertzen, § 40 Rn. 19; Troll/Gebel/Jülicher, ErbStG, § 12 Rn. 941; V/G/H/K/S-Viskorf, BewG, § 31 Rn. 2. Es erscheint aber als fraglich, ob dies die Finanzverwaltung auch dann akzeptiert, wenn hohe stille Reserven sich im Ausland befinden. Vgl. dazu: Kowallik, DStR 1999, 1834 (1837); Trompeter, Hdb internationale Steuerplanung, 1383 (1390f.).

[478] Zipfel, 58.

[479] Da der gemeine Wert regelmäßig über dem Wert für vergleichbare inländische Grundstücke liegt, ist für bestimmte Fallgestaltungen die Frage der Verfassungsmäßigkeit der Norm aufgeworfen worden. Vgl. Ebeling, IWB F.3 Gr. 8, 159 (165). Kritisch auch: Meincke, ErbStG, § 12 Rn. 149. A.A.: in Bezug auf alte Rechtslage (Einheitswerte) FG Nds v. 2.9.1991, III 247/87, EFG 1992, 145; FG HH v. 15.1.1993, II 54/89, EFG 1993, 586.

[480] BFH v. 20.7.1960, II 262/57 U, BStBl III 1960, 385 (386); Arlt, 76; Hechler, Rn. 420; Rössler/Troll, BewG, § 31 Rn. 7.

[481] Arlt, 77; Hechler, Rn. 423; Schindhelm, 32; Troll/Gebel/Jülicher, ErbStG, § 12 Rn. 939.

[482] Arlt, 77; Hechler, Rn. 423; Troll/Gebel/Jülicher, ErbStG, § 12 Rn. 939. Anhaltspunkte dafür werden von Jorde/Schneider/vom Kolken, WPg 2004, 120 (123) dargestellt.

den Grundbesitz ermittelt werden.[483] Die vereinfachten Werte sind allerdings nicht maßgeblich, wenn zeitnahe Veräußerungsakte festgestellt worden sind.[484] Auch für den ausländischen Grundbesitz wird die Übernahme ertragsteuerlicher Wertansätze anerkannt, soweit deren Übernahme nicht zu unangemessenen Ergebnissen führt.[485]

ff) Aufteilung des Betriebsvermögens

Ausgangspunkt für die Aufteilung des Gesamtbetriebsvermögens ist der in der Vermögensaufstellung ermittelte Wert des Betriebsvermögens. Für die Aufteilung wird der Wert der Beteiligung des Erblassergesellschafters benötigt.[486] Die Aufteilung hat gemäß § 97 Abs. 1a BewG zu erfolgen:[487] Wirtschaftsgüter des Sonderbetriebsvermögens einschließlich Forderungen und Schulden sind dem Gesellschafter vorweg mit dem Wert zuzurechnen, mit dem sie im Wert des Betriebsvermögens enthalten sind. Schulden, die ertragsteuerlich kein negatives Sonderbetriebsvermögen darstellen, werden nicht vorweg zugerechnet. Die Kapitalkonten aller Gesellschafter aus der Gesamthandsbilanz und die Kapitalkonten aus den Ergänzungsbilanzen des übertragenden Gesellschafters sind vorweg zuzurechnen.[488] Zum Kapitalkonto sind neben dem Gesellschafterfestkapital auch der Anteil an der gesamthänderischen Gewinnrücklage und die variablen Kapitalkonten zu zählen, soweit es sich um Eigenkapital der Gesellschaft handelt. Der verbleibende Wert des Betriebsvermögens nach Abzug der Vorwegzurechnungen wird nach dem maßgebenden Gewinnverteilungsschlüssel auf die übrigen Gesellschafter und den Erblassergesellschafter aufgeteilt und letzterem zugerechnet. Zu beachten ist, dass gesellschaftsvertragliche Absprachen zur Bewertung eines Anteils bei Ausscheiden des Gesellschafters

---

483 Arlt, 77; Jülicher, ZErb 2004, 14 (17); Schindhelm, 32; Troll/Gebel/Jülicher, ErbStG, § 12 Rn. 939. Eine Übernahmeverpflichtung eines solchen ausländischen Wertansatzes gibt es jedoch nicht.

484 FG Nds v. 2.9.1991, III 247/87, EFG 1992, 145 (146); Jorde/Schneider/vom Kolken, WPg 2004, 120 (123). Auch Vereinfachungen, die aus einem Verständigungsverfahren oder Verwaltungsvereinbarungen hervorgegangen sind, müssen dem durch Verkauf ermittelten gemeinen Wert weichen. Vgl. FG HH v. 15.1.1993, II 54/89, EFG 1993, 586.

485 Arlt, 77; Meincke, ErbStG, § 12 Rn. 149; Moench/Höll, 90; Schindhelm, 33.

486 Christoffel, ErbBStg 2003, 205 (211); Gebel, DStR 1997, 801 (802); Weinmann, ZEV 2002, 49 (50). Vgl. R 40 Abs. 2 S. 3 ErbStR.

487 Vgl. R 116 Abs. 2 ErbStR; Christoffel, ErbBStg 2003, 205 (211); Halaczinsky, ErbStB 2003, 155 (158); Hannesen, ZEV 2003, 319 (319ff.); Horschitz/Groß/Schnur, Rn. 2569ff.; Lutterbach, 203f.; Moench-Moench, ErbStG, § 12 Abschn. II Teil 3 Rn. 16; Schulze zur Wiesche, UVR 2003, 131 (136); Weinmann, ZEV 2002, 49 (50). Erstmalige gesetzliche Kodifizierung durch JStG 1997. Dazu: Gebel, DStR 1997, 801 (801ff.); Killinger, DStR 1998, 710 (710f.); Troll, BB 1990, 674 (677ff.).

488 A.A.: Hübner, ZEV 2003, 12 (13), da die Ergänzungsbilanzen in keinem Zusammenhang mit der zivilrechtlichen Zuordnung der Vermögenssubstanz stünden und allein die vermögensmäßigen Beteiligungsquoten entscheidend seien.

unbeachtlich sind.[489] Bei der Aufteilung werden Kommanditisten wie voll haftende Mitunternehmer behandelt.[490]

5. Begünstigungen für Betriebsvermögen

a) Allgemeines

Über den grundsätzlichen Ansatz von Steuerbilanzwerten für Betriebsvermögen hinaus kommt es zu weiteren Privilegierungen für unternehmerisch eingesetztes Vermögen durch die §§ 13a, 19a ErbStG.[491] Infolge der Einheitswertbeschlüsse des BVerfG[492] vom 22.6.1995 wurden, um der Rechtsprechung des BVerfG Rechnung zu tragen, durch das JStG 1997 die Begünstigungen für Betriebsvermögen in den §§ 13a, 19a ErbStG neu gestaltet:[493] § 13a ErbStG privilegiert inländisches Betriebsvermögen durch Gewährung eines Freibetrags und einen Bewertungsabschlag, wobei der Freibetrag und der Bewertungsabschlag vom steuerlichen Wert des übergegangenen Betriebsvermögens vor den nach § 10 Abs. 3-9 ErbStG abzugsfähigen Nachlassverbindlichkeiten und den persönlichen Freibeträgen vom Erwerb abgezogen werden.[494]

Durch Art. 13 des Haushaltsbegleitgesetzes 2004 ist der Freibetrag von € 256.000 auf € 225.000 gesenkt worden und der Bewertungsabschlag von 40% auf 35% gemindert worden.[495] Diese Gesetzesänderung kam vollkommen überraschend.[496]

---

489 Moench-Moench, ErbStG, § 12 Abschn. II Teil 3 Rn. 15.

490 R 116 Abs. 1 S. 3 ErbStR; Moench-Moench, ErbStG, § 12 Abschn. II Teil 3 Rn. 15.

491 Vgl. zu § 19a ErbStG: 2. Teil C II 7 d) bb).

492 BVerfG v. 22.6.1995, 2 BvL 37/91, BStBl II 1995, 655; BVerfG v. 22.6.1995, 3 BvR 551/91, BStBl II 1995, 671. Vgl. auch: 2. Teil C II 6 a). Im Rahmen der Gesetzesänderungen durch das HBeglG 2004 sind hingegen die Ausführungen des BVerfG gänzlich unberücksichtigt geblieben.

493 Durch das StandOG 1993 wurde zunächst § 13 ErbStG um den Absatz 2a, der einen Freibetrag i.H.v. 500.000 DM vorsah, ergänzt. Infolge des JStG 1996 wurde zusätzlich ein Bewertungsabschlag i.H.v. 25% eingeführt. Im Zuge des JStG 1997 wurde der Abs. 2a durch die Einführung des § 13a ErbStG verselbständigt. Vgl. Eisele, INF 2004, 185 (185).

494 Kegel, 22; Kobor, 105; Troll/Gebel/Jülicher, ErbStG, § 13a Rn. 15.

495 BGBl I 2003, 3076 (3086). Die Änderungen gelten für alle Erwerbe, für die die Erbschaftsteuer nach dem 31.12.2003 entsteht, vgl. §§ 37 Abs. 1 i.V.m. 9 Abs. 1 ErbStG. Vgl. zu Erbschaftsteuer-Mehrbelastungen: Halaczinsky, ErbStB 2004, 37 (38f.); Korezkij, ZEV 2004, 58 (59ff.); Korn/Strahl, KÖSDI 2004, 14055 (14082); Leisner, NJW 2004, 1129 (1129f.); Wachter, DB 2004, 31 (32).

496 Eisele, INF 2004, 185 (185); Halaczinsky, ErbStB 2004, 37 (37); Höninger/Levedag, FR 2004, 739 (739); Wachter, DB 2004, 31 (31); Wendt, FR 2004, 209 (211). Vgl. auch: Halaczinsky, ErbStB 2003, 28 (29), der noch betonte, dass aufgrund zahlreicher Äußerungen aus dem BMF keine Gesetzesänderung vor der Entscheidung des BVerfG zu erwarten sei.

Aufgrund des unerwarteten Verlaufs des Gesetzgebungsverfahrens wird derzeit das formell verfassungsmäßige Zustandekommen des HBeglG 2004 diskutiert.[497] Den Kern der entbrannten Diskussion bildet die Frage, ob der Vermittlungsausschuss mit dem Änderungsvorschlag die verfassungsrechtlichen Grenzen seiner Tätigkeit überschritten hat,[498] denn dem Ausschuss steht kein Gesetzesinitiativrecht gemäß Art. 76 Abs. 1 GG zu. Seine Aufgabe beschränkt sich auf die Vermittlung zwischen den zuvor beratenen parlamentarischen Regelungsalternativen, vgl. Art. 77 Abs. 2 GG.[499] Er darf - so das BVerfG - Änderungen nur vorschlagen, wenn und soweit der vorgebrachte Einigungsvorschlag im Rahmen des Anrufungsbegehren und des ihm zugrunde liegenden Gesetzgebungsverfahren verbleibt.[500] Diese Begrenzung ist notwendig, um die Abgeordnetenrechte und den Grundsatz der parlamentarischen Öffentlichkeit zu wahren. Einer Entscheidungsverlagerung auf Ausschüsse soll entgegengewirkt werden.[501] Als Grenze des Zulässigen sieht das BVerfG an, dass der Vermittlungsausschuss in seinem Einigungsvorschlag Gesetzesentwürfe einbezogen

---

[497] Die Entstehungsgeschichte des Gesetzes soll an dieser Stelle kurz umrissen werden: Die Änderungen der §§ 13a, 19a ErbStG sind auf die „Koch/Steinbrück-Vorschläge zum Abbau von Steuerbegünstigungen und Finanzhilfen" zurückzuführen. Sie sind dem Haushaltsausschluss am 15.10.2003 vorgestellt worden (Vgl. BT-Drs. 15/1751, Bericht des Haushaltsausschusses, 3f.). Konkret inhaltlich Bezug auf diese Vorschläge nehmen aber weder die Beschlussempfehlung noch der Bericht des Haushaltsausschusses (Vgl. BT-Drs. 15/1751; BT-Drs. 15/1750). Auf Grundlage der Beschlussempfehlung hat der Bundestag das HBeglG 2004 am 17.10.2003 verabschiedet. Am 7.11.2003 ist bezüglich des HBeglG 2004 beschlossen worden, den Vermittlungsausschuss einzuberufen, unter anderem im Anrufungsantrag mit dem Ziel, die „Koch/Steinbrück-Vorschläge" mit einzubeziehen (BT-Drs. 15/1992; BR-Drs. 729/03). Anzumerken ist, dass die Vorschläge nicht dem Antrag beigefügt worden sind, so dass der genaue Inhalt aus veröffentlichten parlamentarischen Materialien nicht ersichtlich ist. Diese Vorschläge wurden im Vermittlungsausschluss weitestgehend übernommen. Aus der Beschlussempfehlung des Vermittlungsausschusses vom 16.12.2003 wurden erstmals Änderungen des ErbStG ersichtlich (Vgl. BT-Drs. 15/2261). Dieser haben der Bundesrat und der Bundestag am 19.12.2003 zugestimmt (Vgl. Plenarprotokoll BT 15/84 v. 19.12.2003; BR-Dr. 938/03; Plenarprotokoll BR Nr. 795). Vgl. ausführlich: Höninger/Levedag, FR 2004, 739 (740ff.); Köster, StuB 2004, 251 (251f.); Leisner, NJW 2004, 1129 (1130); Wachter, DB 2004, 31 (31f.).

[498] Vgl. Ernst&Young, BB 2004, 695 (695ff.); Grützner, StuB 2004, 49 (49); Halaczinsky, ErbStB 2004, 37 (39); Köster, StuB 2004, 251 (252ff.); Leisner, DStR 2004, 804 (805f.); Mössner, DB 2004, Heft 12 Gastkommentar.

[499] Vgl. BVerfG v. 7.12.1999, 2 BvR 301/98, BVerfGE 101, 297 (306); BK-Kokott, GG, Art. 77 Rn. 54; Dreier-Stettner, GG, Art. 77 Rn. 22; Ernst&Young, BB 2004, 695 (696), Leisner, NJW 2004, 1129 (1131); Sachs-Lücke, GG, Art. 77 Rn. 29.

[500] BVerfG v. 7.12.1999, 2 BvR 301/98, BVerfGE 101, 297 (307). Vgl. auch: BVerfG v. 13.5.1986, 1 BvR 99, 61/85, BVerfGE 72, 175 (187f.); Jarass/Pieroth-Pieroth, GG, Art. 77 Rn. 13; Sachs-Lücke, GG, Art. 77 Rn. 28; Schmidt-Bleibtreu/Klein-Sannwald, GG, Art. 77 Rn. 30.

[501] Dreier-Stettner, GG, Art. 77 Rn. 22; von Mangoldt/Klein/Starck-Masing, GG, Art. 77 Rn. 86.

hat, die Gegenstand der ersten, nicht aber der zweiten und dritten Lesung gewesen sind.[502] Während im vom BVerfG entschiedenen Fall die Vorschläge zumindest einmal Gegenstand einer geführten parlamentarischen Debatte geworden sind, ist dies im Bezug auf die Änderungen des Erbschaftsteuergesetzes nicht der Fall: Die „Koch/Steinbrück-Vorschläge" sind nie zum Gegenstand parlamentarischer Debatten gemacht worden, auch der Haushaltsausschuss hat diese nicht aufgegriffen.[503] Allein die pauschale Bezugnahme im Anrufungsantrag kann die Einbeziehung in das Gesetzgebungsverfahren nicht rechtfertigen. Mithin ist der vom Vermittlungsausschuss ausgearbeitete Vorschlag zwar als im Rahmen des Anrufungsbegehrens befindlich anzusehen, mit Grundsatz der Wahrung der Gesetzesidentität ist er aber kaum zu vereinbaren.[504] Es bestehen daher schwerwiegende Zweifel an der formellen Verfassungsmäßigkeit des HBeglG 2004.[505] Da im Hinblick auf die Verwaltungsanweisung des BMF[506] vom 12.3.2004 sowohl Einsprüche gegen Steuerbescheide als auch entsprechende Anträge auf Aussetzung der Vollziehung erfolglos bleiben werden, sind finanzgerichtliche Klagen im Zusammenhang mit dem HBeglG 2004 zu erwarten.[507] Sobald diese Problematik dem BFH zur Entscheidung vorliegen wird, kann von einer Vorlage im Rahmen einer konkreten Normenkontrolle zum BVerfG ausgegangen werden.[508]

---

[502] Vgl. BVerfG v. 8.6.1988, 2 BvL 9/85, 3/86, NJW 1988, 2529 (2531); BVerfG v. 13.5.1986, 1 BvR 99/85, 461/85, NJW 1986, 2561 (2562f.); BGH v. 12.7.1984, III ZR 98/83, BGHZ 92, 94 (103): ausreichend sei ein hinreichender sachlicher Zusammenhang zwischen dem Einigungsvorschlag und den divergierenden Standpunkten von Bundestag und Bundesrat.

[503] Vgl. Höninger/Levedag, FR 2004, 739 (743); Köster, Stbg 2004, 251 (253); Leisner, DStR 2004, 804 (805f.).

[504] Vgl. Ernst&Young, BB 2004, 695 (697); Höninger/Levedag, FR 2004, 739 (747f.); Köster, StuB 2004, 251 (253f.); Leisner, NJW 2004, 1120 (1131); Mössner, DB 2004, Heft 12 Gastkommentar; Wachter, DB 2004, 31 (32); Wendt, FR 2004, 209 (212).

[505] A.A.: BMF v. 12.3.2004, IV D 2- S 0338-13/04, DStR 2004, 557; BMF Presseerklärung v. 23.2.2004, abrufbar unter: http:// www.bundesfinanzministerium.de/Aktuelles/Pressemitteilungen; Schenke, FR 2004, 638 (643): Grenze des verfassungsrechtlichen Zulässigen ausgereizt, aber noch nicht überschritten. Vgl. zum Ausmaß der wohl wahrscheinlichen Verfassungswidrigkeit: Ernst&Young, BB 2004, 695 (696); Köster, Stbg 2004, 251 (254).

[506] BMF v. 12.3.2004, IV D 2- S 0338-13/04, DStR 2004, 557. Dazu: Wachter, DB 2004, 780 (780ff.).

[507] So auch: Halaczinsky, ErbStB 2004, 142 (143); Köster, StuB 2004, 251 (254); Leisner, DStR 2004, 804 (806); Wendt, FR 2004, 209 (212).

[508] Indizwirkung wird dem z.Z. anhängigen Verfahren über die Verfassungsmäßigkeit der Änderung des UmwStG (BFH v. 18.7.2001, I R 38/99, BStBl II 2002, 27; Az. BVerfG: 2 BvL 12/01) zukommen, das im Laufe des Jahres 2004 entschieden werden soll, da der Vermittlungsausschuss auch in diesem Verfahren Gesetzesänderungen vorgeschlagen hat, die zuvor nicht Gegenstand parlamentarischer Debatten gewesen sind.

b) Qualifizierung der Begünstigungen

Aus steuerrechtsystematischer Sicht ist § 13a ErbStG nicht unproblematisch: Der Freibetrag ist nachlassvermögensbezogen ausgestaltet, womit das Element eines sachlichen Freibetrages unterstrichen wird und gleichzeitig Bezüge zu einer Nachlasssteuer hergestellt werden.[509] Dennoch ist er in ein Erbanfallsteuersystem „implantiert“ worden. Zugleich enthält die Regelung auch eine personenbezogene Komponente, da bei Vorhandensein mehrerer Betriebsvermögensempfänger der Zuwender den Freibetrag beliebig auf die Erwerber aufteilen kann.[510] Der Freibetrag nimmt damit eine Zwitterstellung zwischen sachlichem und persönlichem Freibetrag ein.[511]

Auch die Qualifizierung des Bewertungsabschlages als Bewertungs- oder Steuerbefreiungsnorm ist mit Problemen verbunden:[512] Zwar bezeichnet das Gesetz selbst den Abschlag in § 13a Abs. 2 ErbStG als „verminderten Wertansatz“. Auch deutet der Wortlaut der §§ 19a Abs. 3, 10 Abs. 6 S. 5 ErbStG „Wert (...) nach Anwendung des § 13a“ auf eine Bewertungsnorm hin.[513] Allerdings sprechen der Wortlaut des § 13a Abs. 6 ErbStG „Steuerbefreiung“ und der Standort der Norm im Zusammenhang mit § 13 ErbStG - nicht mit § 12 ErbStG - für eine Steuerbefreiung.[514] Auch erfolgte die Verselbständigung des § 13a ErbStG lediglich aus Übersichtlichkeitsgründen und um der Bedeutung des Norminhaltes gerecht zu werden.[515] Unterstrichen wird diese Qualifizierung durch § 10 Abs. 1 S. 1 ErbStG, der § 13a ErbStG ausdrücklich zu den Steuerbefreiungen zählt, und dem Umkehrschluss aus § 19a Abs. 3 ErbStG.[516] Insgesamt ist daher § 13a Abs. 2 ErbStG als eine Steuerbefreiungsnorm anzusehen.[517]

c) Begünstigte Erwerbe

Nach § 13a Abs. 1 Nr. 1 ErbStG ist nicht nur der Erbfall, sondern jeglicher Erwerb von Todes wegen begünstigt, sofern begünstigtes Betriebsvermögen

---

Es ist bereits eine Verfassungsbeschwerde betreffend die Biersteuer bezüglich HBeglG 2004 anhängig. (Vgl. Az. BVerfG: 2 BvR 412/04).

509 Crezelius, Rn. 193; Felix, BB 1994, 477 (477); Gebel, BB 1997, 811 (813); Jülicher, DStR 1997, 1949 (1950); Kegel, 20; Troll/Gebel/Jülicher, ErbStG, § 13a Rn. 14; Weinmann, DStR 1993, 1237 (1239).

510 Felix, KÖSDI 1994, 9878 (9878); Felix, BB 1994, 477 (477); Kegel, 21; Troll/Gebel/Jülicher, ErbStG, § 13a Rn. 14; V/G/H/K/S-Hübner, ErbStG, § 13a Rn. 80.

511 Felix, BB 1994, 477 (477); Kobor, 105; Weinmann, DStR 1993, 1237 (1239).

512 Vgl. Moench-Weinmann, ErbStG, § 13a Rn. 9: Einordnung offen.

513 Meincke, ErbStG, § 13a Rn. 1.

514 Kegel, 22; Meincke, ErbStG, §13a Rn. 1.

515 Vgl. Meincke, ErbStG, § 13a Rn. 2; Troll/Gebel/Jülicher, ErbStG, § 13a Rn. 3.

516 Crezelius, Rn. 195; Kegel, 22; Meincke, ErbStG, § 13a Rn. 1; Troll/Gebel/Jülicher, ErbStG, § 13a Rn. 15.

517 So auch: Crezelius, Rn. 195; Kegel, 22; Troll/Gebel/Jülicher, ErbStG, § 13a Rn. 15.

zugewendet wird.[518] Voraussetzung ist jeweils, dass das privilegierte Vermögen auf Grund eines konkret darauf gerichteten Anspruchs erworben wird. Ursprünglich auf Geldleistung gerichtete Ansprüche, sind - auch wenn auf Grund einer späteren Beteiligtenvereinbarung an Erfüllungs Statt begünstigtes Vermögen übertragen wird - von der Entlastung ausgeschlossen.[519]

d) Begünstigtes Vermögen

Das privilegierte Vermögen wird durch § 13a Abs. 4 ErbStG bestimmt. Dazu gehört u.a. Betriebsvermögen in Form von Beteiligungen (Mitunternehmeranteilen) an Personengesellschaften i.S.d. §§ 15 Abs. 1 Nr. 2, 3, Abs. 3 und 18 Abs. 4 EStG sowie atypisch stille Beteiligungen. Es wird sowohl die Gesamt- als auch die Teilübertragung eines Mitunternehmeranteils erfasst.[520]
§ 13 Abs. 4 Nr. 1 ErbStG verweist hinsichtlich des Begriffes des inländisches Betriebsvermögens auf § 12 Abs. 5 ErbStG und somit mittelbar auf die §§ 95 ff. BewG. Das Betriebsvermögen umfasst damit alle aktiven und passiven Wirtschaftsgüter, die einem Gewerbebetrieb i.S.d. § 15 EStG dienen und bei der steuerlichen Gewinnermittlung dem Betriebsvermögen zuzuordnen sind.[521] Sonderbetriebsvermögen fällt somit auch unter das begünstigte Vermögen, da der Mitunternehmeranteil aus Gesellschafts- und Sonderbetriebsvermögen besteht.[522] Infolge der ertragsteuerrechtlichen Änderung des § 6 Abs. 3 S. 2 EStG durch das UntStFG 2001, der verlängerten Maßgeblichkeit der Steuerbilanz und aufgrund des bestehenden praktischen Bedürfnisses sind nunmehr sowohl quotale als auch disquotale Übertragungen von Beteiligung und Sonderbe-

[518] Hörger/Stephan/Pohl-Pauli, Rn. 332; Kapp/Ebeling, ErbStG, § 13a Rn. 3; Rautenstrauch, 20f.; Söffing/Breitenöder, NJW 1997, 686 (688); Troll/Gebel/Jülicher, ErbStG, § 13a Rn. 20; Wilms-Hermann-Michel, ErbStG, § 13a Rn. 34. Erfasst werden auch Erwerbe, die auf einer Sonderrechtsfolge bei Personengesellschaften beruhen. Vgl. 3. Teil C II 1. Unerheblich ist insbesondere, ob der Erwerber In- oder Ausländer i.S.d. ErbStG ist. Vgl. Meincke, ZEV 2004, 353 (357).

[519] Vgl. R 55 Abs. 4 S. 2 ErbStR; Christoffel/Geckle/Pahlke-Christoffel, ErbStG, § 13a Rn. 14; Eisele, StStud 2003, 42 (43); Kapp/Ebeling, ErbStG, § 13a Rn. 16; Rautenstrauch, 21; Wilms-Hermann-Michel, ErbStG, § 13a Rn. 34; Kritisch: Hörger/Stephan/Pohl-Pauli, Rn. 337f. Kritisch bzgl. Leistung an Erfüllungs Statt: V/G/H/K/S-Hübner, ErbStG, §13a Rn. 12.

[520] BFH v. 20.3.2002, II R 53/99, BStBl II 2002, 441; Geck, ZEV 2002, 41(42); Grewe, ErbBStg 2004, 134 (139); Odenthal, ZEV 1994, 26 (27); Rautenstrauch, 17; V/G/H/K/S-Hübner, ErbStG, § 13a Rn. 30; Weinmann, DStR 1993, 1237 (1239).

[521] Christoffel, ErbBStg 2003, 205 (205); Hörger/Stephan/Pohl-Pauli, Rn. 346; Moench/Höll, 104. Damit kommt den ertragsteuerlichen Begriffen eine entscheidende Bedeutung für die erbschaftsteuerliche Begünstigungsvorschrift zu.

[522] BFH v. 12.12.1996, IV R 77/93, BStBl II 1998, 180 (182); Christoffel, GmbHR 1997, 517 (518); Felix, KÖSDI 1994, 9878 (9878); Hörger/Stephan/Pohl-Pauli, 352; Kobor, 107; Märkle, DStZ 1997, 233 (233); Moench/Höll, 105; Rautenstrauch, 17; Troll/Gebel/Jülicher, ErbStG, § 13a Rn. 130.

triebsvermögen begünstigt.[523] Auch die komplette Zurückbehaltung des Sonderbetriebsvermögens bei einer Teilbeteiligungsübertragung ist begünstigt. Voraussetzung hierfür ist jeweils, dass das zurückbehaltene Sonderbetriebsvermögen bei derselben Personengesellschaft bleibt und dort weiterhin Sonderbetriebsvermögen bildet.[524] Nicht begünstigt ist hingegen die alleinige Übertragung von Sonderbetriebsvermögen ohne den Mitunternehmeranteil.[525]
Ebenfalls nicht privilegiert wird der Erwerb ausländischen Betriebsvermögens[526] sowie die Übertragung einzelner Wirtschaftsgüter, da die Übertragung eines Einzelwirtschaftsgutes stets zur Entnahme und damit zum Wegfall der Betriebsvermögenseigenschaft führt.[527]
Bei ausländischem Betriebsvermögen ist weiter zu differenzieren: Ausländisches Betriebsvermögen ist von der Begünstigung dann ausgenommen, wenn sich die wirtschaftliche Einheit des Gewerbebetriebes ausschließlich auf das Ausland beschränkt oder einer ausländischen Betriebsstätte eines inländischen Gewerbebetriebs dient.[528] Anders ist es hingegen, wenn das ausländische

---

[523] R 51 Abs. 3 S. 4f. ErbStR. So bereits: FinMin BW v. 8.4.2002, S 3812a/6, DStR 2002, 678. Vgl. auch: Christoffel, ErbBStg 2003, 205 (212f.); Geck, ZEV 2002, 41 (42) noch zweifelnd in: Geck, DStR 2000, 2031 (2034); Hörger/Stephan/Pohl-Pauli, Rn. 353; Kapp/Ebeling, ErbStG, § 13a Rn. 87; Märkle, DStR 2001, 685 (691); Moench, ZErb 2003, 98 (103); Moench-Weinmann, ErbStG, § 13a Rn. 27; Nickel/Klein, FR 2003, 954 (958); Söffing/Völkers/Weinmann, 97; Stahl, KÖSDI 2003, 13642 (13644); Troll/Gebel/Jülicher, ErbStG, § 13a Rn. 137d, wobei von einer relativen Unabhängigkeit der ertragsteuerlichen Regelung ausgegangen wird.

[524] Söffing/Völkers/Weinmann, 97.

[525] Vgl. BFH v. 11.2.2004, II B 17/02, ErbStB 2004, 200 (201); FG München v. 20.11.2002, 4 K 4038/00 (Az.-BFH: II B7/03), EFG 2003, 475 (476); Christoffel, ErbBStg 2003, 205 (213); Daragan/Zacher-Röder, DStR 1992, 89 (92); Hörger/Stephan/Pohl-Pauli, Rn. 352; Geck, ZEV 2002, 41 (42); Troll/Gebel/Jülicher, ErbStG, § 13a Rn. 136a.

[526] Vgl. zur europarechtlichen Problematik: FG Rh-Pf v. 6.6.2002, 4 K 2643/00 (BFH-Az. II R 33/00), EFG 2002, 1242; Busch, IStR 2002, 475 (475ff.); Dautzenberg, EWS 1998, 86 (90f.); Jochum, ZEV 2003, 171 (172); Kapp/Ebeling, ErbStG, § 13a Rn. 7.1; Kegel, 85f.; Krüger/Siegemund/Köhler, DStR 1997, 637 (638); Meincke, ZEV 2004, 353 (357); Müller-Etienne, 200ff.; Nekola, 216ff.; Scherer-von Oertzen, § 40 Rn. 19; Schnitger, FR 2004, 185 (190f.); V/G/H/K/S-Hübner, ErbStG, § 13 Rn. 21; Wacker, IStR 1998, 33 (36); Wachter, IStR 2004, 540 (542).

[527] Frieser/Sarres/Stückemann/Tschichoflos-Hannes, Kap. 9 Rn. 546; Gebel, BB 1996, 2069 (2070); Hörger/Stephan/Pohl-Pauli, Rn. 368; Hübner, DStR 1995, 197 (198); Kobor, 106; Moench/Höll, 108; Rautenstrauch, 17; Troll/Gebel/Jülicher, ErbStG, § 13a Rn. 133. Kritisch: Stobbe/Brüninghaus, BB 1998, 1611 (1612). A.A.: Götz, ZEV 2003, 346 (348).

[528] Vgl. R 51 Abs. 4 S. 2 ErbStR; Troll/Gebel/Jülicher, ErbStG, § 13a Rn. 135. Erlangt werden kann die Begünstigung durch Einlage des ausländischen Betriebsvermögens in eine ausländische Kapitalgesellschaft, wobei die Anteile an dieser Kapitalgesellschaft im inländischen Betriebsvermögen gehalten werden müssen. Alternativ kann das ausländische Betriebsvermögen auch unmittelbar in eine inländische Kapitalgesellschaft eingebracht werden. In diesem Fall erfolgt die Privilegierung aufgrund § 13a Abs. 4 Nr. 3 ErbStG. Vgl.

Vermögen dem inländischen Gewerbebetrieb zuzurechnen ist, also dem inländischen Betrieb i.S.d. ertragsteuerlichen Zuordnung dient.[529] Die Begünstigung ist auch dann zu gewähren, wenn die Anteile an einer ausländischen Personengesellschaft aus deutscher Sicht dem Sonderbetriebsvermögen der inländischen Personengesellschaft zuzuordnen sind.[530]

e) Freibetrag

Der Freibetrag gemäß § 13a Abs. 1 ErbStG bezieht sich auf das gesamte begünstigte Vermögen:[531] Er kann nur einmal vom begünstigungsfähigen Vermögen, auch wenn mehrere begünstigungsfähige Vermögensmassen vorliegen, abgezogen werden. Eine Freibetragbeschränkung auf Teile eines einheitlichen Erwerbes ist nicht möglich.[532]

aa) Freibetrag bei mehreren Erwerbern

Erwerben mehrere mit dem Erbfall begünstigtes Vermögen, so steht - ohne anderslautende Erblasseranordnung - jedem Erwerber nur ein Freibetragsteilbetrag zu, denn im Gegensatz zu dem persönlichen Freibetrag lässt sich der des § 13a ErbStG durch die Zuwendungsaufteilung auf mehrere Erwerber nicht vervielfältigen.[533] Besteht eine Erbengemeinschaft findet die Freibetragsaufteilung nach Erbquoten, nicht nach den Steuerwerten des erhaltenen privilegierten Vermögens, statt.[534] Bei Vorhandensein auch anderer Erwerber (bspw. Sachvermächtnisnehmer) wird zu gleichen Teilen, also nach Köpfen aufgeteilt.[535] Der Vorausvermächtnisnehmer ist bei der Zählung doppelt zu berücksichtigen, da er zugleich als Erbe und Vermächtnisnehmer erwirbt.[536]

Moench-Weinmann, ErbStG, § 13a Rn. 23; Piltz, Steuerberaterkongress 1999, 79 (89); Troll/Gebel/Jülicher, ErbStG, § 13a Rn. 135; V/G/H/K/S-Hübner, ErbStG, § 13a Rn. 54.

529 R 51 Abs. 4 S. 3 ErbStR; Moench-Weinmann, ErbStG, § 13a Rn. 23; Troll/Gebel/Jülicher, ErbStG, § 13a Rn. 135. Kritisch: V/G/H/K/S-Hübner, ErbStG, § 13a Rn. 47.

530 Troll/Gebel/Jülicher, ErbStG, § 13a Rn. 135. A.A.: Gebel, Betriebsvermögensnachfolge, Rn. 236.

531 Grashoff, 33; Jülicher, ZEV 2001, 60 (60); Kobor, 104; Moench/Höll, 114; Troll/Gebel/Jülicher, ErbStG, § 13a Rn. 83.

532 Moench/Höll, 114; Moench-Weinmann, ErbStG, § 13a Rn. 67.

533 Jülicher, ZEV 2001, 60 (61); Moench-Weinmann, ErbStG, § 13a Rn. 66.

534 Vgl. R 57 Abs. 2 S. 1 ErbStR; Kegel, 187; Krüger/Siegemund/Köhler, DStR 1997, 637 (639).

535 Da der Gesetzeswortlaut die Definition „entsprechend dem prozentualen Anteil an dem erworbenen begünstigten Vermögen" vermeidet, kann die Aufteilung „zu gleichen Teilen" nur als Aufteilung nach Köpfen verstanden werden. Vgl. FG Münster v. 25.10.2001, 3 K 3051/99 Erb (BFH-Az. II R 75/01), EFG 2002, 212; Carlé, ErbStB 2003, 131 (132); Kapp/Ebeling, ErbStG, § 13a Rn. 24.

536 Felix, BB 1994, 477 (478); Gebel, Betriebsvermögensnachfolge, Rn. 432ff.; Gebel, BB 1997, 811 (814); Jülicher, ZEV 2001, 60 (61). Wohl auch: Kapp/Ebeling, ErbStG, § 13a Rn. 7.1; Weinmann, DStR 1993, 1237 (1240).

Die Verteilung wird allerdings durch § 13a Abs. 3 ErbStG zwingend modifiziert: Ist der Erbe einem Letzterwerber (bspw. Sachvermächtnisnehmer) zur Übertragung des gesamten begünstigungsfähigen Vermögens verpflichtet, erhält der Letztbegünstigte neben seinem Anteil den vorherigen „Kopfanteil" des Erben.[537] Notwendig ist diese Regelung, da andernfalls Freibetragspotential verloren gehen würde, weil der Erbe überhaupt kein begünstigungsfähiges Vermögen behält.[538] Wenn hingegen nicht das gesamte begünstigungsfähige Vermögen auf den Letzterwerber übertragen wird, verbleibt nach herrschender Meinung dem Erben der Freibetragsanteil solange und soweit, wie er in entsprechender Höhe begünstigungsfähiges Vermögen behält.[539]

bb) Zuweisung des Freibetrages

Dem Erblasser steht es frei, über die Freibetragsaufteilung bei mehreren Erwerbern schriftlich zu verfügen. Die Zuweisungserklärung stellt eine einseitige nicht empfangsbedürftige Willenserklärung dar.[540] Da lediglich die Schriftform (§ 126 BGB) vorausgesetzt wird, kann die Aufteilung auch außerhalb und unabhängig von einem Testament erfolgen.[541] Liegen mehrere Verfügungen des Erblassers vor, so ist die zeitlich jüngste verbindlich.[542]

---

[537] Carlé, ErbStB 2003, 131 (132); Christoffel/Geckle/Pahlke-Christoffel, ErbStG, § 13a Rn. 21; Troll/Gebel/Jülicher, ErbStG, § 13a Rn. 115.

[538] Jülicher, ZEV 2001, 60 (61); Völkers/Hilgenhövel, ZEV 1997, 141 (144).

[539] R 61 Abs. 3 S. 2 ErbStR; Gebel, Betriebsvermögensnachfolge, Rn. 232; Gebel, BB 1997, 811 (811); Jülicher, ZEV 2001, 60 (61).

[540] Carlé, ErbStB 2003, 131 (131); Moench-Weinmann, ErbStG, § 13a Rn. 73; Völkers/ Hilgenhövel, ZEV 1997, 141 (142). Seit dem BFH-Urteil v. 20.3.2002 (II R 53/99, BStBl II 2002, 441) wird diskutiert, ob die Aufteilungsverfügung eine höchstpersönliche Erklärung darstellt, so dass das Recht zur Abgabe der Erklärung weder abtretbar noch vererblich ist. Da das Gesetz aber den Fall der unterlassenen Aufteilung dezidiert regelt, besteht - so auch der BFH auf S. 443 - keine Notwendigkeit zum Nachholen der Aufteilungserklärung durch den Rechtsnachfolger. Zudem kann das Schriftformerfordernis als Hinweis darauf zu deuten sein, dass das ErbStG bei dem steuerlichen Gestaltungsrecht zwingend an die Erblasserperson anknüpft. Vgl. zur Problematik: FG Nürnberg v. 24.6.1999, IV 311/98, EFG 2000, 27f. (n.rkr); FG Rh-Pf v. 20.3.1997, 4 K 1977/96, ZEV 1997, 213; Hörger/Stephan/Pohl-Pauli, Rn. 383; Hübner, NWB F. 10, 787 (793); Jülicher, ZEV 2001, 60 (62); Kapp/Ebeling, ErbStG, § 13a Rn. 47; Kobor, FR 2002, 1051 (1054); Meincke, ErbStG, § 13a Rn. 10; Troll/Gebel/Jülicher, ErbStG, § 13a Rn. 95.

[541] Carlé, ErbStB 2003, 131 (131); Felix, BB 1994, 477 (478); Moench-Weinmann, ErbStG, § 13a Rn. 74; Völkers/Hilgenhövel, ZEV 1997, 141 (142); Wilms-Hermann-Michel, ErbStG, § 13a Rn. 49. Mündliche Äußerungen sind trotz § 41 Abs. 1 AO unbeachtlich, auch wenn sie von den Beteiligten akzeptiert werden. Vgl. Gebel, Betriebsvermögensnachfolge, Rn. 439; Troll/Gebel/Jülicher, ErbStG, § 13a Rn. 95.

[542] Carlé, ErbStB 2003, 131 (131); Felix, KÖSDI 1994, 9878 (9879); Kegel, 189; Troll/Gebel/Jülicher, ErbStG, § 13a Rn. 96; Völkers/Hilgenhövel, ZEV 1997, 141 (143).

Wenn schriftlich verfügt worden ist, kann die Anordnung auch im Wege der Auslegung ermittelt werden.[543] In diesem Zusammenhang ist umstritten, ob allein das Vorliegen einer qualifizierten Nachfolgeklausel im Gesellschaftsvertrag oder einer Teilungsanordnung ausreichend ist, um darin eine Freibetragszuweisung zugunsten des Begünstigten zu erblicken. Von der herrschenden Meinung wird dies vereint, zumindest wenn keine ergänzenden Hinweise vorliegen.[544] Hingegen geht Meincke[545] von einer Freibetragsaufteilung zugunsten des begünstigten Erbens aus. Völkers und Hilgenhövel[546] kommen zu dem gleichen Ergebnis; sie wählen aber einen anderen Ansatzpunkt: Sie folgern aus dem Telos des § 13a ErbStG - nämlich der generellen Privilegierung des Erwerbs von Betriebsvermögen -, dass die Privilegierung nicht von der ausdrücklichen Zuweisung abhängen dürfe, was sich aus der Regelung des § 13a Abs. 3 ErbStG und der Tatsache ergebe, dass der Erblasser den Freibetrag auch dem Begünstigten einer Teilungsanordnung zuweisen könne.
Zwar werden die letztgenannten Ansichten in vielen Fällen zu dem vom Erblasser (wohl) gewünschten Ergebnis führen,[547] allerdings kann allein die Anordnung der Nachfolgeklausel bzw. der Teilungsanordnung nicht ausreichen, da aus dieser nicht zwingend geschlossen werden kann, dass der Erblasser dem Begünstigten den vollen Freibetrag zukommen lassen will. Schließlich besteht eine gesetzliche Aufteilungsregelung gerade für den Fall, dass keine Anordnung getroffen worden ist. Eine andere Betrachtungsweise ist nur dann geboten, wenn Hinweise dafür vorliegen, dass der Erblasser auch den Freibetrag dem Begünstigten zuweisen wollte.[548]
Nach herrschender Ansicht ist die Freibetragsaufteilung als Ausübung eines Gestaltungsrechts bedingungsfeindlich,[549] so dass bei Verstößen gegen § 13a Abs. 5 ErbStG der Freibetrag nicht einem anderen zugewiesen werden kann.

---

[543] Meincke, ErbStG, § 13a Rn. 9. Völkers/Hilgenhövel, ZEV 1997, 141 (143) weisen zutreffend darauf hin, dass sich die Auslegung nicht an der objektiven Bedeutung der Erklärung zu orientieren hat, sondern wie beim Testament der Bedeutungsgehalt der Erklärung anhand des wirklichen Willens des Erblassers zu ermitteln ist.

[544] R 57 Abs. 6 ErbStR bezüglich Teilungsanordnung; Christoffel/Geckle/Pahlke-Christoffel, ErbStG, § 13a Rn. 25; Moench-Höll, 118, 130; Moench-Weinmann, ErbStG, § 13a Rn. 74; Troll/Gebel/Jülicher, ErbStG, § 13a Rn. 95; Wilms-Hermann-Michel, ErbStG, § 13a Rn. 51.

[545] Meincke, ErbStG, § 13a Rn. 9.

[546] Völkers/Hilgenhövel, ZEV 1997, 141 (143). Wohl auch: Schulze zur Wiesche, BB 1997, 2621 (2625).

[547] Vgl. aber: Carlé, ErbStB 2003, 131 (133).

[548] So auch: Moench-Weinmann, ErbStG, § 13a Rn. 74.

[549] So: Carlé, ErbStB 2003, 131 (132); Gebel, Betriebsvermögensnachfolge, Rn. 443; Hörger/Stephan/Pohl-Pauli, Rn. 383; Hübner, 99; Kapp/Ebeling, ErbStG, § 13a Rn. 29; Kegel, 189; Moench-Weinmann, ErbStG, §13a Rn. 74; V/G/H/K/S-Hübner, ErbStG, § 13a Rn. 84; Wilms-Hermann-Michel, ErbStG, § 13a Rn. 49. A.A.: Felix, KÖSDI 1994, 9878 (9879); Troll/Gebel/Jülicher-Jülicher, ErbStG, § 13a Rn. 96; Jülicher, ZEV 2001, 60 (62), da weder

Dennoch kann, da Freibetragsaufteilungswirkungen erst mit dem Erbfall eintreten, die Aufteilung an Bedingungen geknüpft werden, die bis zum Erbfall eintreten, wie bspw. das Vorversterben eines präsumtiven Erben.[550]
Inhaltlich ist der Erblasser in der Freibetragsaufteilung frei, allerdings ist der Übergang gemäß § 13a Abs. 3 ErbStG zwingend. Es sollte aber beachtet werden, dass kein Erwerber einen höheren Freibetrag zugewiesen erhält, als er überhaupt begünstigungsfähiges Vermögen erhält und behält.[551] Beträgt der Steuerwert des begünstigungsfähigen Vermögens weniger als € 225.000, wird der Freibetrag nicht voll ausgenutzt werden und der „verbleibende" Teil geht verloren, wobei die Sperrfrist auch in diesem Fall greift.[552] Nur in dem Ausnahmefall, dass die Aufteilungsverfügung nicht bzw. nicht in vollem Umfang beachtet werden kann, weil ein begünstigter Erwerber ausfällt (bspw. durch Ausschlagung oder Vorversterben), ist im Wege einer ergänzenden Auslegung der Freibetrag demjenigen zuzuordnen, der als (Mit-)Erbe an seine Stelle tritt, es sei denn, dass sich aus der Erblasserverfügung ein anderer Wille ergibt.[553]
Der Freibetrag kann jedoch immer nur dann in Anspruch genommen werden, wenn noch kein Freibetragsverbrauch durch lebzeitige Ausnutzung eingetreten ist, sog. Kumulierungsverbot.[554] Das Erbschaftsteuerfinanzamt prüft daher, ob der Freibetrag bereits durch vorausgegangene Erwerbe von derselben Person - auch bei verschiedenen Erwerbern - innerhalb der Zehnjahressperrfrist verbraucht worden ist, wobei die Frist im Zeitpunkt der Steuerentstehung für den zuvor begünstigten Erwerb beginnt, § 13a Abs. 1 S. 2 ErbStG.[555] Der Freibetrag ist allerdings nur dann verbraucht, wenn er tatsächlich „gewährt" worden ist.[556]

---

seitens der Finanzverwaltung noch auf Seiten der Erwerber schützenswerte Interessen bestünden, was aber Voraussetzung für die Bedingungsfeindlichkeit sei.

[550] Gebel, Betriebsvermögensnachfolge, Rn. 443; Gebel, BB 1997, 811 (815); Kapp/Ebeling, ErbStG, § 13a Rn. 29.

[551] von Elsner, JbFStR 1997/98, 507 (547); Gebel, Betriebsvermögensnachfolge, Rn. 432; Halaczinsky, Harzburger Steuerprotokoll 2000, 149 (165); Jülicher, ZEV 2001, 60 (62); Moench-Weinmann, ErbStG, § 13a Rn. 75; Seer GmbHR 1999, 64 (69); Troll/Gebel/Jülicher, ErbStG, § 13a Rn. 95.

[552] Daher kann es sinnvoll sein, negative Betriebsvermögenseinheiten vor dem Erbfall durch Einlagen aus dem Privatvermögen „aufzufüllen". Vgl. Kegel, 87f.; Rautenstrauch, 30; Troll/Gebel/Jülicher, ErbStG, § 13a Rn. 85; Wolf, FS Haas, 459 (464).

[553] R 57 Abs. 5 S. 5 ErbStR; Söffing/Völkers/Weinmann, 98. Unklar ist in den verbleibenden Fällen noch immer, ob eine ins Leere laufende „unsinnige" Freibetragsverfügung (bspw. durch Zuweisung an Nichterben oder Nichtvermächtnisnehmer) als wirksam zu betrachten ist. Für Wirksamkeit: Gebel, Betriebsvermögensnachfolge, Rn. 451; Moench-Weinmann, ErbStG, § 13a Rn. 75; Troll/Gebel/Jülicher, ErbStG, § 13a Rn. 97. Für Anwendung der gesetzlichen Regeln: Völkers/Hilgenhövel, ZEV 1997, 141 (144); Kegel, 190. Ähnlich: Krüger/Siegemund/Köhler, DStR 1997, 637 (639).

[554] Gebel, Betriebsvermögensnachfolge, Rn. 709; Kegel, 225.

[555] Vgl. Moench/Höll, 121; Troll/Gebel/Jülicher, ErbStG, § 13a Rn. 105.

[556] Jülicher, ZEV 2001, 60 (63).

Es entfällt daher mit rückwirkender Änderung der Steuerfestsetzung auch deren Verbrauchswirkung, bspw. bei Verstoß gegen die Behaltensregelung.[557] Umstritten ist, welche Konsequenzen sich aus dem Kumulierungsverbot ergeben, wenn nur einer von mehreren Erben einen Nachversteuerungstatbestand mit der Folge verwirklicht, dass nur der gegen ihn gerichtete Steuerbescheid aufgehoben wird oder wenn der Freibetrag von vornherein nur teilweise gewährt wird. Die verbreitete Ansicht geht von einem vollständigen Freibetragsverbrauch aus:[558] Entscheidend sei der Wortlaut „ein Freibetrag" in § 13a Abs. 1 S. 2 ErbStG. Damit gebe das Gesetz zu erkennen, dass es von einem Freibetrag bis zu € 225.000 und nicht von dem Freibetrag i.H.v. € 225.000 ausgehe.

Allerdings erscheint die Wortlautauslegung als nicht zwingend: Es kann vielmehr auch die mehrfache Bezugnahme in Satz 1 auf den Betrag € 225.000 ein Hinweis dafür sein, dass nur der volle Betrag von € 225.000 als Freibetrag im Sinne der Vorschrift gilt.[559] Zudem spricht die systematische Auslegung im Vergleich zu den Freibeträgen nach §§ 13, 16 ErbStG, bei denen eine Teilinanspruchnahme möglich ist, sowie die systematische Anlehnung an die Zehnjahressperrfrist des § 14 ErbStG mehr für eine Gleichbehandlung mit den persönlichen und sachlichen Freibeträgen.[560] Berücksichtigt man, dass nach der Gesetzesregelung das Kumulierungsverbot nur eingreifen soll, wenn dem Erwerber der Freibetrag tatsächlich zugestanden wurde und diese materiell vorläufige Begünstigung in der Folgezeit nicht entfällt, sondern endgültig geworden ist, so erscheint die Annahme des gesamten Begünstigungsverbrauchs bei bruchstückhafter Freibetragsausschöpfung zumindest vom Ergebnis her als unbillig. Auch der Zweck des Kumulierungsverbotes, die Begünstigung innerhalb des Zehnjahreszeitraumes auf einen Freibetrag von € 225.000 zu begrenzen, kann das durch den vollen Freibetragsverbrauch eintretende - stark die Freibetragsregelung einschränkende - Ergebnis nicht rechtfertigen.[561] Daher ist entgegen der wohl herrschenden Meinung von einem nur teilweisen Freibetragsverbrauch auszugehen.[562]

---

[557] Gleichlautende Länder-Erlässe v. 17.6.1997, BStBl I 1997, 673 (678); Felix, BB 1994, 477 (481); Gebel, Betriebsvermögensnachfolge, Rn. 270 Fn. 220; Jülicher, ZEV 2001, 60 (63); Kapp/Ebeling, ErbStG, § 13a Rn. 130; Kegel, 226; Kuhsel, DB 2003, 2458 (2458); Moench/Höll, 122; Wolf, FS Haas, 459 (464).

[558] R 59 Abs. 1 S. 4 ErbStR; Christoffel, INF 1993, 385 (391); Felix, BB 1994, 477 (479); Franz/Rupp, 17; Kapp/Ebeling, ErbStG, § 13a Rn. 49; Korn, KÖSDI 1993, 9542 (9559); Moench-Weinmann, ErbStG, § 13a Rn. 82; V/G/H/K/S-Hübner, ErbStG, § 13a Rn. 91.

[559] Jülicher, ZEV 2001, 60 (63).

[560] Hörger/Stephan/Pohl-Pauli, Rn. 387; Jülicher, ZEV 2001, 60 (63); Troll/Gebel/Jülicher, ErbStG, § 13a Rn. 105.

[561] Gebel, Betriebsvermögensnachfolge, Rn. 712.

[562] So auch: Gebel, Betriebsvermögensnachfolge, Rn. 712; Hörger/Stephan/Pohl-Pauli, Rn. 387; Jülicher, ZEV 2001, 60 (63); Troll/Gebel/Jülicher, ErbStG, § 13a Rn. 105.

f) Bewertungsabschlag
§ 13a Abs. 2 ErbStG gewährt einen Bewertungsabschlag in Höhe von 35% auf den Wert des begünstigungsfähigen Betriebsvermögens. Der Bewertungsabschlag ist nicht auf einzelne Erwerber zu verteilen, da er vom Wert des begünstigungsfähigen Vermögens insgesamt abgezogen wird.[563] Der Abschlag kommt unabhängig von der Freibetragsgewährung stets zum Ansatz.[564]

g) Rückwirkender Wegfall der Steuerbegünstigung
Die steuerlichen Entlastungen auf den Erwerb von begünstigtem Vermögen mittels Freibetrags- und/oder Bewertungsabschlagsgewährung entfallen rückwirkend, soweit innerhalb von fünf Jahren nach dem Steuerentstehungszeitpunkt gegen eine Nachsteuerregelung des § 13a Abs. 5 ErbStG verstoßen wird.

aa) Sinn und Zweck der Nachsteuerregelung
Die Nachsteuerregelungen - auch Missbrauchsverhinderungsklauseln genannt[565] - sollen ausschließen, dass ein Erwerber die vom Umfang her beträchtlichen Steuerentlastungen nur „mitnimmt", ohne dass das begünstigtes Vermögen für eine gewisse Dauer in einer die Privilegierungen rechtfertigenden Weise erhalten wird.[566] Es soll daher die Begünstigung mit einer Dauer des unternehmerischen Engagements zumindest über fünf Jahre korrespondieren.[567]

bb) Einordnung der Nachsteuerregelung
Die Privilegiengewährung steht unter dem Vorbehalt der Nachversteuerung. Es handelt sich um materiell nur vorläufig gewährte Steuerbegünstigungen.[568] Voraussetzung für die spätere Änderung der Steuerfestsetzung ist allein die Verwirklichung eines Nachsteuertatbestandes, sog. Tatbestandswirkung. Allerdings darf nicht irgendein Tatbestand erfüllt werden, sondern es muss quasi als

---

[563] Kegel, 193; Kobor, 105; Moench-Moench, ErbStG, § 13a Rn. 71f.; Rautenstrauch, 34; Reimann, ZEV 2002, 487 (490); Troll/Gebel/Jülicher, ErbStG, § 13a Rn. 106.

[564] Eisele, INF 2004, 185 (186); Ettinger, GmbHR 2004, 548 (549); Gebel, Betriebsvermögensnachfolge, Rn. 465; Geck, DStR 2000, 2031 (2034); Hübner, 101; Kegel, 193; Rautenstrauch, 31; Söffing/Breitenöder, NJW 1997, 686 (689); Wilms-Hermann-Michel, ErbStG, § 13a Rn. 60.

[565] So erstmals: Weinmann, DStR 1993, 1237 (1242). Zum Teil wird § 13a Abs. 5 ErbStG auch als Behaltensregelung bezeichnet. Vgl. R 62-64 ErbStR. Allerdings ist diese Begriffsbezeichnung abzulehnen, da auch ohne Eigentumsverlust die Nachsteuer ausgelöst werden kann. Vgl. Troll/Gebel/Jülicher, ErbStG, § 13a Rn. 243; Gebel, Betriebsvermögensnachfolge, Rn. 249 Fn. 190.

[566] Crezelius, FR 2002, 805 (806); Felix, KÖSDI 1994, 9878 (9884); Moench-Weinmann, ErbStG, § 13a Rn. 99; Troll/Gebel/Jülicher, ErbStG, § 13a Rn. 243; Wilms-Hermann-Michel, ErbStG, § 13a Rn. 67.

[567] Crezelius, Rn. 200; Bareis/Elser, DStR 1997, 557 (561).

[568] Gebel, UVR 1994, 172 (179); Hörger/Stephan/Pohl-Pauli, Rn. 395; Kegel, 245; Moench/Höll, 132; Troll/Gebel/Jülicher, ErbStG, § 13a Rn. 248.

„actus contrarius" der dem begünstigten Erwerb entsprechende Nachsteuertatbestand durch den Erwerber selbst[569] verwirklicht werden.[570] In diesem Fall wird der Erbschaftsteuerbescheid, trotz gegebenenfalls bereits bestehender (formeller) Bestandskraft, nach § 175 Abs. 1 S. 1 Nr. 2 AO[571] geändert und die ursprünglich festgesetzte Steuer um die Nachsteuer erhöht.

cc) Berechnung der Nachsteuer

Ist ein Nachsteuertatbestand des § 13a Abs. 5 ErbStG verwirklicht worden, ist im Ausmaß der schädlichen Verfügung die Belastung herzustellen, die bestehen würde, wenn das dem steuerbegünstigten Zweck nachträglich entzogene Betriebsvermögen ursprünglich als nicht begünstigtes Vermögen auf den Erwerber übergegangen wäre.[572] Der Erwerber hat den Differenzbetrag zur ursprünglich festgesetzten Steuer nachzuentrichten, wobei der Betrag nicht zu verzinsen ist.[573]

Keine ausdrücklichen Vorgaben enthält der Wortlaut des Abs. 5 für die Privilegienkürzung, wenn nur über einen Teil des begünstigt erworbenen Vermögens verfügt worden ist. Zunächst nahm die Finanzverwaltung an, jede schädliche Verfügung mindere in vollem Umfang den Freibetrag.[574] Diese Auffassung berücksichtigte aber nicht die konkrete Entlastungsweise des § 13a ErbStG: Demnach wird zunächst der Freibetrag(-anteil) des Erwerbers abgezogen und der danach verbleibenden Wert um den Bewertungsabschlag gekürzt. Daher

---

[569] So: Crezelius, DB 1997, 1584 (1586); Gebel, UVR 1994, 172 (178); Hörger/Stephan/Pohl-Pauli, Rn. 422; Troll/Gebel/Jülicher, ErbStG, § 13a Rn. 249. Wohl auch: Crezelius, FR 2002, 805 (807); Wachter, ZEV 2003, 39 (39f.). A.A.: FG Berlin v. 4.6.2002, 5 K 5042/00, ZEV 2002, 37 (zu § 13 Abs. 2a ErbStG a.F.); R 67 Abs. 2 S. 3 ErbStR; Felix, BB 1994, 477 (481). Allerdings ist die Auffassung abzulehnen, dass die steuerschädliche Verwendung durch den Zweiterwerber dem Ersterwerber zugerechnet werden kann, da Nachsteuertatbestände grundsätzlich nur durch den (vorläufig) Begünstigten verwirklicht werden können und das Verhalten Dritter dem Steuerpflichtigen nur dann mit nachteiligen steuerlichen Folgen zugerechnet werden kann, wenn dies gesetzlich angeordnet ist, Art. 20 Abs. 3 GG (bspw. in § 110 Abs. 1 S. 2 AO). Zudem bedarf es für eine derartige Zurechnung eines besonderen Rechtfertigungsgrundes. Ein solcher ist nicht ersichtlich.

[570] Crezelius, DB 1997, 1584 (1584); Fuhrmann, ErbStB 2003, 186 (186); Gebel, Betriebsvermögensnachfolge, Rn. 1059; Troll/Gebel/Jülicher, ErbStG, § 13a Rn. 248. Vgl. aber auch: Gebel, Betriebsvermögensnachfolge, Rn. 257 Fn. 190; Jülicher, DStR 1999, 825 (826).

[571] Es werden lediglich die Rechtsfolgen der Nachsteuertatbestandsverwirklichung durch § 175 Abs. 1 S. 1 Nr. 2 AO geregelt. Vgl. R 62 Abs. 1 S. 2 ErbStR; Gebel, UVR 1994, 172 (179); Hörger/Stephan/Pohl-Pauli, Rn. 395; Troll/Gebel/Jülicher, ErbStG, § 13a Rn. 249. Anders: Odenthal, ZEV 1994, 26 (28).

[572] Vgl. Bareis/Elsner, DStR 1997, 557 (561); Gebel, BB 1997, 811 (813); Hörger/Stephan/Pohl-Pauli, Rn. 420; Kegel, 279; Moench-Weinmann, ErbStG, § 13a Rn. 144.

[573] Hörger/Stephan/Pohl-Pauli, Rn. 395; Troll/Gebel/Jülicher, ErbStG, § 13a Rn. 249; Moench-Weinmann, ErbStG, § 13a Rn. 100.

[574] Gleichlautende Länder-Erlässe v. 29.11.1994, BStBl I 1994, 905 (908).

muss auch in umgekehrter Reihenfolge „rückabgewickelt" werden: Begünstigungsschädliche Verfügungen kürzen zunächst den Bewertungsabschlag, und erst dann, wenn der Wert des verbleibenden begünstigten Vermögens geringer als der Freibetrag bzw. -anteil ist, zehren sie auch den Freibetrag auf.[575]

dd) Auslegung der Begriffe in § 13a Abs. 5 ErbStG

Die Nachsteuerregelung des § 13a Abs. 5 ErbStG nimmt Bezug auf die Tatbestandsmerkmale in §§ 14, 16, 17 EStG und knüpft an sonstige durch das Ertragsteuerrecht geprägte Begriffe an.[576] Aufgrund der Identität der Wortwahl in EStG und ErbStG ist zwar eine gleichgerichtete Auslegung naheliegend, aber nicht zwingend, da die gleichlautenden Begriffe in verschiedenen Gesetzen verwendet werden.[577] Insbesondere ist zu berücksichtigen, dass der Normzweck in beiden Gesetzen voneinander abweicht: Während die §§ 14, 16, 17 EStG primär die Erfassung der stillen Reserven im Sinne einer Schlussbesteuerung erfassen sollen,[578] ist für § 13a ErbStG die Behandlung der stillen Reserven unerheblich.[579] § 13a ErbStG will hingegen eine missbräuchliche Inanspruchnahme der Begünstigungen verhindern. Zudem werden die Folgen einer Betriebsaufgabe im Ertragsteuerrecht nicht allein durch die bloße Tatbestandsverwirklichung bestimmt, so wie im Erbschaftsteuerrecht, sondern durch einen entstandenen Aufgabegewinn oder -verlust. Des Weiteren werden über die Ersatztatbestände in §§ 16, 17 EStG auch Fälle erfasst, in denen keine Einschränkung der betrieblichen Tätigkeit vorliegt.[580] Aus diesen Gründen erscheint es geboten, zwar zunächst die Begriffe des § 13a Abs. 5 ErbStG über das ertragsteuerliche Begriffsverständnis zu bestimmen; im zweiten Schritt ist aber zu überprüfen, ob der so bestimmte Wortsinn über den Normzweck des ErbStG hinausgeht und daher eine teleologische Reduktion geboten erscheint.[581]

---

[575] R 67 Abs. 1 S. 5f. ErbStR; Gebel, BB 1997, 811 (813); Jülicher, DStR 1997, 1949 (1955); Moench-Weinmann, ErbStG, § 13a Rn. 147; Rautenstrauch, 35.

[576] Das betrifft die Begriffe: Veräußerung und Aufgabe des Gewerbebetriebs bzw. des Betriebs der Land- und Forstwirtschaft, Veräußerung wesentlicher Betriebsgrundlagen, verdeckte Einlage der Anteile an eine Kapitalgesellschaft, Auflösung der Kapitalgesellschaft und Herabsetzung des Nennkapitals. Zusätzlich wird auf Tatbestände des UmwStG Bezug genommen. Vgl. Kegel, 247; Troll/Gebel/Jülicher, ErbStG, § 13a Rn. 250.

[577] Jülicher, DStR 1997, 1949 (1950); Kegel, 247. Vgl. allgemein: Larenz, 320f.

[578] BFH v. 19.7.1993, GrS 2/92, BStBl II 1993, 987 (903); BFH v. 9.8.1989, X R 62/87, BStBl II 1989, 973; Schmidt-Wacker, EStG, § 16 Rn. 6.

[579] Gebel, BB 1995, 2611 (2612); Jülicher, DStR 1997, 1949 (1951); Kobor, 116; Korn/Strahl, KÖSDI 1999, 11934 (11941); Troll/Gebel/Jülicher, ErbStG, § 13a Rn. 251. A.A.: Felix, BB 1994, 477 (480); Felix, KÖSDI 1994, 9878 (9884).

[580] Jülicher, DStR 1997, 1949 (1952).

[581] Jülicher, DStR 1999, 825 (825); Jülicher, DStR 1997, 1949 (1952); Jülicher, ZEV 1996, 97 (101) zu § 13 Abs. 2a ErbStG a.F.; Kegel, 248f.; Troll/Gebel/Jülicher, ErbStG, § 13a Rn. 253. Hörger/Stephan/Pohl-Pauli, Rn. 396 sprechen von einer normspezifischen Auslegung.

Kobor[582] hingegen will die Begriffe der Nachsteuertatbestände unmittelbar anhand des Ordnungsrahmens des Erbschaftsteuerrechts auslegen, da keine wertungsbeeinflussende Maßgeblichkeit des Ertragssteuerrechts bestehe.
Zwar erscheint dieser Ansatz aus dogmatischer Sicht als vorzugswürdig, da die teleologische Reduktion auf seltene Ausnahmefälle von sog. verdeckten Lücken[583] beschränkt sein soll. Allerdings ist dennoch aufgrund der semantischen Nähe der Begriffe und der Bezugnahme im ErbStG auf Ertragsteuertatbestände, die bis 1993[584] dem ErbStG unbekannt gewesen sind, davon auszugehen, dass zunächst auf die vorhandenen Auslegungskriterien aus dem Ertragsteuerrecht zurückgegriffen werden kann.[585] Da die teleologische Reduktion ertragsteuerlicher Begriffe weitgehend der Auslegung anhand des Normzweckes des § 13a ErbStG innerhalb des erbschaftsteuerlichen Ordnungsrahmens entsprechen dürfte, wird vom Ergebnis her betrachtet die Ansicht Kobors weitgehend der hier favorisierten Auffassung entsprechen.[586]

ee) Ausgewählte Nachsteuertatbestände[587]

(α) § 13a Abs. 5 Nr. 1 ErbStG

Zu einer Nachversteuerung kommt es, wenn das begünstigte Vermögen veräußert, der Gewerbebetrieb aufgegeben, mindestens eine wesentliche Betriebsgrundlage ins Privatvermögen überführt oder anderen betriebsfremden Zwecken zugeführt wird, § 13a Abs. 5 Nr. 1 ErbStG.
Problematisch erscheint, ob die ertragsteuerlichen „Entstrickungstatbestände", die in ihrer Rechtswirkung per Fiktion der Betriebsaufgabe gleichgestellt sind, auch auf das Erbschaftsteuerrecht zu übertragen sind. Ertragsteuerlich wird bei der Verlegung eines Gewerbebetriebes vom In- ins Ausland, in dem aufgrund des Betriebsstättenprinzips im Doppelbesteuerungsabkommen der Gewinn nicht mehr der deutschen Besteuerung unterliegt, eine Betriebsaufgabe bzw. bei einzelnen Wirtschaftsgütern eine Entnahme fingiert.[588] Vor dem Hintergrund, dass das ErbStG u.a. auch der Förderung des Wirtschaftsstandortes Deutschland dient, erscheint eine teleologische Reduktion als nicht notwendig.[589] Neben den Fiskalinteressen ist ferner zu berücksichtigen, dass im Fall der Betriebsverle-

---

582 Kobor, 113ff; 119f.
583 Vgl. zur verdeckten Lücke: Larenz, 391.
584 Einführung durch das StandOG 1993.
585 Vgl. Troll/Gebel/Jülicher, ErbStG, § 13a Rn. 253.
586 Vgl. Troll/Gebel/Jülicher, ErbStG, § 13a Rn. 253.
587 Im Rahmen der Arbeit werden nur ausgewählte Tatbestände des Abs. 5 auf das Wesentliche reduziert dargestellt.
588 Vgl. BFH v. 13.10.1976, I R 261/70, BStBl II 1977, 76 ; BFH v. 28.4.1971, I R 55/56, BStBl II 1971, 630; Rose, 85f.; Schaumburg, § 5 Rn 5.375; Stein, ErbStB 2004, 116 (117).
589 Vgl. BT-DRs. 12/4158, 23; Crezelius, Rn. 202; Moench-Weinmann, ErbStG, § 13a Rn. 110; Troll/Gebel/Jülicher, ErbStG, § 13a Rn. 273. Ähnlich: Wolf, FS Haas, 459 (461).

gung ins Ausland vor dem Erbfall das Betriebsvermögen ohnehin nicht privilegiert gewesen wäre.[590]

Begünstigungsschädlich sind auch Verfügungen des Erwerbers durch die eine wesentliche Betriebsgrundlage[591] aus dem Betriebsvermögen ausscheidet, um auch eine allmähliche Betriebsabwicklung[592] zu erfassen.[593] Die Verletzung der Nr. 1 S. 2 ist für jede Einzelveräußerung gesondert anhand des zeitlichen Abstandes zwischen Veräußerung und begünstigtem Erwerb zu prüfen.[594]

Da der Mitunternehmeranteil neben der Mitgliedschaft, der dinglichen Berechtigung am Gesamthandsvermögen, auch Sonderbetriebsvermögen des einzelnen Mitunternehmers erfasst, hat der BFH[595] für das Ertragsteuerrecht entschieden, dass eine Betriebsaufgabe des gesamten Mitunternehmeranteils auch dann vorliegt, wenn im Zusammenhang mit der unentgeltlichen Mitunternehmeranteilsübertragung ein Wirtschaftsgut des Sonderbetriebsvermögens, das für die Mitunternehmerschaft „funktional wesentlich" ist, zurückbehalten wird und ins Privatvermögen überführt wird. Ob diese Entscheidung unmittelbar auf § 13a Abs. 5 ErbStG übertragen werden kann, erscheint vor dem Hintergrund des Nachversteuerungszwecks als zweifelhaft, wenn der Erwerber die Mitunternehmertätigkeit fortführt:[596] Sowohl der Gesellschaftsanteil als auch das sonstige Sonderbetriebsvermögen bleiben ohne Unterbrechung betrieblich gebundenes Vermögen. Nur das zurückbehaltene Einzelwirtschaftsgut des Sonderbetriebsvermögens scheidet aus der Einheit aus. Daher ist eine teleo-

---

590 Jülicher, DStR 1997, 1949 (1953); Troll/Gebel/Jülicher, ErbStG, § 13a Rn. 273. Im Ergebnis: Crezelius, Rn. 202; Frieser/Sarres/Stückemann/Tschichoflos-Hannes, Kap. 9 Rn. 572; Moench-Weinmann, ErbStG, § 13a Rn. 110.

591 Auf die Problematik der Begriffsbestimmung der „wesentlichen" Betriebsgrundlage wird nicht eingegangen werden. Es wird im Folgenden von einer funktionalen Betrachtungsweise ausgegangen, da § 13a Abs. 5 ErbStG die Einschränkung der Unternehmensfortführung erfassen, nicht jedoch auf die mit der Aufdeckung der stillen Reserven verbundene Gewinnrealisierung abstellen will. So auch: Gebel, Betriebsvermögensnachfolge, Rn. 254 Fn. 195; Hörger/Stephan/Pohl-Pauli, Rn. 400; Kegel, 251; Korn/Strahl, KÖSDI 1999, 11934 (11941); Moench-Weinmann, ErbStG, § 13a Rn. 113; Troll/Gebel/Jülicher, ErbStG, § 13a Rn. 294; V/G/H/K/S-Hübner, ErbStG, § 13a Rn. 139.

592 Diese ist dann anzunehmen, wenn der Erbe das Betriebsvermögen nicht in einem einheitlichen Vorgang innerhalb von kurzer Zeit (wobei sich dieser Zeitraum durchaus auf zwei Jahre erstrecken kann, vgl. BFH v. 26.1.1995, IV R 65/93, BStBl II 1995, 473, bei besonderen Gründen auch 26 Monate, vgl. BFH v. 26.4.2001, IV R 14/00, BStBl II 2001, 798) veräußert oder ins Privatvermögen überführt.

593 Gebel, Betriebsvermögensnachfolge, Rn. 251; Moench-Weinmann, ErbStG, § 13a Rn. 115; Troll/Gebel/Jülicher, ErbStG, § 13a Rn. 271. A.A.: hinsichtlich § 13a Abs. 2a S. 4 ErbStG a.F.: Felix, BB 1994, 477 (480).

594 Gebel, Betriebsvermögensnachfolge, Rn. 252; Hörger/Stephan/Pohl-Pauli, Rn. 399; Moench-Weinmann, ErbStG, § 13a Rn. 114; Troll/Gebel/Jülicher, ErbStG, § 13a Rn. 266.

595 BFH v. 31.8.1995, VIII B 21/93, BStBl II 1995, 890 (893).

596 Vgl. Gebel, DStR 1996, 1880 (1885); Jülicher, DStR 1997, 1949 (1952); Troll/Gebel/Jülicher, ErbStG, § 13a Rn. 278.

logische Reduktion in dem Sinne vorzunehmen, dass lediglich eine schädliche Verfügung im Bezug auf das entnommene Einzelwirtschaftsgut anzunehmen ist und die Wirkung des § 13a Abs. 5 ErbStG auf diese Entnahme beschränkt bleibt.
Problematisch erscheint ferner im Rahmen der Nr. 1 der Fall, in dem der Erwerber schon vor dem Erbfall an der Personengesellschaft beteiligt gewesen ist und innerhalb der maßgeblichen Frist ein Teil der Beteiligung veräußert wird. Da es nur eine einheitliche personengesellschaftsrechtliche Beteiligung gibt,[597] kann in diesem Fall weder tatsächlich noch dogmatisch entschieden werden, ob der durch Erbfall erworbene Anteilsteil von der Veräußerung betroffen ist. Allerdings sollte unter Heranziehung des Telos der Nachsteuerregelung, der Fortführung des mitunternehmerischen Engagements, eine Nachversteuerung unterbleiben, wenn der Erwerber nach der Teil-Veräußerung zumindest noch in dem Umfang an der Personengesellschaft beteiligt bleibt, den er durch Erbfall erworben hat.[598] Es ist daher quasi eine „First in First Out"- Betrachtung anzustellen. Andernfalls würden diejenigen Sachverhalte benachteiligt werden, in denen der Erwerber bereits vor dem Erbfall Mitunternehmer gewesen ist.[599]
Ferner ist als Veräußerung i.S.d. § 16 EStG und § 13a Abs. 5 ErbStG auch das Anwachsen eines Mitunternehmeranteils bei den verbleibenden Mitgesellschaftern anzusehen, sowie der Eintritt eines weiteren Gesellschafters ohne Ausscheiden eines Gesellschafters gegen Leistung eines Entgelts.[600] Ebenfalls stellt jede entgeltliche Veränderung der Beteiligungsverhältnisse ohne Ausscheiden eines Gesellschafters und ohne Gesellschafterneueintritt eine Veräußerung dar.[601] Unschädlich ist hingegen der Gesellschafterneueintritt ohne Zahlung an Altgesellschafter, verbunden mit einer Bareinlagenleistung in das Gesellschaftsvermögen, solange die Einlage nicht zur Verfügung der Altgesellschafter steht.[602]

(β) § 13a Abs. 5 Nr. 3 ErbStG

Gemäß § 13a Abs. 5 Nr. 3 ErbStG entfallen auch dann rückwirkend die Begünstigungen, wenn der Begünstigte das privilegierte Vermögen während der

---

[597] Crezelius, DB 1997, 1584 (1586).
[598] Vgl. Christoffel/Geckle/Pahlke-Christoffel, ErbStG, § 13a Rn. 96, 120; Crezelius, Rn. 201; Kapp/Ebeling, ErbStG, § 13a Rn. 142; Moench-Weinmann, ErbStG, § 13a Rn. 109; Troll/Gebel/Jülicher, ErbStG, § 13a Rn. 281. Vgl. R 65 Abs. 4 S. 1 ErbStR allerdings im Bezug auf Entnahmen und R 66 Abs. 1 S. 2 ErbStR im Bezug auf Kapitalgesellschaften für den Fall der Veräußerung.
[599] Crezelius, DB 1997, 1584 (1586); Kapp/Ebeling, ErbStG, § 13a Rn. 142.
[600] Crezelius, Rn. 201; Gebel, Gesellschafternachfolge, Rn. 185; Troll/Gebel/Jülicher, ErbStG, § 13a Rn. 201.
[601] Troll/Gebel/Jülicher, ErbStG, § 13a Rn. 280.
[602] Schulze zur Wiesche, UVR 1998, 192 (196f.); Troll/Gebel/Jülicher, ErbStG, § 13a Rn. 280.

Frist durch Entnahmen mindert, die die Summe der Einlagen und der zuzurechnenden Gewinnanteile seit dem Erwerb um mehr als € 52.000[603] übersteigen (sog. Überentnahmen), wobei Verluste unberücksichtigt bleiben. Der Entnahmeüberschuss gilt je Vermögensart nach Abs. 4 Nr. 1 und 2, wobei jeder Erwerber den unschädlichen Entnahmebetrag ausschöpfen kann.[604]
Die Regelung wurde geschaffen, um der Möglichkeit des privilegierten Erwerbes infolge von Kapitalvermögenseinlagen vor dem Erbfall und zeitnaher Entnahme nach dem Erbfall entgegenzuwirken.[605] Ferner soll ein schleichendes Auszehren des erbschaftsteuerlich entlasteten Vermögens durch Entnahmen verhindert werden.[606]
Im System des § 13a Abs. 5 ErbStG ist die Nr. 3 gegenüber den Nrn. 1 und 2 subsidiär. Vom Grundsatz her werden daher von der Nr. 3 nur Entnahmen von Wirtschaftsgütern berücksichtigt, die keine wesentlichen Betriebsgrundlagen betreffen, in aller Regel also Geld.[607] § 13a Abs. 5 Nr. 3 ErbStG umfasst auch Sonderbetriebsvermögen, nicht aber ein Kapitalkonto i.S.d. § 15a EStG.[608]

---

[603] Bei ertragsschwachen Betrieben hat sich die Begrenzung als zu niedrig erwiesen, wenn der Erwerber zur Lebensunterhaltsbestreitung auf Entnahmen angewiesen ist. Vgl. Crezelius, DB 1997, 1584 (1587); Krüger/Siegemund/Köhler, DStR 1997, 637 (639f.); Moench-Weinmann, ErbStG, § 13a Rn. 123; Söffing/Breitenöder, NJW 1997, 686 (690); Troll/Gebel/Jülicher, ErbStG, § 13a Rn. 307; Zipfel, 85.

[604] Christoffel, INF 1999, 588 (590); Fuhrmann, ErbStB 2003, 186 (188); Hörger/Stephan/Pohl-Pauli, Rn. 410; Kapp/Ebeling, ErbStG, § 13a Rn. 156; Moench-Weinmann, ErbStG, § 13a Rn. 124; Troll/Gebel/Jülicher, ErbStG, § 13a Rn. 305. Es ist aber beim Erwerb mehrerer Gewerbebetriebe die Entnahmebegrenzung insgesamt zu ermitteln. Daher sind Vermögensverschiebungen zwischen mehreren Betrieben derselben Vermögensart unerheblich.

[605] Christoffel, INF 1999, 588 (589); Krüger/Siegemund/Köhler, DStR 1997, 637 (640); Söffing/Breitenöder, NJW 1997, 686 (690); Spitzbart, 94; Wilms-Hermann-Michel, ErbStG, § 13a Rn. 82. Dennoch wird die Ausgleichung von schädlichen Überentnahmen durch Einlagen zum Ende des Zeitraums i.S.d. Nr. 3 grundsätzlich von der Finanzverwaltung nicht als Fall des § 42 AO qualifiziert. Vgl. R 65 Abs. 5 ErbStR. Jedoch behält sich die Finanzverwaltung vor, den Eigenkapitalcharakter der Einlage zu prüfen.

[606] Moench-Weinmann, ErbStG, § 13a Rn. 122.

[607] Crezelius, Rn. 202; Kegel, 262. Ist Gegenstand der Entnahme eine wesentliche Betriebsgrundlage, so wird diese, da sie bereits zur Nachversteuerung nach Nr.1/2 führt, bei der Prüfung der Entnahmebegrenzung nicht berücksichtigt, um Doppelbesteuerungen zu vermeiden. Vgl. Kapp/Ebeling, ErbStG, § 13a Rn. 156.

[608] Christoffel, INF 1999, 618 (619); Moench-Weinmann, ErbStG, § 13a Rn. 130; Krüger/Siegemund/Köhler, DStR 1997, 637 (640); Schulze zur Wiesche, UVR 1998, 192 (197). Vgl. auch OFD München v. 30.1.1999, S 3812-20 St 353, DB 1999, 878; FinMin BW v. 7.12.2000, S 3812a/3, ZEV 2001, 67.

Ist der Erwerber bereits vor dem Erbfall an der Personengesellschaft beteiligt gewesen, bezieht sich die Entnahmebegrenzung nur auf den zusätzlich erworbenen Anteil.[609]
Der Entnahmegrund ist jeweils unerheblich.[610] Entscheidend ist nur, dass die entnommenen Mittel nicht mehr dem Betrieb und seiner Fortführung zugute kommen.[611] Daher wirkt auch die Entnahme zur Begleichung der Erbschaftsteuerschuld nachsteuerauslösend.[612]
Problematisch erscheint, ob die ertragsteuerliche Entnahmebewertung auch auf das Erbschaftsteuerrecht zu übertragen ist: Entnahmen werden im Ertragsteuerrecht mit dem Teilwert zum Entnahmezeitpunkt gemäß § 6 Abs. 1 Nr. 4 EStG angesetzt, wobei nicht zwischen Bar- und Sachentnahmen differenziert wird. Auch Christoffel und Crezelius favorisieren diese Bewertung.[613] Jedoch erscheint es im Hinblick auf das erbschaftsteuerliche Stichtagsprinzip, die Bewertung in den Nrn. 1, 2, 4 und der in den Rechtsfolgen rückwirkenden Nachversteuerung als sachgerechter, den erbschaftsteuerlichen Wert der Sachentnahme im Steuerentstehungszeitpunkt als maßgeblich ansehen.[614] Allerdings sollte in dem Ausnahmefall, in dem der Teilwert im Entnahmezeitpunkt unter dem erbschaftsteuerlichen Wert liegt, - wenn auch im Widerspruch zum Stichtagsprinzip - der Entnahmewert auf den Teilwert im Entnahmezeitpunkt reduziert werden, da nur so der notwendigen Beschränkung der Nachsteuer auf die Leistungsfähigkeitssteigerung des Erwerbers durch das nachsteuerauslösende Ereignis Rechnung getragen werden kann.[615]

---

[609] R 65 Abs. 4 S. 1 ErbStR; Christoffel, ErbBStg 2003, 205 (214); Hörger/Stephan/Pohl-Pauli, Rn. 410; Kapp/Ebeling, ErbStG, § 13a Rn. 155; Meincke, ErbStG, § 13a Rn. 24; Rautenstrauch, 38; Troll/Gebel/Jülicher, ErbStG, § 13a Rn. 312.

[610] Fuhrmann, ErbStB 2003, 186 (187); Kegel, 262; Moench-Weinmann, ErbStG, § 13a Rn. 123; Troll/Gebel/Jülicher, ErbStG, § 13a Rn. 307.

[611] Moench-Weinmann, ErbStG, § 13a Rn. 123. Vgl. zur Frage, ob Übertragungen von Wirtschaftsgütern innerhalb der Mitunternehmerschaft eine Entnahme darstellen: Fuhrmann, ErbStB 2003, 186 (187ff.).

[612] R 65 Abs. 1 S. 2 ErbStR. Entschärft werden kann das Problem durch Erbschaftsteuerschuldbegleichung mittels eines Darlehns, das nach Ablauf des Nachsteuerzeitraums abgelöst wird. Vgl.: Felix, KÖSDI 1997, 10961 (10970); Kapp/Ebeling, ErbStG, § 13a Rn. 153; Troll/Gebel/Jülicher, ErbStG, § 13a Rn. 307.

[613] Christoffel, INF 1999, 588 (591); Crezelius, DB 1997, 1583 (1586).

[614] So auch: R 65 Abs. 1 S. 5 ErbStR; Hübner, NWB F. 10, 787 (800); Kegel, 262; Korn/Strahl, KÖSDI 1999, 11934 (11941); Moench-Weinmann, ErbStG, § 13a Rn. 129; Troll/Gebel/Jülicher, ErbStG, § 13a Rn. 314; V/G/H/K/S-Hübner, ErbStG, § 13a Rn. 146; Wilms-Hermann-Michel, ErbStG, § 13a Rn. 84.

[615] Troll/Gebel/Jülicher, ErbStG, § 13a Rn. 314. Allgemein zum Gedanken: Jülicher, DStR 1997, 1949 (1955).

(γ) Verbleibende Fälle

Die in § 13a Abs. 5 ErbStG vorgenommene Auflistung ist abschließend. Von den Nachsteuertatbeständen sind die folgenden Verfügungen ausgeschlossen:[616] Weitergabe von begünstigtem Vermögen im Wege der vorweggenommenen Erbfolge; Übertragung von begünstigtem Vermögen im Rahmen der Erbauseinandersetzung auf einen oder mehrere Miterben, auch wenn dabei zum Ausgleich eine Abfindung gezahlt wird; Übertragungen aufgrund einer Weitergabeverpflichtung i.S.d. § 13a Abs. 3 ErbStG; Übertragung als Abfindung nach § 3 Abs. 2 Nr. 4 ErbStG.

6. Verfassungswidrigkeit des Erbschaftsteuergesetzes ?

a) Historische Entwicklung

Das BVerfG[617] hatte mit den Beschlüssen vom 22.6.1995 das ErbStG 1974 wegen Verletzung des Art. 3 Abs. 1 GG für verfassungswidrig erklärt und den Gesetzgeber aufgefordert, den Zustand bis zum 31.12.1996 zu beseitigen. Dem Reformauftrag ist der Gesetzgeber durch Art. 1 und 2 JStG 1997 vom 20.12.1996 nachgekommen.

Nun steht wieder die Verfassungswidrigkeit des Erbschaftsteuergesetzes im Raum: Der II. Senat des BFH forderte am 24.10.2001 im Rahmen eines anhängigen Verfahrens das BMF zum Verfahrensbeitritt auf,[618] wobei er die gehegten Bedenken gegen den Einklang mit der Verfassung so ausführlich und substantiiert darlegte, dass bereits eine entsprechende Vorlage an das BVerfG absehbar war.[619] Mit Schreiben vom 23.11.2001 trat das BMF dem Verfahren

---

[616] R 62 Abs. 2 S. 1 Nr. 1-4 ErbStR; Kegel, 262ff.; Troll/Gebel/Jülicher, ErbStG, § 13a Rn. 255f.

[617] BVerfG v. 22.6.1995, 2 BvL 37/91, BStBl II 1995, 655; BVerfG v. 22.6.1995, 3 BvR 551/91, BStBl II 1995, 671. Das BVerfG entschied, dass der Ansatz des Grundbesitzes auf der Grundlage der auf den 1.1.1964 festgestellten Einheitswerte aufgrund deutlicher Wertverzerrungen und Belastungsunterschiede gegen den Grundsatz der Gleichmäßigkeit der Besteuerung verstößt, soweit Grundbesitz zu Vergangenheitswerten und übriges Vermögen, insbesondere Kapitalvermögen, zu Gegenwartswerten mit dem gleichen Steuertarif besteuert werden. Ferner wurde dem Gesetzgeber der Auftrag erteilt, betrieblich gebundenes Vermögen steuerlich stärker zu begünstigen, da die Erbschaftsteuerlast dem Umstand Rechnung zu tragen hat, dass Erwerber dieser Vermögensart im Vergleich zu Erwerbern anderer Vermögensarten vermindert leistungsfähig sind und die Steuerlast die Fortführung des Betriebes nicht gefährden darf, wobei es auf die verwandtschaftlichen Verhältnisse nicht ankommen darf.

[618] BFH v. 24.10.2001, II R 61/99, ZEV 2001, 505. Der BFH hat zuvor bereits in der Entscheidung vom 25.1.2001, II R 52/98, ZEV 2001, 165 die Verfassungsmäßigkeit der ErbStG in Frage gestellt.

[619] Vgl. Birk, FR 2002, 1071 (1071); Hartmann, UVR 2002, 7 (7); Jordan/Haubold, UVR 2002, 120 (120); von Oertzen/Slabon, DStR 2002, 251 (251); Siemers/Waldens/ Dimova, BB 2003, 611 (611); Vogt, ZEV 2002, 508 (508).

bei. Ferner reagierte die Finanzverwaltung mit einem koordinierten Ländererlass,[620] nach dem die Erbschaft- und Schenkungsteuerfestsetzungen vom Erlasszeitpunkt an nur noch für vorläufig zu erklären sind.[621] Im Anschluss an die mündliche Verhandlung kam es am 22.5.2002 zu einem entsprechenden Vorlagebeschluss des BFH[622] gemäß Art. 100 Abs. 1 S. 1 GG.

b) „Beanstandungskatalog" des Bundesfinanzhofes

Der BFH hält § 19 Abs. 1 ErbStG i.d.F. des JStG 1997 i.V.m. §§ 10 Abs. 1 S. 1, 2; 12 ErbStG sowie §§ 13a, 19 ErbStG und § 12 ErbStG i.V.m. den in dieser Vorschrift in Bezug genommenen Vorschriften des BewG wegen Verstoßes gegen den Gleichheitssatz für verfassungswidrig:[623] Die Anwendung eines einheitlichen Steuertarifs für alle Erwerbsvorgänge sei verfassungswidrig, da die Vorschriften zur Ermittlung der Steuerbemessungsgrundlagen beim Betriebsvermögen, bei den Anteilen an Kapitalvermögen sowie beim Grundbesitz (einschließlich des land- und forstwirtschaftlichen Vermögens) gleichheitswidrig ausgestaltet seien. Ferner sei u.a. der ungekürzte Schuldenabzug bei Erwerben, die steuerlich mit einem Wert unter dem Verkehrswert angesetzt werden, nicht mit der Verfassung vereinbar.

c) Sachverhalt und Verfahren

Der BFH hat die genannten Vorschriften aus Anlass einer Revision gegen eine Entscheidung des baden-württembergischen Finanzgerichts[624] vorgelegt. In diesem Verfahren wird um die Bewertung (eines Anwartschaftsrechts auf Übereignung) einer „geerbten Eigentumswohnung" gestritten, die die Erblasserin bereits zum Todeszeitpunkt erworben hatte, die Grundbucheintragung jedoch erst posthum erfolgte. Das Finanzamt legte für die Bewertung der Eigentumswohnung den gemeinen Wert in Höhe des Kaufpreises zugrunde, da es davon ausging, dass der auf Verschaffung der Verfügungsmacht gerichtete Anspruch gegenüber dem Verkäufer geerbt wurde. Nach einem nicht stattgegebenen Einspruch erhob die Erbin Klage, um die Bewertung mit dem niedrigeren Grundstückswert zu erstreiten. Anders als die Vorinstanz lehnte der BFH eine Grund-

---

[620] Gleichlautende Ländererlasse v. 6.12.2001, BStBl I 2001, 985.

[621] Vgl. zu den praktischen Auswirkungen: Anziger/Mittermaier, BB 2002, 2355 (2355f.); Daragan, ZErb, 2003, 11 (13); Daragan, DB 2003, 82 (82f.); Hannes, ZEV 2002, 66 (66); Jordan/Haubold, UVR 2002, 120 (120f.); Kessler/Märkle/Offerhaus, DB Beilage 2/2003, 1 (5); Seer, GmbHR 2002, 873 (876f.); Siemers/Waldens/Dimova, BB 2003, 611 (613f.); Söffing, ErbStB 2003, 58 (59f.).

[622] BFH v. 22.5.2002, II R 61/99 (Az. BVerfG: 1 BvL 10/02), DB 2002, 1747.

[623] BFH v. 22.5.2002, II R 61/99 (Az. BVerfG: 1 BvL 10/02), DB 2002, 1747 (1747). Es kommt aber nach dem BFH keine Aussetzung der Vollziehung für Steuerbescheide, die auf den für verfassungswidrig gehaltenen Vorschriften beruhen, in Betracht. Vgl. BFH v. 17.7. 2003, II B 20/03, DStR 2003, 1617.

[624] FG BW v. 10.5.1999, 9 K 317/98, EFG 2000, 1019.

stücksbewertung ab, und widmete sich der „Bewertungsmisere“[625], um nach Verfahrensbeitritt von Seiten des BMF eine Vorlage beim BVerfG einzureichen und das Verfahren auszusetzen.

d) Erfolgsaussichten der Vorlage

Im Rahmen dieser Arbeit werden lediglich Einzelaspekte des Vorlagebeschlusses besprochen. Ziel ist es, einen Überblick über die aktuellen in der Diskussion stehenden Fragestellungen im Bezug auf das Betriebsvermögen zu geben.
Im Rahmen des Normenkontrollverfahrens wird bereits die Entscheidungserheblichkeit des Vorlagebeschlusses bestritten.[626] Sie ist dann gegeben, wenn der Vorlagebeschluss mit hinreichender Deutlichkeit erkennen lässt, dass das vorlegende Gericht im Fall der Gültigkeit der zur Prüfung gestellten Norm zu einem anderen Ergebnis kommen würde als im Fall ihrer Ungültigkeit.[627] Im vorliegenden Fall bedient sich der BFH für den verfassungsrechtlichen „Rundumschlag“[628] der „Klammer“ des Steuertarifs, da er letztlich die begünstigenden Bewertungsvorschriften insgesamt angreifen möchte, diese aber in dem dem Verfahren zugrunde liegenden Sachverhalt, in dem es „nur“ um den Vergleich von Übereignungsansprüchen mit der privilegierten Grundvermögensbewertung geht, nur im beschränkten Maß eine Rolle spielen.[629] Allerdings wird im Hinblick auf den Beschluss des BVerfG[630] zur Vermögensteuer die Entscheidungserheblichkeit wohl anzunehmen sein:[631] Dort wurde der den Steuersatz enthaltende § 10 VSt für verfassungswidrig erklärt, weil verschiedene Vermögensarten nicht nach denselben Kriterien bewertet werden. Der Grund dafür ist darin zu sehen, dass ein einheitlicher auf alle Fälle anwendbarer gleichheitskonformer Steuertarif, der die Steuerlast nach Feststellung der steuerlichen Leistungsfähigkeit bestimmen soll, jeweils die richtige Ermittlung des Steuerobjektes, der Bemessungsgrundlage, voraussetzt.[632] Ist aber bereits die Bestimmung der steuerlichen Leistungsfähigkeit (Steuerobjekt) fehlerbehaftet, kann die Zuweisung der Steuerlast nicht mehr fehlerfrei sein. Daher führt eine gleichheitswidrige Privilegierungen enthaltene Bemessungsgrundlage zwangs-

[625] So: Tipke, Steuerrechtsordnung II, 893.

[626] So: Daragan, BB 2002, 649 (655); Söffing, DStR 2004, 170 (171f.); Spiegelberger, Stbg 2003, 106 (109); Vogt, ZEV 2001, 508 (508). Kritisch auch: V/G/H/K/S-Hübner, ErbStG, § 13a Rn. 6.

[627] BVerfG v. 25.6.1974, 1 BvL 13, 23, 25/69, BVerfGE 37, 328 (334); Robbers, 60.

[628] So: Hannes, ZEV 2002, 66 (66).

[629] Kessler/Märkle/Offerhaus, DB Beilage 2003/2, 1 (3); Meincke, ZEV 2002, 493 (494); Welling/Richter, BB 2002, 2305 (2306).

[630] BVerfG v. 22.6.1995, 2 BvL 37/91, BStBl II 1995, 655.

[631] So auch: Birk, ZEV 2002, 165 (167); Eisele, INF 2002, 577 (583); Heidemann/Ostertun, ZEV 2002, 386 (386ff.); Jochum, UVR 2002, 348 (350f.); Kessler/Märkle/Offerhaus, DB Beilage 2003/2, 1 (3); Seer, GmbHR 2002, 873 (876); Söffing/Völkers/Weinmann, 304.

[632] Birk, ZEV 2002, 165 (167).

läufig zu einem gleichheitswidrigen Tarif.[633] Aufgrund der Belastungsfortwirkung über die Tarifvorschrift kann daher quasi „jeder" Steuerbescheid zum Anlass genommen werden, das Gesamtgefüge der die Bemessungsgrundlage bildenden Normen auf mögliche gleichheitswidrige Verwerfungen zu überprüfen.[634]
Dieses Ergebnis entspricht auch der neuen Prozessrechtsdogmatik bei gleichheitswidrigen Begünstigungsausschlüssen, die nicht isoliert auf die Begünstigungen des Dritten abstellt, sondern die Belastung des von der Vergünstigung ausgeschlossenen in den Vordergrund stellt.[635] Weitere mögliche Probleme der Zulässigkeit sollen nicht behandelt werden.
Für die Entscheidung in der Sache ist maßgeblich, ob ein Verstoß gegen Art. 3 Abs. 1 GG vorliegt. Der BFH beanstandet, dass die Tarifvorschriften einheitlich auf alle Erwerbsvorgänge anzuwenden sind, obwohl die Erwerbsgegenstände keinem einheitlichen Bewertungsmaßstab unterliegen: Zwar stellt formal der gemeine Wert gemäß § 12 Abs. 1 ErbStG i.V.m. § 9 BewG den Regelbewertungsmaßstab für die Erbschaft- und Schenkungsteuer dar, aufgrund der zahlreichen Privilegierungen finden jedoch die Verkehrswerte nur in einem begrenzten Umfang Eingang in die Bemessungsgrundlage.[636] So führt der BFH[637] aus, dass das Betriebsvermögen mit etwa 58% des Wertes der zum Betriebsvermögen gehörenden Sachwerte erfasst wird und zusätzlich durch den Freibetrag und den Bewertungsabschlag privilegiert wird, so dass die Privilegien insgesamt zu einer zu weitgehenden Vergünstigungskumulation führen.
Gleiche Besteuerung ist die unterschiedliche Besteuerung nach der wirtschaftlichen Leistungsfähigkeit.[638] Daher haben Steuerpflichtige mit der gleichen Leistungsfähigkeit die gleiche Steuerlast (horizontale Steuergleichheit), Steuerpflichtige mit unterschiedlicher Leistungsfähigkeit eine unterschiedliche Steuerlast (vertikale Steuergleichheit) zu tragen.[639] Da die Erbschaftsteuer die durch den Vermögenszuwachs vermittelte Leistungsfähigkeit erfassen will und dieser in der Regel nicht in Geld besteht, muss der Vermögenszuwachs bewertet werden. Die Leistungsfähigkeitserfassung ist damit eine Frage der zu treffenden Bewertung.[640] Erfolgt sie nicht nach einheitlichen Maßstäben, so wie im

---

[633] Birk, ZEV 2002, 165 (167); Halaczinsky, ErbStB 2004, 26 (28).
[634] Vgl. Birk, FR 2002, 1071 (1072); Jochum, UVR 2002, 348 (350); Kessler/Märkle/Offerhaus, DB Beilage 2003/2, 1 (3); Seer, GmbHR 2002, 873 (876); Welling/Richter, BB 2002, 2305 (2306).
[635] Birk, Rn. 164; Kessler/Märkle/Offerhaus, DB Beilage 2003/2, 1 (3); Wernsmann, 152, 247ff., 270ff.; Wernsmann, FR 1999, 242 (244).
[636] Vgl. BFH v. 24.10.2001, II R 61/99, ZEV 2001, 505.
[637] BFH v. 22.5.2002, II R 61/99 (Az. BVerfG: 1 BvL 10/02), DB 2002, 1747 (1748f.).
[638] Birk, ZEV 2002, 165 (168); Eisele, INF 2002, 577 (578).
[639] Birk, ZEV 2002, 165 (168).
[640] Birk, ZEV 2002, 165 (168); Eisele, INF 2002, 577 (578).

derzeitigen Erbschaftsteuerrecht, liegt eine Ungleichbehandlung vor, die der Rechtfertigung bedarf.
Zur Prüfungsmaßbestimmung[641] für die Rechtfertigung ist zwar grundsätzlich festzustellen, dass die erbschaftsteuerrechtlichen Privilegierungen unmittelbar sachliche Differenzierungskriterien darstellen. Für einen strengeren Maßstab spricht aber, dass die Differenzierungskriterien für das Steuersubjekt regelmäßig nicht beeinflussbar sind, jedenfalls, wenn man die Einflussmöglichkeiten zu Lebzeiten des Erblassers außer Betracht lässt.[642] Zudem werden strengere Maßstäbe unter dem Gesichtspunkt der Systemgerechtigkeit angelegt, wenn der Gesetzgeber ein selbst gewähltes Regelungssystem (Grundsatz: gemeiner Wert) durchbrechen will.[643] Es kann daher davon ausgegangen werden, dass das BVerfG die Rechtfertigung der Ungleichbehandlung anhand des Verhältnismäßigkeitsgrundsatzes prüfen wird.[644]
Bei der Prüfung der Rechtfertigung ist ferner zu beachten, dass das BVerfG stets die Offenheit des Gleichheitssatzes im Steuerrecht betont, gleichzeitig aber für die gleichmäßige Belastung des Steuerpflichtigen im Erbschaftsteuerrecht verlangt, dass für die einzelnen Wirtschaftsgüter des Nachlasses eine Bemessungsgrundlage gefunden werden muss, die die Werte in ihrer Relation zueinander realitätsgerecht abbildet.[645] Eingeschränkt wird dieser Grundsatz wiederum dadurch, dass das BVerfG dem Gesetzgeber im Rahmen seiner Gestaltungsbefugnis bei der Verwirklichung der steuerlichen Gleichheit die Befugnis einräumt, sich bei den Regelungen auch von finanzpolitischen, volkswirtschaftlichen und sozialpolitischen Erwägungen leiten zu lassen.[646] Für privilegierende Regelungen hat der 1. Senat des BVerfG gerade den Bereich des Betriebsvermögens im Erbschaftsteuerrecht geöffnet, da dieses als verselbständigte und wirtschaftlich zusammengehörige Funktionseinheit in einem besonderen Maße

---

641 Nach dem BVerfG ergeben sich aus dem allgemeinen Gleichheitssatz je nach Regelungsgegenstand und Differenzierungsmerkmalen unterschiedliche Grenzen für den Gesetzgeber, die vom bloßen Willkürverbot bis zu einer strengen Bindung an Verhältnismäßigkeitserfordernisse reichen. Die unterschiedliche gesetzgeberische Weite entspricht dabei einer abgestuften Dichte der verfassungsrechtlichen Prüfung. Vgl. BVerfG v. 6.3.2002, 2 BvL 17/99, FR 2002, 391 (402); BVerfG v. 14.12.1994, 1 BvR 720/90, BVerfGE 91, 346; BVerfG v. 8.6.1993, 1 BvL 20/85, BVerfGE 89, 15.

642 Birk, ZEV 2002, 165 (169); Seer, DStJG 22 (1999), 191 (214). Ferner ist die Grundrechtsrelevanz im Bezug auf Art. 14 GG für die Prüfungsmaßbestimmung zu berücksichtigen.

643 BVerfG v. 22.2.1984, 1 BvL 10/80, BVerfGE 66, 214; BVerfG v. 10.11.1981, 1 BvL 18, 19/77, BVerfGE 59, 36; Spitzbart, 164.

644 So auch: Kessler/Märkle/Offerhaus, DB Beilage 2/2003, 1 (8); Seer, Harzbuger Steuerprotokoll 1998, 159 (180). Für die Willkürprüfung: Spiegelberger, Stbg 2003, 106 (119); Welling/Richter, BB 2002, 2305 (2310).

645 BVerfG v. 22.6.1995, 2 BvR 552/91, BVerfGE 93, 165 (173).

646 BVerfG v. 22.6.1995, 2 BvR 552/91, BVerfGE 93, 165 (177f.).

gemeinwohlverbunden und -verpflichtet sei und durch zusätzliche finanzielle Belastungen in seiner Existenz nicht gefährdet werden dürfe.[647]
Dennoch müssen auch diese Begünstigungen dem Verhältnismäßigkeitsgrundsatz entsprechen. Dass die Betriebsvermögensprivilegierungen nicht dem Verhältnismäßigkeitsgrundsatz entsprechen, begründet der BFH zusammengefasst wie folgt:[648] Die eigentliche Problematik an der Betriebsvermögensbewertung bestehe darin, dass die Steuerbilanzwerte von Zufälligkeiten abhingen, die ertragsteuerrechtlich (bspw. Ausübung von Ansatz-, Bewertungs-, Abschreibungswahlrechten) motiviert seien, nicht aber den wahren Wert des Betriebsvermögens wiedergäben.[649] Zudem seien sie nicht wie der Verkehrswert gegenwartsorientiert, sondern vergangenheitsbezogen durch die grundsätzliche Anbindung an Herstellungs- und Anschaffungskosten.[650] Ferner würden die Privilegierungen nicht zu einer zielgerichteten, gleichmäßig wirkenden Steuerentlastung führen, sondern der Begünstigungseffekt hänge davon ab, inwieweit sich im Unternehmen stille Reserven befänden.[651] Eine Orientierung der Privilegierung an der Leistungsfähigkeitssteigerung sei damit nicht erreicht. Daher könnten die Steuerbilanzwerte nur zufällig einen realitätsgerechten Wert für das Betriebsvermögen treffen.[652] Insgesamt sei in diesem Zusammenhang aber zusätzlich zu berücksichtigen, dass es infolge des Ansatzes von Passivposten mit dem Nennwert gemäß § 10 Abs. 6 S. 4 ErbStG zu einer weiteren überproportionalen Kompensation aufgrund der Verrechnung nicht vergleichbarer Werte komme.
Insgesamt führten die Privilegierungen im ErbStG dazu, dass Übergänge von kleineren und mittleren Betrieben weitestgehend von der Erbschaftsteuer verschont bleiben und größere Betriebsvermögen nur in einem sehr geringen Umfang belastet würden. Daher seien die Begünstigungen für das Betriebsvermögen in ihrer Gesamtschau zu weitgehend, um noch von dem verfassungsrechtlich zulässigen Differenzierungsgrund „Schutz der Betriebe" gedeckt zu sein.
Ob die vorgebrachten Argumente des BFH die Ungleichbehandlung tatsächlich nicht rechtfertigen, bleibt vorerst abzuwarten und soll an dieser Stelle nicht näher vertieft werden.[653] Erwartet wird eine Entscheidung des BVerfG nicht vor

---

[647] BVerfG v. 22.6.1995, 2 BvR 552/91, BVerfGE 93, 165 (176).
[648] Vgl. BFH v. 22.5.2002, II R 61/99 (Az. BVerfG: 1 BvL 10/02), DB 2002, 1747 (1748f.).
[649] Vgl. auch: Eisele, INF 2002, 577 (578); Rödder, DB 1993, 2137 (2139); Seer, DStJG 22 (1999), 191 (198); Welling/Richter, StB 2002, 353 (354) unter Hinweis auf den Diskussionsbeitrag von Viskorf.
[650] Vgl. auch: Eisele, INF 2002, 577 (578); Seer, Harzburger Steuerprotokoll, 1998, 159 (166).
[651] Vgl. auch: Kessler/Märkle/Offerhaus, DB Beilage 2/2003, 1 (10).
[652] Vgl. auch: Hübner, DStR 2000, 1205 (1213); Seer, GmbHR 1999, 64 (65).
[653] Es ist an dieser Stelle auf Dissertationen von Löhle, 111ff. und Spitzbart, 152ff. hinzuweisen. Insbesondere wird es wohl darauf ankommen, ob die Übernahme der Steuerbilanzwerte

Anfang 2005,[654] wobei zu beachten ist, dass im Gegensatz zu den Beschlüssen aus dem Jahr 1995 nicht der 2., sondern der 1. Senat des BVerfG tätig werden wird.[655] Der Entscheidung wird eine große steuerrechtspolitische Bedeutung zukommen. Aufgabe des BVerfG wird es sein, die nur schwer festzumachende Grenze zwischen verfassungswidrigen und verfassungsrechtlich bedenklichen Normen zu ziehen.
Insgesamt ist festzustellen, dass der Vorlagebeschluss in der Literatur größtenteils auf Zustimmung in der Sache gestoßen ist,[656] wobei bereits im Vorfeld einige Stimmen der Literatur Teile des ErbStG für verfassungswidrig gehalten haben.[657]
Ferner kann die Vorlage zumindest konkludent auch als Appell an den Gesetzgeber angesehen werden, bereits vor der Entscheidung des BVerfG aktiv zu werden.[658] Ein reformherbeiführendes gesetzgeberisches Tätigwerden wäre mit immensen Vorteilen verbunden, denn einerseits würde dadurch die lang währende Unsicherheit beseitigt werden, die bis zu einer Entscheidung des BVerfG und der nachfolgenden Umsetzung der Entscheidung bestehen bleibt.[659] Andererseits ist der Gesetzgeber auch viel souveräner, da er „nicht" die Vorgaben des Verfassungsgerichts „beachten muss". Diesem Appell ist der Gesetzgeber (zumindest faktisch) durch Art. 13 des HBeglG 2004 nachgekommen, indem er den Freibetrag und den Bewertungsabschlag vermindert hat.[660] Ob diese

---

mit der latenten Einkommensteuerverstrickung des übergehenden Betriebsvermögens zu rechtfertigen ist.

654 Vgl. Büttner/Scheffler/Spengel, Erbschaftsteuerbelastung, 5f.; Eversloh, ErbStB 2004, 31 (31); o.V. Erste Bewegung im Erbschaftsteuerstreit, in: Handelsblatt v. 14.1.2004, 5; Scheffler/Spengel, BB 2004, 967 (967 Fn. 2).

655 Kessler/Märkle/Offerhaus, DB Beilage 2/2003, 1 (4); Seer, GmbHR 2002, 873 (876); Siemers/Waldens/Dimova, BB 2003, 611 (611); Tipke, Steuerrechtsordnung II, 893.

656 Birk, ZEV 2002, 165 (169); Hartmann, UVR 2002, 7 (10); Heidemann/Ostertun, ZEV 2002, 386 (386); Hübner, DStR 2001, 2193 (2195); Kessler/Märkle/Offerhaus, DB Beilage 2/2003, 1 (4); Offerhaus, DB 2002, 2064 (2064). A.A.: Daragan, BB 2002, 649 (655); Spiegelberger, Stbg 2003, 106 (119).

657 Vgl. 2. Teil C II 4 d) dd) (α) (C).

658 Eisele, DStR 2002, 1654 (1657); Fischer, DB 2003, 9 (9); Kessler/ Märkle/Offerhaus, DB Beilage 2/2003, 1 (7, 11); Moench, ZErb 2003, 98 (107); Offerhaus, DB 2002, 2064 (2065); Seer, GmbHR 2002, 873 (880).

659 Es ist davon auszugehen, dass wenn das BVerfG zu dem Ergebnis des Verfassungsverstoßes kommen wird, es zwar die Normen für die Vergangenheit für mit der Verfassung unvereinbar erklären wird (Unvereinbarkeitserklärung), gleichzeitig aber pro futuro eine Gesetzesänderung mit zahlreichen Vorgaben „vorschreiben" wird. Vgl. ausführlich: Kessler/Märkle/ Offerhaus, DB Beilage 2/2003, 1 (4); Seer, GmbHR 2002, 873 (876); Siemers/Waldens/ Dimova, BB 2003, 611 (612f.); Söffing, ErbStB 2003, 58 (59f.).

660 So auch Vorschlag von Moench, ZErb 2003, 98 (108), der allerdings noch weitere Änderungen vorschlägt.

Gesetzesänderung allerdings dem Vorwurf der Verfassungswidrigkeit wirksam entgegengetreten ist, erscheint mehr als fraglich.

e) Vorschläge zur Reform der Erbschaftsteuer

aa) Vorschläge aus der Literatur

Seitens der Literatur sind vielfältige Vorschläge zur Änderung des Erbschaftsrechts gemacht worden:[661] Sie reichen von der Abschaffung des Erbschaftsteuerrechts bis zur Integration des Erbschaftsteuergesetzes in das Einkommensteuergesetz über die eigenstaatliche Regelung der Erbschaftsteuerrechts durch die Länder.

Vielfach wird die Bewertung von Betriebsvermögen mit dem bzw. annähernd dem gemeinen Wert vorgeschlagen.[662] Eine Privilegierung mittels Bewertungsabschlag sei auch nicht notwendig, da sich die eingeschränkte Verfügbarkeit der Wirtschaftsgüter bereits in dem Verkehrswert niederschlage.[663] Allerdings wird dem Vorschlag entgegengehalten, dass er zu unverhältnismäßigen Erhebungskosten führen würde[664] und exakte Werte kaum zu ermitteln seien, was sich insbesondere beim Unternehmenskauf regelmäßig zeige.[665]

Im Rahmen der Diskussion wird mit Nachdruck auf die Stundungsmöglichkeit gemäß § 28 ErbStG hingewiesen, durch die die Zerschlagung des unternehmerisch gebundenen Vermögens auch verhindert werden kann. Aufgrund der restriktiven Normanwendung durch die Finanzverwaltung wird eine Ausweitung der Anwendung der Norm vorgeschlagen.[666]

---

661 Vgl. Fischer, DB 2003, 9 (12f.); Heinz, ZEV 2004, 221 (224ff.); Kessler/Märkle/Offerhaus, DB Beilage 2/2003, 1 (10); Moench, ZErb 2003, 98 (108); Offerhaus, DB 2002, 2064 (2064); Sedlaczek, UVR 2003, 406 (407f.); Seer, GmbHR 2002, 873 (878); Tipke, Steuerrechtsordnung II, 902f.; Welling/Richter, StB 2002, 353 (356) unter Hinweis auf verschiedene Diskussionsbeiträge. Hinzuweisen ist auch auf das „Konzept 21“ der CDU/CSU: Nach diesem Vorschlag soll die Erbschaftsteuerschuld für jedes Jahr der Unternehmensfortführung um 10% verringert werden, so dass sie nach zehnjähriger Betriebsfortführung vollständig entfällt. Vgl. BT-Drs. 15/2745, 8 (15f.); o.V., FAZ v. 8.1.2004, 2.

662 Z.T. mit gleichzeitigem „Step up“ auf den Verkehrswert bei der ESt. Vgl. Fischer, DB 2003, 9 (12f.); Kessler/Märkle/Offerhaus, DB Beilage 2/2003, 1 (10); Offerhaus, DB 2002, 2064 (2064); Sedlaczek, UVR 2003, 406 (408); Seer, GmbHR 2002, 873 (878); Stöckel, ErbBStg 2003, 135 (136).

663 Seer, GmbHR 2002, 873 (875). A.A.: Spiegelberger, Stbg 2003, 106 (114).

664 Welling/Richter, BB 2002, 2305 (2309). A.A.: Sedlaczek, UVR 2003, 406 (408); Seer, GmbHR 2002, 873 (878).

665 Seer, GmbHR 2002, 873 (878); Welling/Richter, BB 2002, 2305 (2309); Welling/Richter, StB 2002, 353 (356) unter Hinweis auf Diskussionsbeitrag von Kohlrust-Schulz und Pöllath. Diejenigen, die den Verkehrswertansatz vorschlagen, begründen mit den Erfahrungen aus den Unternehmensverkäufen gerade das Gegenteil. Vgl. Sedlaczek, UVR 2003, 406 (408).

666 Fischer, DB 2003, 9 (12f.); Jochum, UVR 2002, 348 (352); Kessler/Märkle/Offerhaus, DB Beilage 2/2003, 1 (10); Stöckel, ErbBStg 2003, 135 (138): Stundung in Orientierung an

bb) Gesetzesantrag zur Reform der Erbschaftsbesteuerung durch das Land Schleswig-Holstein

Im Vorgriff auf die Entscheidung des BVerfG hat das Land Schleswig-Holstein einen Gesetzesantrag zur Reform der Erbschaftsbesteuerung im Bundesrat am 21.5.2004 eingebracht, der schwerpunktmäßig an einer Bewertung aller Vermögensarten am gemeinen Wert orientiert ist.[667] Rein formal soll die Bewertung für erbschaft- und schenkungsteuerliche Zwecke aus dem BewG herausgenommen und in einem eigens dafür geschaffenen Gesetz, dem Erbschaftsteuer-Bewertungsgesetz (im Folgenden: ErbBewG-E) geregelt werden. Zum Betriebsvermögen sollen nach der Neukonzeption alle Teile eines Gewerbebetriebes i.S.d. § 15 Abs. 1, 2 EStG gehören, vgl. § 40 Abs. 1 ErbBewG-E, so dass die Regelung des § 99 BewG entfällt.[668] Die zum Betriebsvermögen gehörenden Wirtschaftsgüter sollen mit Ausnahme von Betriebsgrundstücken,[669] Wertpapieren und Anteilen an Kapitalgesellschaften mit dem Teilwert bewertet werden, vgl. § 45 Abs. 1 ErbBewG-E. Es soll damit weitgehend die Rechtslage wiederhergestellt werden, die vor 1993 bestand, mit der Folge, dass stille Reserven des Betriebsvermögens erfasst werden.[670] Zusätzlich soll zu dem Substanzwert der Ertragswert des Betriebes in Anlehnung an die Grundsätze des Stuttgarter Verfahrens als Unterschiedsbetrag zwischen dem Durchschnittsertrag aus den Betriebsergebnissen der letzten drei Jahre und 5,5% des eingesetzten Kapitals, berechnet auf einen Zeitraum von fünf Jahren, erfasst werden, vgl. § 46 Abs. 1 S. 2 ErbBewG-E, wobei der Substanzwert die Untergrenze bildet.[671] Im Erbschaftsteuerrecht ist ein Freibetrag in Höhe von € 2.000.000 vorgesehen, vgl. § 13a Abs. 1 ErbStG-E. Voraussetzung für die Freibetragsinanspruchnahme soll zusätzlich sein, dass der erworbene Anteil dem Erwerber Einfluss auf die Geschäftsführung ermöglicht, § 13a Abs. 3 Nr. 1 S. 2 ErbStG-E.[672] Ferner soll gemäß § 13a Abs. 3 Nr. 1 S. 3 ErbStG-E kein Freibetrag gewährt werden, wenn der Betrieb zu mehr als 50% des ermittelten Wertes nach §§ 44, 45 ErbBewG-E eigenes Grundvermögen oder Kapitalvermögen verwaltet, so dass nur die „unternehmerisch tätigen" Betriebsübergänge begünstigt werden sollen. Der bisherige Bewertungsabschlag soll ganz entfallen.

---

die Regelung im französischen ErbStR; Welling/Richter, StB 2002, 353 (356) unter Hinweis den auf Diskussionsbeitrag von Viskorf.

[667] BR-Drs. 422/04. Vgl. dazu: Christoffel, ErbBStg 2004, 123 (123f.); Eisele, NWB Aktuell 2004, 1149 (1149ff.); Eisele, NWB Aktuell 2004, 1053 (1053ff.); Eversloh, ErbStB 2004, 203 (203).

[668] Vgl. BR-Drs. 422/04, 93; Eisele, NWB Aktuell 2004, 1149 (1150).

[669] Auf die Grundstücksbewertung soll in diesem Rahmen nicht eingegangen werden. Vgl. §§ 22ff. ErbBewG-E, BR-Drs. 422/04, 74ff.; Eisele, NWB Aktuell 2004, 1053 (1054ff.).

[670] Vgl. BR-Drs. 422/04, 96f. Vgl. auch zum Teilwertansatz: 2. Teil C III 5. e) dd) (α).

[671] Vgl. BR-Drs. 422/04, 97f.

[672] Vgl. BR-Drs. 422/04, 108f.

Ferner soll die bisherige Stundungsregelung ausgebaut werden, vgl. § 28 ErbStG-E:[673] Die auf das begünstigte Vermögen i.S.d. § 13a Abs. 3 ErbStG-E entfallende Erbschaftsteuer soll unter Aufgabe des Erfordernisses der Existenzgefährdung in der Weise unverzinslich gestundet werden, dass sie in zehn gleichen Teilbeträgen jährlich im Voraus zu entrichten ist, § 28 Abs. 1 S. 1 ErbStG-E, wobei auf Erwerberantrag eine jederzeitige Begleichung der Steuerschuld zum Gegenwartswert, die mit erheblichen Zinsvorteilen verbunden ist, möglich ist, vgl. § 28 Abs. 1 S. 2 ErbStG-E. Zudem ist vorgesehen, die Stundung an die Behaltensregelung des § 13a Abs. 4 ErbStG-E in der Weise zu koppeln, dass im Fall eines Verstoßes die gestundete Steuer zusätzlich zur Nachsteuer im Umfang des Verstoßes sofort zu entrichten ist, § 28 Abs. 2 ErbStG-E.
Der skizzierte Gesetzesentwurf hat damit den „Beanstandungskatalog" des BFH aufgriffen und zeigt eine Möglichkeit auf, wie die bisherigen gesetzgeberischen Defizite beseitigt werden können. Ob der Gesetzesantrag in der Zukunft auch in dieser Gestalt zu einem Gesetz wird, bleibt abzuwarten. Es kann aber zumindest davon ausgegangen werden, dass er nicht, wie vorgesehen, zum 1.1.2005 als Gesetz zur Reform der Erbschaftsbesteuerung in Kraft treten wird.

7. Berechnung der Steuer[674]

a) Berücksichtigung früherer Erwerbe

§ 14 Abs. 1 S. 1 ErbStG sieht eine Zusammenrechnung aller Vermögensvorteile des Erwerbers vor, die innerhalb eines Zeitraums von 10 Jahren derselben Person angefallen sind. Alle Erwerbe innerhalb des Zeitraums werden so behandelt, als seien sie insgesamt zur Letzterwerbszeit ausgeführt worden zwecks zutreffender Steuerfestsetzung des letzten Erwerbs.[675] Allerdings sind Erwerbe mit negativem Steuerwert gemäß Abs. 1 S. 4 von der Zusammenrechnung ausgeschlossen.
Ziel der Norm ist es, dass infolge der Zusammenrechnung der persönliche Freibetrag nur einmal in Anspruch genommen werden kann und zu verhindern, dass sich bei mehreren Erwerben gegenüber einem einzigen ein Progressionsvorteil ergibt.[676]

---

[673] Vgl. BR-Drs. 422/04, 112f.

[674] Im Rahmen dieses Teilbereiches sollen die für die Unternehmensnachfolge relevanten Normen angesprochen werden. Berechnungen und Einzelheiten werden nicht dargestellt.

[675] BFH v. 7.10.1998, II R 64/96, BStBl II 1999, 25; BFH v. 17.4.1991, II R 121/88, BStBl II 1991, 522; Christoffel, ErbBStg 2003, 205 (216); Söffing/Völkers/Weinmann, 25; Troll/Gebel/Jülicher, ErbStG, § 14 Rn. 1.

[676] BFH v. 7.10.1998, II R 64/96, BStBl II 1999, 25; Gebel, ZEV 2001, 213 (213); Götz, ZEV 2001, 9 (9); Jülicher, ZErb 2002, 60 (60); Kapp/Ebeling, ErbStG, § 14 Rn. 2; Lutterbach, 42; Moench-Moench, ErbStG, § 14 Rn. 1; Rose, DB 1997, 1485 (1486); Söffing/Breitenöder, NJW 1997, 686 (690); Troll/Gebel/Jülicher, ErbStG, § 14 Rn. 1. Vgl. für Österreich:

Regelanwendungsbereich der Norm sind aufeinander folgende Schenkungen. Relevanz kommt der Norm bei Erbfällen jedoch zu, wenn der Schenker innerhalb der Frist verstirbt und von dem Beschenkten beerbt wird.
Der Freibetrag des § 13a Abs. 1 ErbStG wird von der herrschenden Meinung als qualitative Befreiung angesehen:[677] Ist er bereits für einen Vorerwerb gewährt worden, bleibt er bei der Zusammenrechnung erhalten. Im Hinblick auf die zehnjährige Sperrfrist wird dem Erwerber kein weiterer Freibetrag gewährt. Auch kann ein nicht vollausgeschöpfter Freibetrag bei einem Vorerwerb nicht für den Letzterwerb in Anspruch genommen werden.[678] Er verfällt.
Für den Bewertungsabschlag des § 13a Abs. 2 ErbStG gilt, dass dieser nach herrschender Meinung[679] als qualitative Befreiung zu werten ist, so dass frühere Erwerbe insoweit nicht in die Zusammenrechnung eingehen.[680]

b) Steuerklassen
In Abhängigkeit vom verwandtschaftlichen Verhältnis zum Erblasser werden die Erwerber in drei Steuerklassen eingeteilt, vgl. § 15 ErbStG.[681] Diese wirken sich auf die Höhe der Freibeträge (§§ 13, 16 ErbStG), den Steuersatz (§ 19 ErbStG) und die Vergünstigung beim Mehrfacherwerb (§ 27 ErbStG) aus.

c) Persönlicher Freibetrag
Jeder Erwerber erhält einen persönlichen Freibetrag ohne Rücksicht auf den erworbenen Gegenstand, der die Bemessungsgrundlage, den steuerpflichtigen Erwerb, um den Freibetrag kürzt. Während die Freibetragshöhe bei unbe-

---

Dorazil/Taucher, ErbStG, § 11 Rn. 1.2; Fellner, SWK 2000, 465 (472); Fraberger, 2000, Rn. 379; Taucher, NZ 2002, 129 (129).

[677] Jülicher, ZEV 1994, 285 (286) zu § 13 Abs. 2a ErbStG a.F.; Troll/Gebel/Jülicher, ErbStG, § 14 Rn. 40; Weinmann, ZEV 1997, 185 (187). A.A.: Meincke, ErbStG, § 14 Rn. 5. Im Zusammenhang mit steuerfreien Erwerben wird im Rahmen des § 14 ErbStG unterschieden, ob der Vorerwerb aufgrund einer quantitativen oder qualitativen Befreiung steuerfrei geblieben ist. Nur im erstgenannten Fall geht der Vorerwerb in die Zusammenrechnung mit dem Nacherwerb ein. Vgl. auch: BFH v. 22.11.1952, III 105/50, BStBl III 1953, 14; Jülicher, 61ff.; Troll/Gebel/Jülicher, ErbStG, § 14 Rn. 9. Vgl. zu Problemen infolge der Änderung von § 13a ErbStG im Zuge des HBeglG 2004 im Zusammenhang mit § 14 ErbStG: Götz/Jorde, ErbStB 2004, 237 (239ff.).

[678] Korezkij, ZEV 2004, 58 (61); Troll/Gebel/Jülicher, ErbStG, § 14 Rn. 40.

[679] Jülicher, ZEV 1994, 285 (286) zu § 13 Abs. 2a ErbStG a.F.; Weinmann, ZEV 1997, 185 (187f.). Offen: Troll/Gebel/Jülicher, ErbStG, § 14 Rn. 40.

[680] BFH v. 19.12.1953, III 151/50 53, 45, BStBl III 1953, 145.

[681] Zur Steuerklasse I zählen der Ehegatte, Kinder und Stiefkinder, die Abkömmlinge von Kindern und Stiefkindern sowie die Eltern und Voreltern bei Erwerben von Todes wegen. Der Steuerklasse II gehören die Eltern und Voreltern, soweit diese nicht der Steuerklasse I zugehörig sind sowie die Geschwister, Abkömmlinge ersten Grades von Geschwistern, Stiefeltern, Schwiegerkinder und -eltern und der geschiedene Ehegatte an. Die übrigen Erwerber sind der Steuerklasse III zu zuordnen.

schränkter Steuerpflicht variiert,[682] beträgt sie im Fall der beschränkten und erweitert beschränkten Steuerpflicht stets € 1.100, vgl. § 16 ErbStG.[683]

d) Steuersatz und Tarifbegrenzung

aa) Steuertarif

Die Erbschaftsteuer wird gemäß § 19 Abs. 1 ErbStG in sieben Tarifstufen erhoben. Die Steuersätze bilden einen Stufentarif: Der Steuersatz der erreichten Wertstufe gilt für den gesamten steuerpflichtigen Erwerb (Vollmengentarif); er steigt innerhalb einer Stufe proportional an.[684] Da es bei nur geringfügigem Überschreiten einer Wertstufe zu einem sprunghaften Anstieg der Steuer kommt, ist in § 19 Abs. 3 ErbStG eine Härteregelung zur Abmilderung vorgesehen.

§ 19 Abs. 2 ErbStG regelt den Progressionsvorbehalt für den Fall der steuerlichen Freistellung von Vermögensteilen durch ein Doppelbesteuerungsabkommen bei unbeschränkter Steuerpflicht. Demnach wird der Steuersatz angewandt, der für den gesamten Erwerb einschließlich des nicht besteuerten Vermögens gelten würde, um einen Steuervorteil zu verhindern, der in einem niedrigeren Steuersatz aufgrund der reduzierten Bemessungsgrundlage liegen würde.[685]

bb) Tariflicher Entlastungsbetrag

Die Normierung des § 19a ErbStG ist auf die Beschlüsse des BVerfG[686] v. 22.6.1995 zurückzuführen. Durch den Entlastungsbetrag wurde der Unter-

---

682 Für Ehegatten beträgt der Freibetrag € 307.000, für Kinder und Kinder verstorbener Kinder i.S.d. Steuerklasse I Nr. 2 € 205.000, für die übrigen Personen der Steuerklasse I € 51.200. Für Personen der Steuerklasse II beträgt der Freibetrag € 10.300, für solche der Steuerklasse III € 5.200. Vgl. § 16 Abs. 1 ErbStG. Es ist jeweils § 14 ErbStG zu beachten. Daneben bestehen u.U. der Versorgungsfreibetrag gem. § 17 ErbStG und der Ehegattenfreibetrag im Fall der Zugewinngemeinschaft, § 5 ErbStG.

683 Vgl. zur europarechtlichen Problematik: FG Berlin v. 9.9.2003, 5 K 5035/02, ZEV 2004, 385; FG München v. 5.11.2003, 4 K 790/01 (BFH-Az: II R 2/04), EFG 2004, 410; Busch, IStR 2002, 448ff.; Dautzenberg/Brüggemann, BB 1997, 123 (129); Höninger, INF 2004, 335 (338f.); Müller-Etienne, 179ff.; Schnitger, FR 2004, 185 (193); Suhrbier-Hahn, ErbStB 2004, 124 (129); Troll/Gebel/Jülicher, ErbStG, Einl. Rn. 52; Wachter, IStR 2004, 361 (363ff.).

684 Halaczinsky, ZErb 2004, 26 (28); Moench/Höll, 230; Moench-Moench, ErbStG, § 19 Rn. 3; Söffing/Völkers/Weinmann, 23; Troll/Gebel/Jülicher, ErbStG, § 19 Rn. 4; V/G/H/K/S-Knobel, ErbStG, § 19 Rn. 1.

685 Moench-Moench, ErbStG, § 19 Rn. 11; Troll/Gebel/Jülicher, ErbStG, § 19 Rn. 16.

686 BVerfG v. 22.6.1995, 2 BvL 37/91, BStBl II 1995, 655; BVerfG v. 22.6.1995, 3 BvR 551/91, BStBl II 1995, 671 (674). Das BVerfG forderte den Gesetzgeber auf, die verminderte Leistungsfähigkeit durch die Betriebsfortführung unabhängig von der verwandtschaftlichen Nähe zwischen Erblasser und Erwerber zu berücksichtigen.

nehmensnachfolger der Steuerklasse II und III auch bis zum HBeglG 2004[687] - entsprechend den Vorgaben des BVerfG - so gestellt, als habe er das begünstigte Vermögen nach der Steuerklasse I erworben.
Bei der Anwendung des § 19a ErbStG[688] ist zwischen einem Erwerb, der nur aus begünstigten Vermögen besteht, und einem Mischerwerb zu unterscheiden. Im erstgenannten Fall wird zunächst die reguläre tarifliche Steuer nach der tatsächlichen Steuerklasse ermittelt. Im Anschluss daran ist die Steuer unter Anwendung der Steuerklasse I zu berechnen. Herangezogen wird bei der Entlastung nur der Steuersatz, nicht jedoch der persönliche Freibetrag der Steuerklasse I.[689] Besteht das erworbene Vermögen nur zum Teil aus begünstigtem Vermögen ist ebenfalls die Steuer nach der „tatsächlichen" Steuerklasse des Erwerbers zu berechnen und nach den Verhältnissen des Wertes des begünstigten Vermögens zum Gesamtvermögensanfall aufzuteilen, § 19a Abs. 3 ErbStG. Dann ist die Steuer nach der Steuerklasse I zu berechnen und nach Maßgabe des Absatzes 3 aufzuteilen. Der Entlastungsbetrag stellt jeweils 88% des Unterschiedsbetrages zu der auf das begünstigte Vermögen i.S.d. § 19a Abs. 2 ErbStG entfallenden Steuer dar.

8. Steuerschuldner

Beim Erwerb von Todes wegen ist Steuerschuldner der Erwerber, § 20 Abs. 1 ErbStG. Zu beachten ist, dass eine Personengesellschaft nicht Erwerber und damit Steuerschuldner sein kann, sondern nur jeder an der Gesamthand Beteiligte.[690]

9. Stundung der Steuer bei begünstigtem Vermögen

Der bereits durch das ErbStRG 1974 eingeführte § 28 ErbStG soll die Gefährdung der Betriebsfortführung, die dadurch eintreten könnte, dass die für die Steuerbegleichung erforderlichen Mittel aus dem Betrieb abgezogen werden, vermeiden, indem ein Stundungsanspruch für die auf das Betriebsvermögen entfallende Erbschaftsteuer kodifiziert worden ist.[691] Allerdings ist die faktische Bedeutung der Norm eher als gering einzuschätzen, da die Voraussetzungen an

---

687 Für Erwerbe bis zum 31.12.2003 konnte der Unterschiedsbetrag i.S.d. § 19a Abs. 4 S. 3 ErbStG zu 100 % angesetzt werden. Vgl. zu den steuerlichen Mehrbelastungen durch das HBeglG 2004: Halaczinsky, ErbStB 2004, 37 (38f.); Korezkij, ZEV 2004, 58 (62); Korn/ Strahl, KÖSDI 2004, 14055 (14082).

688 Die begünstigten Erwerbstatbestände, das begünstigte Vermögen und die Nachsteuerregelungen entsprechen denen des § 13a ErbStG. Vgl. R 76 Abs. 1 S. 1 i.V.m. R 55 ErbStR; Rautenstrauch, 34; Troll/Gebel/Jülicher, ErbStG, § 19a Rn. 2ff.

689 Hörger/Stephan/Pohl-Pauli, Rn. 429; Hübner, NWB F. 10, 787 (802).

690 BFH v. 15.7.1998, II R 82/96, BStBl II 1998, 630; BFH v. 14.9.1994, II R 95/92, BStBl II 1995, 81; BFH v. 22.6.1960, II R 256/57 U, BStBl III 1960, 358.

691 Vgl. BFH v. 11.5.1998, II B 28/88, BStBl II 1998, 730 (731); Christoffel/Geckle/Pahlke-Pahlke, ErbStG, § 28 Rn. 1.

den Stundungsanspruch hoch angelegte Hürden für den einzelnen Steuerpflichtigen darstellen.[692]
Voraussetzung für den Stundungsanspruch ist neben dem Antrag der Erwerb von Betriebsvermögen i.S.d. § 12 Abs. 5 ErbStG i.V.m. §§ 95 Abs. 1, 96 BewG durch Erwerb von Todes wegen.[693] Soweit zum steuerpflichtigen Erwerb auch andere Vermögensarten gehören, ist eine Aufteilung nach dem Verhältnis des Wertes der begünstigten Vermögensart und den nicht begünstigten Vermögensarten vorzunehmen.[694] Ferner muss die Stundung zur Erhaltung des Betriebs notwendig sein. Die Existenzgefährdung wird dann angenommen, wenn die sofortige Steuerentrichtung die Erhaltung und Fortführung des Betriebs ernsthaft gefährden würde, also bspw. die Liquidation des Betriebes oder die Veräußerung wesentlicher Betriebsgrundlagen zur Folge hätte.[695] Ferner verlangt die Finanzverwaltung[696], dass die Gefährdung des Betriebes allein durch die Erbschaftsteuer verursacht sein muss, so dass Nachlassverbindlichkeiten außer Betracht zu bleiben haben. Der Wortlaut der Norm bietet jedoch für die von der Finanzverwaltung geschaffene Einschränkung keine Anhaltspunkte. Daher sollten vielmehr auch Nachlassverbindlichkeiten, insbesondere Verbindlichkeiten aus Vermächtnissen und Pflichtteilsansprüchen, die die Liquidität des Erwerbers empfindlich belasten können, bei der Beurteilung der Stundungsvoraussetzungen mitberücksichtigt werden.[697] Ob die Existenzgefährdung auch dann anzunehmen ist, wenn der Erwerber die Steuerschuld mit übrigem erworbenen nicht betrieblich gebundenen Nachlassvermögen oder mit Eigenvermögen erfüllen kann, ist umstritten. Die wohl herrschende Meinung verneint dies im Hinblick auf den Charakter der Erbschaftsteuer als Personensteuer und die gesteigerte Leistungsfähigkeit des Erwerbers.[698] Allerdings kann dem, jedenfalls im Bezug auf das vorhandene Eigenvermögen, nicht gefolgt werden, da die Erbschaftsteuer als Bereicherungsteuer ausgestaltet ist, die auf den konkreten

---

[692] Vgl. Römer, BB 1977, 685 (685f.); Spitzbart, 100; Troll/Gebel/Jülicher, ErbStG, § 28 Rn. 1.
[693] Nicht erfasst werden Anteile an Kapitalgesellschaften, vgl. R 86 Abs. 1 S. 2.
[694] Vgl. Christoffel/Geckle/Pahlke-Pahlke, ErbStG, § 28 Rn. 4; Gebel, Betriebsvermögensnachfolge, Rn. 292; Moench/Kien-Hümbert, ErbStG, § 28 Rn. 8.
[695] Christoffel/Geckle/Pahlke-Pahlke, ErbStG, § 28 Rn. 7; Gebel, Betriebsvermögensnachfolge Rn. 289; Meincke, ErbStG, § 28 Rn. 6; Rautenstrauch, 244. Als nicht ausreichend wird angesehen, wenn einzelne nicht wesentliche Betriebsgrundlagen veräußert werden müssen oder eine nicht den Betrieb gefährdende Kreditaufnahme notwendig ist.
[696] R 86 Abs. 2 S. 3 ErbStR.
[697] Gebel, Betriebsvermögensnachfolge, Rn. 290; Kapp/Ebeling, ErbStG, § 28 Rn. 6; Meincke, ErbStG, § 28 Rn. 6; Troll/Gebel/Jülicher, ErbStG, § 28 Rn. 6. Moench-Kien-Hümbert, ErbStG, § 28 Rn. 10 spricht sich in diesem Fall für die Anwendung des § 220 AO aus.
[698] BFH v. 11.5.1998, II B 28/88, BStBl II 1988, 730; R 86 Abs. 2 S.1 ErbStR; Gebel, Betriebsvermögensnachfolge, Rn. 288.

Erwerb abstellt.[699] Mithin ist zumindest das bereits vorhandene Eigenvermögen bei der Frage der Existenzgefährdung außer Betracht zu lassen.
Liegen die Voraussetzungen des § 28 ErbStG vor, besteht für den Antragsteller im Gegensatz zu § 222 AO ein Rechtsanspruch auf zinslose Stundung, wobei von der herrschenden Meinung unter Berücksichtigung der Normzielsetzung eine Sicherheitsleistung nicht verlangt wird.[700] Die konkrete Stundungsdauer ist abhängig von den Umständen des Einzelfalls. Sie steht nicht im freien Ermessen der Finanzverwaltung, sondern es ist für die Bemessung auf die Situation des übergegangenen Betriebes bzw. des Erwerbers abzustellen.[701]
Liegen die Stundungsvoraussetzungen nicht vor, kann dennoch eine Stundung der Steuerschuld nach § 222 AO in Betracht kommen, vgl. § 28 Abs. 1 S. 3 ErbStG.

III. Österreichisches Erbschaftsteuerrecht

1. Allgemeines

Das heutige österreichische Erbschaftsteuergesetz[702] geht auf das deutsche Erbschaftsteuergesetz von 1925 zurück.[703] Aufgrund der gemeinsamen Wurzeln entsprechen sich bis heute die wesentlichen Grundprinzipien des deutschen und österreichischen Erbschaftsteuerrechts. Dennoch ist das österreichische Erbschaftsteuerrecht aufgrund zahlreicher Gesetzesnovellen in Teilen des Gesetzes „eigene Wege" gegangen, so dass eine eigenständige Darstellung zwingend geboten erscheint.
Im Folgenden werden die für die Unternehmensnachfolge relevanten Normen gerade im Hinblick auf österreichische Besonderheiten dargestellt. Soweit die Regelungen des österreichischen Erbschaftsteuergesetzes denen des deutschen Gesetzes entsprechen, wird auf eine eingehende Darstellung verzichtet. Ferner soll auf die österreichische Besonderheit der Endbesteuerung und die aktuell

---

[699] Troll/Gebel/Jülicher, ErbStG, § 28 Rn. 6. So wohl auch: Moench-Kien-Hümbert, ErbStG, § 28 Rn. 9; Völkers/Söffing/Weinmann, 35.

[700] So FG München v. 7.8.1991, 4 K 10197/86, UVR 1991, 340; R 86 Abs. 3 S. 2 ErbStR: in der Regel; Christoffel/Geckle/Pahlke-Pahlke, ErbStG, § 28 Rn. 9; Meincke, ErbStG, § 28 Rn. 2. A.A.: Kapp/Ebeling, ErbStG, § 28 Rn. 9.

[701] Gebel, Betriebsvermögensnachfolge, Rn. 291; Rautenstrauch, 245; Troll/Gebel/ Jülicher, ErbStG, § 28 Rn. 8. A.A.: Moench-Kien-Hümbert, ErbStG, § 28 Rn. 2.

[702] v. 30.6.1955, BGBl 1955/141 i.d.F. BGBl 2003/10.

[703] Nach der Wiedererlangung der Unabhängigkeit Österreichs wurde das deutsche ErbStG (mit § 5 der 25. EinfVO) in das österreichische Recht transformiert. Da der Alliierte Rat die Zustimmung zur beabsichtigten Wiederverlautbarung des deutschen Rechtszustandes verweigerte, wurde das ErbStG 1955 geschaffen, um anstelle der Wiederverlautbarung die erbschaftsteuerlichen Vorschriften in einem eigenen österreichischen Gesetz zu regeln. Dennoch stellt das ErbStG 1955 eine „Austrifizierung" des deutschen ErbStG 1925 dar. Vgl. EB 557 BlgNR VII. GP; Dorazil/Taucher, ErbStG, Einl. Rn. 1.1; Fellner, ErbStG, § 1 Rn. 1; Taucher, Steuern Österreich, 437 (437).

diskutierte Frage der Verfassungswidrigkeit der Einheitswertbesteuerung eingegangen werden.

2. Persönliche Steuerpflicht

a) Unbeschränkte Steuerpflicht

Die unbeschränkte Steuerpflicht tritt ein, wenn der Erblasser im Todeszeitpunkt oder der Erwerber zur Zeit des Eintritts der Steuerpflicht Inländer ist, § 6 Abs. 1 Nr. 1 öErbStG.

aa) Steuerinländer

Wer Inländer ist, bestimmt § 6 Abs. 2 öErbStG. Inländer ist demnach jede Person, die im maßgeblichen Zeitpunkt einen Wohnsitz oder einen dauernden Aufenthalt in Österreich innehat, § 6 Abs. 2 Nr. 1 S. 1, 2 öErbStG. Ferner gelten als Steuerinländer auch österreichische Staatsbürger, die zwar aktuell weder einen Wohnsitz noch einen dauernden Aufenthalt in Österreich haben, diesen aber erst seit weniger als zwei Jahren aufgegeben haben, § 6 Abs. 2 Nr. 1 S. 1 2.HS öErbStG.[704]

Ob ein Wohnsitz besteht, richtet sich nach § 26 Abs. 1 BAO. Der in der Einantwortungsurkunde angegebene Wohnsitz ist unerheblich.[705] Ob ein gewöhnlicher Aufenthalt im Inland besteht, bestimmt § 26 Abs. 2 BAO.[706] Aufgrund der überwiegenden semantischen Übereinstimmungen und der - soweit ersichtlich - einheitlichen Auslegung, wird auf die Ausführungen zu §§ 8, 9 AO verwiesen.[707]

Personenvereinigungen wie die oHG, KG, OEG, nicht jedoch die stille Gesellschaft,[708] gelten gemäß § 6 Abs. 2 Nr. 3 öErbStG als Inländer, wenn sie ihren Sitz oder ihre Geschäftsleitung im Inland haben. Die Begriffe „Sitz" und „Ort der Geschäftsleitung" sind i.S.d. § 27 BAO auszulegen.[709] Danach ergibt sich

---

[704] Sog. erweiterte unbeschränkte Steuerpflicht. Vgl. auch: 2. Teil C II 1 a) cc). Zur europarechtlichen Problematik der Norm: Burgstaller/Haslinger, SWI 2004, 108 (115f.); Fraberger, SWI 1998, 302 (304); Lang, DStJG 22 (1999), 255 (266f.); Matzka, 146ff.; Tumpel, SWI 2000, 27 (34), Urnik, 106.

[705] VwGH v. 20.6.1990, 89/16/0020, ÖStZB 1991, 330 (332f.); VwGH v. 17.1.1975, 1037/75, AnwBl 1977, 27; Dorazil/Taucher, ErbStG, § 6 Rn. 6.1; Fraberger, 295; Huemer, 28; Taucher, 39.

[706] Ausführlich dazu: Dorazil/Taucher, ErbStG, § 6 Rn. 5ff.; Fellner, ErbStG, § 6 Rn. 12; Fraberger, 295ff.; Huemer, 29ff.; Lechner, FS 30 Jahre WU-Wien, 251 (253ff.); Rolfs, IWB F.5 Gr.2, 405 (414f.).

[707] A.A.: Ostendorf/Lechner, DB 1996, 799 (801 Fn. 9), nach denen der Begriff des „Wohnsitzes" nicht immer identisch interpretiert wird. Die Ansicht wird jedoch nicht begründet.

[708] Doralt/Ruppe, Rn. 119; Dorazil/Taucher, ErbStG, § 6 Rn. 8.1; Haunschmidt/Haunschmidt, Rn. 160; Huemer, 29.

[709] Fellner, ErbStG, § 6 Rn. 23.

der Sitz einer Personenvereinigung aus dem Ort, der durch Gesetz oder Vertrag (u.a.) bestimmt ist, § 27 Abs. 1 BAO. Der VwGH[710] stellt in Anlehnung an die herrschende Lehre[711] zu § 106 öHGB auf den Ort der tatsächlichen Verwaltung der Gesellschaft ab.
Der Ort der Geschäftsleitung ist der Ort, an dem sich der Mittelpunkt der Geschäftsleitung befindet, § 27 Abs. 2 BAO.[712] Entscheidend ist auf den Ort abzustellen, an dem alle für die Geschäftsleitung notwendigen Maßnahmen von einiger Wichtigkeit angeordnet werden.[713] Irrelevant ist hingegen, wo die Entscheidungen ausgeführt werden.

bb) Umfang der Steuerpflicht
Die unbeschränkte Steuerpflicht umfasst den gesamten Erbanfall. Im Fall der Begründung der Steuerpflicht vom Erblasser wird das gesamte angefallene Weltvermögen erfasst.[714] Ist hingegen nur der Erwerber Inländer, unterliegt nur das dem Erwerber angefallene Nachlassvermögen der unbeschränkten Steuerpflicht.[715]

b) Beschränkte Steuerpflicht

aa) Steuerausländer
Ist weder der Erblasser noch der Erwerber Inländer i.S.d. § 6 Abs. 2 öErbStG, beschränkt sich die Besteuerung abschließend[716] auf die in § 6 Abs. 1 Nr. 2

---

[710] VwGH v. 31.5.2000, 97/13/0200, ÖStZB 2000, 608; VwGH v. 23.2.1994, 93/15/0150, ÖStZB 1994, 554. A.A.: OGH v. 12.2.1998, 6 Ob 267/97, NZ 1998, 343 (345): Es sei zwar ein Vorrangverhältnis des statuarischen Sitzes anzunehmen. Dieser könne jedoch von den Gesellschaftern so frei gewählt werden, als ein für das Publikum erkennbarer Zusammenhang zur tatsächlichen Organisation des Unternehmens bestehe. Es bestünden lediglich Willkürschranken, wobei eine Koinzidenz von statuarischem und Verwaltungssitz nicht erforderlich sei. Die Zivilrechtsprechung nimmt damit einen liberaleren Standpunkt ein und kommt Steuergestaltungen entgegen. Vgl. Fraberger, 2000, Rn. 71.
[711] Straube-Torggler/Kusko, HGB, § 106 Rn. 18.
[712] Lechner, FS Stoll, 395 (397ff.).
[713] VwGH v. 31.5.2000, 97/13/0200, ÖStZB 2000, 608 (608f.); Fraberger, 316.
[714] Vgl. VwGH v. 29.10.1952, 2552/50, Slg 653 F; Doralt/Ruppe, Rn. 119; Dorazil/Taucher, ErbStG, § 6 Rn. 3.12; Fellner, ErbStG, § 6 Rn. 6; Grabher/Hilber, 229; Huemer, 27; Loukota, Rn. 290f.; Ost, 38; Rolfs, IWB F.5 Gr.2, 405 (413); Tabacs, ABC, 102f.; Toifl, Methoden zur Vermeidung der Doppelbesteuerung, 389 (390).
[715] Fraberger, 295; Ost, 121; Taucher, 42. Ungenau: Dorazil/Taucher, ErbStG, § 6 Rn. 3.19.
[716] VwGH v. 20.4.1989, 88/16/0045, ÖStZB 1991, 334 (335); VwGH v. 29.10.1952, 2252/50, Slg 653 F. Parallel zum deutschen Recht, besteht für den auf Geld gerichteten Pflichtteilsanspruch sowie auf den Vermächtnisanspruch keine beschränkte Erbschaftsteuerpflicht. Vgl. Ost, 47; Taucher, 47.

öErbStG aufgezählten Vermögensgegenstände.[717] Insbesondere für Kapitalvermögen, das auch von der erbschaftsteuerlichen Endbesteuerung (§ 15 Abs. 1 Nr. 17 öErbStG) erfasst wird, besteht keine beschränkte Steuerpflicht.[718]

bb) Steuerpflichtiges Inlandsvermögen

Inländisches Betriebsvermögen und Grundvermögen bilden aufgrund des Verweises in § 19 Abs. 1 öErbStG auf den ersten Teil des Bewertungsgesetzes nur solche Wirtschaftsgüter, die auch nach den bewertungsrechtlichen Vorschriften diesen Vermögensarten zugeordnet sind.[719]

(α) Inländisches Grundvermögen

Zum inländischen Grundvermögen zählen der Grund und Boden, die Bestandteile (insbesondere Gebäude) und das Zubehör, § 51 Abs. 1 S. 1 öBewG. Ferner sind Baurechte und grundstücksgleiche Rechte mit einzubeziehen sowie ein Gebäude auf fremden Grund und Boden, § 51 Abs. 2, 3 öBewG.

(β) Inländisches Betriebsvermögen

Zum Betriebsvermögen gehören alle Teile einer wirtschaftlichen Einheit, die dem Betrieb eines Gewerbes als Hauptzweck dienen, soweit die Wirtschaftsgüter dem Betriebsinhaber gehören, § 57 Abs. 1 öBewG. Ferner muss im Hinblick auf § 79 Abs. 2 Nr. 3 öBewG eine inländische Betriebsstätte unterhalten werden, kraft Gesetzesfiktion[720] eine solche vorhanden sein, oder ein ständiger Vertreter bestellt sein.[721] Im Unterschied zum deutschen Recht werden nach österreichischem Verständnis nicht die Grundsätze der Bilanzbündeltheorie angewendet, wenn eine ausländische (deutsche Personengesellschaft) an einer inländischen Personengesellschaft beteiligt ist:[722] Daher wird nicht durch die Personengesellschaft auf die dahinter stehenden Gesellschafter „durchgegriffen".

---

[717] Vgl. zur europarechtlichen Problematik: Burgstaller/Haslinger, SWI 2004, 108 (110); Fraberger, SWI 1998, 302 (303f.); Tumpel, SWI 2000, 27 (33f.).

[718] Fraberger, 319.

[719] Dorazil/Taucher, ErbStG § 6 Rn. 4.1; Fraberger, 319, Ost, 45; Taucher, 46.

[720] Vgl. VwGH 29.11.1994, 89/14/0230, ÖStZB 1995, 355; Tumpel, Betriebsstätte im Recht der DBA, 145 (148ff.).

[721] Vgl. VwGH 29.11.1994, 89/14/0230, ÖStZB 1995, 355; Fraberger, 319; P/L/J/P, Z 00 Rn. 369; Taucher, 47 Fn. 114; Tumpel, Betriebsstätte im Recht der DBA, 145 (148ff.).

[722] öBMF v. 23.4.2003, SWI 2003, 259 (259f.); öBMF v. 4.1.1999, SWI 1999, 99; öBMF v. 28.11.1994, SWI 1995, 6; Taucher, SWI 2003, 408 (412); Urnik, 104. Dies gilt nicht für immobilienverwaltende Personengesellschaften. Vgl. öBMF v. 9.3.2000, SWI 2000, 146. Kritisch: Fraberger, 322. Die Beweggründe der österreichischen Finanzverwaltung, seit den 90er Jahren eine derartige Betrachtungsweise vorzunehmen, konnten nicht ermittelt werden. Da sich die Handhabung zugunsten der Steuerpflichtigen auswirkt, ist eine gerichtliche Überprüfung nicht zu erwarten.

Die Beteiligung bildet sowohl im Fall des einfachen[723] als auch in dem des doppelten Durchgriffs[724] einen eigenständigen Erwerbsgegenstand. Da auch den Eintragungen bei der Übertragung von Personengesellschaftsanteilen kein konstitutiver Charakter zukommt,[725] werden derartige Anteile an Personengesellschaften in Österreich nicht von der Erbschaftsteuer erfasst.[726] Im Gegensatz zur österreichischen Sichtweise würde in der parallelen Fallgestaltung im deutschen Erbschaftsteuerrecht das Nachlassvermögen in Form der inländischen Betriebsstätte entsprechend der Erblasserbeteiligung der beschränkten Steuerpflicht unterliegen.[727]
Für alle anderen Fälle gelten hinsichtlich der Zuordnung von Wirtschaftsgütern zum Inland die allgemeinen ertragsteuerlichen Grundsätze:[728] Es ist jeweils die funktionale Zugehörigkeit der Wirtschaftsgüter zur Betriebsstätte entscheidend.

(γ) Rechte, deren Übertragung an eine Eintragung in inländische Bücher geknüpft ist

Rechte, deren Übertragung an eine Eintragung in inländische Bücher geknüpft ist, bilden ebenfalls steuerpflichtiges Inlandsvermögen, wobei der Eintragung jeweils konstitutive Wirkung zukommen muss.[729] Da Eintragungen bei Übertragungen von Personengesellschaftsanteilen lediglich deklaratorischer Charakter aufweisen (§ 4 Nr. 5, Nr. 6 FBG), werden diese nicht erfasst.[730] Ferner

---

723 Bsp.: Geht die Beteiligung eines „Steuerausländers" an einer gewerblich tätigen deutschen Personengesellschaft mit Betriebsstätten in Österreich auf einen anderen „Steuerausländer" im Erbfall über, ist nach österreichischem Verständnis nicht inländisches Betriebsvermögen von Todes wegen erworben worden, da es auch nach dem Gesellschafterwechsel „in den Händen" der deutschen Personengesellschaft verbleibt. Vgl. öBMF v. 4.1.1999, SWI 1999, 99; P/L/J/P, Z 00 Rn. 371; Taucher, SWI 2003, 408 (412).

724 Bsp.: Ist ein Erblasser an einer deutschen Personengesellschaft beteiligt, die wiederum an einer österreichischen Personengesellschaft beteiligt ist, bildet beim Erwerb von Todes wegen an einen Steuerausländer-Erben inländisches Betriebsvermögen keinen Gegenstand der Steuer, da die Anteile an der deutschen Personengesellschaft von einem „Steuerausländer" auf einen „Steuerausländer" übergehen. Vgl. Dorazil/Taucher, ErbStG, § 6 Rn. 8.3; J/L/J/P, Z 00, Rn. 371.

725 Vgl. 2. Teil C III 2 b) bb) (γ).

726 Vgl. öBMF v. 23.4.2003, SWI 2003, 259; Taucher, SWI 2003, 408 (412).

727 Vgl. Taucher, SWI 2003, 408 (412); V/G/H/K/S-Hübner, ErbStG, § 2 Rn. 29.

728 Zwar besteht nach der Rechtsprechung keine gesetzliche Bindung; die Praxis greift aber - von der Finanzverwaltung auch akzeptiert - aus Vereinfachungsgründen auf die ertragsteuerliche Qualifizierung zurück. Vgl. öBMF v. 4.1.1999, SWI 1999, 99; Dorazil/Taucher, ErbStG, § 6 Rn. 8.3; Fraberger, 320f.; P/L/J/P, Z 00 Rn. 372.

729 VwGH v. 8.10.1975, 475/75, ÖStZB 1976, 43; Doralt, ÖStZ 1971, 169 (170); Doralt, ErbStG, § 6 Rn. 3; Dorazil/Taucher, ErbStG, § 6 Rn. 4.3; Fraberger, 320; Lang, Wbl 1987, 266 (267); Ost, 49; Rolfs, IWB F.5 Gr.2, 405 (413); Taucher, SWI 2003, 408 (412); Urnik, 110.

730 Dorazil/Taucher, ErbStG, § 6 Rn. 4.4; Taucher, SWI 2003, 408 (412).

stellen Hypothekenforderungen an inländischem Grundvermögen steuerpflichtiges Inlandsvermögen dar.[731]

3. Sachliche Steuerpflicht/ Erbschaftsteuerpflichtige Tatbestände

§ 1 Abs. 1 Nr. 1 öErbStG bestimmt, dass u.a. der Erwerb von Todes wegen der Besteuerung unterliegt. § 2 öErbStG normiert darauf aufbauend abschließend, welche Vermögensübertragungen als Erwerb von Todes wegen zu qualifizieren sind.[732] Es werden nicht nur Erwerbe aufgrund eines erbrechtlichen Titels erfasst, sondern auch solche, bei denen der Vermögenserwerb nicht unmittelbar nach erbrechtlichen Vorschriften erfolgt, er aber dennoch auf dem Erblassertod i.w.S. beruht.[733]

a) Erwerb durch Erbanfall

Gemäß §§ 1 Abs. 1 Nr. 1 i.V.m. 2 Abs. 1 Nr. 1 1.Alt öErbStG ist der Erwerb durch Erbanfall erbschaftsteuerpflichtig. Steuerbegründend ist nicht allein der Erbanfall (§§ 536, 545 ABGB), der auf einem erbrechtlichen Berufungsgrund i.S.d. § 533 ABGB beruht, da das Gesetz ausdrücklich den „Erwerb" durch Erbanfall voraussetzt.[734] Es muss dem Anfall der Erwerb folgen. Zumindest muss die Erbserklärung abgegeben worden sein.[735] Nicht erforderlich ist der Eigentumserwerb an den Nachlassgegenständen.[736]

Den Erwerbsgegenstand bildet bei Alleinerben der hinterlassene Nachlass in seiner konkreten Zusammensetzung.[737] Bestehen mehrere Erbrechtstitel, so werden entsprechend den österreichischen Zivilrechtsgrundsätzen ideelle Anteile am Nachlassvermögen erworben. Problematisch erscheint die Behandlung derjenigen Fälle, in denen mehrere Personen todesfallbedingt erwerben und eine erbrechtlich bedingte Auseinandersetzung (bspw. Pflichtteilsübereinkommen, Erfüllung von Legatsansprüchen, Erbübereinkommen vor Einantwortung)

---

[731] Vgl. Fellner, ErbStG, § 6 Rn. 8; Troll/Gebel/Jülicher, ErbStG, § 21 Rn. 121.

[732] Fraberger, 1997, 577; Taucher, NZ 2001, 117 (117); Urnik, 131.

[733] Vgl. VfGH v. 12.10.1998, G 170/96, ÖStZB 1999, 12; Doralt, ErbStG, § 2 Rn. 3; Fellner, ErbStG, § 6 Rn. 1; Fraberger, 1997, 577; Hausleithner, RdW 1993, 256 (259); Taucher, NZ 2001, 117 (117).

[734] Vgl. VwGH v. 28.11.1968, 666/68, ÖStZB 1969, 46; Doralt, ErbStG, § 2 Rn. 9; Fellner, ErbStG, § 6 Rn. 12; Ost, 26; Taucher, 19; Torggler, ÖStZ 1969, 140 (140).

[735] VwGH v. 26.4.2001, 2001/16/0032-33; VwGH v. 28.9.2000, 2000/16/0327; VwGH v. 17.9.1992, 91/16/0094, ÖStZB 1993, 382; VwGH v. 2.7.1992, 90/16/0167, ÖStZB 1993, 304; Dorazil/Taucher, ErbStG, § 2 Rn. 2.2; Fraberger, 1997, 578; Taucher, Unternehmensnachfolge 1996, 9 (11); Urnik, 132. Die Erbserklärungsabgabe ist auch vor dem Hintergrund der Erbschaftsteuerrechtfertigung notwendig, da vor der Erklärung lediglich ein Anwartschaftsrecht besteht, das nur zu einer potentiellen Leistungsfähigkeitssteigerung führt.

[736] VwGH v. 24.6.1982, 81/15/0119; VwGH v. 14.11.1978, 2751/76; Dorazil/Taucher, ErbStG, § 2 Rn. 2.50; Fellner, ErbStG, § 6 Rn. 12; Hausleithner, RdW 1993, 256 (257); Taucher, NZ 1991, 212 (212ff.).

[737] Taucher, NZ 2001, 117 (118).

durchgeführt wird. Die konkrete Bestimmung des Erwerbsgegenstandes in den beschriebenen Fallgestaltungen ist mehrfach Gegenstand von Erkenntnissen des VwGH und des VfGH gewesen. Seit Ende der 90er Jahre haben beide Gerichtshöfe bezüglich dieser Fragestellung entgegengesetzte Positionen eingenommen: Der VwGH[738] unterwirft in ständiger Rechtsprechung die Erben entsprechend ihrer Erbquote der Besteuerung, unabhängig davon, welche Vermögensgegenstände der einzelne Erbe nach einem Erbübereinkommen tatsächlich erhält: Lasse sich der Nachlass nicht erbquotenkonform teilen und seien daher Ausgleichszahlungen notwendig, bleibe es bei dem Grundsatz. Aufgrund des § 12 Abs. 1 Nr. 1 öErbStG gelte der Anteil am Nachlassvermögen und nicht die effektiv zugeteilten Vermögensgegenstände als angefallen.
Der VfGH hingegen hat, in Fortführung seiner Judikaturlinie zur Grundstücksabfindung eines Pflichtteilsberechtigten,[739] den „allgemeinen" erbschaftsteuerrechtlichen Grundsatz aufgestellt, dass der Erwerb eines Vermögensgegenstandes auch dann ein erbrechtlicher bleibt, wenn er nicht (allein) auf den gesetzlichen Berufungsgründen beruht, sondern (auch) auf ein Erbübereinkommen zurückzuführen ist.[740] Demnach bildet den Erwerbsgegenstand der im Erbübereinkommen vereinbarte und effektiv zugeteilte Gegenstand.
Die Reaktionen in der österreichischen Literatur auf die Erkenntnisse des VfGH sind geteilt: Urnik und Fellner[741] treten der Annahme eines solchen vom VfGH konzipierten Gestaltungsrechts entschieden entgegen, da es weder mit dem Konzept der Erbanfallsteuer noch mit dem Stichtagsprinzip in Einklang stehe. Ein Objekt der Erbschaftssteuer könne kein Vermögensgegenstand bilden, der erst aufgrund einer Übereinkunft unter Lebenden, wenn auch im Zuge einer

---

[738] Vgl. VwGH v. 26.4.2001, 2001/16/033, FJ 2001, 284 (285); VwGH v. 28.9.2000, 2000/16/0327; VwGH v. 3.10.1996, 95/160/0191, ÖStZB 1997, 695; VwGH v. 26.1.1995, 89/16/0149, ÖStZB 1995, 518. Dem VwGH ist in weiten Teilen das öBMF gefolgt. Vgl. öBMF v. 29.8.2000, 103230/3-IV/10/00, abgedruckt in: Dorazil/Taucher, ErbStG, § 15 Erlass Nr. 8. Fraberger (RdW 2002, 631 (633)) geht daher davon aus, dass bei der Rechtsdurchsetzung im Instanzenzug im Zweifelsfall der VfGH anzurufen sein wird.

[739] Bezüglich der Abfindung von Pflichtteilsansprüchen an Zahlungsstatt durch Hingabe von Grundvermögen hat der VfGH in seiner Rechtsprechung keine sachliche Rechtfertigung dafür gesehen, dass bei demjenigen, der in Abgeltung des geltend gemachten Pflichtteilsanspruchs eine Liegenschaft erhält, die Pflichtteilsforderung als Erwerbsgegenstand behandelt werden soll, während bei dem - sich in wirtschaftlich vergleichbarer Situation befindlichen - Pflichtteilsberechtigten, der auf die Geltendmachung des Anspruchs verzichtet und im Gegenzug eine Liegenschaft erhält, der konkrete Abfindungsgegenstand den Erwerbsgegenstand (§ 2 Abs. 2 Nr. 4 öErbStG) bildet. Daher behandelte der VfGH beide Fälle gleich. Vgl. VfGH v. 7.3.1986, B 239/85, Slg 10.909; VfGH v. 17.6.1985, B 522/83, Slg 10.646; VfGH v. 24.6.1982, B 66/81, Slg 9.446. Vgl. bereits dazu kritisch: Hausleithner, ÖStZ 1983, 62 (62ff.); Prohaska, ÖStZ 1983, 69 (69ff.). Zustimmend: Beiser, ÖStZ 1985, 56 (56ff.).

[740] VfGH v. 25.2.1999, B 128/97, ÖStZB 1999, 325.

[741] Fellner, ErbStG, § 2 Rn. 23, § 6 Rn. 12a, § 15 Rn. 74; Fellner, SWK 2000, 465 (468); Urnik, 140.

Verlassenschaftsabhandlung, erworben werde. Allenfalls könne ein Erbübereinkommen einen zusätzlichen Erwerb durch freigebige Zuwendung i.S.d. § 3 Abs. 1 Nr. 1 öErbStG begründen.[742] Des weiteren wird auf die parallele Rechtsprechung des BFH zum deutschen Recht im Bezug auf Pflichtteilserfüllungsabreden verwiesen.

Pollan[743] hingegen differenziert: Er begrüßt die Rechtsprechung des VfGH im Bezug auf Pflichtteilsberechtigte und Legatare, da die Rechtsprechung des VwGH zu einer Ungleichbehandlung bei Abreden über die Erfüllung der bestehenden Ansprüche führe. Hingegen will Pollan nicht die Rechtsprechung auf Erbübereinkommen bei Miterben anwenden, da hierfür kein Anlass bestehe und der Umsetzung rechtspraktische Probleme gegenüberstünden.

Für die Anwendung der Grundsätze des VfGH spricht sich Taucher[744] aus: Bereits im Erbrecht bestehe die Möglichkeit, über eine erbfallbedingt angefallene Rechtstellung Dispositionen zu treffen.[745] Diesen Dispositionsmöglichkeiten sei sich der Steuergesetzgeber bewusst gewesen und habe einzelne Gestaltungsvarianten bereits explizit in das Gesetz aufgenommen.[746] Daher habe der VfGH kein neues Gestaltungsrecht geschaffen. Vielmehr sei davon auszugehen, dass der VfGH diese in § 2 öErbStG verankerten Dispositionsmöglichkeiten verfassungskonform ausgelegt und daher auf weitere erbrechtlich bedingte Vereinbarungen ausgedehnt habe. Hintergrund dessen sei das aus dem Gleichheitsgrundsatz abzuleitende Gebot, wirtschaftlich gleichwertige Erscheinungen ungeachtet bestehender rechtlicher Verschiedenheiten gleich zu behandeln.

Insgesamt erscheinen die gegen die VfGH-Rechtsprechung vorgebrachten Argumente als sehr stichhaltig. Dennoch soll in der weiteren Darstellung des österreichischen Erbschaftsteuerrechts der Ansicht des VfGH gefolgt werden, ohne in der Sache eine Entscheidung treffen zu wollen, da sich durch die Rechtsauslegung des VfGH große Unterschiede zum deutschen Erbschaftsteuerrecht ergeben. Diese Rechtsprechungslinie ist auch auf Teilungsanordnungen

---

[742] Fellner, ErbStG, § 2 Rn. 23c; Fellner, SWK 2000, 465 (468); Urnik, 139. Dagegen: Dorazil/Taucher, ErbStG, § 2 Rn. 2.78; Walter RdW 2000, 510 (512). Voraussetzung hierfür ist die Bereicherungsabsicht der anderen Erben. Diese wird allerdings im Regelfall nicht vorliegen, da Wertunterschiede i.d.R. aufgrund unterschiedlicher Interessen der Erben an einzelnen Vermögenswerten entstehen oder das Übereinkommen nur zur Vermeidung eines Erbschaftsteuerstreits geschlossen wurde.

[743] Pollan, NZ 2000, 97 (100ff.).

[744] Taucher, NZ 2001, 117 (117ff.); Taucher, NZ 1999, 325 (325ff.); Taucher, NZ 1999, 230 (230ff.). Ferner: Doralt/Ruppe, Rn. 108; Dorazil/Taucher, ErbStG, § 2 Rn. 2.81. Kritisch aber: Dorazil/Taucher, ErbStG, § 15 Rn. 20.9.

[745] Bspw. steht es dem Berechtigten frei, in die dingliche bzw. schuldrechtliche Position einzutreten. Es können Erfüllungsabreden getroffen werden. Es kann die erworbene Rechtsposition abgetreten werden.

[746] Bspw. § 2 Abs. 2 Nr. 4 öErbStG.

anzuwenden, so dass auch bei diesen Erblasseranordnungen das effektiv Erhaltene erbschaftsteuerrechtlich maßgeblich ist.[747]

b) Erwerb durch Vermächtnis

Ein Erwerb durch Vermächtnis liegt gemäß §§ 1 Abs. 1 Nr. 1 i.V.m. 2 Abs. 1 Nr. 1 2. Alt öErbStG vor, wenn der Vermächtnisnehmer das Legat „angenommen" hat.[748] Gegenstand des Vermächtniserwerbs ist der vermachte Gegenstand bzw. das effektiv vermachte Recht oder der an Zahlungsstatt hingegebene Gegenstand.[749]

4. Entstehung der Steuer

Bei Erwerben von Todes wegen entsteht die Steuerschuld gemäß § 12 Abs. 1 Nr. 1 öErbStG grundsätzlich mit dem Todestag des Erblassers,[750] sofern der Erbe die Erbserklärung abgegeben hat bzw. der Legatar nicht ausgeschlagen hat.[751] Unerheblich ist wiederum, ob die Einantwortung bereits erfolgt ist.[752] Trotz der Maßgeblichkeit des Erblassertodeszeitpunktes[753] ist eine spätere tatsächliche Bereicherung Voraussetzung für die Steuerpflicht.[754]

5. Wertermittlung

a) Allgemeines

Im österreichischen Erbschaftsteuerrecht bestimmt § 20 öErbStG den Umfang des angefallenen Vermögens, das auf den in §§ 1-5 öErbStG normierten Erwerbs- und Zuwendungsvorgängen beruht, die mit Hilfe des § 19 öErbStG zu dem Zeitpunkt der Entstehung der Steuerschuld gemäß § 18 öErbStG zu bewerten sind.

---

[747] Vgl. Dorazil/Taucher, ErbStG, § 2 Rn. 2.8.

[748] Fraberger, 1997, 578; Taucher,19.

[749] Vgl. 2. Teil III 3 a).

[750] Es wird auf die Ausnahmetatbestände des § 12 öErbStG nicht eingegangen.

[751] VwGH v. 26.4.2001, 2001/16/0032-33; VwGH v. 21.5.2000, 97/16/0214; VwGH v. 29.1.1997, 97/16/0002; VwGH v. 17.12.1992, 91/16/0137; VwGH v. 14.5.1992, 91/16/0019; VwGH v. 28.6.1989, 88/16/0047; Dorazil/Taucher, ErbStG, § 12 Rn. 2.1; Fellner, ErbStG, § 12 Rn. 7; Taucher, Unternehmensnachfolge 1996, 9 (20).

[752] VwGH v. 19.5.1988, 86/16/0203; VwGH v. 22.1.1987, 86/16/0021; VwGH v. 24.6.1982, 81/15/0119; VwGH v. 14.6.1950, 1526/49, Slg 238 F.

[753] Dass gerade der Erblassertod für die Entstehung der Steuerpflicht maßgeblich ist, ist darauf zurückzuführen, dass § 12 öErbStG ohne Änderung aus dem deutschen ErbStG 1925 übernommen worden ist. Vgl. Dorazil/Taucher, ErbStG, § 12 Rn. 2.1.

[754] Dorazil/Taucher, ErbStG, § 12 Rn. 2.4. Vgl. aber auch zur Kritik am Stichtagsprinzip: Taucher, NZ 1999, 117 (126f.). Vgl. zur Relevanz des Steuerentstehungszeitpunktes für andere Normen des ErbStG: 2. Teil C I 2 b).

Für die Wertermittlung ist allgemein die folgende Vorgehensweise zu beachten:[755] Zunächst sind die im Zuge des Erbanfalls übergegangenen Vermögensgegenstände, die den gesamten Vermögensanfall darstellen, zu bestimmen, wobei sachlich befreites Vermögen (§ 15 öErbStG) ausgeklammert wird. Abgesehen von dem außer Betracht zu lassenden Vermögen ist der Vermögensanfall mit Hilfe der Grundsätze der §§ 18, 19 öErbStG zu bewerten. Von dem gesamten aktiven Vermögensanfall ist gegebenenfalls der Freibetrag gemäß § 15a öErbStG abzuziehen. Zudem sind die abzugsfähigen Posten zu ermitteln und zu bewerten. Nach der Verrechnung der positiven mit den negativen Bewertungsposten wird der ermittelte Wert um den persönlichen Freibetrag gemäß § 14 öErbStG gekürzt. Der so berechnete Saldo stellt dann den der Besteuerung zugrunde liegenden Reinvermögenszuwachs dar.

b) Gesamter Vermögensanfall

§ 20 Abs. 1 S. 1 öErbStG bestimmt, dass als Erwerb - soweit nichts anderes vorgeschrieben ist - der gesamte Vermögensanfall an den Erwerber gilt. Es ist auf die durch den Erblassertod eingetretene Bereicherung abzustellen.[756]

c) Steuerbefreiung gemäß § 15 Abs. 1 Nr. 17 öErbStG

Es wird in dieser Arbeit auch für das österreichische Erbschaftsteuerrecht nicht auf die „klassischen" Steuerbefreiungen eingegangen. Vorgestellt werden soll aber in Grundzügen die Steuerbefreiung des § 15 Abs. 1 Nr. 17 öErbStG für endbesteuertes Kapitalvermögen, da durch die Normierung erhebliche Potentiale zur Reduzierung der Erbschaftsteuerbelastung entstanden sind, auch wenn diese nur sehr begrenzt die Unternehmensnachfolge i.e.S. betreffen.
Endbesteuerung[757] bedeutet, dass Kapitalerträge i.S.d. § 93 Abs. 2 Nr. 3, Abs. 3 öEStG der 25%-igen Kapitalertragsteuer unterliegen und durch den Abzug als abgegolten gelten, § 97 Abs. 1 öEStG.[758] Diesem Abzug kommt über § 15 Abs. 1 Nr. 17 öErbStG auch Abgeltungswirkung im Bezug auf die Erbschaftsteuer zu.[759]
Steuerfrei sind Erwerbe von Todes wegen von Kapitalvermögen, soweit die Erträge im Erblassertodeszeitpunkt der Steuerabgeltung des § 97 Abs. 1 S. 1,

---

[755] Vgl. auch: Dorazil/Taucher, ErbStG, § 20 Rn. 1.1.3; Fraberger, 2000, Rn. 25; Urnik, 177f.
[756] VwGH v. 1.9.1999, 98/16/0400; Doralt, ErbStG, § 20 Rn. 1; Dorazil/Taucher, ErbStG, § 20 Rn. 1.1.2.
[757] Der Gesetzgeber hat mit dem Endbesteuerungs-BVG sowie den dazu ergangenen Änderungsgesetzen die Möglichkeit geschaffen, bestimmte Arten von Kapitalvermögen im Todesfall einer Erbschaftsteuerbefreiung zu unterziehen. § 15 Abs. 1 Nr. 17 öErbStG stellt deren einfachgesetzliche Ausgestaltung dar. Vgl. Fraberger, SWK 1998, 775 (775).
[758] Vgl. Deininger, INF 2004, 460 (461); Ehrke/Heinrich, IStR 2003, 837 (838); Loukota, SWI 1993, 39 (39).
[759] Dem deutschen Recht ist derzeit eine derartige Abgeltungswirkung für Einkünfte aus Kapitalvermögen unbekannt. Vgl. Lang/Jann, IStR 1995, 55 (58).

Abs. 2 S. 1-3 öEStG 1988 i.d.F. BGBl 1993/12 unterliegen sowie von vergleichbarem Kapitalvermögen, soweit die Erträge im Erblassertodeszeitpunkt der besonderen Einkommensteuer gemäß § 37 Abs. 8 öEStG[760] unterliegen.[761] Für Forderungswertpapiere gilt dies nur dann, wenn sie bei ihrer Begebung sowohl in rechtlicher als auch in tatsächlicher Hinsicht einem unbestimmten Personenkreis angeboten werden, § 15 Abs. 1 Nr. 17, 1. Teilstrich öErbStG.[762]

---

[760] Durch das BBeglG 2003 ist die Gleichstellung von ausländischen mit inländischen Kapitalerträgen vollzogen worden. Es ist jedoch zu differenzieren: Soweit ausländische Kapitalerträge i.S.d. § 93 Abs. 2 Nr. 1 a-c öEStG vorliegen und die Kapitalerträge von einer inländischen auszahlenden Stelle i.S.d. § 95 Abs. 3 Nr. 4 öEStG bezahlt werden, ist der Kapitalertragsteuerabzug vorzunehmen und die Erträge sind endbesteuert, §§ 97, 93 Abs. 2 Nr. 1 e öEStG. Ausländische Kapitalerträge i.S.d. § 37 Abs. 8 öEStG, die nicht unter das Kapitalertragsteuer- und Endbesteuerungssystem fallen, sind gemäß § 37 Abs. 8 öEStG ohne Abzug anzusetzen (Bruttoversteuerung) und mit einem besonderen Steuersatz von 25 % zu versteuern. Auf Antrag kann eine Regelbesteuerung erfolgen. Von der neu eingeführten Regelung werden die folgenden Erträge erfasst: Gewinnanteile ausländischer Kapitalgesellschaften, gleichartige Bezüge und Rückvergütungen aus Anteilen an Erwerbs- und Wirtschaftsgenossenschaften und gleichartige Bezüge an Genussrechten i.S.d. § 93 Abs. 2 Nr. 1 a-c öEStG, die nicht von einer inländischen auszahlenden Stelle ausbezahlt werden (vgl. § 37 Abs. 8 Nr. 2 öEStG) sowie Zinsen aus Geldeinlagen bei ausländischen Banken i.S.d. § 93 Abs. 2 Nr. 3 öEStG, Kapitalerträge aus Forderungswertpapieren i.S.d. § 93 Abs. 3 öEStG, wenn keine kuponauszahlende Stelle im Inland besteht, wobei die ausländischen Kapitalerträge sowohl in rechtlicher als auch in tatsächlicher Hinsicht einem unbestimmten Personenkreis angeboten werden müssen. Die Sonderbesteuerung (§ 37 Abs. 8 EStG) gilt für alle Kapitalerträge, die ab dem 31.3.2003 entstanden sind. Die Einbeziehung von ausländischen Beteiligungserträgen in das Kapitalertragsteuersystem ist hingegen erst für Zuflüsse ab dem 31.3.2004 anzuwenden. Vgl. Aigner/Aigner/Kofler, IWB F.5 Gr. 2, 593 (596); Aigner/Aigner/Kofler, ecolex 2003, 480 (481f.); Dorazil/Taucher, ErbStG, § 15 Rn. 20.2; Ehrke/Heinrich, IStR 2003, 837 (839); Hasenauer/Hügel/ Schütte, IStR 2003, 845 (845ff.). Die Kodifizierung erfolgte u.a. auch als Vorgriff auf das Urteil des EuGH v. 15.7.2004, C-315/02, „Lenz". Vgl. auch: EB, Ausschussbericht 59 BlgNR XXII. GP zu Art. 46; Kofler, ÖStZ 2004, 757 (757ff.); Polivanova-Rosenauer/Toifl, SWI 2004, 228 (228ff.); Tissot, RdW 2003, 588 (588ff.).

[761] Zu beachten ist, dass es durch das BBeglG 2003 zu einer Ungleichbehandlung bei der Erbschaftsteuerfreiheit von im Betriebsvermögen gehaltenen Forderungswertpapieren und Immobilienfonds kommt: Während bei Inlandserträgen aufgrund der statischen Verweisung (s.u.) die Forderungswertpapiere etc. im Privatvermögen gehalten werden müssen, wird bei ausländischen Kapitalerträgen keine Unterscheidung zwischen Privat- und Betriebsvermögen getroffen, so dass auch im Betriebsvermögen gehaltene Forderungswertpapiere, für die keine inländische kuponauszahlende Stelle vorliegt, von der Erbschaftsteuerbefreiung erfasst werden. Vgl. ausführlich: Marschner, ÖStZ 2004, 485 (485ff.).

[762] Steuerfrei sind ebenfalls Ansprüche gegenüber Einrichtungen i.S.d. § 108h (in- und ausländische Investmentfonds) EStG 1988 (§ 15 Abs. 1 Nr. 17, 2. Teilstrich öErbStG), sowie Anteile an in- und ausländischen Kapitalgesellschaften, wenn die Anteile nachweislich unter 1% liegen (§ 15 Abs. 1 Nr. 17, 3. Teilstrich öErbStG). Auf diese Befreiungstatbestände soll in der Arbeit nicht eingegangen werden. Vgl. dazu ausführlich: EStR 2000, öBMF v.

aa) Maßgeblichkeit des Ertragsteuerrechts bei der Abgrenzung des Umfangs des steuerbefreiten Vermögens

Aufgrund des Verweises in § 97 Abs. 1 Nr. 2 i.d.F. BGBl 1993/12 auf § 27 öEStG (Einkünfte aus Kapitalvermögen) müssen die Kapitalerträge im Erblassertodeszeitpunkt dem Privatvermögen zugeordnet sein.[763] Ausgeschlossen sind Kapitalvermögenserträge, die im Rahmen der Gewinneinkünfte i.S.d. § 2 Abs. 3 Nr. 1-3 öEStG erzielt werden.[764] Stellt das Kapitalvermögen Betriebsvermögen dar, ist es voll erbschaftsteuerpflichtig.

Es ist daher quasi als „Vorfrage" für die Inanspruchnahme der Steuerbefreiung zwischen ertragsteuerlichem Privat- und Betriebsvermögen abzugrenzen,[765] wobei der Steuerpflichtige den Nachweis über die Nichtzugehörigkeit zum Betriebsvermögen zu erbringen hat.[766]

bb) Geldeinlagen und sonstige Forderungen gegenüber Kreditinstituten

Die endbesteuerten Kapitalerträge müssen gemäß § 15 Abs. 1 Nr. 17, 1. Teilstrich öErbStG i.V.m. § 97 Abs. 1 öEStG 1988 i.d.F. 12/1993, § 93 Abs. 2 Nr. 3 öEStG entweder aus Geldeinlagen oder sonstigen Forderungen gegenüber Kreditinstituten hervorgegangen sein.

Zu den Geldeinlagen gehören u.a. Sparbücher unterschiedlicher Art, Einlagen bei Bausparkassen, Termineinlagen, Festgelder und Sichteinlagen.[767] Ferner zählen auch von Kreditinstituten treuhändig oder zur Verwaltung aufgenommene Gelder dazu, für deren Verlust das Institut das wirtschaftliche Risiko trägt, § 93 Abs. 2 Nr. 3 a) S. 2 öEStG.

8.11.2000, 060104/9-IV/6/00, AÖF 2000/232, 29.1.2 bzw. 29.1.3; Fellner, ErbStG, § 15 Rn. 63ff., 79ff.; Fraberger, 194ff.

[763] Beiser, ÖStZ 1994, 145 (145); Doralt, ErbStG, § 15 Rn. 60; Fellner, ErbStG, § 15 Rn. 64; Fraberger, 184; Gahleitner/Moritz, IWB F.5 Gr.2, 467 (484); Heinrich/Moritz, ZEV 1995, 325 (325); Hilber, ecolex 1999, 719 (720); Jann, 156; Jochum, UVR 2003, 162 (165); Rolfs, IWB F.5 Gr.2, 405 (411).

[764] Vgl. Beiser, ÖStZ 1994, 327 (330); Dorazil/Taucher, ErbStG, § 15 Rn. 20.7; Fellner, ErbStG, § 15 Rn. 64; Marschner, ÖStZ 2004, 485 (485ff.); Hilber, ecolex 2000, 525 (525); Jann, Österreich EU Nachbar, 51 (65).

[765] Vgl. ausführlich: Fellner, ErbStG, § 15 Rn. 64ff.; Fraberger, 184ff.

[766] Vgl. zur Abgrenzung ausführlich: VwGH v. 28.3.2000, 96/14/0104, ÖStZB 2000, 422 (424); VwGH v. 26.4.1994, 91/14/0030, ÖStZB 1994, 730; VwGH v. 11.5.1993, 89/14/0284, ÖStZB 1994, 5 (7); VwGH v. 14.12.1988, 84/13/0063, ÖStZB 1989, 215 (217f.); Endbesteuerungserlass, öBMF v. 8.4.1994, 14 0210/6-IV/14/93, Rn. 3.1.1 auszugsweise abgedruckt in: Fellner, ErbStG, § 15 Rn. 67; Achatz, FS Heidinger, 79 (84); Dorazil/Taucher, ErbStG, § 15 Rn. 20.7; Quantschnigg/Schuch, ESt-Handbuch, § 4 Rn. 11.3.2.

[767] EStR 2000, öBMF v. 8.11.2000, 060104/9-IV/6/00, AÖF 2000/232, 29.1.1.2; Dorazil/Taucher, ErbStG, § 15 Rn. 20.2; Fellner, ErbStG, § 15 Rn. 61; Fraberger, 189; Winzer, SWK 2003, 1178 (1178); Zehetner, 33.

Sonstige Forderungen i.S.d. § 93 Abs. 2 Nr. 3 b) öEStG liegen vor, wenn die Forderung auf einem Bankgeschäft[768] (§ 1 Abs. 1 BWG) beruht. Dies ist u.a. bei der Einräumung eines verzinslichen Darlehns gegenüber der Bank der Fall.[769] Daraus ergeben sich für die Unternehmensfinanzierung und -nachfolge Anreize: Investoren, die einem bestimmten (eigenen) Unternehmen Kapital zuführen wollen, werden der Bank eine Geldeinlage zur Verfügung stellen. Das Kreditinstitut[770] wiederum wird das Kapital an das Unternehmen in Form eines Darlehns „weiterleiten". Durch dieses sog. durchgeleitete Darlehn (Bankzwischenschaltung) wird ein an sich voll erbschaftsteuerpflichtiges Privatdarlehn,[771] da es sich um eine Kapitalforderung gegenüber einer Nichtbank handeln würde, in eine nach § 15 Abs. 1 Nr. 17 öErbStG begünstigte Forderung transformiert.[772] Der Vorwurf des Gestaltungsmissbrauchs ist nicht zu erwarten, da aufgrund der Zwischenschaltung - als ein sachlicher Grund - die Bank das wirtschaftliche Verlust- bzw. Ausfallrisiko trägt.[773]

cc) Besicherung betrieblicher Verbindlichkeiten

Fraglich erscheint, ob von der Steuerbefreiung solche Kapitalerträge ausgenommen sind, die der Besicherung betrieblicher Verbindlichkeiten dienen. § 15 Abs. 1 Nr. 17 öErbStG verwies in der ursprünglichen Fassung[774] „auf § 97 EStG 1988" schlechthin. § 97 Abs. 1 S. 2 und Abs. 2 S. 4 öEStG 1988 enthielt jeweils die Einschränkung, dass Erträge aus Kapitalvermögen, das der Besicherung betrieblicher Verbindlichkeiten des Steuerpflichtigen diente, von der Endbesteuerung ausgenommen war.

§ 15 Abs. 1 Nr. 17 öErbStG i.V.m. § 97 öEStG trat mit Wirkung zum 1.1.1993 in Kraft. Die oben genannte Einschränkung wurde jedoch durch das StRefG 1993 mit Rückwirkung zum 1.1.1993 außer Kraft gesetzt, so dass die Bestimmung niemals zur Anwendung gekommen ist. Gleichzeitig wurde § 97 öEStG wesentlich erweitert.[775] Eine Änderung des Erbschaftsteuergesetzes erfolgte

---

[768] Vgl. ausführlich dazu: Fremuth/Laurer/Linc/Pötzelberger/Strobl, BWG, § 1 Rn. 1ff.

[769] EStR 2000, öBMF v. 8.11.2000, 060104/9-IV/6/00, AÖF 2000/232, 29.1.1.3; Doralt, EStG, § 93 Rn. 40; Fraberger, 190; Quantschnigg/Schuch, ESt-Handbuch, § 93 Rn. 15.

[770] Vgl. zum Begriff des Kreditinstituts: EStR 2000, öBMF v. 8.11.2000, 060104/9-IV/6/00, AÖF 2000/232, 29.1.1.1; Doralt, EStG, § 93 Rn. 42; Fraberger, 189f.; Göth, ecolex 1995, 440 (441ff.); Quantschnigg/Schuch, ESt-Handbuch, § 93 Rn. 12; Tumpel, Kapitalverkehrsfreiheit und Steuerrecht, 63 (73).

[771] Gassner, JBl 1994, 289 (293); Lang, ÖStZ 1993, 247 (251f.); Lang/Jann, IStR 1995, 55 (58); Rolfs, IWB F.5 Gr.2, 405 (412). Vgl. zu den verfassungsrechtlichen Bedenken, da bei Darlehnsgewährungen zwischen Privaten eine volle Versteuerung stattfindet: Doralt, RdW 1993, 89 (89); Gassner, ÖStZ 1993, 4 (6); Lang, ÖStZ 1993, 247 (251f.).

[772] Bertl/Fraberger, Unternehmensnachfolge 1996, 39 (47f.). Vgl. zu den ertragsteuerlichen Vorteilen: Bertl, Steuerreform 1993, 9 (25); Fraberger, 192 mit Berechnungsbeispielen.

[773] Fraberger, 192.

[774] BGBl 1993/12.

[775] Achatz, Kapitalertragsteuer, 71 (76).

nicht. Im Folgenden entstand der Streit, ob die Verweisung im Erbschaftsteuergesetz auf das Ertragsteuerrecht als dynamische oder statische Verweisung zu verstehen war.[776] Der Gesetzgeber reagierte durch das AbgÄG 1993 und stellte mit Rückwirkung auf den 1.1.1993 klar,[777] dass sich der Verweis nur auf § 97 Abs. 1 S. 1 und Abs. 2 S. 1-3 öEStG 1988 i.d.F. 1993/12 bezieht und somit nicht auf die Beschränkungen in Abs. 1 S. 2 und Abs. 2 S. 4 öEStG 1988. Heute entspricht es daher der herrschenden Ansicht, dass die Besicherung betrieblicher Verbindlichkeiten durch Kapitalvermögen für die Steuerfreiheit unschädlich ist.[778] Es handelt sich damit nicht um eine einschränkende Voraussetzung für die Steuerbefreiung.

dd) „Steuerbefreiungsinhaber"

Ist nur ein Erbe vorhanden, steht diesem die Steuerbefreiung zu. Problematisch ist die Situation auch dann, wenn der Erblasser endbesteuertes Vermögen zum Gegenstand des Legats erklärt hat und der Vermächtnisnehmer dieses erhält, so dass der Vermächtnisnehmer die Abgeltungswirkung für sich in Anspruch nehmen kann.[779]

Für alle weiteren möglichen Konstellationen sind wiederum die neuen Grundsätze des Verfassungsgerichtshofs[780] zu berücksichtigen: Aus diesen folgt für den Erwerb von endbesteuertem Vermögen von Todes wegen, dass die Erbschaftsteuer auch dann abgegolten sein muss, wenn im Zuge eines

---

[776] Für die dynamische Verweisung sprach, dass in der ursprünglichen Fassung nicht auf eine bestimmte Fassung des EStG 1988 verwiesen worden ist. Daher handelt es sich bei der Gesetzesänderung durch das AbgG 1994 wohl nicht um eine Klarstellung, sondern um eine rückwirkende Änderung des Gesetzes. Vgl. zur Problematik: VfGH v. 12.10.1998, G 170/96; Durchführungserlass zur Endbesteuerung öBMF v. 8.4.1994, 140210/6-IV/1493, Rn. 9.2.1, AÖF 1994/175; Beiser, ÖStZ 1994, 145 (147); Dorazil/Taucher, ErbStG, § 15 Rn. 20.1; Fellner, ErbStG, § 15 Rn. 58a; Fraberger, 1997, 502; Kortner, FJ 1994, 30 (32); Rief, FJ-GVR 1994, 9 (9); Thomanetz, SWK 1999, 296 (297).

[777] Vgl. Regierungsvorlage zu Art. VIII AbgÄG 1994, 1624 Blg NR. XVIII GP: „Die Zitierungsergänzung dient der Klarstellung, dass es sich in § 15 Abs. 1 Z. 15 um einen statischen Verweis handelt.". Vgl. auch: KMOG, BGBl I 2001/2, Art. III Nr. 1; Dorazil/Taucher, ErbStG, § 15 Rn. 20.1.

[778] Beiser, ÖStZ 1994, 145 (146); Fellner, ErbStG, § 15 Rn. 58a; Fraberger, 203. A.A. immer noch: Achatz, Kapitalertragsteuer, 71 (83); Doralt, ErbStG, § 15 Rn. 60; Jochum, UVR 2003, 162 (165).

[779] Vgl. VwGH v. 21.1.1999, 98/16/0366; Fraberger, SWK 1999, 631 (640); Hausleithner, RdW 1993, 256 (260); Heinrich/Moritz, ZEV 1995, 325 (326); Kralik/Beer, NetV 2000, 39 (39ff.).

[780] VfGH v. 10.6.2002, B 71/99; VfGH v. 27.9.1999, B 129, 130, 132/97; VfGH v. 27.9.1999, B 3027/97; VfGH v. 23.6.1999, B 36/98. Vgl. hierzu: öBMF v. 29.8.2000, 10 3230/3-IV/10/00, Rn. 3.4 abgedruckt in: Fellner, ErbStG, § 15 Rn. 77a; Fraberger, SWK 1999, 631 (631ff.); Taucher, NZ 1999, 324 (325ff.). So auch schon 1996: Henzl/Kofler/Rief/Taucher, ÖStZ 1996, 573 (573f.). Vgl. auch: 2. Teil C III 3 a).

Erbübereinkommens endbesteuertes Vermögen zugewiesen wird oder aber (Geld-)Vermächtnisse mit endbesteuertem Vermögen an Erfüllungs Statt erfüllt werden. Der Nachlass muss dabei jeweils in dem Umfang steuerfrei bleiben, in dem er aus endbesteuertem Vermögen besteht.[781] Es gilt der Grundsatz der tatsächlichen „Einmalwirksamkeit der Steuerbefreiung“[782]: § 15 Abs. 1 Nr. 17 öErbStG muss insgesamt einmal in vollem Umfang zur Wirkung gelangen. Besteht bspw. der gesamte Nachlass aus endbesteuertem Vermögen und ist der Alleinerbe mit einem Barlegat belastet, ist das Vermächtnis steuerfrei, unabhängig davon, ob der Erbe das Legat mit dem Nachlassvermögen oder mit nachlassfremdem Vermögen erfüllt.[783] Problematischer erscheinen hingegen solche Situationen, in denen die Steuerfreiheit durch Zuweisung endbesteuerten Vermögens nicht verbraucht worden ist: Erwirbt bspw. ein Miterbe im Zuge eines Erbübereinkommens Nachlassvermögen, das den Wert seiner Erbquote übersteigt und findet er die übrigen Miterben ab, steht diesem Miterben die Steuerbefreiung ganz zu, soweit das im Nachlass enthaltene endbesteuerte Vermögen den Wert des dem Miterben verbleibenden Nachlassvermögens nicht übersteigt. Ist der dem Miterben verbleibende Anteil geringer, steht die verbleibende noch nicht „verbrauchte“ Steuerfreiheit den verbleibenden abgefundenen Miterben zu, unabhängig davon, ob die Abfindungs- bzw. Auseinandersetzungsleistungen mit endbesteuertem Vermögen, mit anderen Mitteln aus dem Nachlass oder mit nachlassfremden Mitteln erfüllt worden sind.[784]

ee) Verfassungsrechtliche Bedenken

Gegen die Steuerbefreiung der Nr. 17 werden seitens der Literatur zahlreiche verfassungsrechtliche Bedenken geäußert: Kritisiert wird, dass nur bestimmtes Kapitalvermögen und dieses auch nur bei Erwerb von Todes wegen befreit wird.[785] Ferner werden gemeinschaftsrechtliche Bedenken im Bezug auf die Kapitalverkehrsfreiheit geltend gemacht.[786]

---

[781] Achatz, Kapitalertragsteuer, 71 (85).

[782] Vgl. Fraberger, SWK 1999, 631 (633); Hausleithner, RdW 1993, 256 (261).

[783] Vgl. Achatz, Kapitalertragsteuer, 71 (85).

[784] Vgl. Kralik/Beer, NetV 2000, 39 (39ff.); Taucher, NZ 1999, 325 (328ff.) mit Beispielen auch im Bezug auf vergleichbare Fallgestaltungen bei Vermächtnis- und Pflichtteilserfüllung. A.A.: VwGH v. 28.9.2000, 2000/16/0327; Fellner, ErbStG, § 15 Rn. 74. Der VwGH geht bei Erbengemeinschaften davon aus, dass die Steuerfreiheit den Miterben anteilsmäßig in Höhe der Erbquote zusteht, sofern der Erblasser über die Aufteilung des Nachlasses keine Anordnung getroffen hat.

[785] Achatz, Kapitalertragsteuer, 71 (77); Beiser, ÖStZ 1994, 327 (330); Dorazil/Taucher, ErbStG, § 15 Rn. 20.12; R&R, FJ 1996, 270 (270). Auf den letztgenannten Kritikpunkt hat der Gesetzgeber durch die Kodifizierung des Nr. 19 reagiert.

[786] Vgl. hierzu: Dorazil/Taucher, ErbStG, § 15 Rn. 20.15; Fraberger, SWK 1998, 302 (308f.); Heinrich, IStR 2000, 238 (238ff.); Jochum, UVR 2003, 162 (165); Lang, IWB F.5 Gr.2, 555 (556f.); Toifl, Österreich EU-Nachbar, 139 (174 Fn.199); Tumpel, SWI 2000, 27 (35);

Den eigentlichen Kritikpunkt an der Steuerbefreiung bildet jedoch die Frage, ob eine derartige Befreiung für Kapitalvermögen überhaupt gerechtfertigt sein kann. Den amtlichen Materialien entsprechend wurde die Kodifizierung damit begründet, dass die von der Nr. 17 erfassten Vermögenswerte der Inflation unterliegen würden.[787] Das politische Motiv für die Einführung ist aber vielmehr in der damals geführten Diskussion um die Anonymität der Sparbücher und das Bankgeheimnis zu sehen.[788] Die Kodifizierung ist daher als flankierende Maßnahme zur Einführung der Zinsendbesteuerung und zur aus Anlass dieser Neuregelung erforderlichen Steueramnestie zu betrachten.[789]
Der Rechtfertigungsansatz des Inflationsgedankens erscheint jedenfalls nicht als stichhaltig, da auch andere von der Begünstigungswirkung nicht erfasste Vermögenswerte der Inflation unterliegen und der Inflationseffekt grundsätzlich im vom Nominalwertprinzip beherrschten Steuerrecht nicht berücksichtigt wird.[790] Auch wird der Effekt bereits bei der Ermittlung des Kapitalertragsteuersatzes berücksichtigt, so dass die Erbschaftsteuerbefreiung im Hinblick auf den Rechtfertigungsansatz zu einer überproportionalen Berücksichtigung von Geldwertveränderungen führt.[791]
Problematisch erscheint die Befreiung ferner im Hinblick auf das Leistungsfähigkeitsprinzip, denn Kapitalvermögen ist leicht zu verwerten und daher im besonderen Maße geeignet, die Leistungsfähigkeit des Erwerbers zu steigern. Die Nr. 17 wird aus diesem Grund auch als eine das Leistungsfähigkeitsprinzip durchbrechende Norm betrachtet.[792]
Der VwGH teilte die von der Literatur hervorgebrachten Bedenken und stellte trotz der verfassungsrechtlichen Absicherung der Endbesteuerung durch das Endbesteuerungs-BVG mehrere Anträge an den VfGH, § 15 Abs. 1 Nr. 17

Tumpel, Kapitalverkehrsfreiheit und Steuerrecht, 63 (80ff.). Diese dürften sich zumindest grundsätzlich durch die Änderungen durch das BBegIG erledigt haben.

787 ErläutRV EBG 810, Blg NR XVIII GP, 5. Vgl. auch: Gassner, JBl 1994, 289 (293); Lang/Jann, IStR 1995, 55 (59).

788 Achatz, FS Heidinger, 79 (81); Achatz/Leitner, IWB F.5 Gr.2, 273 (274); Fellner, SWK 2000, 465 (475); Heidinger, DStZ 1992, 456 (458f.); Heinrich/Moritz, ZEV 1995, 325 (325); Lang/Jann, IStR 1995, 55 (61); Zehetner, 30.

789 So wurde auch in der Literatur auf die Möglichkeit hingewiesen, dass mit Hilfe endbesteuerten Kapitalvermögens schwarze Einkünfte anlässlich des Todes eines Verwandten „weiß gewaschen" werden könnten: Es könnte der Erblasser reicher gemacht werden als er tatsächlich war, indem endbesteuerte Sparbücher in der Verlassenschaft angegeben werden, die nicht dem Erblasser, sondern dem Erben gehören. Vgl. Quantschnigg, RdW 1996, 30 (30). Kritisch: Fraberger, 1997, 655.

790 Vgl. Fellner, RdW 1994, 412 (413); Kofler/Bertl/Köglberger/Lechner, SWK 1998, 159 (161); Urnik, 229.

791 Fellner, RdW 1994, 412 (413).

792 Fellner, SWK 2000, 465 (474); Fraberger, 1997, 494. Wohl auch: Doralt, RdW 1992, 352 (352).

öErbStG als gegen den Gleichheitsgrundsatz verstoßend (Art. 7 B-VG i.V.m. § 2 StGG) aufzuheben.[793]
Ferner erblickte der VwGH in der Einbeziehung der Erbschaftsteuer in die Endbesteuerung von Kapitalvermögen einen Verstoß gegen das Stichtagsprinzip, da hier eine Steuer von jemandem zu Lebzeiten bezahlt werde, für die nach seinem Tod, falls das Vermögen noch vorhanden sei, ein anderer Steuerschuldner wäre.
Die Anträge des VwGH wurden vom VfGH abgewiesen:[794] Angesichts des verfassungsrechtlichen Gebotes zur Erbschaftsteuerbefreiung des todesfallbedingten Erwerbs bestimmter Kapitalien (§ 1 Abs. 1 Nr. 2 Endbesteuerungs-BVG) sowie der grundsätzlich nicht erlaubten Prüfung eines Bundesverfassungsgesetzes an den Grundrechten der Verfassung erübrige sich, so der VfGH, ein Eingehen auf die vom VwGH geäußerten gleichheitsrechtlichen Bedenken. Zudem entspreche § 15 Abs. 1 Nr. 17 öErbStG den Vorgaben des Endbesteuerungsgesetzes.[795]
Trotz der Entscheidung des VfGH bestehen für die Rechtfertigung der Steuerbefreiung keine überzeugenden Argumente.[796] Zusammenfassend lässt sich damit nur feststellen, dass die steuer- und rechtspolitische Entscheidung des Gesetzgebers faktisch zu einer klaren Verminderung des Steueraufkommens bei der Erbschaftsteuer führt.[797]

d) Abzug von Verbindlichkeiten

Da im Erbschaftsteuerrecht nur der Reinvermögensanfall der Besteuerung unterliegt, enthält § 20 in Abs. 4-7 öErbStG Regeln über die Abzugsfähigkeit von Nachlassverbindlichkeiten.[798]
Während Abs. 4 sich inhaltlich mit beispielhaft aufgezählten Erbgangsschulden auseinandersetzt, betrifft Abs. 5 die Erblasserschulden. In Abs. 5 S. 1 wird die allgemeine Regel normiert, dass Schulden und Lasten, die in wirtschaftlicher

---

[793] VwGH v. 29.1.1997, A1 u. A 4/97; VwGH v. 14.11.1996, A 96/96; VwGH v. 3.10.1996, A 69/96; VwGH v. 20.8.1996, A 42/96; VwGH v. 26.6.1996, A 31/96.
[794] VfGH v. 12.10.1998, G 170/96, Slg 15.299. Dazu: Fraberger, SWK 1998, 775 (775ff.).
[795] So auch schon vor den Entscheidungen des VfGH: Rief, RdW 1996, 492 (493).
[796] So auch: Urnik, 229. Lang/Jann IStR, 1995, 55 (61): keine zwingenden sachlichen Notwendigkeiten.
[797] Fraberger, 1997, 494; Lang/Jann, IStR 1995, 55 (62). Vgl. Statistik bei: Heidinger, ecolex 1994, 496 (498).
[798] Der allgemeine Grundsatz in dem Sinne, dass Schulden und Lasten grundsätzlich abzugsfähig sind, ist hingegen nicht kodifiziert worden. Scheinbar hat der Gesetzgeber diesen als selbstverständlich vorausgesetzt und eine Normierung für überflüssig gehalten. Vgl. Dorazil/Taucher, ErbStG, § 20 Rn. 5.1.

Beziehung[799] zu nicht steuerbaren Teilen des Erwerbs stehen, nicht abgezogen werden dürfen.
Zwar entspricht das Abzugsverbot in § 20 Abs. 5 S. 1 öErbStG einem im Steuerrecht üblichen Grundsatz.[800] Im Unterschied zu den ertragsteuerlichen Abzugsverboten stellt jedoch § 20 Abs. 5 öErbStG in seinem Wortlaut nicht auch auf die „steuerbefreiten", sondern nur auf die „nicht steuerbaren Teile" ab.[801] Dennoch wollen Doralt[802], Tabacs[803] und das BMF[804] „nicht steuerbar" i.S.v. „steuerbefreit" verstehen.
Dieser Ansicht ist jedoch zu widersprechen: Wenn es dem Gebot der Gesetzestechnik entspricht, denselben Begriff stets nur mit demselben Wort zu bezeichnen und korrespondierend dazu auch dasselbe Wort zur Bezeichnung desselben Begriffes zu verwenden, dann ist auch bei der Gesetzesauslegung davon auszugehen, dass der Gesetzgeber dann, wenn er dasselbe Wort verwendet, er darunter auch denselben Begriff verstanden wissen will.[805] Zudem ergibt sich aus dem System des Erbschaftsteuerrechts die Unterscheidung zwischen steuerbaren Vorgängen i.S.d. §§ 1-5 öErbStG und den persönlichen und sachlichen Steuerbefreiungen.[806] Daher kann „steuerbar" nicht mit dem Wort „steuerbefreit" gleichgesetzt werden.
Aus dieser Feststellung ergibt sich gleichzeitig im Rahmen der unbeschränkten Steuerpflicht die Möglichkeit, Erblasserschulden, die im Zusammenhang mit „steuerbefreitem" und gleichzeitig „steuerbarem" Vermögen (bspw. § 15

[799] Der Begriff der „wirtschaftlichen Beziehung" entspricht de facto dem Begriff des „wirtschaftlichen Zusammenhangs" in § 10 Abs. 5 ErbStG. Vgl. Burgstaller/Haslinger, SWI 2004, 108 (111); Fellner, ErbStG, § 20 Rn. 35. Vgl. ausführlich: 2. Teil C II 4 c) aa).

[800] Vgl. § 20 Abs. 2 öEStG; § 12 Abs. 2 öKStG; § 77 Abs. 2 öVStG. Vgl. auch: Urnik, 210.

[801] Rief, SWK 1995, 395 (396). Auch sind die Abzugsverbote in § 20 Abs. 2 öEStG und § 77 Abs. 2 öVStG im Zuge des Endbesteuerungsgesetzes angepasst worden. Das Abzugsverbot im Erbschaftsteuergesetz ist hingegen unverändert geblieben.

[802] Doralt, ErbStG, § 15 Rn. 70 bezüglich § 15 Abs. 1 Nr. 17 öErbStG, § 20 Rn. 28.

[803] Tabacs, ErbStG, 104.

[804] Durchführungserlass zum Endbesteuerungsgesetz öBMF v. 8.4.1994, 14 0210/6-IV/14/93, AÖF 1994/175, Pkt. 8.2: ausdrücklich jedenfalls bezüglich endbesteuerten Vermögens. Im Bezug auf dieses Vermögen ist Hintergrund des Problems, dass gemäß § 2 Abs. 1 Endbesteuerungs-BVG bundesgesetzlich vorgesehen ist, bei der Ermittlung des Erwerbs von Todes wegen bei endbesteuertem Vermögen Schulden und Lasten nicht mit zu berücksichtigen. Der Gesetzgeber hat es aber bisher versäumt, das Abzugsverbot des § 20 Abs. 5 öErbStG an diese Vorgaben anzupassen. Ob dieser Versuch des BMF, den gesetzlichen Regelungsbedarf durch den Erlassweg zu kompensieren, gelungen ist, erscheint äußerst zweifelhaft.

[805] Vgl. VwGH v. 11.2.1988, 87/16/0141 im Bezug auf die allgemeine Gesetzesauslegung.

[806] Rief, SWK 1995, 395 (396).

öErbStG insb. Nr. 17) stehen, abzuziehen:[807] Es können Verbindlichkeiten aufgenommen werden, um das Kapital in endbesteuertes Kapitalvermögen zu transformieren. Da im Erbfall neben dem steuerbefreiten endbesteuerten Kapitalvermögen auch die den Vermögensanfall mindernden Erblasserschulden i.S.d. § 20 Abs. 5 ErbStG übergehen, besteht aufgrund der bisherigen Untätigkeit des österreichischen Steuergesetzgebers eine attraktive Möglichkeit zur Erbschaftsteuerminimierung.[808]
Zu keiner Einschränkung führt das Abzugsverbot im Bezug auf Verbindlichkeiten, die mit Betriebsvermögen i.S.d. § 15a ErbStG in wirtschaftlicher Beziehung stehen, da bereits der Wert des Betriebsvermögens einen Nettobetrag darstellt.[809]
Liegt ein Fall der beschränkten Steuerpflicht vor, sind gemäß § 20 Abs. 5 S. 2 öErbStG nur diejenigen Schulden und Lasten abzugsfähig, die in einer wirtschaftlichen Beziehung zu den der beschränkten Steuerpflicht unterliegenden Vermögensgegenständen i.S.d. § 6 Abs. 1 Nr. 2 öErbStG stehen.[810] Besteht ein Doppelbesteuerungsabkommen, das Regelungen über den Schuldenabzug enthält, gehen diese Bestimmungen als lex specialis dem nationalen Recht vor.[811]

e) Bewertung für Zwecke der Erbschaftsteuer

Da das österreichische Erbschaftsteuergesetz keine eigenen Bewertungsvorschriften enthält, verweist § 19 Abs. 1 öErbStG[812] auf das öBewG: Es gelten die Bestimmungen des ersten Teils, soweit sich nicht aus dem ersten Abschnitt des zweiten Teils des Bewertungsgesetzes etwas anderes bestimmt, § 1 Abs. 2 öBewG.[813] Ergänzend bestimmt § 19 Abs. 2 öErbStG als lex specialis u.a. für inländische Betriebsgrundstücke die Anwendung der Vorschriften des zweiten Teils des Bewertungsgesetzes.

---

[807] Dorazil/Taucher, ErbStG, § 20 Rn. 5.3; Fellner, ErbStG, § 20 Rn. 35a; Rief, SWK 1995, 395 (396); Taucher, NZ 1999, 324 (328) bzgl. § 15 Abs. 1 Nr. 17 öErbStG. Vgl. auch: Toifl, SWI 1995, 349 (350).

[808] Vgl. Bertl/Fraberger, Unternehmensnachfolge 1996, 39 (48); Rief, SWK 1995, 395 (396). Bereits seit Einführung des Endbesteuerungsgesetzes wird darauf „gewartet", dass der Gesetzgeber eine Änderung des Gesetzeswortlauts vornimmt.

[809] Doralt, ErbStG, § 15a Rn. 12, § 20 Rn. 31; Dorazil/Taucher, ErbStG, § 20 Rn. 10.3.

[810] Vgl. zur europarechtlichen Problematik: Burgstaller/Haslinger, SWI 2004, 108 (111f.)

[811] Fellner, ErbStG, § 20 Rn. 36; Toifl, SWK 1995, 349 (349f.).

[812] Gegen die Bestimmung des § 19 Abs. 1 öErbStG bestehen keine verfassungsrechtlichen Bedenken: Vgl. VfGH v. 14.6.1997, B 184, 324/96, Slg 14849 F; VfGH v. 30.9.1972, B 244/71, Slg 6840 F; VwGH v. 19.8.1997, 96/16/0171; Dorazil/Taucher, ErbStG, § 19 Rn. 1.2.

[813] Dorazil/Taucher, ErbStG, § 19 Rn. 1.1.

Es findet - sowie im deutschen Recht - keine Bewertung des Gesamtnachlasses en block statt. Es werden jeweils die einzelnen Nachlassgegenstände bewertet.[814]

aa) Allgemeines zur Bewertung von Personengesellschaftsanteilen

Der Anteil an einer Personengesellschaft wird im österreichischen Erbschaftsteuerrecht nicht als solcher bewertet, sondern als Bruchteil des Betriebsvermögens der Gesellschaft.[815] Hierfür ist zunächst das Betriebsvermögen der Gesellschaft im Wege der Einzelwirtschaftsgüterbewertung zu ermitteln.[816] Den Wert am Anteil der Personengesellschaft bildet dann die Summe der anteiligen Werte der einzelnen dem Gewerbebetrieb dienenden Wirtschaftsgüter.[817]

bb) Gesamtwert des Betriebsvermögens

Der Gesamtwert des Betriebsvermögens ergibt sich aus der Summe aller Teilwerte der beweglichen Wirtschaftsgüter einschließlich aller Rechte, zuzüglich der Betriebsgrundstücke, die mit dem dreifachen Einheitswert anzusetzen sind, abzüglich der Verbindlichkeiten (§ 14 Abs. 1 öBewG).[818]

---

[814] VwGH v. 17.3.1986, 84/15/0113; VwGH v. 13.5.1965, 2086/64, Slg 3279 F; VwGH v. 20.6.1963, 494/62, Slg 2898 F; VwGH v. 28.2.1951, 2157/50, Slg 349 F; Dorazil/Taucher, ErbStG, § 19 Rn. 1.8; Fellner, SWK 1999, 256 (256); Urnik, 184. Dennoch verlangt der VwGH (v. 23.4.1992, 90/16/0196), dass die Summe aller Teilwerte nicht höher sein darf als der geschätzte Gesamtkaufpreis.

[815] VwGH v. 17.3.1986, 84/15/0113; VwGH v. 20.5.1963, 726/62, Slg 2875 F; Dorazil/Taucher, ErbStG, § 19 Rn. 3.45; Fellner, SWK 1999, 256 (256); Taucher, GesRZ 1996, 80 (82). Es ist eine bilanzbündeltheoretische Betrachtung anzustellen.

[816] Zu diesem Zweck ist auf den Erblassertodestag eine Bilanz aufzustellen. Nicht ausreichend ist, dass das Betriebsvermögen aufgrund einer Bilanz bewertet wird, die für den Zeitpunkt der Beendigung des Wirtschaftsjahres vor oder nach dem Tod des Erblassers erstellt wird. Zwar toleriert der BFH (v. 22.8.1962, II 283/58, BStBl III 1962, 502) eine Zeitspanne von ca. 6 Wochen zwischen Todestag und Bilanzstichtag, auch mag eine stichtagsgenaue Aufstellung der Bilanz während des Wirtschaftsjahres als wenig zweckmäßig und als mit erheblichem Zeitaufwand und Kosten verbunden angesehen werden, der VwGH (v. 17.2.1966, 273/65) hält sie aber dennoch für theoretisch und praktisch möglich und notwendig. Kritisch: Dorazil/Taucher, ErbStG, § 18 Rn. 2.10.

[817] VwGH v. 21.10.1982, 81/15/0002; VwGH v. 17.2.1966, 273/66; Dorazil/Taucher, ErbStG, § 19 Rn. 3.46; Fellner, SWK 1999, 256 (256); Taucher, SWI 2003, 408 (409); Wolf, 49. Die Finanzverwaltung wendet bei der Aufteilung sinngemäß Abschnitt 10.3 der VStR 1989 an, während die Literatur (Dorazil/Taucher, ErbStG § 19 Rn. 3.46; Farmer, RdW 1996, 338 (340f.); Fellner, ErbStG, § 19 Rn. 33.) die bloße Aliquotierung des Wertes der Personengesellschaft im Ganzen nach der gesellschaftsrechtlichen Beteiligung am Vermögen befürwortet.

[818] Vgl. VwGH v. 11.7.2000, 99/16/0440-0443; VwGH v. 25.5.2000, 2000/16/0066-0071; VwGH v. 27.5.1970, 663/69, Slg 4095 F; Doralt, ErbStG, § 19 Rn. 24; Dorazil/Taucher, ErbStG, § 19 Rn. 3.14; Fellner, ErbStG, § 19 Rn. 30; Hilber, ABC, 289; Urban, FJ 2000, 3 (3).

cc) Umfang des Betriebsvermögens

Der Umfang des Betriebsvermögens, also jener Wirtschaftsgüter, die einem Betrieb dienen (§ 12 öBewG) bestimmt sich nicht, wie im Ertragsteuerrecht, durch Anknüpfung an das wirtschaftliche Eigentum (§ 24 BAO), sondern aufgrund der formal-rechtlichen Anknüpfung des Erbschaftsteuerrechts nach zivilrechtlichen Grundsätzen: Es werden nur Wirtschaftsgüter erfasst, die zum Bewertungsstichtag im Erblassereigentum gestanden haben und tatsächlich dem Betrieb gedient haben.[819] Wirtschaftsgüter, an denen nur wirtschaftliches, nicht aber zivilrechtliches Eigentum bestanden hat, bilden keine tauglichen Zuwendungsgegenstände. Sie werden gegebenenfalls gemäß § 19 Abs. 1 öErbStG i.V.m. §§ 15ff. öBewG als Nutzungsrecht erfasst.[820]

Sonderbetriebsvermögen ist bei der Wertermittlung mit einzubeziehen.[821] Ein Ausweis des Wirtschaftsgutes in der Handels- und/oder Steuerbilanz ist nicht erforderlich. Auch Rechte und Sachen, die einem Bilanzierungsverbot unterliegen, sind nach den allgemeinen Voraussetzungen zu erfassen.[822]

dd) Bewertung des Betriebsvermögens

Betriebsvermögen ist gemäß § 19 Abs. 1 öErbStG i.V.m. § 12 öBewG grundsätzlich mit dem Teilwert zu bewerten. Da die §§ 13ff. öBewG besondere Bewertungsregeln gegenüber dem Teilwertansatz darstellen, sind die in §§ 13ff. öBewG genannten Vermögensarten trotz Zugehörigkeit zum Betriebsvermögen mit den dafür vorgesehenen Vorschriften zu bewerten.[823]

(α) Teilwert

Den Teilwert[824] bildet der Betrag, den ein Erwerber des ganzen Betriebes im Rahmen des Gesamtkaufpreises für das einzelne Wirtschaftsgut ansetzen

---

819 VwGH v. 25.9.1997, 96/16/0280, ÖStZB 1998, 660 (661f.); VwGH v. 1.12.1987, 86/16/0013, ÖStZB 1988, 316; Dorazil/Taucher, ErbStG, § 19 Rn. 3.31; Fraberger, 81.

820 Dorazil/Taucher, ErbStG, § 19 Rn. 3.31; Fraberger, 81.

821 Fraberger, 85.

822 Fraberger, 82; Urnik, 193. Bspw. selbst geschaffene immaterielle Vermögensgegenstände § 197 Abs. 2 öHGB i.V.m. § 4 Abs. 1 S. 5 öEStG

823 VwGH v. 10.1.1950, 897/48, Slg 176 F; Dorazil/Taucher, ErbStG, § 19 Rn. 3.1; Fraberger, 90; Lechner/Fraberger, Unternehmensnachfolge, 43 (46); Twaroch/Wittmann, BewG, § 12 Rn. 3. Forderungen und Verbindlichkeiten sind daher mit ihrem Nennwert gemäß § 14 Abs. 1 öBewG anzusetzen.

824 Im Unterschied zum Regelbewertungsmaßstab „gemeiner Wert“ wird nicht auf den erzielbaren Einzelveräußerungserlös abgestellt, sondern die Funktion des Wirtschaftsgutes im Rahmen des Betriebes wird mitberücksichtigt. Insofern handelt es sich um einen betriebsbezogenen Wert. Vgl. Doralt/Ruppe, Rn. 22; Dorazil/Taucher, ErbStG, § 19 Rn. 3.9. Allerdings besteht nach neuer Rechtsaufassung des VwGH (v. 25.4.1996, 95/16/0011, Slg 7092 F; v. 28.4.1994, 93/16/0186, Slg 6890 F) in der Praxis kein Unterschied zwischen beiden Werten. Es stellt sich damit zwangsläufig die Frage, warum an der Teilwertbewertung festgehalten wird. Vgl. Dorazil/Taucher, ErbStG, § 19 Rn. 3.9, 3.11.

würde, wobei davon auszugehen ist, dass der Erwerber den Betrieb fortführt, vgl. § 12 öBewG.

Charakteristisch für den Teilwertbegriff ist eine dreifache Fiktion: Es wird die Fortsetzung des Unternehmens (sog. going-concern-prinzip), die Veräußerung des Unternehmens sowie ein Gesamtkaufpreis fingiert.[825]

Der Teilwert gilt als objektiver Wert.[826] Er beruht nicht auf subjektiven Umständen,[827] sondern auf der allgemeinen Auffassung, die in der Marktlage am Stichtag ihren Ausdruck findet.[828] Da der Wert des Wirtschaftsgutes unter Bedachtnahme auf die Bedeutung im Betrieb ermittelt werden soll, darf keine Ableitung aus Einzelveräußerungspreisen oder aus Liquidationswerten vorgenommen werden.[829] Gleichzeitig muss berücksichtigt werden, inwieweit das Wirtschaftsgut dem Betrieb (vollwertig) dient.

Da der Teilwert auf mehrfachen Fiktionen beruht, ist die Ermittlung in der Praxis mit erheblichen Problemen verbunden.[830] Der VwGH[831] akzeptiert die Anwendung verschiedener Teilwertermittlungsmethoden in Abhängigkeit von den zu bewertenden Wirtschaftsgütern, solange die Methodenwahl und die Durchführung mit den Denkgesetzen in Einklang stehen. Im Regelfall wird der Teilwert bei vollwertiger Nutzung des Wirtschaftsgutes im Umlaufvermögen dem Wiederbeschaffungswert entsprechen.[832] Ferner nimmt der VwGH[833] an, dass den Buchwerten der ertragsteuerlichen Gewinnermittlung als Teilwertvermutung Indizwirkung auch für erbschaftsteuerrechtliche Bewertungszwecke

---

[825] Achatz, ÖStZ 1984, 90 (92); Doralt, ÖStZ 1989, 63 (65); Doralt, DStJG 7 (1984), 141 (145); Dorazil/Taucher, ErbStG, § 19 Rn. 3.9.

[826] Dorazil/Taucher, ErbStG, § 19 Rn. 3.9; Schürer-Waldheim, 55; Twaroch/Wittmann, BewG, § 12 Rn. 4; Urnik, 192.

[827] Unberücksichtigt bleiben muss bei der Ermittlung, dass der Erfolg des zu beurteilenden Betriebes auf besonderen Kenntnissen oder Fähigkeiten des Betriebsinhabers beruht. Vgl. Dorazil/Taucher, ErbStG, § 19 Rn. 3.1; Twaroch/Wittmann, BewG, § 12 Rn. 4.

[828] Dorazil/Taucher, ErbStG, § 19 Rn. 3.11; Urnik, 192; Wolf, 49.

[829] Beiser, ÖStZ 2002, 506 (506); Dorazil/Taucher, ErbStG, § 19 Rn. 3.1, 3.9.

[830] Vgl. Dorazil/Taucher, ErbStG, § 19 Rn. 3.15; Schürer-Waldheim, 52ff. Vgl. hierzu Vereinfachungsvorschläge: Taucher, Steuern Österreich, 437 (440); Urnik, 192.

[831] VwGH v. 25.9.1997, 96/16/0134, ÖStZB 1998, 659 (660).

[832] Vgl. Beiser, ÖStZ 2002, 506 (509); Dorazil/Taucher, ErbStG, § 19 Rn 3.12; Lager, FJ 1968, 27 (27).

[833] VwGH v. 11.7.2000, 99/26/0440; VwGH v. 25.9.1997, 98/16/0134, ÖStZB 1998, 659 (660). Befürwortend: Fraberger, 83; Fraberger, 2000, Rn. 695; Urnik/Kofler, Übergabe, 436; Twaroch/Wittmann, BewG, § 68 zu 2.c; Wolf, 50; Wolf, Betriebsübertragungen, 62 (117). Kritisch: Lager, FJ 1968, 27 (28); Schürer-Waldheim, 57ff. Die Finanzverwaltung akzeptiert dies grundsätzlich auch. Vgl. VStR 1989, Abschnitt 4.2. Daher kann gezielten steuerbilanziellen Maßnahmen über die Indizwirkung mittelbar Einfluss auf die österreichische erbschaftsteuerliche Bewertung zukommen. Befürwortend als Reformvorschlag für Gesetzesänderung: Doralt, ÖStZ 1995, 169 (174); Urnik, 192.

zukommt. Insofern kann auf die ertragsteuerlichen Ansätze des Wirtschaftsgutes in der Praxis zurückgegriffen werden.

(β) Betriebsgrundstücke

Inländische Betriebsgrundstücke sind entsprechend § 19 Abs. 2 S. 1 öErbStG grundsätzlich mit dem dreifachen Einheitswert zu bewerten. Für die Qualifizierung als Betriebsgrundstück ist entscheidend, ob die Immobilie losgelöst von der gewerblichen Zugehörigkeit zum Grundvermögen gehören würde, § 60 Abs. 1 öBewG. Ist dies der Fall, erfolgt eine Zuordnung als Betriebsgrundstück, wenn das Grundstück zu mehr als der Hälfte seines Wertes dem gewerblichen Betrieb dient, § 60 Abs. 2 S. 1 öBewG. Unabhängig davon liegt stets ein Betriebsgrundstück vor, wenn es im Eigentum einer Personengesellschaft steht, § 60 Abs. 2 S. 2 öBewG.[834]

§ 60 Abs. 4 S. 1 öBewG ordnet an, dass die Betriebsgrundstückbewertung wie beim Grundvermögen zu erfolgen hat. Im Folgenden soll daher im Überblick die Bewertung des Grundvermögens dargestellt werden.

(A) Allgemeines

Das Wesen der Einheitsbewertung liegt darin, dass für bestimmte mehreren Steuern unterliegende Vermögenswerte in einem eigenen Feststellungsverfahren für einen längeren Zeitraum ein steuerlich maßgebender Wert ermittelt wird.[835] Einheitswerte sind die nach den §§ 18-56 öBewG bestimmte Werte. Ihre Feststellung erfolgt einheitlich, d.h. unabhängig von einer konkreten Steuerfestsetzung, und gesondert, d.h. bei Beteiligung mehrerer mit Wirkung gegenüber allen Beteiligten unter Festlegung der Verteilungsverhältnisse gemäß §§ 186 i.V.m. 191 Abs. 1 a), Abs. 3 a) BAO.[836] Es ergeht ein Feststellungsbescheid, der gesondert angefochten werden kann.[837] Dieser ist Grundlagenbescheid für die an die Einheitswerte anknüpfenden Steuern, § 192 BAO.[838] Daraus wird deutlich, dass Zweckmäßigkeitserwägungen und der Gedanke der Verwaltungsökonomie dem Konzept der Einheitsbewertung zugrundeliegen.[839] Die Einheitsbewertung stellt eine Ausnahme vom Stichtagsprinzip dar:[840] Es sind die Wertverhältnisse in dem der Entstehung der Steuerschuld vorausgegangenen Haupt-Feststellungszeitpunkt maßgeblich, §§ 20 i.V.m. 23 öBewG.

---

834 Vgl. ausführlich zur Qualifizierung: Wittmann, ÖStZ 1986, 133 (133f.).

835 Doralt/Ruppe, Rn. 41.

836 Vgl. Prodinger, 197.

837 Zu den Rechtschutzmöglichkeiten: Kulzer, 71.

838 Vgl. Fellner, ErbStG, § 19 Rn. 108; Ritz, FJ 1997, 71 (71).

839 Vgl. VfGH v. 30.9.1972, B 244/71; Doralt/Ruppe, Rn. 41; Dorazil/Taucher, ErbStG, § 19 Rn. 8.1.

840 VwGH v. 7.10.1978, B 231/76; Dorazil/Taucher, ErbStG, § 18 Rn. 2.2; Fellner, SWK 2000, 465 (478).

Die letzte Haupt-Feststellung[841] hat zum 1.1.1972 mit Wirksamkeit zum 1.1.1973 stattgefunden. Von diesem Zeitpunkt an ist der Einheitswert insgesamt um 35% linear erhöht worden.[842] Durch das BBeglG 2001 ist seit dem 31.12.2000 der dreifache Einheitswert maßgeblich, § 19 Abs. 2 S. 1 öErbStG. Wird allerdings vom Steuerschuldner nachgewiesen, dass der gemeine Wert im Steuerentstehungszeitpunkt geringer ist als der dreifache Einheitswert, ist der nachgewiesene gemeine Wert maßgeblich, § 19 Abs. 2 S. 2 öErbStG.

(B) Unbebaute Grundstücke

Unbebaute Grundstücke sind mit dem gemeinen Wert zu bewerten, § 55 Abs. 1 öBewG. Da im Gesetz keine besondere Bewertungsmethode vorgesehen ist, wird der objektiv erzielbare Einzelveräußerungspreis durch die Heranziehung tatsächlich erzielter Veräußerungspreise von vergleichbaren Grundstücken ermittelt.[843] Zu diesem Zweck führen die österreichischen Finanzämter Kaufpreissammlungen. Um eine einheitliche und gleichmäßige Vorgehensweise zu erreichen, hat das BMF ferner die sog. Bodenwert-Richtlinien[844] erlassen, die in ihrer Anwendung zu einer sehr zurückhaltenden Bewertung führen.

(C) Bebaute Grundstücke

Bebaute Grundstücke werden ebenfalls mit dem gemeinen Wert angesetzt. Die Wertermittlung erfolgt im Gegensatz zum deutschen Recht mittels Sachwertverfahren.[845] Der Wert setzt sich aus Boden- und Gebäudewert als Ausgangswert zusammen, § 53 Abs. 1 öBewG.

Als Bodenwert wird der Wert angesetzt, den das Grundstück als unbebautes Grundstück hätte, § 53 Abs. 2 S. 1 öBewG. Um der Wertänderung infolge der Bebauung gerecht zu werden,[846] wird ein Bebauungsabschlag i.H.v. 25% vorgenommen, wenn der Bodenwert das Zehnfache der bebauten Fläche nicht übersteigt, § 53 Abs. 2 S. 3 öBewG.

---

[841] Neben der Hauptfeststellung bestehen drei Möglichkeiten zur Fortschreibung, um wesentlichen Veränderungen innerhalb der Hauptfeststellungszeiträume Rechnung zu tragen: (1) Wertfortschreibung bei wesentlicher Wertänderung (2) Artfortschreibung bei Änderung in der Art des Bewertungsgegenstandes (3) Zurechnungsfortschreibung bei Änderungen in der Zurechnung des Bewertungsgegenstandes. Vgl. ausführlich: Ritz, ÖStZ 1983, 287 (287ff.); Fellner, ErbStG, § 19 Rn. 103.

[842] Ab dem 1.1.1977 um 10%, ab dem 1.1.1980 um 20% und ab dem 1.1.1983 um 5%. Vgl. Dorazil/Taucher, ErbStG, § 19 Rn. 8.7; Fellner, SWK 2000, 465 (479), Fraberger, SWK 1998, 775 (784); Köglberger, SWK 1995, 29 (29); Kulzer, 68.

[843] VwGH v. 15.12.1976, 2201/75; Doralt/Ruppe, Rn. 70; Christoffel, 64; Schürer-Waldheim, 116.

[844] öBMF v. 29.11.1972, AÖF 1972/295.

[845] Schürer-Waldheim, 124.

[846] Doralt/Ruppe, Rn. 72, Schürer-Waldheim, 124.

Der Gebäudewert wird aus dem fiktiven Neuherstellungswert abgeleitet, § 53 Abs. 3 S. 1 öBewG. Dieser errechnet sich aus dem Durchschnittspreis je Kubikmeter umbauten Raums bzw. je nutzbarer Fläche in Abhängigkeit vom Gebäudetyp, §§ 53 Abs. 3 i.V.m. § 53a öBewG, der in der Anlage zu § 52a öBewG bestimmt wird. Der ermittelte Neuherstellungswert wird um einen Abschlag für technische Abnutzung, für den das Gebäudealter und die Gebäudequalifizierung maßgeblich sind, reduziert, vgl. § 53 Abs. 6 öBewG.
Die Summe aus Gebäude- und Bodenwert wird ferner gemäß § 53 Abs. 7 öBewG in Abhängigkeit von der Ertragsfähigkeit des Gebäudetyps um bis zu 60% reduziert. Weitere Abzüge sind für sehr große bebaute Flächen in § 53 Abs. 8 öBewG vorgesehen, um der erschwerten Verkäuflichkeit derartiger Objekte Rechnung zu tragen.[847] Ergibt sich nach den oben beschriebenen Kürzungen ein Einheitswert, der über dem gemeinen Wert liegt, so ist auf Antrag der niedrigere gemeine Wert anzusetzen, § 53 Abs. 10 öBewG. Mindestens sind jedoch 70% des Wertes anzusetzen, mit dem der Grund und Boden unter Berücksichtigung des Bebauungsabschlages für sich allein zu bewerten wäre, § 53 Abs. 11 öBewG.[848]

(D) Würdigung der Einheitsbewertung

Auch in Österreich wird die Bewertung des Grundvermögens scharf kritisiert.[849] Forciert worden ist die Diskussion durch die Beschlüsse des BVerfG[850] aus dem Jahr 1995 zur damals absolut vergleichbaren deutschen (Verfassungs-)Rechtslage.[851]
Die Kritikpunkte an der Grundvermögensbewertung sind mannigfaltig und vielschichtig. Zwar wird auch die Methode der Einheitsbewertung als solche kritisiert,[852] dies erscheint aber nicht als Hauptkritikpunkt. Dieser ist vielmehr in der unzureichenden Umsetzung der Einheitsbewertung zu sehen: In besonderem Maß wird moniert, dass seit dem 1.1.1973 keine Hauptfeststellung mehr

---

847 Doralt/Ruppe, Rn. 74; Langer, BewG, § 53 Rn. 9.

848 Dem Mindestwert kommt in der Praxis kaum Bedeutung zu. Vgl. Schürer-Waldheim, 127.

849 Vgl. Achatz, ÖStZ 1984, 104 (106); Doralt, RdW 1995, 195 (195); Doralt, RdW 1992, 25 (25); Doralt/Ruppe, Rn. 76; Dorazil/Taucher, ErbStG, § 18 Rn. 3.2; Fellner, SWK 2000, 465 (479); Fellner, ErbStG, § 19 Rn. 95; Fraberger, 96; Fraberger, SWK 1998, 775 (785); Heidinger, ecolex 1994, 496 (498); Huemer, FJ-GVR 1972, 5 (5); Lechner/Fraberger, Unternehmensnachfolge, 43 (52); Novacek, UVR 2003, 49 (55); Prodinger, 199; Rief, RdW 1995, 359 (359); Wolf, Betriebsübertragungen, 62 (117).

850 BVerfG v. 22.6.1995, 2 BvL 37/91, BStBl II 1995, 655; BVerfG v. 22.6.1995, 3 BvR 551/91, BStBl II 1995, 671.

851 Vgl. Doralt, RdW 1995, 195 (195); Fraberger, SWK 1998, 775 (784); R&R, FJ 1995, 210 (210); Rief, RdW 1995, 359 (359).

852 Taucher, Steuern Österreich, 437 (439).

durchgeführt worden ist.[853] Als unzureichend wird insbesondere die mehrfach durchgeführte lineare Vervielfältigung des Einheitswertes betrachtet.[854] Die bestehenden Wertverzerrungen zwischen den Vermögensarten werden zum einen auch auf unrealistisch niedrige Durchschnittspreise zurückgeführt, die in der Anlage zu § 53a öBewG aufgeführt sind.[855] Zum anderen wird der Ansatz von Verbindlichkeiten mit dem Nennwert gemäß § 14 Abs. 1 öBewG als maßgeblicher Faktor dafür angesehen, dass Immobilien weit unter dem Verkehrswert bewertet werden.[856] Ferner wird die Ungleichbehandlung von Kapitalvermögen für erbschaftsteuerliche Zwecke als Faktor für Wertverzerrungen angesehen, da einerseits endbesteuertes Kapitalvermögen einen erbschaftsteuerbefreiten Vermögensanfall darstellt, während das sonstige Kapitalvermögen mit dem Nennwert angesetzt wird.[857] Hervorgehoben werden aber auch die großen Bewertungsunterschiede innerhalb der Einheitsbewertung infolge der regional höchst unterschiedlichen Wertentwicklungen, so dass selbst die Einheitswerte untereinander nicht mehr zu vergleichen sind.[858]
Nach der Rechtsprechung des VfGH[859] bestehen grundsätzlich keine aus dem Gleichheitsgrundsatz sowie aus dem Sachgesetzlichkeitsgebot resultierenden Bedenken gegen das Prinzip der Einheitsbewertung sowie gegen die differenzierte Bewertung unterschiedlicher Vermögensarten im ErbStG, wenn sie durch Unterschiede im Tatsächlichen gerechtfertigt sind. Insbesondere wird das Interesse an Verwaltungsökonomie grundsätzlich als ein sachlich die Einheitsbewertung rechtfertigender Grund angesehen.[860] Als Voraussetzung für eine verfassungskonforme Bewertung wird verlangt, dass die festgelegten Methoden entweder die zum Bewertungsstichtag ermittelten Werte in der Relation realitätsgerecht abbilden, oder aber die in der Vergangenheit festgesetzten Werte entwicklungsbegleitend fortgeschrieben werden. Allerdings geht das Gericht davon aus, dass auch das Nichttätigwerden des Gesetzgebers bei tatsächlich geänderter Situation, die auf Wertverschiebungen zwischen und

853 Doralt/Ruppe, Rn. 76; Dorazil/Taucher, ErbStG, § 18 Rn. 3.2, § 19 Rn. 1.4; Fellner, SWK 2000, 465 (479); Rief, RdW 1995, 359 (359).
854 So auch: VwGH v. 30.5.1994, 93/16/009, ÖStZB 1995, 171 zum öGrEStG; Dorazil/Taucher, ErbStG, § 19 Rn. 1.4; Fellner, SWK 2000, 465 (479).
855 Doralt/Ruppe, Rn. 76; Schürer-Waldheim, 129f.
856 Dorazil/Taucher, ErbStG, § 18 Rn. 3.2.
857 Rief, RdW 1995, 359 (359).
858 Rief, RdW 1995, 359 (359). Fraberger, 2000, Rn. 676: Während der Einheitswert in bestimmten Regionen 1/10 des Verkehrswertes entspricht, beträgt er in anderen Regionen 1/1000 des Verkehrswertes.
859 VfGH v. 1.6.1997, B 184 324/96, ÖStZB 1998, 96 (97); VfGH v. 30.9.1972, B 244/71, Slg 6.840.
860 VfGH v. 30.9.1972, B 244/71, Slg 6.840. Gegen den sachlichen Rechtfertigungsgrund der Verwaltungsökonomie: Dorazil/Taucher, ErbStG, § 19 Rn. 3.2.

innerhalb der einzelnen Vermögensarten beruht, die Gleichheitswidrigkeit eines Gesetzes hervorrufen kann.[861]
Die tatsächlichen Wertverzerrungen im Rahmen der Vermögensbewertung sind hinreichend bekannt: Sie können durchaus als beim VwGH[862] „gerichtsbekannt“[863] bezeichnet werden. Auch die Steuerrechtskommission des Bundesfinanzministeriums[864] und der Gesetzgeber haben sich der Problematik angenommen: Wohl im Bewusstsein an die Anforderungen des VfGH an eine verfassungskonforme Bewertung hat der österreichische Gesetzgeber zwar keine erneute Hauptfeststellung zur Ermittlung verkehrswertnaher Ansätze aufgrund des damit verbundenen hohen Verwaltungsaufwands beschlossen, aber anstelle dessen die Einheitswerte auf das Dreifache angehoben.[865] Zudem ist durch das StrAG 1996 das „Grunderwerbsteueräquivalent“ (§ 8 Abs. 4, 5 öErbStG) eingeführt worden, so dass für Grundvermögen nun ein höherer Steuerwert mittels Zuschlag erreicht wird, u.a. um eine Kompensationsmöglichkeit für die niedrige auf Einheitswerten beruhende Grundstücksbewertung zu schaffen.[866]
Durch diese gesetzgeberischen Maßnahmen könnte den verfassungsrechtlichen Anforderungen an ein entsprechendes Bewertungssystem entsprochen worden sein.[867] Ob es zu einer verfassungsgerichtlichen Überprüfung der Grundstücksbewertung - so wie 1995 in Deutschland - kommen wird, bleibt abzuwarten. Festzuhalten ist aber, dass der Gesetzgeber aus politischen Gründen nicht an einer Bewertung des Grundbesitzes mit dem Verkehrswert interessiert ist.[868]

ee) Bewertung ausländischen Vermögens

Trotz der Verweisung in § 19 Abs. 1 öErbStG auf den ersten Teil des Bewertungsgesetzes, wird § 26 öBewG - die Vorschrift befindet sich im zweiten Teil des Bewertungsgesetzes - zur Bewertung ausländischen Vermögens sinngemäß herangezogen, so dass das Vermögen mit dem gemeinen Wert (§ 10 öBewG)

---

[861] VfGH v. 3.10.1994, G 98/94, ÖStZB 1995, 390.
[862] VwGH v. 30.5.1994, 93/16/0093, ÖStZB 1995, 171 (172): der VwGH weist auf die Erfahrungstatsache hin, dass der Einheitswert für Grundstücke nur ein Bruchteil des Verkehrswertes ausmacht. Vgl. auch: VwGH v. 25.6.1992, 91/16/0045; VwGH v. 26.3.1992, 90/16/0202.
[863] So: Fraberger, SWK 1998, 775 (785).
[864] öBMF Steuerreform, ÖStZ Beilage 24/1998, 1 (10).
[865] Vgl. Begutachtungsentwurf zum BBeglG 2001/2002 mit Erläuterungen, ÖStZ 2000, 498 (513); Wolf, SWK 2001, 103 (103).
[866] Schuch/Toifl/Urtz, IWB F.5 Gr.2, 341 (348). Kritisch im Bezug auf den Gedanken der Vorteilsausgleichung: Fraberger, 2000, Rn. 679, 686ff.
[867] Ähnlich: Dorazil/Taucher, ErbStG, § 19 Rn. 1.3; Urnik, 200. Für einen Verstoß gegen den Gleichheitssatz: Doralt/Ruppe, Rn. 76. Auf eine verfassungsrechtliche Prüfung wird verzichtet. Vgl. zu Reformvorschlägen: Doralt, ÖStZ 1995, 169 (173f.); Taucher, Steuern Österreich, 437 (439); öBMF Steuerreformkommission, ÖStZ Beilage 24/1998, 1 (10f.).
[868] Vgl. Kulzer, 71; Prodinger, 199; Schürer-Waldheim, 128.

anzusetzen ist.[869] Allerdings sieht die Finanzverwaltung von vornherein von der Ermittlung und Bewertung von Auslandsvermögen im Hinblick auf den damit verbundenen hohen Arbeitsaufwand ab, soweit das ausländische Vermögen aufgrund von Doppelbesteuerungsabkommen oder Begünstigungsbescheiden gemäß § 48 BAO effektiv von der inländischen Besteuerung freigestellt wird.[870]

(α) Ausländisches Betriebsvermögen

Für die Qualifizierung von ausländischem Betriebsvermögen wird entscheidend auf die funktionale Betrachtungsweise abgestellt.[871] Vorrangig ist die direkte Methode zur Abgrenzung zwischen in- und ausländischem Betriebsvermögen anzuwenden.[872] Erforderlich ist jeweils eine möglichst präzise Trennung zwischen in- und ausländischem Vermögen; Schätzungen werden als nicht mehr ausreichend betrachtet.[873]

Die Bewertung von ausländischem Betriebsvermögen ist mit erheblichen Problemen verbunden: Unklar ist bereits, ob eine Gesamtbewertung, so wie es die Formulierung des § 26 öBewG nahelegt, oder eine Einzelbewertung, wie bei inländischem Betriebsvermögen, durchzuführen ist.[874] Ferner erscheint es als äußerst problematisch, wie ein geeigneter Schätzungsmaßstab für ausländisches Betriebsvermögen gefunden werden kann. Ob die Finanzverwaltung, wenn sie eine Bewertung vornimmt, so wie in Deutschland, die Übernahme von ertragsteuerlichen Ansätzen anerkennt, konnte nicht ermittelt werden.

(β) Ausländisches Grundvermögen

Bei der Bewertung ausländischen Grundvermögens behilft sich die Praxis - vergleichbar zum deutschen Recht - mit im Ausland festgestellten Werten für das Grundvermögen, die zumindest annähernd einen Verkehrswert repräsentieren sollen.[875] Liegen zum Bewertungsstichtag zeitnahe Veräußerungsakte vor,

---

[869] VwGH v. 20.4.1989, 88/16/0045, ÖStZB 1991, 334 (335); öBMF v. 14.4.2000, SWI 2000, 243; Berger, SWI 1996, 153 (153); Fraberger, 480; Loukota, Rn. 292 i.V.m. 243ff.; Thormann, 321; Twaroch/Wittmann, BewG, § 26 Rn. 3; Weninger, SWI 1999, 204 (209). Vgl. zu den verfassungsrechtlichen und europarechtlichen Bedenken im Bezug auf die Bewertung ausländischen Vermögens: Fraberger, 488f.; Fraberger, SWI 1998, 302 (305); Lang, DStJG 22 (1999), 255 (268); Matzka, 148f.; Tumpel SWI 2000, 27 (34f.).

[870] Fraberger, 480; Thormann, 321; Weninger, SWI 1999, 204 (209). Vgl. auch: öBMF v. 27.11.2000, SWI 2000, 32 bezüglich Schenkung.

[871] Fraberger, 483, 521.

[872] Fraberger, 517.

[873] öBMF v. 27.11.1995, SWI 1996, 32. In der vergangenen Praxis wurden z.T. nur Schätzungen durchgeführt. Vgl. Thormann, 321.

[874] Vgl. Fraberger, 286. Weitere Stellungnahmen zu dieser Problematik gibt es - soweit ersichtlich - nicht. Ähnlich für Deutschland: Troll/Gebel/Jülicher, ErbStG, § 12 Rn. 940.

[875] Fraberger, 485. Dies gilt wiederum dann nicht, wenn zeitnahe Veräußerungsakte festgestellt worden sind. In diesem Fall sind die letztgenannten maßgeblich.

sind diese maßgeblich.[876] Auf keinen Fall wird jedenfalls eine „fiktive Einheitswertermittlung" in Österreich für im Ausland belegenes Grundvermögen durchgeführt.[877]

6. Begünstigung für Betriebsvermögen

a) Allgemeines

Infolge der Einführung des § 15a öErbStG durch das StRefG 2000 wird auch inländisches Betriebsvermögen im österreichischen Erbschaftsteuerrecht mittels eines sachlichen Freibetrages bis zu € 365.000 privilegiert.[878]
Durch § 15a öErbStG soll u.a. beim Erwerb von Todes wegen die Betriebsvermögenssubstanz, die durch eine hohe Erbschaftsteuerbelastung bedroht werden könnte, geschont werden.[879] Ferner soll der Freibetrag der österreichischen Wirtschaft im Hinblick auf den Erhalt von Klein- und Mittelbetrieben und damit mittelbar der Arbeitsplatzsicherung dienen.[880]
Im Vergleich zur deutschen Rechtslage bestehen viele semantische Übereinstimmungen zwischen § 15a öErbStG und § 13a ErbStG. Die einzelnen Tatbestände sind jedoch größtenteils detaillierter formuliert als beim deutschen Pendant.[881] Als Privilegierungsmaßnahme ist nur die Freibetragsgewährung vorgesehen, wobei der maximale Freibetrag im Vergleich zum deutschen Recht (€ 225.000) mit bis zu € 365.000 großzügiger bemessen ist.
Aus der systematischen Stellung im Gesetz und der Objektorientiertheit der Norm folgt, dass der Freibetrag nach Ermittlung des steuerlichen Wertes des Betriebsvermögens aber vor den anderen abzugsfähigen Schulden und Lasten i.S.d. § 20 Abs. 4f. öErbStG und auch vor dem persönlichen Freibetrag gemäß § 14 öErbStG in Abzug zu bringen ist.

b) Begünstigte Erwerbe

Von § 15a öErbStG wird gemäß § 15a Abs. 1 öErbStG jeder todesfallbedingte Erwerb i.S.d. § 2 öErbStG erfasst.[882] Irrelevant ist, ob der begünstigungsfähige

---

[876] Fraberger, 485.
[877] VwGH v. 12.10.1989, 88/16/0050; VwGH v. 28.6.1989, 88/16/0094, ÖJZ 1991, 19; VwGH v. 20.4.1989, 88/16/0045; öBMF v. 14.4.2000, SWI 2000, 243; Dorazil/Taucher, ErbStG, § 19 Rn. 8.8.
[878] Anzuwenden ist § 15a öErbStG auf Rechtsvorgänge, in denen die Steuerschuld nach dem 31.12.1999 entstanden ist, § 34 Abs. 1 Nr. 4 öErbStG.
[879] ErläutRV 1766, BlgNR XX GP.
[880] Vgl. ErläutRV 1766, BlgNR XX GP; Schrottmeyer, ÖStZ 1999, 622 (623); Wolf, 37. Zu beachten ist in diesem Zusammenhang, dass auch die verfassungsrechtliche Lage in beiden Staaten absolut vergleichbar ist. Vgl. Fraberger, 2000, Rn. 10.
[881] Dorazil/Taucher, ErbStG, § 15a Rn. 1.2.
[882] Dorazil/Taucher, ErbStG, § 15a Rn. 1.3; Fraberger, 2000, Rn. 28f.

Rahmen der unbeschränkten oder beschränkten Erbschaftsteuerpflicht angefallen ist.[883]

c) Begünstigte Erwerber

Einzige Voraussetzung für den Erwerber ist gemäß § 15a Abs. 1 S. 1 öErbStG, dass es sich um eine natürliche Person handeln muss. Personengesellschaften scheiden daher als begünstigungsfähige Erwerber aus.[884]

d) Begünstigtes Vermögen

Das begünstigungsfähige Vermögen wird durch § 15a Abs. 2 öErbStG bestimmt. Die Befreiung erstreckt sich u.a. auf den Vermögensanfall von inländischen Betrieben und Teilbetrieben, die der Einkommenserzielung gemäß § 2 Abs. 3 Nr. 1-3 öEStG dienen und auf den Übergang von Mitunternehmeranteilen an inländischen Gesellschaften, soweit der Erblasser im Todeszeitpunkt mindestens zu 25% am Vermögen der Gesellschaft beteiligt gewesen ist, §§ 15a Abs. 2 Nr. 1, 2 öErbStG.[885] Auch Sonderbetriebsvermögen bei Mitunternehmeranteilen wird erfasst, wenn es unmittelbar zusammen mit dem 25%igen Mitunternehmeranteil anfällt.[886]
Da die objektbezogenen Voraussetzungen insgesamt an ertragsteuerliche Begriffe anknüpfen, sind diese auch für die Auslegung maßgeblich.[887]
Für die Bestimmung der Mindestbeteiligungsquote bei Mitunternehmeranteilen wird auf die Beteiligung am Vermögen der Gesellschaft abgestellt.[888] Für die

---

883 Dorazil/Taucher, ErbStG, § 15a Rn. 2.2, 3.1; Fraberger 2000, Rn. 46.

884 Aiglsperger, RdW 1999, 683 (683); Dorazil/Taucher, ErbStG, § 15a Rn. 3.2; Fraberger, 137; Wolf, SWK 1999, 1150 (1151).

885 Vgl. zu den europarechtlichen Bedenken: Doralt, ErbStG, § 15a Rn. 9; Dorazil/Taucher, ErbStG, § 15 a Rn. 3.1; Fellner, ErbStG, § 15a Rn. 5; Tumpel, SWK 2000, 27 (35f.); Wolf, Betriebsübertragungen, 62 (120ff.).

886 öBMF v. 23.1.2002, SWK 2003, 27; Erlass öBMF v. 14.12.1999, 103230/3-IV/10/99 AÖF 1999/277, Absch. 2.2; Aigelsperger, RdW 1999, 683 (684); Doralt/Ruppe, Rn. 133; Fellner, ErbStG, § 15a Rn. 11; Urban, FJ 2000, 3 (5); Wolf, 44. Allerdings ist die isolierte Übertragung dann privilegiert, wenn das Sonderbetriebsvermögen selbst einen Betrieb oder Teilbetrieb darstellt. Vgl.: Dorazil/Taucher, ErbStG, § 15a Rn. 2.8; Wolf, Betriebsübertragungen, 62 (122).

887 Erläuterungen zu Art. VIII Z. 3 (§ 15a), abgedruckt in: ÖStZ 1999, 184; Fellner, ErbStG, § 15a Rn. 6; Fraberger, 2000, Rn. 62; Schrottmeyer, ÖStZ 1999, 622 (623); Wolf, 39. Auch gewillkürtes Betriebsvermögen stellt begünstigungsfähiges Vermögen dar.

888 Im Gegensatz dazu stellt die Nr. 3 bei Kapitalgesellschaftsanteilen auf das gesamte Nennkapital ab. Bei den Mitunternehmeranteilen ergibt sich die geforderte Beteiligung primär aus dem Gesellschaftsvertrag, subsidiär aus dem Gesetz, wobei eine Anknüpfung an die steuerlichen Kapitalkonten gerade nicht stattfindet. Die Beteiligungsgröße ist unter Außerachtlassung des Sonderbetriebsvermögens zu berechnen. Vgl. Erlass öBMF v. 14.12.1999, 103230/3-IV/10/99 AÖF 1999/277, Absch. 2.2; Aigelsperger, RdW 1999, 683 (684); Fellner, ErbStG, § 15a Rn. 8, 15.

Vermögensermittlung sind die Wirtschaftsgüter nach bewertungsgesetzlichen Regelungen anzusetzen.[889]

Entscheidend ist jeweils die Erfüllung der Mindestbeteiligungsquote durch den Erblasser.[890] Unerheblich sind die Erwerberanzahl sowie die Höhe der erhaltenen Anteile. Die erforderliche Mindestbeteiligungsquote muss auch den Gegenstand des Vermögensanfalls bilden, sog. Mindestübertragungserfordernis, § 15a Abs. 3 Nr. 3 öErbStG.[891] Weder der Anfall von einzelnen Wirtschaftsgütern noch der von Gesellschaftsanteilen, die die erforderliche Mindestbeteiligung nicht erreichen, wird privilegiert.

e) Freibetrag

Gemäß § 15a Abs. 1 i.V.m. Abs. 3 S. 1 öErbStG wird für jeden privilegierten Vermögensanfall ein Freibetrag von bis zu € 365.000 gewährt. Durch die Verwendung der Worte „jedem Erwerb" in Abs. 3 S. 1 wird klargestellt, dass objektorientiert für jedes einzelne begünstigte Vermögen der Freibetrag gewährt wird und zwar auch dann, wenn verschiedene begünstigte Vermögen todesfallbedingt übergehen.[892] Eine derartige Regelung ist dem deutschen Erbschaftsteuerrecht fremd: Dort wird der Freibetrag für den gesamten Vermögensanfall (insgesamt) nur einmal gewährt.

Die Höhe der Freibetragsgewährung hängt jeweils vom Wert und Umfang des angefallenen Vermögens sowie von der Erwerberanzahl ab: Der volle Freibetrag wird nur dann gewährt, wenn der gesamte Betrieb oder sämtliche Anteile der Mitunternehmerschaft todesfallbedingt übergehen, vgl. § 15a Abs. 4 öErbStG.[893] Bei einem geringeren Anfall richtet sich der Freibetrag jeweils nach der Höhe des angefallenen Vermögens im Verhältnis zum gesamten Betrieb bzw. der Mitunternehmerschaft. Entsprechend dem Mindestübertragungserfordernis nach Abs. 3 Nr. 2 bei Mitunternehmeranteilen kann der Freibetrag aber nicht weniger als € 91.250 betragen.

---

[889] Erlass öBMF v. 14.12.1999, 103230/3-IV/10/99, AÖF 1999/277, Absch. 2.2; Aigelsperger, RdW 1999, 683 (684); Fellner, ErbStG, § 15a Rn. 15.

[890] Vgl. Erlass öBMF v. 14.12.1999, 103230/3-IV/10/99, AÖF 1999/277, Absch. 3.4; Aigelsperger, RdW 1999, 683 (684); Fellner, ErbStG, § 15a Rn. 16a; Novacek, UVR 2003, 49 (54); Urban, FJ 2000, 3 (5); Wolf, 39.

[891] Aigelsperger, RdW 1999, 683 (684); Wolf, 39, 42. Im deutschen Erbschaftsteuerrecht ist hingegen keine Mindestübertragungsquote statuiert worden.

[892] ErläutRV 1766 BlgNR XX GP; Erlass öBMF v. 14.12.1999, 103230/3-IV/10/99 AÖF 1999/277, Absch. 3; Dorazil/Taucher, ErbStG, § 15a Rn. 2.10; Fellner, ErbStG, § 15a Rn. 4; Fraberger, 2000, Rn. 332; Wolf, 44.

[893] Vgl. Berechnungsbeispiele für die Fälle, in denen nicht das Höchstmaß der Übertragung erreicht wird: Erlass öBMF v. 14.12.1999, 103230/3-IV/10/99 AÖF 1999/277, Absch. 4.1, 4.3.1; Fraberger, 139.

Erhalten mehrere Personen begünstigtes Vermögen wird der Freibetrag aliquotiert.[894] Eine Freibetragsaufteilung durch den Erblasser, wie im deutschen Recht, ist nicht möglich.
Für die Berechnung des konkreten Freibetrags ist zunächst der Anteil des Erwerbers vom insgesamt übergegangenen Vermögen festzustellen: Geht das Vermögen im Wege der Gesamtrechtsnachfolge über und sind weder Vermächtnisse noch Pflichtteilsansprüche zu erfüllen, steht der Freibetrag den einzelnen Erben in Höhe der Erbquote zu, da sie in diesem Ausmaß das begünstigte Vermögen erhalten. Werden im Bezug auf das begünstigte Vermögen Vermächtnisse ausgesetzt, stellt dieser Wert bei den Erben nur einen „durchlaufenden Posten" dar. Da der Legatar einen Erwerbstatbestand i.S.d. Abs. 1 erfüllt, steht ihm - im Ausmaß der zivilrechtlichen Beteiligung am Vermögen i.S.d. Abs. 2 - anteilig der Freibetrag gemäß Abs. 4 zu. Dies gilt aufgrund der Rechtsprechung des VfGH[895] auch dann, wenn der Erblasser kein Vermögen i.S.d. Abs. 2 zum Vermächtnisgegenstand erklärt hat, das Legat aber mit begünstigtem Vermögen an Zahlungs Statt (§ 1414 ABGB) abgegolten wird.[896]
Wird der Freibetrag nicht in voller Höhe ausgenutzt, geht er verloren. Aufgrund der strikten Objektbezogenheit kann er auch nicht mit anderem begünstigten Vermögen, für das der Freibetrag bereits voll ausgeschöpft worden ist, verrechnet werden.[897]
Fraglich erscheint, ob sich der Freibetrag auch auf den Zuschlag gemäß § 8 Abs. 4, 5 öErbStG bezieht. Dies wird von der Finanzverwaltung angenommen.[898] Hiergegen spricht allerdings, dass das Grunderwerbsteueräquivalent als Mindeststeuer konzipiert worden ist und auch dann zu erheben ist, wenn der Erwerb infolge des Abzugs von Freibetrag ganz oder zum Teil steuerfrei bleibt. Daher kann sich aus systematischen Gründen der sachliche Steuerfreibetrag nicht auf den Mindestzuschlag beziehen.[899]

f) Rückwirkender Wegfall der Steuerbegünstigung

Der Gesetzesintention entsprechend sollen nur solche Betriebsübertragungen privilegiert werden, bei denen der Betrieb sowohl in quantitativer als auch qualitativer Hinsicht weitergeführt wird. Um missbräuchliche Gestaltungen zur

---

[894] Erlass öBMF v. 14.12.1999, 103230/3-IV/10/99 AÖF 1999/277, Absch. 4.4; Aigelsperger, RdW 1999, 683 (684); Dorazil/Taucher, ErbStG, § 15a Rn. 2.13; Urban, FJ 2000, 3 (4).
[895] Vgl. 2. Teil C III 3 a).
[896] Fraberger, 2000, Rn. 405.
[897] Fraberger, 2000, Rn. 335, 380.
[898] Erlass öBMF v. 14.12.1999, 103230/3-IV/10/99 AÖF 1999/277, Absch.1.
[899] Doralt, ErbStG, § 8 Rn. 24; Dorazil/Taucher, ErbStG, § 8 Rn. 6.9; Fellner, ErbStG, § 8 Rn. 46; Wolf, Betriebsübertragungen, 62 (124). Wohl auch: Schrottmeyer, ÖStZ 1999, 622 (622).

Konterkarierung dieses Zweckes zu verhindern, ist § 15a Abs. 5 öErbStG eingeführt worden.[900]
Das Gesetz schreibt eine fünfjährige „Behaltefrist" vor, innerhalb derer der Erwerber das angefallene Vermögen oder wesentliche Grundlagen desselben weder entgeltlich noch unentgeltlich übertragen, betriebsfremden Zwecken zuführen oder den Betrieb oder Teilbetrieb aufgeben darf, § 15a Abs. 5 öErbStG. Die aufgezählten Nacherhebungsgründe sind abschließend.[901] Insgesamt ist der Absatz dem § 13a Abs. 5 ErbStG nachgebildet, allerdings detaillierter ausformuliert.

aa) Berechnung der Nacherhebung

Die Freibetragsgewährung ist zunächst nur vorläufig.[902] Die Erbschaftsteuerfestsetzung erfolgt mittels vorläufigen Bescheides gemäß § 200 Abs. 1 BAO.[903] Folge einer Tatbestandsverwirklichung des Abs. 5 ist die Erbschaftsteuernacherhebung.
Bezüglich der Nacherhebung der Steuer bestehen zwischen dem österreichischen und dem deutschen Recht - jedenfalls dem Wortlaut nach – erhebliche Unterschiede: Während § 13a Abs. 5 S. 1 ErbStG die Begünstigungen wegfallen lässt, „soweit" der Erwerber gegen Abs. 5 verstoßen hat, stellt der Wortlaut des § 15a Abs. 5 öErbStG darauf ab, dass die Nacherhebung zu erfolgen hat, „wenn" der Erwerber gegen Abs. 5 verstößt. Fraglich erscheint daher, ob ein Verstoß gegen Abs. 5 automatisch, so wie es der Wortlaut nahelegt, zum vollständigen Wegfall des Freibetrages führt.[904] In diesem Zusammenhang sollte jedoch der Gesetzeszweck berücksichtigt werden, der darauf beschränkt ist, dass die Nachversteuerung nur diejenige Steuerbelastung herstellen soll, die bestehen würde, wenn das privilegierte Vermögen bereits bei der ursprünglichen Steuerfestsetzung „normal" zu versteuern wäre.[905] Bei einer anderen Betrachtung würde der Nachversteuerung auch ein Strafcharakter im Sinne eines Steuerzuschlags zukommen. Daher sollte sich die Nachversteuerung auf den Umfang der schädlichen Verfügung beschränken.[906]
Für die Berechnung der Nachsteuer ist auf die Bewertung des Betriebsvermögens zum ursprünglichen Steuerentstehungszeitpunkt abzustellen.[907] Es ist nach der befürworteten Auslegung der Differenzbetrag zur ursprünglich festgesetzten Erbschaftsteuer nach zu entrichten. Sind mehrere Vermögen i.S.d. Abs. 2

[900] Fraberger, 2000, Rn. 429; Wolf, 45.
[901] Vgl. Erlass öBMF v. 14.12.1999, 103230/3-IV/10/99 AÖF 1999/277, Absch.5.
[902] Dorazil/Taucher, ErbStG, § 15a Rn. 5.1.
[903] Erlass öBMF v. 14.12.1999, 103230/3-IV/10/99 AÖF 1999/277, Absch. 5.
[904] In diesem Sinne wohl: Dorazil/Taucher, ErbStG, § 15a Rn. 5.5.
[905] Vgl. auch Erläuterungen zu Art. VIII Z. 3 (§ 15a), abgedruckt in: ÖStZ 1999, 184 (185), wobei die in Frage stehende Problematik nicht angesprochen wird.
[906] Fraberger, 2000, Rn. 553, 574.
[907] Erlass öBMF v. 14.12.1999, 103230/3-IV/10/99 AÖF 1999/277, Absch. 5.

übertragen worden, beschränkt sich die Nachversteuerung aufgrund der Objektbezogenheit nur auf das konkret betroffene Vermögen.

bb) Auslegung der Begriffe in § 15a Abs. 5 öErbStG

Da die im Nachsteuertatbestand verwendeten Begriffe Bezug auf ertragsteuerliche Begriffe nehmen, sind sie zunächst i.S.d. öEStG auszulegen. In einem zweiten Schritt ist zu prüfen, ob das ertragsteuerliche Begriffsverständnis über den Normzweck des § 15a Abs. 5 öErbStG hinausgeht und daher eine teleologische Reduktion zu erfolgen hat.[908] Die Vorgehensweise entspricht somit der Nachsteuertatbestandsauslegung des deutschen Rechts.

cc) Ausgewählte Nachsteuertatbestände

(α) Wesentliche Grundlagen i.S.d. § 15a Abs. 5 öErbStG

Problematisch erscheint die Auslegung des Begriffes der „wesentlichen Grundlagen" in § 15a Abs. 5 öErbStG. Auffällig ist, dass keine Begriffsidentität zu dem im Ertragsteuerrecht im Bezug auf die Betriebsaufgabe gebräuchlichen Begriff der „wesentlichen Betriebsgrundlage" besteht. Auch bildet die Betriebsaufgabe einen eigenständigen Nachsteuerbestand.[909]
Daher kann zwischen beiden Begriffen nur eine teilweise Deckungsgleichheit bestehen.[910] Aus der semantischen Zusammenschau ergibt sich, dass der im Erbschaftsteuerrecht verwendete Begriff weitgehender ist: Es ist nicht nur eine funktionale Betrachtungsweise, sondern auch eine funktional-quantitative Betrachtung anzustellen.[911]

(β) Übertragung i.S.d. § 15a Abs. 5 öErbStG

Als weitere Besonderheit der österreichischen Nachsteuerregelung ist hervorzuheben, dass Abs. 5 sowohl die entgeltliche als auch die unentgeltliche Übertragung aller in Abs. 2 genannten Vermögen erfasst. Hingegen löst im deutschen Recht die unentgeltliche Übertragung keinen Verstoß gegen die Missbrauchsregel aus.
Vor diesem Hintergrund erscheint die Handhabung des Abs. 5 im Bezug auf Erbauseinandersetzungen als problematisch: Während der Erwerb aufgrund von

---

[908] Vgl. Fraberger, 2000, Rn. 447.

[909] Warum aber Mitunternehmeranteile von dem Betriebsaufgabetatbestand ausgenommen sind, ist unklar, da nach der ganz herrschenden Meinung anerkannt ist, dass auch Mitunternehmeranteile aufgegeben werden können. Vgl. Doralt, EStG, § 24 Rn. 140; Doralt/Kohlbacher, Besteuerung der Betriebsveräußerung, 80; Fraberger, 2000, Rn. 490; Haunhold, ecolex 1995, 211 (212). Die Aufgabe eines Mitunternehmeranteils ist daher der Tatbestandsalternative „Übertragung wesentlicher Grundlagen" zuzuordnen.

[910] Fraberger, 2000, Rn. 492. A.A.: Wolf, Betriebsübertragung, 62 (125).

[911] In diesem Sinne wohl auch: öBMF v. 14.12.1999, 103230/3-IV/10/99 AÖF 1999/277, Absch.5.3.

schuldrechtlichen Absprachen im Rahmen des Verlassenschaftsverfahrens über die Zuteilung des Nachlassvermögens nach der neuen VfGH-Rechtsprechung[912] noch als erbrechtlicher zu qualifizieren ist und daher im Zusammenhang mit § 15a Abs. 5 öErbStG keine Übertragung angenommen werden kann, erscheint dies als äußerst fraglich, wenn gleichzeitig Ausgleichzahlungen in erheblichem Umfang geleistet werden, da der VfGH eine ungefähre Deckungsgleichheit zwischen dem Wert des abzugeltenden Anspruchs und dem Wert des an Zahlungs Statt hingegebenen Vermögensgegenstandes verlangt.[913] Es müsste daher bei einer Abweichung der beiden Werte um mehr als ca. 20%,[914] der Vorgang in einen Erwerb von Todes wegen i.S.d. § 2 öErbStG und in einen Erwerb unter Lebenden i.S.d. § 3 öErbStG aufgeteilt werden,[915] so dass für diese nicht selten anzutreffenden Fälle der Erbauseinandersetzung der Freibetrag aufgrund des Abs. 5 wieder entfallen würde.

Das Problem besteht grundsätzlich auch im deutschen Recht bei wortlautgetreuer Auslegung: Da die Erbauseinandersetzung im Ertragsteuerrecht als selbständiger Vorgang neben dem Erbfall qualifiziert wird und Ausgleichszahlungen bei den empfangenen Miterben einen Veräußerungserlös darstellen,[916] liegt eigentlich auch ein Verstoß gegen § 13a Abs. 5 Nr. 1 ErbStG vor.[917]

Die ertragsteuerliche Behandlung der Erbauseinandersetzung ist vornehmlich auf die Sicherstellung der Erfassung von stillen Reserven zurückzuführen. Damit steht die ertragsteuerliche Wertung im Widerspruch zum Telos des § 13a ErbStG, da gerade oft durch die Erbauseinandersetzung die Betriebsfortführung sichergestellt wird, so dass der Gesetzeszweck der Nachsteuerregelung nicht tangiert wird und eine teleologische Reduktion notwendig erscheint. Dieser Betrachtungsweise hat sich die deutsche Finanzverwaltung angeschlossen und in R 62 Abs. 2 Nr. 2 ErbStR begrüßenswerterweise[918] festgelegt, dass kein Verstoß gegen die Behaltensregeln vorliegt, wenn im Rahmen einer Erbauseinandersetzung begünstigtes Vermögen auf einen oder mehrere Miterben übertragen wird, auch wenn dabei zum Wertausgleich eine Abfindung gezahlt wird.

Die österreichische Finanzverwaltung hat sich hingegen nicht im Erlass für eine derartige Ausnahmeregelung ausgesprochen. Ganz im Gegenteil wird in Abschnitt 5 erklärt, dass - abgesehen von den Fällen des § 15a Abs. 6 öErbStG -

---

[912] VfGH v. 25.2.1999, B 128/97, ÖStZB 1999, 335. Vgl. im Bezug auf Erbauseinandersetzungen: Taucher, NZ 2001, 117 (123f.).

[913] Vgl. VfGH v. 25.2.1999, B 128/97, ÖStZB 1999, 335 (336).

[914] Vgl. VwGH v. 27.5.1999, 96/16/0038; VwGH v. 12.7.1990, 89/16/0088, ÖStZB 1991, 562.

[915] Vgl. Fraberger, 2000, Rn. 482; Fraberger, SWK 1999, 631(637).

[916] Vgl. BFH GrS v. 5.7.1993, GrS 2/89, BStBl II 1990, 837.

[917] Gebel, Betriebsvermögensnachfolge, Rn. 456; Jülicher, DStR 1997, 1949 (1952); Stobbe/Brüninghaus, BB 1998, 1611 (1614); Troll/Gebel/Jülicher, ErbStG, § 13a Rn. 258.

[918] Crezelius, Rn. 241.

die Nacherhebung zwingend vorzunehmen ist,[919] wobei der Erlass auf die Problematik einer Erbauseinandersetzung nicht eingeht. Dennoch sollte auch im österreichischen Erbschaftsteuerrecht aufgrund der oben genannten Gründe eine teleologische Reduktion, scheinbar entgegen den Vorstellungen der Finanzverwaltung, vorgenommen werden.
Ferner ist im Rahmen einer Übertragung unklar, wie eine Teilanteilsveräußerung eines Mitunternehmeranteils im Hinblick auf § 15a Abs. 5 öErbStG zu behandeln ist, wenn der Erwerber bereits vor dem Erbfall an der Personengesellschaft beteiligt gewesen ist und aufgrund des Erbfalls „weitere Anteile" erworben hat, da es auch im österreichischen Recht nur eine einheitliche personengesellschaftliche Beteiligung gibt. Im Bezug auf die vergleichbare Problematik in § 37 Abs. 5 öEStG ist es im Rahmen von sukzessiven Verkäufen von Mitunternehmeranteilen umstritten, ob von einer „Querschnittsveräußerung" auszugehen ist oder ob eine „Isolierung" einzelner Mitunternehmeranteile mit unterschiedlichen Erwerbszeitpunkten angenommen werden kann.[920] Im Erbschaftsteuerrecht sollte jedoch im Hinblick auf den Gesetzeszweck eine teleologische Reduktion des § 15a Abs. 5 öErbStG in dem Sinne vorgenommen werden, dass ein Verstoß gegen Abs. 5 nur dann vorliegt, wenn der Erwerber nach der Veräußerung nicht mehr in dem Umfang an der Personengesellschaft beteiligt ist, den er todesfallbedingt erhalten hat.[921]

(γ) Zuführung zu betriebsfremden Zwecken i.S.d. § 15a Abs. 5 öErbStG
Der im Rahmen des § 15a Abs. 5 öErbStG verwendete Begriff der „Zuführung zu betriebsfremden Zwecken" ist dem Ertragsteuerrecht unbekannt. Er erinnert an den ertragsteuerlichen Entnahmetatbestand des § 4 Abs. 1 öEStG, der von „nicht betrieblich veranlassten Abgängen von Werten" spricht. Auch sollen von Abs. 5 die klassischen Entnahmefälle erfasst werden. Zu beachten sind jedoch wieder die unterschiedlichen Zielsetzungen der Gesetze: Während das Ertragsteuerrecht auf die korrekte Zuordnung von betrieblicher und privater Sphäre und die Versteuerung der stillen Reserven abzielt,[922] will § 15a Abs. 5 öErbStG die qualitative und quantitative Einschränkung der betrieblichen Tätigkeit erfassen.[923]

---

[919] Vgl. Erlass öBMF v. 14.12.1999, 103230/3-IV/10/99 AÖF 1999/277, Absch. 5.
[920] Für ersteres: öBMF v. 4.2.1992, AÖF 1992/122, Pkt 3.1.1. Für Letzteres: Beiser, RdW 1991, 157 (158ff.); Doralt/Kohlbacher, Besteuerung Betriebsveräußerung, 153. Die Rechtsprechung hält die Isolierung zumindest für möglich: VwGH v. 17.12.1998, 97/15/0145, ÖStZB 1999, 441 (442); VwGH v. 15.12.1998, 96/14/0108, ÖStZB 1999, 314 (315).
[921] So auch: Aiglsperger, RdW 1999, 683 (685); Fellner, ErbStG, § 15a Rn. 23; Fraberger, 2000, Rn. 564; Tabacs, ABC, 132.
[922] Beiser, ÖStZ 1984, 146 (146); Beiser/Mayr, EStG, § 4 Rn. 6; Gassner, Praxisfragen der Bilanzierung, 33 (42).
[923] Fraberger, 2000, Rn. 520.

Die Rechtsprechung vertritt im Bezug auf den ertragsteuerrechtlichen Entnahmebegriff einen engen Betriebsbegriff: Danach stellt die Überführung eines Wirtschaftsgutes von einem Betrieb in einen anderen des Steuerpflichtigen eine Entnahme (und gleichzeitig auch eine Einlage) dar.[924] Fraglich erscheint, ob dieses Begriffsverständnis auch auf die Anwendung des § 15a Abs. 5 öErbStG übertragen werden kann. Hierfür spricht entscheidend die jeweils objektbezogene Freibetragsgewährung.[925] Es muss ein Verstoß gegen Abs. 5 unabhängig davon, ob die entnommenen Vermögensgegenstände in einen anderen Betrieb oder zu privaten Zwecken verwendet werden, angenommen werden. Diese Betrachtungsweise sollte auch dann durchgeführt werden, wenn inländisches Betriebsvermögen in eine ausländische Betriebsstätte überführt wird.[926]

(δ) Betriebsaufgabe i.S.d. § 15a Abs. 5 öErbStG

Die „Aufgabe des Betriebs" ist i.S.d. § 24 öEStG zu interpretieren, da auch unter Berücksichtigung des erbschaftsteuerlichen Normzwecks keine Abweichung vom ertragsteuerlichen Begriffsverständnis notwendig erscheint.[927]
Im Rahmen dieser Alternative ist umstritten, ob eine auf der Erwerbsunfähigkeit (i.S.d. § 15a Abs. 1 öErbStG) des Erwerbers beruhende Betriebsaufgabe von Abs. 5 erfasst wird oder in diesem Fall eine teleologische Reduktion i.S.e. extensiven Auslegung des Abs. 6 zu erfolgen hat.[928] Gegen die letztgenannte Alternative spricht jedoch der Wortlaut des Abs. 6, der einen Erwerb und damit zwingend einen Rechtsträgerwechsel voraussetzt. Ein Übergang des Betriebsvermögens auf einen Erwerber ist jedoch bei einer Betriebsaufgabe nicht gegeben. Eine andere Betrachtungsweise ist auch nicht aus teleologischen Gründen geboten, da aufgrund der Betriebsaufgabe die erhöhte Kapitalbindung und Sozialgebundenheit von betrieblichem Vermögen wegfällt.

g) Ausnahme von der Nacherhebung

Zu einer Nacherhebung der Steuer kommt es gemäß § 15a Abs. 6 öErbStG nicht, wenn die Tatbestandsverwirklichung des Abs. 5 gleichzeitig einen nach Abs. 1-3 steuerbegünstigten Erwerb darstellt, oder wenn sie Gegenstand eines Umgründungsvorgangs nach dem UmgrStG ist.[929]
Es soll u.a. der auf den ersten Erbfall folgende todesfallbedingte Vermögensanfall nicht der Nachversteuerung unterworfen werden, soweit dieser die Voraus-

---

[924] VwGH v. 22.9.1992, 92/14/0064, ÖStZB 1993, 133; VwGH v. 17.12.1980, 2429/77, ÖStZB 1981, 287; Doralt/Ruppe, I, Rn. 195. Kritisch: Doralt, EStG, § 6 Rn. 353ff.
[925] So auch: Fraberger, 2000, Rn. 523.
[926] So auch: Fraberger, 2000, Rn. 526.
[927] Vgl. Fellner, ErbStG, § 15a Rn. 25; Fraberger, 2000, Rn. 539.
[928] Für die erstgenannte Alternative: Fraberger, 2000, Rn. 543. Für das letztgenannte: Dorazil/Taucher, ErbStG, § 15a Rn. 5.3; Schrottmeyer, ÖStZ 1999, 622 (625); Wolf, 46.
[929] Auf die in Abs. 6 letztgenannte Alternative der Umgründung nach dem UmgrStG wird im Folgenden nicht eingegangen.

setzungen des Abs. 1-3 erfüllt und damit als begünstigungswürdig erscheint.[930] Allerdings hat das gesetzgeberische Motiv - wie im Folgenden zu zeigen ist - nur begrenzt Niederschlag im Gesetzeswortlaut gefunden.
Auffällig ist bereits, dass Abs. 6 den Begriff des Erwerbs verwendet, jedoch von den in Abs. 5 genannten Alternativen nur die erste Alternative einen Erwerb, also Rechtsträgerwechsel, notwendigerweise beinhaltet.[931]
Erhebliche Probleme bei der Anwendung des Abs. 6 ergeben sich insbesondere dann, wenn zwar im Zuge des ersten todesfallbedingten Vermögensanfalls die Mindestbeteiligungs- und Mindestübertragungsquote eingehalten worden ist, im Rahmen des zweiten Vermögensanfalls aber die Voraussetzungen nicht mehr erfüllt werden.[932] Bei strikter Subsumtion unter den Gesetzeswortlaut ist Abs. 6 mangels begünstigungsfähiger Beteiligungsquote und dem Mindestübertragungserfordernis nicht erfüllt.[933] Allerdings sieht die wohl herrschende Meinung in diesem Fall von einer Nachversteuerung ab, da bei einem todesfallbedingten Erwerb eine zwangsweise unentgeltliche Anteilsübertragung vorliegt,[934] wobei im Bezug auf den zweiten Todesfall die Freibetragsinanspruchnahme ausscheidet, da die erforderlichen Quoten nicht erreicht werden.[935] Diese Interpretation ist zwar für den Steuerpflichtigen sehr erfreulich. Es ist aber zu beachten, dass die Auslegung klar im Widerspruch zum Gesetzeswortlaut des Abs. 6 steht, der kumulativ die Erfüllung der Tatbestandsvoraussetzungen der Abs. 1 bis 3 verlangt.[936] Daher ist die von Teilen der Literatur befürwortete Ansicht der Finanzverwaltung mehr als eine Art Billigkeitsregelung zu werten. Ob diese auch von den Gerichten getragen wird, erscheint fragwürdig,[937] insbesondere vor dem Hintergrund, dass Gesetzesmaterialien keine eigenständige normative Bedeutung zukommt, soweit sie nicht im

930 Vgl. Erläuterungen zu Art. VIII Z. 3 (§ 15a), abgedruckt in: ÖStZ 1999, 184 (185).
931 Fraberger, 2000, Rn. 614; Wolf, Betriebsübertragungen, 62 (125). Wolf (SWK 1999, 1150 (1156)) befürwortet vor dem Hintergrund des legislativen Willens eine extensive Auslegung des Absatzes in der Weise, dass, soweit die sonstigen Voraussetzungen des § 15a Abs. 1-3 öErbStG vorliegen, auch die Aufgabe des Betriebs oder wesentlicher Grundlagen von Abs. 6 erfasst werden.
932 In der Praxis dürfte die Fallgestaltung häufig anzutreffen sein: Sie liegt dann vor, wenn der Erblasser mit mehr als 25% an einer Personengesellschaft beteiligt gewesen ist und die Anteile auf mehrere Erben übergehen, denen jeweils ein Anteil unter 25 % anfällt und einer der Erben innerhalb des maßgeblichen Fünfjahreszeitraums verstirbt. Vgl. auch: Erlass öBMF v. 14.12.1999, 103230/3-IV/10/99 AÖF 1999/277, Absch. 5.4.
933 Wolf, Betriebsübertragungen, 62 (126).
934 Erlass öBMF v. 14.12.1999, 103230/3-IV/10/99 AÖF 1999/277, Absch. 5.4; Wolf, Betriebsübertragungen, 62 (126). Zurückhaltender: Fraberger, Rn. 622ff.
935 Erlass öBMF v. 14.12.1999, 103230/3-IV/10/99 AÖF 1999/277, Absch. 5.4.
936 So auch: Doralt, ErbStG, § 15a Rn. 22; Fraberger, 2000, Rn. 624.
937 Freilich erscheint es auch als fragwürdig, ob sich ein Gericht jemals mit diesem für den Steuerpflichtigen äußerst günstigen Fall zu beschäftigen hat, so dass sich das Problem de facto relativiert.

Gesetzeswortlaut zumindest ansatzweise Niederschlag gefunden haben.[938] Daher wäre es unter dem Gesichtspunkt der Rechtssicherheit wünschenswert, wenn das Gesetz im Sinne der Erlass-Billigkeitsregelung geändert werden würde.
Unklar ist bisher, wie Fälle zu behandeln sind, in denen zwar die Weiterübertragung i.S.d. Abs. 6 erfolgte, jedoch der auch privilegiert erwerbende Letzterwerber innerhalb der für den ersten Vermögensanfall maßgeblichen Fünfjahresfrist eine Alternative des Abs. 5 verwirklicht. Ob dem Ersterwerber das Verhalten des Letzterwerbers zuzurechnen ist, oder aber Abs. 5 jeweils nur eine Nachsteuer auslöst für denjenigen Erwerber, der eine Alternative des Abs. 5 in eigener Person erfüllt, ist bisher offen.[939] Auch kann der Wortlaut zur Problemlösung kaum herangezogen werden, da er in den ersten Alternativen im Bezug auf die Person des Verfügenden aktiv formuliert ist, nicht aber im Bezug auf die Betriebsaufgabe. Es ist die weitere Entwicklung der Handhabung dieser Norm abzuwarten.

7. Berechnung der Steuern

a) Berücksichtigung früherer Erwerbe

Vergleichbar mit der im deutschen Recht bestehenden Norm des § 14 ErbStG ordnet § 11 öErbStG die Zusammenrechnung aller Vermögensvorteile an, die von derselben Person innerhalb eines Zeitraums von 10 Jahren angefallen sind. Alle früheren Erwerbe i.S.d. § 11 öErbStG werden dem letzten zugerechnet. Von der Steuer für den Gesamtbetrag wird die Steuer abgezogen, welche für die früheren Erwerbe zur Zeit des letzten Erwerbs zu erheben gewesen wäre,[940] wobei frühere Erwerbe mit negativer Bemessungsgrundlage unberücksichtigt bleiben.[941] Auch sachliche Freibeträge bleiben außer Ansatz.[942] Sie knüpfen an

---

[938] Vgl. VfGH v. 19.6.1997, B 226/97, Slg 14.868; VfGH v. 12.12.1992, G 142/92, Slg 13.300; VfGH v. 27.2.1985, B 393/8, Slg 10.365; VwGH v. 27.8.1998, 96/13/0165, ÖStZB 1999, 192. Dieses Argument spricht - zugegebenermaßen - auch gegen den befürworteten Ansatz für die Berechnung der Nachsteuer, wenn nur mit Teilen des begünstigten Vermögens gegen Abs. 5 verstoßen wird.

[939] Bisher ist das Problem - soweit ersichtlich – nur von Fraberger (2000, Rn. 633) angesprochen worden.

[940] Vgl. VwGH v. 6.10.1994, 94/16/0021, Slg 6926 F.

[941] Mit dem StRefG 2000 wurde Abs. 1 S. 2 kodifiziert. Die Normierung ist als Reaktion auf VwGH v. 20.8.1998, 95/16/0298 zu werten. Demnach konnten auch negative Vorschenkungen bei der Zusammenrechnung berücksichtigt werden, so dass durch das Gericht die Möglichkeit zur Saldierung eröffnet wurde. Kritisch bzgl. Neuregelung u.a. wegen verfassungsrechtlicher Bedenken: Beiser, 315; Dorazil/Taucher, ErbStG, § 11 Rn. 5.4; Fellner, ErbStG, § 11 Rn. 6a; Fraberger, 2000, Rn. 374f.; Novacek, UVR 2003, 49 (55).

[942] Vgl. VwGH v. 26.1.1995, 94/16/0058; Dorazil/Taucher, ErbStG, § 11 Rn. 2.2; Fellner, ErbStG, § 11 Rn. 9; Taucher, NZ 2002, 129 (131). Dies wird bereits aus dem Gesetzeswortlaut deutlich, nach dem die „früheren *Werte*" dem letzten Erwerb hinzuzurechnen sind.

den jeweiligen Erwerb an und können innerhalb des Zehnjahreszeitraums mehrfach zum Tragen kommen.[943] Aufgrund der Außerachtlassung bei der Gesamtberechnung kann ein nicht voll ausgeschöpfter Freibetrag i.S.d. § 15a öErbStG mit einem nachfolgenden freibetragsüberschreitenden Erwerb nicht verrechnet werden.[944]
Durch § 11 Abs. 2 öErbStG wird sichergestellt, dass bei der Zusammenrechnung die durch jeden weiteren Erwerb festzusetzende Steuer nicht mehr als 60% des letzten Erwerbes ausmachen darf.[945]

b) Steuerklassen
Nach dem verwandtschaftlichen Verhältnis zwischen Erwerber und Erblasser werden im österreichischen Erbschaftsteuerrecht fünf Steuerklassen in § 7 öErbStG unterschieden:[946] Der Zuordnung der Erwerber in die Steuerklassen kommt Relevanz im Bezug auf den Tarif (§ 8 Abs. 1 öErbStG), für bestimmte Freibeträge (§ 14 Abs. 1 öErbStG), für die Anwendung bestimmter Befreiungsbestimmungen (§ 15 Abs. 1 Nr. 1-3, 17 öErbStG) und für den mehrfachen Erwerb desselben Vermögens (§ 17 öErbStG) zu.[947]

c) Persönlicher Freibetrag
Jeder Erwerber der Steuerklasse I und II erhält einen persönlichen Freibetrag von € 2.200 unabhängig vom konkret Erworbenen, § 14 Abs. 1 Nr. 1 öErbStG. Für Angehörige der Steuerklassen III und IV besteht der Freibetrag in Höhe von € 440, § 14 Abs. 1 Nr. 2 öErbStG. Personen, die der Steuerklasse V zugehörig sind, sowie beschränkt Steuerpflichtigen wird ein Freibetrag in Höhe von € 110 gewährt, vgl. § 14 Abs. 1 Nr. 3 bzw. Abs. 2 öErbStG.[948]

---

[943] Es besteht für den Freibetrag des § 15a öErbStG kein dem deutschen Recht vergleichbares Kumulierungsverbot.
[944] Dorazil/Taucher, ErbStG, § 11 Rn. 2.2; Fraberger, 2000, Rn. 381.
[945] Vgl. mit Berechnungsbeispielen: Dorazil/Taucher, ErbStG, § 11 Rn. 8.
[946] Zur Steuerklasse I gehören der Ehegatte, die Kinder, Adoptivkinder ersten Grades sowie Stiefkinder. Der Steuerklasse II sind die Abkömmlinge der in der Steuerklasse I genannten Kinder zuzuordnen. Zur Steuerklasse III zählen die voll- und halbbürtigen Geschwister, die Eltern, Großeltern und weitere Vorfahren sowie die Stiefeltern. Der Steuerklasse IV gehören die Schwiegerkinder, die Schwiegereltern sowie die Nachkommen ersten Grades von den Geschwistern an. Der Steuerklasse V gehören alle übrigen Erwerber an, insbesondere Personenhandelsgesellschaften (bspw. oHG, KG), soweit es sich um eine Außengesellschaft handelt. Insbesondere unterliegt die Zuwendung an eine Personengesellschaft der Steuerklasse V auch dann, wenn ihre Gesellschafter der Steuerklasse I angehören.
[947] Vgl. Dorazil/Taucher, ErbStG, § 7 Rn. 1.
[948] Zur europarechtlichen Problematik: VfGH v. 24.2.1972, 288/71, Slg 6637; Burgstaller/Haslinger, SWI 2004, 108 (113); Dorazil/Taucher, ErbStG, § 14 Rn. 1.3; Fellner, ErbStG, § 14 Rn. 3; Fraberger, 327f.; Fraberger, SWI 1998, 302 (306).

d) Steuertarif

Die Erbschaftsteuer wird gemäß § 8 Abs. 1 öErbStG in 16 Tarifstufen erhoben. Der Steuertarif ist doppelt progressiv ausgestaltet.[949] Um gegebenenfalls entstehende Härten beim Überschreiten einer Wertstufe auszugleichen, ist in § 8 Abs. 2 öErbStG ein Stufenausgleich vorgesehen.[950]

e) Grunderwerbsteueräquivalent

Da der Erwerb durch Erbanfall von Grundstücken von der Grunderwerbsteuer ausgenommen ist (§ 3 Abs. 1 Nr. 2 öGrEStG), ist zum Ausgleich in § 8 Abs. 4, 5 öErbStG ein Grunderwerbsteueräquivalent kodifiziert worden:[951] Danach erhöht sich beim Anfall eines Grundstücks die Steuer in Abhängigkeit vom Verwandtschaftsgrad zum Erblasser um 2 bzw. 3,5% des dreifachen Einheitswerts des Grundstückes.

Voraussetzung für die Anwendung des Äquivalents ist nach dem Wortlaut des Abs. 4 der Erwerb eines Grundstücks. Da unter dem Begriff nur das unmittelbare Anfallen des Grundstücks bzw. –teils an die steuerpflichtige Person zu verstehen ist und bei einem Anfall von Personengesellschaftsanteilen unmittelbar der Anteil und nicht die unmittelbare Herrschaft i.S.d. vollen rechtlichen Verfügungsmacht über das Grundstück erworben wird,[952] wird der Zuschlag nicht erhoben, wenn ein Personengesellschaftsanteil todesfallbedingt erworben wird, auch wenn das Vermögen der Personengesellschaft u.a. aus Grundstücken besteht.[953] Ferner wird der Zuschlag nicht bei ausländischen Grundstücken erhoben.[954]

Beim Erwerb von Todes wegen bemisst sich der Zuschlag immer vom dreifachen Einheitswert, da das Grundsteueräquivalent als Mindeststeuer ausgestal-

---

[949] Dorazil/Taucher, ErbStG, § 8 Rn. 1.2; Fellner, ErbStG, § 8 Rn. 1; Urnik, ÖStZ 2002, 180 (181). Vgl. auch: 2. Teil C II 7 d) aa).

[950] Zur Berechnung: VwGH v. 27.9.1990, 89/16/0214, ÖStZB 1992, 159 (163); Dorazil/Taucher, ErbStG, § 8 Rn. 2.1ff. Vgl. zur Kritik am Stufenausgleich: Bitzyk/Czulik, ÖStZ 1993, 51 (51f.); Urnik, ÖStZ 2002, 180 (182f.).

[951] Da das gesetzgeberische Motiv keinen Niederschlag im Gesetzeswortlaut gefunden hat, wird es im Rahmen der Norminterpretation nicht berücksichtigt. Vgl. Taucher, Steuern Österreich, 437 (450); Urnik, 200. Steuerdogmatisch wird das Grunderwerbsteueräquivalent kritisiert, da ein objektsteuerartiger Zuschlag im Rahmen einer Personensteuer einen Fremdkörper darstellt. Vgl. Taucher, Steuern Österreich, 437 (450); Urnik, 200.

[952] Auch ändert sich durch den Anteilserwerb nichts am grundbuchrechtlichen Eigentum der Gesellschaft (bspw. bei oHG, KG), die gemäß § 124 Abs. 1 (i.V.m. § 161 Abs. 2) öHGB unter ihrer Firma Eigentum an Grundstücken erwerben kann. Vgl. VfGH v. 11.6.1962, 437/61, Slg 2732 F; Dorazil/Taucher, ErbStG, § 8 Rn. 6.1.2.

[953] Vgl. VwGH v. 27.5.1970, 663/79, ÖStZB 1971, 48; VwGH v. 5.11.1962, 437/61 Slg 2732 F; Doralt, ErbStG, § 8 Rn. 21; Dorazil/Taucher, ErbStG, § 8 Rn. 6.1.2; Fellner, ErbStG, § 8 Rn. 40; Fraberger, 96; Tabacs, ABC, 111.

[954] Dorazil/Taucher, ErbStG, § 8 Rn. 6.1.2; Fellner, ErbStG, § 8 Rn. 41.

tet ist, vgl. § 8 Abs. 5 öErbStG.[955] Unerheblich ist in diesem Zusammenhang, ob der Nachlass überschuldet ist oder nach Abzug der Steuerfreibeträge keine tarifliche Steuer anfällt.[956]

f) Progressionsvorbehalt

In § 6 Abs. 4 öErbStG ist der Progressionsvorbehalt für den Fall der Freistellung von Vermögensteilen aufgrund eines Doppelbesteuerungsabkommens geregelt.

Danach ist im Fall der unbeschränkten Steuerpflicht die Steuer trotz Freistellung nach dem Steuersatz zu erheben, der der Besteuerung des gesamten Erwerbs entsprechen würde.[957] Der Progressionsvorbehalt ist nur im Fall der unbeschränkten, nicht aber im Fall einer beschränkten Steuerpflicht anwendbar.[958]

8. Steuerschuldner

Gemäß § 13 Abs. 1 öErbStG ist der Erwerber Steuerschuldner.[959] Im Gegensatz zum deutschen Recht kommen als Steuerschuldner auch Gesamthandsgemeinschaften in Betracht.[960]

Daneben haftet gemäß Abs. 2 der Nachlass für die Erbschaftsteuer bis zur Einantwortung für die gesamte Steuer der am Erbfall Beteiligten sowie jeder Erbe gesamthänderisch, nicht aber der Vermächtnisnehmer.[961] Die Haftung des Nachlasses endet spätestens mit der Einantwortung bzw. Teilantwortung gemäß § 145 Abs. 2 AußStrG, da der Nachlass als Rechtssubjekt nur bis zu diesem Zeitpunkt existiert.[962] Die persönliche Haftung des Erben ist auf die Höhe der

---

[955] VwGH v. 25.6.1992, 91/16/0045, ÖStZB 1993, 307; VwGH v. 27.6.1991, 90/16/0097, FJ-GVR 1992, 22; Dorazil/Taucher, ErbStG, § 8 Rn. 6.1.2.

[956] VwGH v. 25.6.1992, 91/16/0045, ÖStZB 1993, 307; VwGH v. 27.6.1991, 90/16/0097, FJ-GVR 1992, 22; VwGH v. 30.6.1988, 87/16/0116; Doralt, ErbStG, § 8 Rn. 24; Doralt/Ruppe, Rn. 124; Dorazil/Taucher, ErbStG, § 8 Rn. 6.9; Fellner, ErbStG, § 8 Rn. 46; Haunschmidt/Haunschmidt, Rn. 155; Taucher, Steuern Österreich, 437 (450); Tabacs, ABC, 112.

[957] Djanani, 95; Doralt/Ruppe, Rn. 122; Dorazil/Taucher, ErbStG, § 6 Rn. 11.7; Haunschmidt/Haunschmidt, Rn. 162. Gegen den Progressionsvorbehalt bestehen keine verfassungsrechtlichen Bedenken. Vgl. VfGH v. 10.3.1967, B 213/66, Slg 6013 F; VfGH v. 2.10.1964, B 3/64, Slg 4796 F.

[958] VwGH v. 20.4.1989, 88/16/0045, ÖStZB 1991, 334; Fellner, ErbStG, § 6 Rn. 10; Hausleithner, ÖStZ 1985, 218 (219).

[959] Beim todesfallbedingten Erwerb ist jeder Erwerber, der i.S.d. § 2 öErbStG erwirbt. Da auf den einzelnen Erwerber an sich abgestellt wird, kann die Erbengemeinschaft als solche nicht gemäß Abs. 1 als Steuerschuldner herangezogen werden.

[960] VwGH v. 3.10.1996, 96/16/0136; VwGH v. 24.5.1991, 91/16/0041; VwGH v. 28.6.1989, 89/16/0041; OGH v. 3.9.1979, 1 Ob 689/79 SZ 52/130; Dorazil/Taucher, ErbStG, § 13 Rn. 2.6; Fellner, ErbStG, § 13 Rn. 3c.

[961] VwGH v. 11.11.1963, 1053/1054/63; Dorazil/Taucher, ErbStG, § 13 Rn. 3.1.

[962] Vgl. VwGH v. 16.3.1995, 94/16/0288; Dorazil/Taucher, ErbStG, § 13 Rn. 3.3.

Werte des aus der Erbschaft Empfangenen betragsmäßig beschränkt, wobei für die Wertbestimmung jeweils auf den gemeinen Wert abzustellen ist.[963]

[963] Vgl. VwGH v. 25.6.1992, 91/16/0045; Dorazil/Taucher, ErbStG, § 13 Rn. 3.3.

3. Teil: Ausgewählte Nachfolgeklauseln

A. Nachfolge bei Personengesellschaften: Spannungsverhältnis zwischen Gesellschaftsrecht und Erbrecht - Zivilrechtliche Vorbemerkungen

Im Rahmen der zivilrechtlichen Untersuchung der Unternehmensnachfolge ist der Grundsatz zu beachten, dass durch letztwillige Anordnungen in den Gesellschaftsvertrag bzw. das Gesellschaftsrecht nicht „eingegriffen" werden kann:[964] Widersprechen gesellschafts- und erbrechtliche Nachfolgeregelungen einander, gilt das gesellschaftsrechtlich Vereinbarte. Insoweit wird plakativ von einem „Vorrangverhältnis" des Gesellschaftsrechts vor dem Erbrecht gesprochen.[965] Letztwillige Verfügungen entfalten im Bezug auf Personengesellschaftsanteile nur insoweit Wirkung, als sie der gesellschaftsvertraglichen bzw. -rechtlichen Regelung nicht widersprechen; sie dürfen sie nur ergänzen.[966] Letztendlich setzt damit das Gesellschaftsrecht fest, ob und in welcher Gestalt ein Gesellschaftsanteil in den Nachlass gelangt, und welchen Erben überhaupt dieser Nachlassbestandteil aufgrund der von dem Erblasser eingegangenen gesellschaftsvertraglichen Bindungen zufallen kann.[967] Ist der Anteil nach dem Gesellschaftsrecht vererblich, bestimmt das Erbrecht, wer in den Anteil folgt, da das Erbrecht „die Rechte des Erblassers nur so auf dessen Rechtsnachfolger weiterleiten kann, wie es sie im Erbfall vorfindet"[968].

---

[964] Für Österreich: Fraberger, 1997, 369; Kastner/Doralt/Nowotny, Gesellschaftsrecht, 124.

[965] Vgl. Felix, KÖSDI 1990, 7952 (7952); Gebel, BB 1995, 173 (173); Märkle, DStR 1993, 1616 (1616); Münch. Hdb GesellR-Klein, Bd. 1 § 72 Rn. 2; Nieder, § 19 Rn. 1248; Reimann, ZEV 1994, 7 (7); Reinicke/Leibner, NWB F. 18, 4039 (4041); Scherer-Jeschke, § 14 Rn. 1; Wacker/Franz, BB 1993, Beilage 5/1993, 1 (23); Schröder, INF 1997, 16 (18). Für Österreich: Fraberger, 1997, 370; Kastner, ÖJZ 1958, 365 (365); Wolf, 2.

[966] Carlé, KÖSDI 1995, 10305 (10306); Flick, ZEV 1994, 34 (34); Gebel, BB 1995, 2611 (2614). Insoweit wird der Merksatz teilweise korrigiert: „Gesellschaftsrecht geht - soweit wie nötig - vor Erbrecht". Vgl. Raddatz, 45; Kraft/Kreutz, 231. Für Österreich: OGH v. 14.11.1991, 8 Ob 534/91, GesRZ 1993, 40 (42); Fraberger, 1997, 370; Jabornegg/Jabornegg, HGB, § 131 Rn. 40; Kastner/Doralt/Nowotny, Gesellschaftsrecht, 124.

[967] Gebel, BB 1995, 173 (173); Koblenzer/Groß, ErbStB 2003, 367 (367); Märkle, DStR 1993, 1616 (1616); Reinicke/Leibner, NWB F. 18, 4039 (4041); Reuter, ZGR 1991, 467 (476). Für Österreich: Fraberger, 1997, 370; Schauer, 184.

[968] BGH v. 14.5.1986, IVa ZR 155/84, BGHZ 98, 48 (50); BGH v. 4.5.1983, IVa ZR 229/81, NJW 1983, 2376 (2377). Für Österreich: Rummel-Welser, ABGB, § 531 Anh. Rn. 2; Wahle, JBl 1966, 337 (337); Wolf, 4. Ähnlich: Kalss/Schauer-Kalss, Unternehmensnachfolge, 61 (71f.).

B. Fortsetzungsklausel

I. Zivilrechtliche Vorbemerkungen

1. Allgemeines

Wenn der Gesellschaftsvertrag vorsieht, dass die Gesellschaft nach dem Tod eines Gesellschafters mit den verbleibenden Gesellschaftern fortgeführt wird, liegt eine Fortsetzungsklausel vor.[969] Diese Klausel entspricht im deutschen Recht dem gesetzlichen Regelfall, § 131 Abs. 3_Nr. 1 HGB. Eine vertragliche Vereinbarung ist entbehrlich. Sie ist hingegen im österreichischen Recht notwendig, da nach der gesetzlichen Regelung der Tod eines persönlich haftenden Gesellschafters einen Auflösungsgrund darstellt.[970]

Bei Vorliegen einer Fortsetzungsklausel endet mit dem Tod des Gesellschafters seine Mitgliedschaft.[971] Gleichzeitig erhöht sich quotal der Anteil der verbleibenden Gesellschafter am Gesamthandsvermögen, sog. Anwachsung gemäß § 738 Abs. 1 S. 1 BGB i.V.m. § 105 Abs. 3 HGB[972](Österreich: Art 7 Nr. 15 Abs. 1 EVHGB). Dieser Vorgang vollzieht sich ipso iure.[973] Der Rechtsgrund für die Anwachsung ist ein gesellschaftsrechtlicher, obwohl die Anwachsung durch den Tod eines Gesellschafters ausgelöst wird.[974]

2. Abfindungsanspruch

Als Surrogat für die Mitgliedschaft entsteht mit dem Gesellschaftertod ein Anspruch der Erbengemeinschaft auf das Auseinandersetzungsguthaben gegen

---

[969] Vgl. Formulierungsbeispiele bei: von Braunbehrens, ErbBStg 2003, 172 (173); Hübner, 30 Fn. 44; Nieder, § 19 Rn. 1237; Ott-Himmelmann, Teil 3 9.2.2.1.1; Scherer-Jeschke, § 14 Rn. 25. Der Begriff der Fortsetzungsklausel ist eher unglücklich: Da die Klausel an den Tod des Gesellschafters, der ausscheidet, anknüpft, wäre die Verwendung der Begriffe „Ausscheidensklausel", „Ausschlussklausel" oder „Ausschließungsklausel" sachdienlicher. Vgl. Felix, KÖSDI 1996, 10576 (10578); Littmann/Bitz/Pust-Hörger, EStG, § 16 Rn. 1014; Schmidt-Wacker, EStG, § 16 Rn. 661.

[970] Vgl. § 131 Nr. 4 öHGB. Die Fortsetzungsklausel ist in § 138 öHGB als mögliche Nachfolgevereinbarung kodifiziert worden. Jedoch ist die Regelung im Bezug auf Voraussetzungen und Rechtsfolgen unvollständig. Vgl. Straube-Koppensteiner, HGB, § 138 Rn. 2.

[971] Crezelius, Rn. 253; Märkle, DStR 1993, 1616 (1616); Riedel, ZErb 2003, 212 (213). Für Österreich: Hämmerle/Wünsch, Handelsrecht, 230; Nitsche, GesRZ 1994, 97 (98); Rummel-Welser, ABGB, § 531 Anh. Rn. 9; Straube-Koppensteiner, HGB, Art. 7 Nr. 15, 16 Rn. 5; Wolf, 4.

[972] Auf die Zitierung des § 105 Abs. 3 HGB wird im Folgenden verzichtet.

[973] Deckert, NZG 1998, 43 (44); Dittmann/Reimann/Bengel-Reimann, A Rn. 43; Gebel, Gesellschafternachfolge, Rn. 378; Münch. Hdb GesellR-Klein, Bd. 1 § 72 Rn. 4, 13; Nieder, § 19 Rn. 1232. Für Österreich: Holzhammer/Roth, Gesellschaftsrecht, 80; Jabornegg/Jabornegg, HGB, § 139 Rn. 15; Nitsche, Hdb Familienverträge, 667 (697ff.); Schauer, 57.

[974] Crezelius, EStB 2000, 15 (16); Fichtelmann, GmbHR 1994, 583 (584); Hübner, 30; IDW, Rn. 382; Viskorf, NWB F. 10, 655 (656). Für Österreich: Fraberger, 1997, 354.

die Gesellschaft, § 738 Abs. 1 S. 2 BGB (Österreich: Art. 7 Nr. 15 Abs. 3 EVHGB). Eine persönliche Haftung des Gesellschafters ergibt sich nicht aus § 738 Abs. 1 S. 2 BGB.[975] Allerdings haften die verbleibenden Gesellschafter über die Vorschrift des § 128 HGB neben der Gesellschaft für die Abfindungszahlung auch persönlich.[976]

Nur der Abfindungsanspruch fällt in den Nachlass.[977] Nach der gesetzlichen Regelung ist für den Anspruch der Betrag maßgeblich, den der ausscheidende Gesellschafter „bei der Auseinandersetzung erhalten würde, wenn (Österreich: falls) die Gesellschaft zur Zeit des Ausscheidens aufgelöst worden wäre".[978] Abweichend vom Wortlaut entspricht es der allgemeinen Ansicht[979] nicht den fiktiven Liquidationswert, sondern den „wirklichen Wert des lebenden Unternehmens"[980] als maßgeblich zugrunde zu legen.[981]

---

[975] Insofern erscheint der Wortlaut des § 738 Abs. 1 S. 2 BGB als missverständlich. Vgl. MüKo-Schmidt, HGB, § 131 Rn. 128.

[976] Vgl. BGH v. 11.10.1971, II ZR 68/68, WM 1971, 1451 (1452); Baumbach/Hopt/Merkt-Hopt, HGB, § 131 Rn. 48; MüKo-Schmidt, HGB, § 131 Rn. 128; Riegger/Weipert-Klein, MünchHdB PG Bd 1, § 78 Rn. 21; Röhricht/v. Westphalen-von Gerkan, HGB, § 131 Rn. 31.

[977] Deckert, NZG 1998, 43 (45); Demuth, BB 2001, 945 (946); Schmidt, § 45 V 3b); Westermann-Crezelius, Hdb PG, III § 10 Rn. 805. Für Österreich: Bauerreis, GesRZ 1974, 12 (12); Eccer, Erbrecht, 1/27; Hämmerle/Wünsch, Handelsrecht, 225; Jabornegg/Jabornegg, HGB, § 139 Rn. 17; Kastner, ÖJZ 1958, 366 (367); Nitsche, Hdb Familienverträge, 667 (700); Rummel-Welser, ABGB, § 531 Anh. Rn. 9; Schauer, 58; Wolf, 4; Straube-Koppensteiner, HGB, Art 7 Nr.15,16 Rn. 7.

[978] § 738 Abs. 1 S. 2 2.HS BGB. Für Österreich: Art. 7 Nr. 15 Abs. 3 S. 1 EVHGB.

[979] BGH v. 2.9.1984, II ZR 256/83, NJW 1985, 192; Brückner, 6; Dauner-Lieb, ZHR 158, 271 (272); Erman-Westermann, BGB, § 738 Rn. 5; Groß, ErbStB 2004, 134 (134); Kuttler, 32f.; Mark, 12; MüKo-Ulmer, BGB, § 738 Rn. 24, 32; Schulze-Osterloh, ZGR 1986, 545 (547ff.). Für Österreich: Haas, JBl 1955, 8 (9); Jabornegg/Jabornegg, HGB, § 139 Rn. 21; Kastner/Doralt/Nowotny, Gesellschaftsrecht, 130; Schneider, SWK 1998, 786 (791); Straube-Koppensteiner, HGB, Art. 7 Nr.15, 16 Rn. 9.

[980] BGH v. 18.4.2002, IX ZR 72/99, ZIP 2002, 1144 (1149); BGH v. 16.12.1991, II ZR 58/91, ZIP 1992, 237 (240). Für Österreich: Kastner/Doralt/Nowotny, Gesellschaftsrecht, 130; Straube-Koppensteiner, HGB, Art. 7 Nr.15,16 Rn. 9.

[981] Hierfür wird regelmäßig die indirekte Methode der Anteilsbewertung angewendet. Im Rahmen dessen wird zunächst der Wert des Gesamtunternehmens unter Berücksichtigung der stillen Reserven und des Firmenwertes ermittelt. Der Gesamtunternehmenswert wird dann nach dem Gewinnverteilungsschlüssel auf die Gesellschafter verteilt. Vgl. ausführlich: BGH v. 18.4.2002, IX ZR 72/99, ZIP 2002, 1144 (1149); BGH v. 24.9.1984, II ZR 256/83, NJW 1985, 192 (193); OLG Celle v. 29.5.2002, 9 U 310/01, NZG 2002, 862 (864); Brückner, 6; Engel, NJW 1986, 345 (345); Esch/Baumann/ Schulze zur Wiesche, Rn. 1123; Gebel, Betriebsvermögensnachfolge, Rn. 743ff.; Groß, ErbStB 2004, 134 (134); Großfeld, 32f.; Heckelmann, 38; Kort, DStR 1995, 1961 (1961); Kuttler, 37ff.; Mayer, DB 1990, 1319 (1319); Palandt-Sprau, BGB, § 738 Rn. 5; Piltz, Unternehmensbewertung, 235; Schulze-Osterloh, ZGR 1986, 545 (556); Soergel-Diekmann, BGB, § 2311 Rn. 24. Für Österreich: Hämmerle/Wünsch, Handelsrecht, 238; Jabornegg/Jabornegg, HGB, § 139 Rn. 24;

3. Abfindungsausschluss bzw. -beschränkung

Da die gesetzliche Regelung Streitigkeiten über die Höhe des Anspruchs geradezu provoziert, eine kostspielige Unternehmensbewertung erfordert, zu erheblichen Liquiditätsbelastungen führen kann und die Regelung des § 738 Abs. 1 S. 2 BGB (Österreich: Art. 7 Nr. 15 Abs. 3 EVHGB) dispositiv[982] ist, werden in der Praxis vornehmlich Klauseln vereinbart, die den Abfindungsanspruch einschränken oder gar ausschließen.[983] Regelmäßig wird für die Abfindung auf die (bilanzsteuerrechtlichen) Buchwerte abgestellt.[984]
Für das todesfallbedingte Gesellschafterausscheiden werden von der herrschenden Meinung sowohl Abfindungsbeschränkungen als auch -ausschlüsse als zulässig erachtet.[985] Jedoch sind bei der Vereinbarung derartiger Beschränkungen die Gestaltungsgrenzen zu beachten, die aus den die Privatautonomie beschränkenden Generalklauseln abgeleitet werden: Schranken stellen die guten Sitten, § 138 Abs. 1 BGB (§ 879 ABGB), Verbotsgesetze (§ 132f. (ö)HGB,

---

Kastner/Doralt/ Nowotny, Gesellschaftsrecht, 130; Straube-Koppensteiner, HGB, Art. 7 Nr.15, 16 Rn. 11.

[982] Das Anwachsungsprinzip ist hingegen unabdingbar. Vgl. Breiteneider, DStR 2004, 1405 (1405); Crezelius, EStB 2000, 15 (16); Riedel, ZErb 2003, 212 (213); Schmitt, 19. Für Österreich: Jabornegg/Jabornegg, HGB, § 138 Rn. 13; Jud, ÖZW 1978, 102 (103).

[983] Crezelius, Rn. 254; Dauner-Lieb, ZHR 158, 271 (273); Haas, 65; Kaezle, INF 2001, 689 (690); Kort, DStR 1995, 1961 (1961); Marotzke, ZEV 1999, 389 (390); Mayer, DB 1990, 1319 (1319); Mecklenbrauck, 17f.; MüKo-Ulmer, BGB, § 738 Rn. 39; von Oertzen/Hannes, ZEV 2004, 388 (389); Piltz, BB 1994, 1021 (1021); Riedel, ZErb 2003, 212 (213); Sanfleber, 47f.; Schmidt, § 50 IV 2b); Sigle, ZGR 1999, 659 (671); Wangler, 93; Wellhöfer, GmbHR 1994, 212 (217). Für Österreich: Jabornegg/Jabornegg, HGB, § 139 Rn. 34; Jud, ÖZW 1978, 102 (103); Koppensteiner, GesRZ 1991, 61 (61); Schauer, 63.

[984] Bamberger/Roth-Timm/Schöne, BGB, § 738 Rn. 28; Baumann, 291ff.; Dauner-Lieb, ZHR 158, 271 (273); Ebenroth, Rn. 862; Kort, DStR 1995, 1961 (1961); Mayer, ZGR 1995, 93 (106); Mecklenbrauck, 16; Morck, 505; Neuhaus, 157ff.; Wangler, 101. Für Österreich: Kastner/Doralt/Nowotny, Gesellschaftsrecht, 131; Koppensteiner, GesRZ 1991, 61 (61); Taucher, GesRZ 1996, 80 (81); Wolf, 33.

[985] BGH v. 24.5.1993, II ZR 36/92, NJW 1993, 2101 (2102); BGH v. 11.7.1968, II ZR 179/66, BGHZ 50, 316 (318); Deckert, NZG 1998, 43 (45); Ebenroth, Rn. 519, 862; Engel, NJW 1986, 345 (348); Erman-Westermann, BGB, § 738 Rn. 13; Felix, KÖSDI 1997, 11064 (11065); Finger, DB 1974, 28 (28); Hörger/Stephan/Pauli-Hörger, Rn. 1013; Knöchlein, DNotZ 1960, 452 (457); Mayer, ZGR 1995, 93 (106); Nieder, § 19 Rn. 1233; Neuhaus, 157ff.; Rasner, NJW 1983, 2905 (2910); Rittner, FamRZ 1961, 505 (509); Schmidt, § 50 IV 2.c); Schmitt, 19f.; Schröder, INF 1997, 16 (18); Sudhoff, DB 1961, 1573 (1575). A.A. für den Ausschluss: Reuter/Kunath, JuS 1977, 376 (381); Reimann, ZEV 1994, 7 (11). Differenzierend: Piltz, BB 1994, 1021 (1023ff.). Für Österreich: OGH v. 11.2.1997, 10 Ob 35/97s, GesRZ 1997, 106; Fraberger, 2000, Rn. 200; Gamon, 41ff.; Hämmerle/Wünsch, Handelsrecht, 225; Jabornegg/Jabornegg, HGB, § 139 Rn. 35; Jud, ÖZW 1978, 102 (104); Kastner, ÖJZ 1958, 365 (366); Knörzer, FJ 2002, 161 (161); Koppensteiner, GesRZ 1991, 120 (120); Nitsche, Hdb Familienverträge, 667 (700); Rummel-Welser, ABGB, § 531 Anh. Rn. 11; Talos, 43ff.; Wolf, 5.

§ 134 BGB) sowie Treu und Glauben, § 242 BGB[986], dar.[987] Ferner ist nach § 313 BGB n.F.[988] bzw. vor dem Schuldrechtsmodernisierungsgesetz nach der neuen Zivilrechtsprechung eine Anpassung nach den Grundsätzen von Treu und Glauben im Wege der ergänzenden Vertragsauslegung vorzunehmen, wenn sich aufgrund der seit dem Vertragsschluss eingetretenen Veränderung der Verhältnisse - insbesondere der Bewertungsfaktoren - ein grobes Missverhältnis zwischen der Abfindung und dem wirklichen Anteilswert entwickelt hat.[989]

4. Qualifizierung des Abfindungsausschlusses bzw. der -beschränkung

Für die weitere Behandlung der Fortsetzungsklausel ist zumindest für das österreichische Erbschaftsteuerrecht mitentscheidend, ob es sich bei einer zulässigen Klausel um ein auf den Todestag des Erblassers vollzogenes entgeltliches oder ein unentgeltliches Geschäft handelt.[990] Diese Frage ist umstritten.

a) Entgeltliches Geschäft

Die wohl herrschende Meinung[991] geht für den Regelfall[992] des allseitigen Abfindungsausschlusses bzw. der -beschränkung von einem entgeltlichen

---

986 Das ABGB kennt keine dem § 242 BGB entsprechende Kodifizierung. Dennoch ist auch im österreichischen Recht das Verbot missbräuchlicher Rechtsausübung anerkannt. Dies zeigt sich bereits an der Verweisung des § 914 ABGB auf den „redlichen Verkehr“. Vgl. Koppensteiner, GesRZ 1991, 120 (124f.).

987 Vgl. Dittmann/Reimann/Bengel-Reimann, E 116; Haas, 65; Kaezle, INF 2001, 689 (690f.); von Radenborgh, BB 1986, 75 (80); Schmidt, § 50 IV 2c aa) ff.; Ulmer, NJW 1979, 81 (82ff.); Wangler, 101. Für Österreich: Kastner/Doralt/Nowotny, Gesellschaftsrecht, 131; Koppensteiner, GesRZ 1991, 61 (62f.); Wolf, 5. Vgl. ausführlich: Brückner, 55ff.; Büttner, FS Nirk, 119 (135ff.); Erman, FS Westermann, 75 (77ff.); Mecklenbrauck, 51ff.

988 Vgl. zur Anwendung des § 313 BGB auf Gesellschaftsverträge: MüKo-Ulmer, BGB, § 738 Rn. 56; Palandt-Heinrichs, BGB, § 313 Rn. 57; Roth, FS Honsell, 575 (575ff.).

989 In diesem Fall wird nach richterlichem Ermessen ein Zwischenwert festgesetzt. Vgl. BGH v. 17.12.2001, II ZR 348/99, BB 2002, 216; BGH v. 10.2.1994, IX ZR 109/93, DB 1994, 873 (875); BGH v. 20.9.1993, II ZR 104/92, NJW 1993, 3193. Vgl. ausführlich: Hülsmann, NJW 2002, 1673 (1673ff.); Ulmer/Schäfer, ZGR 1995, 134 (134ff.); Sigle, ZGR 1999, 659 (659ff.). Dies gilt auch für Österreich. Vgl. Fraberger, 1997, 351 Fn. 1570; Karollus, NZ 1995, 193 (199). In diesem Bereich entsprechen sich die Probleme im deutschen und österreichischen Recht aufgrund der so gut wie identischen positiv-rechtlichen Regelungen. Vgl. Koppensteiner, GesRZ 1991, 61 (61).

990 Ferner kommt dieser Qualifizierung entscheidende Bedeutung für den Umfang eines gegebenenfalls bestehenden Pflichtteilsergänzungsanspruchs gemäß § 2325 BGB (Österreich: 785 Abs. 2 ABGB) zu.

991 BGH v. 12.10.1972, II ZR 86/71, WM 1973, 37 (38); BGH v. 22.11.1956, II ZR 222/55, BGHZ 22, 186 (194); BFH v. 15.5.1953, III 65/519, BStBl III 1953, 199 (200); Brox, Rn. 748; Buchwald, JR 1955, 173 (174); Deckert, NZG 1998, 43 (45); Ebenroth, Rn. 519; Engel, NJW 1986, 345 (348); Erman-Schlüter, BGB, § 2311 Rn. 7; Esch/Baumann/Schulze zur Wiesche, Rn. 1126; Göbel, DNotZ 1979, 133 (142f.); Hübner, 30; Nieder, § 19 Rn. 1233; Reinicke/Reinicke, NJW 1957, 561 (564); Säcker, 32; Sudhoff, DB 1961, 1573 (1575); Stau-

Geschäft, nämlich einem unter Lebenden vollzogenen Vertrag, aus. Die Entgeltlichkeit sei aus dem Wagnischarakter der Vereinbarung - pointiert als „Glücksspieltheorie“[993] bezeichnet - abzuleiten: Die Vereinbarung des wechselseitigen Ausschlusses sei als ein aleatorisches Geschäft anzusehen, da dem Risiko des eigenen Anteilsverlustes gleichermaßen die Chance des Anwachsens eines Geschäftsanteiles beim Vortod eines anderen Gesellschafters gegenüberstehe. Aufgrund des „Austausches“ der Anwachsungschancen sei die Vereinbarung als entgeltliches Geschäft anzusehen.
Für den Ausnahmefall, dass zwischen den die einzelnen Gesellschafter treffenden Risiken ein grobes Missverhältnis bestehe - bspw. aufgrund großer Altersunterschiede oder schwerer Krankheit - , so dass mit großer Wahrscheinlichkeit prognostiziert werden könne, wer nach dem „gewöhnlichen“ Verlauf der Dinge der Begünstigte sein werde, sei der Abfindungsausschluss trotz Wechselseitigkeit den Schenkungen zuzuordnen. In dieser Situation stehe nicht mehr die Unternehmensweiterführung, sondern die Vermögensumschichtung auf die fortführenden Gesellschafter und damit die Vorwegnahme der Erbfolge im Vordergrund.
Zu dem gleichen Ergebnis führen auch diejenigen Literaturstimmen,[994] die nicht den aleatorischen Charakter, sondern das gesellschaftsrechtliche Äquivalenzprinzip in den Vordergrund stellen und im Fall der Gesellschaftergleichbehandlung eine objektive Gegenleistung als Modalität der gesellschaftsrechtlichen Beitragspflicht annehmen.

b) Unentgeltliches Geschäft

Der Gedanke des aleatorischen Vertragscharakters ist vielfach kritisiert worden: Gegen ihn wird eingewandt, dass er nicht den wirtschaftlichen Sinn der Vereinbarung zutreffend erfasse, da nicht erkennbar sei, welcher ökonomische Zweck mit einer Wette verfolgt werden soll, bei der der Gesellschafter den eigenen

---

dinger-Kanzleitner, BGB, § 2301 Rn. 51; Wiedemann, 189. Für Österreich: OGH v. 11.2.1997, 10 Ob 35/97s, GesRZ 1997, 106; OGH v. 10.9.1992, 8 Ob 644/91, GesRZ 1993, 38 (40); OGH v. 7.6.1984, B 426/80, ÖStZB 1985, 116; Arnold, RdW 1983, 55 (55ff.); Fraberger, 1997, 350; Haas, JBl 1955, 8 (10f.); Straube-Koppensteiner, HGB, Art. 7 Nr. 15, 16 Rn. 21. Im Ergebnis auch: OGH v. 17.5.1960, HS I/80; OGH v. 25.7.1950, SZ 23/227; OGH v. 3.6.1950, SZ 23/182; Binder, WBl 1992, 381 (384ff.); Rummel-Welser, ABGB, § 531 Anh. Rn. 11. Ähnlich: Haunschmidt/Haunschmidt, Rn. 138; Kastner, ÖJZ 1958, 365 (366); Wolf, 5, 34.

[992] In dem Ausnahmefall, in dem die Fortsetzungsklausel lediglich zulasten eines Gesellschafters vereinbart worden ist, nimmt die herrschende Meinung eine Schenkung an.

[993] Reuter/Kunath, JuS 1977, 376 (381); Reuter, ZGR 1991, 467 (474); Wiedemann, 180. Vgl. auch: Finger, DB 1974, 27 (28): „Lotterie auf den Todesfall“; Schmidt, § 45 V 3 c): „Russisches Roulette“.

[994] Gebel, ZEV 1999, 249 (252); Müller, FS Wahl 1973, 369 (387f.); Rittner, FamRZ 1961, 505 (510); Troll/Gebel/Jülicher, ErbStG, § 3 Rn. 257. Vgl. auch: Soergel-Mühl-Teichmann, BGB, § 516 Rn. 45 i.V.m. 37. Für Österreich: Knörzer, FJ 2002, 161 (162).

Anteil einsetze, um sich die Chance auf den „Gewinn" eines anderen Anteils zu sichern. Vielmehr gehe es den Gesellschaftern um die Vermeidung des Kapitalabflusses und die Vermögensminderung zulasten der Pflichtteilsberechtigten. Daher wird die Fortsetzungsklausel von der Gegenansicht[995] als bereits vollzogene Schenkung auf den Todesfall (i.S.d. § 2301 Abs. 2 BGB) und mithin als unentgeltliches Geschäft qualifiziert.

c) Stellungnahme

Zwar ist den Kritikern insoweit zuzustimmen, als der in den Vordergrund gestellte aleatorische Charakter des Abfindungsausschlusses nicht sehr überzeugend erscheint,[996] allerdings berücksichtigt die Annahme der Unentgeltlichkeit nicht ausreichend, dass die Vereinbarung weniger der Benachteiligung der Pflichtteilsberechtigen als der Sicherung des Bestandes der Gesellschaft dient. Hierzu gehört quasi zwangsläufig die Vermeidung von Liquiditätsabflüssen.[997] Insofern bedingt der Zweck der Gesellschaftsvermögenserhaltung die Wechselseitigkeit der Verfügungen. Auch rechtfertigt die sich aus §§ 128, 130 (ö)HGB ergebende persönliche Gesellschafterhaftung für Unternehmensverbindlichkeiten und die sich aus § 114 (ö)HGB ergebende Mitarbeitspflicht des Gesellschafters die Annahme eines Leistungsaustausches.[998] Insgesamt ist daher aus Wertungsgesichtspunkten von der Entgeltlichkeit für den Regelfall auszugehen.

II. Deutsches Erbschaftsteuerrecht

Im Rahmen des Erbschaftsteuerrechts ist jeweils zwischen der todesfallbedingten Anwachsung bei den verbleibenden Gesellschaftern und dem Erwerb des Abfindungsanspruchs durch die Erben zu unterscheiden.

---

[995] Finger, DB 1974, 27 (28); Flume, FS Schilling, 23 (65); Heckelmann, 78ff.; Huber, 465ff.; MüKo-Frank, BGB, § 2325 Rn. 16; Kohl, MDR 1995, 865 (872); Kuttler, 46; Reuter, ZGR 1991, 466 (474); Schmitt, 35ff.; Soergel-Diekmann, BGB, § 2325 Rn. 16: im Ergebnis; Ulmer, NJW 1979, 81 (84); Ziegler, 129f. Für Österreich: Eccer, Antizipierte Erbfolge, 39f.; Schwimann-Eccer, ABGB, § 531 Anh. Rn. 46, jedoch zurückhaltender. Generell für Unentgeltlichkeit, da ein Gesellschaftsvertrag nicht in einen unentgeltlichen und einen entgeltlichen Teil gespalten werden kann: Fuhrmann, 107f. Für Österreich: Demelius, Nachlassverfahren, 105.

[996] So wohl auch: Fuhrmann, 107; Riedel, ZErb 2003, 212 (214); Staudinger-Olshausen, BGB, § 2325 Rn. 34. Huber, 466 hebt hervor, dass das Risiko, keine Abfindung zu erhalten, nur den Erben treffe. Diesem dem Erben aufgebürdeten Risiko stehe keine Chance gegenüber, da der Erbe nicht von dem Tod anderer Gesellschafter profitieren könne. Dem steht jedoch entgegen, dass der Erbe des letztversterbenden Gesellschafters die Chance hat, das gesamte Unternehmen zu erben. Vgl. auch: Binder, WBl 1992, 381 (386).

[997] Riedel, ZErb 2003, 212 (214); Staudinger-Olsen, BGB, § 2325 Rn. 34.

[998] Vgl. Fuhrmann, 108; Haas, 67.

1. Behandlung der Erben

a) Steuerpflichtiger Erwerb

Soweit den Erben ein Abfindungsanspruch gemäß § 738 Abs. 1 S. 2 BGB als Surrogat für die Mitgliedschaft des Erblassers an der Personengesellschaft anfällt, stellt dieser einen steuerpflichtigen Erwerb gemäß §§ 1 Abs. 1 Nr. 1 i.V.m. 3 Abs. 1 S. 1 ErbStG dar.[999]

b) Wertermittlung

Erwerbsgegenstand ist der Abfindungsanspruch. Es handelt sich um eine private Forderung.[1000]
Für die Bewertung des Anspruchs ist der Wert der (vereinbarten) Abfindung entscheidend. Gemäß § 12 Abs. 1 ErbStG i.V.m. § 9 Abs. 1 BewG ist der gemeine Wert zu ermitteln.[1001] Es ist grundsätzlich der Nennwert der Kapitalforderung gemäß § 12 BewG anzusetzen,[1002] sofern keine besonderen Zahlungsmodalitäten vereinbart worden sind.[1003] Kommt es infolge der oben angesprochenen Zivilrechtsprechung zu einer Anpassung der Abfindungsbeschränkung aufgrund eines entstandenen groben Missverhältnisses, ist der „korrigierte" Abfindungswert maßgeblich, da es sich hierbei nicht um ein Ereignis handelt, das nach dem Bewertungsstichtag eintritt.[1004] Ist gesellschaftsvertraglich die Abfindung in Sachwerten vorgesehen, ist deren gemeiner Wert, nicht der Steuerwert des Gegenstandes maßgeblich.[1005]
Wird der auf Geld lautende Abfindungsanspruch durch einen Sachwert erfüllt, wird von Crezelius[1006] angenommen, dass bei den Erben der gemeine Wert des

---

[999] Es ist nicht die Erbengemeinschaft als solche, sondern jeder Erbe anteilig erbschaftsteuerpflichtig.

[1000] Kegel, 164; Riedel, ZErb 2003, 212 (215); Troll/Gebel/Jülicher, ErbStG, § 3 Rn. 138; Westermann-Crezelius, Hdb PG, III Rn. 831.

[1001] Gebel, BB 1995, 2611 (2615); Schulze zur Wiesche, WPg 1997, 320 (321).

[1002] Crezelius, JbFStR 1997/98, 507 (554); Esch/Baumann/Schulze zur Wiesche, II Rn. 690; Felix, BB 1997, 840 (840); Gebel, BB 1995, 2611 (2615); Hörger/Stephan/Pohl-Pohl, Rn. 1017; IDW, Rn. 429; Riedel, ZErb 2003, 212 (215); Sistermann, ZEV 1998, 166 (169); Söffing/Peters, ZEV 1999, 15 (16).

[1003] Ist gesellschaftsvertraglich eine langfristige Stundung des Abfindungsanspruches vereinbart worden, ist gemäß § 12 Abs. 3 BewG der Nennwert auf den Gegenwartswert abzuzinsen. Aufgrund des Stichtagsprinzips kann hingegen eine nach dem Erbfall vereinbarte Stundung nicht berücksichtigt werden. Vgl. Gebel, Betriebsvermögensnachfolge, Rn. 794 Fn. 48.

[1004] Gebel, Gesellschafternachfolge, Rn. 427.

[1005] IDW, Rn. 429. Vgl. auch: BFH v. 11.12.1991, II R 49/89, BStBl II 1992, 260; BFH v. 26.6.1991, II R 117/87, BStBl II 1991, 749.

[1006] Crezelius, Rn. 283; Crezelius, EStB 2000, 15 (18); Westermann-Crezelius, Hdb PG III Rn. 831. Weitere Autoren haben sich mit diesem Problem - soweit ersichtlich - bisher noch nicht auseinandergesetzt.

an Erfüllungs Statt geleisteten Gegenstandes anzusetzen ist. Lediglich Pohl[1007] stellt dieses Ergebnis im Hinblick auf die neuere Rechtsprechung des BFH[1008] zum Kaufrechtsvermächtnis[1009] in Frage und lässt ohne Begründung offen, ob aus dieser abzuleiten ist, dass bei der Erfüllung des Abfindungsanspruches durch einen Sachwert der Nominalwertansatz des Abfindungsanspruches maßgeblich bleibt. Nach früherer Rechtsprechung[1010] galt für das Kaufrechtsvermächtnis, dass nur dann ein erbschaftsteuerpflichtiger Erwerb vorlag, wenn der gezahlte Kaufpreis niedriger war als der steuerliche Wert des zu erwerbenden Gegenstandes. Diese Rechtsprechung ist ausdrücklich aufgegeben worden. Nun gilt als erbschaftsteuerlich maßgebender Wert der gemeine Wert des Übernahmeanspruches, der aus der Differenz zwischen dem gemeinen Wert des Erwerbsgegenstandes und dem Kaufpreis besteht.[1011] Parallel zum Kaufrechtsvermächtnis könnte argumentiert werden, dass allein der Abfindungsanspruch erworben worden ist und nicht der Anspruch auf die Übereignung eines an Erfüllung Statt hingegebenen Gegenstandes, so dass auch nur der Abfindungsanspruch erbschaftsteuerlich von Bedeutung ist. Fraglich erscheint aber, ob diese Rechtsprechung auf den Abfindungsanspruch bei der Fortsetzungsklausel übertragen werden kann. Dagegen spricht entschieden die Verschiedenartigkeit von Übernahmerecht, das als Gestaltungsrecht ausgestaltet ist,[1012] und Abfindungsanspruch, der einen Anspruch auf Zahlung einer bestimmten Geldsumme darstellt. Bereits aus diesem Grund erscheint die Anwendung der Rechtsprechung zum Kaufrechtsvermächtnis auf Fälle der Fortsetzungsklausel als fernliegend.

Allerdings ergibt sich aus dem Grundsatz der Stichtagsbewertung dasselbe Ergebnis: Da der Anspruch im maßgeblichen Todeszeitpunkt auf Geld lautet und der Nennwert den gemeinen Wert für Kapitalforderungen darstellt,[1013] muss es auch für die Behandlung im deutschen Erbschaftsteuerrecht gleichgültig sein, durch welche Leistung der Anspruch erfüllt wird. Es ist daher, so wie auch von

---

[1007] Hörger/Stephan/Pohl-Pohl, Rn. 1017.

[1008] BFH v. 6.6.2001, II R 76/99, BStBl II 2001, 605.

[1009] Bei einem Kaufrechtsvermächtnis wird dem Vermächtnisnehmer das Recht eingeräumt, einen Nachlassgegenstand zu einem bestimmten (im Regelfall sehr niedrigen) Kaufpreis zu erwerben. Vgl. Christoffel/Geckle/Pahlke-Harnischfeger, ErbStG, § 3 Rn. 16; Moench-Moench, ErbStG, § 3 Rn. 106; Kapp/Ebeling, ErbStG, § 3 Rn. 180; Troll/Gebel/Jülicher, ErbStG, § 3 Rn. 180.

[1010] Vgl. BFH v. 12.7.1961, II 164/59 S, BStBl III 1961, 391.

[1011] BFH v. 1.8.2001, II R 47/00, HFR 2002, 620; BFH v. 6.6.2001, II R 76/99, BStBl II 2001, 605; BFH v. 6.6.2001, II R 14/00, BStBl II 2001, 725; BFH v. 6.6.2001, II R 5/00, HFR 2001, 1164. So bereits zuvor: FG Köln, 7.11.2000, 9 K 7272/97, EFG 2001, 298; FinMin M-V v. 8.3.1993, IV 330-S 3811-14/93.

[1012] Vgl. Moench-Moench, ErbStG, § 3 Rn. 109; Troll/Gebel/Jülicher, ErbStG, § 3 Rn. 180.

[1013] Vgl. Gürsching/Stenger, BewG, § 12 Rn. 9; Viskorf/Glier/Knobel-Viskorf, BewG, § 12 Rn. 40.

Pohl befürwortet, der Nominalwert des Abfindungsanspruchs für die erbschaftsteuerliche Bewertung maßgeblich.
Insgesamt lässt sich feststellen, dass die Erben, wenn der Abfindungswert höher als der steuerliche Wert der Beteiligung des verstorbenen Gesellschafters ist, eine höhere Erbschaftsteuerbelastung zu tragen haben, als wenn sie den Anteil selbst geerbt hätten.[1014]

c) Anwendung der Privilegien für Betriebsvermögen

Die Betriebsvermögensprivilegien greifen zugunsten der Erben nicht ein, da nicht begünstigungsfähiges Betriebsvermögen, sondern ein schuldrechtlicher Abfindungsanspruch den Erben todesfallbedingt anfällt.[1015]
Um die Anwendung der Privilegien für die Erben gestalterisch zu erreichen, wird von Felix[1016] die Vereinbarung einer „verzögerten Nachfolgeklausel“ empfohlen. Danach sollen die Erben zunächst in die Gesellschafterstellung des Erblassers einrücken (insoweit einfache Nachfolgeklausel) und erst nach Ablauf der Fünfjahresfrist i.S.d. § 13a Abs. 5 ErbStG aus der Gesellschaft gegen Abfindung ausscheiden.
Diese Gestaltungsmöglichkeit erscheint allerdings in mehrfacher Hinsicht als problematisch: Einerseits erscheint es als sehr fragwürdig, ob in der Praxis ein so langes Verbleiben der an sich nicht als Nachfolger erwünschten Erben hingenommen wird und interessengerecht ist.[1017] Andererseits besteht auch die Gefahr, dass aufgrund der Befristung ertragsteuerlich die Mitunternehmerstellung nicht anerkannt wird[1018] und damit auch §§ 13a, 19a ErbStG nicht zur Anwendung kommen können,[1019] so dass das gestalterische Ziel u.U. auch nicht erreicht werden kann.

d) Behandlung des Sonderbetriebsvermögens

Nicht vom Abfindungsanspruch umfasst werden die nicht zum Gesellschaftsvermögen gehörenden Wirtschaftsgüter des Sonderbetriebsvermögens, da sich

[1014] Gebel, BB 1995, 2611 (2615); IDW, Rn. 430; Westermann-Crezelius, Hdb PG III Rn. 831.
[1015] R 55 Abs. 2 S. 5 ErbStR; von Braunbehrens, ErbBStg 2003, 172 (179); Christoffel/Geckle/Pahlke-Christoffel, ErbStG, § 13a Rn. 12; Gebel, Gesellschafternachfolge, Rn. 440; Gluth, ErbStB 2003, 169 (169); Hörger/Stephan/Pohl-Pohl, Rn. 1017; Kegel, 164; Reimann, ZEV 2002, 487 (490); Riedel, ZErb 2003, 212 (215); Schulze zur Wiesche, WPg 1997, 320 (321); Sistermann, ZEV 1998, 166 (169); Troll/Gebel/Jülicher, ErbStG, § 3 Rn. 138, § 13a Rn. 34.
[1016] Felix, BB 1997, 840 (840).
[1017] So auch: Hörger/Pauli, GmbHR 1999, 945 (949); Hörger/Stephan/Pohl-Pohl, Rn. 1017.
[1018] Vgl. Frotscher-Kauffmann, EStG, § 15 Rn. 194f.; Schmidt-Schmidt, EStG, § 15 Rn. 265; Troll/Gebel/Jülicher, ErbStG, § 13a Rn. 35.
[1019] Hörger/Stephan/Pohl-Pohl, Rn. 1017.

die zivilrechtliche Anwachsung nicht auf das steuerrechtliche Sonderbetriebsvermögen bezieht.[1020]
Das Sonderbetriebsvermögen gilt mit dem Erbfall ertragsteuerrechtlich[1021] als entnommen, da die Erben nicht in die Mitunternehmerstellung einrücken und damit der persönliche Betriebszusammenhang „wegfällt".[1022] Für die Erbschaftsbesteuerung ist der gemeine Wert der in das Privatvermögen überführten ehemaligen Wirtschaftsgüter des Sonderbetriebsvermögens anzusetzen.[1023] Aufgrund der Zuordnung zum Privatvermögen sind die §§ 13a, 19a ErbStG unanwendbar.[1024]

e) Nachlassverbindlichkeiten

Die auf den Veräußerungs- und Entnahmegewinn entfallene dem Erblasser zuzurechnende Einkommensteuerschuld bei der Fortsetzungsklausel ist eine nach § 10 Abs. 5 Nr. 1 ErbStG abzugsfähige Nachlassverbindlichkeit.[1025]

[1020] BFH v. 28.1.1998, VIII B 9/97, ZEV 1998, 274 (275); Crezelius, EStB 2000, 15 (17); Daragan/Zacher-Röder, DStR 1999, 89 (89); Gebel, BB 1995, 2611 (2615); Gluth, ErbStB 2003, 169 (170).

[1021] Die Fortsetzungsklausel wird einkommensteuerrechtlich als Veräußerung eines Mitunternehmeranteils an die verbleibenden Gesellschafter auf den Todesfall nach § 16 Abs. 1 Nr. 2 EStG qualifiziert. Der dem Erblasser zuzurechnende Veräußerungsgewinn ist der Differenzbetrag zwischen dem Abfindungsanspruch und dem Buchwert des Kapitalkontos im Todeszeitpunkt. Als Veräußerungserlös gehört der Abfindungsanspruch zum Privatvermögen. Vgl. BMF v. 11.1.1993, IV B 2-S 2242-86/92, BStBl I 1993, 62, Rn. 78; Crezelius, EStB 2000, 15 (17); Gebel, Betriebsvermögensnachfolge, Rn. 793; Hörger/Stephan/Pohl-Hörger, Rn. 1014; IDW, Rn. 432; Kirnberger/Werz, ErbStB 2004, 10 (12); Schmidt-Wacker, EStG, § 16 Rn. 661.

[1022] Vgl. Crezelius, EStB 2000, 15 (17); Gebel, Gesellschafternachfolge, Rn. 424; Groh, DB 1990, 2135 (2140); Horn, FR 1995, 304 (306). Der Entnahmegewinn bezüglich des Sonderbetriebsvermögens erhöht ebenfalls ertragsteuerrechtlich den Veräußerungsgewinn. Diese Auswirkungen lassen sich nur vermeiden, wenn der Erblasser vor dem Todesfall bspw. das der Gesellschaft zur Nutzung überlassene Grundstück in eine gewerblich geprägte Personengesellschaft einbringt. Vgl. Esch/Baumann/Schulze zur Wiesche, II Rn. 692; Schulze zur Wiesche, WPg 1997, 320 (322).

[1023] Gebel, Betriebsvermögensnachfolge, Rn. 794; Groh, BB 1990, 2135 (2140). A.A.: Felix, KÖSDI 1997, 11064 (11067): Steuerwert des ehemaligen Sonderbetriebsvermögens (ohne Begründung). Diese Ansicht ist allerdings abzulehnen, da sie dem Stichtagsprinzip widerspricht.

[1024] Esch/Baumann/Schulze zur Wiesche, II Rn. 692; Gebel, BB 1995, 2611 (2615); Hörger/Stephan/Pohl-Pohl, Rn. 1017; Riedel, ZErb 2003, 212 (215f.).

[1025] Felix, KÖSDI 1997, 11064 (11065); Gebel, Gesellschafternachfolge, Rn. 425; Hörger/Stephan/Pohl-Pohl, Rn. 1017; Kegel, 164; Sistermann, ZEV 1998, 166 (169); Troll, BB 1990, 674 (680).

2. Behandlung der Altgesellschafter

a) Steuerpflichtiger Erwerb

Soweit § 738 Abs. 1 S. 2 BGB uneingeschränkt zur Anwendung kommt, besteht für die Altgesellschafter keine Erbschaftsteuerpflicht, da der Anwachsung eine gleichwertige Zahlungsverpflichtung der Gesellschaft bzw. der Gesellschafter gegenübersteht, so dass ein entgeltlicher Vorgang vorliegt.[1026]

Ist hingegen eine Abfindungsbeschränkung bzw. ein -ausschluss gesellschaftsvertraglich vereinbart worden, kann die Anwachsung einen erbschaftsteuerpflichtigen Erwerb gemäß §§ 1 Abs. 1 Nr. 1 i.V.m. 3 Abs. 1 Nr. 2 S. 1 bzw. S. 2 ErbStG darstellen.

aa) § 3 Abs. 1 Nr. 2 S. 2 ErbStG

Aufgrund der zivilrechtlichen Qualifizierungsprobleme bei der Realisierung des Anwachsungserwerbes hat der Steuergesetzgeber 1974[1027] § 3 Abs. 1 Nr. 2 S. 2 ErbStG normiert. Das Problem der subjektiven und objektiven Unentgeltlichkeit wird durch den „Kunstgriff" einer doppelten Fiktion gelöst:[1028] Zum einen „gilt" der durch den Gesellschaftertod ausgelöste Anteils(teil)übergang[1029] als Schenkung auf den Todesfall. Das Gesetz überträgt in Satz 2 damit lediglich die Rechtsfolgen der Schenkung auf den Todesfall auf den Tatbestand der gesellschaftsrechtlichen Fortsetzungsklausel.[1030] Als Besteuerungsgegenstand gilt - zum anderen - die Bereicherung, „soweit" der Steuerwert des Anteils zum Todeszeitpunkt Abfindungsansprüche Dritter, also die der Gesellschaftererben, übersteigt.

Daher besteht „nur" im Fall des Abfindungsausschlusses, oder wenn die an die Erben zu zahlende Abfindung niedriger ist als der Steuerwert der Anteile, eine

---

1026 Christoffel/Geckle/Pahlke-Christoffel, ErbStG, § 13a Rn. 12; Riedel, ZErb 2003, 212 (215).

1027 Erbschaftsteuerreformgesetz v. 17.4.1974, BGBl I 1974, 933.

1028 Vgl. Riedel, ZErb 2003, 212 (215); Troll/Gebel/Jülicher, ErbStG, § 3 Rn. 259. Trotz der Fiktionen wird die Norm als verfassungsrechtlich unbedenklich angesehen. Vgl. BVerfG v. 9.7.1993, 2 BvR 152792, Steuer-Eildienst 1993, 510.

1029 Zu beachten ist an dieser Stelle die gesetzgeberische Ungenauigkeit, die sich vielfach die Literatur „zu eigen" gemacht hat: Bei der Fortsetzungsklausel findet nämlich im eigentlichen Sinne kein Anteilsübergang auf die anderen Gesellschafter statt. Es kann kein Gesellschafter zu seinem eigenen Anteil noch einen weiteren selbständigen Anteil erwerben, da es nur eine einheitliche personengesellschaftsrechtliche Beteiligung gibt. Die Anwachsung des Anteils bewirkt keinen Anteilsübergang, sondern eine quotale Erhöhung des Anteils der verbleibenden Gesellschafter am Gesamthandsvermögen. So zutreffend: IDW, Rn. 427; Meincke, ErbStG, § 3 Rn. 62; Viskorf, NWB F. 10, 655 (656).

1030 BFH v. 1.7.1992, II R 20/90, BStBl II 1992, 912 (913); Haas, 76; V/G/H/K/S-Hübner, ErbStG, § 3 Rn. 149; Viskorf, NWB F. 10, 655 (657). Folge ist u.a., dass das Bewusstsein der Unentgeltlichkeit nicht mehr erforderlich ist.

sachliche Erbschaftsteuerpflicht für die verbleibenden Gesellschafter gemäß §§ 1 Abs. 1 Nr. 1 i.V.m. 3 Abs. 1 Nr. 2 S. 2 ErbStG.[1031]

bb) § 3 Abs. 1 Nr. 2 S. 1 ErbStG

Offengelassen werden kann es für den ganz überwiegenden Teil der Fälle des Anwachsungserwerbes, ob auch gemäß § 3 Abs. 1 Nr. 2 S. 1 ErbStG ein steuerpflichtiger Erwerb vorliegt, da zumindest S. 2 zur Begründung der Steuerpflicht bei den verbleibenden Gesellschaftern führt.

Selbständige Bedeutung erlangt hingegen S. 1, wenn der Abfindungsanspruch der Erben den steuerlichen Anteilswert übersteigt und insofern der Erwerb nach S. 2 ausscheidet, aber die Höhe des Abfindungsanspruchs unter dem gemeinen Wert des Anteils liegt.[1032] Relativiert wird die Bedeutung hingegen durch die Wagnisrechtsprechung,[1033] da die Fortsetzungsklausel im Regelfall der ausgeglichenen Chancenverteilung einen entgeltlichen Erwerb darstellt. Nur in dem (eher unwahrscheinlichen) Fall, dass der Abfindungsanspruch der Erben über dem Steueranteilswert, aber unter dem „wirklichen“ Wert der Beteiligung liegt und ein grobes Missverhältnis zwischen den die einzelnen Gesellschafter treffenden Chancen und Risiken besteht, kommt ein Erwerb gemäß § 3 Abs. 1 Nr. 2 S. 1 ErbStG in Betracht. Auch in diesem Fall ist der Erwerbsgegenstand der angewachsene Gesellschaftsanteil bei den Altgesellschaftern, der gemäß § 12 Abs. 5 ErbStG bewertet wird. Jedoch sind die Abfindungsansprüche der Gesellschaftererben jeweils anteilig bereicherungsmindernd zu berücksichtigen, da auch im Rahmen des § 3 Abs. 1 Nr. 2 S. 1 ErbStG § 10 Abs. 1 S. 2 ErbStG zur Anwendung kommt.[1034] Übersteigen daher die Abzugsbeträge die Bereicherung, kommt es zu einem negativen Erwerb, der mit anderen positiven Erwerben von Todes wegen verrechnet werden kann.[1035] Stellt der Anwachsungserwerb hingegen den einzigen Erwerbsgegenstand dar, kann der negative Erwerb nicht weiter genutzt werden.[1036]

b) Wertermittlung

Die Steuerbemessungsgrundlage für den Erwerb gemäß § 3 Abs. 1 Nr. 2 S. 2 ErbStG ergibt sich aus dem Wertvergleich zwischen Steueranteilswert und dem

[1031] von Braunbehrens, ErbBStg 2003, 172 (179); Felix, KÖSDI 1997, 11064 (11065); Hofmann, DStZ/A 1979, 227 (230); Hörger/Stephan/Pohl-Pohl, Rn. 1017; IDW, Rn. 427; Meincke, ErbStG, § 3 Rn. 66; Söffing/Peters, ZEV 1999, 15 (16).

[1032] Vgl. Haas, 78f.; Meincke, ErbStG, § 3 Rn. 67; Troll/Gebel/Jülicher, ErbStG, § 3 Rn. 251.

[1033] Vgl. 3. Teil B I a).

[1034] Meincke, ErbStG, § 3 Rn. 61; Moench-Moench, ErbStG, § 3 Rn. 132. Gegen den Abzug als Verbindlichkeit bestehen gerade im Hinblick auf das Nettoprinzip keine Bedenken. Dass ein derartiger Abzugsposten im Rahmen des § 10 Abs. 5 ErbStG nicht aufgeführt ist, erscheint als unschädlich, da die Aufzählung nicht abschließend ist. Vgl. auch: Haas, 78f.

[1035] Meincke, ErbStG, § 3 Rn. 67.

[1036] Vgl. Haas, 79.

Wert des Abfindungsanspruchs. Wenn und soweit der nach § 12 Abs. 5 ErbStG i.V.m. § 97 Abs. 1a BewG ermittelte Wert höher ist als der Wert des Abfindungsanspruchs, besteht in dieser Höhe ein steuerpflichtiger Erwerb.

c) Anwendung der Privilegien für Betriebsvermögen

Da die Altgesellschafter aufgrund der gesellschaftsrechtlichen Anwachsung unmittelbar Betriebsvermögen erwerben und keine Anhaltspunkte im Gesetz dafür bestehen, dass von der zivilrechtlichen Wertung abgewichen werden soll, stehen den Altgesellschaftern die Betriebsvermögensprivilegien der §§ 13a, 19a ErbStG zu.[1037]

Regelmäßig kann davon ausgegangen werden, dass die verbleibenden Gesellschafter nicht als Erben eingesetzt werden und eine Freibetragsaufteilung nicht vorgenommen worden ist, so dass der Freibetrag zu gleichen Teilen aufzuteilen ist, § 13a Abs. 1 Nr. 1 2.HS ErbStG.[1038]

III. Österreichisches Erbschaftsteuerrecht

1. Behandlung der Erben

a) Steuerpflichtiger Erwerb

Soweit den Erben ein Abfindungsanspruch gemäß Art. 7 Nr. 15 Abs. 3 EVHGB todesfallbedingt anfällt, ist ein steuerpflichtiger Erwerb gemäß §§ 1 Abs. 1 Nr. 1 i.V.m. 2 Abs. 1 Nr. 1 öErbStG gegeben.

b) Wertermittlung

Erwerbsgegenstand ist der Abfindungsanspruch als nichtbetriebliche Forderung.[1039] Der Anspruch ist mit dem gemeinen Wert gemäß § 19 Abs. 1 öErbStG i.V.m. § 10 öBewG anzusetzen.[1040] Ist der Abfindungsanspruch als Kapitalforderung ausgestaltet, ist diese gemäß § 14 öBewG mit dem Nennwert zu bewerten.[1041] Ist im Gesellschaftsvertrag eine Abfindung mit Sachwerten vorgese-

---

[1037] R 55 Abs. 2 S. 5 ErbStR; von Braunbehrens, ErbBStg 2003, 172 (179); Christoffel/Geckle/Pahlke-Christoffel, ErbStG, § 13a Rn. 12; Crezelius, Rn. 285; Felix, KÖSDI 1997, 11064 (11065); Hörger/Pauli, GmbHR 1999, 945 (949); Gluth, ErbStB 2003, 169 (169); Kegel, 163; Reimann, ZEV 2002, 487 (490); Söffing/Peters, ZEV 1999, 15 (16); Westermann-Crezelius, Hdb PG III Rn. 833.

[1038] Schulze zur Wiesche, BB 1997, 2621 (2624).

[1039] Dorazil/Taucher, ErbStG, § 2 Rn. 2.124; Fraberger, 2000, Rn. 201; Wolf, 58. Zu den Einzelheiten vgl. auch: 3. Teil B II 1 b).

[1040] Taucher, GesRZ 1996, 80 (82).

[1041] VwGH v. 20.5.1963, 726/62, Slg 2.975 F; Dorazil/Taucher, ErbStG, § 2 Rn. 126; Fraberger/Sulz, SWK 1996, 349 (350); Taucher, Unternehmensnachfolge 1996, 9 (20); Wolf, 58.

hen, ist der gemeine Wert der Sachwerte maßgeblich.[1042]

c) Anwendung des Privilegs für Betriebsvermögen

Da der Abfindungsanspruch als private Forderung zu qualifizieren ist, kommt die Anwendung des Freibetrages gemäß § 15a öErbStG bei den Erben nicht in Betracht.[1043]

d) Behandlung des Sonderbetriebsvermögens

Auch im österreichischen Erbschaftsteuerrecht umfasst der Abfindungsanspruch nicht die Wirtschaftsgüter des Sonderbetriebsvermögens. Die Fortsetzungsklausel führt ertragsteuerlich zur Veräußerung des Gesellschaftsanteils im Erblassertodeszeitpunkt gemäß § 24 Abs. 1 öEStG.[1044] Infolgedessen gilt das Sonderbetriebsvermögen als noch vom Erblasser entnommen,[1045] so dass die ehemaligen Wirtschaftsgüter des Sonderbetriebsvermögens den Erben als Privatvermögen anfallen. Sie sind gemäß §§ 10, 13, 14 öBewG und nicht mit dem Teilwert zu bewerten.

e) Nachlassverbindlichkeiten

Die durch die Veräußerung des Gesellschaftsanteils und durch die Entnahme des Sonderbetriebsvermögens entstehende Einkommensteuerschuld kann gemäß § 20 Abs. 4 öErbStG von der erbschaftsteuerlichen Bemessungsgrundlage abgezogen werden.[1046]

[1042] Fraberger, 1997, 589. Wird hingegen nachträglich eine Abfindung mit Sachwerten vereinbart, so stellt sich das bereits beschriebene Problem für das deutsche Recht. Die neue Rechtsprechung des VfGH zu den Erbübereinkommen wird wohl in diesem Fall nicht anwendbar sein, da es sich bei den Altgesellschaftern nicht um Parteien eines Erbübereinkommens handelt.

[1043] Fraberger, 2000, Rn. 201; Wolf, 58f.

[1044] Quantschnigg/Schuch, ESt-Handbuch, § 24 Rn 154; Taucher, Unternehmensnachfolge 1996, 9 (18); Wolf, 57; W/A/G/L/W, EStG, § 23 Rn. 301. Fraberger, 1997, 378 und Knörzer, FJ 2002, 161 (162) gehen hingegen von einer aus dem Gesellschaftsrecht abgeleiteten Fiktion der Veräußerung aus. Die Veräußerung ist jedenfalls noch der Vermögenssphäre des Erblassers zuzurechnen. Im Umkehrschluss ist damit eine sachliche Einkommensteuerpflicht des Erben bezüglich des Abfindungsanspruches ausgeschlossen.

[1045] Fraberger, 1997, 380; Wolf, 58f.; W/A/G/L/W, EStG, § 23 Rn. 302.

[1046] Fraberger, 1997, 624; Fraberger/Sulz, SWK 1996, 349 (350); Knörzer, FJ 2002, 161 (163).

2. Behandlung der Altgesellschafter

a) Steuerpflichtiger Erwerb

Bemisst sich der Abfindungsanspruch der Erben gegen die Gesellschaft nach Art. 7 Nr. 15 Abs. 3 EVHGB, kommt für die verbleibenden Gesellschafter keine Erbschaftsteuerpflicht in Betracht, da ein entgeltlicher Vorgang vorliegt. Für alle weiteren Fälle ist danach zu differenzieren, ob die Abfindungsbeschränkung bzw. der -ausschluss im Rahmen einer ausgeglichenen Chancenverteilung vereinbart worden ist.

aa) Regelfall: Ausgeglichene Chancenverteilung

Wie bereits im Rahmen der zivilrechtlichen Ausführungen dargestellt,[1047] wird für den Regelfall der ausgeglichenen Chancenverteilung ein entgeltliches Geschäft angenommen. Im deutschen Erbschaftsteuerrecht kommt es nur deshalb zu einer Besteuerung des gesetzlichen Anwachsungserwerbs der verbleibenden Gesellschafter, da der Erwerb kraft Fiktion in § 3 Abs. 1 Nr. 2 S. 2 ErbStG in den Rechtsfolgen wie eine Schenkung auf den Todesfall behandelt wird. In das österreichische
Erbschaftsteuergesetz ist jedoch kein dem deutschen § 3 Abs. 1 Nr. 2 S. 2 ErbStG vergleichbarer „Fiktions"-Erwerbstatbestand eingeführt worden. Mithin ist die todesfallbedingte Anwachsung bei den verbleibenden Gesellschaftern im österreichischen Erbschaftsteuerrecht nicht besteuerbar.[1048] Der österreichsche Gesetzgeber muss daher, wenn er diese Fallkonstellation für besteuerungswürdig hält, nach deutschem Vorbild einen eigenen Tatbestand schaffen.[1049]

bb) Ausnahmefall: Fälle nicht ausgeglichener Chancenverteilung

Für die Ausnahmefälle des Ungleichgewichts von Risiko und Chance[1050] kommt hingegen nach österreichischem Verständnis der schenkungsteuerrechtliche Tatbestand der freigebigen Zuwendung (§ 3 Abs. 1 Nr. 2 öErbStG) in Betracht.[1051]

Voraussetzung für das Vorliegen einer freigebigen Zuwendung ist eine auf Unentgeltlichkeit beruhende Bereicherung des Bedachten sowie der Bereicherungswille beim Zuwendenden.[1052] Die Anwachsung führt auf den Todesfall zu

---

[1047] Vgl. 3. Teil B I a).

[1048] Fraberger, RdW 2002, 631 (633); Knörzer, FJ 2002, 161 (162); Taucher, GesRZ 1996, 80 (83); Wolf, 58.

[1049] So auch: Knörzer, FJ 2002, 161 (163).

[1050] Vgl. Beispiele bei: Knörzer, FJ 2002, 161 (162).

[1051] Ein Personengesellschaftsanteil kann Gegenstand einer freigebigen Zuwendung sein. Vgl. VwGH v. 14.4.1994, 91/15/0075; VwGH v. 14.10.1991, 90/15/0084; VwGH v. 11.2.1980, 3132/78; VwGH v. 12.11.1952; Fellner, ErbStG, § 3 Rn. 40.

[1052] Dorazil/Taucher, ErbStG, § 3 Rn. 7.1f.

einer objektiven Bereicherung bei den verbleibenden Gesellschaftern.[1053] In der vorliegenden Konstellation ist ausnahmsweise i.S.d. Wagnisrechtsprechung[1054] im Einzelfall ein Bereicherungswille anzunehmen, so dass die Voraussetzungen der freigebigen Zuwendung vorliegen.
Eine Erbschaftsteuerpflicht kommt aber nur insoweit in Betracht, als die an die Erben zu zahlenden Abfindungsleistungen geringer sind als der Steuerwert des angewachsenen Gesellschaftsanteils. Als Bereicherung ist der Unterschiedsbetrag zwischen Steuerwert des Anteils und der in bar oder Sachwerten zu leistenden Abfindung anzusehen.[1055] Kommt es ausnahmsweise zu einer Abfindungszahlung, die den Steuerwert des Anteils übersteigt, entsteht ein negativer erbschaftsteuerlicher Verrechnungsposten, der abgesehen von zusätzlichen positiven Erwerben nicht verrechenbar ist.[1056]
Bei Schenkungen unter Lebenden entsteht die Steuerpflicht mit der Ausführung der Zuwendung gemäß § 12 Abs. 1 Nr. 2 öErbStG. Damit entsteht die Schenkungsteuerpflicht bei der todesfallbedingt vereinbarten Buchwertklausel mit dem Tod des Gesellschafters.[1057] Insofern erscheint es als missverständlich, dass Taucher[1058] von einem aufschiebend bedingten Erwerb ausgeht, da die Steuerschuld mit dem Gesellschaftertod entsteht, nicht aber vom Eintritt einer „weiteren" Bedingung abhängig ist.[1059]

b) Anwendung des Privilegs für Betriebsvermögen

In den Fällen, in denen ein steuerpflichtiger Erwerb angenommen werden kann, können die Altgesellschafter den Betriebsvermögensfreibetrag gemäß § 15a öErbStG in Anspruch nehmen, soweit die Voraussetzungen gegeben sind.[1060]

IV. Würdigung der Fortsetzungsklausel

Die Fortsetzungsklausel ohne Beschränkung des Abfindungsanspruchs wird in besonderem Maße den erbschaftsteuerlichen Interessen der Altgesellschafter entsprechen, da für diese kein steuerpflichtiger Erwerb vorliegt.[1061] Auch in Fällen der Beschränkung oder des Ausschlusses des Abfindungsanspruchs wird die Erbschaftsteuerbelastung für die verbleibenden Gesellschafter (wenn sie denn

---

1053 Dorazil/Taucher, ErbStG, § 3 Rn. 3.36; Taucher, Unternehmensnachfolge 1996, 9 (22).
1054 Vgl. VwGH v. 14.4.1986, 84/15/0140; VwGH v. 20.1.1986, 84/15/0174; VfGH v. 7.6.1984, B 426/80, ÖStZB 1985, 116.
1055 Fraberger, 1997, 590. Wohl auch: Fellner, ErbStG, § 3 Rn. 41.
1056 Fraberger, 2000, Rn. 207. Vgl. auch: 3. Teil B II 2 a) bb).
1057 Vgl. Arnold, RdW 1983, 55 (55ff.).
1058 Dorazil/Taucher, ErbStG, § 3 Rn. 3.36; Taucher, GesRZ 1996, 80 (83). Insoweit sind auch die Ausführungen von Fraberger, 1997, 554f. unverständlich.
1059 So auch: Arnold, RdW 1983, 55 (55ff.).
1060 Fraberger, 2000, Rn. 205; Knörzer, FJ 2002, 161 (163).
1061 Hörger/Stephan/Pohl-Pohl, Rn. 1018. Es ist aber gleichzeitig die Liquiditätsbelastung der Gesellschaft zu berücksichtigen.

überhaupt besteht) gering ausfallen. Da oft eine Anspruchsreduzierung auf die Buchwerte vereinbart wird, kommt es - wenn überhaupt - zu einer geringen Erbschaftsteuerbelastung. Im österreichischen Steuerrecht ist die Situation für die Altgesellschafter noch „angenehmer", da der Regelfall der ausgeglichenen Chancenverteilung nicht einmal steuerbar ist.
Allerdings wird die Vereinbarung einer Fortsetzungsklausel nur dann den Erblasserinteressen entsprechen, wenn bereits ein Familiennachfolger vor dem Gesellschaftertod in die Gesellschaft aufgenommen wurde, oder aber die Gesellschaft fast ausschließlich auf Fähigkeiten und Kenntnissen der gegenwärtigen Gesellschafter aufbaut und daher die Beteiligten nicht an einer Erweiterung des Gesellschafterkreises interessiert sind.[1062] Jedoch ist im letztgenannten Fall ein dauerhafter Bestand der Gesellschaft nicht gesichert.
Regelmäßig wird die Fortsetzungsklausel aber gerade nicht den Interessen des Erblassers entsprechen, da den Erben der Gesellschaftsanteil nicht zuteil wird und diese das „Lebenswerk" des Erblassers nicht fortführen.[1063]
Für die Erben des Gesellschafters ist die Fortsetzungsklausel erbschaftsteuerlich ungünstig, da sie den Abfindungsanspruch mit dem gemeinen Wert zu versteuern haben.[1064] Auch erscheint als suboptimal, dass die Betriebsvermögensprivilegien nicht in „vollem Umfang" für den gesamten Mitunternehmeranteil des Erblassers in Anspruch genommen werden können, da das Sonderbetriebsvermögen als mit dem Erbfall entnommen gilt.

C. Einfache Nachfolgeklausel

I. Zivilrechtliche Vorbemerkungen

Eine einfache Nachfolgeklausel liegt vor, wenn beim Tod eines Gesellschafters der Anteil auf seine Erben übergeht, vgl. § 138 öHGB.[1065] Für den Kommanditanteil an einer KG entspricht die Klausel dem gesetzlichen Regelfall, vgl. § 177 (ö)HGB. Insofern bedarf es keiner ausdrücklichen gesellschaftsvertraglichen Vereinbarung.[1066] Erforderlich ist die Vereinbarung hingegen für oHG-Gesellschafter und die Komplementäre der KG.[1067]

[1062] Vgl. von Braunbehrens, ErbBStg 2003, 172 (173); Crezelius, EStB 2000, 15 (15); Nieder, § 19 Rn. 1237; Ott-Himmelmann, Teil 3 9.2.2.1.2; Schröder, INF 1997, 16 (18).
[1063] Hörger/Stephan/Pohl-Pohl, Rn. 1018; Schröder, INF 1997, 16 (18).
[1064] Reimann, ZEV 2002, 486 (490).
[1065] Vgl. Formulierungsvorschläge bei: Ott-Himmelmann, Teil 3 9.2.1.3.2; Scherer-Jeschke, § 14 Rn. 27; Schröder, INF 1997, 16 (19). Für Österreich: Feuchtinger/Manauer, Betriebsübertragungen, 7 (43); Fraberger, 356.
[1066] Fichtelmann, GmbHR 1994, 583 (584); Gebel, Gesellschafternachfolge, Rn. 380 Fn. 8; IDW, Rn. 440; Littmann/Bitz/Pust-Hörger, EStG, § 16 Rn. 1036; Schmidt, § 45 V 4 a.
[1067] Hörger/Stephan/Pohl-Hörger, Rn. 1027; Scherer-Jeschke, § 14 Rn. 20; Terplitz, ZEV 1999, 45 (46). Für Österreich: Straube-Koppensteiner, HGB, § 139 Rn. 5; Wahle, JBl 1966, 337 (337).

Allgemein anerkannt ist spätestens seit den 50er Jahren des vergangenen Jahrhunderts die Rechtsnachfolge der Mitgliedschaft in eine Personengesellschaft, da die Mitgliedschaft Teil des vererbbaren Vermögens i.S.d. § 1922 Abs. 1 BGB (Österreich: § 521 ABGB) darstellt und die Vererblichkeit der Mitgliedschaft zumindest von § 139 (ö)HGB vorausgesetzt wird.[1068]

1. Gesellschaftsrechtliche oder erbrechtliche Nachfolge

In rechtsdogmatischer Hinsicht ist allerdings umstritten, ob die Rechtsnachfolge der Erben infolge einer Nachfolgeklausel auf Gesellschaftsrecht oder auf Erbrecht beruht.

a) Gesellschaftsrechtliche Nachfolge

Nach der vereinzelt[1069] vertretenen gesellschaftsvertraglichen Lösung vollzieht sich der Erwerb außerhalb erbrechtlicher Bestimmungen durch eine Verfügung unter Lebenden. Der Gesellschaftsvertrag sei als Vertrag zugunsten der Erben mit Wirkung für den Todesfall anzusehen.

Diese Ansicht ist abzulehnen, da sie sich nur durch eine dingliche Verfügung zugunsten Dritter begründen lässt, die von der herrschenden Meinung[1070] aufgrund des sachenrechtlichen Typenzwangs nicht anerkannt wird. Ferner beinhaltet die Mitgliedschaftsübertragung neben Rechten auch Pflichten. Sie erfolgt damit auch zu Lasten des Empfängers. Ein Vertrag zulasten Dritter ist hingegen mit dem Grundsatz der Privatautonomie nicht vereinbar und daher unzulässig.[1071] Zudem wird eine derartige Betrachtungsweise nicht dem Willen der

[1068] Vgl. Crezelius, EStB 2000, 15 (16); Einmal, AcP 160 (1961), 29 (31); Müller, FS Wahl, 369 (397); Siegmann, NJW 1985, 481 (484); Staudinger-Marotzke, BGB, § 1922 Rn. 169. Für Österreich: Kalss/Schauer-Schauer, Unternehmensnachfolge, 111 (118). Anzumerken ist, dass insbesondere vor der Handelsrechtsreform 1998 viele Autoren fälschlicherweise davon ausgegangen sind, dass durch die Vereinbarung einer Fortsetzungsklausel die Gesellschafterstellung erst vererblich gestellt worden ist.

[1069] Brox, Rn. 755; Brox, JA 1980, 561 (564f.); Flume, PG, § 18 II; Flume, FS Schilling, 23 (28f.); Flume, FS 40 Jahre der Betrieb, 181 (184f.); Säcker, 43ff.

[1070] Vgl. BGH v. 21.3.2000, IX ZR 39/99, NJW 2000, 1942 (1943); BGH v. 8.7.1993, IX ZR 222/92, NJW 1993, 2617; BGH v. 10.2.1977, II ZR 120/75, BGHZ 68, 225 (231f.); BGH v. 29.1.1964, V ZR 209/61, BGHZ 41, 95 (96); Ebenroth, Rn. 865; Gebel, BB 1995, 173 (175); Hellwig, 53ff.; Hübner, ZErb 2004, 34 (34); Lange/Kuchinke, § 5 VI A 6 c; Küster, 35; Siegmann, 101; Soergel-Hadding, BGB, § 328 Rn. 115ff.; Ulmer, ZGR 1972, 195 (214). A.A.: Baur, Sachenrecht, § 5 II 2; Brox, Rn. 754; Haas, Verfügungen zugunsten Dritter, 177ff.

[1071] BGH v. 10.2.1977, II ZR 120/75, BGHZ 68, 225 (231f.); BGH v. 8.11.1973, VII ZR 246/72, BGHZ 61, 359 (361); BGH v. 9.3.1972, VII ZR 178/70, BGHZ 58, 216 (218); Bamberger/Roth-Janoschek, BGB, § 328 Rn. 10; Ebenroth, Rn. 865; Eiselt, AcP 158 (1959/60), 319 (320); Hübner, ZErb 2004, 34 (34); Martens, AcP 177 (1977), 113 (139ff.); MüKo-Gottwald, BGB, § 328 Rn. 192; Palandt-Heinrichs, BGB, v. § 328 Rn. 10; Reini-

Vertragschließenden, der auf eine erbrechtliche Übertragung gerichtet ist, gerecht.[1072] Überdies steht das Konzept im Widerspruch zu den Regelungen in §§ 139, 177 (ö)HGB.[1073]

b) Erbrechtliche Nachfolge

Es ist daher mit der herrschenden Meinung[1074] davon auszugehen, dass sich die Rechtsnachfolge der Erben infolge einer Nachfolgeklausel nach erbrechtlichen Grundsätzen vollzieht.

2. Nachfolge in den Gesellschaftsanteil

Nach den allgemeinen erbrechtlichen Grundsätzen folgt der Alleinerbe nach herrschender Meinung unmittelbar in den Gesellschaftsanteil.[1075] Problematisch ist hingegen die Behandlung der Erbengemeinschaft: Würde man den Gesellschaftsanteil ungeteilt der Erbengemeinschaft „anfallen" lassen, würde die Erbengemeinschaft in ihrer gesamthänderischen Verbundenheit Gesellschafterin der Personengesellschaft werden.[1076] Dieses Ergebnis wird von Weipert[1077]

---

cke/Reinicke, NJW 1957, 561 (563); Rüthers, AcP 168 (1968), 263 (274); Staudinger-Jagmann, BGB, v. §§ 328ff. Rn. 42.

[1072] Eisenhardt, JuS 1975, 413 (417); Pietsch, UVR 1992, 8 (12); Schmidt, § 45 V 4a; Ulmer, ZGR 1972, 195 (212).

[1073] Vgl. BGH v. 10.2.1977, II ZR 120/75, BGHZ 68, 225 (229); Schauer, 160; Ulmer, BB 1977, 805 (806f.).

[1074] BGH v. 14.5.1986, IVa ZR 155/84, BGHZ 98, 48 (50); BGH v. 10.2.1977, II ZR 120/75, BGHZ 68, 225 (229); BGH v. 22.11.1956, II ZR 222/55, BGHZ 22, 186 (191f.); Dötsch, FS Schmidt, 867 (870); Ebenroth, Rn. 865; Fichtelmann, GmbHR 1994, 583 (584); Gebel, Gesellschafternachfolge, Rn. 381; IDW, Rn. 462; Kegel, 166; Nieder, § 19 Rn. 1248; Pietsch, UVR 1992, 8 (12); Riegger/Weipert-Klein, MünchHdB PG Bd 1, § 72 Rn. 24; Schleitzer, 8; Schlegelberger-Schmidt, HGB, § 139 Rn. 17; Siegmann, NJW 1995, 481 (483); Westermann, JuS 1979, 761 (761).

[1075] Bommert, BB 1984, 178 (181); Kobor, 129; Marotzke, AcP 184 (1984), 541 (547); Nieder, § 19 Rn. 1238; Schlegelberger-Schmidt, HGB, § 139 Rn. 17f.; Staudinger-Werner, BGB, vor §§ 2032-2057a Rn. 24; Wiedemann, FS Großfeld, 1309 (1312f.). A.A. Sondererbfolge auch beim Alleingesellschafter: BGH v. 22.11.1965, II ZR 225/55, BGHZ 22, 225 (229); Röhricht/v. Westfalen-von Gerkan, HGB, § 139 Rn. 7; Ulmer, FS Schilling, 70 (90ff). Für die herrschende Meinung spricht, dass bei Vorhandensein nur eines Erben kein Bedürfnis und damit auch kein Raum für die Sondererbfolge besteht, da kein Konflikt zwischen den erbrechtlichen Grundsätzen der Erbengemeinschaft und dem Gesellschaftsrecht entstehen kann.

[1076] Für die folgenden Ausführungen ist zu berücksichtigen, dass die deutsche Erbengemeinschaft als Gesamthandsgemeinschaft, die österreichische hingegen als Bruchteilsgemeinschaft ausgestaltet ist.

[1077] Vgl. Weipert, ZEV 2002, 300 (302f.); Weipert, FS Bezzenberger, 439 (446ff.). Ähnlich: Heil, DNotZ 2002, 60 (64). Wie bereits dargestellt, hat der BFH mit dem Urteil vom 11.9.2002 die Rechtsfähigkeit der Erbengemeinschaft verneint. Vgl. 2. Teil B I 1 d) bb).

als Folgerung aus den Urteilen des BGH[1078] zur Rechts- und Parteifähigkeit der BGB-Gesellschaft vertreten, so dass seiner Ansicht nach die Annahme einer Sondererbfolge zumindest für den Bereich der einfachen Nachfolgeklausel obsolet geworden ist.
Dennoch kann die Erbengemeinschaft nach heute ganz herrschender Meinung[1079] nicht Mitglied einer werbend tätigen Gesellschaft sein: Hiergegen spricht, dass die Miterben eines ungeteilten Nachlasses die Haftung gemäß § 2059 Abs. 1 S. 1 BGB (Österreich: § 802 ABGB) auf den Nachlass beschränken können. Eine derartige Haftungsbeschränkung widerspricht jedoch dem Prinzip der unbeschränkten Haftung der Gesellschafter der oHG bzw. Komplementären der KG aus §§ 128 S. 1 (ö)HGB (i.V.m. 161 Abs. 2 (ö)HGB). Zudem ist die Erbengemeinschaft nach dem gesetzlichen Leitbild auf Abwicklung und Auseinandersetzung gerichtet, § 2042ff. BGB. Der Gesellschaftszweck bei der Personengesellschaft ist hingegen auf eine unbestimmte zeitliche Fortsetzung angelegt. Infolge des Einstimmigkeitserfordernisses bei Verfügungen gemäß § 2040 Abs. 1 S. 1 BGB (Österreich: §§ 550, 828 Abs. 1 S. 1 ABGB), der gemeinschaftlichen Verwaltung gemäß § 2038 Abs. 1 S. 1 BGB (Österreich: §§ 550, 833 ABGB) erscheint die Erbengemeinschaft zudem als unbeweglich und wird den Anforderungen an eine oHG/KG als Arbeitsgemeinschaft nicht gerecht. Auch bringt § 139 (ö)HGB zum Ausdruck, dass jeder Erbe als solches Mitglied der Personengesellschaft wird, denn nach dieser Norm kann jeder Erbe sein Verbleiben in der Gesellschaft davon abhängig machen, dass ihm eine Kommanditistenstellung eingeräumt wird.
Aus der vorstehend beschriebenen Kollision zwischen erb- und gesellschaftsrechtlichen Grundsätzen wird von der ganz herrschenden Meinung eine Singularsukzession abgeleitet: Danach rücken die Miterben unmittelbar und direkt (bzw. für Österreich: mit der Einantwortung) entsprechend ihrer jeweiligen Erbquote in die Gesellschafterstellung ein.[1080]

[1078] BGH v.18.2.2002, II ZR 331/00, NJW 2002, 1207; BGH v. 29.1.2001, II ZR 331/00, NJW 2001, 1056; OLG Karlsruhe v. 26.2.2001, 11 W 5/01, NJW 2001, 1072.

[1079] Vgl. BGH v. 14.5.1986, IVa ZR 155/84, BGHZ 98, 48 (51); BGH v. 24.11.1980, II ZR 194/79, DB 1981, 366; BGH v. 22.11.1956, II ZR 222/55, BGHZ 22, 186 (192); RG v. 16.3.1886, Rep, I 12/86, RGZ 16, 40 (56f.); BFH v. 13.12.1990, IV R 107/89, BFHE 1991, 163 (186); Dötsch, FS Schmidt, 867 (876); Ebenroth, Rn. 866; Erman-Westermann, BGB, § 727 Rn. 8; Grashoff, 10ff.; IDW, Rn. 443; Keller, ZEV 2003, 297 (298); Kipp/Coing, Erbrecht, § 91 IV 8d; MüKo-Dütz, BGB, § 2032 Rn. 52; MüKo-Ulmer, BGB, § 727 Rn. 33; Nieder, § 19 Rn. 1238; Pietsch, UVR 1992, 8 (9ff.); Rüthers, AcP 168 (1968), 263 (276ff.); Scherer-Jeschke, § 14 Rn. 19; Schleitzer, 6; Schmidt, § 45 V 4 a; Siebert, 21; Westermann, JuS 1979, 761 (766). Distanzierter: Groh, DB 1991, 724 (724). A.A.: Börner, AcP 166 (1966), 426 (447ff.); Ebert, 114ff.; Grunewald, 1 A Rn. 151 (für GbR), 148; Kruse, FS Laufke, 1971, 179 (184ff.); von Lübtow, Erbrecht II, 862; Schröder, ZGR 1978, 578 (600f.); Stötter, DB 1970, 525 (528f.). Für Österreich: Roth/Fitz, Rn. 325f.

[1080] RG v. 16.3.1886, Rep I 12/86, RGZ 16, 40 (57f.); Kobor, 130; Nieder, § 19 Rn. 1238; Röhricht/v. Westphalen-von Gerkan, HGB, § 139 Rn. 8; Rüthers, AcP 168 (1968), 263

Zwar ist die herrschende Meinung nicht unbestritten,[1081] sie kann aber mittlerweile auf eine mehr als einhundertjährige Tradition zurückblicken.[1082] Nach dem BGH kann sie bereits im Hinblick auf die „dringend notwendige Kontinuität (...) der Rechtsprechung mangels zwingender gegenteiliger Argumente nicht mehr in Frage gestellt werden“[1083].
Es ist damit festzustellen, dass sowohl im österreichischen als auch im deutschen Zivilrecht jeder einzelne Miterbe beim Vorliegen einer einfachen Nachfolgeklausel im Wege der Sondererbfolge einen seiner Erbquote entsprechenden Personengesellschaftsanteil erwirbt. Ferner steht jedem Miterben das Wahlrecht gemäß § 139 (ö)HGB zu. Zu einem „automatischen Einrücken“[1084] in die Gesellschafterstellung des Erblassers kommt es aber nur, wie bereits anfangs erwähnt, wenn die im Gesellschaftsvertrag vereinbarte Nachfolgeklausel mit der erbrechtlichen Rechtslage übereinstimmt.

3. Nachlasszugehörigkeit der Beteiligung

Bis heute umstritten und höchstrichterlich nicht einheitlich entschieden ist die zivilrechtliche Frage, in welcher Beziehung die unmittelbar auf den jeweiligen Miterben übergegangene Gesellschaftsbeteiligung zum Nachlass steht.[1085]
Während der II. Senat des BGH (Gesellschaftsrecht-Senat)[1086] und Teile der Literatur[1087] annehmen, dass sich die Nachfolge der Mitgliedschaftsrechte allein

---

(281); Schmidt, § 45 V 4 a; Sudhoff-Schulte, PG, 206. Für Österreich: OGH v. 10.11.1988, 8 Ob 617/88, RdW 1989, 129 (130); Hämmerle/Wünsch, Handelsrecht, 227; Roth/Fitz, Rn. 325f.; Rummel-Welser, ABGB, § 531 Anh. Rn. 4; Straube-Koppensteiner, HGB, § 139 Rn. 17.

[1081] Vgl. Börner, AcP 166 (1966), 426 (447ff.); Küster, 37ff.; Liebisch, ZHR 116 (1954), 128 (135ff.); Wiedemann, 205f.; Weipert, ZEV 2002, 300 (302f.); Weipert, FS Bezzenberger, 439 (446ff.).

[1082] So auch: Schmidt, § 45 V 4 a. Vgl.: Stodolkowitz, FS Kellermann, 439 (442f.); Wiedemann, FS Großfeld, 1309 (1313). Beide gehen bereits von Gewohnheitsrecht aus.

[1083] BGH v. 10.2.1977, II ZR 120/75, BGHZ 68, 225 (237). Vgl. auch: Schmidt, § 45 V 4 a; Staudinger-Werner, BGB, vor §§ 2032-2057a Rn. 24, der der bereits gewohnheitsrechtlichen Geltung entscheidende Bedeutung im Bezug auf die sachliche Rechtfertigung zuspricht; Stodolkowitz, FS Kellermann, 439 (442f.); Wiedemann, FS Großfeld, 1309 (1313).

[1084] Ott-Christoffel, Teil 4 2.2.3; Westermann-Crezelius, Hdb PG III Rn. 807.

[1085] Dieser Streit wirkt sich insbesondere auf die Testamentsvollstreckung, die Nachlassverwaltung, die Nachlassinsolvenz, das Pflichtteilsrecht, Vor- und Nacherbschaft im Zusammenhang mit der Vererbung von Gesellschaftsanteilen aus. Er soll allerdings nicht eingehend dargestellt werden.

[1086] BGH v. 25.5.1987, II ZR 195/86, NJW-RR 1987, 989; BGH v. 25.2.1985, II ZR 130/84, NJW 1985, 1935; BGH v. 30.4.1984, II ZR 193/83, BGHZ 91, 132 (135); BGH v. 24.11.1980, II ZR 194/79, NJW 1981, 749; BGH v. 10.2.1977, II ZR 120/75, BGHZ 68, 226; BGH v. 30.3.1967, II ZR 102/65, BGHZ 47, 293 (296); BGH v. 22.11.1965, II ZR 222/55, BGHZ 22, 186. Jedenfalls für Teilbereiche: BGH v. 3.7.1989, II ZR 1/89, 3.7.1989, BGHZ 108, 187.

nach den Grundsätzen der Sonderrechtsnachfolge, also am (gesamthänderisch) gebundenen Nachlass vorbei, vollzieht, wird bezüglich der Vermögensrechte i.S.d. § 717 S. 2 BGB (Österreich: Art. 7 Nr. 11 EVHGB) die Nachlasszugehörigkeit befürwortet.[1088] Im Gegensatz zur sog. Abspaltungstheorie geht die vom IV. Senat des BGH[1089] (Erbrecht-Senat) sowie von der wohl herrschenden Lehre[1090] vertretene Einheitstheorie trotz der Sonderrechtsnachfolge von einer vollumfänglichen Nachlasszugehörigkeit aus: Die Sondererbfolge stelle sich als partielle Vorwegnahme der Nachlassteilung dar, die wie bei einer vollzogenen Teilerbauseinandersetzung den u.U. gesplitteten Gesellschaftsanteil als Bestandteil des hinterlassenen Vermögens dinglich unmittelbar dem oder den Erben zuordne. Der Wert werde aber weiterhin zum Nachlass gerechnet, so dass die bereits erfolgte Zuordnung den Erben als Vorempfang angerechnet werden könne.

Unabhängig von der Entscheidung der oben beschriebenen Streitfrage hat sich aber mittlerweile die auch für das Erbschaftsteuerrecht bedeutsame Erkenntnis durchgesetzt, dass der Gesellschaftsanteil trotz der Sondererbfolge zumindest dem Werte nach Bestandteil des Nachlasses bleibt.[1091]

4. Besonderheiten im österreichischen Zivilrecht

Im österreichischen Zivilrecht ist die Problematik der Vererbbarkeit der Mitgliedschaft an einer Personengesellschaft aufgrund der positiven Normierung des Art. 7 Nr. 17 Abs. 1 EVHGB wesentlich entschärft: Es wird klargestellt, dass die Gesellschaft nach dem Gesellschaftertod mit der Verlassenschaft und nach der Einantwortung mit den Erben fortgeführt wird.

[1087] Koch, BB 1987, 2106 (2111); Schlicht, NJW 1954, 984 (985); Ulmer, FS Schilling, 70 (89, 93); Ulmer, BB 1977, 805 (807); Ulmer, NJW 1984, 1496 (1500); Ulmer, JZ 1987, 881 (881). De facto Standpunkt aufgegeben durch: Ulmer/Schäfer, ZHR 160 (1996), 413 (415).

[1088] Der qualifizierte Nachfolger ist damit zunächst Gesellschafter ohne Kapitalanteil. Der Kapitalanteil wird vom qualifizierten Erben in der Erbauseinandersetzung erworben, bei der der qualifizierten Nachfolgeklausel insoweit die Wirkung einer Teilungsanordnung zukommt als der qualifizierte Erbe Anspruch auf die Vermögensrechtszuweisung hat.

[1089] BGH v. 10.1.1996, IV ZR 21/94, NJW 1996, 1284; BGH v. 14.5.1986, IVa ZR 155/84, BGHZ 98, 48 (50); BGH v. 14.5.1983, IVa ZR 229/81, NJW 1983, 2376 (2377); BGH v. 24.11.1980, II ZR 194/79, LM BGB § 730 Nr. 8.

[1090] Baumbach/Hopt/Merkt, HGB, § 139 Rn. 14; Bommert, BB 1984, 178 (179ff.); Brox, JZ 1984, 892 (892f.); Damrau, NJW 1984, 2785 (2787); Ebenroth, Rn. 867; Esch, NJW 1984, 339 (339); Felix, KÖSDI 1996, 10576 (10578); Gebel, BB 1995, 173 (174); Grashoff, 19ff.; Hehemann, BB 1995, 1301 (1304); Kobor, 136f.; Marotzke, AcP 187 (1987), 223 (229ff.); MüKo-Dütz, BGB, § 2032 Rn. 54; Schneider, JR 1983, 502 (505); Siebert, BB 1957, 18 (19); Siegmann, NJW 1995, 481 (484); Soergel-Stein, BGB, § 1922 Rn. 67; Schlegelberger-Schmidt, HGB, § 139 Rn. 17; Schleitzer, 11.

[1091] So auch: BGH v. 3.7.1989, II ZR 1/89, 3.7.1989, BGHZ 108, 187 (192). Vgl. Troll/Gebel/Jülicher, ErbStG, § 3 Rn. 144.

Aus Art. 7 Nr. 17 Abs. 1 EVHGB können wesentliche Schlüsse für die Vererbung von Personengesellschaftsanteilen gezogen werden: Einmal stellt die Norm eine positivrechtliche Anerkennung der Vererbbarkeit der Mitgliedschaft an einer Personengesellschaft dar, denn nur so lässt sich die zwischengeschaltete Fortführung mit dem Nachlass erklären.[1092] Aufgrund dieser allgemein akzeptierten Anerkennung[1093] wird im österreichischen Schrifttum auch nicht vertreten, dass der Erwerbsgrund der Nachfolgeklausel im Gesellschaftsvertrag gesehen wird.[1094] Ferner bleibt für die Abspaltungsthese kein Raum, da die Fortführung der Gesellschaft mit der Verlassenschaft nur dann sinnvoll ist, wenn in dem begrenzten Zeitraum dem Nachlass sämtliche Gesellschaftsrechte zustehen.[1095]

Umstritten ist hingegen im österreichischen Recht, ob der Anteilserwerb einer zusätzlichen Eintrittserklärung bedarf. Während Steininger[1096] und Fenyves[1097] eine solche Erklärung verlangen, ist die Ansicht mit der ganz herrschenden Meinung[1098] abzulehnen, denn auch im österreichischen Recht erwirbt der Erbe mit der Einantwortung den Gesellschaftsanteil uno actu. Dass neben der Erbserklärung zum Erwerb einzelner Rechtsgüter eine weitere Erklärung notwendig ist, ist dem Gesetz nicht zu entnehmen; insbesondere lässt Art. 7 Nr. 17 Abs. 1 EVHGB derartige Rückschlüsse nicht zu.[1099] Ferner ist das Wahlrecht des § 139 öHGB nur schwer zu erklären, wenn es einer zusätzlichen Erklärung bedürfen würde.[1100]

II. Deutsches Erbschaftsteuerrecht

1. Steuerpflichtiger Erwerb

Wird ein Alleinerbe infolge einer einfachen Nachfolgeklausel Gesellschafter einer Personengesellschaft, so vollzieht sich der Erwerb im Rahmen der

---

[1092] Schauer, 181. Dennoch wird in der österreichischen Literatur wie auch in dieser Arbeit (aus Übersichtlichkeitsgründen) durchgehend von einer Sonderrechtsnachfolge gesprochen.

[1093] OGH v. 10.11.1988, 8 Ob 617/88, RdW 1989, 129 (130); Behrens, 63, 68; Eccer, Antizipierte Erbfolge, 40; Hämmerle/Wünsch, Handelsrecht, 230; Kalss/Schauer-Schauer, Unternehmensnachfolge, 111 (124); Kastner, JBl 1971, 155 (156); Kastner ÖJZ 1958, 365 (367); Kastner/Doralt/Nowotny, Gesellschaftsrecht, Roth/Fitz, Rn. 325; Rummel-Welser, ABGB, § 531 Anh. Rn. 4, 123; Schauer, 182; Straube-Koppensteiner, HGB, § 139 Rn. 17.

[1094] Vgl. Behrens, 64; Schauer, 182.

[1095] Schauer, 182.

[1096] Steininger, Willburg-FS II, 369 (382ff.).

[1097] Fenyves, 292f.

[1098] OGH v. 14.11.1991, 8 Ob 534/91, ecolex 1992, 169; OGH v. 10.11.1988, 8 Ob 617/88, RdW 1989, 129 (130); OGH v. 3.6.1952, SZ 26/145; Behrens, 73; Hämmerle/Wünsch, Handelsrecht, 228; Kastner, ÖJZ 1958, 365 (367); Rummel-Welser, ABGB, § 531 Anh. Rn. 4; Schauer, 230; Wahle, JBl 1966, 337 (337).

[1099] Schauer, 230.

[1100] Schauer, 232.

Universalsukzession.[1101] Er ist gemäß §§ 1 Abs. 1 Nr. 1 i.V.m. 3 Abs. 1 Nr. 1 1.Alt ErbStG erbschaftsteuerpflichtig.[1102]
Sind mehrere Erben vorhanden, kann aufgrund des unmittelbaren Bezugs in § 3 Abs. 1 Nr. 1 1.Alt ErbStG auf § 1922 BGB die Steuerpflichtigkeit des Erwerbs nicht allein aus § 3 Abs. 1 Nr. 1 1.Alt ErbStG abgeleitet werden, da der Personengesellschaftsanteil aufgrund der Sondernachfolge erworben wird und die erbschaftsteuerrechtliche Auslegung grundsätzlich mit der zivilrechtlichen übereinstimmen muss.[1103] Die Erbschaftsteuerrichtlinien gehen in R 55 Abs. 2 S. 1 ErbStR davon aus, dass sich der „Erwerb wie durch Erbanfall" vollzieht. Im Ergebnis besteht auch Einigkeit, dass der Anteilserwerb durch Sonderrechtsnachfolge von §§ 1 Abs. 1 Nr. 1 i.V.m. 3 Abs. 1 Nr. 1 ErbStG erfasst wird.[1104]
Zur Begründung führt Gebel[1105] an, dass die Rechtsfigur der Sondererbfolge nicht den erbrechtlichen Grundsatz der Universalsukzession durchbreche. Dieser Erklärung kann nicht beigepflichtet werden: Sie steht im Widerspruch zur Zivilrechtsdogmatik, denn die Sonderrechtsnachfolge stellt anerkanntermaßen eine gesellschaftsrechtlich gebotene Ausnahme zur Universalsukzession dar.[1106] Dennoch werden, soweit möglich, auf den im Wege der Sonderrechtsnachfolge übergehenden Gesellschaftsanteil die Regeln angewandt, die das Gesetz an den Vermögensübergang durch Erbanfall knüpft. Als für § 3 Abs. 1 Nr. 1 1.Alt. ErbStG im Bezug auf den Erwerb eines Personengesellschaftsanteils ausreichend wird man daher den dinglichen Vermögensübergang, der durch den Erbfall ausgelöst wird, erachten müssen.[1107] Notwendig ist dies insbesondere vor dem Hintergrund, dass die Erbschaftsteuer als Erbanfallsteuer konzipiert ist und daher die gesamte Bereicherung, die den Erwerbern aufgrund des Erbanfalls anfällt, erfasst werden soll.[1108]

[1101] So wohl h.M. vgl.: 3. Teil C I 2.
[1102] Kobor, 155.
[1103] Vgl. RFH v. 10.10.1928, I A 35/28, RStBl 1929, 49; Hübner, 35; Kobor, 155; Sommer/Kerschbaumer, ZEV 2004, 13 (15f.).
[1104] Ebenroth, Rn. 872; Felix, KÖSDI 1996, 10576 (10578); Gebel, Betriebsvermögensnachfolge, Rn. 805; Grashoff, 31; Hörger/Stephan/Pohl-Hörger, Rn. 1030; IDW, Rn. 460; Hörger/Pauli, GmbHR 1999, 945 (950); Meincke, ErbStG, § 13a Rn. 6; Möller, 168; Ott-Christoffel, Teil 4 2.2.3; Riedel, ZErb 2003, 212 (219); Schulze zur Wiesche, BB 1997, 2621 (2624); Westermann-Crezelius, Hdb PG III Rn. 834.
[1105] Vgl. Gebel, BB 1995, 173 (175); Troll/Gebel/Jülicher-Gebel, ErbStG, § 3 Rn. 144.
[1106] Horn, FR 1995, 304 (304); Nieder, § 19 Rn. 1248; Terplitz, ZEV 1999, 45 (47).
[1107] So auch: Grashoff, 59; Terplitz, ZEV 1999, 45 (47).
[1108] Terplitz, ZEV 1999, 45 (47).

2. Erwerbsgegenstand

Erwerbsgegenstand ist der anteilige Personengesellschaftsanteil. Die Höhe der auf den einzelnen Miterben (§ 39 Abs. 2 Nr. 2 AO)[1109] entfallenden Bereicherung richtet sich nach dem anteiligen Wert des Betriebsvermögens, soweit sie auf den einzelnen Gesellschafter gemäß § 97 Abs. 1a BewG entfällt.[1110]

3. Anwendung der Privilegien für Betriebsvermögen

Den Erben stehen die Begünstigungen des §§ 13a, 19a ErbStG anteilig zu, da sie in die Gesellschafterstellung des Erblassers eintreten und begünstigtes Betriebsvermögen erwerben.[1111] Liegt eine Freibetragsverfügung des Erblassers vor, so ist diese maßgeblich, andernfalls die Erbquote.[1112]

Kommt es im Rahmen der Erbauseinandersetzung zu einer abweichenden Verteilung der Gesellschaftsanteile, handelt es sich erbschaftsteuerlich um einen nachgeordneten Vorgang der Erbauseinandersetzung, der sich aufgrund der allgemein anerkannten Erbschaftsteuerrichtlinie R 62 Abs. 2 Nr. 2 ErbStR nicht auswirkt.[1113]

4. Behandlung des Sonderbetriebsvermögens

Sonderbetriebsvermögen fällt gemäß § 1922 BGB in den ungeteilten Nachlass und wird den Erben gemäß § 39 Abs. 2 Nr. 2 AO anteilig in Höhe der Erbquote zugerechnet. Da aufgrund der einfachen Nachfolgeklausel und der mit dieser korrespondierenden letztwilligen Verfügung des Erblassers die Erben unmittelbar Gesellschafter (Mitunternehmer) werden, bleibt das bisherige Sonderbetriebsvermögen in der Person der Nachfolger in dieser Form erhalten mit der Folge, dass die §§ 13a, 19a ErbStG auch auf dieses Vermögen angewendet werden.[1114]

[1109] Da § 39 Abs. 2 Nr. 2 AO die Gesamthandsgemeinschaft wie eine Bruchteilsgemeinschaft behandelt, stimmt die von der Zivilrechtsprechung entwickelte Aufspaltung des Gesellschaftsanteils mit der steuerlichen Behandlung überein. Vgl. IDW, Rn. 460; Kegel, 167.

[1110] BFH v. 10.11.1982, II R 85-86/78, BStBl II 1983, 329; Crezelius, Rn. 286; Gebel, Betriebsvermögensnachfolge, Rn. 805; Grashoff, 31; Haas, 83; Hörger/Stephan/Pohl-Hörger, Rn. 1030; Schulze zur Wiesche, BB 1997, 2621 (2624); Streck/Schweldhelm/ Olbing, DStR 1994, 1441 (1444).

[1111] Crezelius, EStB 2000, 15 (18); Gebel, Betriebsvermögensnachfolge, Rn. 805; Hörger/Pauli, GmbHR 1999, 945 (950); Ott-Christoffel, Teil 4 2.2.3; Reimann, ZEV 2002, 487 (490); Schulze zur Wiesche, WPg 1997, 320 (322); Sistermann, ZEV 1998, 166 (169); Söffing/Peters, ZEV 1999 15 (16).

[1112] Hörger/Stephan/Pohl-Hörger, Rn. 1030; Hörger/Pauli, GmbHR 1999, 945 (950); Riedel, ZErb 2003, 212 (219); Schulze zur Wiesche, WPg 1997, 320 (322).

[1113] Vgl. BFH v. 10.11.1982, II R 85-86/78, BStBl II 1983, 329; Crezelius, Rn. 286; IDW, Rn. 460; Riedel, ZErb 2003, 212 (219); Grashoff, 32; Hörger/Stephan/Pohl-Hörger, Rn. 1030.

[1114] Vgl. Ebeling/Geck, Hdb Erbengemeinschaft, III Rn. 355; Gebel, Betriebsvermögensnachfolge, Rn. 805; Grashoff, 32; Hörger/Pauli, GmbHR 1999, 945 (950); Kegel, 167; Rie-

III. Österreichisches Erbschaftsteuerrecht

1. Steuerpflichtiger Erwerb

Wie im deutschen Recht ist der Erwerb aufgrund der Sonderrechtsnachfolge bei der einfachen Nachfolgeklausel als Erwerb durch Erbanfall gemäß §§ 1 Abs. 1 Nr. 1 i.V.m. 2 Abs. 1 Nr. 1 öErbStG anzusehen.

2. Erwerbsgegenstand

Erwerbsgegenstand ist der anteilige Personengesellschaftsanteil. Für die Bewertung ist der anteilige Steuerwert des Gesellschaftsanteils maßgeblich.

3. Anwendung des Privilegs für Betriebsvermögen

Da die einzelnen Erben aufgrund der einfachen Nachfolgeklausel Betriebsvermögen erwerben, ist § 15a öErbStG grundsätzlich anwendbar. Im Gegensatz zum deutschen Erbschaftsteuerrecht ist jedoch für die Freibetragsinanspruchnahme zu beachten, dass der Erblasser mindestens zu 25 % am Vermögen der Gesellschaft beteiligt sein muss.[1115]

4. Behandlung des Sonderbetriebsvermögens

Auch im österreichischen Recht wird das Sonderbetriebsvermögen nicht von der Sonderrechtsnachfolge erfasst: Es fällt nach allgemeinen erbrechtlichen Grundsätzen in den Nachlass und steht den Erben im Verhältnis der zivilrechtlichen Erbquoten zu.[1116] Da die Gesellschaftererben aufgrund der Sonderrechtsnachfolge Mitunternehmer geworden sind und das Sonderbetriebsvermögen auf die Erben übergeht, kommt es zu keiner Trennung der Rechtszuständigkeit zwischen Gesellschaftsanteil und Sonderbetriebsvermögen, so dass das Sonderbetriebsvermögen in seiner Eigenschaft weiter besteht.[1117] Soweit die Voraussetzungen des § 15a öErbStG vorliegen, ist der Freibetrag auch im Bezug auf das Sonderbetriebsvermögen anwendbar.

IV. Würdigung der einfachen Nachfolgeklausel

Rein steuerrechtlich scheint die einfache Nachfolgeklausel eine Ideallösung darzustellen: Neben dem ertragsteuerlichen Effekt, dass die Realisierung der stillen Reserven vermieden wird, ist im Erbschaftsteuerrecht besonders hervorzuheben, dass die Betriebsvermögensprivilegien bei allen Nachfolgern genau in der Höhe, in der beim Erblasser privilegierungswürdiges Vermögen bestand,

---

del, ZErb 2003, 212 (220); Schulze zur Wiesche, BB 1997, 2621 (2625); Siegmann, NJW 1995, 481 (482); Söffing/Völkers/Weinmann, 76.

[1115] Wolf, 60.

[1116] Fraberger, 2000, Rn. 211.

[1117] Fraberger, 1997, 384.

zur Anwendung kommen. Die Gefahr der Zwangsentnahme von Sonderbetriebsvermögen besteht nicht.
In tatsächlicher Hinsicht werden allerdings in vielen Fällen die Rechtsfolgen der einfachen Nachfolgeklausel unerwünscht sein, da sie zur Zersplitterung der Gesellschaftsanteile und auf Dauer gesehen zu einer erheblichen Vergrößerung des Gesellschafterkreises führen.[1118] Ob die Klausel für eine Gesellschaft erfolgsversprechend ist, kann in Zweifel gestellt werden, da oftmals nicht alle Erben über „Gesellschafterqualitäten" verfügen.[1119]
Zumindest kann der durch die Fortsetzungsklausel entstehenden Vervielfältigung von Mitwirkungs- und Kontrollrechten und der damit verbundenen Gefährdung der einheitlichen Unternehmensführung im Bezug auf die Wahrung der Entscheidungseffektivität bei der Vererbung von Kommanditistenanteilen durch die Aufnahme einer sog. Vertreterklausel in den Gesellschaftsvertrag entgegengetreten werden.[1120] Durch die Vertreterklausel werden die Erben verpflichtet, ihre Mitgliedschaftsrechte durch einen gemeinsamen Vertreter auszuüben.[1121] Trotz der Klausel bleiben die höchstpersönlichen Gesellschafterrechte den einzelnen Gesellschaftern vorbehalten, da die Rechte persönlich und unmittelbar gegenüber der Gesellschaft geltend zu machen sind.[1122]

D. Qualifizierte Nachfolgeklausel

I. Zivilrechtliche Vorbemerkungen

Eine qualifizierte Nachfolgeklausel liegt vor, wenn die Gesellschaftsbeteiligung des Erblassers nicht auf sämtliche Erben, sondern nur auf einen oder einige Erben übergeht.[1123] Hierfür sind verschiedene Formen denkbar: Es kann im

---

[1118] Ebenroth, Rn. 868; Fraberger, 1997, 358; Fritz/Schauer/Augustin, 205; Hörger/Stephan/Pohl-Hörger, Rn. 1033; IDW, Rn. 444; Kalss/Schauer-Schauer, Unternehmensnachfolge, 111 (125); Westermann-Crezelius, Hdb Personengesellschaft, III Rn. 811.

[1119] Fritz/Schauer/Auguston, 205; Westermann-Crezelius, Hdb PG III Rn. 811.

[1120] Crezelius, Rn. 257; Ebenroth, Rn. 868; Hörger/Stephan/Pohl-Hörger, Rn. 1033; IDW, Rn. 445; Michalski, 157; Nieder, § 19 Rn. 1239; Soergel-Wolf, BGB, § 2032 Rn. 29. Für Österreich: Fraberger, 1997, 357.

[1121] Vgl. BGH v. 12.12.1966, II ZR 41/65, BGHZ 46, 291 (297); Crezelius, Rn. 257; Ebenroth, Rn. 868; IDW, Rn. 445; MüKo-Dütz, BGB, § 2032 Rn. 53; Soergel-Wolf, BGB § 2032 Rn. 29. Ob eine solche Klausel auch für Komplementäre vereinbart werden kann, ist bisher offen. Ausführlich zur Klausel: Michalski, 171ff.; Schmidt, ZHR 146, 525 (525ff.)

[1122] Ebenroth, Rn. 868; Schmidt, ZHR 146, 525 (533f.); Soergel-Wolf, BGB, § 2032 Rn. 29; Westermann-Crezelius, Hdb PG III Rn. 807.

[1123] Ebeling/Geck, Hdb Erbengemeinschaft, III Rn. 366; Horn, FR 1995, 304 (304); IDW, Rn. 464; Nieder, § 19 Rn. 1248; Reimann, ZEV 2002, 487 (487f.); Riedel, ZErb 2003, 212 (218); Schmidt, § 45 V 5a; Schröder, INF 1997, 16 (19). Für Österreich: Feuchtinger/Manauer, Betriebsübertragungen, 7 (43); Hämmerle/Wünsch, Handelsrecht, 228; Schwimann-Eccer, ABGB, § 531 Rn. 48. Vgl. Formulierungsvorschläge bei: Nieder, § 19 Rn. 1258; Scherer-Jeschke, § 14 Rn. 29; Schmidt, § 45 V 5a.

Gesellschaftsvertrag ein namentlich bezeichneter Erbe berufen werden; es können abstrakte Merkmale an den zur Gesellschaftsnachfolge berufenen Erben gestellt werden; ebenso gut kann die Nachfolge auch von Fähigkeiten des Nachfolgers abhängig gemacht werden.
An der Zulässigkeit der qualifizierten Nachfolgeklausel wird heute nicht gezweifelt.[1124] Probleme bereiten allerdings die dogmatischen Begründungen. Zwar ist die praktische Handhabung durch das zweite Grundlagenurteil des BGH weitestgehend geklärt worden, dennoch soll an dieser Stelle ein kurzer Überblick über die Entwicklung der dogmatischen Begründungen zur qualifizierten Nachfolgeklausel gegeben werden. Neben der Rechtsprechungsentwicklung des BGH sollen die Haupterklärungsansätze - systematisch unterteilt in gesetzliche und rechtsgeschäftliche Erklärungsansätze - in der Literatur zusammengefasst werden.

1. BGH-Grundsatzentscheidung vom 22.11.1956: Teilnachfolge

In dem Urteil vom 22.11.1956 sah der BGH[1125] die qualifizierte Nachfolgeklausel als Kombination aus einer zulässigen Fortsetzungsklausel und einfachen Nachfolgeklausel an: den weichenden Miterben stehe ein in den Nachlass fallender Abfindungsanspruch gegen die Gesellschaft zu; der qualifizierte Erbe erwerbe eine seiner Erbquote entsprechende Gesellschaftsbeteiligung. Im Fall des Abfindungsanspruchsausschlusses wüchse hingegen den Altgesellschaftern der entsprechende Anteil an. Der qualifizierte Erbe erlange nicht den gesamten Anteil vom Erblasser, da allein die Erbquote maßgebliches Zurechnungskriterium sei und der Gesellschaftsvertrag keinen selbständigen Erwerbsgrund darstelle. Dennoch folge aus dem Gesellschaftsvertrag die Verpflichtung der Altgesellschafter den erworbenen Anteil auf den Nachfolger zu übertragen. Überdies treffe den qualifizierten Miterben eine Ausgleichspflicht gegenüber den nicht begünstigten Miterben, weil dieser nicht mehr als seine Erbquote erhalten solle.[1126]

[1124] MüKo-Ulmer, BGB, § 727 Rn. 41. Für Österreich: Behrens, 62; Jabornegg/Jabornegg, HGB, § 139 Rn. 5; Rummel-Welser, ABGB, § 531 Anh. Rn. 8; Schwimann-Eccer, ABGB § 531 Rn. 48. A.A.: Wahl, JBl 1966, 337 (338f.).

[1125] BGH v. 22.11.1956, II ZR 222/55, BGHZ 22, 186.

[1126] Kritisiert worden ist an dieser Entscheidung insbesondere der angenommene Ausgleichsanspruch für den Fall des Abfindungsausschlusses: Es erschien inkonsequent den begünstigten Miterben die über seine Erbquote hinausgehenden „Mitgliedschaftsanteile" von den Altgesellschaftern erwerben zu lassen, gleichzeitig aber eine Ausgleichspflicht gegenüber den übrigen Miterben zu statuieren. Ferner widersprach die vom BGH angenommene Teilnachfolge sowohl den Erblasserinteressen als auch denen der verbleibenden Gesellschafter, da der Gesellschafter an einer Nachfolge ohne Zwischenschritte und die verbleibenden Gesellschafter am Nichtentstehen von Abfindungsansprüchen interessiert sind. Schließlich führte die angenommene Teilnachfolge zu erheblichen Problemen für den Zeitraum zwischen Erbfall und Übertragung der angewachsenen Gesellschafteranteile, wenn der Gesellschaftsvertrag

2. Gesetzliche Erklärungsansätze

Charakteristisch für diese Erklärungsversuche ist, dass sie die Mitgliedschaft direkt auf den qualifizierten Erben übergehen lassen und die Begründung hierfür im objektiven Recht gefunden wird:

Siebert[1127] geht von einer Sondererbfolge nach dem Vorbild des Höfe- und Heimstättenrechts aus, die eine direkte Zuordnung des Anteils beim qualifizierten Erben ermöglicht: Den weichenden Erben stehe kein Abfindungsanspruch gegen die Gesellschaft zu, jedoch müsse sich der Begünstigte den erhaltenen Wert auf seinen Erbteil anrechnen lassen oder Ausgleichszahlungen leisten.[1128]

Wiedemann[1129] hingegen erklärt die Sondererbfolge mithilfe einer angenommenen Sondergutsqualität der Mitgliedschaft. Ausgehend von dem Gedanken, dass unübertragbare Rechte nicht dem Gesamt-, sondern dem Sondergut zugehörig seien, aber dennoch zusammen mit dem Gesamtgut eine Wertgemeinschaft bilden, da jeder Ehegatte sein Sondergut für Rechnung des Gesamtgutes verwalte, vgl. § 1417 Abs. 3 BGB, falle die Mitgliedschaft nicht in das Gesamtgut der Erbengemeinschaft, sondern direkt in das Sondergut. Aufgrund der Wertgemeinschaft müsse im Auflösungsfall der Erbengemeinschaft eine Anrechnung stattfinden, gegebenenfalls entstünden Ausgleichsansprüche.[1130]

Rokas und Rüthers[1131] wiederum leiten die Sondererbfolge aus §§ 139, 131 Nr. 4 a.F. HGB ab, wobei die qualifizierten Erben ausgleichsverpflichtet seien.[1132]

---

das Stimmrecht nach Kapitalbeträgen bestimmte. Vgl. zur Kritik: Ebert, 6; Eiselt, AcP 158 (1959/60), 319 (334f.); Eisenhardt, JuS 1975, 413 (416); Finger, JR 1969, 409 (413); Huber, Vermögensanteil, 446f., 480; Kruse, FS Laufke, 179 (189f.); Pietsch, UVR 1992, 8 (13); Rokas, 85; Schauer, 381f.; Siebert, BB 1957, 18 (19f.). Für Österreich: Kastner, ÖJZ 1958, 365 (367).

[1127] Siebert, 23ff.; Siebert, BB 1957, 18 (19); Siebert, BB 1956, 837 (838f.); Siebert, NJW 1955, 809 (810f.). Diesem folgend: von Lübtow, Erbrecht II, 862f.

[1128] Der Hinweis auf das Höfe- und Heimstättenrecht ist nicht sehr aussagekräftig. Durch diesen wird lediglich dargelegt, dass der Rechtsordnung das Institut der Sondererbfolge bekannt ist. Allerdings entbindet das Aufzeigen konstruktiver Parallelen nicht von der Begründung, warum der Gesellschaftsanteil genauso behandelt werden soll. Sozial- und wirtschaftspolitische Zwecke, die dem Höfe- und Heimstättenrecht zugrunde liegen, können für die qualifizierte Nachfolgeklausel von vergleichbarer „Güte" nicht gefunden werden. Vgl. Behrens, 55 i.V.m. 43f.; Huber, 447; Küster, 44f.; Müller, FS Wahl, 369 (401); Rokas, 75f.; Rüthers, AcP 168 (1968), 263 (272f.); Schauer, 384f.; Siegmann, 103f.; Wiedemann, 202ff.

[1129] Wiedemann, 193f. Klarzustellen ist, dass diese Theorie mit der Sondergutslehre von Liebisch nur den Namen gemeinsam hat, worauf Wiedemann auch selbst hinweist. Vgl. Wiedemann, 206 Fn. 2.

[1130] Bei der angenommenen Analogie fehlt es an der Übereinstimmung der Interessenlage der Norm mit der der qualifizierten Nachfolgeklausel. Auch sieht § 1417 BGB nicht die passende Rechtsfolge vor: § 1417 BGB schließt gerade einen Zuordnungswechsel aus, während im Bezug auf die qualifizierte Nachfolgeklausel ein Zuordnungswechsel herbeigeführt werden soll. Vgl. Rauch, DNotZ 1970, 78 (81f.); Rüthers, AcP 168 (1968), 263 (271f.); Säcker, BB 1965, 1403 (1403); Schauer, 386; Siegmann, 104f.; Ulmer, ZGR 1972, 195 (206f.).

[1131] Rokas, 76ff. nur im Bezug auf § 139 HGB; Rüthers, AcP 168 (1968), 263 (276ff.).

3. Rechtsgeschäftliche Erklärungsansätze

Den nun folgenden Ansätzen ist gemein, dass die Rechtsfolgen der qualifizierten Nachfolgeklausel (teilweise) aus dem Gesellschaftsvertrag abgeleitet werden:

Nach Huber[1133] wird bei der Klausel gesellschaftsvertraglich geregelt, dass abgesehen vom qualifizierten Erben die übrigen Erben aus der Gesellschaft ausscheiden. Ihnen sei aber der durch die Auflösung des Erblasserkapitalanteils entstehende Buchgewinn zuzuschreiben, so dass die Klausel als ein Vertrag zugunsten Dritter zu qualifizieren sei.[1134]

Kruse[1135] hingegen sieht die Erbengemeinschaft als taugliche oHG-Gesellschafterin an: Zwar rücke diese zunächst in den Personengesellschaftsanteil ein, die nicht qualifizierten Erben seien aber verpflichtet, im Rahmen der Auseinandersetzung die Beteiligung allein auf den qualifizierten Erben zu übertragen.[1136]

4. BGH-Grundsatzentscheidung vom 10.2.1977: Vollnachfolge

Den (vorläufigen) Schlusspunkt der Diskussion um die qualifizierte Nachfolgeklausel setzte der BGH mit seinem Urteil vom 10.2.1977:[1137] Er statuierte die Vollnachfolge. Im Einklang mit dem Schrifttum könne davon ausgegangen werden, dass zwingende erbrechtliche Gründe der unmittelbaren Vollnachfolge nicht entgegenstünden. Aufgrund des anders lautenden Gesellschaftsvertrages stelle die Erbquote keine gegenständliche Anteilszuweisung dar. Sie sei keine gegenständliche Erwerbsbegrenzung, sondern bestimme nur den Wert des Gesamtnachlasses, der dem Nachfolger im Ergebnis zufließen dürfe. Daher behalte die Erbquote ihre Bedeutung für die Ansprüche der Erben auf Wertausgleich.

Kritisch ist dem Urteil anzumerken, dass die gegenständliche Vollzuordnung der Mitgliedschaft und die Bedeutung der Erbquote als Wertverteilungsmaßstab

---

[1132] Es wird den genannten Normen eine zu große Bedeutung beigemessen. Für die Zulässigkeit der Sonderrechtsnachfolge bieten die Wortlaute der Normen keine Anhaltspunkte. Vgl. Huber, 449f.; Kastner, JBl 1971, 155 (156); Schauer, 387; Siegmann, 102.

[1133] Huber, 447ff.

[1134] Der eigentliche Kritikpunkt an Hubers Ansicht ist sein Ausgangspunkt: Huber geht selbst davon aus, dass der durch Kapitalanteil und Gewinnbeteiligung ausgedrückte Anteil am Wert des Gesellschaftsvermögens kein übertragbares Recht sei, sondern ein unselbständiger Mitgliedschaftsbestandteil. Er erklärt aber gerade nicht, warum sich diese Wertbeteiligung bei der Nachfolgeklausel verselbständigen kann. Vgl. Flume, PG, 388 Fn. 42; Michalski, 193; Siegmann, 97; Ulmer, ZGR 1972, 195 (210ff.).

[1135] Kruse, FS Laufke, 179 (187ff.).

[1136] Die Ansicht stellt eine spiegelbildliche Umkehrung der Lösung des BGH im ersten Grundsatzurteil dar. Gegen diese Lösung spricht insbesondere, dass das Klauselziel - nämlich die Fernhaltung unerwünschter Personen von der Gesellschaft - im Fall der Verweigerung der nichtqualifizierten Erben nur durch die Gesellschaftsauflösung erreicht werden kann. Vgl. Schauer, 389; Schmidt, § 45 V 5b.

[1137] BGH v. 10.2.1977, II ZR 120/75, BGHZ 68, 225 (225ff.).

lediglich eine These darstellt, denn die vom BGH zitierten Autoren[1138] stimmen zwar im Ergebnis mit der Rechtsprechung - der Vollrechtsnachfolge - überein, bieten hierfür jedoch unterschiedliche Erklärungen. Nichtsdestotrotz hat der BGH für dieses Urteil viel Beifall erfahren.[1139] Es wird allgemein als Schlusspunkt der Diskussion um die qualifizierte Nachfolgeklausel gesehen.[1140] Einigkeit besteht heute zumindest über das Ergebnis der Vollrechtsnachfolge.[1141]

5. Zusammenfassung

Bei einer qualifizierten Nachfolgeklausel geht der Mitgliedschaftsanteil zivilrechtlich im Wege der Sonderrechtsnachfolge unmittelbar und im vollen Umfang auf den bzw. die qualifizierten Miterben über, ohne in das Gesamthandsvermögen der Erbengemeinschaft zu gelangen.[1142] Voraussetzung ist allerdings, dass der qualifizierte Nachfolger zumindest Miterbe sein muss, da die Sonderrechtsnachfolge auf Erbrecht, nicht auf Gesellschaftsrecht, beruht. Die konkrete Erbquote des qualifizierten Nachfolgers ist irrelevant.[1143]

Die nicht nachfolgeberechtigten Miterben werden weder Gesellschafter noch erwerben sie einen Abfindungsanspruch gegen die Gesellschaft. Ihnen steht ein schuldrechtlicher Ausgleichsanspruch im Rahmen der Erbauseinandersetzung gegen die nachfolgeberechtigten Erben zu, da der Wert des Gesellschaftsanteils zum Nachlass gehört.[1144] Testamentarische Regelungen können daher zur Höhe des Wertausgleichs bzw. zur Beseitigung des Wertausgleichs sinnvoll sein.[1145]

Die Sonderrechtsnachfolge aufgrund der qualifizierten Nachfolgeklausel wird von der ganz überwiegenden Ansicht als eine mit dem Erbfall vollzogene Teilungsanordnung mit unmittelbarer dinglicher Wirkung angesehen und ist

---

[1138] BGH v. 10.2.1977, II ZR 120/75, BGHZ 68, 225 (238): u.a. Hueck, JZ 1957, 222ff.; Reinicke, NJW 1957 561ff.; Siebert, BB 1957, 19f.; Schlegelberger-Geßler, HGB, 4. Aufl., § 139 Rn. 25a; GroßkommHGB-Ulmer, HGB, 3. Auflage, § 139 Rn. 49ff.

[1139] Bspw. die zustimmenden Rezensionen zum Urteil: Priester, DNotZ 1977, 558 (558f.); Ulmer, BB 1977, 805 (805ff.); Tiedau, MDR 1978, 353 (353f.); Wiedeman, JZ 1977, 689 (689f.).

[1140] Wiedemann, 193ff.; Schmidt, § 45 V 5b.

[1141] Grashoff, 47; Siegmann, 109.

[1142] BGH v. 10.2.1977, II ZR 120/75, BGHZ 68, 225 (238); Hörger/Stephan/Pohl-Hörger, Rn. 1034; MüKo-Ulmer, BGB, § 727 Rn. 42; Troll/Gebel/Jülicher, ErbStG, § 3 Rn. 143. Für Österreich: Jabornegg/Jabornegg, HGB, § 139 Rn. 17; Nowotny, RdW 1988, 34 (34).

[1143] BayObLG v. 21.6.2000, 3 Z BR 108/00, ZIP 2000, 1614; Grashoff, 47; Hörger/Stephan/Pohl-Hörger, Rn. 1034; IDW, Rn. 463; Nieder, § 19 Rn. 1248; Riedel, ZErb 2003, 212 (218). Für Österreich: Jabornegg/Jabornegg, HGB, § 139 Rn. 6.

[1144] Hörger/Stephan/Pohl-Hörger, Rn. 1034; Keller, ZEV 2003, 297 (298); Schmidt-Wacker, EStG, § 16 Rn. 672.

[1145] Crezelius, Rn. 261; Hörger/Stephan/Pohl-Hörger, Rn. 1034; IDW, Rn. 471; MüKo-Ulmer, BGB, § 727 BGB Rn. 45. Für Österreich: Kastner/Doralt/Nowotny, Gesellschaftsrecht, 125.

daher im Rahmen der Erbauseinandersetzung zu berücksichtigen.[1146] Will der Erblasser den qualifizierten Nachfolger bevorzugen und ihm die Mitgliedschaft vorweg zukommen lassen, ist dies im Wege des Vorausvermächtnisses möglich.[1147]

6. Besonderheiten im österreichischen Zivilrecht

Auffällig ist im österreichischen Zivilrecht, dass die meisten Autoren sich an den Stimmen und Ergebnissen zum deutschen Recht orientieren:[1148] Dogmatische Begründungen werden kaum geliefert.[1149] Im Ergebnis wird es im Rahmen dieser Arbeit auch bei der Lösung, die zum deutschen Recht entwickelt worden ist, bleiben. Dennoch sollen die Standpunkte einiger österreichischer Autoren zur zivilrechtlichen Behandlung der qualifizierten Nachfolgeklausel dargestellt werden.

a) Ansicht von Wahle

Wahle[1150] lehnt die Zulässigkeit einer qualifizierten Nachfolgeklausel ab: Die Klausel stelle eine Beschränkung der Testierfreiheit dar, da die gesellschaftsvertragliche Klausel unter der Bedingung stehe, den Nachfolger auch als Erben einzusetzen.[1151]

[1146] BFH v. 29.10.1991, VIII R 51/84, BStBl II 1992, 512; Hörger/Stephan/Pohl-Hörger, Rn. 1034; MüKo-Dütz, BGB, § 2032 Rn. 54; Rüthers, AcP 168 (1968), 263 (281); Schmidt, § 45 V 5b; Sudhoff-Schulte, PG 2. Teil, Q Rn. 28; Ulmer, ZGR 1972, 195 (224); Westermann, JuS 1979, 761 (769). Nach anderer Ansicht wird der Ausgleichsanspruch gegen den qualifizierten Erben aus der Analogie zu den Anrechnungsvorschriften der §§ 2050ff. BGB abgeleitet. Vgl. Michalski, 196; Kruse, FS Laufke, 179 (190). Dagegen: Huber, 478ff; Wiedemann, 211. Einigkeit besteht aber darüber, dass im Rahmen der Erbauseinandersetzung unter den Erben ein Ausgleich stattzufinden hat. Streitig sind nur die rechtliche Begründung und der Umfang.

[1147] Vgl. BayObLG v. 27.6.1980, BReg 1 Z 47/80, DB 1980 2028 (2029); Crezelius, Rn. 261; Fichtelmann, GmbHR 1994, 583 (585); Gebel, Betriebsvermögensnachfolge, Rn. 811; Hübner, ZErb 2004, 34 (34); Koblenzer/Groß, ErbStB 2003, 367 (368f.); Riedel, ZErb 2003, 212 (218); Schmidt, § 45 V 5c; Söffing/Peters, ZEV 1999, 15 (16); Storg, DStR 2002, 1384 (1385).

[1148] Eccer, Erbrecht, I/30; Hämmerle-Wünsch, Handelsrecht, 228; Holzhammer/Roth, Gesellschaftsrecht, 76f.; Jabornegg/Jabornegg, HGB, § 139 Rn. 17; Nitsche, Hdb Familienverträge, 667 (698 Fn. 89); Nowotny, RdW 1988, 34 (34); Rummel-Welser, ABGB, § 531 Anh. Rn. 8; Schwimann-Eccer, ABGB, § 531 Rn. 48; Straube-Koppensteiner, HGB, § 139 Rn. 18.

[1149] So auch: Behrens, 78, 81; Schauer, 396.

[1150] Wahle, JBl 1966, 337 (338f.).

[1151] Der Erblasser wird gerade nicht in seiner Testierfreiheit eingeschränkt. Es steht dem Erblasser schließlich frei, den qualifizierten Nachfolger tatsächlich als Erben einzusetzen. Vgl. Demelius, Gschnitzer-Gedenkschrift, 117 (119f.); Schauer, 395; Straube-Koppensteiner, HGB, § 139 Rn. 6.

b) Ansicht von Demelius

Unter Ablehnung der Vollrechtsnachfolge kommt Demelius[1152] zu einer rein schuldrechtlichen Lösung, die er selbst als „Verpflichtungslehre" bezeichnet, welche im Ergebnis weitgehend den Vorschlägen Kruses entspricht: Es solle zunächst die Erbengemeinschaft in den Personengesellschaftsanteil einrücken. Die qualifizierte Nachfolgeklausel schaffe für die weichenden Miterben die Übertragungspflicht, den ihrer Erbquote entsprechenden Gesellschaftsanteil auf den qualifizierten Miterben Zug um Zug gegen Wertersatz zu übertragen.[1153]

c) Ansicht von Kralik

Kralik[1154] hingegen sieht in der qualifizierten Nachfolgeklausel eine einfache Nachfolgeklausel, die die Besonderheit aufweise, dass die auf die nichtqualifizierten Erben entfallenen Gesellschaftsanteile mit der Einantwortung dem qualifizierten Erben zuwachsen würden.[1155]

d) Ansicht von Schauer

Schauer[1156] nimmt die Ergebnisse der 2. BGH-Grundsatzentscheidung zum Ausgangspunkt seiner Erörterungen und schließt sich denen im Ergebnis mit Begründung an. Der Ansatzpunkt für die Vollrechtsnachfolge sei in der Mitgliedschaft als Rechtsgegenstand zu sehen, welche durch den Gesellschaftsvertrag inhaltlich ausgestaltet und modifiziert werden könne. Der Rechtsgrund für die Sondererbfolge sei nicht im objektiven Recht, sondern im Gesellschaftsvertrag zu finden. Der abdingbare Wertausgleich der verbleibenden Erben gehe aus der Rechtsanalogie[1157] zu § 10 öWEG und § 10 AnerbenG hervor.[1158]

[1152] Demelius, Gschnitzer-Gedenkschrift, 117 (121).

[1153] Gegen die Ansicht sprechen die gleichen Bedenken wie gegen die Ansicht von Kruse. Vgl. Hämmerle/Wünsch, Handelsrecht, 228; Kastner, JBl 1971, 155 (156); Kastner/Doralt/Nowotny, Gesellschaftsrecht, 124f.; Schauer, 389, 397.

[1154] Kralik, Erbrecht 20f.

[1155] Vgl. hierzu allgemein die Einwände gegen die Teilnachfolge: 3. Teil D I 1.

[1156] Kalss/Schauer-Schauer, Unternehmensnachfolge, 111 (136); Schauer, 404ff.

[1157] Rechts- nicht Gesetzesanalogie: Schauer will sich lediglich der Grundgedanken der o.g. Vorschriften bedienen, aus denen hervorgeht, dass die Rechtsordnung den Ausgleichsanspruch als adäquates Instrument für Wertverschiebungen bereit hält, die sich aus der besonderen gegenständlichen Zuordnung im Wege der erbrechtlichen Nachfolge ergeben haben. Vgl. Schauer, 408f.

[1158] Beide Vorschriften sehen für den Erwerber eines Gegenstandes aus dem Erblasservermögen eine Ausgleichspflicht vor, wenn der Erwerber aufgrund der besonderen Sachzuweisung mehr erhält, als er aufgrund seiner Erbquote erhalten würde.

II. Deutsches Erbschaftsteuerrecht

1. Steuerpflichtiger Erwerb

Wie bereits im Rahmen der einfachen Nachfolgeklausel erörtert, wird die Sondererbfolge wie ein Erwerb durch Erbanfall behandelt. Für den bzw. die qualifizierten Erben liegt ein steuerpflichtiger Erwerb gemäß §§ 1 Abs. 1 Nr. 1 i.V.m. 3 Abs. 1 Nr. 1 1.Alt ErbStG vor.[1159]

2. Erwerbsgegenstand

Aus der zivilrechtlichen Problematik der Kollision zwischen Gesellschafts- und Erbrecht aus der die Sondererbfolge resultiert, ergibt sich das erbschaftsteuerliche Problem, was den Erwerbsgegenstand der einzelnen Miterben bildet. Es ist daher der Frage nachzugehen, ob aus der qualifizierten Nachfolgeklausel folgt, dass ausschließlich der qualifizierte Nachfolger den Gesellschaftsanteil erwirbt und etwaige Ausgleichsansprüche den Erwerbsgegenstand bei den nichtbegünstigten Erben darstellen, oder aber ob alle Miterben der Erbquote entsprechend anteilig die Gesellschaftsbeteiligung erwerben. Diese Frage ist umstritten und bis heute nicht abschließend geklärt.[1160]

a) Rechtsprechung des BFH

Der BFH[1161] geht seit der Entscheidung vom 10.11.1982 davon aus, dass es bei der qualifizierten Nachfolgeklausel hinsichtlich jedes Miterben zur der Erbquote entsprechenden Sonderrechtsnachfolge kommt. Die qualifizierte Nachfolgeklausel sei als eine mit dem Erbfall wirksam gewordene, gegenständlich begrenzte Erbauseinandersetzung anzusehen. Sie sei als gesellschaftsrechtlich besonders ausgestalteter Unterfall einer bloßen Teilungsanordnung für die Erbschaftsbesteuerung ohne Bedeutung.

Damit ist nach der höchstrichterlichen Finanzrechtsprechung der Erwerbsgegenstand bei allen Miterben die Gesellschaftsbeteiligung. Die Handhabung der Klausel wird unter Bezugnahme auf die erbschaftsteuerliche Behandlung der Teilungsanordnung gelöst.

Im Folgenden soll eine Auseinandersetzung mit der Rechtsprechung des BFH erfolgen. Hierfür ist zunächst auf die erbschaftsteuerliche Behandlung der Teilungsanordnung einzugehen. Im Anschluss daran ist zu klären, ob dem

---

[1159] Felix, KÖSDI 1996, 10576 (10578); Gebel, Betriebsvermögensnachfolge, Rn. 805; Grashoff, 31; Hörger/Stephan/Pohl-Hörger, Rn. 1030; IDW, Rn. 476; Ott-Christoffel, Teil 4 2.2.3; Riedel, ZErb 2003, 212 (219); Schulze zur Wiesche, WPg 1997, 320 (322);Westermann-Crezelius, Hdb PG III Rn. 834. Vgl. auch: 3. Teil C II 1.

[1160] Vgl. Hörger/Pauli, GmbHR, 1999, 945 (945).

[1161] BFH v. 1.4.1992, II R 21/89, BStBl II 1992, 669; BFH v. 10.11.1982, II R 85-86/78, BStBl II 1983, 329 (331); FG Nds v. 23.2.2000, 3 K 612/96, EFG 2000, 960 (961).

Schluss von der Teilungsanordnung auf die qualifizierte Nachfolgeklausel gefolgt werden kann.

b) Behandlung der Teilungsanordnung im Erbschaftsteuerrecht

aa) Rechtsprechungsentwicklung

Der BFH geht in mittlerweile gefestigter Rechtsprechung davon aus, dass die Teilungsanordnung für die erbschaftsteuerliche Behandlung unbeachtlich ist. Dass diese Betrachtungsweise aber nicht zwingend ist, ergibt sich bereits aus der Feststellung, dass der BFH die Teilungsanordnung im Zeitraum von 1977 bis 1982 anders behandelt hat: Während noch im Urteil vom 30.6.1960[1162] von der Unbeachtlichkeit der Teilungsanordnung ausgegangen wurde, gab der BFH mit dem Urteil vom 16.3.1977[1163] diese Rechtsansicht auf: Aufgrund der im Tatsächlichen nur schwierig zu handhabenden Abgrenzung zwischen der Teilungsanordnung und dem (Voraus-)Vermächtnis und der einem Vermächtnisnehmer vergleichbaren Stellung, wurde der Teilungsanordnung erbschaftsteuerliche Erheblichkeit beigemessen. Der mit der Teilungsanordnung unmittelbar begründete Anspruch des Miterben auf Übertragung eines bestimmten Wirtschaftsgutes wurde als Erwerbsgegenstand angesehen.
Die Finanzverwaltung folgte dem Urteil nur sehr eingeschränkt: Durch die auf das Urteil reagierenden Erlasse[1164] wurde den Miterben ein Wahlrecht eingeräumt, ob sie die Teilungsanordnungen berücksichtigen wollten oder nicht. Die Finanzverwaltung kritisierte an dem BFH-Urteil sowohl die kompliziertere Steuerberechnung als auch die insgesamt höhere Steuerbelastung, die durch das Herauslösen eines Nachlasspostens aus dem anteilig zugerechneten Bestand den Miterben droht. Mit dem Urteil vom 10.11.1982 kehrte der BFH[1165] zu der ursprünglichen Behandlung der Teilungsanordnung als erbschaftsteuerrechtlich unbeachtlich zurück.

bb) Ansicht von Flume

Insbesondere Flume[1166] ist dem letztgenannten Urteil entschieden entgegengetreten: Er geht davon aus, dass das (Voraus-)Vermächtnis und die Teilungsan-

---

1162 BFH v. 30.6.1960, II 254/57 U, BStBl III 1960, 348. So bereits auch: RFH v. 14.3.1940, III e A 28/38, RFHE 48, 196; RFH v. 26.11.1936, III e A 66/36, RStBl 1937, 6.

1163 BFH v. 16.3.1977, II R 11/69, BStBl II 1977, 640.

1164 Bspw. FinMin NRW v. 13.4.1978, S-3802-9-VA2, DB 1978, 819.

1165 BFH v. 10.11.1982, II R 85-86/78, BStBl II 1983, 329. Vgl. auch: BFH v. 1.4.1992, II R 21/89, BStBl II 1992, 669; BFH v. 5.2.1992, II R 7/89, BFH/NV 1993, 100; FG Hess v. 6.2.1990, 10 K 1089/89, EFG 1990, 368; FG Mün v. 15.7.1998, 4 K 2821/94, DStRE 1998, 885; FG Nds v. 23.2.2000, 3 K 612/96, EFG 2000, 960 (961).

1166 Flumes Kritik an der Rechtsprechung ist auch vor dem Hintergrund zu sehen, dass er allgemein dafür eintritt, dass die Besteuerung nicht auf die Lage beim Erbfall, sondern an das Ergebnis der Abwicklung des Erbfalls anzuknüpfen habe, wobei er selbst einräumt, dass sich ordnung im Fall der Befolgung durch die Miterben steuerlich gleich zu behandeln sind. Dies sei anzunehmen, da der einzelne Miterbe - ungeachtet seiner Stellung als Gesamthänder der Erbengemeinschaft - im Hinblick auf die Erbteilung nur entsprechend der Teilungsanordnung beteiligt werde. Zwar erwerbe der Miterbe aufgrund der Teilungsanordnung keinen dinglichen Anspruch, beide Rechtsinstitute seien aber wirtschaftlich vergleichbar, so dass im Wege einer „wirtschaftlichen Betrachtungsweise" die Teilungsanordnung unter den Begriff des Vermächtnisses zu subsumieren sei.[1167]

cc) Stellungnahme

Gegen die Ansicht Flumes bestehen erhebliche Bedenken: Gegen die Subsumtion der Teilungsanordnung unter § 3 Abs. 1 Nr. 1 3.Alt ErbStG spricht bereits rein formal, dass der Klammerzusatz nur auf die §§ 2147ff. BGB verweist, die Teilungsanordnung hingegen in § 2048 BGB geregelt ist. Der entscheidende Unterschied zwischen Teilungsanordnung und (Voraus-)Vermächtnis besteht aber darin, dass der Bedachte sich (auch) beim Vorausvermächtnis im Gegensatz zur Teilungsanordnung den zugewendeten Vermögensvorteil nicht auf seinen Erbteil anrechnen lassen muss. Daher kann der Begriff des Vermächtnisses nicht den der Teilungsanordnung erfassen. Dieser zivilrechtliche Grundsatz ist aufgrund der Bezugnahme auf zivilrechtliche Normen auch im Rahmen des § 3 Abs. 1 ErbStG maßgeblich. Daher ist die Auffassung abzulehnen.

Allerdings ist damit noch nicht entschieden, ob die Teilungsanordnung nicht unter den Erwerb gemäß § 3 Abs. 1 Nr. 1 1.Alt ErbStG zu subsumieren ist. Dieser Frage ist im Folgenden nachzugehen. Sie ist dann zu bejahen, wenn für den Erwerb an das Ergebnis der Erbauseinandersetzung angeknüpft werden kann.

(α) Wortlaut des § 3 Abs. 1 Nr. 1 1.Alt ErbStG

Wie aber der BFH[1168] zutreffend in seiner Entscheidung vom 10.11.1982 hervorhebt, stellt der Gesetzeswortlaut auf den Erwerb „durch Erbanfall", also den durch Erbfolge eingetretenen (dinglichen) Vermögenszuwachs, und nicht auf den Erwerb „auf Grund Erbfall" ab, also auf das Ergebnis der Abwicklung des Erbfalls.

---

eine derartige Betrachtungsweise nicht zwingend aus dem Gesetz ergebe. Vgl. Flume, DB 1983, 2271 (2271ff.).

1167 So auch: Haas, 93.

1168 BFH v. 10.11.1982, II R 85-86/78, BStBl II 1983, 329 (331). Vgl. auch: BFH v. 1.4.1992, II R 21/89, BStBl II 1992, 669. Aus diesem Grund kann eine Erbschaftsteuerveranlagung auch bereits vor der Erbauseinandersetzung stattfinden. Vgl. Steiger, UVR 1993, 72 (73).

(ß) Systematische Auslegung

Da der Gesetzgeber den Erwerb durch Erbfall und Vermächtnis ausdrücklich geregelt hat, nicht aber den Erwerb aufgrund einer Teilungsanordnung, kann daraus gesetzessystematisch geschlossen werden, dass der Gesetzgeber nicht an das Ergebnis einer Teilungsanordnung bei der Besteuerung anknüpfen wollte.[1169]

(γ) Stichtagsprinzip

Ferner spricht das Stichtagsprinzip für die Unbeachtlichkeit der Teilungsanordnung, denn die Teilungsanordnung entfaltet im Zeitpunkt des Erbanfalls noch keine Wirkung und kann daher für die Erbschaftsbesteuerung nicht maßgeblich sein, da auf den Erbanfallszeitpunkt entscheidend abzustellen ist.[1170] Der schuldrechtliche Anspruch kann erst zeitlich nach dem Erbfall geltend gemacht werden.

(δ) Zusammenfassung

Aus dem Wortlaut, dem systematischen Zusammenhang im Erbschaftsteuerrecht und aus dem Stichtagsprinzip ergibt sich, dass die Teilungsanordnung keinem steuerpflichtigen Erwerbstatbestand zugeordnet werden kann. Sie ist erbschaftsteuerlich unbeachtlich, da sie der Phase der Erbauseinandersetzung zuzuordnen ist.

c) Gleichstellung der qualifizierten Nachfolgeklausel mit der Teilungsanordnung

aa) Rechtsprechung des BFH

Die Rechtsprechung[1171] sieht in der qualifizierten Nachfolgeklausel eine mit dem Erbfall wirksam gewordene, gegenständliche Erbauseinandersetzung. Die Klausel sei als gesellschaftsrechtlich besonders ausgestalteter Unterfall einer bloßen Teilungsanordnung für die Erbschaftsbesteuerung unbeachtlich.

bb) Konsequenzen der Rechtsprechung

Es ergeben sich damit erbschaftsteuerrechtlich die folgenden Konsequenzen:[1172] Sämtlichen Miterben wächst der Personengesellschaftsanteil anteilig an. Dieser bildet jeweils anteilig den Erwerbsgegenstand. Alle Miterben nehmen an dem

---

[1169] Vgl. auch: Haas, 95; Meincke, ErbStG, § 3 Rn. 24.

[1170] Vgl. Grashoff, 65; Steiger, UVR 1993, 72 (75).

[1171] BFH v. 10.11.1982, II R 85-86/78, BStBl II 1983, 329 (331); FG Nds v. 23.2.2000, 3 K 612/96, EFG 2000, 960 (961). Vgl. ausführlich: 3. Teil D II 2 a).

[1172] Soweit ersichtlich, hat diese Konsequenzen zwar die Finanzverwaltung in R 55 Abs. 3 S. 2 ErbStR gezogen, nicht aber die Rechtsprechung, da sich die bisherigen Urteile allesamt auf § 3 ErbStG bezogen haben. So auch: V/G/H/K/S-Hübner, ErbStG, § 3 Rn. 89.

Bewertungsverfahren für Personengesellschaftsanteile teil; ihnen allen kommen anteilig die Privilegien der §§ 13a, 19a ErbStG zugute. Aufgrund der Zuordnung der Anteilsübertragung zur Erbauseinandersetzung ist ein bereicherungsmindernder Abzug der Ausgleichsverbindlichkeit beim qualifizierten Nachfolger ausgeschlossen.[1173]

Im weiteren Verlauf der Darstellung sollen die zivilrechtlichen Gemeinsamkeiten und Unterschiede von Teilungsanordnung und qualifizierter Nachfolgeklausel herausgearbeitet werden, um entscheiden zu können, ob eine Gleichbehandlung von der zivilrechtlichen Dogmatik her, der über den Maßgeblichkeitsgrundsatz zumindest Bedeutung für das Erbschaftsteuerrecht zukommt, überhaupt in Betracht zu ziehen ist. Ferner sind Spezifika des Erbschaftsteuerrechts im Bezug auf die Problemstellung zu untersuchen.

cc) Gemeinsamkeiten von Teilungsanordnung und qualifizierter Nachfolgeklausel

Normzweck des § 2048 S. 1 BGB ist, die in der deutschen Erbrechtssystematik fehlende Sondererbfolge zu ersetzen, indem der Erblasser zumindest schuldrechtlich einzelnen Erben Gegenstände zuteilen kann.[1174] Dieser Zielsetzung entspricht auch die qualifizierte Nachfolgeklausel.[1175] Beide Rechtsinstitute können weder gesondert ausgeschlagen werden, noch haben sie Auswirkungen auf die Erbquoten, da der Wert des jeweils zugewiesenen Gegenstandes auf den Erbteil anzurechnen ist.[1176] Gegebenenfalls können Ausgleichsansprüche entstehen. Während dies bei der Teilungsanordnung unmittelbar aus deren Anordnung folgt,[1177] ist die Rechtsgrundlage bei der qualifizierten Nachfolgeklausel zwar umstritten. Im Ergebnis besteht jedoch Einigkeit, dass der Mehrwert gegenüber der Erbquote ausgeglichen werden muss.[1178]

[1173] Vgl. Hübner, ZErb 2004, 34 (35); Söffing/Peters, ZEV 1999, 15 (16).

[1174] Vgl. Grashoff, 61; MüKo-Dütz, BGB, § 2048 Rn. 1; Staudinger-Werner, BGB, § 2048 Rn. 1.

[1175] Vgl. Grashoff, 61.

[1176] Für die Teilungsanordnung: BGH v. 23.5.1984, IVa ZR 185/82, FamRZ 1985, 62; BGH v. 14.3.1984, IVa ZR 87/82, FamRZ 1984, 688; BGH v. 23.9.1981, IVa ZR 185/80, BGHZ 82, 274; Crezelius, Rn. 57; Ebenroth, Rn. 792; Haas, 84; MüKo-Dütz, BGB, § 2048 Rn. 2; Schwald, 28; Soergel-Wolf, BGB, § 2048 Rn. 2; Staudinger-Werner, BGB, § 2048 Rn. 6. Für die qualifizierte Nachfolgeklausel: BGH v. 10.2.1977, II ZR 120/75, BGHZ 68, 225 (236); Grashoff, 62; Ebenroth, Rn. 870; Rokas, 85, 90f.; Rüthers, AcP 1968, 263 (281); Sommer/Kerschbaumer, ZEV 2004, 13 (15).

[1177] BGH v. 4.3.1992, IV ZR 309/90, NJW-RR 1992, 771 (772); BGH v. 14.3.1984, IVa ZR 87/82, FamRZ 1984, 688; Ebenroth, Rn. 792; Soergel-Wolf, BGB, § 2048 Rn. 6; Staudinger-Werner, BGB, § 2048 Rn. 6.

[1178] Vgl. 3. Teil D I 5.

dd) Unterschiede zwischen Teilungsanordnung und qualifizierter Nachfolgeklausel

Als Wesentlich ist herauszustellen, dass der Teilungsanordnung keine dingliche Wirkung zukommt. Sie ist rein schuldrechtlicher Natur und verschafft dem Begünstigten kein Sondererbrecht an dem zugeteilten Gegenstand, sondern „nur" einen Anspruch auf entsprechende Auseinandersetzung.[1179] Für ihre Ausführung bedarf es daher eines dinglichen Rechtsaktes.

Für die qualifizierte Nachfolgeklausel gilt hingegen gerade Gegenteiliges:[1180] Die Vereinbarung führt zur Sondererbfolge, so dass jeder nachfolgeberechtigte Erbe im Erblassertodeszeitpunkt direkt und unmittelbar, also ohne Durchgangserwerb, in die Gesellschaftsstellung einrückt. Ein dinglicher Rechtsakt ist nicht erforderlich.[1181]

Diesen so wesentlichen Unterschied - die unmittelbar dingliche Wirkung - erkennt auch der BFH im Urteil vom 10.11.1982. Er erklärt den Umstand aber für „unerheblich", da diese Folge nicht nur bei der qualifizierten, sondern auch bei der einfachen Nachfolgeklausel eintrete.[1182]

Hingegen sehen einige Stimmen der Literatur diesen doch gravierenden Unterschied als entscheidendes Argument gegen die Gleichstellung von Teilungsanordnung und qualifizierter Nachfolgeklausel an.[1183]

In der neueren Rechtsprechung[1184] wird nicht mehr ausdrücklich auf die dingliche, sondern primär auf die wertmäßige Einbeziehung des Gesellschaftsanteils

---

[1179] BGH v. 23.5.1984, IVa ZR 185/82, FamRZ 1985, 62 (63); BGH v. 1.3.1984, IVa ZR 87/82, NJW 1985, 51 (52); BGH v. 23.9.1981, IVa ZR 185/80, BGHZ 82, 274 (279); BGH v. 30.4.1980, IVa ZR 128/80, NJW 1981, 1837 (1839); Carlé, ErbStB 2003, 131 (132); Erman-Schlüter, BGB, § 2048 Rn. 9; Menges/Stähle, BB 1994, 2122 (2122); Moench-Moench, ErbStG, § 3 Rn. 66; Pietsch, UVR 1992, 39 (47); Staudinger-Werner, BGB, § 2048 Rn. 3; Steiger, UVR 1993, 72 (73); Troll/Gebel/Jülicher, ErbStG, § 3 Rn. 114; Weirich, Rn. 792.

[1180] Vgl. BGH v. 1.6.1987, II ZR 259/86, BGHZ 101, 123 (125); BGH v. 14.5.1986, IVa ZR 155/84, BGHZ 98, 48 (50f.); BGH v. 4.5.1983, IVa ZR 229/81, NJW 1983, 2376 (2377); BGH v. 10.2.1977, II ZR 120/75, BGHZ 68, 225 (229f.); BGH v. 22.11.1956, II ZR 222/55, BGHZ 22, 186 (191); BayObLG v. 27.6.1980, 1 Z 47/80, DB 1980, 2028 (2028f.); Troll/Gebel/Jülicher, ErbStG, § 13a Rn. 40.

[1181] Daragan/Zacher-Röder, DStR 1999, 89 (89); MüKo-Dütz, BGB, § 2048 Rn. 8.

[1182] Eine Übereinstimmung besteht im Bezug auf den Berechtigungsgrund der Nachfolger. Beide erwerben aufgrund der Sondererbfolge. Ein Unterschied besteht im Hinblick auf die Quantität. Während bei der einfachen Nachfolgeklausel die Erben in Höhe der Erbquote in die Gesellschafterstellung einrücken, ist dies bei der qualifizierten Nachfolgeklausel nicht der Fall. Es kommt vielmehr zu einer „Verschiebung der Berechtigung" in den Gesellschaftsanteil. Vgl. Terplitz, ZEV 1999, 45 (48).

[1183] Vgl. Grashoff, 64; Kegel, 170; Knobbe-Keuk, 1001; Sistermann, ZEV 1998, 166 (170); Troll/Gebel/Jülicher-Jülicher, ErbStG, § 13a Rn. 40. Vgl. Crezelius, Rn. 288 geht zwar von einer abgekürzt vollzogenen Teilungsanordnung aus, will dieser aber lediglich schuldrechtliche Wirkung zukommen lassen.

[1184] Vgl. auch: BFH v. 29.10.1991, VIII R 51/84, BStBl II 1992, 512.

abgestellt. Der Gesellschaftsanteil wird wertmäßig dem Nachlass zugerechnet, so dass die bereits mit dem Erbfall erfolgte Zuordnung an den qualifizierten Erben diesem als Vorausempfang zugerechnet werden kann.[1185] Diese wertmäßige Zurechnung rechtfertige, so der BFH, die Annahme, die qualifizierte Nachfolgeklausel wie eine zeitlich vorweggenommene Auseinandersetzung der Erben zu behandeln.

Als Begründung für die vorgezogene Erbauseinandersetzung wird eine Art „Durchgangserwerb“ „angedeutet“.[1186] Die Rechtsfigur der logischen bzw. juristischen Sekunde könne ein brauchbares Erklärungsmodell liefern, wobei sich Erbfall und Erbauseinandersetzung uno actu vollziehen würden.[1187]

Problematisch erscheint, dass jede Vorstellung eines Durchgangserwerbs notwendigerweise - wenn auch nur fingierend - die Zugehörigkeit des Gesellschaftsanteils zum Nachlassvermögen annehmen muss.[1188] Eine solche Fiktion müsste grundsätzlich aufgrund des Maßgeblichkeitsgrundsatzes in § 3 ErbStG dem Zivilrecht zugeordnet werden. Dieser Konzeption stehen aber dann wiederum sämtliche Argumente entgegen, die letztlich zur Anerkennung der unmittelbaren Sonderrechtsnachfolge in den Gesellschaftsanteil geführt haben.[1189] Die einzig denkbare Lösung könnte hingegen nur eine für das Erbschaftsteuerrecht geltende Fiktion darstellen. Eine solche ist aber nur dann ernsthaft in Erwägung zu ziehen, wenn sich im Erbschaftsteuerrecht selbst für die Klausel kein Lösungsweg finden lässt. Dies soll nach der Vorstellung eines weiteren Erklärungsversuches untersucht werden.

Ein weiterer Erklärungsansatz betont die vertragliche Komponente:[1190] Danach sei der Vertragswille des potentiellen Erblassers auf die Weiterleitung des Anteils von der Erbengemeinschaft an die Gesellschaftermiterben gerichtet. Die automatische Weiterleitung vollziehe sich im Erbfall dann durch die vertraglich modifizierte Universalsukzession.

Gegen diese Begründung spricht, dass auch sie sich gedanklich des „Zwei-Phasen-Modells“[1191] bedient und damit logisch zwingend einen Durchgangserwerb annehmen muss. Selbst wenn man diesen außer Betracht lässt, wird nicht

---

1185 Vgl. Gebel, BB 1995, 173 (174).

1186 Sowohl der BFH als auch ein Großteil der Literatur, die dem BFH folgt, verzichten auf eine rechtsdogmatische Lösung und geben sich mit der rechtspraktischen Lösung „zufrieden“. Begründungen werden, wenn überhaupt, nur „angedeutet“.

1187 Vgl. BFH v. 1.4.1992, II R 21/89, BStBl II 1992, 669, in dem die Grundsätze der qualifizierten Nachfolgeklausel auf den Fall der Sondererbfolge nach der HöfeO übertragen werden. Gebel, BB 1995, 173 (175). Vgl. Schmidt, § 45 V 4a, Fn.118: als Kontrollüberlegung. Vgl. auch: Meincke, ErbStG, § 3 Rn. 19.

1188 Terplitz, ZEV 1999, 45 (48).

1189 So auch: Terplitz, ZEV 1999, 45 (48).

1190 Vgl. Gebel, BB 1995, 173 (175). Ähnlich, aber nicht so deutlich: Gebel, Betriebsvermögensnachfolge, Rn. 814.

1191 Vgl. Gebel, BB 1995, 173 (175).

erklärt, wie der vertraglichen Vereinbarung dingliche Wirkung zukommen soll. Insoweit lässt dieser Ansatz die dingliche Wirkung der qualifizierten Nachfolgeklausel unbeachtet.[1192]
Insgesamt lässt sich damit feststellen, dass sämtliche rechtsdogmatischen Überlegungen - soweit vorhanden - in sich nicht schlüssig sind bzw. nicht überzeugen können. Sie führen im Ergebnis allesamt zur „effektiven Irrelevanz der qualifizierten Nachfolgeklausel“[1193]. Das eigentliche Problem für die Erörterungen bezüglich der vorgezogenen Erbauseinandersetzung liegt - wie bereits angedeutet - darin, dass die Frage, welches Vermögen in den Nachlass fällt, an die zivilrechtliche Rechtslage anknüpft, und die vorgetragenen notwendigerweise zivilrechtlichen Argumente aber dem „eigentlichen“ zivilrechtlichen Verständnis - nämlich dem unmittelbaren Erwerb - entgegenstehen.[1194]
Soweit von Teilen der Literatur von einer wesentlichen Übereinstimmung der erbschaftsteuerlichen Behandlung mit der zivilrechtlichen Situation ausgegangen wird,[1195] bezieht sich diese Aussage auf den Aspekt der Erbauseinandersetzung, deren wesentliche Bedeutung wohl aber in der Statuierung der zivilrechtlichen Ausgleichsansprüche liegt. Die Vorstellung von einer Erbauseinandersetzung wiederum führt zwangsläufig zur Einordnung als nachfolgendes Ereignis. Nur so kann die Unbeachtlichkeit im Erbschaftsteuerrecht erklärt werden.[1196]

ee) Erbschaftsteuerrechtliche Aspekte

(α) Betriebsvermögensprivilegien

Für die erbschaftsteuerliche Beurteilung muss es aber insbesondere aufgrund der Privilegierungen in §§ 13a, 19a ErbStG primär auf den Aspekt der Sondererbfolge ankommen, denn lediglich der qualifizierte Erbe und nicht die Erbenmehrheit erwirbt die Gesellschafterstellung.[1197] Hauptkritikpunkt am Standpunkt der Finanzverwaltung muss insofern sein, dass den nicht qualifizierten Miterben wertmäßig der Personengesellschaftsanteil zugerechnet wird und diese an den Privilegien der §§ 13a, 19a ErbStG teilhaben. Dies bedeutet im Grunde genommen, dass Personen in den „Genuss“ der Betriebsvermögensprivilegien kommen, die - unabhängig von rechtsdogmatischen Erklärungen -

---

[1192] Terplitz, ZEV 1999, 45 (48).
[1193] Hübner, NWB F. 10, 787 (792).Vgl auch: Westermann-Crezelius, Hdb PG, III Rn. 835.
[1194] Vgl. Flume, DB 1983, 2271 (2272); Hübner, DStR 1995, 197 (199); Terplitz, ZEV 1999, 45 (48). A.A.: Söffing, DStR 1991, 798 (803).
[1195] Gebel, Betriebsvermögensnachfolge, Rn. 818; Gebel, BB 1995, 173 (178); Pietsch, UVR 1992, 39 (48); Reimann, ZEV 2002, 487 (490).
[1196] Vgl. Terplitz, ZEV 1999, 45 (48).
[1197] Vgl. Kegel, 170; Söffing/Peters, ZEV 1999, 15 (16).

de facto überhaupt kein Betriebsvermögen er- bzw. behalten.[1198] Korrespondierend damit kann der Begünstigungswürdige lediglich anteilig die Privilegien in Anspruch nehmen, obwohl er das gesamte Betriebsvermögen erhält. Daher wird der Normzweck der §§ 13a, 19a ErbStG - die Begünstigung bei dem Erwerber zu konzentrieren, der in seiner Person tatsächlich das Unternehmen fortführt - nicht erfüllt. Er wird geradezu verfehlt. Die Begünstigungen kommen dem(n) „Falschen" zugute.[1199] Da die §§ 13a, 19a ErbStG zu erheblichen Privilegierungen in ihren Rechtsfolgen führen, muss auch vor dem Hintergrund des Art. 3 GG die Zielgenauigkeit der Privilegierungen beachtet werden.[1200] Die Finanzverwaltung und die Rechtsprechung sind im Hinblick darauf gerade gehalten, die vorhandenen Auslegungsspielräume i.S.d. gesetzgeberischen Zielsetzung zu nutzen und solche Ergebnisse zu erreichen, die zur Konzentration der Begünstigungen auf denjenigen führen, der die sachlichen und persönlichen Anforderungen der Begünstigungen in seiner Person erfüllt.

(ß) Bereicherungsprinzip

Aber nicht nur die Privilegierungstatbestände, sondern auch das erbschaftsteuerliche Bereicherungsprinzip sprechen gegen die Lösung der Finanzverwaltung, da der qualifizierte Nachfolger die Ausgleichszahlungen nicht bereicherungsmindernd geltend machen kann, obwohl er belastet wird.[1201]

(γ) Stichtagsprinzip

Der Unterschied zwischen der dinglichen Wirkung der Nachfolgeklausel und der schuldrechtlichen Wirkung der Teilungsanordnung wird insbesondere auch vom Stichtagsprinzip berücksichtigt. Während die Teilungsanordnung dem erbschaftsteuerlich unbeachtlichen Bereich der Erbauseinandersetzung zugeordnet ist, kommt der qualifizierten Nachfolgeklausel unmittelbar dingliche Wirkung zu. Da für die Bestimmung des erbschaftsteuerlichen Erwerbs das Stichtagsprinzip maßgeblich ist und der dingliche Erwerb unmittelbar mit dem Erbanfall eintritt, erhält der qualifizierte Nachfolger die Gesellschaftsbeteiligung durch Erbanfall und nicht infolge des Erbanfalls.[1202]

[1198] Crezelius, Rn. 288; Riedel, ZErb 2003, 212 (220); Söffing/Peters, ZEV 1999, 15 (16); Stobbe/Brüninghaus, BB 1998, 1611 (1614); Troll/Gebel/Jülicher-Jülicher, ErbStG, § 13a Rn. 39; Westermann-Crezelius, Hdb PG, III Rn. 836.

[1199] Vgl. Moench-Weinmann, ErbStG, § 13a Rn. 54; Troll/Gebel/Jülicher-Jülicher, ErbStG, § 13a Rn. 39; V/G/H/K/S-Hübner, ErbStG, § 13a Rn. 90, 97.

[1200] V/G/H/K/S-Hübner, ErbStG, § 13a Rn. 90, 97.

[1201] Hübner, ZErb 2004, 34 (35).

[1202] Grashoff, 65.

(δ) Divergenz zwischen II. und VIII. Senat des BFH

Ferner setzt sich die Rechtsprechung des II. Senats des BFH nicht mit der ertragsteuerlichen Rechtsprechung des VIII. Senats[1203] auseinander: Der VIII. Senat sieht die qualifizierte Nachfolgeklausel als eine mit dem Erbfall vollzogene Teilungsanordnung mit unmittelbarer dinglicher Wirkung an, so dass die nicht nachfolgeberechtigten Erben nicht Mitunternehmer werden. Zwar wird von Hörger[1204] darauf hingewiesen, dass eine unterschiedliche Handhabung der qualifizierten Nachfolgeklausel im Ertrag- und Erbschaftsteuerrecht zulässig sei. Dennoch erscheint die Berücksichtigung der ertragsteuerlichen Handhabung zumindest als nahe liegend, gerade wenn man berücksichtigt, dass sonst im Rahmen der Bestimmung des begünstigungsfähigen Betriebsvermögens das ErbStG dem Ertragsteuerrecht weitgehend nachgebildet ist.[1205]

(ε) „Steuergerechtigkeit?“

Für diese Lösung der Finanzverwaltung wird ins Feld geführt, dass eine grob ungerechte Verteilung der Steuerlast zum Nachteil der nicht nachfolgeberechtigten Erben vermieden werde, da eine Teilhabe an den Betriebsvermögensprivilegierungen stattfinde und der Ausgleichsanspruch nicht zum gemeinen Wert zu versteuern sei.[1206] Diesem Argument kann aber keine Überzeugungskraft zugesprochen werden: Die nicht qualifizierten Erben erwerben gerade kein Betriebsvermögen, sondern einen Abfindungsanspruch, der als solches nicht begünstigt und dem Privatvermögen zugehörig ist.[1207] Der Ansatz eines Geldanspruchs mit dem Nominalwert entspricht der normalen gesetzlichen Regelung gemäß § 12 Abs. 1 ErbStG i.V.m. § 12 Abs. 1 BewG. Zwar mag die Besteuerung „familienintern“ als ungerecht aufgefasst werden, dies ist aber letztendlich hinzunehmen. Schließlich unterliegt das erworbene Kapitalvermögen auch keiner erhöhten Sozialbindung so wie das Betriebsvermögen. Die Teilhabe der nichtqualifizierten Erben an den §§ 13a, 19a ErbStG ist daher vielmehr - vollkommen untechnisch gesagt - als Billigkeitsregelung ohne Billigkeitsgrund anzusehen.[1208]

[1203] BFH v. 27.7.1993, VIII R 72/90, BStBl II 1994, 625; BFH v. 26.11.1992, X R 187/87, BStBl II 1993, 298, BFH v. 29.10.1991, VIII R 51/84, BStBl II 1992, 512.

[1204] Hörger/Stephan/Pohl-Hörger, Rn. 1051.

[1205] Vgl. Storg, DStR 2002, 1384 (1386); Troll/Gebel/Jülicher-Jülicher, ErbStG, § 13a Rn. 40; Westermann-Crezelius, Hdb PG, III Rn. 835.

[1206] Vgl. Meincke, ErbStG, § 3 Rn. 19; Moench-Moench, ErbStG, § 3 Rn. 77; Moench-Weinmann, ErbStG, § 13a Rn. 54; Reimann, ZEV 2002, 487 (490). Insbesondere wird darauf hingewiesen, dass der Abfindungsanspruch den anteiligen Steuerwert des Gesellschaftsanteils deutlich übersteigen kann.

[1207] Söffing/Peters, ZEV 1999, 15 (16). Vgl. Piltz, ZEV 1997, 61 (65).

[1208] Vgl. Felix, BB 1994, 477 (478): Phänomen des Betriebsvermögens-Freibetrags-Berechtigten ohne Betriebsvermögen.

ff) Zusammenfassung
Die von der Finanzverwaltung vertretene Lösung stellt eine von der zivilrechtlichen Situation abweichende Lösung dar, die einen Durchgangserwerb bei den Miterben fingiert. Der Ansatz könnte u.U. noch als rein erbschaftsteuerliche Fiktion hinzunehmen sein. Mindestvoraussetzung dafür müsste aber der Einklang der Fiktion mit den Grundsätzen des Erbschaftsteuerrechts sein. Da aber diese Grundsätze mit der Lösung geradezu im Widerspruch stehen, ist die Ansicht abzulehnen.
Im Folgenden wird daher eine Lösung für die Behandlung der qualifizierten Nachfolgeklausel im Erbschaftsteuerrecht zu suchen sein, die sowohl rechtsdogmatisch erklärbar ist als auch mit den Erbschaftsteuerprinzipien im Einklang steht.

gg) Lösungsvorschlag über § 3 ErbStG
Die Problemlösung kann über § 3 ErbStG erreicht werden, in dem wie bei der einfachen Nachfolge die Sondererbfolge „wie“ ein Erbfall gemäß § 3 Abs. 1 Nr. 1 1.Alt ErbStG qualifiziert wird.[1209] Entsprechend der höchstrichterlichen Zivilrechtsprechung wird die Gesellschaftsbeteiligung unmittelbar und direkt mit dem Erbfall von dem qualifizierten Erben gemäß § 3 Abs. 1 Nr. 1 1.Alt ErbStG erworben. Bei den nicht qualifizierten Miterben stellen die Ausgleichsansprüche jeweils die Erwerbsgegenstände gemäß § 3 Abs. 1 Nr. 1 1.Alt ErbStG dar.

hh) Lösungsvorschlag von Terplitz
Terplitz[1210] modifiziert den erstgenannten Ansatz: Sie nimmt ebenfalls an, dass nur der qualifizierte Erbe den Gesellschaftsanteil im Wege der Sondererbfolge entsprechend § 3 Abs. 1 Nr. 1 1.Alt ErbStG erwirbt. Ferner wird ein Erwerb der übrigen Miterben gemäß § 3 Abs. 1 Nr. 1 1.Alt ErbStG in Höhe ihrer Erbquote am sonstigen Erbvermögen angenommen. Für den Fall, dass der übrige Nachlass nicht ausreiche, seien erbrechtliche Wertausgleichansprüche gegen den qualifizierten Erben anzusetzen, die sich grundsätzlich nach zivilrechtlichen Grundsätzen nach dem Verkehrswert der Gesellschaftsbeteiligung zu richten hätten.

ii) Lösungsvorschlag über die analoge Anwendung der §§ 13a Abs. 3, 19a Abs. 2 S. 2 ErbStG
Ein weiterer Lösungsweg, der dem der Finanzverwaltung angenähert ist, wird darin gesehen, zwar den Erwerb von Betriebsvermögen bei sämtlichen

---

[1209] Vorgeschlagen von: Flume, DB 1983, 2271 (2272); Grashoff, 66; Hübner, ZErb 2004, 34 (36); Hübner, NWB F. 10, 787 (792); Kegel, 170. Vgl. auch: Meincke, ErbStG, § 3 Rn. 19; Piltz, ZEV 1997, 61 (65); Stobbe/Brüninghaus, BB 1998, 1611 (1614).
[1210] Terplitz, ZEV 1999, 45 (49).

Miterben anteilig in Höhe der Erbquote anzunehmen, aber im Rahmen einer fiktiven Auseinandersetzung §§ 13a Abs. 3 bzw. 19a Abs. 2 S. 2 ErbStG analog anzuwenden.[1211]

jj) Stellungnahme

Zur Entscheidungsfindung für einen der Lösungsvorschläge ist zunächst notwendig, die Rechtsfolgen der einzelnen Wege aufzuzeigen. Im Anschluss daran soll die Übereinstimmung sowohl mit den zivilrechtlichen als auch mit den erbschaftsteuerrechtlichen Grundsätzen überprüft werden.

Nach dem letztgenannten Lösungsvorschlag ist Erwerbsgegenstand bei sämtlichen Miterben der der Erbquote entsprechende anteilige Gesellschaftsanteil, der bei allen gemäß § 12 Abs. 5 ErbStG angesetzt wird. In den „Genuss" der Privilegien der §§ 13a, 19a ErbStG kommt hingegen nur der qualifizierte Nachfolger aufgrund der analogen Anwendung der §§ 13a Abs. 3, 19a Abs. 2 S. 2 ErbStG, in dem eine Weiterleitungsverpflichtung statuiert wird. Damit entspricht diese Lösung im Ergebnis dem Normzweck der §§ 13a, 19a ErbStG. Jedoch werden die Ausgleichszahlungen insgesamt nicht berücksichtigt. Dies ist wiederum in Hinblick auf das Bereicherungsprinzip problematisch.[1212]

Für diesen Ansatz könnte jedoch folgende Überlegung sprechen: Da im Rahmen des § 13a Abs. 3 ErbStG die Vergünstigung bereits dann weitergegeben wird, wenn dem Übernehmer ein Gegenstand aufgrund einer letztwilligen Verfügung mit schuldrechtlicher Wirkung zugeteilt wird, müsste dies erst recht gelten, wenn ein Gegenstand mit dinglicher Wirkung mit dem Erbfall zugeordnet wird.[1213] Dieser Erst-Recht-Schluss erscheint als nahe liegend; er ist aber erst dann weiter auf seine Stimmigkeit zu prüfen, wenn dem Ausgangspunkt des Lösungsansatzes zugestimmt werden kann.

Dieser ist wiederum sehr problematisch, denn entscheidend gegen diesen Ansatz spricht, dass er auch genauso wie die Lösung der Finanzverwaltung zwingend einen Durchgangserwerb voraussetzt. Ein Durchgangserwerb lässt sich aber, wie bereits dargestellt, nicht mit der zivilrechtlichen Lösung vereinbaren.

Ein Ausweg könnte darin gesehen werden, die notwendige Zwischenstufe - nämlich den fiktiven Durchgangserwerb der nicht qualifizierten Erben - außer Betracht zu lassen und lediglich auf den endgültigen Erwerb quasi im Wege einer wirtschaftlichen Betrachtungsweise abzustellen. Eine solche Betrach-

---

[1211] Vorgeschlagen von: Hübner, ZErb 2004, 34 (36f.); Schulze zur Wiesche, WPg 1997, 320 (323); V/G/H/K/S-Hübner, ErbStG, § 13a Rn. 97. Wohl auch: Söffing/Peters, ZEV 1999, 15 (16). Vgl. in diesem Zusammenhang: Begründung des Regierungsentwurfs zum JStG 1997, abgedruckt in Mönch/Höll, 297ff. (327), in dem die Teilungsanordnung als Anwendungsfall des § 13a Abs. 3 ErbStG angesehen wird.

[1212] So auch: Hübner, ZErb 2004, 34 (36).

[1213] Vgl. Terplitz, ZEV 1999, 45 (49).

tungsweise wird z.T. bei der Eintrittsklausel in Form der Abfindungsvariante angenommen, bei der aus zivilrechtlichen Gründen bestimmte Zwischenstufen dem letztlich beabsichtigten Erwerb vorgeschaltet werden.[1214] Eine solche Betrachtung kann jedoch nicht für den in Frage stehenden Lösungsvorschlag angenommen werden, da bei der qualifizierten Nachfolgeklausel vielmehr die umgekehrte Situation vorliegt: Der zivilrechtliche Ausgangspunkt ist der unmittelbare Alleinerwerb des qualifizierten Erben im Wege der Sonderrechtsnachfolge. Darauf aufbauend wird ein fiktiver Durchgangserwerb bei den qualifizierten Erben angenommen, der aber gerade nicht auf einer zivilrechtlichen Notwendigkeit beruht, sondern darauf, dass sämtliche Miterben an der steuerlichen Bewertung des Betriebsvermögens teilhaben sollen, wobei dieser Erwerb in tatsächlicher Hinsicht gar nicht stattfindet. Gleichzeitig nehmen die Miterben an den Privilegien für Betriebsvermögen teil. Um Konflikte mit den Normzwecken der §§ 13a, 19a ErbStG zu vermeiden, wird das Betriebsvermögen anschließend endgültig dem qualifizierten Erben zugewiesen, so dass den verbleibenden Miterben nur die Bewertung der Personengesellschaftsanteile zugute kommt. Bereits die Darstellung der „Erwerbskette" verdeutlicht, dass keine der Eintrittsklausel vergleichbare Situation gegeben ist. Eine sachliche Rechtfertigung für die „wirtschaftliche Betrachtungsweise" ist nicht gegeben.[1215] Der Lösungsvorschlag ist damit abzulehnen.

Die Lösung von Terplitz entspricht zwar den zivilrechtlichen Grundsätzen der Sondererbfolge, da nur der qualifizierte Nachfolger unmittelbar die Gesellschaftsbeteiligung erwirbt. Unklar ist jedoch, warum der qualifizierte Nachfolger nur dann Ausgleichszahlungen zu leisten hat, wenn der übrige Nachlass nicht ausreichend ist. Schließlich ist allgemein anerkannt, dass Ausgleichszahlungen durch den qualifizierten Erben zu leisten sind, sofern diese nicht ausgeschlossen worden sind. Insofern führt der Vorschlag zu einer „Überprivilegierung" des begünstigten Erben. Aus diesem Grund ist der Lösungsweg abzulehnen.

Die erstgenannte Lösung hat zur Folge, dass nur der qualifizierte Nachfolger Betriebsvermögen erwirbt. Nur dieser nimmt an der Betriebsvermögens-

---

[1214] Im Fall einer Eintrittsklausel wird dem Nachfolger das Recht zugewandt, in die Gesellschaftsbeteiligung einzutreten. Es kommt nicht zu einer unmittelbaren Sukzession in die Gesellschafterstellung. Entsprechend den Grundsätzen der Fortsetzungsklausel wächst den verbleibenden Gesellschaftern der Anteil des Altgesellschafters an. Der Eintrittsberechtigte erwirbt den Abfindungsanspruch, der im Fall der Ausübung des Eintrittsrechts die Einlageverpflichtung erfüllt. Früher nahm die Finanzverwaltung und ein Teil der aktuellen Literatur einen unmittelbaren Erwerb der Gesellschafterstellung für diese Abfindungsvariante an. Heute wird vorwiegend ein Erwerb gemäß § 3 Abs. 1 Nr. 4 ErbStG angenommen, so dass auch über diesen Weg ausschließlich dem Eintretenden die Begünstigungen der §§ 13a, 19a ErbStG zukommen. Vgl. dazu: Hübner, 36ff.; Hübner, DStR 2003, 4 (7); Moench-Moench, ErbStG, § 3 Rn. 79; Wilms-Wilms, ErbStG, § 3 Rn. 179.

[1215] So auch: Hübner, ZErb 2004, 34 (37).

bewertung und an den Privilegien der §§ 13a, 19a ErbStG teil. Der Zweck der Betriebsvermögensprivilegien wird damit erfüllt. Korrespondierend dazu kann der qualifizierte Nachfolger den Ausgleichsanspruch bereicherungsmindernd abziehen. Es wird damit auch den Grundsätzen des Bereicherungsprinzips entsprochen.
Bei den nicht qualifizierten Erben ist Erwerbsgegenstand im Bezug auf die qualifizierte Nachfolgeklausel der Ausgleichsanspruch. Sie erwerben gemäß § 3 Abs. 1 Nr. 1 1.Alt ErbStG. Zwar könnte auf den ersten Blick auch eine Schenkung des qualifizierten Erben an die übrigen Erben angenommen werden, da der Anspruch sich gegen den qualifizierten Erben richtet. Eine solche Betrachtungsweise würde hingegen nicht den Rechtsgrund der Ausgleichsansprüche berücksichtigen und kann daher nicht zielführend sein. Die Besteuerung des Anspruchs zum Nennwert mag zwar für die Nichtnachfolgeberechtigten als „unschön“ erscheinen, sie entspricht aber dem erbschaftsteuerlichen Regelfall beim Erwerb von Kapitalvermögen und ist daher hinzunehmen.
Auch entspricht diese Lösung dem Stichtagsprinzip, da jeder der Miterben diejenige Bereicherung gemäß § 10 Abs. 1 S. 2 ErbStG zu versteuern hat, die ihm im Todeszeitpunkt des Erblassers „zufließt“.[1216]
Es lässt sich damit zusammenfassen, dass der Lösungsansatz über § 3 ErbStG sowohl der zivilrechtlichen Situation der Sondererbfolge als auch den Grundsätzen des Erbschaftsteuerrechts gerecht wird. Da § 3 Abs. 1 Nr. 1 1.Alt ErbStG an die zivilrechtliche Regelung anknüpft, erscheint es auch als naheliegend, dieser unmittelbar zu folgen.[1217] Vorteilhaft ist an dieser Lösung insbesondere, dass sie einfach zu handhaben ist. Daher ist dem Lösungsvorschlag zu folgen.

d) Zusammenfassung

Erwerbsgegenstand ist beim qualifizierten Nachfolger die gesamte Gesellschaftsbeteiligung als Erwerb (wie) durch Erbanfall gemäß §§ 1 Abs. 1 Nr. 1 i.V.m. 3 Abs. 1 Nr. 1 1.Alt ErbStG. Der Gesellschaftsanteil wird gemäß § 12 Abs. 5 ErbStG bewertet.
Den Erwerbsgegenstand bei den nichtqualifizierten Erben bilden anteilig die Abfindungsansprüche als Erwerb durch Erbfall gemäß §§ 1 Abs. 1 Nr. 1 i.V.m. 3 Abs. 1 Nr. 1 1.Alt ErbStG. Der Abfindungsanspruch stellt eine private Kapitalforderung dar und wird mit dem Nennwert gemäß § 12 Abs. 1 ErbStG i.V.m. § 12 Abs. 1 BewG bewertet.

[1216] Grashoff, 66.
[1217] Hübner, NWB F. 10, 787 (792).

3. Anwendung der Privilegien für Betriebsvermögen

Da nur der qualifizierte Gesellschafter Betriebsvermögen erwirbt, kann nur dieser die Privilegien der §§ 13a, 19a ErbStG in Anspruch nehmen.[1218] Hat der Erblasser zugunsten des qualifizierten Nachfolgers über den Freibetrag verfügt, kann dieser in voller Höhe in Anspruch genommen werden.[1219] Hat der Erblasser hingegen keine Freibetragsverfügung vorgenommen, findet eine Freibetragsaufteilung nach Erbquoten unter den Miterben statt.[1220] Dass der Anteil, der auf die nicht qualifizierten Erben entfällt, nicht zur Anwendung kommen kann und somit „leerläuft", lässt sich nicht vermeiden.[1221]

4. Behandlung des Sonderbetriebsvermögens

a) Allgemeines

Problematisch erscheint im Rahmen der erbschaftsteuerlichen Behandlung der qualifizierten Nachfolgeklausel auch die Behandlung des Sonderbetriebsvermögens: Da die Sondererbfolge nicht Sonderbetriebsvermögen erfasst, fällt es in den Nachlass; es wird gesamthänderisch gebundenes Eigentum der Erbengemeinschaft.[1222]

Für die erbschaftsteuerliche Beurteilung des Sonderbetriebsvermögens ist zunächst entscheidend, wer ertragsteuerlich im Todesfall Mitunternehmer wird, da das Vorliegen von Sonderbetriebsvermögen die Mitunternehmerstellung voraussetzt. Im Anschluss daran ist zu untersuchen, ob das ertragsteuerliche Ergebnis auch auf das Erbschaftsteuerrecht übertragen werden kann.

1218 Vgl. Hübner, NWB F. 10, 787 (792); Hübner, 119; Troll/Gebel/Jülicher-Jülicher, ErbStG, § 13 Rn. 39f.; Kegel, 170; Söffing/Peters, ZEV 1999, 15 (16); Terplitz, ZEV 1999, 45 (49); Westermann-Crezelius, Hdb PG III, Rn. 836. A.A. (u.a.): Gebel, Betriebsvermögensnachfolge, Rn. 820; Hörger/Stephan/Pohl-Hörger, Rn. 1051.

1219 Grashoff, 67. Vgl. auch: Troll/Gebel/Jülicher, ErbStG, § 13a Rn. 95f. Zu beachten ist aber, dass der qualifizierte Nachfolger den Freibetrag nur in der Höhe in Anspruch nehmen kann, in der er auch Betriebsvermögen i.S.d. § 13a Abs. 4 ErbStG erhält. Ferner muss das Kumulationsverbot beachtet werden.

1220 Vgl. 2. Teil C II 5 e) bb).

1221 So wohl auch: Grashoff, 67; Korn, KÖSDI 1993, 9542 (9559).Vgl. auch: 2. Teil C II 5 e) bb).

1222 BFH v. 28.1.1998, VIII B 9/97, ZEV 1998, 274 (275); BMF v. 11.1.1993, IV B2-S2242-86/92, BStBl I 1993, 62 Rn. 84; Daragan/Zacher-Röder, DStR 1999, 89 (89); Ebeling/Geck, Hdb Erbengemeinschaft, III Rn. 373; Gluth, ErbStB 2003, 169 (170); Groh, DB 1992, 1312 (1315); Hermann/Heuer/Raupach-Gratz, EStG, § 6 Rn. 1401; Hörger/Pauli, GmbHR 1999, 945 (951); Knebel/Nekola, DB 1990, 169 (170); Menges/Stähle, BB 1994, 2122 (2122); Moench-Moench, ErbStG, § 3 Rn. 77; Reischl, ZEV 1996, 50 (50); Reimann, ZEV 2002, 487 (491); Siegmann, NJW 1995, 481 (482).

b) Ertragsteuerliche Behandlung des Sonderbetriebsvermögens

aa) Allgemeine Voraussetzungen an die Mitunternehmerstellung

Mitunternehmer ist, wer aufgrund eines zivilrechtlichen Gesellschaftsverhältnisses oder einer wirtschaftlich damit vergleichbaren Stellung[1223] zusammen mit anderen Personen sowohl eine Unternehmerinitiative entfalten kann (Mitunternehmerinitiative) als auch ein Unternehmerrisiko (Mitunternehmerrisiko) trägt.[1224] Für die Mitunternehmerinitiative ist die Teilhabe an den unternehmerischen Entscheidungen notwendig.[1225] Ausreichend ist, wenn die Möglichkeit zur Ausübung von Rechten besteht, die den Stimm-, Kontroll- und Widerspruchsrechten eines Kommanditisten nach den Vorschriften der §§ 164, 166 HGB wenigstens angenähert sind oder die den gesellschaftsrechtlichen Kontrollrechten nach § 716 Abs. 1 BGB entsprechen.[1226]

bb) Qualifizierter Nachfolger

Unproblematisch ist im Rahmen des Ertragsteuerrechts, dass der qualifizierte Nachfolger Mitunternehmer wird, da er im Wege der Sonderrechtsnachfolge die Gesellschafterstellung des Erblassers mit den damit verbundenen Rechten und Pflichten erwirbt.[1227]

cc) Nichtqualifizierte Miterben

Problematisch und umstritten ist hingegen, ob die nicht qualifizierten Erben Mitunternehmer werden und damit Inhaber des Sonderbetriebsvermögens.

[1223] Eine solche wird u.a. bei Erbengemeinschaften angenommen, soweit der einzelne Miterbe sowohl Mitunternehmerinitiative entfalten kann als auch Mitunternehmerrisiko trägt. Vgl. Pietsch, UVR 1992, 39 (44).

[1224] BFH v. 3.5.1993, GrS 3/92, BStBl II 1993, 616; BFH v. 25.2.1991, GrS 7/89, BStBl II 1991, 691 (699); BFH v. 25.6.1984, GrS 4/82, BStBl II 1984, 751 (768); Haas, 99; Schmidt-Wacker, EStG, § 16 Rn. 252.

[1225] BFH v. 4.11.1997, VIII R 18/95, DStR 1998, 843; BFH v. 1.8.1996, VIII R 12/94, BStBl II 1997, 272; BFH v. 25.6.1984, GrS 4/82, BStBl II 1984, 751 (769).

[1226] BFH v. 4.11.1997, VIII R 18/95, DStR 1998, 843; BFH v. 27.1.1994, IV R 114/91, BStBl II 1994, 635 (637); BFH v. 25.6.1984, GrS 4/82, BStBl II 1984, 751(769).

[1227] BFH v. 15.3.2000, VIII R 51/98, BStBl II 2000, 316; BFH v. 29.10.1991, VIII R 51/84, BStBl II 1992, 512 (514); BFH v. 26.4.1981, IV R 130/77, BStBl II 1981, 614; BFH v. 7.2.1980, IV R 178/76, BStBl II 1980, 383; BMF v. 11.1.1993, IV B2-S2242-86/92, BStBl I 1993, 62 Rn. 83; Ebeling/Geck, Hdb Erbengemeinschaft, III Rn. 369; Funke, GmbH-StB 1999, 222 (223); Herrmann/Heuer/Raupach-Gratz, EStG, § 6 Rn. 1401; IDW, Rn. 505; Kobor, 148; Kusch, StB 1999, 855 (856); Märkle, DStZ 1997, 233 (240); Wacker/Franz, BB 1992, Beilage 5/1993, 1 (24); Scherer-von Sothen, § 42 Rn. 151; Schmidt-Wacker, EStG, § 16 Rn. 672.

(α) Die Mitunternehmerstellung befürwortende Stimmen

Groh[1228] nimmt die Mitunternehmerstellung der weichenden Erben sowohl unter Zugrundelegung der Abspaltungs- als auch unter Annahme der Einheitsthese an: Da die nach § 717 S. 2 BGB abspaltbaren Vermögensrechte im Rahmen der Abspaltungsthese in den gesamthänderisch gebundenen Nachlass fallen würden, sei darin das Mitunternehmerrisiko zu sehen. Ferner würden den nichtqualifizierten Erben aufgrund der Vermögensbeteiligung Kontrollrechte gegenüber dem qualifizierten Nachfolger zustehen. Dieses Verhältnis sei mit dem einer atypisch stillen Unterbeteiligung vergleichbar, so dass insofern auch die Mitunternehmerinitiative anzunehmen sei.

Unter Zugrundelegung der Einheitsthese wird die Sonderrechtsnachfolge als eine gegenständlich begrenzte dinglich wirkende Teilungsanordnung angesehen. Diese Einordnung als effektive ausnahmsweise auf den Erbfall zurückwirkende Auseinandersetzung sei mit einer auf den Erbfall erfolgten Erbteilsveräußerung vergleichbar. Da in diesem Fall die Erbengemeinschaft Durchgangsmitunternehmer werden würde, sei aufgrund der Vergleichbarkeit auch die Mitunternehmerstellung für die nichtqualifizierten Erben anzunehmen.

Siegmann[1229] nimmt ebenfalls die Mitunternehmerstellung der weichenden Eben an. Da die Erbengemeinschaft nicht Gesellschafterin sein könnte, käme es zu einer teleologischen Reduktion erbrechtlicher Normen jedoch nur in dem gesellschaftsrechtlich erforderlichen Maß. Die Reduktion beziehe sich daher nur auf den Gesellschaftsanteil, nicht aber auf die Vermögensrechte, welche der gesamthänderischen Bindung der Erbengemeinschaft zuzuordnen seien. Aus den Vermögensrechten sei das Mitunternehmerrisiko abzuleiten. Da den weichenden Erben Auskunftsrechte entsprechend § 666 BGB gegen den Sonderrechtsnachfolger zuständen, sei darin die Mitunternehmerinitiative zu sehen.

(β) Kritik

Auch unter Zugrundelegung der Abspaltungsthese folgt aus den abspaltbaren Vermögensrechten weder eine Gesellschafterstellung noch können Kontroll- oder Verwaltungsrechte für die Erbengemeinschaft entstehen.[1230] Die Miterben haben als Gläubiger der Vermögensbeteiligung allenfalls Auskunftsrechte

---

[1228] Groh, DStR 1994, 413 (415); Groh, DB 1992, 1312 (1315); Groh, DB 1991, 724 (726); Groh, DB 1990, 2135 (2140). Im Ergebnis auch: Fichtelmann, GmbHR 1994, 583 (589), der die Sonderrechtsnachfolge auch auf das Sonderbetriebsvermögen beziehen will. Hiergegen spricht jedoch die klare entgegengesetzte zivilrechtliche Situation, da das Sonderbetriebsvermögen kein Gesellschaftsvermögen darstellt. Ein Abweichen von der zivilrechtlichen Situation ist zwar im Ertragsteuerrecht grundsätzlich möglich, jedoch verzichtet Fichtelmann auf die notwendige Begründung seiner These. Daher ist die Ansicht abzulehnen auch im Hinblick auf die Einheit der Rechtsordnung.

[1229] Siegmann, NJW 1995, 481 (486).

[1230] BFH v. 29.10.1991, VIII R 51/84, BStBl II 1992, 512 (514); Söffing, DStR 1991, 798 (803); Söffing, DB 1991, 828 (838).

gegen den qualifizierten Erben.[1231] Hieraus kann aber keine Mitunternehmerinitiative abgeleitet werden. Auch die Annahme einer atypisch stillen Unterbeteiligung erscheint als fernliegend: Eine gesellschaftsvertragliche Unterbeteiligung kann nicht unmittelbar „kraft Erbrechts" entstehen, sondern bedarf eines Gesellschaftsvertrages.[1232] An einem solchen wird es aber in der Regel fehlen. Gegen die Annahme eines Mitunternehmerrisikos spricht zudem, dass nicht qualifizierte Erben faktisch nicht in der Lage sind, den Anspruch auf das künftige Auseinandersetzungsguthaben zu realisieren.[1233] Daher kann unter Annahme der Abspaltungsthese keine Mitunternehmerstellung der weichenden Erben angenommen werden.
Gegen die Annahme eines Durchgangserwerbs spricht wiederum, dass die qualifizierten Erben unmittelbar dinglich Gesellschafter werden. Gerade weil im Einkommensteuerecht nicht ausschließlich auf zivilrechtliche Wertungen abgestellt wird, sondern auch die tatsächlichen Gegebenheiten berücksichtigt werden, ist nicht verständlich, warum die nicht qualifizierten Erben, die tatsächlich zu keiner Zeit Gesellschafter sind, steuerlich als Mitunternehmer angesehen werden sollen.[1234] Daher ist die Annahme der Mitunternehmerstellung bei nicht qualifizierten Erben abzulehnen.

(γ) Die Mitunternehmerstellung ablehnende Stimmen

Daher verneinen auch der VIII. Senat des BFH[1235] und die herrschende Lehre[1236] zu Recht die Mitunternehmerstellung der weichenden Erben. Aufgrund der unmittelbaren Sondererbfolge sind diese weder Gesellschafter geworden noch haben sie eine wirtschaftlich vergleichbare Stellung erworben. Insbesondere können sie keine Mitunternehmerinitiative entfalten, da den nichtqualifizierten Miterben kraft Sonderrechtsnachfolge keine Eingriffs- und Kontrollrechte zustehen.[1237] Da für die Annahme der Mitunternehmerstellung beide

---

[1231] BFH v. 29.10.1991, VIII R 51/84, BStBl II 1992, 512 (514).
[1232] Dötsch, FS Schmidt, 867 (880); Söffing, DStR 1991, 798 (803).
[1233] Vgl. BFH v. 29.10.1991, VIII R 51/84, BStBl II 1992, 512 (514); Grashoff, 71; Stodolkowitz, FS Kellermann, 439 (447); Ulmer, FS Schilling, 79 (95). Ähnlich: Müller, 112.
[1234] Vgl. Märkle, DStZ 1997, 233 (240); Märkle/Franz, BB 1991, 2494 (2498).
[1235] BFH v. 15.3.2000, VIII R 51/98, BStBl II 2000, 316; BFH v. 9.3.1998, VIII B 13/97, ZEV 1998, 275; BFH v. 28.1.1998, VIII B 9/97, ZEV 1998, 274 (275); BFH v. 29.10.1991, VIII R 51/84, BStBl II 1992, 512; FG BW v. 24.6.1998, EFG 1998, 1403. So auch: BMF v. 11.1.1993, IV B2-S2242-86/92, BStBl I 1993, 62 Rn. 84f.
[1236] Braun, EFG 2004, 1041 (1042); Crezelius, Rn. 276; Felix, KÖSDI 1993, 9366 (9367f.); Geck, ZEV 2002, 41 (44); IDW, Rn 505; Littmann/Bitz/Pust-Hörger, EStG, § 16 Rn. 1063; Knebel/Nekola, DB 2000, 169 (170); Märkle, FR 1997, 135 (136); Müller, 112; Nickel/ Klein, FR 2003 954 (955); Rautenstrauch, 151; Schmidt-Wacker, EStG, § 16 Rn. 672; Söffing, DStR 1991, 798 (803f.).
[1237] BFH v. 27.7.1993, VIII R 72/90, BStBl II 1994, 625 (626); BFH v. 29.10.1991, VIII R 51/84, BStBl II 1992, 512 (514); BFH v. 26.3.1981, IV R 130/77, BStBl II 1981, 614; Dötsch, FS Schmidt, 867 (879); Haas, 100; Märkle/Franz, BB 1991, 2494 (2498); Pietsch,

Merkmale vorliegen müssen, wenngleich im Einzelfall das eine mehr oder weniger ausgeprägt sein kann,[1238] scheiden die nicht qualifizierten Miterben als Mitunternehmer aus.
Hinsichtlich des Sonderbetriebsvermögens kommt es somit zumindest zu einer anteiligen Zwangsentnahme, die dem Erblasser zugerechnet wird.[1239]

c) Erbschaftsteuerrechtliche Behandlung des Sonderbetriebsvermögens
Einigkeit besteht im Erbschaftsteuerrecht insofern, dass es zumindest hinsichtlich der nicht qualifizierten Miterben zur Entnahme kommt.

aa) Übernahme der ertragsteuerlichen Grundsätze
Umstritten ist allerdings, ob die Entnahme, so wie im Ertragsteuerrecht, dem Erblasser noch zuzurechnen ist oder aber erst den nichtqualifizierten Miterben.

(α) Teile der Literatur
Letzteres wird von Teilen der Literatur[1240] unter Hinweis auf die dogmatische Einordnung der qualifizierten Nachfolgeklausel durch den II. Senat des BFH angenommen: Erst aus der zweiten Phase des einheitlichen Vorgangs, der durch die qualifizierte Nachfolgeklausel ausgelöst werde, nämlich der Erbauseinandersetzung, ergebe sich der Verlust der mit dem Erbfall zunächst erlangten Mitunternehmerstellung, so dass im Zeitpunkt des Erbanfalls das Sonderbetriebsvermögen noch als Betriebsvermögen anzusehen und zu bewerten sei.

(β) Herrschende Meinung
Die herrschende Meinung[1241] geht hingegen von der Übernahme der ertragsteuerlichen Grundsätze aus, so dass die Entnahme noch dem Erblasser zuzurechnen ist.

UVR 1992, 39 (44); Ruban, DStR 1990, 65 (70); Söffing, DB 1991, 773 (775); Spiegelberger, DStR 1992, 618 (619).

1238 BFH v. 28.10.1999, VIII R 66-70/97, BStBl II 2000, 183; BFH v. 1.8.1996, VIII R 12/94, BStBl 1997, 272.

1239 BFH v. 29.10.1991, VIII R 51/84, BStBl II 1992, 512 (514); BMF v. 11.1.1993, IV B2-S2242-86/92, BStBl I 1993, 62 Rn. 85; Daragan/Zacher-Röder, DStR 1999, 89 (89); Gluth, ErbStB 2003, 169 (170); Knebel/Nekola, DB 2000, 169 (170); Littmann/Bitz/Pust-Hörger, EStG, § 16 Rn. 1066; Märkle/Franz, BB 1991, 2494 (2499); Mitschke, FR 1993, 149 (153); Müller, 113; Rautenstrauch, 63. A.A.: Dötsch, FS Schmidt, 867 (881): keine automatische Zwangsentnahme mangels objektiver Entnahmehandlung.

1240 Gebel, BB 1995, 173 (178); Hörger/Stephan/Pohl-Hörger, Rn. 1051; Troll/Gebel/Jülicher-Gebel, ErbStG, § 3 Rn. 146.

1241 Crezelius, Rn. 289; Gluth, ErbStB 2003, 169 (170); IDW, Rn. 505; Kapp/Ebeling, ErbStG, § 13a Rn. 31; Moench-Weinmann, ErbStG, § 13a Rn. 55; Riedel, ZErb 2003, 212 (220); Seer, GmbHR 1999, 64 (70); Sistermann, ZEV 1998, 166 (170). Bemerkenswert ist in diesem Zusammenhang, dass diese Ansicht u.a. auch von einem Großteil der Literatur vertre-

(γ) Stellungnahme
Da bereits der Ausgangspunkt der erstgenannten Ansicht abgelehnt wurde, kann aus den oben ausführlich dargestellten Argumenten auch den Konsequenzen eines fiktiven Durchgangserwerbs im Erbschaftsteuerrecht nicht beigepflichtet werden.

bb) Erbschaftsteuerrechtliche Auswirkungen der (Zwangs-)Entnahme
Da die Entnahme noch dem Erblasser zuzurechnen ist, erhöhen sich die erbschaftsteuerlichen Wertansätze: Am Bewertungsstichtag stellt das ehemalige Sonderbetriebsvermögen (anteilig) kein Betriebsvermögen, sondern Privatvermögen dar, das mit dem gemeinen Wert bzw. bei Grundstücken mit dem Grundbesitzwert anzusetzen ist.[1242] §§ 13a, 19a ErbStG sind diesbezüglich nicht anwendbar.[1243]
Fraglich erscheint, ob sich die Rechtslage durch die Neuregelung des § 6 Abs. 3 S. 2 EStG durch das UntStFG 2001[1244] geändert hat. § 6 Abs. 3 S. 2 EStG steht nach seinem Wortlaut für die Buchwertfortführung des Gesellschaftsanteils und der auf den Gesellschafternachfolger übergehenden Quote des Sonderbetriebsvermögens jedoch nicht zur Verfügung, da vom Gesetz vorausgesetzt wird, dass der Übertragende (Mitunternehmer) Wirtschaftsgüter zurückbehält, die weiterhin zum Betriebsvermögen derselben Mitunternehmerschaft gehören.[1245] Diese Voraussetzung liegt bei einer qualifizierten Nachfolgeklausel hingegen nicht vor, da der Übertragende nicht Mitunternehmer bleiben kann, da der Erbfall eintritt.[1246] Würde man die Normierung in dem Sinne als abschließende Regelung verstehen, dass die Buchwertfortführung bei überproportionaler Übertragung des Gesellschaftsanteils stets den Zurückbehalt von Sonderbetriebsvermögensteilen in der Person des Übertragenden voraussetzt, dann hätte dies für die qualifizierte Nachfolgeklausel eine Komplettauflösung der stillen Reserven zur Folge. Allerdings ist davon auszugehen, dass § 6 Abs. 3 S. 2 EStG nur auf Übertragungen unter Lebenden zugeschnitten ist. Es sind daher weiterhin die Grundsätze der qualifizierten Nachfolge, wonach es lediglich zu einer Teilauflösung der stillen Reserven für den Teil des Sonderbetriebsvermögens kommt, der nicht auf den qualifizierten Nachfolger entfällt, anzuwenden.[1247]

---

ten wird, die die Anwendbarkeit der §§ 13a, 19a ErbStG für sämtliche Miterben im Bezug auf das Betriebsvermögen befürworten.
[1242] Kegel, 170; Rautenstrauch, 153. Im Bezug auf Immobilien kommt es zu keiner Veränderung.
[1243] Moench-Moench, ErbStG, § 3 Rn. 77; Rautenstrauch, 153; Riedel, ZErb 2003, 212 (220).
[1244] Vgl. zu den Unsicherheiten vor der UnStFG 2001 durch das BFH Urteil v. 24.8.2000, IV R 51/98, ZEV 2000, 463: Geck, DStR 2000, 2031 (2035); Klumpp, ZEV 2001, 55 (56).
[1245] Geck, ZEV 2002, 41 (44); Lorz/Kirchförfer, Kap.7 Rn. 44.
[1246] Vgl. Nickel/Klein, FR 2003, 954 (956); Storg, DStR 2002, 1384 (1385).
[1247] So auch: Geck, ZEV 2002, 41 (44); Kapp/Ebeling, ErbStG, § 13a Rn. 79.1.1; Koblenzer/Groß, ErbStB 2003, 367 (370); Troll/Gebel/Jülicher, ErbStG, § 13a Rn. 137d; Storg,

Dies gilt jedoch nur insoweit, als im Sonderbetriebsvermögen keine wesentlichen Betriebsgrundlagen enthalten sind. Ist im Sonderbetriebsvermögen eine funktional zu bestimmende wesentliche Betriebsgrundlage enthalten, so liegt nach der Rechtsprechung[1248] aufgrund der Zwangsentnahme des Sonderbetriebsvermögens insgesamt eine ertragsteuerlich begünstigte Aufgabe des Mitunternehmeranteils vor, da der Begriff des Mitunternehmeranteils nicht nur den Anteil am Gesellschaftsvermögen, sondern auch das Sonderbetriebsvermögen des einzelnen Gesellschafters umfasst. In diesem Fall sind die Begünstigungen der §§ 13a, 19a ErbStG daher insgesamt nicht anwendbar.[1249] Auch ein angeordnetes Vorausvermächtnis bezüglich des Sonderbetriebsvermögens an den qualifizierten Erben ändert an dieser Rechtsfolge nichts:[1250] Das Sonderbetriebsvermögen gilt als vom Erblasser entnommen und stellt im maßgeblichen Steuerentstehungszeitpunkt Privatvermögen dar. Die Wiederbegründung des betrieblichen Zusammenhangs nach dem Erbfall ist für erbschaftsteuerliche Betrachtung ohne Relevanz.

cc) Gestaltungsmöglichkeiten zur Vermeidung der (Zwangs-)Entnahme

Vor diesem Hintergrund ist nach Gestaltungen zu suchen, die die Entnahme des Sonderbetriebsvermögens vermeiden. Voraussetzung hierfür ist jeweils, dass der Gesellschaftsanteil und das Sonderbetriebsvermögen immer in gleicher Hand bleiben. Sie dürfen nicht, auch keine juristische oder logische Sekunde lang, auseinander fallen.[1251] Daher muss Ziel sein, dass der Gesellschaftsanteil und das Sonderbetriebsvermögen in einem zeitlich einheitlichen Akt unter Lebenden oder von Todes wegen auf den Nachfolger übergehen.

DStR 2002, 1384 (1386). Im Ergebnis: Hörger/Stephan/Pohl-Hörger, Rn. 1037. Zurückhaltender: Nickel/Klein, FR 2003, 954 (956). Unter Berücksichtigung des UnStFG 2001 hat das FinMin BW (v. 8.4.2002, S 3812a/6, DStR 2002, 678) unter Übereinstimmung der Referatleiter des Bundes und der Länder sich ebenfalls in diesem Sinne für die Anwendung des § 13a ErbStG auch bei unterquotaler Übertragung von Sonderbetriebsvermögen ausgesprochen.

[1248] BFH v. 31.8.1995, VIII B 21/93, BStBl II 1995, 890. So auch: Gebel, Betriebsvermögensnachfolge, Rn. 865; Koblenzer, Rn. 224; Moench-Weinmann, ErbStG, § 13a Rn. 55; Seer, GmbHR 1999, 64 (70); Troll/Gebel/Jülicher, ErbStG, § 13a Rn. 41. Wohl anders: Reimann, ZEV 2002, 486 (492). Der oben genannte Erlass geht nicht auf diese Situation ein.

[1249] Hübner, NWB F. 10, 787 (789); Troll/Gebel/Jülicher, ErbStG, § 13a Rn. 41.

[1250] Bohlmann, BB 1994, 189 (192); Daragan/Zacher-Röder, DStR 1999, 89 (91); Gluth, ErbStB 2003, 169 (171); Häfke, ZEV 1998, 276 (276); Hörger, DStR 1993, 37 (47); Koblenzer, Rn. 224; Märkle, FR 1997, 135 (138); Moench-Weinmann, ErbStG, § 13a Rn. 55; Rautenstrauch, 167; Riedel, ZErb 2003, 212 (221); Schulze zur Wiesche, DB 1998, 695 (696); Troll/Gebel/Jülicher, ErbStG, § 13a Rn. 42; Wacker/Franz, BB 1993, Beilage 5/1993, 1 (25). A.A.: Felix, KÖSDI 1993, 9366 (9371); Fichtelmann, GmbHR 1994, 583 (587) beide jeweils mit der Begründung, dass die Gegenansicht zu formalistisch sei.

[1251] Daragan/Zacher-Röder, DStR 1999, 89 (90).

(α) Wirtschaftliches Eigentum am Sonderbetriebsvermögen, sog. Miterbenmodell

Der BFH[1252] weist selbst auf eine Gestaltungsmöglichkeit hin: Das Grundstück soll nämlich nicht entnommen sein, sofern der qualifizierte Nachfolger von Anfang an als wirtschaftlicher Eigentümer (§ 39 Abs. 2 Nr. 1 AO) zu behandeln ist. Wie dies jedoch erreicht werden kann, wurde von der Rechtsprechung bisher nicht erklärt.

Nicht begründet werden kann das wirtschaftliche Eigentum jedenfalls durch eine Vereinbarung zwischen dem qualifizierten Nachfolger mit den verbleibenden Miterben, indem sich letztere mit der Nutzung durch den qualifizierten Erben einverstanden erklären, da in diesem Fall gedanklich ein Durchgangserwerb des wirtschaftlichen Eigentums bei den Miterben vorausgesetzt wird.[1253] Das wirtschaftliche Eigentum des Sonderrechtsnachfolgers könnte daher frühstens eine Sekunde nach dem Erbfall einsetzen.[1254] Die Annahme des Übergangs des wirtschaftlichen Eigentums mit dem Erbfall selbst ist nicht möglich, da dies eine zivilrechtlich nicht zulässige Sonderrechtsnachfolge im Bezug auf das Sonderbetriebsvermögen voraussetzen würde.[1255]

Wirtschaftliches Eigentum ab dem Erbfall des qualifizierten Nachfolgers wird hingegen dann angenommen, wenn der qualifizierte Nachfolger das Sonderbetriebsvermögen mit dem Erbfall in Besitz hat, es auf eigene Rechnung und Gefahr führt und die Folgen seiner Tätigkeit ihn persönlich und nicht die Erbengemeinschaft treffen.[1256] Dies soll durch das sog. Miterbenmodell erreicht werden.[1257]

Neben dem Vorausvermächtnis zugunsten des qualifizierten Nachfolgers sind nach Daragan und Zacher-Röder als „Gestaltungsmittel“ hierfür eine postmortale Vollmacht, die Einsetzung des qualifizierten Nachfolgers zum Testamentsvollstrecker und die Überleitung des Besitzmittlungsverhältnisses notwendig.[1258] Folgende Vorgehensweise wird favorisiert: Der Erblasser soll den qualifizierten Nachfolger unwiderruflich mit Wirkung ab seinem Todesfall unter Befreiung von Beschränkungen ggf. in der Form des § 29 GBO bevollmächti-

---

[1252] BFH v. 28.1.1998, VIII B 9/97, BFH/NV 1998, 959; BFH v. 24.9.1991, VIII R 349/83, BStBl II 1992, 330; BFH v. 5.7.1990, GrS 2/89, BStBl II 1990, 837 (845).

[1253] Fichtelmann, GmbHR 1994, 583 (588); Fleischer, DStR 1999, 972 (972); Hörger/Stephan/Pohl-Hörger, Rn. 1038; Märkle, FR 1997, 135 (138); Wacker/Franz, BB 1993, Beilage 5/1993, 1 (25).

[1254] Littmann/Bitz/Pust-Hörger, EStG, § 16 Rn. 1072.

[1255] Hörger, DStR 1993, 37 (46); IDW, Rn. 506 Fn. 267. A.A. wohl: Fichtelmann, GmbHR 1994, 583 (588).

[1256] BFH v. 28.1.1998, VIII B 9/97, BFH/NV 1998, 959 unter Hinweis auf BFH v. 24.9.1991, VIII R 349/83, BStBl II 1992, 330.

[1257] Littmann/Bitz/Pust-Hörger, EStG, § 16 Rn. 1074a.

[1258] Vgl. Daragan/Zacher-Röder, DStR 1999, 972 (972f.); Daragan/Zacher-Röder, DStR 1999, 89 (91).

gen. Zudem sollen die Rechte und Pflichten aus dem Pacht- oder Mietverhältnis zwischen der Personengesellschaft und dem Erblasser durch Vereinbarung abtretbar gemacht werden und unter der aufschiebenden Bedingung des Erblassertodes auf den qualifizierten Nachfolger übertragen werden. Ferner soll der qualifizierte Nachfolger testamentarisch als Testamentsvollstrecker eingesetzt werden, dessen alleinige Aufgabe darin besteht, das Vorausvermächtnis zu vollziehen.
Aus diesen Maßnahmen ergebe sich zunächst einmal, dass der qualifizierte Nachfolger den ihm als Vermächtnisnehmer zustehenden Anspruch auf Übereignung des Vermächtnisgegenstandes (Sonderbetriebsvermögen) aufgrund der Vollmacht und der angeordneten Testamentsvollstreckung selbständig durchsetzen könne. Ferner seien die Verwaltungs- und Verfügungsbefugnisse der Miterben infolge der angeordneten Testamentsvollstreckung ab dem Erbfall ausgeschlossen.[1259] Der mittelbare Besitz am Sonderbetriebsvermögen gehe entsprechend der Vereinbarung mit dem Erblassertod auf den Nachfolger über. Aus § 2184 BGB folge mit dem Erbfall der Anspruch auf die Nutzungen (Miete, Pacht). Ferner träfen den qualifizierten Erben grundsätzlich die Grundstückslasten, sofern diese nicht von der Personengesellschaft getragen würden.
Gegen diese Gestaltung hat sich insbesondere Fleischer[1260] gewandt, da der mittelbare Besitz für die Annahme des wirtschaftlichen Eigentums nicht ausreiche. Allerdings kann dies aus § 39 Abs. 2 Nr. 1 AO nicht zwingend abgeleitet werden:[1261] Entscheidend ist vielmehr auf die Begründung des Eigenbesitzes seitens des qualifizierten Nachfolgers abzustellen. Eigenbesitz ist hingegen sowohl beim unmittelbaren Besitz als auch beim mittelbaren Besitz möglich.[1262]
Insgesamt gesehen sind daher nach dem Miterbenmodell die Voraussetzungen, die an die Begründung des wirtschaftlichen Eigentums im Zeitpunkt des Erbfalls gestellt werden, erfüllt. Erbschaftsteuerrechtlich sind die §§ 13a, 19a ErbStG im Bezug auf das Sonderbetriebsvermögen anzuwenden.[1263] Unschädlich ist in diesem Zusammenhang, dass der Gesellschaftsanteil aufgrund der Sonderrechtsnachfolge dem qualifizierten Erben anfällt, das Sonderbetriebsvermögen hingegen aufgrund des Anspruchs aus § 2147 BGB auf den qualifizierten Erben übertragen wird.

[1259] Ein Herausgabeanspruch bezüglich des Sonderbetriebsvermögen der Erbengemeinschaft gemäß § 985 BGB besteht nicht, da der schuldrechtliche Anspruch aus dem Vermächtnis dem qualifizierten Erben ein Recht zum Besitz (§ 986 BGB) gibt. Vgl. Knebel/Nekola, DB 2000, 173 (174). Vgl. auch: BFH v. 22.8.1984, I R 198/80, BStBl II 1985, 126 (127).

[1260] Fleischer, DStR 1999, 972 (972).

[1261] So auch: Knebel/Nekola, DB 2000, 173 (174).

[1262] BFH v. 14.2.1973, I R 89/71, BStBl II 1973, 580 (581); Hübschmann/ Hepp/Spitaler-Fischer, AO, § 39 Rn. 47; Tipke/Kruse-Kruse, AO, § 39 Rn. 51.

[1263] Daragan/Zacher-Röder, DStR 1999, 89 (92); Hörger/Stephan/Pohl-Hörger, Rn. 1052; Knebel/Nekola, DB 2000, 173 (174f.); Troll/Gebel/Jülicher, ErbStG, § 13a Rn. 43.

Dennoch erscheint es als sehr zweifelhaft, ob die Finanzverwaltung eine derart komplizierte Gestaltung anerkennen wird.[1264] Es kann daher das Miterbenmodell nicht empfohlen werden.

(β) Schenkung des Sonderbetriebsvermögens unter Lebenden auf den Todesfall

Bei der Schenkung unter Lebenden auf den Todesfall gemäß § 2301 Abs. 2 BGB soll der geschenkte Gegenstand - das Sonderbetriebsvermögen - genau im Todeszeitpunkt auf den qualifizierten Erben übergehen, so dass die Nachlasszugehörigkeit des Sonderbetriebsvermögens vermieden wird.[1265]
Entscheidend für die steuerliche Gestaltung ist, dass eine echte Schenkung unter Lebenden mit aufschiebend bedingtem Vollzug auf den Todeszeitpunkt vorliegt verbunden mit der Bedingung, dass der qualifizierte Erbe den Erblasser überlebt.[1266] Erreicht werden soll durch diese Gestaltung, dass Gesellschaftsanteil und Sonderbetriebsvermögen gleichzeitig, nämlich im Zeitpunkt des Erblassertodes, auf den qualifizierten Nachfolger übergehen und das Sonderbetriebsvermögen die Betriebsvermögenseigenschaft beibehält.[1267]
Problematisch und umstritten ist jedoch, ob der Eigentumsübergang auf den Todeszeitpunkt erfolgen kann. Die wohl herrschende Meinung in der Literatur[1268] nimmt dies an. Der Vollzug einer Schenkung sei bei beweglichen Sachen ohne weiteres möglich,[1269] nicht jedoch bei Grundstücken, da nach § 925 Abs. 2 BGB eine Auflassung unter einer Bedingung oder einer Zeitbestimmung unwirksam ist. Dennoch bestehe hier die Möglichkeit unwiderruflich einen

---

[1264] Vgl. Kusch, StB 1999, 855 (857); Rautenstrauch, 169.

[1265] Hörger/Stephan/Pohl-Hörger, Rn. 1042; Kusch, StB 1999, 855 (857); Märkle, DStR 1993, 1616 (1618). Nicht ausreichend ist das noch nicht vollzogene Schenkungsversprechen, das nur unter der Bedingung steht, dass der Beschenkte den Schenker überlebt, da dies nach herrschender Meinung als Vermächtnis behandelt wird. Ein Durchgangserwerb durch die Erbengemeinschaft kann so nicht verhindert werden. Vgl. Märkle, FR 1997, 135 (142); Rautenstrauch, 164.

[1266] Hörger/Stephan/Pohl-Hörger, Rn. 1042; Märkle, FR 1997, 135 (142); Menges/ Stähle, BB 1994, 2122 (2123); Pohl, 225; Rautenstrauch, 163.

[1267] Bohlmann, BB 1994, 189 (192); Hörger/Stephan/Pohl-Hörger, Rn. 1042; Märkle, DStR 1993, 1616 (1618).

[1268] Daragan/Zacher-Röder, DStR 1999, 89 (90); IDW, Rn. 506; Hörger/Stephan/Pohl-Hörger, Rn. 1042; Klumpp, ZEV 2001, 55 (57); Knebel/Nekola, DB 2000, 169 (173); Märkle, FR 1997, 135 (142); Pohl, 225; Reimann, ZEV 2002, 487 (492).

[1269] Die Schenkung wird grundsätzlich mit Einigung und Übergabe gemäß § 929 S. 1 BGB vollzogen. Die Übergabe kann durch Abtretung des Herausgabeanspruchs gemäß § 931 BGB ersetzt werden, so dass die Begründung des Herausgabeanspruches auf den Todeszeitpunkt erfolgen kann. Vgl. Lorz/Kirchdörfer, Kap.7 Rn. 46; Soergel-Wolf, BGB, § 2301 Rn. 12.

Treuhänder einzusetzen, der das dingliche Verfügungsgeschäft auf den Todeszeitpunkt für den Schenkenden vollziehe.[1270]
Hingegen gehen andere[1271] davon aus, dass die Wirtschaftsgüter des Sonderbetriebsvermögens eine logische Sekunde vor dem Tod des Erblassers übergehen würden, so dass es zu einer Zwangsentnahme komme, da zu diesem Zeitpunkt noch nicht der Mitunternehmeranteil übergegangen sei. Andere Stimmen aus der Literatur[1272] hingegen differenzieren: Während bei beweglichen Sachen die Übertragung auf den Todeszeitpunkt möglich sei, sei sie bei unbeweglichen Sachen aufgrund des § 925 Abs. 2 BGB ausgeschlossen.
Selbst wenn man - die Durchführbarkeit unterstellt - der erstgenannten Auffassung - ohne in der Sache eine Entscheidung treffen zu wollen - folgt, erscheint die „Treuhandlösung" mehrfach nachteilig, da zusätzliche Notar- und Grundbuchkosten entstehen, gegebenenfalls auch eine zusätzliche GrESt-Belastung. Ferner kann die Gestaltung zu umsatzsteuerrechtlichen Problemen führen.[1273] Unklar ist insbesondere, inwieweit die §§ 13a, 19a ErbStG im Bezug auf das Sonderbetriebsvermögen angewendet werden können. Dagegen könnte sprechen, dass die Schenkung auf den Todesfall zu einer isolierten Übertragung von Sonderbetriebsvermögen führt. Derartige Übertragungen sollen hingegen nicht privilegiert behandelt werden, um Gestaltungsmodelle zu unterbinden, bei denen Privatvermögen nur in Sonderbetriebsvermögen „umgewandelt" wird, um privilegiert übertragen und im Anschluss daran wieder entnommen zu werden.[1274] Vorliegend ist ein solcher Fall hingegen nicht gegeben. Es soll vielmehr die durchgehende Erhaltung des gesamten Betriebsvermögens des Erblassers gesichert werden, was wiederum dem Grundanliegen der Privilegien - der Förderung der Unternehmenskontinuität - entspricht. Daher sollte unter Berücksichtigung des Sinnes und Zwecks der §§ 13a, 19a ErbStG die Anwendung der Privilegierungsnormen angenommen werden.[1275]

1270 Es soll ein Treuhänder bestellt werden, auf den das Grundstück übertragen wird. Das Treuhandverhältnis sei auflösend bedingt auf den Gesellschaftertod auszugestalten. Gleichzeitig soll sich der Treuhänder vertraglich zugunsten des Gesellschafternachfolgers verpflichten, das Grundstück mit Beendigung des Treuhandverhältnisses auf den Nachfolger zu übertragen. Das IDW (Rn. 506 Fn. 266) schlägt vor, den Antrag auf Eintragung ins Grundbuch noch nicht zu stellen, aber den Notar unwiderruflich zu beauftragen, diesen nach dem Erbfall zu stellen.

1271 Grashoff, 84; Höger, DStR 1993, 37 (46); Menges/Stähle, BB 1994, 2122 (2123). Dagegen: Märkle FR 1997, 135 (142).

1272 Bohlmann, BB 1994, 189 (192); Grashoff, 84; Rautenstrauch, 164; Reischel, ZEV 1996, 50 (56); Scherer-von Sothen, § 42 Rn. 152; Wacker/Franz, BB 1993, Beilage 5/1993, 1 (25). Kritisch auch: Spiegelberger, Rn. 580.

1273 Vgl. Daragan/Zacher-Röder, DStR 1999, 89 (90); Hörger/Stephan/Pohl-Hörger, Rn. 1042; Knebel/Nekola, DB 2000, 169 (173); Reimann, ZEV 2002, 487 (492).

1274 Vgl. Knebel/Nekola, DB 2000, 169 (174); Troll/Gebel/Jülicher, ErbStG, § 13a Rn. 136.

1275 So auch: Hörger/Stephan/Pohl-Hörger, Rn. 1052; Knebel/Nekola, DB 2000, 169 (174).

In der Zusammenschau gesehen kann jedoch auch diese Gestaltungsmöglichkeit nicht empfohlen werden, da sie sowohl auf der zivilrechtlichen als auch auf der erbschaftsteuerlichen Ebene auf erhebliche Unsicherheiten in der Rechtsanwendung stößt, so dass das Ziel der Gestaltung nicht sicher erreicht werden kann.

(γ) Vorherige Einbringung des Sonderbetriebsvermögens in ein Betriebsvermögen, sog. Ausgliederungsmodell

Als weitere Gestaltungsmöglichkeit bietet es sich an, noch zu Erblasserlebzeiten das Sonderbetriebsvermögen in ein Betriebsvermögen einzubringen.[1276] Voraussetzung hierfür ist die Gründung einer gewerblich geprägten GmbH & Co. KG, an der sich der Erblasser als Kommanditist und gleichzeitig als Alleingesellschafter der Komplementär-GmbH beteiligt.[1277] Die Vermietung des ehemaligen Sonderbetriebsvermögens erfolgt durch die Personengesellschaft. Nach heute ganz herrschender Meinung wird das (ehemalige) Sonderbetriebsvermögen trotz unveränderter Nutzung mit der Übertragung eigenes Betriebsvermögen der gewerblich geprägten Personengesellschaft.[1278] Dies gilt auch beim Tod des Erblassers.[1279] Die Anteile an der gewerblich geprägten Personengesellschaft können unabhängig vom bereits zuvor bestehenden Mitunternehmeranteil vererbt werden.[1280] Entnahmeprobleme können bei der GmbH &

[1276] Die Buchwertfortführung war bis zum 31.12.1998 unter Geltung des Mitunternehmererlasses möglich. Vgl. BMF v. 20.12.1977, - IV B2 - S 2441 - 231/77-, DB 1978, 29. In der Zeit vom 1.1.1999 bis zum 31.12.2000 galt dies aufgrund des § 6 Abs. 5 S. 3 EStG a.F. nicht mehr, da ein Rechtsträgerwechsel vorlag. Seit dem 1.1.2001 ist die Buchwertfortführung wieder gemäß § 6 Abs. 5 S. 3 EStG möglich. Das Ausgliederungsmodell ist damit wieder buchwertneutral durchführbar. Vgl. BMF v. 7.6.2001, IV A 6-S 2241-52/01, FR 2001, 754; Hörger/Stephan/Pohl-Hörger, Rn. 1043; Reimann, ZEV 2002, 487 (492); Schmidt-Wacker, EStG, § 16 Rn. 414, 675.

[1277] Daragan/Zacher-Röder, DStR 1999, 89 (90); Kusch, StB 1999, 855 (861); Rautenstrauch, 164. Ferner ist die GmbH zur Geschäftsführung berechtigt. Geschäftsführer der GmbH ist wiederum der Kommanditist der KG, also der Erblasser.

[1278] BFH v. 26.11.1996, VIII R 42/94, BStBl II 1998, 328; BFH v.16.6.1994, IV R 48/93, FR 1994, 750; Kusch, StB 1999, 855 (861); Märkle, DStZ 1997, 233 (246); Nickel/Klein, FR 2003, 954 (957); Rautenstrauch, 165; Reimann, ZEV 2002, 487 (492); Schulze zur Wiesche, DB 1998, 695 (696). A.A. wohl: Hörger/Stephan/Pohl-Hörger, Rn. 1043. Gleiches gilt, wenn die Voraussetzungen einer mitunternehmerischen Betriebsaufspaltung vorliegen. Dies wird dann der Fall sein, wenn der Erblasser an der bisherigen Personengesellschaft beherrschender Gesellschafter ist. Das ehemalige Sonderbetriebsvermögen wird seit dem Urteil des BFH v. 23.4.1996 (VIII R 13/95, DB 1996, 2059. Vgl. auch: BFH v. 24.11.1998, VIII R 61/97, BStBl II 1999, 483) dem Betriebsvermögen der Besitzgesellschaft zugeordnet. Es kommt auch nicht zur Entnahme im Erbfall, wobei darauf zu achten ist, dass die Voraussetzungen der Betriebsaufspaltung nicht durch den Erbfall entfallen. Insofern ist eine Kongruenz zwischen der Nachfolge von Besitz- und Betriebsgesellschaft notwendig.

[1279] Märkle, FR 1997, 135 (140f.); Nickel/Klein, FR 2003, 954 (957); Rautenstrauch, 165.

[1280] Hörger, DStR 1993, 37 (47); Kusch, StB 1999, 855 (861); Märkle, DStZ 1997, 233 (246); Rautenstrauch, 165.

Co. KG lediglich hinsichtlich des Anteils an der Komplementär-GmbH auftreten, da bei diesem eine Sonderrechtsnachfolge nicht möglich ist,[1281] wenn die KG-Anteile nicht entsprechend den GmbH-Anteilen „vererbt" werden.[1282] Die sich daraus ergebende Belastung ist jedoch als gering einzuschätzen, da die GmbH-Anteile wegen der fehlenden Beteiligung am Vermögen der Personengesellschaft keine stillen Reserven enthalten.
Erbschaftsteuerrechtlich gilt das Folgende: Die lebzeitige Übertragung des Sonderbetriebsvermögen auf das Betriebsvermögen wird von §§ 13a, 19a ErbStG nicht erfasst, da kein erbschaft- oder schenkungsteuerrechtlich relevanter Vorgang vorliegt.[1283] Sowohl der todesfallbedingte Erwerb durch Sonderrechtsnachfolge an der ursprünglich bestehenden Mitunternehmerschaft als auch der an den Kommanditanteilen der erst später gegründeten Personengesellschaft werden gemäß §§ 13a, 19a ErbStG privilegiert.[1284] Dies gilt auch für die Anteile an der Komplementärgesellschaft, die mangels anderweitiger unternehmerischer Betätigung Sonderbetriebsvermögen II bilden, unabhängig von Beteiligungsquote am Nennkapital gemäß § 13a Abs. 4 Nr. 1 ErbStG.[1285]
Insgesamt erscheint das Ausgliederungsmodell zumindest erbschaftsteuerrechtlich als zielführend. Es kann sowohl zivilrechtlich als auch ertrag- und erbschaftsteuerrechtlich ohne Probleme durchgeführt werden. Interessant ist an dieser Gestaltung insbesondere, dass der alte Gesellschaftsanteil getrennt vom vormaligen Sonderbetriebsvermögen steuergünstig vererbt werden kann. Allerdings ist die Gründung einer GmbH & Co. KG umständlich und kostenaufwendig. Sie ist nur zu empfehlen, wenn sich im Sonderbetriebsvermögen erhebliche stille Reserven befinden.[1286]

(δ) Übertragung von Sonderbetriebsvermögen unter Nießbrauchsvorbehalt mit Widerrufsvorbehalt

Ferner wird zur Entnahmevermeidung die Übertragung von Sonderbetriebsvermögen unter Nießbrauchsvorbehalt mit Widerrufsvorbehalt diskutiert. Eine

---

[1281] Ebenroth, Rn. 900; Fichtelmann, GmbHR 1994, 583 (583); Grashoff, 164; Kappe/Fasolt/Strobl-Haarmann-Kappe, Steuerberaterkongressreport 1998, 75 (88); Littmann/Bitz/Pust-Hörger, EStG, § 16 Rn. 1050; MüKo-Leipold, BGB, § 1922 Rn. 31a. Die Anteile sind vielmehr nach allgemeinen Regeln vererblich, vgl. § 15 Abs. 1 GmbHG.

[1282] Groh, DB 1992, 1312 (1316); Bohlmann, BB 1994, 189 (193); Hörger, DStR 1993, 37 (47); Kusch, StB 1999, 855 (861); Märkle, FR 1997, 135 (141); Spiegelberger, Rn. 580.

[1283] Wohl anders aber ohne Begründung: Hörger/Stephan/Pohl-Hörger, Rn. 1052.

[1284] Hörger/Stephan/Pohl-Hörger, Rn. 1223.

[1285] Fichtelmann, EStB 1999, 296 (300); Hörger/Stephan/Pohl-Hörger, Rn. 1223, 1227; Moench-Weinmann, ErbStG, § 13a Rn. 19; Troll/Gebel/Jülicher, ErbStG, § 13a Rn. 138. Voraussetzung hierfür ist jedoch wiederum, dass den Gesellschaftsanteil und das Sonderbetriebsvermögen dieselbe Person erwirbt.

[1286] So auch: Bohlmann, BB 1994, 189 (193); Kusch, StB 1999, 855 (861); Menges/Stähle, BB 1994, 2122 (2123); Pohl, 221; Rautenstrauch, 165, 171.

derartige Übertragung bereits zu Lebzeiten auf den qualifizierten Nachfolger allein unter Nießbrauchsvorbehalt ist nicht ausreichend, da sie zur Entnahme führt.[1287] Um diese zu vermeiden, wird ein Widerrufsvorbehalt zugunsten des Schenkers empfohlen, so dass der Schenker wirtschaftlicher Eigentümer des Sonderbetriebsvermögens bleibt, während der Nachfolger nur zivilrechtlicher Eigentümer wird.[1288] Der Widerrufsvorbehalt muss jedoch so ausgestaltet sein, dass er nicht auf die Erben übergeht. Empfohlen wird daher, den Widerrufsvorbehalt unter die auflösende Bedingung des Schenkertodes zu stellen.[1289] Da mit dem Tod des Schenkers der Widerrufs- und der Nießbrauchsvorbehalt erlöschen, wird der Nachfolger auch wirtschaftlicher Eigentümer des Sonderbetriebsvermögens. Zugleich erwirbt er aufgrund der qualifizierten Nachfolgeklausel die Gesellschafterstellung und wird Mitunternehmer, so dass die Gestaltung zu keiner Entnahme des Sonderbetriebsvermögens führt.[1290]
Die lebzeitige Übertragung des Sonderbetriebsvermögen stellt einen schenkungsteuerpflichtigen Erwerb gemäß §§ 1 Abs. 1 Nr. 2 i.V.m. 7 Abs. 1 Nr. 1 ErbStG dar, der mit dem Erwerb des zivilrechtlichen Eigentums vollzogen ist.[1291] Allerdings können die Betriebsvermögensprivilegien nicht in Anspruch genommen werden, da das „isolierte" Sonderbetriebsvermögen nicht zum begünstigten Vermögen des § 13a Abs. 4 Nr. 1 ErbStG zählt.[1292] Um dies zu

---

[1287] BFH v. 8.12.1983, IV R 20/82, BStBl II 1984, 202; BFH v. 2.8.1983, VIII R 170/78, BStBl II 1983, 735; BFH v. 28.2.1974, IV R 60/69, BStBl II 1974, 481; Bohlmann, BB 1994, 189 (193); Daragan/Zacher-Röder, DStR 1999, 89 (91); Hörger/Stephan/Pohl-Hörger, Rn. 1044; Märkle, FR 1997, 135 (143f.).

[1288] Vgl. BFH v. 17.6.1998, XI R 55/97, BFH/NV 1999, 9 (10); Daragan/Zacher-Röder, DStR 1999, 972 (973); Hörger/Stephan/Pohl-Hörger, Rn. 1044; Klumpp, ZEV 2001, 55 (57); Knebel/Nekola, DB 2000, 169 (175); Kusch, StB 1999, 855 (862); Rautenstrauch, 162.

[1289] Daragan/Zacher-Röder, DStR 1999, 972 (973); Daragan/Zacher-Röder, DStR 1999, 89 (92); Hörger/Stephan/Pohl-Hörger, Rn. 1044; Klumpp, ZEV 2001, 55 (57); Knebel/Nekola, DB 2000, 169 (175); Reimann, ZEV 2002, 487 (492). Ferner wird empfohlen, den bedingten Rückübertragungsanspruch des Schenkers durch eine Auflassungsvormerkung zu sichern.

[1290] Hörger/Stephan/Pohl-Hörger, Rn. 1044; Knebel/Nekola, DB 2000, 169 (175); Rautenstrauch, 162f. A.A.: Fleischer, DStR 1999, 972 (972).

[1291] Vgl. BFH v. 13.9.1989, II R 67/86, BStBl II 1989, 1034; Daragan/Zacher-Röder, DStR 1992, 89 (92); Kapp/Ebeling, ErbStG, § 9 Rn. 79; Troll/Gebel/Jülicher, ErbStG, § 9 Rn. 92f.; V/G/H/K/S-Schuck, ErbStG, § 9 Rn. 75. Das Sonderbetriebsvermögen fällt daher nicht in den Nachlass. Vgl. Herff, KÖSDI 2001, 12885 (12894).

[1292] Vgl. FG München v. 20.11.2002, 4 K 4038/00 (BFH-Az.: II B 7/03), EFG 2003, 475 (476); Daragan/Zacher-Röder, DStR 1992, 89 (92); Rautenstrauch, 163; Troll/Gebel/Jülicher, ErbStG, § 13a Rn. 136a. A.A.: Hörger/Stephan/Pohl-Hörger, Rn.1055; Knebel/Nekola, DB 2000, 169 (175) unter Berufung auf den Telos der §§ 13a, 19a ErbStG. Aufgrund des zeitlichen Auseinanderfallens der Erwerbe von Betriebsvermögen und Sonderbetriebsvermögen erscheint hingegen die Anwendung der Privilegien trotz der beabsichtigten Erreichung der Unternehmenskontinuität als fernliegend.

vermeiden, müsste gleichzeitig ein Teil der Mitgliedschaft übertragen werden.[1293]
Insgesamt erscheint diese Gestaltungsmöglichkeit nicht als empfehlenswert: Zwar wird die Entnahme vermieden. Unklar ist jedoch, ob die Finanzverwaltung diese Konstruktion anerkennen wird.[1294] Auch werden schenkungsteuerrechtlich die Begünstigungen im Bezug auf das Sonderbetriebsvermögen nicht gewährt.

(ε) Schenkung des Sonderbetriebsvermögens unter Lebenden unter Einräumung einer atypisch stillen Unterbeteiligung

Auch durch die lebzeitige Schenkung des Sonderbetriebsvermögens in Verbindung mit der Einräumung einer atypisch stillen Unterbeteiligung am Gesellschaftsanteil zugunsten des qualifizierten Nachfolgers kann eine Entnahme vermieden werden,[1295] da der Gesellschafternachfolger aufgrund des § 15 Abs. 1 Nr. 2 S. 2 EStG als atypisch stiller Unterbeteiligter Mitunternehmer wird.[1296]
Im Erbfall ist mittels der qualifizierten Nachfolgeklausel sicherzustellen, dass der Nachfolger auch den gesamten Mitunternehmeranteil des Erblassers erwirbt.
Fraglich erscheint, ob die Einräumung der atypisch stillen Unterbeteiligung begünstigt wird. Während der BFH[1297] eine solche Privilegierung im Bezug auf § 13a Abs. 2a a.F. ErbStG (Merkmal „vorweggenommene Erbfolge") verneinte, da der Erwerber das Gleiche erhalten müsse, was auch der Zuwender zuvor gehabt habe, kann die Rechtsauffassung heute keine Gültigkeit mehr für sich beanspruchen, da seit dem StÄndG 2001 die Schenkung unter Lebenden generell in § 13a Abs. 1 Nr. 2 ErbStG privilegiert wird. Daher stellt auch die erstmalige schenkungsweise Einräumung einer atypisch stillen Unterbeteiligung einen privilegierten Erwerb dar.[1298] Entscheidend und ausreichend ist, dass der Empfänger die Mitunternehmerstellung erhält, so dass ertragsteuerliches Betriebsvermögen übergeht. Ferner sind die Besonderheiten des § 13a Abs. 1

[1293] Daragan/Zacher-Röder, DStR 1992, 89 (92).
[1294] So auch: Hörger/Stephan/Pohl-Hörger, Rn. 1044.
[1295] Hörger/Stephan/Pohl-Hörger, Rn. 1044; Märkle, FR 1997, 135 (145).
[1296] BFH v. 2.10.1997, IV R 75/96, BStBl II 1998, 137; Hörger/Stephan/Pohl-Hörger, Rn. 1044; Märkle, FR 1997, 135 (145); Knebel/Nekola, DB 2000, 169 (172). Eine buchwertneutrale Überführung beim Übergang des Sonderbetriebsvermögens auf den atypisch stillen Gesellschafter ist heute möglich. Vgl. Gebel, Betriebsvermögensnachfolge, Rn. 947.
[1297] BFH v. 25.1.2001, II R 52/98, BStBl II 2001, 414 bezüglich Einräumung einer atypisch stillen Unterbeteiligung an einem Kommanditanteil. So auch heute noch: Gebel, Betriebsvermögensnachfolge, Rn. 947.
[1298] Hecht, ZEV 2004, 105 (105ff.); Hörger/Stephan/Pohl-Hörger, Rn. 1052; Troll/Gebel/Jülicher-Jülicher, ErbStG, § 13a Rn. 131. Vgl. auch: Moench-Weinmann, ErbStG § 13a Rn. 13. Da der Nachfolger Mitunternehmer wird, wird auch gleichzeitig die Übertragung des Sonderbetriebsvermögens privilegiert. Ob dieses überquotal verschenkt wird, ist irrelevant.

Nr. 2 ErbStG zu beachten: Soll der Freibetrag in Anspruch genommen werden, hat der Schenker spätestens bis zur Bestandskraft der Steuerfestsetzung gegenüber dem Finanzamt eine entsprechende unwiderrufliche und schriftliche Erklärung abzugeben.[1299] Da die Freibetragsinanspruchnahme nur insgesamt möglich ist und mit der Inanspruchnahme das Kumulierungsverbot korrespondiert, ist bei Zuwendungen mit einem Steuerwert unter € 225.000 Vorsicht geboten. Bei der im Einzelfall zu entscheidenden Frage der Inanspruchnahme ist insbesondere, die „voraussichtliche" Lebenserwartung des potentiellen Erblassers zu berücksichtigen. Der Bewertungsabschlag wird jedoch in jedem Fall gewährt.
Insgesamt wird bei dieser Gestaltungsmöglichkeit sowohl die Entnahme als auch die Nichtanwendung der Betriebsvermögensprivilegien im Bezug auf das Sonderbetriebsvermögen vermieden. Im Vergleich zum Ausgliederungsmodell erscheint die Gestaltung vorteilhaft, da eine atypisch stille Unterbeteiligung leichter und kostensparender geschaffen werden kann als eine GmbH & Co. KG.[1300] Jedoch ist zu beachten, dass in diesem Fall der Erblasser zu Lebzeiten sein Sonderbetriebsvermögen „verliert". Diese Tatsache wird regelmäßig den Erblasserinteressen widersprechen.

(ζ) Alleinerbenmodell

Denkbar einfach ist das Alleinerbenmodell: Während der qualifizierte Nachfolger zum Alleinerben eingesetzt wird, werden die „nichtqualifizierten Erben" enterbt und mit Vermächtnissen bedacht.[1301] Gesellschaftsanteil und Sonderbetriebsvermögen fallen mit dem Tod des Erblassers beim Gesellschafternachfolger unmittelbar an. Sie befinden sich stets in „gleicher" Hand, so dass sich das Problem der Zwangsentnahme nicht stellt.[1302]
Da der Alleinerbe den Gesellschaftsanteil und das Sonderbetriebsvermögen erwirbt, sind die §§ 13a, 19a ErbStG anwendbar.[1303] Der Steuerwert der Vermächtnisse wird beim Gesellschafternachfolger bereicherungsmindernd berücksichtigt. Bei den Vermächtnisnehmern sind die schuldrechtlichen Ansprüche auf die Vermächtnisgegenstände erbschaftsteuerpflichtig.
Rein steuerrechtlich erscheint der Weg als ideal, da auf das gesamte beim Erblasser bestehende Betriebsvermögen auch beim Erben die Betriebsvermögensprivilegien angewendet werden können. Von der Struktur ist der Weg logisch,

---

1299 Meincke, ErbStG, § 13a Rn. 10; Troll/Gebel/Jülicher, ErbStG, § 13a Rn. 98.

1300 Kusch, StB 1999, 855 (862).

1301 Daragan/Zacher-Röder, DStR 1999, 89 (90); Hörger/Stephan/Pohl-Hörger, Rn. 1047; Kusch, StB 1999, 855 (860); Märkle, FR 1997, 135 (138); Märkle/Franz, BB 1991, 2495 (2499); Kegel, 171; Reimann, ZEV 2002, 486 (491); Spiegelberger, Rn. 580.

1302 Bohlmann, BB 1994, 189 (193); Daragan/Zacher-Röder, DStR 1999, 89 (90); Hörger/Stephan/Pohl-Hörger, Rn. 1041; 1047; Kusch, StB 1999, 855 (860); Märkle, FR 1997, 135 (138); Rautenstrauch, 167.

1303 Hörger/Stephan/Pohl-Hörger, Rn. 1052; Reimann, ZEV 2002, 486 (491).

einfach und ohne nennenswerten finanziellen Aufwand durchzuführen.[1304] Anerkenntnisprobleme seitens der Finanzverwaltung wird es nicht geben. Es handelt sich daher um eine sichere Lösung.[1305] In Familien, in denen die Erbfolgeregelung als nüchterner ökonomischer Vorgang angesehen wird, wird das Modell keine Probleme auslösen.[1306]
Jedoch wird regelmäßig von den Enterbten eine vermächtnisweise Zuwendung anstelle der Erbeinsetzung als Degradierung bzw. als persönlicher Affront verstanden. Der Ansatz wird daher auf psychologische Widerstände stoßen.[1307] Gerechtigkeitsinteressen des Erblassers können aber zumindest wertmäßig berücksichtigt werden:[1308] Soll erreicht werden, dass der Vermächtnisnehmer am Vermögenszuwachs für den Zeitraum zwischen Errichtung der letztwilligen Verfügung und dem Erbfall partizipiert, ist ein Quotenvermächtnis auszusprechen. Auch die Zuwendung eines Gewinn- oder Beteiligungsvermächtnisses - regelmäßige Auszahlung eines Anteils am künftigen Gewinn an den Vermächtnisnehmer - kann zur Absicherung der Interessen der Enterbten sinnvoll sein.
Insgesamt erscheint das Alleinerbenmodell aber nur dann als zielführend, wenn der Erbe die Vermächtnisse auch aus dem sonstigen Nachlass befriedigen kann. Der Zweck der Regelung ist dann verfehlt, wenn der Gesellschafter-Erbe sich gezwungen sieht, Teile des Mitunternehmeranteils oder des Sonderbetriebsvermögen zu veräußern.[1309]

(η) Zusammenfassung

Von den dargestellten in der Literatur diskutierten Gestaltungsmodellen zur Vermeidung der Zwangsentnahme bezüglich des Sonderbetriebsvermögens sind das Ausgliederungsmodell, die Schenkung des Sonderbetriebsvermögens unter Lebenden unter Einräumung einer atypisch stillen Unterbeteiligung und das Alleinerbenmodell als unbedenklich qualifiziert worden, wobei bei letzterem gerade keine qualifizierte Nachfolgeklausel mehr vorliegt. Welches Gestaltungsmodell konkret zu empfehlen ist, stellt eine Frage des Einzelfalls dar.
Fehlt es an derartigen Ausweichgestaltungen und ist es aufgrund der qualifizierten Nachfolgeklausel zur anteiligen Zwangsentnahme gekommen, besteht nach dem Erbfall noch die Möglichkeit der rechtzeitigen Ausschlagung durch die

---

1304 Vgl. Crezelius, EStB 2000, 15 (18); Reimann, ZEV 2002, 486 (492).
1305 Märkle, FR 1997, 135 (139); Koblenzer/Groß, ErbStB 2003, 367 (370).
1306 Crezelius, EStB 2000, 15 (18); Daragan/Zacher-Röder, DStR 1999, 89 (90).
1307 Vgl. Daragan/Zacher-Röder, DStR 1999, 89 (90); Groh, DB 1992, 1312 (1316); Hörger/Stephan/Pohl-Hörger, Rn. 1047; Klumpp, ZEV 2001, 55 (57); Knebel/Nekola, DB 2000, 169 (170); Kusch, StB 1999, 855 (860f.); Märkle, FR 1997, 135 (139); Obermeier, NWB F.3, 8517 (8533); Rautenstrauch, 168; Wacker/Franz, BB 1993, Beilage 5/1993, 1 (25).
1308 Märkle, FR 1997, 135 (139); Menges/Stähle, BB 1994, 2122 (2124); Obermeier, NWB F. 3, 8517 (8533).
1309 Fichtelmann, GmbHR 1994, 583 (588).

nichtqualifizierten Erben.[1310] Schlagen sie aus, gilt jeweils der Anfall an den Ausschlagenden als nicht erfolgt. Die Erbschaft fällt jeweils beim Nächstberufenen an. Erwägenswert ist die Ausschlagung jedoch nur dann, wenn die Erbschaft infolge der Ausschlagung beim qualifizierten Nachfolger anfällt. Dies ist ausnahmsweise dann der Fall, wenn der Ausschlagende keine Abkömmlinge hat, die als Nächstberufene an seine Stelle treten, oder aber wenn er zwar solche hat, der Erblasser aber ausdrücklich angeordnet hat, dass diese bei Wegfall eines Erben nicht als Ersatzerben an seine Stelle treten sollen.[1311] In diesem besonderen Fall erwirbt der qualifizierte Erbe im Wege der Universalsukzession unmittelbar das Sonderbetriebsvermögen vom Erblasser. Die Betriebsvermögenseigenschaft bleibt bestehen. Bei realistischer Betrachtung der Dinge werden allerdings die bzw. nicht alle nichtqualifizierten Erben ein Interesse an der Ausschlagung haben.[1312] Ferner wird die Zwangsentnahme auch dann vermieden, wenn die Ausschlagenden ihren Pflichtteil geltend machen.[1313] Schlagen sie hingegen gegen Abfindung aus, kommt es nach umstrittener aber wohl herrschender Auffassung[1314] ertragsteuerlich zur Zwangsentnahme, so dass die Entnahme des Sonderbetriebsvermögens nicht vermieden werden kann.

III. Österreichisches Erbschaftsteuerrecht

1. Steuerpflichtiger Erwerb

a) Übertragung der Lösungsansätze für das deutsche Erbschaftsteuerrecht auf das österreichische Erbschaftsteuerrecht?

Im österreichischen Erbschaftsteuerrecht wird die qualifizierte Nachfolgeklausel nur rudimentär behandelt: Sie soll als vorab vollzogene Teilungsanordnung behandelt werden, die zum erbquotenentsprechenden Erwerb des Gesellschaftsanteils bei sämtlichen Miterben führt.[1315] Es werden jeweils nur die Ergebnisse der in Deutschland wohl als herrschend zu bezeichnenden Meinung dargestellt und - wenn überhaupt mit dem Hinweis auf das VfGH-Urteil vom 2.12.1976[1316]

[1310] Vgl. dazu: Wachter, ZNotP 2004, 176 (185f.).

[1311] Vgl. Märkle, DStR 1993, 1616 (1619).

[1312] Vgl. auch: Hörger/Stephan/Pohl-Hörger, Rn. 1050; Rautenstrauch, 170.

[1313] Hörger/Stephan/Pohl-Hörger, Rn. 1050; Märkle, DStR 1993, 1616 (1619).

[1314] So: BMF v. 11.1.1993, IV B2-S 2242-86/92, BStBl I 1991, 62ff. Rn. 40; Heiliger, ZEV 2001, 432 (434); Märkle, DStR 1993, 1616 (1619). A.A.: Felix, DStZ 1991, 50 (50); Hannes, ZEV 1996, 10 (14); Hörger/Stephan/Pohl-Hörger, Rn. 1050; Zimmermann, ZEV 2001, 5 (6f.).

[1315] Fraberger, 2000, Rn. 217f.; Fraberger, 1997, 593f.; Wolf, 61.

[1316] VfGH v. 2.12.1976, B 188 189/75, ÖStZB 1977, 103. Gegenstand dieses Urteils bildet jedoch keine qualifizierte Nachfolgeklausel, sondern die Sondererbfolge nach dem Kärntner ErbhöfeG. Als gegen den Gleichheitssatz verstoßend wurde im Urteil eine Besteuerung des Anerben mit dem Einheitswert des Hofes und der verbleibenden Erben mit dem Wert des

- übernommen. Bezeichnenderweise wird für Einzelheiten auf das deutsche Recht verwiesen. Zwar spricht Wolf[1317] von der wirtschaftsfreundlichen herrschenden Meinung und von einem „prima vista überraschenden Ergebnis“. Aktuelle Gegenstimmen werden aber nicht benannt und existieren, soweit ersichtlich, nicht.[1318]
Fraglich erscheint, ob die für das deutsche Erbschaftsteuerrecht entwickelte Lösung auch auf das österreichische Erbschaftsteuerrecht übertragen werden kann. Im Folgenden soll geprüft werden, ob die Gründe, die im deutschen Recht gegen den anteiligen Erwerb des Gesellschaftsanteils aller Miterben bei der qualifizierten Nachfolgeklausel sprechen, auch auf das österreichische Recht übertragen werden können.

aa) Gleichstellung der qualifizierten Nachfolgeklausel mit der Teilungsanordnung

Die zivilrechtliche Ausgangslage der Teilungsanordnung entspricht der des deutschen Rechts: Der Teilungsanordnung kommt lediglich schuldrechtliche Wirkung zu.[1319] Erbschaftsteuerrechtlich ist im Gegensatz zum deutschen Recht die Behandlung der Teilungsanordnung umstritten: Während der VwGH[1320] von der erbschaftsteuerlichen Unbeachtlichkeit der Teilungsanordnung ausgeht, ist für den VfGH[1321] das effektiv Erhaltene maßgeblich, so dass der beachteten Teilungsanordnung Rechtserheblichkeit zukommt.[1322] Dieser Aspekt ist von den

---

Hofes gemäß § 9 Kärntner ErbhöfeG betrachtet. Ob aus diesem Urteil jedoch Rückschlüsse für die erbschaftsteuerliche Behandlung der qualifizierten Nachfolgeklausel gezogen werden können, erscheint mehr als zweifelhaft. Allein auf der zivilrechtlichen Ebene bestehen große Unterschiede, da einerseits bereits die Anwendung des Gesetzes dispositiv ist und andererseits die Bestimmung des Anerben unter den Erben einvernehmlich vereinbart werden kann. Auch auf der steuerrechtlichen Ebene bestehen Unterschiede, da die als gleichheitswidrig qualifizierte Besteuerung jeweils an den gleichen Vermögensgegenstand anknüpft. Insgesamt kann daher der Hinweis auf dieses Urteil keinen Beitrag zur erbschaftsteuerlichen Behandlung der qualifizierten Nachfolgeklausel leisten. Auch kann aus diesem Urteil nicht geschlossen werden, dass die für das deutsche Erbschaftsteuerrecht vertretene Lösung übertragen auf das österreichische Recht gegen den Gleichheitssatz verstößt.

[1317] Wolf, 60f.

[1318] Jedoch vertrat Dorazil in der 3. Auflage (ErbStG, § 2 Rn. 13.2), dass die gesellschaftsvertraglich ausgeschlossenen Miterben entsprechend den zivilrechtlichen Wertungen nur den Abfindungsanspruch erwerben würden. In der aktuellen 4. Auflage hingegen wird zwar die gesellschaftsrechtliche Situation dargestellt, auf die erbschaftsteuerliche Behandlung der qualifizierten Nachfolgeklausel wird nicht eingegangen. Vgl. Dorazil/Taucher, ErbStG, § 2 Rn. 2.129.

[1319] Vgl. Dorazil/Taucher, ErbStG, § 2 Rn. 2.80; Rummel-Welser, ABGB, § 550 Rn. 4.

[1320] VwGH v. 28.9.2000, 2000/16/0327; VwGH v. 3.10.1996, 95/16/0191, Slg 7127 F.

[1321] VfGH v. 25.2.1999, B 128/97, ÖStZ 1999, 325.

[1322] So auch: Dorazil/Taucher, ErbStG, § 2 Rn. 2.81.

österreichischen Autoren bisher im Bezug auf die qualifizierte Nachfolgeklausel noch nicht berücksichtigt worden.
Mithin lässt sich zusammenfassen, dass im österreichischen Erbschaftsteuerrecht nicht einmal Konsens darüber besteht, wie die befolgte Teilungsanordnung zu behandeln ist. Von einer Gleichbehandlung der qualifizierten Nachfolgeklausel mit der Teilungsanordnung kann daher nicht gesprochen werden.
Unabhängig davon spricht gegen die Annahme eines fiktiven Durchgangserwerbes sämtlicher Miterben auch im österreichischen Recht, dass dieser aufgrund der Maßgeblichkeit des Zivilrechts im Rahmen des § 2 öErbStG nicht konstruktiv begründbar ist.[1323] Selbst bei Annahme eines Durchgangserwerbs würde es im österreichischen Erbschaftsteuerrecht zumindest unter Zugrundelegung der Rechtsauffassung des VfGH zur Maßgeblichkeit des effektiv Erhaltenen kommen, so dass im Ergebnis der qualifizierte Erbe den Gesellschaftsanteil erbschaftsteuerlich erwerben würde, hingegen die nichtqualifizierten Erben den Abfindungsanspruch.[1324]

bb) Erbschaftsteuerrechtliche Aspekte

(α) Betriebsvermögensprivileg

Vor dem Hintergrund, dass die Privilegierung für den Betriebsvermögenserwerb beim Erwerb von Todes wegen in § 15a öErbStG im Vergleich zur parallelen Regelung im deutschen Recht „nur" als Freibetrag ausgestaltet ist und an den privilegierungswürdigen Übergang wesentlich höhere Anforderungen (Mindestbeteiligung, Mindestübertragungsquote) gestellt werden, erscheint es als mindestens genauso notwendig, wenn nicht sogar dringlicher, die Privilegierung nur demjenigen zukommen zu lassen, der in seiner Person tatsächlich und nicht nur fiktiv die Mitunternehmeranteile erwirbt, um den Zielen der Privilegierung zu entsprechen.

(β) Divergenz zur ertragsteuerlichen Behandlung

Auch im österreichischen Ertragsteuerrecht wird davon ausgegangen, dass die nicht qualifizierten Erben nicht Mitunternehmer werden.[1325] Diese unterschiedliche Behandlung in beiden Steuerarten überrascht im österreichischen Recht

---

[1323] Insofern können die für das deutsche Recht ausgearbeiteten Argumente übertragen werden. Vgl. 3. Teil D II 2 c dd).

[1324] Gegen die Rechtsprechung des VfGH wird allgemein der Verstoß gegen das Stichtagsprinzips eingewandt. (Vgl. Fellner, ErbStG, § 2 Rn. 23c, § 6 Rn. 12a, § 15 Rn. 74; Fellner, SWK 2000, 465 (468); Urnik, 140) Hingegen kann dieses Argument in der konkreten Fallkonstellation nicht fruchtbar gemacht werden, da nicht nachträglich eine Zuweisung von Nachlassgegenständen vereinbart wird, sondern die konkrete Zuordnung bereits im Erbfall feststeht.

[1325] Fraberger, 1997, 385; Quantschnigg/Schuch, ESt-Handbuch, § 24 Rn. 157; Wolf, 60.

gleichermaßen, da auch im Rahmen des § 15a Abs. 2 öErbStG an ertragsteuerrechtliche Begriffe angeknüpft wird.

b) Zusammenfassung

Die Gründe, die für die Übernahme des für das deutsche Erbschaftsteuerrecht entwickelten Lösungsvorschlags sprechen, entsprechen insgesamt denen des deutschen Rechts.[1326] Daher ist auch für das österreichische Erbschaftsteuerrecht davon auszugehen, dass der qualifizierte Nachfolger den Gesellschaftsanteil gemäß §§ 1 Abs. 1 Nr. 1 i.V.m. § 2 Abs. 1 Nr. 1 öErbStG erwirbt. Der Gesellschaftsanteil wird gemäß § 19 Abs. 1 öErbStG i.V.m. § 12 öBewG mit dem Teilwert bewertet.

Die nicht qualifizierten Nachfolger erwerben hingegen anteilig den Abfindungsanspruch gemäß §§ 1 Abs. 1 Nr. 1 i.V.m. 2 Abs. 1 Nr. 1 öErbStG. Diese sind, wenn sie auf einen absoluten Betrag lauten, gemäß § 19 Abs. 1 öErbStG i.V.m. § 14 öBewG mit dem Nennwert anzusetzen, ansonsten mit dem gemeinen Wert gemäß § 10 öBewG.

2. Anwendung des Privilegs für Betriebsvermögen

Für die nicht qualifizierten Miterben scheidet die Anwendung des § 15a öErbStG von vornherein aus, da der von Ihnen erworbene Abfindungsanspruch eine private Kapitalforderung darstellt. Für den qualifizierten Erben kommt die Lukrierung des § 15a öErbStG in Betracht, soweit die sachlichen Voraussetzungen für die Freibetragsinanspruchnahme vorliegen. Dies ist eine Frage des Einzelfalls.[1327]

3. Behandlung des Sonderbetriebsvermögens

a) Zivilrechtliche Vorbemerkung

Das Sonderbetriebsvermögen wird genauso wie im deutschen Zivilrecht nicht von der Sondererbfolge erfasst. Es fällt in den Nachlass.

b) Ertragsteuerrechtliche Behandlung des Sonderbetriebsvermögens

In Österreich entspricht es der allgemeinen Ansicht, dass nur der qualifizierte Nachfolger Mitunternehmer wird, nicht hingegen die weichenden Miterben.[1328]

[1326] Aus diesem Grund ist auch eine derart ausführliche Auseinandersetzung wie sie für das deutsche Recht durchgeführt worden ist, unterblieben. Sie hätte lediglich zu Wiederholungen geführt.

[1327] Insbesondere stellt sich auch nach der hier vertretenen Lösung nicht das Problem, ob es bei den nicht nachfolgeberechtigten Erben zu einer Nachversteuerung kommt (vgl. Fraberger, 2000 Rn. 222f.), da diese nach dem hier vertretenen Lösungsansatz erst gar kein begünstigungsfähiges Vermögen erwerben.

[1328] Fraberger, 1997, 385; Quantschnigg/Schuch, ESt-Handbuch, § 24 Rn. 157; Wolf, 60.

Soweit die Wirtschaftsgüter des Sonderbetriebsvermögens auf die nicht qualifizierten Miterben entfallen, kommt es zu einer anteiligen Zwangsentnahme, die dem Erblasser zuzurechnen ist.[1329]

c) Erbschaftsteuerrechtliche Behandlung des Sonderbetriebsvermögens

Erbschaftsteuerrechtlich führt die allgemein angenommene Zwangsentnahme zur Erhöhung des Gesamtwertes des Nachlasses, da das ehemalige Sonderbetriebsvermögen nicht mehr mit dem Teilwert gemäß § 19 Abs. 1 öErbStG i.V.m. § 12 öBewG angesetzt werden kann, sondern mit dem gemeinen Wert gemäß § 19 Abs. 1 öErbStG i.V.m. § 10 öBewG bzw. mit dem dreifachen Einheitswert bei inländischen Grundstücken gemäß § 19 Abs. 2 öErbStG zu bewerten ist.

Zu überlegen ist, ob aus der Erkenntnis des VfGH[1330] v. 25.11.1999 abgeleitet werden kann, dass es gar nicht zu einer Zwangsentnahme kommt, weil der qualifizierte Nachfolger das gesamte Sonderbetriebsvermögen effektiv aufgrund einer Vereinbarung zwischen den Erben erhält. Hiergegen spricht hingegen entscheidend, dass im Zeitpunkt des Erblassertodes gar kein Sonderbetriebsvermögen im Bezug auf die nicht qualifizierten Erben mehr besteht, da die Zwangsentnahme noch dem Erblasser zuzurechnen ist. Insofern wird sich auch unter Berücksichtigung der neuen Rechtsprechung des VfGH eine Zwangsentnahme nicht verhindern lassen.

d) Gestaltungsmöglichkeiten zur Vermeidung der (Zwangs-)Entnahme

Es ist daher genauso wie für das deutsche Erbschaftsteuerrecht nach Gestaltungen zu suchen, die die Zwangsentnahme verhindern. Nicht eingegangen werden soll an dieser Stelle auf die bereits für das deutsche Recht nicht empfohlenen Gestaltungsmöglichkeiten, da sie auch im österreichischen Recht auf erhebliche Bedenken stoßen.[1331]

aa) Vorherige Einbringung des Sonderbetriebsvermögens in ein Betriebsvermögen, sog. Ausgliederungsmodell

Die Gestaltung, das Sonderbetriebsvermögen in eine GmbH & Co. KG einzubringen, die aufgrund der in Deutschland herrschenden Geprägetheorie (§ 15 Abs. 3 Nr. 2 EStG) gewerbliche Einkünfte erzielt, schlägt im österreichischen Steuerrecht fehl, da in Österreich die Geprägetheorie abgelehnt wird.[1332] Die

---

[1329] Ist im Sonderbetriebsvermögen eine wesentliche Betriebsgrundlage enthalten, führt dies insgesamt zur Aufgabe des Mitunternehmeranteils. Vgl. Fraberger, 1997, 391.

[1330] VfGH v. 25.2.1999, B 128/97, ÖStZ 1999, 325.

[1331] Vgl. Fraberger, 1997, 191f., 388f.

[1332] Vgl. VwGH v. 12.6.1991, 89/13/0180, ÖStZ 1992, 374; VwGH v. 1.11.1982, 82/14/84, ÖStZB 1983, 300 (300f.); Doralt, EStG, § 23 Rn. 232; Fraberger, 1997, 390; Göth/Rief/

GmbH & Co. KG würde daher keine gewerblichen Einkünfte i.S.d. §§ 2 Abs. 3 Nr. 3 i.V.m. 23 öEStG erzielen, so dass das Ausgliederungsmodell in Österreich die Zwangsentnahme nicht verhindern kann.

bb) Schenkung des Sonderbetriebsvermögens unter Lebenden unter Einräumung einer atypisch stillen Unterbeteiligung

Das Gestaltungsmodell scheitert am österreichischen Ertragsteuerrecht, da es nicht zur Mitunternehmerstellung des Unterbeteiligten im Verhältnis zur Hauptgesellschaft, sondern nur im Verhältnis zum Schenker-Gesellschafter führt, so dass im Bezug auf die Schenkung des Sonderbetriebsvermögens die Entnahme nicht vermieden werden kann.[1333]

cc) Alleinerbenmodell

Das Alleinerbenmodell ist auch im österreichischen Recht durchführbar.[1334] Durch den gleichzeitigen Übergang von Sonderbetriebsvermögen aufgrund der allgemeinen erbrechtlichen Vorschriften und dem Anfall des Gesellschaftsanteils aufgrund der Sonderrechtsnachfolge bleibt die Rechtszuständigkeit von Gesellschaftsanteil und Sonderbetriebsvermögen in einer Hand, so dass die Entnahme vermieden wird. Auch kann der Freibetrag des § 15a öErbStG im Bezug auf das Sonderbetriebsvermögen in Anspruch genommen werden, wenn der Erblasser zu mindestens 25 % an der Mitunternehmerschaft beteiligt gewesen ist.

dd) Zusammenfassung

Sowohl das Ausgliederungsmodell als auch die Schenkung des Sonderbetriebsvermögens unter Lebenden unter Einräumung einer atypisch stillen Unterbeteiligung am Gesellschaftsanteil können im österreichischen Recht die Zwangsentnahme des Sonderbetriebsvermögens nicht vermeiden. Dieses Ziel kann nur über das Alleinerbenmodell erreicht werden. Ob eine derartige Gestaltung auch vom Erblasser „für Gut befunden" wird, ist jeweils von den familiären Einzelumständen abhängig.

Ist es wiederum zu der klassischen Zwangsentnahmesituation gekommen, kann gegebenenfalls so wie im deutschen Recht über die Ausschlagung der Erbschaft durch die nichtqualifizierten Erben erreicht werden, dass der qualifizierte Erbe das Sonderbetriebsvermögen erwirbt.[1335]

Staringer/Tumpel, ecolex 1992, 729 (734); Quantschnigg/Schuch, ESt-Handbuch, § 24 Rn. 20; Rief, FJ 1995, 62 (63).

[1333] Fraberger, 1997, 210. Vgl. allg. zur Unterbeteiligung und Mitunternehmerstellung: Tumpel, ecolex 1991, 811 (811ff.).

[1334] Fraberger, 1997, 388.

[1335] Vgl. Eccer, Antizipierte Erbfolge, 37; Fraberger, 1997, 389; Wolf, 61. Zu beachten ist in diesem Zusammenhang, dass wiederum die Ausschlagung gegen Abfindungszahlung ertrag-

IV. Würdigung der qualifizierten Nachfolgeklausel

Allgemein besteht ein großer Vorteil der qualifizierten Nachfolgeklausel gegenüber der einfachen Nachfolgeklausel darin, dass der Kreis der Nachfolgeberechtigten von vornherein eingeschränkt werden kann.[1336] Idealerweise werden der bzw. die qualifizierten Nachfolger auch das Vertrauen der übrigen Gesellschafter genießen. Daher ist diese Klausel in der Praxis sehr weit verbreitet.[1337]

Der klare Nachteil der qualifizierten Nachfolgeklausel ist in der Zwangsentnahme des Sonderbetriebsvermögens in Höhe der Erbquote der weichenden Erben zu sehen. Aufgrund dessen ist der Klausel vermehrt seitens der Literatur das faktische Ende prophezeit worden.[1338] Sowohl die deutsche als auch die österreichische Finanzverwaltung haben bisher trotz mannigfacher Anregungen keine Billigkeitsregelungen angeboten, um die Besteuerung des Entnahmegewinns zu vermeiden.[1339] Wie aber gezeigt, bestehen Gestaltungsmöglichkeiten, um die Problematik zu lösen.

Ist vom Erblasser beabsichtigt, das Sonderbetriebsvermögen einem nichtqualifizierten Nachfolger zuzuwenden, so besteht einmal die Möglichkeit über das Ausgliederungsmodell. Ferner kann das Sonderbetriebsvermögen unter Inkaufnahme der Realisierung der stillen Reserven noch zu Lebzeiten bei ausreichendem Abstand bis zum Erbfall entnommen werden.[1340] Zwar wird diese Schenkung schenkungsteuerlich nicht gemäß §§ 13a, 19a ErbStG (Österreich: § 15a öErbStG) privilegiert besteuert. Gleichzeitig wird aber dadurch der zukünftige Erwerb des qualifizierten Nachfolgers sowohl ertrag- als auch erbschaftsteuerlich nicht gefährdet.

Trotz der aufgezeigten Schwierigkeiten erscheint die qualifizierte Nachfolgeklausel als probates Mittel zur Sicherung einer geregelten Unternehmensnachfolge. Unverzichtbares Element ist die Kongruenz zwischen gesellschaftsver-

---

steuerlich als entgeltliches Geschäft behandelt wird. Ob die Abfindung für die Ausschlagung einen steuerpflichtigen Erwerb gemäß § 1 Abs. 1 Nr.1 i.V.m. § 2 Abs. 1 Nr. 1 öErbStG oder einen gemäß §§ 1 Abs. 1 Nr.1 i.V.m. § 2 Abs. 2 Nr. 4 öErbStG darstellt, ist seit der Erkenntnis des VfGH v. 2.7.1992, 90/16/0167, Slg 6690 F umstritten. Vgl. VfGH v. 2.7.1992, 90/16/0167, Slg 6690 F; Dorazil/Taucher, ErbStG, § 2 Rn. 7.43; Fellner, ErbStG, § 2 Rn. 67; Taucher, NZ 1992, 286 (286ff.).

[1336] Vgl. Fritz/Schauer/Augustin, 206; Hörger/Stephan/Pohl-Hörger, Rn. 1054; Nieder, § 19 Rn. 1248.

[1337] Crezelius, EStB 2000, 15 (15).

[1338] Groh, DStR 1994, 413 (413); Märkle, DStZ 1995, 233 (248); Siegmann, NJW 1995, 481 (483). Für Österreich: Fraberger, 1997, 394.

[1339] Bohlmann, BB 1994, 189 (195); IDW, Rn. 506; Groh, DB 1992, 1312 (1316f.); Märkle, FR 1997, 135 (137).

[1340] Vgl. Hörger/Stephan/Pohl-Hörger, Rn. 1054; Troll/Gebel/Jülicher, ErbStG, § 13a Rn. 42.

traglicher Vereinbarung und letztwilliger Verfügung.[1341] Fehlt diese, ist die qualifizierte Nachfolgeklausel in der Tat „zum Scheitern verurteilt."[1342]

[1341] Vgl. Flick, ZEV 1994, 34 (34); Reimann, ZEV 2002, 487 (493).
[1342] Vgl. BGH v. 18.4.2002, IX ZR 72/99, ZEV 2002, 322; BGH v. 25.5.1987, II ZR 195/86, WM 1987, 981; Koblenzer/Groß, ErbStB 2003, 367 (368); Limmer, ZEV 2002, 327 (328); Reimann, ZEV 2002, 487 (488f.).

4. Teil: Internationales Erbschaft- und Schenkungsteuerrecht

A. Begriff und Ursachen einer internationalen Doppelbesteuerung

I. Begriff der Doppelbesteuerung

Der Begriff der internationalen Doppelbesteuerung ist gekennzeichnet durch Normenkonkurrenz im zwischenstaatlichen Bereich: Sie liegt vor, wenn mehrere Steuergewalten aufgrund originärer Abgabenhoheit berechtigt sind, denselben Steuerpflichtigen wegen desselben Steuergegenstandes gleichzeitig zu einer gleichen oder gleichartigen Steuer heranzuziehen.[1343] Eine erbschaft- bzw. schenkungsteuerliche Doppelbesteuerung liegt daher vor, wenn derselbe Vermögensempfänger wegen desselben Vermögenserwerbs gleichzeitig durch mehrere Staaten zu einer Erbschaft- bzw. Schenkungsteuer herangezogen wird.[1344]

II. Ursachen der Doppelbesteuerung

Doppelbesteuerungen haben ihren Ursprung in dem sich überschneidenden positiven Recht der einzelnen Staaten.[1345] Bereits aus der Darstellung der subjektiven und objektiven Anknüpfungspunkte im deutschen und österreichischen Erbschaft- und Schenkungsteuerrecht im Einführungsteil kann unmittelbar auf die vielfältigen Entstehungsgründe für eine erbschaftsteuerliche Doppelbesteuerung geschlossen werden:[1346]

Die häufigste Ursache der Doppelbesteuerung liegt in der Kollision von unbeschränkter Steuerpflicht aufgrund persönlicher Anknüpfung mit der beschränkten Steuerpflicht aufgrund sachlicher Anknüpfung.[1347] Sie kann sich aber auch aufgrund mehrfacher subjektiver Anknüpfungspunkte ergeben, wenn eine Person ein die unbeschränkte Steuerpflicht begründendes Merkmal in mehreren

---

[1343] So die juristische Begriffsbestimmung. Hingegen verzichtet die wirtschaftliche Begriffsbestimmung der Doppelbesteuerung auf das Merkmal der Steuersubjektidentität. Vgl. Flick, StuW 1961, Sp 679 (682); Höninger, 10f.; Hoog, Rn. 402; Kluge, Internationales Steuerrecht, B Rn. 25ff.; Rose, 51; Schaumburg, § 12 Rn. 12.3ff.; Stein, Rn. 651; Tipke/Lang-Lang, § 2 Rn. 41; Vogel, StuW 1982, 111 (111f.); Weber-Fas, 47.

[1344] Vgl. Jochum, UVR 2000, 415 (416); Weber, 283.

[1345] Grote, Rn. 605; Kluge, Internationales Steuerrecht, B Rn. 29; Weber, 283. Zu den Entstehungsgründen im Einzelnen allgemein: Burmester, 248ff.

[1346] Im Folgenden werden nur mögliche Doppelbesteuerungskonstellationen aufgezeigt, die im deutsch-österreichischen Verhältnis auftreten können. Vgl. allgemein zu möglichen Doppelbesteuerungen im Erbschaftsteuerrecht: Flick/Piltz, Rn. 38ff.; Schindhelm, 39ff.; Troll/Gebel/Jülicher, ErbStG, § 2 Rn. 136ff.

[1347] Boochs, UVR 1994, 264 (268); Fraberger, 342; Grote, Rn. 607; Schaumburg, § 13 Rn. 13.4; Schindhelm, ZEV 1997, 8 (12); Stein, ErbStB 2003, 61 (62); Streck/Steuerberaterinstitut-Piltz, 99; Troll/Gebel/Jülicher, ErbStG, § 2 Rn. 136; Weber, 283; Zipfel, 105. Diese Konstellation ist bspw. bei einem österreichischen Erblasser anzutreffen, wenn sich im Nachlass in Deutschland belegene Immobilien befinden.

Staaten erfüllt. Möglich ist beispielsweise, dass der Erblasser über mehrere Wohnsitze in verschiedenen Ländern verfügte.[1348] Zu einer doppelt unbeschränkten Steuerpflicht kann es aber auch kommen, wenn ein Staat aufgrund der Verbindung zum Erblasser, der andere aufgrund der Verbindung zum Erben besteuert.[1349] Ferner tritt eine Doppelbesteuerung ein, wenn die Wohnsitzbesteuerung mit einer Besteuerung nach Nationalität zusammentrifft.[1350]
Die Doppelbesteuerung ist aber auch im Bereich der objektbezogenen Anknüpfungspunkte anzutreffen, wenn ein Vermögensgegenstand von mehreren Staaten jeweils als im Inland belegen angesehen wird.[1351]

B. Maßnahmen zur Vermeidung einer internationalen Doppelbesteuerung

I. Allgemeines

Aufgrund der vielfältigen Gründe für das Auftreten einer Doppelbesteuerung und der u.U. gravierenden Auswirkungen, die im Extremfall zum „Aufzehren" des übertragenen Vermögens führen können, besteht ein dringendes Bedürfnis zur Vermeidung der Doppelbesteuerung. Dies gilt insbesondere auch vor dem Hintergrund, dass die Doppelbesteuerung von Erbanfällen einen Verstoß gegen das Leistungsfähigkeitsprinzip darstellt, da die Nachlasserwerber einer höheren

---

[1348] Vgl. Berger, SWI 1996, 153 (153f.); Höninger, 78; Hoog, Rn. 404; Jülicher, DSWR 2003, 20 (22); Moench-Weinmann, ErbStG, § 2 Rn. 38; Zipfel, 106. Diese Doppelbesteuerung ist oftmals auf die Nutzung von Ferienimmobilien zurückzuführen, da innerstaatlich in diesem Zusammenhang „schnell" die Begründung eines Wohnsitzes angenommen wird. Vgl. BFH v. 23.11.1988, II R 139/87, BStBl II 1989, 182; BFH v. 24.4.1964, VI 236/62 U, BStBl III 1964, 462; Hechler, Rn. 355; Hübschmann/ Hepp/Spitaler-Hellwig, AO, § 8 Rn. 16ff. Zu beachten ist, dass die österreichische Verordnung bezüglich inländischer Zweitwohnsitze (BGBl II 2003/528) für den Bereich der Erbschaft- und Schenkungsteuer nicht gilt.

[1349] Bellstedt, IWB F.3 Gr.9, 91 (95); Boochs, UVR 1994, 264 (268); Fraberger, 342f.; Jülicher, ZErb 2003, 204 (204); Schindhelm, ZEV 1997, 8 (12); Stein, ErbStB 2003, 61 (62); Süß/Haas-Reich, § 4 II Rn. 92; Weber, 284; Zipfel, 106. Diese Konstellation ist bspw. anzutreffen, wenn der Erblasser seinen Wohnsitz in Deutschland hat, der Erbe hingegen in Österreich lebt. Vgl. 2. Teil C I 3.

[1350] Boochs, UVR 1994, 264 (269); Fraberger, 343; Grote, Rn. 610, 622; Höninger, 78; Schaumburg, § 13 Rn 13.6; Schindhelm, 42; Toifl, Methoden zur Vermeidung der Doppelbesteuerung, 389 (390); Weber, 284; Zipfel, 106. In diesem Zusammenhang wird im Verhältnis Österreich-Deutschland die Doppelbesteuerung aus den Maßnahmen der jeweiligen Staaten zur Bekämpfung der „Steuerflucht" bei Wegzüglern resultieren. Vgl. für Deutschland: § 2 Abs. 1 Nr. 1b) ErbStG, § 4 AStG. Österreich: § 6 Abs. 2 Nr. 1 öErbStG.

[1351] Grote, Rn. 613; Troll/Gebel/Jülicher, ErbStG, § 2 Rn. 138; Weber, 284. Dies betrifft insbesondere immaterielle Vermögensgegenstände, Bankguthaben und Beteiligungen an Personengesellschaften. Im Verhältnis Österreich-Deutschland sind derartige Probleme grundsätzlich nicht zu erwarten. Im Bezug auf Personengesellschaftsbeteiligungen sehen zwar beide Staaten die Personengesellschaft grundsätzlich als transparente Einheit an, jedoch entstehen bei mittelbaren Beteiligungen an Personengesellschaften Probleme. Vgl. 4. Teil C V 2 c).

Steuerbelastung bei gleicher Leistungsfähigkeitssteigerung gegenüberstehen als Nachlassbegünstigte, deren Erwerb nur in einem Land besteuert wird.[1352]
Inwieweit dem einzelnen Steuerpflichtigen ein Anspruch auf Vermeidung der Doppelbesteuerung gegen den Wohnsitzstaat zusteht, ist nicht abschließend geklärt. Einigkeit besteht aber insofern, dass völkerrechtlich keine staatliche Verpflichtung besteht, für die Vermeidung der Doppelbesteuerung zu sorgen.[1353] Im Verhältnis zu den anderen Staaten der Europäischen Union wird in neuerer Zeit verstärkt die Ansicht vertreten, dass Art. 293 EGV (Art. 220 a.F. EGV) auch für die Erbschaftsteuer gelte und daher die Staaten für ihre Staatsangehörigen die Beseitigung der Doppelbesteuerung sicherzustellen haben und ein Gebot zu staatlichen Maßnahmen zur Vermeidung von Doppelbesteuerung bestehe.[1354]
Im Allgemeinen erfolgen Steuerentlastungen zur Vermeidung der Doppelbesteuerung durch unilaterale Maßnahmen oder durch bilaterale Doppelbesteuerungsabkommen.

II. Unilaterale Maßnahmen

1. Deutschland

Als unilaterale Maßnahme ist in Deutschland auf Antrag in § 21 ErbStG die einseitige, anteilige Anrechnung der der deutschen Erbschaftsteuer entsprechenden ausländischen Erbschaftsteuer im Rahmen der unbeschränkten Steuerpflicht vorgesehen.[1355] Durch die Regelung wird zwar eine Doppelbesteuerung nicht zwingend ausgeschlossen, es wird jedoch angestrebt, die zweifache Belastung des Steuerpflichtigen zum Nachteil des deutschen Fiskus auf eine einfache Belastung zurückzuführen.[1356] Umstritten ist, ob zusätzlich für den Steuerpflichtigen - analog zu § 34c Abs. 2 EStG - ein Wahlrecht besteht, so dass die ausländische Steuer von der Bemessungsgrundlage als Nachlassverbindlichkeit

---

[1352] Jülicher, IStR 1998, 599 (601); Schindhelm, ZEV 1997, 8 (13); Zipfel, 107.
[1353] Debatin, DStR 1992, Beihefter zu Heft 23, 1 (1); Piltz, ZEV 1997, 494 (494); Schaumburg, § 14 Rn. 14.4; Troll/Gebel/Jülicher, ErbStG, § 2 Rn. 140; Weber-Fas, 39f.; Zipfel, 107.
[1354] Vgl. zur Problematik: Beul, IStR 1997, 1 (3); Dautzenberg/Brüggemann, BB 1997, 123 (131); Fraberger, Erbschaftsteuern und DBA, 211 (217ff.); Fraberger, 364ff.; Jochum, ZEV 2003, 171 (172); Jülicher, IStR 1998, 599 (601); Lang, DStJG 22 (1999), 255 (272f.); Lehner, IStR 2001, 329 (329f.); Müller-Etienne, 121f.; Schnitger, FR 2004, 185 (195f.); Stein, ErbStB 2003, 97 (99); Troll/Gebel/Jülicher, ErbStG, § 2 Rn. 141af.; Wassermeyer, DStJG 19 (1996), 151 (158ff.). Eine unmittelbare Wirkung hat der EuGH verneint. Vgl. EuGH v. 12.5.1998, C-336/96, EWS 1998, 263. So auch: FG Rh-Pf v. 6.6.2002, 4 K 2643/00 (BFH-Az.: II R 33/02), ZEV 2003, 170 (171); FG Düsseldorf v. 3.7.1996, 4 K 5910/91Erb, EWS 1998, 146 (147); VGH v. 30.3.2000, 99/16/0100-6.
[1355] Vgl. hierzu ausführlich: Arlt, 218ff.; Bellstedt, IWB F.3 Gr.9, 91 (99ff.); Jülicher, ZEV 1996, 295 (295ff.); Kluge, internationales Steuerrecht, U Rn. 16ff.; Piltz, ZEV 1997, 494 (494f.).
[1356] Meincke, ErbStG, § 21 Rn. 1; Weber, 286; Zipfel, 110.

abgezogen werden kann.[1357] Auf die Regelungen soll in diesem Rahmen nur hingewiesen werden, da im deutsch-österreichischen Verhältnis das bestehende Doppelbesteuerungsabkommen vorrangig ist.[1358]

2. Österreich

Im österreichischen Steuerrecht sind mehrere Maßnahmen zur Abmilderung der Doppelbesteuerung vorgesehen: § 6 Abs. 3 S. 1 öErbStG lässt auf Antrag den Abzug ausländischer Steuern als Nachlassverbindlichkeit im Rahmen der unbeschränkten Steuerpflicht zu.[1359] Sofern und soweit ein Doppelbesteuerungsabkommen vorrangig zum Tragen kommt, wird S. 1 jedoch nicht angewendet.[1360] Ferner ist in § 6 Abs. 3 S. 2 öErbStG für das Bundesministerium für Finanzen die Ermächtigung enthalten, anstelle des Abzugs eine Anrechnung der ausländischen Erbschaftsteuer auf die inländische anzuordnen.[1361] Darüber hinaus[1362] verleiht § 48 BAO dem Bundesministerium für Finanzen unter der Voraussetzung, dass der Abgabenpflichtige der Abgabenhoheit mehrerer Staaten unterliegt, die Kompetenz zu steuerlichen Entlastungsmaßnahmen, soweit sie zur Ausgleichung der in- und ausländischen Besteuerung oder zur Erzielung einer den Grundsätzen der Gegenseitigkeit entsprechenden Behandlung erforderlich

[1357] Im Rahmen dieses Streites „konkurrieren" die Reichweite des § 10 Abs. 8 ErbStG und „gebotene" Billigkeitsmaßnahmen miteinander. Vgl. zur Problematik: FG Nürnberg v. 18.12.1962, II 37/61, EFG 1963, 311; Arlt, IWB F.3 Gr.9, 103, (126); Meincke, ErbStG, § 21 Rn. 2; Schaumburg, § 15 Rn. 15.272; Troll/Gebel/Jülicher, ErbStG, § 21 Rn. 6; V/G/H/K/S-Schuck, ErbStG, § 10 Rn. 155.

[1358] Dies kann dem Sinn und Zweck des § 21 ErbStG entsprechend aber nur gelten, wenn und soweit die Doppelbesteuerung durch das Abkommen tatsächlich beseitigt wird. Daher ist § 21 ErbStG trotz des Bestehens des DBA-Österreich/ErbSt anzuwenden, wenn der sachliche Anwendungsbereich des Doppelbesteuerungsabkommens nicht tangiert wird, bspw. bei Schenkungen. Vgl. Bellstedt, IWB F.3 Gr.9, 103 (107); Fischer/Warneke, 79; Grotherr-Arlt, Hdb internationale Steuerplanung, 1413 (1414f.); Kapp/Ebeling, ErbStG, § 21 Rn. 22; Meincke, ErbStG, § 21 Rn. 9; Troll/Gebel/Jülicher, ErbStG, § 21 Rn. 80; Weber, 287; Zipfel, 111.

[1359] Vgl. hierzu: Djanani, 94; Fellner, ErbStG, § 6 Rn. 25ff.; Hausleithner, ÖStZ 1985, 218 (221); Toifl, Methoden zur Vermeidung der Doppelbesteuerung, 387 (420ff.).

[1360] Fellner, ErbStG, § 6 Rn. 26; Fraberger, 345; Toifl, Methoden zur Vermeidung der Doppelbesteuerung, 387 (393). Die unilateralen Maßnahmen kommen aber wiederum im Bezug auf Schenkungen zur Anwendung.

[1361] Vgl. hierzu: Djanani, 94f.; Hausleithner, ÖStZ 1985, 218 (220ff.); Huber, FJ 1990, 7 (9ff.); Toifl, Methoden zur Vermeidung der Doppelbesteuerung, 387 (427ff.). Vgl. zur terminologischen Ungenauigkeit: VwGH v. 8.3.1990, 89/16/0012; VwGH v. 8.9.1983, 82/15/0089; Fellner, ErbStG, § 6 Rn. 27. Richtigerweise hätte auf den Bundesminister für Finanzen als Behördenträger verwiesen werden müssen.

[1362] Das Verhältnis zwischen § 6 Abs. 3 S. 2 öErbStG und § 48 BAO ist umstritten. Vgl. VwGH v. 27.1.1999, 98/16//0028, AnwBl 1999, 643; Djanani, 95; Fellner, ErbStG, § 6 Rn. 48.; Jirousek, ÖStZ 1985, 44 (48); Lang, WBl 1987, 266 (267); Toifl, Methoden zur Vermeidung der Doppelbesteuerung, 387 (434ff.); Urtz, SWI 1996, 539 (539ff.).

sind.[1363] Diese Maßnahmen werden jedoch faktisch nur zugunsten in Österreich ansässiger Personen gewährt, obwohl die Anwendung auch bei beschränkter Steuerpflicht möglich ist.[1364] Nach einer neuen Verordnung[1365] zur Vermeidung der Doppelbesteuerung bei der Einkommen- und Körperschaftsteuer ist ferner die automatische Entlastung durch Befreiung bzw. Anrechnung im Veranlagungsweg ohne Antrag beim österreichischen Bundesministerium für Finanzen vorgesehen. Jülicher[1366] geht davon aus, dass dieses „einseitige Global-Doppelbesteuerungsabkommen" auch auf die Erbschaft- und Schenkungsteuer Einfluss nehmen wird. Dies wird abzuwarten sein.

III. Bilaterale Maßnahmen: Erbschaftsteuer-Doppelbesteuerungsabkommen

1. Allgemeines

Doppelbesteuerungsabkommen sind bilaterale völkerrechtliche Verträge, deren Zustandkommen sich nach dem „Wiener Übereinkommen über das Recht der Verträge"[1367] richtet. Den in das innerstaatliche Recht transformierten völkerrechtlichen Verträgen kommt der Rang einfacher Bundesgesetze zu.[1368] Gemäß § 2 AO gehen die Doppelbesteuerungsabkommen den allgemeinen Steuergesetzen vor und sind als leges speciales anzusehen.[1369]

1363 VwGH v. 27.1.1999, 98/16/0028, AnwBl 1999, 643; Djanani, 96ff.; Fellner, ErbStG, § 6 Rn. 47; Jirousek, ÖStZ 1985, 44 (44ff.); Taferner, ET 1999, 486 (486ff.); Urtz, AnwBl 1999, 645 (646).

1364 Vgl. Dorazil/Taucher, ErbStG, § 6 Rn. 12.7, 12.17; Fellner, ErbStG, § 6 Rn. 49c.

1365 BGBl II 2002/474. Ausführlich zur Verordnung: Bauer/Burgstaller, § 48 BAO Verordnung, 1ff. Vgl. auch: Schmidt, IStR 2003, Länderbericht Heft 5/2003, 1 (1).

1366 Troll/Gebel/Jülicher-Jülicher, ErbStG, § 21 Rn. 121.

1367 v. 23.5.1969. Für Deutschland: BGBl II 1985, 926; BGBl II 1987, 757. Für Österreich: BGBl 1980/40. Vgl. Vogel/Lehner-Vogel, DBA, Einl. Rn. 45ff.; Kluge, internationales Steuerrecht, R Rn. 2. Sie werden von deutscher Seite durch Zustimmung des Bundestages (Art. 59 Abs. 2 GG) und des Bundesrates in Form eines Gesetzes (Art. 105 Abs. 3 GG) in innerstaatliches Recht umgesetzt. Nach der Verkündung im Bundesgesetzblatt wird der Vertrag innerstaatliches Recht. Im österreichischen Recht bedürfen sie gemäß Art. 50 B-VG der Genehmigung durch den Nationalrat, um innerstaatliches Recht zu werden. Das Inkrafttreten des Abkommens erfolgt nach Austausch der Ratifikationsurkunden. Es wird im Bundesgesetzblatt eigens bekannt gegeben. Vgl. zum Zustandekommen der Doppelbesteuerungsabkommen ausführlich: Vogel, StuW 1982, 111 (115f.).

1368 Kluge, internationales Steuerrecht, R Rn. 5; Troll/Gebel/Jülicher, ErbStG, § 2 Rn. 147; Watrin, 111. Für Österreich: Lang, Einf. DBA, Rn. 50.

1369 Debatin, RIW 1987, 727 (727); Schuhmann, DVR 1987, 18 (18); Wassermeyer, DStJG 19 (1996), 151 (154). § 2 AO entbindet allerdings nicht von dem allgemeinen Grundsatz: „lex posterior derogat lex priori". Zur Problematik des „treaty override": Vogel/Lehner-Vogel, DBA, Einl. Rn. 193ff. Auf dem Gebiet der Erbschaftsteuern ist es bisher noch nicht zu einem „treaty override" gekommen.

Dies gilt auch für Österreich.[1370] Doppelbesteuerungsabkommen und innerstaatliches Recht bilden funktional unterschiedliche Rechtskreise:[1371] Während das innerstaatliche Recht Gegenstand und Umfang der Steuerpflicht kraft eigener Souveränität begründet, begrenzen Doppelbesteuerungsabkommen die Ausübung der Besteuerungsrechte ausschließlich. Sie bestimmen, ob und inwieweit die innerstaatlich begründeten Besteuerungsrechte, also die aus dem nationalen Recht hervorgehenden Steueransprüche, wechselseitig eingeschränkt werden.[1372]

Doppelbesteuerungsabkommen auf dem Gebiet der Nachlass- und Erbschaftsteuern sind weniger weit verbreitet als diejenigen, die die Steuern auf Einkommen und Vermögen zum Gegenstand haben.[1373] Ein Grund für diese Tatsache wird darin liegen, dass die zwischenstaatlichen Systemunterschiede auf diesem Gebiet wesentlich ausgeprägter sind als im Ertragsteuerrecht.[1374] Zudem wird die Vermeidung der Doppelbesteuerung bei den periodischen Steuern aufgrund der weitreichenden wirtschaftlichen zwischenstaatlichen Verflechtungen von den Staaten als wesentlich dringender empfunden als bei der Erbschaft- und Schenkungsteuer.[1375]

[1370] Djanani, 126; Lang, Einf. DBA, Rn. 52f.; Taucher, SWI 2003, 408 (416).

[1371] Vgl. Debatin/Wassermeyer-Debatin, DBA, Systematik III Rn. 41; Ost, 151; Wassermeyer, StuW 1990, 404 (405).

[1372] Vgl. BFH v. 21.5.1997, I R 79/96, BStBl II 1998, 113 (114); VwGH v. 14.3.1990, 86/13/0179; Debatin, DStR 1992, Beihefter zu Heft 23, 1 (2); Fellner, ErbStG, § 6 Rn. 28a; Hoog, Rn. 409; Lang, Einf. DBA, Rn. 42ff.; Vogel/Lehner-Vogel, DBA, Einl. Rn. 71; Watrin, 110f.; Weber, 296.

[1373] In Deutschland sind derzeit (Stand: 1.1.2004) folgende Abkommen auf dem Gebiet der Erbschaft- und Schenkungsteuern in Kraft: Dänemark (v. 22.11.1995, BGBl II 1996, 2565), Griechenland (v. 18.11.1910, BGBl II 1912, 173), Österreich (v. 4.10.1954, BGBl II 1955, 755), Schweden (v. 14.7.1992, BGBl II 1994, 686), Schweiz (v. 30.11.1978, BGBl II 1980, 594), USA (v. 14.12.1998, BGBl II 2000, 1170). Vgl. BMF v. 22.12.2003, IVB6-S1300-852/03, IWB F.3 Gr.2, 1087 (1092). Bei den Abkommen zwischen Schweden und Dänemark handelt es sich um „große Abkommen", die für Steuern vom Einkommen und Vermögen sowie für die Erbschaft- und Schenkungsteuer gleichermaßen gelten. In Österreich sind derzeit (Stand: 2002) folgende Abkommen auf dem Gebiet der Erbschaft- und Schenkungsteuern in Kraft: Deutschland (v. 4.10.1954, BGBl 1955/220); Frankreich (v. 8.10.1959, BGBl 1994/614); Liechtenstein (v. 7.12.1955, BGBl 1956/214); Schweden (v. 21.11.1962, BGBl 1963/212); Schweiz (v. 30.1.1974, BGBl 1975/63); Tschechien (v. 1.3.2000, BGBl 2000/17); Ungarn (v. 25.2.1975, BGBl 1976/51); USA (v. 21.6.1982, BGBl 1983/269). Das Doppelbesteuerungsabkommen mit den Niederlanden (BGBl 2003/13) ist derzeit noch nicht in Kraft. Vgl. Fellner, Erbschaftsteuern und DBA, 185 (185); Fraberger, 346f.; Sonneveldt/Zwemmer, Austria, 9.

[1374] Arlt, 113; Debatin, RIW 1987, 603 (604); Fraberger, 346; Watrin, 109f.

[1375] Vgl. Arlt, 113; Watrin, 110.

2. Auslegung von Doppelbesteuerungsabkommen

Da innerstaatliches Recht und Doppelbesteuerungsabkommen zwei getrennt voneinander zu betrachtende Regelungskreise bilden, gebietet die Eigenständigkeit der Bereiche und die Regelungssouveränität der Abkommen selbst, die im Doppelbesteuerungsabkommen verwendeten Begriffe eigenständig und autonom auszulegen.[1376] Um den Gefahren von Qualifikationskonflikten entgegenzutreten, werden einerseits Regelungsgegenstände autonom und abschließend durch das Abkommen selbst definiert. Daher führen semantische Übereinstimmungen zwischen Abkommens- und innerstaatlichen Begriffen nicht zur Begriffsidentität.[1377] Für die Auslegung verwendeter Begriffe kann zwar im Allgemeinen auch auf die Kommentierung zu den OECD-Musterabkommen zurückgegriffen werden, da jedoch das DBA-Österreich/ErbSt vor Abschluss des OECD-ErbSt-Musterabkommens in Kraft getreten ist, können weder das Musterabkommen noch die Kommentierung zu diesem zur Auslegung herangezogen werden.[1378]

Andererseits kann auch im Abkommen - das gleiche Ziel verfolgend - auf innerstaatliches Recht eines Vertragsstaates verwiesen[1379] werden. In diesen Fällen macht sich das Abkommen Begriffe des innerstaatlichen Rechts „zu eigen“. Für das Begriffsverständnis ist jeweils einheitlich das anzuwendende innerstaatliche Recht maßgeblich.[1380]

IV. Methoden zur Vermeidung der Doppelbesteuerung in Doppelbesteuerungsabkommen

Ziel des Doppelbesteuerungsabkommens ist es, die Doppelbesteuerung zu vermeiden. In der Abkommenspraxis wird dies durch die Befreiungsmethode oder/und Anrechnungsmethode erreicht.

[1376] Vgl. Lang, RIW 1992, 573 (574); Schaumburg, § 16 Rn. 16.60; Vogel/Lehner-Vogel, DBA, Einl. Rn. 100; Wassermeyer, StuW 1990, 404 (405). Vgl. zur Auslegung von Doppelbesteuerungsabkommen und Art. 31-33 WÜRV allgemein: Fischer-Zernin, RIW 1987, 785 (785ff.); Lang, Einf. DBA, Rn. 7ff.; Prokisch, SWI 1994, 52 (56ff.); Vogel/Lehner-Vogel, DBA, Einl. Rn. 105ff.

[1377] Vgl. Debatin, DStR 1992, Beihefter zu Heft 23, 1 (5); Djanani, 128; Kluge, internationales Steuerrecht, R Rn. 30; Lang, SWI 1999, 61 (64); Schaumburg, § 16 Rn. 16.60.

[1378] Vgl. Arlt, 119f.; Lang, Einf. DBA, Rn. 100; Toifl, Methoden zur Vermeidung der Doppelbesteuerung, 389 (399). Dennoch verweisen P/L/J/P in der Kommentierung zum DBA-Österreich/ErbSt fast durchgehend auf das Musterabkommen.

[1379] Dies ist nicht im Sinne einer Rechtsfolgenverweisung, sondern als Bezugnahme auf das jeweils anzuwendende Recht zu verstehen. Vgl. Lang, 105ff.; Mössner, FS Seidl-Hohenveldern, 403 (422ff.); Schaumburg, § 16 Rn. 16.61 Fn. 211.

[1380] Vgl. Lang, Einf. DBA, Rn. 91; Schanne, 34; Schaumburg, § 16 Rn. 16.61; Wassermeyer, StuW 1990, 404 (409).

1. Anrechnungsmethode

Nach der Anrechnungsmethode werden beide Staaten als besteuerungsberechtigt angesehen. Die Staaten verpflichten sich wechselseitig dazu, auf ihre eigenen Steuern den Steuerbetrag anzurechnen, den der andere Staat hinsichtlich solcher Vermögensgegenstände erhebt, an denen diesem nach dem Doppelbesteuerungsabkommen das vorrangige Besteuerungsrecht zusteht.[1381] Der Nachteil der Methode besteht darin, dass die Anwendung nicht immer zur vollen Anrechnung der ausländischen Steuer führt, da das Anrechnungsvolumen auf die Höhe der dem Auslandsvermögen entsprechenden anteiligen Inlandsteuer beschränkt wird, sog. Anrechnungshöchstbetrag.[1382] Während in Fällen, in denen die tatsächlich gezahlte ausländische Erbschaftsteuer auf einen höheren Betrag lautet, der überschießende Teil unberücksichtigt bleibt (sog. Anrechnungsüberhänge), ist in Fällen der betragsmäßig niedrigeren ausländischen Steuer der Differenzbetrag zur inländischen Steuer zu entrichten.[1383] Letztendlich bewirkt das Verfahren, dass das Vermögen (nur) mit dem höheren Besteuerungsniveau belastet wird.[1384]

Die Anrechnungsmethode ist aus deutscher Sicht bei den DBA/ErbSt mit Dänemark, Schweden, USA und größtenteils bei dem DBA/ErbSt mit der Schweiz vorgesehen.[1385] In Österreich ist sie bisher in keinem der Erbschaftsteuerabkommen vereinbart worden.

2. Freistellungsmethode

Die Vermeidung der Doppelbesteuerung wird im Rahmen der Freistellungsmethode dadurch erreicht, dass das Abkommen die grundsätzliche Steuerberechtigung dem Ansässigkeitsstaat zuweist und dem anderen Vertragsstaat die alleinige Steuerberechtigung nur im Bezug auf bestimmte Vermögensgegenstände (i.d.R. unbewegliches Vermögen, Betriebsstätte) zugewiesen wird.[1386] Für die letztgenannten Nachlassgegenstände wird das Besteuerungsrecht im Ansässigkeitsstaat nicht ausgeübt. Die Gegenstände scheiden aus der Steuerbe-

---

[1381] Vgl. Dorazil/Taucher, ErbStG, § 6 Rn. 11.11; Hoog, Rn. 410; Moench-Weinmann, ErbStG, § 2 Rn. 39; Zipfel, 108.

[1382] Boochs, UVR 1994, 264 (267); Jorde/Schneider/von Kolken, WPg 2004, 120 (129); Moench-Weinmann, ErbStG, § 2 Rn. 39; Troll/Gebel/Jülicher, ErbStG, § 2 Rn. 144; Zehetner, Erbschaftsteuern und DBA, 145 (159); Zipfel, 108.

[1383] Moench-Weinmann, ErbStG, § 2 Rn. 39; Troll/Gebel/Jülicher, ErbStG, § 2 Rn. 144; Zipfel, 108.

[1384] Arlt, 204; Boochs, UVR 1994, 265 (268); Chebounov, 27; Jülicher, ZErb 2004, 14 (19); Kapp/Ebeling, ErbStG, § 21 Rn. 35; Wassermeyer, Rn. 715; Zipfel, 108.

[1385] Grotherr-Arlt, Hdb internationale Steuerplanung, 1413 (1435); Jorde/Schneider/von Kolken, WPg 2004, 120 (128f.).

[1386] Vgl. Grotherr-Arlt, Hdb internationale Steuerplanung, 1413 (1435); Hoog, Rn. 410; Moench-Weinmann, ErbStG, § 2 Rn. 39; Wassermeyer, Rn. 715; Zehetner, Erbschaftsteuern und DBA, 145 (148ff.); Zipfel, 108.

messungsgrundlage aus: Es wird freigestellt. Im Ergebnis entsprechen die zu zahlenden Steuern jeweils dem Niveau des Steuersatzes des tatsächlich besteuernden Staates.[1387]
Ferner wird im Rahmen der Freistellungsmethode regelmäßig ein sog. Progressionsvorbehalt vereinbart: Es wird zwar das konkrete Vermögen freigestellt, für die Ermittlung des Steuersatzes wird hingegen das freigestellte Vermögen berücksichtigt.[1388]
Diese Methode ist aus deutscher Sicht bei den DBA/ErbSt mit Österreich und teilweise mit der Schweiz vorgesehen.[1389] In sämtlichen österreichischen Abkommen ist die Freistellungsmethode statuiert. Besonderheiten weisen diesbezüglich die Abkommen mit den USA, Frankreich und den Niederlanden auf: Österreich wendet jeweils die Freistellungsmethode an, der andere Vertragsstaat hingegen die Anrechnungsmethode.

C. Das Erbschaftsteuer-Doppelbesteuerungsabkommen zwischen der Bundesrepublik Deutschland und der Republik Österreich[1390]

I. Entwicklung des Doppelbesteuerungsabkommens

Das Abkommen zwischen der Republik Österreich und der Bundesrepublik Deutschland zur Vermeidung der Doppelbesteuerung auf dem Gebiete der Erbschaftsteuern vom 4.10.1954 ist am 7.9.1955 in Kraft getreten zusammen mit dem Schlussprotokoll, dessen Bestimmungen integrierter Bestandteil des Abkommens sind.[1391]

II. Anwendungsbereich

Der Anwendungsbereich des Abkommens wird auf einen persönlichen und auf einen sachlichen Geltungsbereich beschränkt. Darüber hinaus ist die Anwendbarkeit des Abkommens zeitlich und räumlich begrenzt.

[1387] Jorde/Schneider/von Kolken, WPg 2004, 120 (128).

[1388] Hausleithner, ÖStZ 1985, 218 (218); Kapp/Ebeling, ErbStG, § 21 Rn. 35; Zehetner, Erbschaftsteuern und DBA, 145 (153f.). Vgl. ausführlich: 4. Teil B IV 2.

[1389] Vgl. Grotherr-Arlt, Hdb internationale Steuerplanung, 1413 (1435); Moench-Weinmann, ErbStG, § 2 Rn. 39; Troll/Gebel/Jülicher, ErbStG, § 2 Rn. 143; Zipfel, 108.

[1390] Im Bezug auf die Nachfolgeklauseln ergeben sich bei der Abkommensanwendung im Regelfall keine Besonderheiten. Auf einzelne Probleme, die auftreten können, wird besonders hingewiesen.

[1391] BGBl II 1955, 891; öBGBl 1955/220. Das heute geltende Abkommen trat an die Stelle des Abkommens aus dem Jahr 1922 (Vertrag zwischen dem Deutschen Reich und der Republik Österreich zur Vermeidung der Doppelbesteuerung auf dem Gebiet der Abgaben von Todes wegen v. 28.5.1922, RGBl II 1923, 98). Ferner ist am 15.3.2003 ein Revisionsprotokoll unterzeichnet worden, das nach seinem Inkrafttreten rückwirkend ab dem 1.1.2003 anzuwenden ist. Vgl. dazu: Hensel, IWB Gr.2, 601 (601).

1. Persönlicher Geltungsbereich

Im Bereich des persönlichen Geltungsbereichs wird nur an die Person des Erblassers angeknüpft: Der Erblasser muss in einem oder in beiden Vertragsstaaten seinen Wohnsitz gehabt haben, Art. 1 Abs. 1 DBA-Österreich/ErbSt. Es bleibt daher für die Frage der Abkommensberechtigung sowohl die Person des Erwerbers[1392] als auch die Staatsangehörigkeit des Erblassers - im Unterschied zum DBA-Österreich/ErbSt 1922 -[1393] außer Betracht. Insofern wirkt sich eine Wohnsitzverlegung von Deutschland nach Österreich (oder umgekehrt) im Erbfall sofort aus.[1394]

In Art. 1 Abs. 2 S. 1 DBA-Österreich/ErbSt wird der Wohnsitz des Erblassers definiert:[1395] Danach hat eine Person einen Wohnsitz in dem Staat, in dem sie eine Wohnung innehat unter Umständen, die darauf schließen lassen, dass sie die Wohnung beibehalten und benutzen wird. Besteht in keinem der beiden Staaten ein Wohnsitz des Erblassers, gilt als fiktiver Wohnsitz gemäß Art. 1 Abs. 2 S. 2 DBA-Österreich/ErbSt der gewöhnliche Aufenthalt, der durch Abs. 1 des Schlussprotokolls definiert wird. Bestehen hingegen in beiden Vertragsstaaten Wohnsitze, entscheidet gemäß Art. 5 Nr. 2 DBA-Österreich/ErbSt der Mittelpunkt der Lebensinteressen über den Ansässigkeitsstaat des Erblassers: Maßgeblich ist der Staat „zu dem die stärksten persönlichen und wirtschaftlichen Beziehungen des Erblassers bestanden". Bei der Beurteilung des Mittelpunktes der Lebensinteressen ist insbesondere zu berücksichtigen, dass die

---

[1392] Vgl. VwGH v. 10.12.1964, 796/64; Arlt, 137; Fellner, ErbStG, § 6 Rn. 28a; Hausleithner, ÖStZ 1985, 218 (218); Jochum, UVR 2003, 162 (165); Ost, 153; Ostendorf/Lechner, DB 1996, 799 (804); P/L/J/P, internationales Steuerrecht, Z 100 Rn. 2; Taucher, Int. Erbschaften, 70; Thömmes, Österreich EU-Nachbar, 213 (232). Daher ist das Abkommen nicht anwendbar, wenn ein im Drittstaat ansässiger Erblasser einen Österreicher als Erben eingesetzt hat und das Nachlassvermögen in Deutschland belegen ist.

[1393] Becker/Höppner/Grotherr/Kroppen-Bellstedt/Binder, vor DBA-Österreich/ErbSt, Rn. 5; Ost, 153. Der Verzicht auf die Anknüpfung an die Staatsangehörigkeit ist Ausfluss des Diskriminierungsverbotes, das heute als ein das internationale Steuerrecht beherrschendes Grundprinzip anzusehen ist. Vgl. Knechtle, 60f.; Weber-Fas, 26f. Jedoch ist im Hinblick auf die Normierung des § 2 Abs. 1 Nr. 1b) ErbStG verschiedentlich problematisiert worden, ob es diesbezüglich zu einem „treaty-override" gekommen ist. Im Ergebnis wird dies allgemein verneint. Vgl. Jochum, UVR 2003, 162 (166); Ostendorf/Lechner, DB 1996, 799 (805).

[1394] Vgl. öBMF v. 26.3.2002, SWI 2002, 207; Fellner, ErbStG, § 6 Rn. 37; Plewka/Watrin, ZEV 2002, 253 (255); Rolfs, IWB F.5 Gr.2, 439 (452); Scherer-von Oertzen, § 40 Rn. 66; Stein, ErbStB 2003, 125 (126); Thömmes, Österreich EU-Nachbar, 213 (232f.). Allerdings besteht im anderen Staat die Berechtigung zur Ausübung des Steueranspruchs im Bezug auf Grund- und Betriebsstättenvermögen.

[1395] Vgl. Huemer, 182ff. unverständlich insofern: Ost, 154; Rolfs, IWB F.5 Gr.2, 439 (447). Die Definition des „Wohnsitzes" und des „gewöhnlichen Aufenthalts" entsprechen zwar denen des innerstaatlichen Rechts, es besteht aber keine Begriffsidentität. Ferner besteht im Gegensatz zum innerstaatlichen Recht im Abkommensrecht eine eindeutige Rangfolge der Anknüpfungsmerkmale. Auch fehlt es an der Sechsmonatsfrist. Vgl. Ostendorf/Lechner, DB 1996, 799 (800).

persönlichen und wirtschaftlichen Beziehungen als gleichwertig anzusehen sind.[1396] Die Bedeutung der Norm ist nicht zu unterschätzen, da infolge der Normanwendung der andere Staat in seiner Stellung als „Auch-Wohnsitzstaat" zurücktritt und in die des Belegenheitsstaates einrückt.
Soweit eine Bestimmung nicht erfolgen kann, ist gemäß Art. 5 Nr. 2 S. 2 DBA-Österreich/ErbSt ein Verständigungsverfahren zur Bestimmung des Mittelpunktes der Lebensinteressen einzuleiten.

2. Sachlicher Geltungsbereich

Der sachliche Geltungsbereich des Abkommens beschränkt sich auf die Erbschaftsteuer, soweit ihr Erwerbe von Todes wegen oder Zweckzuwendungen von Todes wegen unterliegen, vgl. Art. 2 Abs. 1 DBA-Österreich/ErbSt.[1397]
Kein Abkommensschutz besteht bei Schenkungen oder Zweckzuwendungen unter Lebenden, vgl. Abs. 3 S. 2 Schlussprotokoll DBA-Österreich/ErbSt. Für Gestaltungen im Rahmen der vorweggenommenen Erbfolge kommen daher nur unilaterale Maßnahmen zur Vermeidung der Doppelbesteuerung in Betracht.[1398]
Soweit hingegen vorherige Schenkungen bei der Besteuerung eines Erwerbes von Todes wegen zu berücksichtigen sind, darf jeder Staat nur den Teil der Vorschenkungen hinzurechnen, für den er das Besteuerungsrecht gehabt hätte, wenn die Schenkung einen Erwerb von Todes wegen darstellen würde.[1399] Im Rahmen des Progressionsvorbehalts werden die Vorerwerbe jedoch uneingeschränkt berücksichtigt.[1400]

[1396] Becker/Höppner/Grotherr/Kroppen-Bellstedt/Binder, DBA-Österreich/ErbSt, Art. 1 Rn. 5. Nicht differenzierend hingegen: Ost, 154f. Das OECD-ErbSt-Musterabkommen von 1982 (Im Folgenden: OECD-ErbSt-MA 1982) hingegen verwendet im vergleichbaren Zusammenhang in Art. 4 Abs. 2a statt des Wortes „stärksten" das Wort „engeren". Trotzdem ist aber inhaltlich dasselbe gemeint. Dennoch ergibt sich aus der Kommentierung in Nr. 24 zu Art. 4 OECD-ErbSt-MA (Kommentar des Fiskalkomitees der OECD zum Musterabkommen 1982, abgedruckt in: Dorazil/Taucher, ErbStG, Anhang A/2), dass dort den persönlichen Beziehungen mehr Gewicht beigemessen wird.

[1397] Die Schenkung auf den Todesfall wird erfasst. Vgl. öBMF v.10.10.1996, SWI 1996, 494. Bereits zuvor: Baumgartner/Gassner/Schick, DStR 1989, 619 (619). Durch das am 15.3.2003 unterzeichnete Zusatzabkommen wurde klargestellt, dass die Erbersatzsteuer nicht als eine i.S.d. Art. 2 Abs. 2 DBA-Österreich/ErbSt angesehen wird. Vgl. Hensel, IWB Gr.2, 601 (601); Jochum, UVR 2003, 162 (166); Leitner, IWB F.5 Gr.5, 573 (582); Troll/Gebel/Jülicher, ErbStG, § 2 Rn. 211.

[1398] Lang, Einf. DBA, Rn. 221; Ostendorf/Lechner, DB 1996, 799 (804); Schuch, Österreich EU-Nachbar, 186 (195); Thömmes, Österreich EU-Nachbar, 213 (232).

[1399] So im Wege des Verständigungsverfahrens (Art. 10 DBA-Österreich/ErbSt) vereinbart: BMF v. 12.12.1963, IV B/5-S1301-32/62, DB 1964, 169; öBMF v. 21.1.1964, 132.389-8/63, AÖF 1964/87. Dazu ausführlich: Philipp, ÖStZ 1964, 230 (230ff.); Fellner, Erbschaftsteuer und DBA, 185 (191).

[1400] Hausleithner, ÖStZ 1985, 218 (222); Philipp, ÖStZ 1964, 230 (231); Ost, 159 mit Beispiel; Stein, ErbStB 2003, 125 (125).

3. Räumlicher Geltungsbereich

Das Abkommen gilt für das Hoheitsgebiet der Bundesrepublik Deutschland und der Republik Österreich. Der Anwendungsbereich wurde zunächst auf das Bundesland Saarland[1401] und im Zuge der Wiedervereinigung Deutschlands aufgrund einer deutsch-österreichischen Verständigung auf das Gebiet der ehemaligen Deutschen Demokratischen Republik ausgeweitet.[1402]

4. Zeitlicher Geltungsbereich

Das DBA-Österreich/ErbSt ist auf alle Erbfälle, die nach dem 7.9.1955 eingetreten sind, anwendbar.[1403]

III. Vermeidung der Doppelbesteuerung: Freistellungsmethode

Das DBA-Österreich/ErbSt wendet ausschließlich die Freistellungsmethode an. Es teilt grundsätzlich dem Ansässigkeitsstaat das ausschließliche Besteuerungsrecht zu, vgl. Art. 5 Abs. 1 DBA-Österreich/ErbSt. Diesbezüglich hat der andere Staat freizustellen. Diesem steht hingegen das ausschließliche Besteuerungsrecht bei Grundvermögen und Betriebsstättenvermögen zu. Diesbezüglich hat der Ansässigkeitsstaat freizustellen.

Rein aufbautechnisch wird im Abkommen im Gegensatz zum OECD-ErbSt-Musterabkommen keine strikte Trennung zwischen Verteilungsnormen und Methodenartikeln vorgenommen, sondern es ergibt sich aus der in den Verteilungsnormen verwendeten Wortwahl („wird nur in diesem Staate besteuert") die Methode zur Vermeidung der Doppelbesteuerung als abschließende Rechtsfolge.[1404]

Im Ergebnis führt damit die Verteilung der Besteuerungsrechte dazu, dass im Bezug auf das innerstaatliche Erbschaftsteuerrecht die Ausübung des Steueranspruchs aufgrund beschränkter Steuerpflicht auf die effektive Besteuerung von Grundvermögen und Betriebsstättenvermögen begrenzt wird.[1405]

IV. Allgemeines

Da im Abkommen keine eigenständigen Regelungen über die Bewertung des Nachlassvermögens enthalten sind, ist auf das jeweils anzuwendende innerstaat-

---

[1401] Vgl. öBMF v. 3.9.1957, 94.826-8/57, AÖF 1957/235.

[1402] Vgl. öBMF v. 20.11.1990, 04 1482/27-IV/4/90, AÖF 1990/301.

[1403] Vgl. Art. 12 Abs. 1 S. 1 DBA-Österreich/ErbSt; Korn/Debatin-Wassermeyer, DBA-Österreich/ErbSt, Art. 2 Rn. 3; Ost, 161f.

[1404] Vgl. P/L/J/P, DBA-Österreich/ErbSt, Art. 7 Rn. 2; Rolfs, IWB F.5 Gr.2, 439 (450); Schuch, Österreich steuerlicher EU-Nachbar, 185 (211); Toifl, Methoden zur Vermeidung der Doppelbesteuerung, 387 (400).

[1405] Vgl. Becker/Höppner/Grotherr/Kroppen-Bellstedt/Binder, vor DBA-Österreich/ ErbSt Rn. 11; Bellstedt, IWB F.3 Gr. 9, 93 (97).

liche Recht zurückzugreifen.[1406] Dies gilt auch für den Entstehenszeitpunkt der Steuerschuld.[1407] Innerstaatliche Steuerbefreiungen wirken sich jeweils nur aus, wenn durch das Abkommen das begünstigte Vermögen auch dem steuerbefreienden Staat zugeteilt wird. Andernfalls laufen Steuerbefreiungen leer.[1408]

V. Verteilung der Besteuerungsrechte

1. Belegenheitsprinzip, Art. 3 DBA-Österreich/ErbSt

Für unbewegliches Nachlassvermögen gilt gemäß Art. 3 Abs. 1 DBA-Österreich/ErbSt ausschließlich das Belegenheitsprinzip.

Was zum unbeweglichen Vermögen gehört, bestimmt sich gemäß Abs. 5 Schlussprotokoll DBA-Österreich/ErbSt nach dem Steuerrecht des Vertragsstaates, in dem der Gegenstand liegt. Allerdings wird im deutschen Steuerrecht dieser Begriff nur vereinzelt bspw. in § 49 Abs. 1 Nr. 6 EStG verwendet. Da Art. 3 Abs. 1 DBA-Österreich/ErbSt eine maßgebliche Bedeutung für die beschränkte Steuerpflicht zukommt, wird mit der Verweisung auf das Steuerrecht Grundvermögen i.S.d. §§ 121 Nr. 2, 68ff. BewG gemeint sein.[1409] Auch im Bezug auf das österreichische Steuerrecht ist davon auszugehen, dass auf §§ 18 Nr. 2, 51ff. öBewG verwiesen wird.[1410] Durch die Verweisung werden Qualifikationskonflikte ausgeschlossen, da der Wohnsitzstaat an die im Belegenheitsstaat vorgenommene Begriffsbestimmung gebunden ist.[1411]

Ferner gilt das Belegenheitsprinzip gemäß Art. 3 Abs. 2 DBA-Österreich/ErbSt auch für „Nutzungsrechte an unbeweglichem Vermögen" wie bspw. den Nießbrauch, das dingliche Wohnungsrecht, beschränkt persönliche Dienstbarkeiten, Grunddienstbarkeiten, Reallasten, nicht aber für schuldrechtliche Mietverträge

---

[1406] VwGH v. 12.10.1989, 88/16/0050; VwGH v. 28.6.1989, 88/16/0094, ÖStZ 1990, 224 (224); Fellner, ErbStG, § 6 Rn. 28a, § 19 Rn. 6a; Fraberger, 354; Kapp/Ebeling, ErbStG, § 21 Rn. 36; Schaumburg, § 16 Rn. 16.512. Dies gilt für alle Vermögensgegenstände. Es wird diesbezüglich auf die einzelnen Ausführungen im Einführungsteil verweisen.

[1407] Vgl. VwGH v. 25.3.1963, 18/62; Fellner, ErbStG, § 6 Rn. 28a; Fraberger, 354f.

[1408] Vgl. öBMF v. 29.10.1993, SWI 1994, 3; Fellner, ErbStG, § 6 Rn. 40.

[1409] So auch: Becker/Höppner/Grotherr/Kroppen-Bellstedt/Binder, DBA-Österreich/ ErbSt, Art. 3 Rn. 5. Unverständlich in diesem Zusammenhang: Korn/Debatin-Wassermeyer, DBA-Österreich/ErbSt, Art. 3 Rn. 2. Das Grundvermögen umfasst Grund und Boden, Gebäude, die sonstigen Bestandteile und Zubehör - so auch ausdrücklich in Art. 3 Abs. 1 DBA-Österreich/ErbSt -, das Erbbaurecht, das Teileigentum, das Wohnungserbbaurecht und das Teilerbbaurecht nach dem WEG.

[1410] So auch: Becker/Höppner/Grotherr/Kroppen-Bellstedt/Binder, DBA-Österreich/ ErbSt, Art. 3 Rn. 7. Dazu zählen Grund und Boden, sonstige Bestandteile und Zubehör, Superädifikate (d.h. Gebäude auf fremden Grund und Boden), das Baurecht, das Wohnungseigentum nach dem öWEG. Die Rechtsprechung ist hierzu uneinheitlich. Zum Teil wurde für die Zuordnung auch auf das Privatrecht und nicht auf das Steuerrecht abgestellt. Vgl. VwGH v. 28.9.1967, 760/67, ÖStZB 1968, 71; VwGH v. 25.3.1963, 18/62.

[1411] Arlt, 157.

und für „Rechte, die durch Pfandrecht an einem solchen Vermögen gesichert sind oder auf ihm lasten“.[1412] Von diesem zitierten Halbsatz werden die Grundpfandrechte erfasst.[1413]
Nach Abs. 3 hat die Zuordnung zum unbeweglichen Nachlassvermögen Vorrang gegenüber der Qualifikation als Betriebsvermögen. Es wird daher das Besteuerungsrecht für unbewegliches Vermögen unabhängig von deren Nutzung dem Belegenheitsstaat zugewiesen.[1414] Dies kann u.U. zu einem „Durchgriff“ von Betriebsvermögen i.S.e. Aufteilung in bewegliches und unbewegliches Vermögen führen.[1415]

2. Betriebsstättenprinzip, Art. 4 DBA-Österreich/ErbSt

Durch Art. 4 Abs. 1 DBA-Österreich/ErbSt wird das Besteuerungsrecht des Wohnsitzstaates zugunsten des ausschließlichen Besteuerungsrechtes des Betriebsstättenstaates durchbrochen. Unbewegliches Betriebsstättenvermögen wird von Art. 4 DBA-Österreich/ErbSt aufgrund der Anordnung in Art. 3 Abs. 3 DBA-Österreich/ErbSt nicht erfasst.
Befindet sich eine Betriebsstätte nur in einem Vertragsstaat, unterliegt das Betriebsstättenvermögen gemäß Art. 4 Nr. 1 DBA-Österreich/ErbSt dort der ausschließlichen Besteuerung, sog. Betriebsstättenprinzip.[1416] Bestehen Betriebsstätten in beiden Vertragsstaaten, wird das Besteuerungsrecht nach dem Vermögen aufgeteilt, das der jeweiligen Betriebsstätte dient, Art. 4 Nr. 2 DBA-Österreich/ErbSt.[1417] Gewerbliches Nachlassvermögen, das keiner Betriebsstätte in einem der Vertragsstaaten, sondern einer in einem Drittstaat dient, ist gemäß Abs. 8c Schlussprotokoll DBA-Österreich/ErbSt als sonstiges Nachlassvermögen zu behandeln.

a) Betriebsstättenbegriff

Was eine Betriebsstätte ist, richtet sich aufgrund des Verweises in Abs. 6 Schlussprotokoll DBA-Österreich/ErbSt nach Art. 4 Abs. 2f. DBA-Österreich/ESt 1954. Zu beachten ist, dass der Betriebsstättenbegriff mit dem

---

[1412] Becker/Höppner/Grotherr/Kroppen-Bellstedt/Binder, DBA-Österreich/ErbSt, Art. 3 Rn. 10; Korn/Debatin-Wassermeyer, DBA-Österreich/ErbSt, Art. 3 Rn. 2; Watrin, 121f.
[1413] Vgl. VwGH v. 28.9.1967, 760/67, ÖStZB 1968, 71; Becker/Höppner/ Grotherr/Kroppen-Bellstedt/Binder, DBA-Österreich/ErbSt, Art. 3 Rn. 10; Korn/Debatin-Wassermeyer, DBA-Österreich/ErbSt, Art. 3 Rn. 2; Ost, 164.
[1414] Vgl. Heinrich, Erbschaftsteuern und DBA, 75 (81).
[1415] Grotherr-Arlt, Hdb internationale Steuerplanung, 1413 (1433); Laubrock, 90.
[1416] Bsp.: Der in Deutschland ansässige Erblasser ist an einer Personengesellschaft in Österreich beteiligt.
[1417] Bsp.: Der in Österreich ansässige Erblasser ist an einer Personengesellschaft mit Stammhaus in Österreich und Betriebsstätte in Deutschland beteiligt.

Begriff im revidierten DBA-Österreich/ESt 1992 (Art. 4 Abs. 3) übereinstimmt,[1418] wohl aber nicht mit dem im aktuellen DBA-Österreich/ESt 2000.[1419]

b) Beteiligungen

Gemäß Abs. 7 Schlussprotokoll DBA-Österreich/ErbSt gilt das Betriebsstättenprinzip auch für Beteiligungen an gesellschaftlichen Unternehmungen[1420] und für die atypisch stille Beteiligung. Aus Abs. 7 wird allgemein geschlossen, dieser stelle die Rechtsgrundlage für die Transparenzbetrachtung der Personengesellschaft auf abkommensrechtlicher Ebene dar.[1421]

Auch Sonderbetriebsvermögen wird als Betriebsstättenvermögen erfasst.[1422] Im Bezug auf die GmbH & Co. KG kann es jedoch zu Qualifikationskonflikten kommen, da sich für das österreichische Steuerrecht die Ansicht durchgesetzt hat, dass die Anteile an der Komplementär-Kapitalgesellschaft einer GmbH & Co. KG kein Sonderbetriebsvermögen II der Kommanditisten darstellen.[1423] Zu einem positiven Qualifikationskonflikt kommt es dann, wenn ein in Österreich ansässiger Erblasser an einer deutschen GmbH & Co. KG beteiligt ist: Deutschland wird in diesem Fall die Kapitalgesellschaftsanteile als Betriebsstättenstaat aufgrund der Qualifikation als Sonderbetriebsvermögen gemäß Art. 4 DBA-Österreich/ErbSt besteuern, während Österreich die Ausübung des Besteuerungsrechts aus Art. 5 DBA-Österreich/ErbSt aufgrund der Qualifikation als

---

[1418] Becker/Höppner/Grotherr/Kroppen-Bellstedt/Binder, DBA-Österreich/ErbSt, Art. 4 Rn. 7.

[1419] Auf die konkrete Begriffsbestimmung soll in diesem Rahmen nicht eingegangen werden. Vgl. dazu ausführlich: Lang/Schuch, DBA Deutschland/Österreich, Art. 4 Rn. 31ff.; Loukota/Jirousek, 81ff.; Wingert/Krause, DBA-Österreich/ESt, 530. Für den von der Arbeit besonders behandelten Bereich wird i.d.R. eine eindeutige Zuordnung möglich sein. Abzugrenzen ist das Vermögen einer Betriebsstätte einerseits vom nichtbetrieblichen Vermögen des Erblassers und andererseits von dem Betriebsvermögen eines Stammhauses im Wohnsitzstaat des Erblassers. Vgl. Heinrich, Erbschaftsteuern und DBA, 75 (95).

[1420] Bezüglich der Beteiligung an einer Personengesellschaft folgt dies bereits unmittelbar aus dem Verweis auf das DBA-Österreich/ESt. Vgl. Lang/Schuch, DBA Deutschland Österreich, Art. 4 Rn. 35. Ausdrücklich ausgenommen sind: Aktien, Kuxen, Anteilsscheine und sonstige Wertpapiere sowie Anteile an Genossenschaften und Gesellschaften mit beschränkter Haftung, vgl. Abs. 7a Schlussprotokoll DBA-Österreich/ErbSt. Diese sind, so wie die typische stille Beteiligung (Abs. 7b Schlussprotokoll Doppelbesteuerungsabkommen), dem sonstigen Vermögen zuzuordnen.

[1421] Fellner, Erbschaftsteuern und DBA, 185 (200); Taucher, SWI 2003, 408 (417). Vgl. auch: Hueck, 127.

[1422] Fraberger, 351, 656. Besteht das Sonderbetriebsvermögen aus unbeweglichem Nachlassvermögen ist wiederum vorrangig Art. 3 DBA-Österreich/ErbSt anzuwenden.

[1423] Vgl. VwGH v. 1.11.1982, 82/14/84, ÖStZB 1983, 300; öBMF v. 20.9.1993, SWI 1993, 309; Fraberger, 660; Quantschnigg/Schuch, ESt-Handbuch, § 23 Rn. 37.2.

Kapitalvermögen ableitet.[1424] Dieser Qualifikationskonflikt wird nur im Rahmen eines Verständigungsverfahrens zu lösen sein.
Ist hingegen umgekehrt der in Deutschland ansässige Erblasser an der GmbH & Co. KG beteiligt, kommt es im Ergebnis zu einer „Keinmalbesteuerung“[1425] im Bezug auf den Kapitalgesellschaftsanteil, da Deutschland von einer österreichischen Betriebsstätte ausgeht und daher freistellt, während aus österreichischer Sicht der Anteil dem sonstigen Nachlassvermögen gemäß Art. 5 DBA-Österreich/ErbSt zuzuordnen ist.[1426]

c) Mittelbare Beteiligung an einer Personengesellschaft

Wie bereits einführend dargestellt,[1427] weicht im Bezug auf mittelbare Beteiligungen an Personengesellschaften das österreichische Verständnis vom deutschen ab. Es kommt nach der Abkommensanwendung zu folgender Besteuerungssituation: Bei einer von einer deutschen Personengesellschaft gehaltenen indirekten Beteiligung eines deutschen Erblassers an einer österreichischen Personengesellschaft, die einem österreichischen „Steuerausländer“ im Todesfall anfällt, ist Art. 4 i.V.m. Abs. 7 Schlussprotokoll DBA-Österreich/ErbSt anzuwenden, so dass bezüglich des österreichischen Betriebsstättenvermögens in Deutschland freigestellt wird. Da im österreichischen Erbschaftsteuerrecht keine Steuerpflicht besteht, kommt es in diesem Umfang zu einer „Keinmalbesteuerung“.[1428] Es liegt ein Fall der doppelten Nichtbesteuerung vor.
Im umgekehrten Fall, in dem ein österreichischer Erblasser an einer österreichischen Personengesellschaft beteiligt ist, die wiederum Gesellschafterin einer deutschen Personengesellschaft ist, wird das deutsche Betriebsstättenvermögen von Österreich aus der Besteuerungsgrundlage herausgenommen und es findet diesbezüglich nur eine Besteuerung in Deutschland statt.[1429]

3. Sonstiges Nachlassvermögen, Art. 5 DBA-Österreich/ErbSt

Nachlassvermögen, das nicht den Art. 3 und 4 DBA-Österreich/ErbSt unterliegt, wird ausschließlich im Ansässigkeitsstaat besteuert. Unter die Auffangklausel fallen im Wesentlichen im Drittstaat belegenes Vermögen sowie Nach-

[1424] Wobei unterstellt wird, dass in Deutschland auch die Voraussetzungen für die Qualifikation der Anteile an der Komplementär-GmbH als Sonderbetriebsvermögen II vorliegen. Fraberger, 661. Vgl. auch: Debatin/Wassermeyer-Jülicher, DBA-MA/ErbSt, Art. 9a .

[1425] Die Pflicht zur Freistellung ist in Ermangelung einer „subjekt-to-tax“-Klausel im Abkommen absolut und unabhängig davon, ob der besteuerungsberechtigte Staat auch tatsächlich das Besteuerungsrecht ausübt. Vgl. Fraberger, 358.

[1426] Fraberger, 661, auch zu Gestaltungsmöglichkeiten und -grenzen.

[1427] Vgl. 2. Teil C III 2 b) bb) (β).

[1428] Taucher, SWI 2003, 408 (418). Vgl. auch: Fellner, ErbStG, § 6 Rn. 39. A.A:. Korn/Debatin-Wassermeyer, DBA-Österreich/ErbSt, Art. 4 Rn. 2, ohne Begründung.

[1429] Taucher, SWI 2003, 408 (418). A.A.: Korn/Debatin-Wassermeyer, DBA-Österreich/ErbSt, Art. 4 Rn. 2, ohne Begründung.

lassvermögen, das seiner Art nach nicht unter die übrigen Verteilungsnormen fällt. Letzteres betrifft insbesondere das bewegliche Privatvermögen des Erblassers.

4. Schuldenanrechnung, Art. 6 DBA-Österreich/ErbSt

Da das DBA-Österreich/ErbSt eine Zuteilung der Besteuerungsrechte für bestimmte Vermögensgegenstände vorsieht, wird diese Methode auch auf die Schulden übertragen:[1430] Es soll über Art. 6 DBA-Österreich/ErbSt der Reinvermögensanfall besteuert werden.

a) Allgemeines

aa) „Schulden" i.S.d. Art. 6 DBA-Österreich/ErbSt

In Art. 6 DBA-Österreich/ErbSt werden zwar Regelungen über die Schuldenverteilung getroffen, eine Definition des Begriffs der Schulden fehlt hingegen. Insofern wird allgemein davon ausgegangen, dass auf das innerstaatliche Recht zurückzugreifen ist.[1431] Dementsprechend gilt für Deutschland als Staat, dem das Besteuerungsrecht zugesprochen wird, der Begriff der „Nachlassverbindlichkeit" i.S.d. § 10 ErbStG. Für Österreich sind die § 20 Abs. 4ff. öErbStG anzuwenden.

bb) „Anrechnung" i.S.d. Art. 6 DBA-Österreich/ErbSt

Unter der angeordneten „Anrechnung" der Schulden i.S.d. Art. 6 DBA-Österreich/ErbSt ist nach allgemeiner Ansicht ein Abzug als Schuld bei der Vermögensermittlung zu verstehen.[1432]

b) Schulden bei Grundvermögen und Betriebsstätten

Ist der Betriebsstättenstaat oder der Belegenheitsstaat zur Besteuerung befugt, sind die damit in wirtschaftlichem Zusammenhang stehenden Schulden oder auf diesem sichergestellten Schulden vom Wert dieses Vermögens abzuziehen.
Der Begriff des wirtschaftlichen Zusammenhangs ist im Abkommen nicht näher definiert. Unklar ist, nach welchen Grundsätzen er zu bestimmen ist. Während Ost[1433] in Zweifelsfällen auf das innerstaatliche Recht zurückgreifen will,

---

[1430] Den innerstaatlichen Vorschriften ist eine solche Vorgehensweise hingegen fremd. Sie gehen grundsätzlich von einem Schuldenabzug von der Erbschaft insgesamt aus. Vgl. Becker/Höppner/Grotherr/Kroppen-Bellstedt/Binder, DBA-Österreich/ErbSt, Art. 6 Rn. 1; Korn/Debatin-Wassermeyer, DBA-Österreich/ErbSt, Art. 6 Rn. 1.

[1431] Becker/Höppner/Grotherr/Kroppen-Bellstedt/Binder, DBA-Österreich/ErbSt, Art. 6 Rn. 3. Ähnlich: Ost, 166.

[1432] Becker/Höppner/Grotherr/Kroppen-Bellstedt/Binder, DBA-Österreich/ErbSt, Art. 6 Rn. 2; Korn/Debatin-Wassermeyer, DBA-Österreich/ErbSt, Art. 6 Rn. 1. Der Artikel ist aus technischer Sicht mit einem Abzug i.S.d. § 10 ErbStG, § 20 öErbStG vergleichbar.

[1433] Ost, 166.

wollen Arlt, Bellstedt und Binder[1434] Art. 2 Abs. 1 OECD-ErbSt-MA 1982 entsprechend anwenden. Einigkeit besteht aber insofern, dass Schulden, die im Zusammenhang mit dem Erwerb, der Änderung, der Instandsetzung oder Instandhaltung der Vermögensgegenstände stehen, anrechenbar sind. Ferner sind Schulden, die durch Grundvermögen oder das Betriebsstättenvermögen gesichert sind, auch bei diesem Vermögen abzuziehen, ohne dass es auf einen wirtschaftlichen Zusammenhang ankommt. Ausreichend ist die rechtliche Verknüpfung.[1435] Die Alternative betrifft insbesondere Hypothekarschulden.[1436] Im Bezug auf Betriebsstättenvermögen hat der Schuldenabzug zur Folge, dass nur das bilanzmäßige Reinvermögen im Betriebsstättenstaat der Besteuerung unterliegt.[1437] Bei Beteiligungen an Personengesellschaften wird insbesondere auch negatives Sonderbetriebsvermögen berücksichtigt.

c) Schulden bei Grundvermögen und Betriebsstätten in beiden Staaten

Sind Betriebsvermögen und Grundvermögen in beiden Staaten vorhanden, sind vorrangig die Schulden nach ihrem wirtschaftlichen Zusammenhang dem Grund- und Betriebsvermögen im besteuerungsberechtigten Staat zuzuordnen und dort anzurechnen, Art. 6 Abs. 2 S. 1 DBA-Österreich/ErbSt. Reduzieren die Schulden in dem besteuernden Staat das Vermögen auf Null, ist der nicht gedeckte Rest von den Vermögenswerten abzuziehen, die in demselben Staat der Besteuerung unterliegen, Art. 6 Abs. 2 S. 2 DBA-Österreich/ErbSt. Verbleibt ein nicht gedeckter Schuldenrest, ist dieser von dem Nachlassvermögen abzuziehen, das der andere Staat besteuern darf, sofern solches vorhanden ist, Art. 6 Abs. 2 S. 3 DBA-Österreich/ErbSt. Im Ergebnis wird daher ein vollständiger Schuldenausgleich vorrangig im Belegenheitsstaat angestrebt, nur subsidiär ist der Abzug im Ansässigkeitsstaat möglich.[1438]

Die Bewertung des Schuldenüberhangs im anderen Vertragsstaat wird im Abkommen nicht geregelt. Fraglich erscheint daher, ob der von dem einen Staat ermittelte Schuldenüberhang im anderen Staat übernommen werden kann. Der Wortlaut des Abkommens spricht vom „nicht gedeckten Rest" bzw. von den „restlichen Schulden". Der Wortlaut des Abkommens ist offen.[1439] Philipp/ Loukota/Jirousek/Pollak[1440] und Schuhmann[1441] gehen von der Übernahme des

---

[1434] Arlt, 192; Becker/Höppner/Grotherr/Kroppen-Bellstedt/Binder, DBA-Österreich/ ErbSt, Art. 6 Rn. 7.

[1435] Arlt, 191; Ost, 167.

[1436] Loukota, Rn. 648.

[1437] Um das bilanzmäßige Reinvermögen zu ermitteln, hat daher die Betriebsstätte eine eigene Bilanz zu erstellen, in der die ihr zugeordneten Verbindlichkeiten nach allgemeinen Bilanzierungsgrundsätzen und unter Beachtung des Art. 6 Abs. 1 S. 1 DBA-Österreich/ErbSt einzustellen sind.

[1438] Arlt, 196.

[1439] Ost, 170. A.A.: Schuhmann, DVR 1987, 18 (19).

[1440] P/L/J/P, internationales Steuerrecht, Z 109, Rn. 4 mit Beispiel. Kritisch: Arlt, 197.

vom anderen Staat ermittelten Schuldenüberhangs aus. Der OECD-ErbSt-Musterkommentar[1442] spricht sich im vergleichbaren Problemzusammenhang zu Art. 8 Abs. 5 OECD-ErbSt-MA 1982 für eine selbständige Schuldenüberhangsermittlung im jeweiligen Staate aus. Der VwGH[1443] hat sich der letztgenannten Ansicht angeschlossen: Ein im anderen Vertragsstaat abzugsfähiger Schuldenüberhang sei nur dann gegeben, wenn und soweit sich ein Schuldenüberhang über den gemeinen Wert ergäbe, da das innerstaatliche Erbschaftsteuerrecht eine Bewertung ausländischen Vermögens mit dem gemeinen Wert vorsehe und das Abkommen keine Bewertungsregeln enthalte.[1444]
Im Hinblick auf den einzelnen Steuerpflichtigen mag dieses Ergebnis zwar als unbefriedigend erscheinen. Die eigentliche Ursache der Nichtberücksichtigung der Schulden ist jedoch nicht auf der abkommensrechtlichen Ebene zu suchen, sondern im innerstaatlichen Recht: Die nicht am Verkehrswert orientierte Bewertung führt zur Nichtberücksichtigung von Schuldüberhängen. Würde im Belegenheitsstaat eine dem gemeinen Wert entsprechende Bewertung vorgenommen werden, so wären die Verbindlichkeiten bereits im Belegenheitsstaat berücksichtigt worden. Über den Verkehrswert hinausgehende Verbindlichkeiten könnten auch nach dem Recht des anderen Vertragsstaates abgezogen werden.

d) Verbleibende Schulden beim sonstigen Vermögen

Für Schuldenreste, die bei dem sonstigen Nachlassvermögen nach Art. 5 DBA-Österreich/ErbSt verbleiben und dort eine Reduzierung des Vermögens auf Null eintreten lassen, sieht Abs. 3 als Auffangklausel vor, dass derartige Schuldenreste zunächst beim Grund- und Betriebsstättenvermögen im Ansässigkeitsstaat anzurechnen sind. Sind dort keine Vermögenswerte vorhanden oder hat sich eine Überschuldung ergeben, sind die Schuldenüberhänge dann im anderen Staat bei den dort befindlichen Vermögenswerten (Art. 3, 4 DBA-Österreich/

[1441] Schuhmann, DVR 1987, 18 (19).

[1442] Kommentar des Fiskalkomitees der OECD zum Musterabkommen 1982, Art. 8 Rn. 28, abgedruckt in: Dorazil/Taucher, ErbStG, Anhang A/2.

[1443] VwGH v. 28.6.1989, 88/16/0094, ÖStZB 1990, 224 (224). So auch: Djanani, 229; Stein, ErbStB 2003, 125 (126); Tabacs, FJ 1989, 69 (71); Troll/Gebel/Jülicher, ErbStG, § 2 Rn. 215. Ein deutsches Gericht hat sich mit dieser Problematik - soweit ersichtlich - bisher nicht beschäftigt.

[1444] Dies bedeutet, wenn ein in Österreich belegenes Grundstück mit einem dreifachen Einheitswert von € 100.000 bewertet wird, der Verkehrswert hingegen € 300.000 beträgt und dieses Grundstück berücksichtigungsfähige Verbindlichkeiten i.H.v. € 150.000 belasten, ergibt sich aus österreichischer Sicht ein Negativsaldo von € 50.000. Würde Deutschland diese Bewertung übernehmen, könnte der Schuldenüberhang i.H.v. € 50.000 abgezogen werden. Nach dem VwGH kommt es hingegen im Beispielsfall nicht zu einem Schuldenabzug, weil aus deutscher Sicht kein Schuldenüberhang entsteht, da die Verbindlichkeiten nicht den gemeinen Wert des Grundstücks übersteigen. Es wird daher der für das österreichische Recht ermittelte Schuldenüberhang im anderen Vertragsstaat nicht berücksichtigt.

ErbSt) zu berücksichtigen. Im Unterschied zur Anordnung in Abs. 1 S. 1 kommt es nicht auf den wirtschaftlichen Zusammenhang an.[1445]

VI. Progressionsvorbehalt, Art. 7 DBA-Österreich/ErbSt

In Art. 7 DBA-Österreich/ErbSt wird beiden Vertragsstaaten ein Progressionsvorbehalt gestattet: Demnach kann jeder Staat die Steuer von dem ihm zur Besteuerung überlassenen Teil des Nachlassvermögens oder Erwerbs nach dem Satz erheben, der dem Wert des gesamten Nachlasses oder Erwerbs entspricht. Die notwendige positivrechtliche innerstaatliche Umsetzung ist durch § 19 Abs. 2 ErbStG, § 6 Abs. 4 öErbStG erfolgt. Im Fall der beschränkten Steuerpflicht läuft der Vorbehalt jeweils ins Leere, da beide Normen die unbeschränkte Steuerpflicht voraussetzen.[1446] Im Bezug auf einen inländischen Erwerber sieht Art. 7 DBA-Österreich/ErbSt eine Besonderheit vor: Zwar wird dem Erwerber-Wohnsitzstaat nur im Bezug auf das Belegenheits- und Betriebsstättenprinzip die Ausübung des Besteuerungsrechts gestattet, jedoch kann im Bezug auf die Berechnung des Steuersatzes der gesamte Erwerb zugrunde gelegt werden.[1447]

VII. Verständigungsverfahren und Konsultationen, Art. 8, 10 DBA-Österreich/ErbSt

Da das Doppelbesteuerungsabkommen nach der Ratifizierung unmittelbar geltendes innerstaatliches Recht darstellt, sind die Finanzverwaltung und die zuständigen Gerichte an dieses gebunden. Bei Verletzung von Abkommensnormen stehen dem Steuerpflichtigen einerseits sämtliche innerstaatlichen Rechtsmittel zu,[1448] andererseits hat er gemäß Art. 8 Abs. 1 DBA-Österreich/ErbSt die Möglichkeit, bei Nachweis einer abkommenswidrigen Doppelbesteuerung sich an die oberste Finanzbehörde[1449] des Vertragsstaates im Ansässigkeitsstaat zu wenden. Liegt eine begründete Einwendung vor, soll sich die oberste Finanzbehörde im Ansässigkeitsstaat mit der im Belegenheitsstaat so verständigen, dass die Doppelbesteuerung vermieden wird, vgl. Art. 8 Abs. 2 DBA-Österreich/ErbSt.

[1445] Becker/Höppner/Grotherr/Kroppen-Bellstedt/Binder, DBA-Österreich/ErbSt, Art. 6 Rn. 18.

[1446] Vgl. VwGH v. 20.4.1990, 88/16/0045, ÖStZB 1990, 221 (221); Jochum, UVR 2003, 162 (166); Rolfs, IWB F.5 Gr.2, 439 (450); Schuch, Österreich EU-Nachbar, 185 (211).

[1447] Vgl. Becker/Höppner/Grotherr/Kroppen-Bellstedt/Binder, DBA-Österreich/ErbSt, Art. 7 Rn. 3f. mit Beispiel.

[1448] Arlt, 210; Debatin/Wassermeyer-Debatin, DBA, Syst III Rn. 186; Lang, Einf. DBA, Rn. 473; Schaumburg, § 16 Rn. 16.102; Stein, ErbStB 2003, 125 (127); Troll/Gebel/Jülicher, ErbStG, § 2 Rn. 216; Vogel/Lehner-Lehner, DBA, Art. 25 Rn. 34 bezüglich DBA-ESt-MA.

[1449] Oberste Finanzbehörden i.S.d. Abkommens sind gemäß Abs. 2 Schlussprotokoll DBA-Österreich/ErbSt für Deutschland der Bundesminister der Finanzen, für Österreich das Bundesministerium für Finanzen.

Daneben besteht gemäß Art. 10 DBA-Österreich/ErbSt bei Zweifelsfragen im Rahmen der Abkommensanwendung und -auslegung auch unmittelbar die Möglichkeit der obersten Finanzbehörden miteinander zu verkehren, sog. Verständigungsverfahren. Zum Teil ist das Verständigungsverfahren im Abkommen bereits ausdrücklich vorgesehen.[1450] Dem einzelnen Steuerpflichtigen steht zumindest kein Anspruch auf die Einleitung eines Verständigungsverfahrens zu.[1451] Da es sich um eine Ermessensentscheidung der Finanzbehörde handelt, besteht lediglich ein Anspruch auf fehlerfreie Ermessenausübung.[1452] Gegen eine ablehnende Behördenentscheidung steht aber der Finanzrechtsweg ohne Vorverfahren offen.[1453]

VIII. Besonderheiten des DBA-Österreich/ErbSt

Kennzeichnend für das DBA-Österreich/ErbSt ist, dass für jede Vermögensart eine ausschließliche Zuteilung des Besteuerungsrechts erfolgt.[1454] Es handelt sich um das einzige Abkommen, bei dem sich Deutschland kein konkurrierendes Besteuerungsrecht für den Fall vorbehält, dass der Erwerber abkommensrechtlich in Deutschland ansässig ist.[1455]

Als Besonderheit ist hervorzuheben, dass für freiberufliches Vermögen keine besondere oder integrierte Verteilungsregel besteht, so dass diesbezüglich dem Wohnsitzstaat das Besteuerungsrecht zukommt.[1456] Ferner ist rein aufbautechnisch bemerkenswert, dass sich die Regelung bezüglich der Ansässigkeit im Falle eines Doppelwohnsitzes in einer Zuteilungsregel befindet.[1457]

Insgesamt ist die Handhabung des Abkommens nicht zuletzt aufgrund der Kürze und Klarheit der Regelungen einfach. Erschwert wird die Abkommensanwendung jedoch bei Zweifelsfragen durch die Tatsache, dass kaum Literatur vorhanden ist, die sich mit dem Abkommen konkret befasst.

Insgesamt kann aber davon ausgegangen werden, dass - soweit das Abkommen anwendbar ist - Doppelbesteuerungsgefahren kaum zu befürchten sind.[1458]

[1450] Vgl. Art. 2 Abs. 3; Art. 5 Nr. 2 S. 2 DBA-Österreich/ErbSt.

[1451] Wohl anders (ohne Bezug auf das konkrete Doppelbesteuerungsabkommen): Gloria, StuW 1989, 138 (139ff.); Lang, ÖStZ 1989, 59 (59); Schaumburg, § 16 Rn. 16.101; Tipke, AWD 1972, 589 (592).

[1452] BFH v. 26.5.1982, I R 16/78, BStBl II 1982, 583 (586) bezüglich DBA/Schweiz; FG Nürnberg v. 3.11.1977, IV (V) 80/70, EFG 1978, 157 bezüglich DBA/Schweiz; Debatin/Wassermeyer-Debatin, DBA, Syst III Rn. 193; Arlt, 209; Fischer, BB 1984, 1033 (1034); Mühlhausen, 153 allgemein; Vogel/Lehner-Lehner, DBA, Art. 25 Rn. 89 bezüglich DBA-ESt-MA.

[1453] BFH v. 26.5.1982, I R 16/78,BStBl II 1982, 583 (586) bezüglich DBA/Schweiz; Arlt, 210; Fischer, BB 1984, 1033 (1036).

[1454] Grotherr-Arlt, Hdb internationale Steuerplanung, 1413 (1431).

[1455] Arlt, 146.

[1456] Arlt, 161; Grotherr-Arlt, Hdb internationale Steuerplanung, 1413 (1434); Djanani, 231.

[1457] Arlt, 138.

[1458] Watrin, 122. Vgl. aber auch: 4. Teil C V 2 c) und 4. Teil C V 4 c).

IX. Zukunft des DBA-Österreich/ErbSt

Eine Gesamtrevision des DBA-Österreich/ErbSt ist schon lange geplant, wann es dazu aber kommen wird, ist derzeit nicht absehbar.[1459] Jedenfalls wurden die Verhandlungen zum am 15.10.2003 unterzeichneten Revisionsprotokoll nicht dazu genutzt, das mittlerweile fast 50 Jahre alte Abkommen an das OECD-Musterabkommen anzupassen. Dringend erforderlich ist - auch im Hinblick auf eine langfristige Nachfolgeplanung - die Erstreckung des Abkommens auch auf Schenkungen.[1460] Ferner sollte das freiberufliche Vermögen dem Betriebsstättenvermögen zugeordnet werden. Für alle verbleibenden Fälle ist jedenfalls aus Sicht der Steuerpflichtigen und der Berater keine Änderung wünschenswert.

[1459] Pelka-Lang, DStJG 22 (1999), 297 (299); Stein ErbStB 2003, 125 (125).
[1460] Schuch, Österreich EU-Nachbar, 185 (211).

5. Teil: Zusammenfassung

A. Grundlagen

I. Internationales Privatrecht

1. Das Internationale Privatrecht enthält Kollisionsnormen. Es entscheidet über die anzuwendende Privatrechtsordnung bei Sachverhalten mit Auslandsberührung.

2. Im deutschen und österreichischen Internationalen Privatrecht ist jeweils das Staatsangehörigkeitsprinzip für die Bestimmung des Erbstatuts maßgeblich. Es gilt jeweils der Grundsatz der Nachlasseinheit.

3. Im deutschen Internationalen Privatrecht besteht die Besonderheit der Rechtswahlmöglichkeit durch den Erblasser im Bezug auf im Inland belegenes unbewegliches Vermögen. Nach herrschender Meinung kann sich die Rechtswahl nicht auf Anteile an einer Personengesellschaft beziehen, auch wenn sich das Gesellschaftsvermögen ganz bzw. nahezu ausschließlich aus Immobilienvermögen oder grundstücksgleichen Rechten zusammensetzt.

4. Der Grundsatz der Nachlasseinheit wird im deutschen Internationalen Privatrecht durch den Vorrang des Einzelstatuts gebrochen. Im deutsch-österreichischen Verhältnis führen §§ 28 Abs. 2, 32 i.V.m. 31 IPRG zum Vorrang des Einzelstatuts.

5. Im österreichischen Internationalen Privatrecht wird der Grundsatz der Nachlasseinheit einerseits durchbrochen, soweit eine Verlassenschaftsabhandlung durchzuführen ist. In diesem Fall ist bezüglich des Nachlasserwerbes und der Nachlassschuldenhaftung österreichisches Recht anzuwenden, auch wenn im Übrigen das ausländische Erbstatut zur Anwendung kommt. Anderseits stellt §§ 32 i.V.m. 31 IPRG eine Ausnahme dar: Es richtet sich der Modus des Erwerbsaktes bei dinglichen Rechten an in Österreich belegenen Liegenschaften nach österreichischem Recht.

6. Für die Vererbung von Personengesellschaftsanteilen wird das „Schicksal" der Gesellschaft durch das Gesellschaftsstatut bestimmt, während das Erbstatut darüber entscheidet, wer Erbe wird. Die Zulässigkeit und die Folgen der Fortsetzungsklausel und der einfachen Nachfolgeklausel bestimmen sich nach dem Gesellschaftsstatut. Die Zulässigkeit der qualifizierten Nachfolgeklausel richtet sich nach dem Gesellschaftsstatut, wobei das Erbstatut darüber entscheidet, ob die Einsetzung des qualifizierten Nachfolgers möglich ist.

7. Probleme bestehen im deutschen Internationalen Privatrecht bei einer Nachfolgeklausel, wenn ein ausländisches Erbstatut eingreift und gleichzeitig das deutsche Gesellschaftsstatut anzuwenden ist.

II. Zivilrecht

1. Das deutsche und das österreichische Erbrecht beruhen auf dem Prinzip der Gesamtrechtsnachfolge. Im deutschen Erbrecht wird es durch den Vonselbsterwerb der Erben mit Ausschlagungsmöglichkeit vollzogen. Im österreichischen Erbrecht gilt das Antrittsprinzip. Es wird die Erbschaft zeitlich gesehen nicht unmittelbar, sondern erst nach Abschluss des Verlassenschaftsverfahrens erworben. Bis zur Einantwortung bildet das Nachlassvermögen den sog. hereditas iacens. Dieser ist Rechtssubjekt und wird von der herrschenden Meinung als juristische Person betrachtet. Nach der Annahmeerklärung durch die Erben erfolgt die Einantwortung. Der Gerichtsbeschluss bewirkt den Rechtsübergang des gesamten Nachlasses im Wege der Universalsukzession. Der Erbe wird nicht Nachfolger des ruhenden Nachlasses, sondern Nachfolger des Erblassers.

2. Im österreichischen Erbrecht wird die Erbengemeinschaft als Bruchteilsgemeinschaft qualifiziert. Im deutschen Recht ist sie als Gesamthandsgemeinschaft ausgestaltet.

III. Erbschaftsteuerrecht

1. Die deutsche und österreichische Erbschaftsteuer sind als Erbanfallsteuer ausgestaltet. In den Grundprinzipien entsprechen sich beide Steuersysteme, nicht zuletzt aufgrund der gemeinsamen Wurzeln.

2. Im Erbschaftsteuerrecht gilt nicht das im Internationalen Privatrecht vorherrschende Staatsangehörigkeitsprinzip. Es wird zur Begründung der subjektiven Steuerpflicht primär an den Erblasser- bzw. an den Erbenwohnsitz angeknüpft.

3. Erbübereinkommen werden in beiden Steuerrechtsystemen unterschiedlich behandelt: Während in Deutschland strikt dem Stichtagsprinzip gefolgt wird, wird von der wohl herrschenden Meinung in Österreich unter besonderen Voraussetzungen für die Erbschaftsbesteuerung auf das Ergebnis, das tatsächlich Erhaltene des Erbübereinkommens, abgestellt. Ob sich diese Rechtsansicht in Österreich dauerhaft durchsetzen wird, bleibt abzuwarten.

4. Während durch das JStG 1997 - als Reaktion auf die Beschlüsse des BVerfG aus dem Jahr 1995 - für die Grundbesitzbewertung die Einheitsbewertung abgeschafft worden ist, besteht diese in Österreich weiterhin fort. Jedoch wurde in

Österreich, um eine verkehrswertnähere Bewertung zu erreichen, ein Grunderwerbsteueräquivalent eingeführt und der Einheitswert verdreifacht. Ob die derzeitige Einheitsbewertung in Österreich den verfassungsrechtlichen Vorgaben entspricht, ist unklar.

5. Die derzeitige Erbschaftsteuerrechtssituation in Deutschland im Bezug auf unternehmerisches Vermögen ist gekennzeichnet durch mehrfache Begünstigungen: Betriebsvermögen wird größtenteils mit den Steuerbilanzwerten angesetzt. Ferner besteht ein pauschaler Bewertungsabschlag in Höhe von 35%. Daneben kann gegebenenfalls ein Freibetrag in Höhe von € 225.000 in Anspruch genommen werden. Im österreichischen Erbschaftsteuerrecht wird das Betriebsvermögen zwar formal mit dem Teilwert bewertet, in der Praxis werden jedoch auch die Steuerbilanzwerte angesetzt. Ein zusätzlicher Bewertungsabschlag besteht nicht. Privilegiert wird der Betriebsvermögenserwerb durch einen Freibetrag, der im Vergleich zum deutschen Recht großzügiger bemessen ist. An die Freibetragsinanspruchnahme werden höhere Anforderungen gestellt als im Vergleich zum deutschen Recht. In beiden Steuersystemen sind Missbrauchsverhinderungsregelungen enthalten. Beide setzen die „Fortsetzung" des Unternehmens durch den Erwerber von mindestens fünf Jahren voraus. Hervorzuheben ist für das österreichische Erbschaftsteuerrecht ferner, dass kodifizierte Ausnahmen für die Nacherhebung der Steuer bestehen.
Im deutschen Erbschaftsteuerrecht besteht für Betriebsvermögenserwerber der Steuerklassen II und III zusätzlich ein tariflicher Entlastungsbetrag. Ferner kann die Erbschaftsteuerschuld unter besonderen Voraussetzungen bis zu 10 Jahre gestundet werden.

6. Im österreichischen Erbschaftsteuerrecht wird eine Personengesellschaft als tauglicher Erwerber i.S.d. Erbschaftsteuergesetzes qualifiziert. Im deutschen Erbschaftsteuerrecht erwirbt nicht die Gesamthand, sondern der an der Gesamthand Beteiligte.

7. Besonders gekennzeichnet ist das österreichische Erbschaftsteuerrecht durch die Steuerbefreiung für endbesteuertes Kapitalvermögen. Sie führt zu einer erheblichen Minderung der Erbschaftsteuerbelastung, da der 25%igen Kapitalertragsteuer Abgeltungswirkung für das Erbschaftsteuerrecht zukommt. Zwar sind zahlreiche verfassungsrechtliche Bedenken im Bezug auf die Steuerbefreiung geäußert worden, es kann aber davon ausgegangen werden, dass die Steuerbefreiung weiter bestehen bleiben wird.

8. Die persönlichen Freibeträge in Deutschland sind im Vergleich zum österreichischen Recht wesentlich großzügiger bemessen. Diesem Vorteil steht jedoch

der vergleichsweise hohe tarifliche Steuersatz entgegen. Zumindest im Rahmen der Steuerklasse I erscheinen die Steuersätze in Österreich als moderat.

9. Inwieweit das deutsche Erbschaftsteuerrecht in der derzeit geltenden Fassung weiter bestehen wird, ist aufgrund der Vorlage beim Bundesverfassungsgericht unklar. Es ist zu erwarten, dass in den kommenden Jahren das deutsche Erbschaftsteuerrecht grundlegend reformiert wird.

B. Ausgewählte Nachfolgeklauseln

I. Fortsetzungsklausel

1. Eine Fortsetzungsklausel liegt vor, wenn die Gesellschaft nach dem Tod eines Gesellschafters mit den verbleibenden Gesellschaftern fortgeführt wird. Mit dem Tod des Gesellschafters endet die Mitgliedschaft. Der Anteil der verbleibenden Gesellschafter am Gesellschaftsvermögen erhöht sich im Wege der Anwachsung. Die Erben erwerben einen Anspruch auf Auseinandersetzungsguthaben. Zwar orientiert sich das gesetzliche Regelungsmodell bei der Bewertung des Anspruchs am gemeinen Wert des Unternehmens, in der Praxis werden aber vornehmlich Abfindungsbeschränkungen bzw. -ausschlüsse vereinbart.

2. Soweit die Erben einen Abfindungsanspruch erhalten, ist dieser als Erwerb durch Erbanfall steuerpflichtig. Der Anspruch wird als private Kapitalforderung mit dem gemeinen Wert angesetzt. Die Inanspruchnahme von Betriebsvermögensprivilegien ist nicht möglich. Ist der Erblasser Inhaber von Sonderbetriebsvermögen gewesen, gilt dieses als mit dem Erbfall entnommen. Auch diese Wirtschaftsgüter werden mit dem gemeinen Wert bewertet.

3. Während die erbschaftsteuerliche Behandlung im Bezug auf die Erben in beiden Erbschaftsteuersystemen nahezu identisch ist, sind wesentliche Unterschiede im Bezug auf die steuerrechtliche Behandlung der Altgesellschafter festzustellen. Es besteht in beiden Systemen keine Steuerpflicht, wenn sich der Abfindungsanspruch nach dem gesetzlichen Regelungsmodell bemisst. Soweit der Anspruch beschränkt oder ausgeschlossen ist, besteht im deutschen Erbschaftsteuerrecht aufgrund eines auf Fiktionen beruhenden Erwerbstatbestandes für die verbleibenden Gesellschafter jeweils eine Erbschaftsteuerpflicht, soweit der an die Erben zu zahlende Abfindungsanspruch niedriger ist als der Steuerwert der Anteile. In diesem Fall können die verbleibenden Gesellschafter jeweils die Betriebsvermögensprivilegien in Anspruch nehmen, soweit deren Voraussetzungen gegeben sind.

Im österreichischen Steuerrecht ist ein vergleichbarer Erwerbstatbestand nicht kodifiziert worden. Es ist auf die allgemeinen Erwerbstatbestände zurückzugreifen. Für den Regelfall, in dem die Chance auf Anwachsung und das Risiko des Beteiligungsverlustes bei den Gesellschaftern ausgeglichen sind, qualifiziert die herrschende Meinung die Fortsetzungsklausel als entgeltliches Geschäft. Eine Schenkungsteuerpflicht scheidet von vornherein aus. Lediglich in dem Ausnahmefall, dass zwischen der Chance auf Anwachsung und dem Risiko des Beteiligungsverlustes ein offensichtliches Ungleichgewicht besteht, kommt eine Schenkungsteuerpflicht in Betracht, soweit die weiteren Voraussetzungen der freigebigen Zuwendung gegeben sind. In diesem Fall kann der Freibetrag für Betriebsvermögen grundsätzlich in Anspruch genommen werden.

II. Einfache Nachfolgeklausel

1. Eine einfache Nachfolgeklausel liegt vor, wenn beim Tod des Gesellschafters der Anteil auf seine Erben übergeht. Es erwirbt dann jeder Miterbe nach ganz herrschender Meinung im Wege der Sonderrechtsnachfolge einen seiner Erbquote entsprechenden Personengesellschaftsanteil.

2. Der Erwerb des anteiligen Personengesellschaftsanteils wird trotz der Sonderrechtsnachfolge als Erwerb durch Erbanfall qualifiziert. Den Erben fällt (unmittelbar) Betriebsvermögen an. Die Betriebsvermögensprivilegien sind anwendbar. Das Sonderbetriebsvermögen wird nicht von der Sonderrechtsnachfolge erfasst. Da jedoch die Erben unmittelbar Gesellschafter werden, bleibt das Sonderbetriebsvermögen bestehen. Auch diesbezüglich können die Betriebsvermögensprivilegien in Anspruch genommen werden. Die einfache Nachfolgeklausel wird in beiden Erbschaftsteuersystemen nahezu identisch behandelt.

III. Qualifizierte Nachfolgeklausel

1. Eine qualifizierte Nachfolgeklausel liegt vor, wenn die Gesellschaftsbeteiligung des Erblassers nicht auf sämtliche Erben, sondern nur auf einen oder einige qualifizierte Erben übergeht. Die qualifizierte Nachfolgeklausel vollzieht sich nach heute herrschender Meinung im Rahmen einer Vollnachfolge. Die Gesellschaftsbeteiligung geht unmittelbar und im vollen Umfang auf den qualifizierten Erben über, soweit dieser zumindest Miterbe ist. Für die nicht nachfolgeberechtigten Miterben besteht ein schuldrechtlicher Ausgleichsanspruch im Rahmen der Erbauseinandersetzung gegen den qualifizierten Erben. Die Klausel wird von der ganz herrschenden Ansicht als eine mit dem Erbfall vollzogene Teilungsanordnung mit unmittelbarer dinglicher Wirkung angesehen.

2. Die erbschaftsteuerliche Behandlung der qualifizierten Nachfolgeklausel ist umstritten und nicht abschließend geklärt.

3. Die wohl herrschende Meinung nimmt an, dass der Personengesellschaftsanteil sämtlichen Miterben anfällt. Die Klausel wird als gesellschaftsrechtlich besonders ausgestalteter Unterfall einer Teilungsanordnung ohne Einfluss auf die Erbschaftsbesteuerung gewertet. Sämtliche Miterben nehmen an den Betriebsvermögensprivilegien teil. Der qualifizierte Erbe kann die im Rahmen der Erbauseinandersetzung zu zahlenden Abfindungsansprüche nicht bereicherungsmindernd geltend machen.

4. Aufgrund von Friktionen zur zivilrechtlichen Bewertung, die einen Durchgangserwerb sämtlicher Miterben gerade ablehnt, Widersprüchen zu den erbschaftsteuerlichen Grundprinzipien und dem Verfehlen von Sinn und Zweck der Betriebsvermögensbegünstigungsvorschriften wurde der Ansatz der herrschenden Meinung in Frage gestellt und im Ergebnis abgelehnt.

5. Nach der hier vertretenen Ansicht erwirbt allein der qualifizierte Erbe die Gesellschaftsbeteiligung. Auf diesen Erwerb sind die Betriebsvermögensprivilegien anzuwenden. Die an die übrigen Miterben zu leistenden Ausgleichszahlungen werden als Nachlassverbindlichkeit berücksichtigt. Den Erwerbsgegenstand bei den nicht qualifizierten Miterben bildet anteilig der Abfindungsanspruch. Dieser wird als private Kapitalforderung bewertet.

6. Dieser Lösungsvorschlag wird auch für die Behandlung der qualifizierten Nachfolgeklausel im österreichischen Erbschaftsteuerrecht befürwortet.

7. Sonderbetriebsvermögen wird von der Sonderrechtsnachfolge nicht erfasst. Es fällt in den Nachlass. Nach herrschender Meinung erwirbt der qualifizierte Erbe anteilig Sonderbetriebsvermögen. Hinsichtlich der nichtqualifizierten Erben kommt es zur Entnahme.

8. Um die Zwangsentnahme zu vermeiden, werden verschiedene Gestaltungsmodelle diskutiert. Sie kann „sicher“ durch das sog. Ausgliederungsmodell, die Schenkung des Sonderbetriebsvermögens unter Lebenden unter Einräumung einer atypisch stillen Unterbeteiligung und durch das Alleinerbenmodell erreicht werden.

C. Internationales Erbschaft- und Schenkungsteuerrecht

I. Eine erbschaftsteuerrechtliche Doppelbesteuerung liegt vor, wenn derselbe Vermögensempfänger wegen desselben Vermögenserwerbs gleichzeitig durch mehrere Staaten zu einer Erbschaftsteuer herangezogen wird.

II. Die Ursachen für die Entstehung einer Doppelbesteuerung sind vielfältig. Die Doppelbesteuerung kann auf einer Kollision von subjektiver mit objektiver Anknüpfung, auf einer mehrfach subjektiven oder mehrfach objektiven Anknüpfung beruhen.

III. Als zentrale bilaterale Maßnahme zur Vermeidung der Doppelbesteuerung im Bezug auf Erwerbe von Todes wegen besteht das Doppelbesteuerungsabkommen auf dem Gebiet der Nachlass- und Erbschaftsteuern zwischen der Bundesrepublik Deutschland und der Republik Österreich.

IV. Im Doppelbesteuerungsabkommen wird ausschließlich die Freistellungsmethode angewandt. Das vorrangige Besteuerungsrecht steht dem Erblasserwohnsitzstaat zu. Es gilt das Betriebsstätten- und das Belegenheitsprinzip. Schulden werden grundsätzlich nach ihrem wirtschaftlichen Zusammenhang vom Nachlassvermögen abgezogen.

V. Für die Beteiligung an einer Personengesellschaft gilt das Betriebsstättenprinzip. Im Fall einer mittelbaren Beteiligung an einer Personengesellschaft können negative Qualifikationskonflikte auftreten.

VI. Im Rahmen der Anwendbarkeit des Doppelbesteuerungsabkommens sind Doppelbesteuerungsgefahren kaum zu befürchten.

Literaturverzeichnis

ACHATZ, MARKUS, Bewertung im Steuerrecht – Steuerbilanz, Einheitswert und Einzelsteuern, Bericht zur Jahrestagung der Deutschen Steuerjuristischen Gesellschaft e.V. vom 26.9.- 28.9.1983 (1. Teil), ÖStZ 1984, S. 90-94.

ACHATZ, MARKUS, Bewertung im Steuerrecht – Steuerbilanz, Einheitswert und Einzelsteuern, Bericht zur Jahrestagung der Deutschen Steuerjuristischen Gesellschaft e.V. vom 26.9.- 28.9.1983 (2. Teil), ÖStZ 1984, S. 104-108.

ACHATZ, MARKUS, Zweifelsfragen der Endbesteuerung, S. 129-152; in: Steuerreform 1993 – Auswirkungen, Gestaltungsfragen, Rechtsprobleme (Hrsg.: Bertl, Romuald; Mandl, Dieter; Mandl, Gerwald; Ruppe, Hans Georg); Wien: Orac 1994. (zitiert: Achatz, Steuerreform 1993)

ACHATZ, MARKUS, Zur Endbesteuerung von Zinsen aus Sicht der Körperschaften, S. 79-89; in: Praxis und Zukunft der Unternehmensbesteuerung, Festschrift für Gerald Heidinger zum 70.Geburtstag (Hrsg.: Bertl, Romuald); Wien: Orac 1995. (zitiert: Achatz, FS Heidinger)

ACHATZ, MARKUS, Kapitalertragsteuer und Endbesteuerung, S. 71-87; in: Kapitalertragsteuer: Besteuerung von Kapitalvermögen nach dem Budgetbegleitgesetz 2003 (Hrsg.: Lechner, Eduard; Staringer, Claus; Tumpel, Michael); Wien: Linde 2003. (zitiert: Achatz, Kapitalertragsteuer)

ACHATZ, MARKUS/LEITNER, ROMAN, Zinsendbesteuerung in Österreich, IWB Fach 5 Österreich Gruppe 2, S. 273-278.

ADAMOVICH, LUDWIG K./FUNK, BERND-CHRISTIAN/HOLZINGER, GERHART, Österreichisches Staatsrecht, Band 3: Grundrechte; Wien: Springer 2003. (zitiert: Adamovich/Funk/ Holzinger, Grundrechte)

AICHER, JOSEF/ OSTHEIM, ROLF, OHG und Erbengemeinschaft, ÖJZ 1981, S. 253-260.

AIGELSPERGER, OTTO, Steuerfreibetrag für Betriebsübertragungen ab 2000, RdW 1999, S. 683-685.

AIGNER, DIETMAR/ AIGNER, HANS-JÖRGEN/ KOFLER, GEORG, Die Neuerung der Besteuerung von Kapitalerträgen durch das BudgetbegleitG 2003, ecolex 2003, S. 480-484.

AIGNER, DIETMAR/ AIGNER, HANS-JÖRGEN/ KOFLER, GEORG, Besteuerung von Kapitalerträgen nach dem österreichischen Budgetbegleitgesetz 2003, IWB Fach 5 Gruppe 2, S. 593-600.

ALBACH, HORST, Nachfolgeregelung für den Mittelstand – ein Praxistest, BB 2000, S. 781-786.

ALBRECHT, PHILIPP, Die steuerliche Behandlung deutsch-englischer Erbfälle; in: Osnabrücker Rechtswissenschaftliche Abhandlungen Band 32; Köln (u.a.): Heymanns 1992.

ANN, CHRISTOPH, Die Erbengemeinschaft; Köln (u.a.): Heymanns 2001.

ANN, CHRISTOPH, Rechtsfähigkeit auch für die Erbengemeinschaft? - zugleich Anmerkung zum Urteil des BGH v. 11.9.2002 - XII ZR 187/00 -, MittBayNot 2003, S. 193-196.

ANZIGER, HERIBERT M./ MITTERMAIER CORNELIA, Vorläufige Festsetzung der Erbschaft- und Schenkungsteuer: Ende des schutzwürdigen Vertrauens in die geltende Rechtslage?, DB 2002, S. 2355-2360.

ARBEITSKREIS „UNTERNEHMENSNACHFOLGE" DES INSTITUTS DER WIRTSCHAFTSPRÜFER (HRSG.), Erfolge und Erbauseinandersetzung bei Unternehmen; 2. Auflage; Düsseldorf: IDW-Verlag 1995. (zitiert: IDW)

ARENDT, WOLFGANG, Anwendung deutscher Sachnormen auf ausländische Privatrechtsinstitute, StuW 1960, Sp. 349-360.

ARLT, BERNHARD, Vermeidung der Doppelbesteuerung bei internationalen Erbfällen und Schenkungen als Problem der Erbschaftsteuerplanung, S. 1413-137; in: Handbuch der internationalen Steuerplanung (Hrsg.: Grotherr, Siegfried); Herne (u.a.): Verlag Neue Wirtschafts-Briefe 2000. (zitiert: Grotherr-Arlt, Hdb internationale Steuerplanung)

ARLT, BERNHARD, Internationale Erbschaft- und Schenkungsteuerplanung; Herne (u.a.): Verlag Neue Wirtschafts-Briefe, 2001.

ARLT, BERNHARD, Probleme des erbschaft- und schenkungsteuerlichen Anrechnungsverfahrens als Bereich der internationalen Nachfolgeplanung, IWB Fach 3 Gruppe 9, S. 103-126.

ARNOLD, WOLF-DIETER, Die „Buchwertklausel" im Gesellschaftsrecht und im Recht der Erbschafts- und Schenkungssteuer, RdW 1983, 55ff. (BKA/RIS Rechtsdatenbank: Dokumentennummer LI0920003491)

BAJONS, ENRA-MARLIES, Der Erbschaftserwerb bei geringfügigen Nachlässen, JBl 1970, S. 169-185.

BAMBERGER, HEINZ GEORG/ROTH, HERBERT (HRSG.), Kommentar zum Bürgerlichen Gesetzbuch, Band 2, §§ 611-1296, ErbbauVO WEG; 1. Auflage; München: Beck 2003. (zitiert: Bamberger/Roth-Bearbeiter, BGB)

BAMBERGER, HEINZ GEORG/ ROTH, HERBERT (HRSG.), Kommentar zum Bürgerlichen Gesetzbuch, Band 3, §§ 1297-2385, EGBGB, CISG; 1. Auflage; München: Beck 2003. (zitiert: Bamberger/Roth-Bearbeiter, BGB)

BAR, CHRISTIAN VON, Internationales Privatrecht, Band 2 Besonderer Teil; München: Beck 1991. (zitiert: von Bar, IPR II)

BAREIS, PETER/ ELSER, THOMAS, Analyse des neuen Erbschaftsteuerrechts, DStR 1997, S. 557-562.

BÄRTELS, HANS-CHRISTIAN, Die erbschaft- und schenkungsteuerliche Behandlung der deutsch-französischen Unternehmensnachfolge; in: Mannheimer Beiträge zum Öffentlichen Recht und Steuerrecht Band 18; Frankfurt a.M. (u.a.): Lang 1999.

Barth, Rainer, Richterliche Rechtsfortbildung im Steuerrecht; in: Schriften zum Steuerrecht Band 50; Berlin: Duncker & Humblot 1996.

Basedow, Jürgen, Die Neuregelung des Internationalen Privat- und Prozessrechts, NJW 1986, S. 2971-2975.

Battes, Robert, Die Änderung erbrechtlicher Vorschriften im Zusammenhang mit der Reform des Scheidungsrechts, FamRZ 1977, S. 433-440.

Bauer, Josef/ Burgstaller, Eva (u.a.), Unilaterale Maßnahmen zur Vermeidung der Doppelbesteuerung – Die Verordnung zu § 48 BAO; in: Schriften zum Internationalen Steuerrecht Band 27; Wien: Linde 2004. (zitiert: Bauer/Burgstaller, § 48 BAO Verordnung)

Bauerreis, Wolfgang, Das Ausscheiden eines Gesellschafters bei der OHG, GesRZ 1973, S. 90-100.

Bauerreis, Wolfgang, Das Ausscheiden eines Gesellschafters bei der OHG (Formularteil), GesRZ 1974, S. 12-19.

Baumann, Roland, Abfindungsregelungen für ausscheidende Gesellschafter von Personenhandelsgesellschaften; Dissertation: Stuttgart: 1987.

Baumbach, Adolf (Begr.)/ Hopt, Klaus J./ Merkt, Hanno, Handelsgesetzbuch mit GmbH & Co., Handelsklauseln, Bank- und Börsenrecht, Transportrecht (ohne Seerecht); 31. Auflage; München: Beck 2003. (zitiert: Baumbach/ Hopt/Merkt, HGB)

Baumgartner, Matthias/ Gassner, Wolfgang/ Schick, Stefan , Besteuerung von grenzüberschreitenden Schenkungen, DStR 1989, S. 619-623.

Baur, Fritz (Begr.)/ Stürner, Rolf, Sachenrecht; 17. Auflage; München: Beck 1999. (zitiert: Baur, Sachenrecht)

BDO, Estate Tax for Non-Residents 2000, BDO: 2000. (zitiert: BDO)

Becker, Helmut/ Höppner, Horst-Dieter/ Grotherr, Siegfried/ Kroppen, Heinz-Klaus (Hrsg.), DBA-Kommentar; Doppelbesteuerungsabkommen auf dem Gebiet der Steuern auf Einkommen und vom Vermögen, Doppelbesteuerungsabkommen auf dem Gebiet der Erbschaftsteuer; Stand: August 2004; Herne (u.a.): Verlag Neue Wirtschafts-Briefe 2004 (zitiert: Becker/ Höppner/Grotherr/Kroppen-Bearbeiter, DBA)

Beermann, Albert (Hrsg.), Steuerliches Verfahrensrecht: AO, FGO, Nebengesetze Kommentar; Stand: Juli 2004; Bonn (u.a.): Stollfuss 2004. (zitiert: Beermann-Bearbeiter, AO)

Behrens, Peter, OHG und erbrechtliche Nachfolge: eine rechtsvergleichende Untersuchung; Hamburg: Cram, de Gryter 1969.

Behrens, Peter Niederlassungsfreiheit und internationales Gesellschaftsrecht, RabelZ 52 (1988), S. 498-525.

Beiser, Reinhold, Abfindung mit Pflichtteilsberechtigten, Erben und Legataren mit Grundstücken aus erbschaft- und grunderwerbsteuerlicher Sicht (VfGH gegen VwGH), ÖStZ 1985, S. 56-59.

BEISER, REINHOLD, Einlagenbewertung verfassungswidrig?, ÖStZ 1985, S. 146-152.

BEISER, REINHOLD, Die Siebenjahresfrist bei der schrittweisen Veräußerung von Mitunternehmeranteilen, RdW 1991, S. 157-159.

BEISER, REINHOLD, Die erweiterte Endbesteuerung, ÖStZ 1994, S. 145-155.

BEISER, REINHOLD, Reformvorschläge zur Endbesteuerung und zur Besteuerung von Beteiligungen, ÖStZ 1994, S. 327-330.

BEISER, REINHOLD, Der Teilwert im Wechsel zwischen Substanz- und Ertragswert, ÖStZ 2002, S. 506-511.

BEISER, REINHOLD, Steuern: Ein systematischer Grundriss; 2. Auflage; Wien: WUV-Universitätsverlag 2003.

BEISER, REINHOLD/ MAYR, GUNTER, Einkommensteuergesetz 1988 mit den einschlägigen Verordnungen; Wien: Manz 2002. (zitiert: Beiser/Mayr, EStG)

BEITZKE, GÜNTHER. Neues Österreichisches Kollisionsrecht, RabelZ 1979 (43), S. 245-276.

BELLING, DETLEV W., Einführung in das Recht der gesetzlichen Erbfolge, Jura 1986, S. 579-587.

BELLSTEDT, CHRISTOPH, Doppelbesteuerung bei Erwerbsvorgängen im Erbschaft- und Schenkungsteuerrecht, IWB Fach 3 Gruppe 9, S. 91-102.

BENK, HORST, Teilungsanordnung, Vorausvermächtnis, Übernahmerecht, MittRhNotK 1979, S. 53-62.

BERENBROK, MARIUS, Internationale Nachlassabwicklung; in: Hamburger Rechtsstudien Heft 77; Berlin: Duncker & Humblot 1989.

BERGER, HELMUT, Erbschafts- und Schenkungsbesteuerung ausländischer Zweitwohnsitzer, SWI 1996, S. 153-155.

BERGMANN, HORST, Die neue Schenkungsteuerbefreiung für Sparbuchschenkungen in Theorie und Praxis, Begleitmaßnahme zur Abschaffung der anonymen Sparbücher, SWK 2000, S. 1301-1310.

BERTHER, DURI, Die internationale Erbschaftsverwaltung bei schweizerisch-deutschen, -österreichischen und -englischen Erbfällen; in: Schweizer Schriften zur Vermögensberatung und zum Vermögensrecht, Schriftenreihe von KPMG private Achermann (Hrsg.: Künzle, Hubert; Roth, Hans Rainer); Zürich: Schulthess 2001. (zitiert: Berther, Int. Erbschaftsverwaltung)

BERTL, ROMUALD, Der Einfluß der Steuerreform auf die Unternehmensfinanzierung, S. 9-32; in: Steuerreform 1993, Auswirkungen, Gestaltungsfragen und Rechtsprobleme (Hrsg.: Bertl, Romuald; Mandl, Dieter; Mandl, Gerwald; Ruppe, Hans Georg); Wien: Orac 1994. (zitiert: Bertl, Steuerreform 1993)

BERTL, ROMUALD/ FRABERGER, FRIEDRICH, Nachfolge in Einzelunternehmen aus steuerrechtlicher Sicht, S. 39-79; in: Unternehmensnachfolge durch Erben und Vererben, (Hrsg.: Bertl, Romuald; Mandl, Dieter; Mandl, Gerwald;

Ruppe, Hans Georg); Wien: Orac 1996. (zitiert: Bertl/Fraberger, Unternehmensnachfolge 1996)

BESTELMEYER, HORST, Erbfälle mit Nachlassgegenständen in der ehemaligen DDR - Besonderheiten im Erbscheinverfahren sowie bei Nacherbfolge und Testamentsvollstreckung, Rpfleger 1992, S. 229-236.

BEUL, CARSTEN RENÉ, Beschränkung europäischer Niederlassungsfreiheit und Art. 220 EGV -Doppelbesteuerung und Meistbegünstigung-, IStR 1997, S. 1-5.

BIELEFELD, CHRISTIAN, Die Entwicklung des Erbschaftserwerbs nach österreichischem Recht seit Inkrafttreten des ABGB im Jahre 1812; Dissertation; Münster: 1997.

BINDER, MARTIN, Unternehmensbeteiligung und Pflichtteilsanspruch, WBl 1992, S. 381-390.

BIRK, DIETER, Die Begünstigungstatbestände des Erbschaftsteuergesetzes auf dem verfassungsrechtlichen Prüfstand, ZEV 2002, S. 165-169.

BIRK, DIETER, Anmerkung zu BFH v. 22.5.2002, II R 61/ 99, FR 2002, S. 1071-1073.

BIRK, DIETER, Steuerrecht; 6. Auflage; Heidelberg: C.F. Müller 2003.

BIRKNER, ALBERT, Parteistellung und rechtliches Gehör im Außerstreitverfahren; Wien: Orac 1996.

BITZYK, PETER, Estate Planning in Österreich, S. 91-110; in: Zukunftsaufgaben der Wirtschaftsprüfung, Festschrift aus Anlaß des Jubiläums von Deloitte & Touche in Österreich (Hrsg.: Gassner, Wolfgang; Gröhs, Bernhard; Lang, Michael); Wien: Orac 1997. (zitiert: Bitzyk, Festschrift Deloitte & Touche)

BITZYK, PETER/ ERWIN, CZULIK, 100% Grenzsteuersatz bei der Erbschafts- und Schenkungssteuer, ÖStZ 1993, S. 51-54.

BLETZ, RALF DIETER, Die Mitgliedschaft der Erbengemeinschaft in der oHG; Dissertation; Marburg: 1983.

BOHLMANN, WOLFGANG, Vermeidung der Zwangsentnahme von Sonderbetriebsvermögen und hofesfreiem Betriebsvermögen bei der Erbfolge, BB 1994, S. 189-195.

BOMMERT, RAINER, Neue Entwicklungen zur Frage der Testamentsvollstreckung in Personengesellschaften, BB 1984, S. 178-183.

BOOCHS, WOLFGANG, Fragen der internationalen Erbschaft- und Schenkungsteuer, UVR 1994, S. 264-269.

BORK, REINHARD, Zur Rechtsfähigkeit der Erbengemeinschaft, S. 181-195; in: 100 Jahre BGB- 100 Jahre Staudinger: Beiträge zum Symposium vom 18.-20. Juni in München (Red.: Martinek, Michael u.a.); Berlin: de Gruyter 1999. (zitiert: Bearbeiter, Staudinger Symposium 1998)

BÖRNER, BODO, Die Erbengemeinschaft als Gesellschafterin der offenen Handelsgesellschaft, AcP 166 (1966), S. 426-453.

Brandmüller, Gerhard/ Sauer, Otto M. (Hrsg.), Bonner Handbuch der Personengesellschaften: Textsammlung, Erläuterungen, Muster, Rechtsprechung; 2. Auflage; Stand: Juni 2004; Bonn: Stollfuss 2004. (zitiert: Brandmüller/Sauer-Bearbeiter)

Braun, Rainer, Anmerkung zu FG Saarland v. 17.3.2004, 1 K 2/00, EFG 2004, S. 1041-1042.

Braunbehrens, von, Bertold, Gesellschaftsnachfolge: Abstimmungsbedarf zwischen Testament und Gesellschaftsvertrag, ErbBStg 2003, S. 172-180.

Breiteneider, Jens, Die Anwachsung als steuerliches Umwandlungsinstrument, DStR 2004, S. 1405-1409.

Brox, Hans, Zweckmäßige Gestaltung der Erbfolge in Unternehmen, JA 1980, S. 561-566.

Brox, Hans, Anmerkungen zu BGHZ 91, 132, JZ 1984, S. 892-893.

Brox, Hans, Erbrecht; 20. Auflage; München: Heymanns 2003.

Brückner, Volker, Die Kontrolle von Abfindungsklauseln in Personengesellschafts- und GmbH-Verträgen; in: Berliner Juristische Universitätsschriften Reihe Zivilrecht Band 8; Berlin: A. Spitz 1995.

Brunner, Hans-Georg, Erberklärung und Erbverzicht, NZ 1979, S. 96-102.

Buchwald, Friedrich, Das Verhältnis zwischen Erbrecht und Gesellschaftsrecht, JR 1955, S. 173-175.

Bühler, Ottmar, Prinzipien des Internationalen Steuerrechts, IStR, Ein systematischer Versuch; München: Beck 1961.

Bundesfinanzministerium, Steuerreformkommission, Bericht der beim Bundesfinanzministerium für Finanzen eingerichteten Steuerreformkommission über Möglichkeiten von vereinfachenden, strukturbegleitenden und belastungsausgleichenden steuerpolitischen Maßnahmen im Zuge der „Steuerreform 2000“, ÖStZ 1998, Beilage 24/1998, S. 1-35. (zitiert: BMF, Steuerreformkommission, ÖStZ Beilage 24/1998)

Bunte, Hermann-Josef, Wirksamkeitskontrolle gesellschaftsvertraglicher „Hinauskündigungsklauseln“, ZIP 1985, S. 915-918.

Bürger, Wolfgang, Neue Auslegung erbrechtlicher Sonderzuweisungen, MDR 1986, S. 445-449.

Burgstaller, Alfred (Hrsg.), Internationales Zivilverfahrensrecht; Wien: Orac 2000. (zitiert: Burgstaller-Bearbeiter, Int. Zivilverfahrensrecht)

Burgstaller, Eva/ Haslinger, Katharina, Erbschaftsteuer und Gemeinschaftsrecht – Neue Entwicklungen in der europäischen Rechtsprechung, SWI 2004, S. 108-118.

Burmester, Gabriele, Grundlagen internationaler Regelungskumulation und -kollision, unter besonderer Berücksichtigung des Steuerrechts; in: Schriften für Ausländisches und Internationales Finanz- und Steuerwesen der Universität Hamburg Band 21; 1. Auflage; Baden-Baden: Nomos 1993.

Burmester, Gabriele, Zur Jurisdiktionshoheit der Staaten im Steuerrecht, JZ 1993, S. 698-703.

Busch, Michaela, Deutsches Erbschaftsteuerrecht im Lichte der europäischen Grundfreiheiten - Teil 1: Untersuchung der Vereinbarkeit der persönlichen Freibeträge der §§ 16 und 17 ErbStG sowie der sachlichen Steuerbefreiung des § 13 Nr. 4a ErbStG mit dem Europarecht, IStR 2002, S. 448-453.

Busch, Michaela, Deutsches Erbschaftsteuerrecht im Lichte der europäischen Grundfreiheiten - Teil 2: Untersuchung des Betriebsvermögensfreibetrages und Bewertungsabschlages (§ 13a Abs. I und II ErbStG) auf ihre Vereinbarung mit dem Europarecht, IStR 2002, S. 475-478.

Büttner, Hermann, Flexible Grenzen der Durchsetzbarkeit von Abfindungsbeschränkungen in Personengesellschaften, S. 119-138; in: Festschrift für Rudolf Niro zum 70. Geburtstag am 11.Oktober 1992 (Hrsg.: Bruchhausen, Karl; Hafermehl, Wolfgang); München: Beck 1992. (zitiert: Büttner, FS Niro)

Büttner, Thiess/ Scheffler, Wolfram/ Spengel, Christoph (Projektleitung ZEW), Erbschaftsteuerbelastung in Deutschland, den Staaten der EU und anderen wichtigen Staaten bei unbeschränkter und beschränkter Steuerpflicht; Dienstleistungsauftrag des BMF (Projektnummer 09/03); Kurzfassung: 27.2.2004; abrufbar unter: www.zew.de, Pressemitteilung vom 15.4.2004. (zitiert: Büttner/Scheffler/Spengel, Erbschaftsteuerbelastung)

Bydlinski, Franz, Anmerkung zu OGH v. 28.4.1971, 5 Ob 96/71, JBl 1972, S. 41-42.

Carlé, Dieter, Sinnvolle Abfindungsbeschränkungen in Gesellschaftsverträgen, KÖSDI 1994, S. 9696-9702.

Carlé, Dieter, Verbesserung und Anpassung bei Testamenten: typischer Handlungsbedarf bei Personengesellschaftern, KÖSDI 1995, S. 10305-10311.

Carlé, Dieter, Die Schenkung auf den Todesfall aus rechts- und steuerpraktischer Sicht, KÖSDI 1996, S. 10571-10576.

Carlé, Dieter, Betriebsvermögensfreibetrag und Teilungsanordnung, ErbStB 2003, S. 131-134.

Canaris, Claus-Wilhelm/ Schilling, Wolfgang/ Ulmer/Peter (Hrsg.) v. Straub, Hermann (Begr.), Handelsgesetz, Großkommentar, Band 2, §§ 105-327; Berlin: de Gruyter 2005. (zitiert: Straub-Bearbeiter, HGB)

Chebounov, Anton, Die Qualifikationsproblematik im deutschen Recht der Doppelbesteuerungsabkommen; in: Europäische Hochschulschriften Reihe 2 Rechtswissenschaften Band 3369; Frankfurt a.M. (u.a.): Lang 1999.

Christoffel, Hans Günter, Überblick über das Standortsicherungsgesetz, INF 1993, S. 385-391.

Christoffel, Hans Günter, Künftige Einheitsbewertung und Neugestaltung der Vermögens- und Erbschaftsteuer, Köln: Otto Schmidt 1996.

Christoffel, Hans Günter, Ermittlung des Betriebsvermögens für Erbschaft- und Schenkungsteuerzwecke, GmbHR 1997, S. 517-529.

Christoffel, Hans Günther, Bewertung bebauter Grundstücke nach dem Ertragswertverfahren unter Berücksichtigung der neuen Erbschaftsteuer-Richtlinien, DB 1999, S. 551-559.

Christoffel, Hans Günter, Gestaltungsmöglichkeiten im Bereich der Entnahmebegrenzung nach den §§ 13a, 19a ErbStG- Teil I, INF 1999, S. 588-592.

Christoffel, Hans Günter, Gestaltungsmöglichkeiten im Bereich der Entnahmebegrenzung nach den §§ 13a, 19a ErbStG- Teil II, INF 1999, S. 618-623.

Christoffel, Hans Günter, Betriebsvermögen und Personengesellschaften, ErbBStg 2003, S. 205-216.

Christoffel, Hans Günter, Gesetzesentwurf zur Reform der Erbschaftsteuer, ErbBStg 2004, S. 123-124.

Christoffel, Hans Günther/ Geckle, Gerhard/ Pahlke, Armin, Erbschaftsteuergesetz; 1. Auflage; Freiburg i.Br. (u.a.): Haufe 1998. (zitiert: Christoffel/Geckle/Pahlke, ErbStG)

Coing, Helmut, Vorausvermächtnis und Teilungsanordnung, JZ 1962, S. 529-534.

Crezelius, Georg, Erbschaft- und Schenkungsteuer in zivilrechtlicher Sicht; Herne (u.a.): Verlag Neue Wirtschafts-Briefe 1979. (zitiert: Crezelius, 1979)

Crezelius, Georg, Tendenzen der Rechtsfortbildung im Steuerrecht, BB 1984, S. 1377-1381.

Crezelius, Georg, Steuerrecht II, besonderes Steuerrecht; München: Beck 1991. (zitiert: Crezelius, Steuerrecht II)

Crezelius, Georg, Sicherung der Unternehmensnachfolge und Besteuerung, DStJG 17 (1994), S. 135-194.

Crezelius, Georg, Erbschaftsteuerrecht und Erbschaftsteuerpolitik, S. 403-418; in: Die Steuerrechtsordnung in der Diskussion: Festschrift für Klaus Tipke zum 70.Geburtstag (Hrsg.: Lang, Joachim); Köln: Otto Schmidt 1995. (zitiert: Crezelius, FS Tipke)

Crezelius, Georg, Überlegungen zu § 13a Abs. 4 und ErbStG 1997 – Zugleich Anmerkungen zu dem koordinierten Ländererlass vom 17.6.1997, DB 1997, S. 1584-1589.

Crezelius, Georg, Unternehmenserbrecht, Erbrecht-Gesellschaftsrecht-Steuerrecht; München: Beck 1998.

Crezelius, Georg, Erbschaftsteuerliche Gestaltungen bei Sachverhalten mit Auslandsberührung, JbFStR 1999/2000, S. 646-653.

Crezelius, Georg, Gestaltungen in Nachfolgeklauseln – Rechtsnachfolge in Gesellschafterbeteiligungen, EStB 2000, S. 15-21.

CREZELIUS, GEORG, Besteuerung aus Drittverhalten? – Überlegungen zu sog. Behaltefristen, FR 2002, S. 805-811.

CREZELIUS, GEORG/ ELSNER, VON, DIETRICH/ WOLF, MICHAEL/ SARRAZIN, VIKTOR, Entlastung von Betriebsvermögen im neuen Erbschaft- und Schenkungsteuerrecht, JbFStR 1997/98, S. 507-569. (zitiert: Referent, JbFStR 1997/ 98)

DACH-EUROPÄISCHE ANWALTSVEREINIGUNG E.V. (HRSG.), Praktische Erfahrungen mit den IPR-Gesetzen in Deutschland, Österreich und der Schweiz; Wien: Verlag Österreich 1995. (zitiert: DACH-Bearbeiter)

DAMRAU, JÜRGEN, Zur Testamentsvollstreckung am Kommanditanteil, NJW 1984, S. 2785-2790.

DAMRAU, JÜRGEN, Die Abschichtung, ZEV 1996, S. 361-369.

DARAGAN (WOHLSCHLEGEL), HANSPETER, Personengesellschaften als Steuersubjekte im Erbschaft- und Schenkungsteuerrecht, ZEV 1998, S. 367-370.

DARAGAN, HANSPETER, Nochmals: Erbschaft- und Schenkungsteuerplanung für Immobilien im In- und Ausland durch das „Einlagemodell", DStR 2000, S. 272-274.

DARAGAN, HANSPETER, Verfassungsmäßigkeit der Erbschaftsteuer, Anmerkungen zum Beschluss des BFH vom 24.10.2001- II R 61/99, BB 2001, 2627, BB 2002, S. 649-655.

DARAGAN, HANSPETER, Nachlese zum Vorlagebeschluss des BFH vom 22.Mai 2002, ZErb 2003, S. 11-13.

DARAGAN, HANSPETER, Nochmals: Vorläufige Festsetzung der Erbschaft- und Schenkungsteuer: Ende des schutzwürdigen Vertrauens in die geltende Rechtslage?, BB 2003, S. 82-83.

DARAGAN, HANSPETER, Erwerb und Zeit im Erbschaftsteuerrecht, ZErb 2004, S. 8-14.

DARAGAN, HANSPETER, Neues zur Verfassungswidrigkeit der Erbschaftsteuer, DStR 2004, S. 170-172.

DARAGAN, HANSPETER/ ZACHER-RÖDER, HANNELORE, Qualifizierte Nachfolge und Sonderbetriebsvermögen, DStR 1999, S. 89-92.

DARAGAN, HANSPETER/ ZACHER-RÖDER, HANNELORE, Replik zu Fleischer, DStR 1999, S. 972-973.

DAUNER-LIEB, BABARA, Abfindungsklauseln bei Personengesellschaften, Methodische Anmerkung zum Urteil des BGH v. 20.9.1993, ZHR 158 (1994), S. 271-291.

DAUTZENBERG, NORBERT, Die Bedeutung des EG-Vertrages für die Erbschaftsteuer, EWS 1998, S. 86-93.

DAUTZENBERG, NORBERT/ BRÜGGEMANN, ALEXANDER, EG-Vertrag und deutsche Erbschaftsteuer, Überlegungen zum deutschen Erbschaftsteuergesetz insbesondere zum Betriebsvermögensfreibetrag, BB 1997, S. 123-133.

Dautzenberg, Norbert/ Brüggemann, Alexander, Anmerkung zu FG Düsseldorf, Urteil vom 3.7.1996, 4 K 5910/91 Erb, EWS 1998, 146, EWS 1998, S. 147-148.

Debatin, Helmut, Deutsch-amerikanischer Doppelbesteuerungsschutz für Nachlässe, Erbschaften und Schenkungen, RIW 1987, S. 603-620.

Debatin, Helmut, Doppelbesteuerungsabkommen und innerstaatliches Recht, DStR 1992, Beihefter zu Heft 23, S. 1-8. (zitiert: Debatin, DStR 1992, Beihefter zu Heft 23)

Debatin, Helmut/ Wassermeyer, Franz (Hrsg.), Doppelbesteuerung, Kommentar zu allen deutschen Doppelbesteuerungsabkommen; Stand: Mai 2004; München: Beck 2004. (zitiert: Debatin/Wassermeyer-Bearbeiter, DBA)

Deckert, Martin R., Vererbung von Anteilen an Personengesellschaften, NZG 1998, S. 43-49.

Deininger, Rainer, Wegzug natürlicher Personen von Deutschland nach Österreich unter Berücksichtigung der Lasteyrie-Entscheidung des EuGH, INF 2004, S. 460-466.

Demelius, Heinrich, Zum Grenzstreit zwischen Gesellschaftsrecht und Erbrecht: Fortsetzungsklausel und Nachlassverteilung, S. 117-128; in: Privatrechtliche Beiträge, Gedenkschrift Franz Gschnitzer (Hrsg.: Faistenberger, Christoph; Mayrhofer, Heinrich); Innsbruck: Kommissionsverlag 1969. (zitiert: Demelius, Geschnitzer-Gedenkschrift)

Demuth, Björn, Nachfolgegestaltung für eine Personenhandelsgesellschaft durch Aussetzung von Vermächtnissen: Zivilrechtliche und steuerliche Probleme mit Lösungsvorschlägen, BB 2001, S. 945-951.

Derstadt, Eva-Maria, Die Notwendigkeit der Anpassung bei Nachlassspaltung im internationalen Erbrecht; in: Arbeiten zur Rechtsvergleichung Band 187; Baden-Baden: Nomos 1998.

Deutsche Gesellschaft für Erbrechtskunde e.V. (Hrsg.), Deutscher Erbrechtskommentar; Köln (u.a.): Heymanns 2003. (zitiert: DGfE-Bearbeiter)

Diekmann, Albrecht, Bemerkungen zur wertverschiebenden Teilungsanordnung, S. 53-71; in: Europäisches Rechtsdenken in Geschichte und Gegenwart, Festschrift für Helmut Coing zum 70.Geburtstag, Band 2 (Hrsg: Horn, Norbert (u.a.)); München: Beck 1982. (zitiert: Diekmann, FS Coing Bd.2)

Dittmann, Ottmar/ Reimann, Wolfgang/ Bengel, Manfred (u.a.) (Hrsg.), Testament und Erbvertrag: Handkommentar mit Gestaltungsmöglichkeiten für die kautelarjuristische Praxis; 4. Auflage; Neuwied: Luchterhand 2003. (zitiert: Dittmann/Reimann/Bengel-Bearbeiter)

Djanani, Christiana, Internationales Steuerrecht: österreichisches Außensteuerrecht, OECD-Musterabkommen, österreichische Doppelbesteuerungsabkommen; 2. Auflage; Wien: Linde 1998.

DOLZER, RUDOLF/ VOGEL, KLAUS/ GRAßHOF, KARIN, Bonner Kommentar zum Grundgesetz, Gegründet 1950; Stand: Juli 2004; Heidelberg: C.F.Müller 2004. (zitiert: BK-Bearbeiter, GG)

DORALT, VERONIKA/ KOHLBACHER, CLAUS, Besteuerung der Betriebsveräußerung: §§ 24 und 37 EStG; Wien: Orac 1998. (zitiert: Doralt/Kohlbacher, Besteuerung Betriebsveräußerung)

DORALT, WERNER, Erbschaft- und Schenkungsteuer bei Übertragung von Namensaktien oder Geschäftsanteilen unter Ausländern (Bemerkungen zur beschränkten Steuerpflicht gem. § 6 Abs. 1 Nr. 2 ErbStG), ÖStZ 1971, S. 169-171.

DORALT, WERNER, Der Teilwert als Anwendungsfall des Going-Concern-Prinzips - Eine Kritik an der Teilwertkritik, DStJG 7 (1984), S. 141-154.

DORALT, WERNER, Der Teilwert als Anwendungsfall des Going-Concern-Prinzips: Eine Kritik an der Teilwertkritik, ÖStZ 1989, S. 63-68.

DORALT, WERNER, Erbschaftsteuer von Sparbüchern verfassungswidrig? Zur Präjudizialität des Bankgeheimnisses und der Privilegierung des Grundvermögens im Rahmen der Erbschaftsteuer, RdW 1992, S. 25.

DORALT, WERNER, Probleme der Zinsendbesteuerung, RdW 1992, S. 352.

DORALT, WERNER, Zinsendbesteuerung und Privatdarlehn, RdW 1993, S. 89.

DORALT, WERNER, Vorschläge für eine neue Steuerreform zum EStG, UmgrStG, GrStG, ErbStG, ÖStZ 1995, S. 169-174.

DORALT, WERNER, VwGH: Einheitswerte verfassungswidrig?, RdW 1995, S. 195.

DORALT, WERNER, Erbschafts- und Schenkungssteuergesetz, Kurzkommentar; Wien: WUV-Universitätsverlag 2000. (zitiert: Doralt, ErbStG)

DORALT, WERNER, Einkommensteuergesetz, Kommentar, Band II; Stand: Juli 2004; Wien: WUV-Universitätsverlag 2004. (zitiert: Doralt, EStG)

DORALT, WERNER/ RUPPE, HANS GEORG, Grundriß des österreichischen Steuerrechts, Band 2: Bewertungsrecht, Verkehrsteuern, Zölle und Verbrauchsteuern, Sonstige Abgaben, Allgemeiner Teil; 4. Auflage, Wien: Manz 2001. (zitiert: Doralt/Ruppe)

DORALT, WERNER/ RUPPE, HANS GEORG, Grundriß des österreichischen Steuerrechts, Band 1: Einkommensteuer, Körperschaftsteuer, Umgründungsteuergesetz, Umsatzsteuer, Kommunalsteuer; 8. Auflage; Wien: Manz 2003. (zitiert: Doralt/Ruppe, I)

DORAZIL, WILFRIED, Kommentar zum Erbschafts- und Schenkungssteuergesetz; 3. Auflage; Wien: Manz 1990. (zitiert: Dorazil, ErbStG)

DORAZIL, WILFRIED/ TAUCHER, OTTO, Erbschaft- und Schenkungsteuergesetz: Innerstaatliche Vorschriften und zwischenstaatliche Vereinbarungen mit ausführlichen Erläuterungen zum Gesetzestext unter Berücksichtigung der Rechtsprechung; 4. Auflage; Stand: Mai 2004; Wien: Manz 2004. (zitiert: Dorazil/Taucher, ErbStG)

DÖRNER, HEINRICH, Probleme des neuen Internationalen Erbrechts, DNotZ 1988, S. 67-109.

DÖTSCH, FRANZ, Die einkommensteuerliche Beurteilung aufgrund einfacher und qualifizierter Nachfolgeklausen vererbter Anteile an Personengesellschaften, S. 866-883; in: Ertragsbesteuerung: Zurechnung, Ermittlung, Gestaltung; Festschrift für Ludwig Schmidt zum 65.Geburtstag (Hrsg.: Raupach, Arndt; Uelmer, Adalbert); München: Beck 1993. (zitiert: Dötsch, FS Schmidt)

DREIER, HORST (HRSG.), Grundgesetz Kommentar, Band II Art. 20-82; Tübingen: Mohr Siebeck 1998. (zitiert: Dreier-Bearbeiter, GG)

DROBROSCHKE, EDUARD, Die Unternehmensnachfolge Minderjähriger, DB 1967, S. 803-806.

EBELING, JÜRGEN, Ungereimtheiten im Erbschaftsteuerrecht, DStJG 22 (1999), S. 227-249.

EBELING, KLAUS, Vermögensteuer bei Auslandsbeziehungen unbeschränkt Steuerpflichtiger, IWB Fach 3 Gruppe 8, S. 159-176.

EBENROTH, CARSTEN THOMAS, Neuere Entwicklungen im deutschen internationalen Gesellschaftsrecht - Teil 1, JZ 1988, S. 18-30.

EBENROTH, CARSTEN THOMAS, Erbrecht: juristisches Kurzlehrbuch für Studium und Praxis; München: Beck 1992.

EBENROTH, CARSTEN THOMAS/ LORZ, RAINER, Das Unternehmertestament als Bestandteil umfassender Nachfolgeplanung- Teil III: Gestaltung der Nachfolge in Gesellschaftsanteile, WiB 1995, S. 689-694.

EBENROTH, CARSTEN THOMAS/ MÜLLER, ANDREAS, Die Abfindungsklausel im Recht der Personengesellschaften und der GmbH – Grenzen privatautonomer Gestaltung, BB 1993, S. 1153-1160.

EBENROTH, CARSTEN THOMAS/ BOUJONG, KARLHEINZ / JOOST, DETLEV (HRSG.), Handelsgesetzbuch, Band 1 §§ 1-342a; München: Beck 2001. (zitiert: Ebenroth/Boujong/Joost-Bearbeiter, HGB)

EBERL-BORGES, CHRISTINA, Die Erbauseinandersetzung; Tübingen: Mohr Siebeck 2000.

EBERL-BORGES, CHRISTINA, Die Rechtsnatur der Erbengemeinschaft nach dem Urteil des BGH vom 29.1.2001 zur Rechtsfähigkeit der (Außen-)GbR, ZEV 2002, S. 125-132.

EBERT, KURT HANNS, Die rechtsfunktionelle Kompetenzabgrenzung von Gesellschaftsrecht und Erbrecht: Ein Beitrag zum Problem der qualifizierten Nachfolgeklausel in der oHG; Frankfurt a.M.: Athenaeum 1972.

ECCER, BERNHARD, Antizipierte Erbfolge; in: Schriftenreihe zum Bürgerlichen Recht Band 58; Berlin: Duncker & Humblot 1980. (zitiert: Eccer, Antizipierte Erbfolge)

ECCER, BERNHARD, Die Wirkung der Erbsentschlagung auf die Nachkommen, NZ 1982, S. 20ff. (BKA/RIS Rechtsdatenbank: Dokumentennummer LI0920004660),

ECCER, BERNHARD, Bürgerliches Recht VI: Erbrecht; Wien: Springer 2000. (zitiert: Eccer, Erbrecht)

EDENFELD, STEFAN, Der deutsche Erbschein nach ausländischem Erblasser, ZEV 2000, S. 482-485.

EHRKE, TINA/ HEINRICH, JOHANNES, Österreich: Steuerrechtliche Änderungen durch das Budgetbegleitgesetz 2003, IStR 2003, S. 837-844.

EIDENMÜLLER, HORST, Vorausvermächtnis und Teilungsanordnung, JA 1991, S. 150-155.

EIDGENÖSSISCHE STEUERVERWALTUNG, Die Steuern in der Schweiz; Stand: Juni 2003; Therwil: Verlag für Recht und Gesellschaft 2003. (zitiert: Eidg. Steuerverwaltung, Die Steuern der Schweiz)

EINMAHL, JÜRGEN, Die Ausübung der Verwaltungsrechte des Gesellschaftererben durch den Testamentsvollstrecker, AcP 160 (1961), S. 29-50.

EISELE, DIRK, Die erbschaft- und schenkungsteuerliche Behandlung des Betriebsvermögens nach dem Jahressteuergesetz 1997, INF 1997, S. 135-139.

EISELE, DIRK, Die Entwicklung des Bewertungsrechts seit den Einheitswert-Beschlüssen des Bundesverfassungsgerichts zur Vermögens- und Erbschaftsteuer, ZEV 1999, S. 369-377.

EISELE, DIRK, Das Betriebsvermögen im erbschaftsteuerlichen Bewertungsrecht, ZEV 2000, S. 187-191.

EISELE, DIRK, Erbschaft- und Schenkungsteuer erneut auf dem verfassungsrechtlichen Prüfstand - Der Vorlagebeschluss des BFH v. 22.5.2002, II R 61/ 99, INF 2002, S. 573, INF 2002, S. 577-583.

EISELE, DIRK, Verfassungsrechtliche Zweifel an der erbschaftsteuerlichen Bewertung von Erbbaurechten - Anmerkungen zum BFH-Beschluss vom 22.5.2002, DStR 2002, S. 1654-1658.

EISELE, DIRK, Erbschaftsteuerliche Begünstigung des Übergangs von Produktivvermögen nach § 13a ErbStG, StStud 2003, S. 42-46.

EISELE, DIRK, Neuerungen bei der Erbschaftsteuer durch das Haushaltsbegleitgesetz 2004, INF 2004, S. 185-188.

EISELE, DIRK, Erbschaftsteuerliche Immobilienbewertung und Verkehrswertnachweis, StStud 2004, S. 229-234.

EISELE, DIRK, Erbschaftsteuerliche Immobilienbewertung im Blickpunkt der Rechtsprechung – Teil 1, INF 2004, S. 381-385.

EISELE, DIRK, Erbschaftsteuerliche Immobilienbewertung im Blickpunkt der Rechtsprechung – Teil 2, INF 2004, S. 417-422.

EISELE, DIRK, Neuer Vorstoß zur Reform der Erbschaftsteuer, Teil I: Erbschaftsteuerliche Immobilienbewertung, NWB, Aktuelles 2004, S. 1053-1056.

EISELE, DIRK, Neuer Vorstoß zur Reform der Erbschaftsteuer, Teil II: Betriebsvermögen, Anteilsbewertung und Feststellungsverfahren, NWB, Aktuelles 2004, S. 1149-1152.

EISELT, GERHARD, Die Vererbung der Beteiligung an einer OHG, AcP 158 (1959/60), S. 319-336.

EISENHARDT, ULRICH, Die Stellung des Gesellschaftererben am Beispiel der kapitalistisch organisierten Kommanditgesellschaft, JuS 1975, S. 413-420.

EISENHARDT, ULRICH, Gesellschaftsrecht; 11. Auflage; München: Beck 2003.

ENGEL, CHRISTOPH, Abfindungsklauseln - eine systematische Übersicht, NJW 1986, S. 345-350.

ENGISCH, KARL, Einführung in das juristische Denken; 9. Auflage; Stuttgart (u.a.): Kohlhammer 1997.

ERMAN, WALTER, Einige Fragen zur gesellschaftsvertraglichen Beschränkung der Abfindung des willentlich aus einer Personengesellschaft ausscheidenden Gesellschafters, S. 75-86; in: Festschrift für Harry Westermann zum 65.Geburtstag, (Hrsg.: Hefermehl, Wolfgang u.a.); Karlsruhe: Müller 1974. (zitiert: Erman, FS Westermann)

ERNST & YOUNG, WISSENSCHAFTLICHER BEIRAT DES FACHBEREICHS STEUERN DER ERNST & YOUNG AG, BB-Forum: „Die Bundesgesetze werden vom Bundestage beschlossen" (Art. 77 Abs. 1 GG), BB 2004, S. 695-697. (zitiert: Ernst&Young)

ESCH, GÜNTHER, Die Nachlasszugehörigkeit vererbter Personengesellschaftsbeteiligungen, NJW 1984, S. 339-342.

ESCH, GÜNTHER/ SCHULZE ZUR WIESCHE, DIETER (BEGR.), Handbuch der Vermögensnachfolge, Bürgerlich-rechtliche und steuerliche Gestaltung der Vermögensnachfolge von Todes wegen und unter Lebenden; 6. Auflage; Bielefeld: Erich Schmidt 2001. (zitiert: Esch/Baumann/Schulze zur Wiesche)

ETTINGER, JOCHEN/ EBERL, TOBIAS, Die vorweggenommene Erbfolge unter Verwendung einer gewerblich geprägten GmbH & Co. KG, GmbHR 2004, S. 548-554.

EVERSLOH, UDO, Aktuelle Kurzinformationen: BVerfG entscheidet frühstens 2005 über das ErbStG, ErbStB 2004, S. 31-32.

EVERSLOH, UDO, Gesetzesentwurf zur Änderung des ErbStG, ErbStB 2004, S. 203.

FAHRENKAMP, WOLFGANG, Die Nachlasspfleger im italienischen Erbrecht, Rpfleger 1977, S. 159-163.

FARMER, PETER, Bewertung eines Mitunternehmeranteils für Zwecke der ErbSt, RdW 1996, S. 338-342.

FASCHING, HANS W. (HRSG.), Kommentar zu den Zivilprozessgesetzen in vier Bänden; 1.Band: EGJN, JN samt EuGVÜ/LGVÜ; 2. Auflage; Wien: Manz 2000. (zitiert: Fasching-Bearbeiter, JN)

Feil, Erich, Personenhandelsgesellschaften im Grundbuch, GesRZ 1975, S. 108-113.

Felix, Günther, Erbschaftsteuerliche Aspekte bei Unternehmer-Testamenten, KÖSDI 1990, S. 7952-7959.

Felix, Günther, Ausschlagung statt Erbauseinandersetzung zur Vermeidung der Einkommensteuer, DStZ 1991, S. 50.

Felix, Günther, Erbauseinandersetzungs-Erlass und Einkommensteuerberatung, KÖSDI 1993, S. 9366-9373.

Felix, Günther, Praktizierung des erbschaftsteuerlichen Betriebsvermögens-Freibetrages, § 13 Abs. 2a ErbStG, KÖSDI 1994, S. 9878-9887.

Felix, Günther, Betriebsvermögens-Freibetrag nach § 13a Abs. 2 ErbStG, BB 1994, S. 477-481.

Felix, Günther, Basiswissen zur Vererbung von Personen- und Kapitalgesellschafts-Beteiligungen, KÖSDI 1996, S. 10576-10583.

Felix, Günther, Erbschaftsteuerorientierte „verzögerte" Fortsetzungsklausel, BB 1997, S. 840.

Felix, Günther, Überblick über das neue Erbschaft-(Kompromiss-)Steuerrecht und Akzentverschiebungen der aktuellen Erbschaftsteuer-Planung, KÖSDI 1997, S. 10961-10973.

Felix, Günther, Gesellschaftsbeteiligung im Erbfall: Einkommen- und Erbschaftsteuer, KÖSDI 1997, S. 11064-11079.

Fellner, Karl-Werner, Die Erbschaftsteuer als Ausdruck des Leistungsfähigkeitsprinzips, RdW 1994, S. 412-413.

Fellner, Karl-Werner, Schenkung negativen Betriebsvermögens - Wert des Unternehmens als Summe der Teilwerte der einzelnen Wirtschaftsgüter, SWK 1999, S. 256-258.

Fellner, Karl-Werner, Die Erbschaftsteuer im Jahre 2000 - ein Torso, SWK 2000, S. 465-478.

Fellner, Karl-Werner, Besonderheiten des Netzes der österreichischen Erbschaftssteuerabkommen, S. 185-210; in: Erbschaftssteuern und Doppelbesteuerungsabkommen, Schriftenreihe zum Internationalen Steuerrecht Band 21; Wien: Linde 2002. (zitiert: Fellner, Erbschaftsteuern und DBA)

Fellner, Karl-Werner, Stempel- und Rechtsgebühren, Grunderwerbsteuer, Erbschafts- und Schenkungssteuer, Kommentar, Band III/A; Band III/B: Erbschafts- und Schenkungssteuer; 10. Auflage; Stand: Februar 2003; Enns: Selbstverlag 2003. (zitiert: Fellner, ErbStG)

Fenyves, Attila, Erbenhaftung und Dauerschuldverhältnis: zur Auflösbarkeit von Dauerschuldverhältnissen anlässlich des Todes einer Vertragspartei; Wien: Orac 1982.

Ferid, Murad, Internationales Privatrecht: das neue Recht, ein Leitfaden für Praxis und Ausbildung; 3. Auflage; Frankfurt a.M.: Metzner 1986.

FERID, MURAD/ FIRSCHING, KARL (BEGR.) DÖRNER, HEINRICH/ HAUSMANN, RAINER (HRSG.) Internationales Erbrecht – Quellensammlung mit systematischen Darstellungen des materiellen Erbrechts sowie Kollisionsrecht wichtiger Staaten, Band V, Österreich-Slowenien; Stand: 51. Ergänzungslieferung; München: Beck 2003. (zitiert: Ferid/Firsching-Bearbeiter)

FERRARI-HOFMANN-WELLENHOF, SUSANNE, Die Erbschaftsklage: zugleich ein Beitrag zur Erbrechtsklage und Einantwortung; in: Europäische Hochschulschriften Reihe 2 Rechtswissenschaften Band 1132; Frankfurt a.M. (u.a.):Lang 1991. (zitiert: Ferrari-Hofmann-Wellenhof, Erbschaftsklage)

FEUCHTINGER, GÜNTER/ MANAUER, SUSANNE, Betriebsübertragungen im Gewerbe-, Bestand- und Erbrecht, S. 7-46; in: SWK-Sonderheft: Betriebsübertragungen in Theorie und Praxis (Hrsg.: Wolf, Erich); Linde: Wien 2000. (zitiert: Feuchtinger/Manauer, Betriebsübertragungen)

FICHTELMANN, HELMAR, Die Erbauseinandersetzung bei der Betriebsaufspaltung im Zivil- und Steuerrecht, GmbHR 1994, S. 583-592.

FICHTELMANN, HELMAR, Vorweggenommene Erbfolge bei Betriebsaufspaltung – Überlegungen zur Fortsetzung oder Beendigung und Steuergestaltungen, EStB 1999, S. 296-300.

FINGER, PETER, Die Vererbung von Anteilen einer Personengesellschaft, JR 1969, S. 409-414.

FINGER, PETER, Der Ausschluss von Abfindungsansprüchen bei Personengesellschaften beim Tod des Gesellschafters DB 1974, S. 27-33.

FIRSCHING, KARL, Der Ehe- und Erbvertrag im deutschen, österreichischen und schweizerischen Recht, DNotZ 1954, S. 229-252.

FIRSCHING, KARL, Die Behandlung der Nachlässe österreichischer Erblasser durch deutsche Gerichte, DNotZ 1963, S. 329-340.

FIRSCHING, KARL, Österreichische Nachlässe, IPRax 1983, S. 166-169.

FIRSCHING, KARL (BEGR.)/ HOFFMANN, VON, BERND, Internationales Privatrecht einschließlich der Grundzüge des Internationalen Verfahrensrechtes; 7. Auflage; München: Beck 2003. (zitiert: Firsching/von Hoffmann, IPR)

FISCHER, LUTZ, Erbschaftsteuerplanung bei Auslandsanlagen, BB 1984, S. 1033-1041.

FISCHER, LUTZ/ WARNEKE, PERYGRIN, Internationale Betriebswirtschaftliche Steuerlehre; 4. Auflage; Bielefeld: Erich Schmidt 1998. (zitiert: Fischer/ Warneke)

FISCHER, MICHAEL, Zur Reformbedürftigkeit des Erbschaftsteuerrechts, DB 2003, S. 9-15.

FISCHER, PETER, Überlegungen zur Lückenhaftigkeit des Steuergesetzgebers, StuW 1995, S. 308-312.

FISCHER-ZERNIN, JUSTUS, Doppelbesteuerungsabkommen als Instrument des Völkerrechts und des innerstaatlichen Rechts: Der jeweilige Regelungsinhalt, RIW 1987, S. 785-790.

FLEISCHER, OTTMAR, Nochmals: Qualifizierte Nachfolge und Sonderbetriebsvermögen, DStR 1999, S. 972.

FLICK, HANS, Das Erfordernis der Subjektidentität bei Doppelbesteuerungsnormen, StuW 1960, Sp. 329-350.

FLICK, HANS, Widerspruch zwischen Testament und Gesellschaftsvertrag, ZEV 1994, S. 34.

FLICK, HANS/ OERTZEN, VON, CHRISTIAN, Auslandsvermögen im Erbgang, IStR 1993, S. 82-84.

FLICK, HANS/ OERTZEN, VON, CHRISTIAN, Internationales Privatrecht und internationales Steuerrecht in der Praxis der Erbfolgeregelung, IStR 1995, S. 558-560.

FLICK, HANS/ PILTZ, DETLEV J., Der internationale Erbfall: Erbrecht, Internationales Privatrecht, Erbschaftsteuerrecht; München: Beck 1999. (zitiert: Flick/ Piltz)

FLUME, WERNER, Der gesetzliche Steuertatbestand und Gesetzestatbestände im Steuerrecht und Steuerpraxis, StbJb 1967/1968, S. 63-94.

FLUME, WERNER, Gesellschaft und Gesamthand, ZHR 136 (1972), S. 177-207.

FLUME, WERNER, Die Nachfolge in die Mitgliedschaft in einer Personengesellschaft beim Tod eines Gesellschafters, S. 23-68; in: Gesellschaftsrecht und Unternehmensrecht, Festschrift für Wolfgang Schilling zum 65.Geburtstag am 5.Juni 1973 (Hrsg.: Fischer, Robert; Hefermehl, Wolfgang); Berlin: de Gryter 1973. (zitiert: Flume, FS Schilling)

FLUME, WERNER, Allgemeiner Teil des bürgerlichen Rechts, Erster Band, Erster Teil, Die Personengesellschaft; Berlin (u.a): Springer 1977. (zitiert: Flume, PG)

FLUME, WERNER, Teilungsanordnung und Erbschaftsteuer, DB 1983, S. 2271-2273.

FLUME, WERNER, Die Erbennachfolge in den Anteil an einer Personengesellschaft und die Zugehörigkeit des Anteils zum Nachlass, NJW 1988, S. 161-164.

FLUME, WERNER, Erbrecht und Gesellschaftsrecht als die beiden Momente der Erbennachfolge in die Beteiligung an einer Personengesellschaft, S. 181-192; in: Festschrift 40 Jahre Der Betrieb; Stuttgart: Schäffer 1988. (zitiert: Flume, FS 40 Jahre Der Betrieb)

FRABERGER, FRIEDRICH, Der steueroptimale Tod: steuerliche Gestaltung der Vermögensübertragung; Wien: Orac 1997. (zitiert: Fraberger, 1997)

FRABERGER, FRIEDRICH, Erbschaftsteuer und Gemeinschaftsrecht, SWI 1998, S. 302-310.

FRABERGER, FRIEDRICH, § 15 I Z 17 ErbStG verfassungskonform! Ein Pyrrhussieg für die Steuerpflichtigen?, SWK 1998, S. 775-785.

FRABERGER, FRIEDRICH, Die erbschaftsteuerliche Endbesteuerung im Wandel der Rechtsprechung – Bahnbrechendes VfGH-Erkenntnis zu § 15 Abs 1 Z 15

ErbStG ebnet den Weg zur steueroptimalen Gestaltung der Vermögensnachfolge, SWK 1999, S. 631-641.

FRABERGER, FRIEDRICH, Unternehmen steueroptimal schenken und vererben, Gestaltungen nach der Steuerreform 2000; Wien: Linde 2000. (zitiert: Fraberger, 2000)

FRABERGER, FRIEDRICH, Nationale und internationale Unternehmensnachfolge, Steuergestaltung beim Schenken und Vererben; Wien: Linde 2001.

FRABERGER, FRIEDRICH, Die Erbschafts- und Schenkungssteuer im Fluss: Zugleich eine Besprechung der Kommentare von Dorazil/Taucher und W. Doralt, RdW 2002, S. 631-634.

FRABERGER, FRIEDRICH, Erbschaftssteuerabkommen und Gemeinschaftsrecht, S. 211-244; in: Erbschaftssteuern und Doppelbesteuerungsabkommen, Schriftenreihe zum Internationalen Steuerrecht (Hrsg.: Lang, Michael) Band 21; Wien: Linde 2002. (zitiert: Fraberger, Erbschaftsteuern und DBA)

FRABERGER, FRIEDRICH, Darf beim Erben/Schenken/Stiften von Aktien vom Börsenkurs abgewichen werden? Keine uneingeschränkte Maßgeblichkeit, SWK 2004, S. 623-630.

FRABERGER, FRIEDRICH/ SULZ, GOTTFRIED, Nichtausübung des Eintrittrechts in eine OHG durch einen Erben – Erbschafts- und einkommensteuerliche Konsequenzen, SWK 1996, S. 349-352.

FRANK, RAINER, Erbrecht; 2. Auflage; München: Beck 2003.

FRANZ, ROLAND/ RUPP, THOMAS, Standortsicherungsgesetz, BB 1993, Beilage 20 zu Heft 31, S. 1-26.

FREMUTH, WALTER A./ LAURER, RENÉ H./ LINC, SYLVIA/ PÖTZELBERGER, LEO/ STROBL, JOHANN, Bankwesengesetz samt den wichtigsten Nebengesetzen; 2. Auflage; Wien: Manz 1999. (zitiert: Fremuth/Laurer/Linc/Pötzelberger/ Strobl, BWG)

FRIAUF, K.H., Möglichkeiten und Grenzen der Rechtsfortbildung im Steuerrecht, DStJG 5 (1982), S. 53-69.

FRIEDRICH, WERNER, Gedanken zur steuerverschärfenden Analogie im Steuerrecht, S. 151-165; in: Der Bundesfinanzhof und seine Rechtsprechung Grundfragen - Grundlagen, Festschrift für Hugo von Wallis zum 75. Geburtstag am 12.April 1985 (Hrsg.: Klein, Franz; Vogel, Klaus); Bonn: Stollfuss 1985. (zitiert: Friedrich, FS von Wallis)

FRIESER, ANDREAS/ SARRES, ERNST/ STÜCKEMANN, WOLFGANG/ TSCHICHOFLOS, URSULA (HRSG.), Handbuch Erbrecht- Anwaltsstrategien für das erbrechtliche Mandat; 1. Auflage; Neuwied: Luchterhand 2001. (zitiert: Frieser/Sarres/ Stückemann/Tschichoflos-Bearbeiter)

FRITZ, CHRISTIAN, Gesellschaftsrecht in Österreich – Eine Einführung mit vergleichenden Tabellen; 1. Auflage; München: Rehm 2000.

FRITZ, CHRISTIAN/ SCHAUER, KATJA/ AUGUSTIN, KLAUS (HRSG.), Unternehmensnachfolge - aber richtig!: ein Wegweiser zur gesamtheitlichen Gestaltung des Übergabeprozesses; Wien: Linde 2001. (zitiert: Fritz/Schauer/Augustin)

FRITZ, JÜRGEN, Schriftform bei Erbengemeinschaften und BGB-Gesellschaften als Mietvertragspartei, NZM 2003, S. 676-678.

FROTSCHER, GERRIT (HRSG.), EStG-Kommentar zum Einkommensteuergesetz, Band 3: § 10-17; Stand: Juli 2004; Freiburg i.Br.: Haufe 2004. (zitiert: Frotscher-Bearbeiter, EStG)

FUHRMANN, CLAAS, Risiken der Nachversteuerung bei der Nachfolge in Mitunternehmeranteile: Welche Vermögensübertragungen zwischen Mitunternehmern sind schädlich?, ErbStB 2003, S. 186-189.

FUHRMANN, LAMBERTUS, Modelle lebzeitiger Unternehmensübertragungen: Erbvertrag, Testamentsvollstreckung, Fortsetzungsklausel, Stiftung und Trust im zivil- und steuerrechtlichen Vergleich; in: Schriften zum internationalen Wirtschafts- Finanz- und Steuerrecht Band 2; Konstanz: Hartung-Gorre 1989.

FUNKE, REGINE, Nachfolgeplanung und Erbauseinandersetzung: Neue Risiken und Chancen nach dem StEntlastG 1999/2000/2002, GmbH-StB 1999, S. 222-226.

GAHLEITNER, GERALD/ MORITZ, HELMUT, Das Steuerrecht Österreichs, IWB Fach 5 Österreich Gruppe 2, S. 467-484.

GAMON, PETER CHRISTOPH, Buchwertklausel beim Ausscheiden aus OHG und KG: Rechts-, Angemessenheits- und Ausübungskontrolle; in: Europäische Hochschulschriften Reihe 2 Rechtswissenschaft Band 811; Frankfurt a.M. (u.a.): Lang 1988.

GASSNER, WOLFGANG, Die Bilanzierung von offenen und verdeckten Einlagen und Entnahmen sowie verwandten Tatbeständen im Handels-, Einkommen- Körperschaft- und Umwandlungsteuerrecht, S. 33-76; in: Praxisfragen der Bilanzierung (Hrsg.: Bertl, Romuald; Mandl, Dieter; Mandl, Gerwald; Ruppe, Hans Georg); Wien: Orac 1991. (zitiert: Gassner, Praxisfragen der Bilanzierung)

GASSNER, WOLFGANG ,Die neue Endbesteuerung: Grundkonzept und Mängel, ÖStZ 1993, S. 4-11.

GASSNER, WOLFGANG, Steuerreform 1994 – Würdigung und Kritik, JBl 1994, S. 289-301.

GASSNER, WOLFGANG, Titel und Bestand des ErbStG-Gedankens aus Anlass einer Buchbesprechung, ÖStZ 2003, S. 600ff. (BKA/RIS Rechtsdatenbank: Dokumentennummer LI0307020015)

GEBEL, DIETER, Die Bedeutung erbfallbezogener Klauseln in GmbH-Satzungen für die Erbschaftsteuer (Teil II), DStR 1993, S. 325-331.

GEBEL, DIETER, Die schenkungssteuerliche Freibetragsregelung für die Übergabe von Betriebsvermögen in vorweggenommener Erbfolge, UVR 1994, S. 172-182.

GEBEL, DIETER, Die qualifizierte Nachfolgeklausel – Ein Beispiel für die Verzahnung von Einkommensteuer und Erbschaftsteuer, BB 1995, S. 173-179.

GEBEL, DIETER, Die Verzahnung von Einkommensteuer und Erbschaftsteuer beim Übergang von Betriebsvermögen im Erbfall, BB 1995, S. 2611-2618.

GEBEL, DIETER, Erbschaftsteuerliche Probleme der verlängerten Maßgeblichkeit – Bilanzpolitik als Mittel zur Minimierung der Erbschaftsteuerbelastung, DStR 1996, S. 1385-1390.

GEBEL, DIETER, Übertragung eines Mitunternehmeranteils im Wege der vorweggenommenen Erbfolge unter Zurückbehaltung von Sonderbetriebsvermögen, DStR 1996, S. 1880-1885.

GEBEL, DIETER, Wirkungszusammenhänge zur Einkommensteuer und Schenkungsteuer beim Übergang von Betriebsvermögen, BB 1996, S. 2069-2074.

GEBEL, DIETER, Gesellschaftsnachfolge im Schenkung- und Erbschaftsteuerrecht, Anteilsübertragungen unter Lebenden, Anteilserwerb von Todes wegen; 2. Auflage; Bielefeld: Erich Schmidt 1997. (zitiert: Gebel, Gesellschafternachfolge)

GEBEL, DIETER, Ermittlung des Steuerwertes von Anteilen an mitunternehmerischen und nichtunternehmerischen Personengesellschaften, DStR 1997, S. 801-807.

GEBEL, DIETER, Die neue Freibetragsregelung in § 13a ErbStG 1996 beim Erwerb von Betriebsvermögen im Erbfall, BB 1997, S. 811-816.

GEBEL, DIETER, Steuerliche Wertermittlung beim Erwerb durch Vermächtnis und aufgrund Pflichtteils, ZEV 1999, S. 85-91.

GEBEL, DIETER, Lust an Fiktionen - Anmerkungen zu den durch das Steuerentlastungsgesetz 1999/2000/2002 in das Erbschaftsteuergesetz neu eingeführten Steuertatbeständen, ZEV 1999, S. 249-254.

GEBEL, DIETER, Zusammenfassung mehrerer Zuwendungen bei der Steuerberechnung und Steuerfestsetzung, ZEV 2001, S. 213-217.

GEBEL, DIETER, Betriebsvermögensnachfolge: Erbfall und vorweggenommene Erbfolge, Einkommensteuer und Erbschaftsteuer; 2. Auflage; München: Vahlen 2002. (zitiert: Gebel, Betriebsvermögensnachfolge)

GECK, REINHARD, Erbschaft- und schenkungsteuerpflichtige Erwerbe mit Auslandsberührung – der Regelungsbereich des § 2 ErbStG, ZEV 1995, S. 249-252.

GECK, REINHARD, Neue Erschwernisse bei vorweggenommener Erbfolge über Personengesellschaftsanteile, Auswirkungen des BFH-Urteils vom 24.8.2000, IV R 51/98, DStR 2000, 1768, DStR 2000, S. 2031-2035.

GECK, REINHARD, Die Auswirkungen des Gesetzes zur Fortentwicklung des Unternehmenssteuerrechts auf die vorweggenommene Erbfolge und die Erbauseinandersetzung, ZEV 2002, S. 41-47.

GECK, REINHARD/ GRUNE, JÖRG/ CHRIST, JÜRGEN, Handbuch der Erbengemeinschaft: Steuerrecht Zivilrecht; Stand: Februar 2004; Köln: Otto Schmidt 2004. (zitiert: Ebeling/Geck, Hdb Erbengemeinschaft)

GEIMER, REINHOLD, Anmerkung zu BayObLG, Beschluß vom 2.2.1995, 1Z BR 159/94, MittBayNot 1995, S. 230-231.

GEIß, WILLIBALD, Der Verkehrswert als Bemessungsgrundlage für die Erbschaft- und Schenkungsteuer, ZEV 1999, S. 338-342.

GEIß, WILLIBALD, Bewertung von Grundstücken für Zwecke der Erbschaft/ Schenkungsteuer und der Grunderwerbsteuer, ZEV 1998, S. 13-16.

GEßLER, ERNST/ HEFERMEHL, WOLFGANG/ HILDEBRANDT, WOLFGANG/ SCHRÖDER, GEORG/ MARTENS, KLAUS-PETER/ SCHMIDT, KARSTEN Schlegelberger, Handelsgesetzbuch, Band III, 1.Halbband, §§ 105-160; 5. Auflage; München: Vahlen 1992. (zitiert: Schlegelberger-Bearbeiter, HGB)

GLANEGGER, PETER/ GÜROFF, GEORG (U.A.), Heidelberger Kommentar zum Handelsgesetzbuch: Handelsrecht, Bilanzrecht, Steuerrecht; 6. Auflage; Heidelberg: C.F. Müller 2002. (zitiert: Heidelberger Kommentar-Bearbeiter, HGB)

GLUTH, RÜDIGER, Rechtsnachfolge bei Personengesellschaften (Teil 3): Erbschaftsteuerliche Konsequenzen von Nachfolgeklauseln, ErbStB 2003, S. 169-171.

GÖBEL, WOLFGANG, Gestaltung der Gesellschaftsnachfolge für den Todesfall, DNotZ 1979, S. 133-155.

GOEBEL, JOACHIM, Drittbestimmung des Unternehmensnachfolger-Erben? Eine Rückbesinnung auf die reichsgerichtliche Höchstpersönlichkeit des Testaments, DNotZ 2004, S. 101-118.

GÖTH, PHILIPP, KEST-Abzug bei Zweigstellen von EU-Kreditinstituten, ecolex 1995, S. 440-442.

GÖTH, PHILIPP/ RIEF, ROLAND/ STARINGER, CLAUS/ TUMPEL, MICHAEL, Rechtsprechungsübersicht Bundesfinanzhof: Für Österreich wichtige Entscheidungen zum Bilanz- und Unternehmenssteuerrecht, ecolex 1992, S. 728-734.

GOTHE, FLORIAN, Erbschaftsausschlagung und Anfechtung der Erbschaftsannahme, MittRhNotK 1998, S. 193-224.

GÖTZ, HELLMUT, Besonderheiten bei der Zusammenrechnung mehrerer Schenkungen nach § 14 ErbStG, ZEV 2001, S. 9-13.

GÖTZ, HELLMUT, Übertragung von Sonderbetriebsvermögen im Lichte von § 13a ErbStG, ZEV 2003, S. 346-348.

GÖTZ, HELLMUT/ JORDE, THOMAS R., Begünstigung von Betriebsvermögen in Zusammenrechnungsfällen nach § 14 ErbStG: Besteuerungsprobleme nach der Gesetzesverschärfung durch das HBeglG 2004, ErbStB 2004, S. 237-240.

GRABHER, STEFAN/ HILBER, KLAUS, ABC der Steuern im Privat- und Unternehmensbereich; Wien: Linde 1997.

GRASHOFF, FRIEDER, Die Nachfolge von Miterben in den Anteil an einer Personengesellschaft; 1. Auflage; Göttingen: Cuvillier 1997.

GRASMANN, GÜNTHER, System des internationalen Gesellschaftsrechts: Aussen- und Innenstatut der Gesellschaften im Internationalen Privatrecht; Herne: Verlag Neue Wirtschafts-Briefe, 1970.

GREWE, GERRIT, Übertragung von Mitunternehmeranteilen und Sonderbetriebsvermögen, ErbBStg 2004, S. 134-141.

GROH, MANFRED, Bedrohung der qualifizierten Gesellschaftsnachfolge durch das Steuerrecht, DStR 1994, S. 413-416.

GROH, MANFRED, Die Erbauseinandersetzung im Einkommensteuerrecht – zum Beschluss des Großen Senats vom 5.7.1990, GrS 2/89, DB 1990, S. 2144, DB 1990, S. 2135-2141.

GROH, MANFRED, Mitunternehmeranteile in der Erbauseinandersetzung – Anmerkungen zum BFH-Urteil vom 13.12.1990, IV R 107/89, DB 1991, S. 724-727.

GROH, MANFRED, Erben als „Durchgangsunternehmer"- Anmerkungen zu den BFH-Urteilen vom 24.9.1991, VIII R 349/83 und 29.10.1991, VIII R 51/84, DB 1992, S. 1312-1317.

GROß, JOACHIM, Abfindungsregelungen im Rahmen der Gesellschafternachfolge: Gestaltungshinweise bei Tod eines Gesellschafters, ErbStB 2004, S. 134-136.

GROß-BÖLTING, KLAUS, Probleme der beschränkten Steuerpflicht im Erbschaftsteuerrecht; Dissertation; Köln: 1996.

GROßFELD, BERNHARD, Unternehmens- und Anteilsbewertung im Gesellschaftsrecht; 4. Auflage; Köln: Otto Schmidt 2002.

GROTE, RAINER, Die Besteuerung deutsch-belgischer Erb- und Schenkungsfälle; in: Internationales Erbschaftsteuerrecht und Nachlassplanung Band 6; Köln: Otto Schmidt 1999.

GRUNEWALD, BARBARA, Die Rechtsfähigkeit der Erbengemeinschaft, AcP 197 (1997), S. 305-315.

GRUNEWALD, BABARA, Gesellschaftsrecht; 5. Auflage; Tübingen: Mohr Siebeck 2002.

GRÜTZNER, DIETER, Änderungen der Unternehmensbesteuerung – Ein erster Überblick über die Steuer-Beschlüsse des Gesetzgebers vom 19.12.2003, StuB 2004, S. 49-56.

GSCHNITZER, FRANZ/ FAISTENBERGER, CHRISTOPH/ BARTA, HEINZ, Allgemeiner Teil des bürgerlichen Rechts; 2. Auflage; Wien: Springer 1992. (zitiert: G/F/B-Bearbeiter)

GSCHNITZER, FRANZ/ FAISTENBERGER, CHRISTOPH, Erbrecht; 2. Auflage; Wien: Springer 1983. (zitiert: Gschnitzer/Faistenberger)

GÜRSCHING, LORENZ/ STENGER, ALFONS (BEGR.), Kommentar zum Bewertungsgesetz und Vermögensteuergesetz; Stand: Mai 2004; 9. Auflage; Köln: Otto Schmidt 2004. (zitiert: Gürsching/Stenger, BewG)

HAACK, STEPHAN, Internationale Nachlassplanung aus deutscher Perspektive, IWB Fach 3 Gruppe 9, S. 151-156.

HAAR, HORST/ WITTENMAYER, HEINZ, Lehrbuch des Bewertungsrechts, Einheitsbewertung und Bedarfsbewertung; 6. Auflage; Herne (u.a.): Verlag Neue Wirtschafts-Briefe 1998.

HAAS, JOACHIM, Die Zulässigkeit von Verfügungen zugunsten Dritter; Dissertation; Würzburg: 1973. (zitiert: Haas, Verfügungen zugunsten Dritter)

HAAS, PETER, Erbschaftsteuerrecht und gesellschaftliche Nachfolge; Herne (u.a.): Verlag Neue Wirtschafts-Briefe 1996.

HAAS, ROBERT, Abschichtung zum Buchwert als Schenkung?, JBl 1955, S. 8-12.

HAAS, ULRICH, Der deutsche Erblasser mit Auslandsvermögen – Ein Überblick über das anwendbare Recht, ZNotP 2002, S. 206-217.

HABERSACK, MATTHIAS, Die unentgeltliche Einziehung des Geschäftsanteils beim Tod eines GmbH-Gesellschafters, ZIP 1990 S. 625-632.

HAEGELE, KARL, Zulässigkeit der Bezeichnung eines Erben oder eines Vermächtnisnehmers durch einen Dritten, BWNotZ 1972, S. 74-79.

HÄFKE, HANS-ULRICH, Anmerkung zu den Beschlüssen BFH v. 28.1.1998, VIII B 9/97, ZEV 1998, 274f. und BFH v. 9.3.1998, VIII B 13/97, ZEV 1998, 275f., ZEV 1998, S. 276-277.

HAGEN, JÜRGEN, Steuer- und zivilrechtliche Aspekte der Gesamtrechtsnachfolge durch Erbfall, Teil I, StBP 2003, S. 332-335.

HALACZINSKY, RAYMOND, Erbschaftsteuer, Perspektiven und Chance, S. 149-173; in: Harzburger Steuerprotokoll 2000, 39. Steuerfachtagung Bad Harzburg (Hrsg: Steuerberaterverband Niedersachsen, Sachsen-Anhalt e.V.); Stuttgart (u.a.): Boorberg 2001. (zitiert: Halaczinsky, Harzburger Steuerprotokoll 2000)

HALACZINSKY, RAYMOND, Erhöhung der Erbschaftsteuer und Reaktivierung der Vermögensteuer?, ErbStB 2003, S. 28-31.

HALACZINSKY, RAYMOND, Erbschaftsteuerrichtlinien und Hinweise 2003, Ein Überblick über die wichtigsten Änderungen, ErbStB 2003, S. 155-159.

HALACZINSKY, RAYMOND, Der Erbschaftsteuertarif – Quell der ungerechten Besteuerung?, ZErb 2004, S. 26-33.

HALACZINSKY, RAYMOND, Reduzierung der Vergünstigungen für Nachfolge in Betriebsvermögen, ErbStB 2004, S. 37-39.

HALACZINSKY, RAYMOND, Einwendungen gegen das Zustandekommen des HBeglG 2004, ErbStB 2004, S. 142-143.

Halaczinsky, Raymond, Änderungen des Erbschaftsteuergesetzes durch das Haushaltsbegleitgesetz 2004, NWB Fach 10, S. 1467-1468.

Hämmerle, Hermann/ Wünsch, Horst, Handelsrecht, Band 2: Personengesellschaften; 4. Auflage; Wien: Orac 1993. (zitiert: Hämmerle/Wünsch, Handelsrecht)

Handzik, Peter, Erbschaft- und Schenkungsteuer: Gesamtdarstellung mit den Änderungen des Bewertungsgesetzes zum 1.Januar 2002; 5. Auflage, Bielefeld: Erich Schmidt 2002.

Hannes, Frank, Gestaltungsalternative: Ausschlagung der Erbschaft gegen Nießbrauchsabfindung oder Erbschaftsannahme mit nachfolgender Schenkung unter Nießbrauchsvorbehalt?, ZEV 1995, S. 10-16.

Hannes, Frank, Anmerkung zu Oberste Finanzbehörden der Länder, gleichlautender Ländererlass, Erlass v. 6.12.2001, S-3700/15, BGBl I 2001, S. 985, ZEV 2002, S. 66.

Hannesen, Frank, Ermittlung und Aufteilung des Betriebsvermögens bei Personengesellschaften – Schwierigkeit Ergänzungsbilanz, ZEV 2003, S. 319-321.

Hartmann, Winfried, Pause für die Erbschaft- und Schenkungsteuer – Wie geht es weiter nach dem BFH-Beschluss vom 24.10.2001?, UVR 2002, S. 7-16.

Hasenauer, Clemens/ Hügel, Haarmann/ Schütte, Nina, Neuerungen zur Besteuerung von ausländischen Kapitalerträgen und zum internationalen Schachtelprivileg in Österreich, IStR 2003, S. 845-848.

Haunhold, Peter, Ertragsteuerliche Behandlung der Auflösung von Mitunternehmerschaften, ecolex 1995, S. 211-212.

Haunschmidt, Regina/ Haunschmidt, Franz, Erbschaft und Testament; 2. Auflage; Wien: Orac 1996. (zitiert: Haunschmidt/Haunschmidt)

Hausleithner, Annemarie, Erbschaftsteuerliche Behandlung von Erwerben aus Pflichtteilsrechten, ÖStZ 1983, S. 62-68.

Hausleithner, Annemarie, Vermeidung der Doppelbesteuerung im österreichischen Erbschaftsteuerrecht, ÖStZ 1985, S. 218-224.

Hausleithner, Annemarie, Erbanfälle und Verfügungen darüber aus erbschaftsteuerlicher Sicht, RdW 1993, S. 256-261.

Hechler, Manuela, Die Besteuerung deutsch-französischer Erbfälle; in: Internationales Erbschaftsteuerrecht und Nachlassplanung Band 5; Köln: Otto Schmidt 1997.

Hecht, Stephen A., Atypische Unterbeteiligung als Ausweichstrategie bei Übertragung einer Kommanditbeteiligung, ZEV 2004, S. 105-107.

Heckelmann, Dieter, Abfindungsklauseln in Gesellschaftsverträgen: Eine Studie über die Grenzen der Gestaltungsfreiheit beim Ausscheiden aus der offenen Handelsgesellschaft; München: Beck 1973.

Heff, Arndt, Wirtschaftliches Eigentum im Ertrag- und Erbschaftsteuerrecht, KÖSDI 2001, S. 12885-12895.

HEHEMANN, HEINRICH, Testamentsvollstreckung bei Vererbung von Anteilen an Personengesellschaften, BB 1995, S. 1301-1312.

HEIDEMANN, FRANK/ OSTERTUN, DIETRICH, Anmerkung zu BFH v. 22.5.2002, II R 61/ 99, ZEV 2002, S. 373, ZEV 2002, S. 386-388.

HEIDINGER, GERALD, Steuerreform in Österreich: Halbsatzverfahren und Abgeltungssteuer, DStZ 1992, S. 456-459.

HEIDINGER, GERALD, Erleichterung der Übertragung von Klein- und Mittelunternehmen in der EU, SWI 1994, S. 319-321.

HEIDINGER, GERALD, Erbschaftsteuer: Reform oder Aufhebung? ecolex 1994, S. 496-500.

HEIL, HANS-JÜRGEN, Anmerkung zu BGH v. 16.7.2001, II ZB 23/00, DNotZ 2002, 57ff., DNotZ 2002, S. 60-68.

HEILIGER, MARIA, Einkommensteuerliche Risiken aus der Erbschaftsausschlagung gegen Abfindungszahlungen, ZEV 2001, S. 432-435.

HEINRICH, JOHANNES, Österreichischer Verfassungsgerichtshof bestätigt die Erbschaftsteuerbefreiung für endbesteuertes Kapitalvermögen, ZEV 1999, S. 479-482.

HEINRICH, JOHANNES, Österreich: System der Besteuerung von Dividenden auf dem Prüfstand des EuGH, IStR 2000, S. 238-240.

HEINRICH, JOHANNES, Die Verteilung der Besteuerungsrechte im ErbSt-MA, S. 75-102; in: Erbschaftsteuern und Doppelbesteuerungsabkommen, Schriftenreihe zum Internationalen Steuerrecht Band 21; Wien: Linde 2002. (zitiert: Heinrich, Erbschaftsteuern und DBA)

HEINRICH, JOHANNES/ MORITZ, HELMUT, Die Abgeltungswirkung der Kapitalertragsteuer für die Erbschaftsteuer in Österreich, ZEV 1995, S. 325-328.

HEINZ, CARSTEN A., Reform der Erbschaftsteuer durch Integration in die Einkommensteuer?, ZEV 2004, S. 221-227.

HELLER, THEODOR, Logik und Axiologie der analogen Rechtsanwendung; in: Neue Kölner rechtswissenschaftliche Abhandlungen Band 16; Berlin: de Gryter 1961.

HELLWIG, KONRAD, Die Verträge auf Leistung an Dritte: Nach deutschem Reichsrecht unter besonderer Berücksichtigung des Handelsgesetzbuches mit e. Einleitung über das roemische Recht und e. Anh. über die Erbverträge zu Gunsten Dritter; Aalen: Scientia, 1968.

HELMUT, SCHUHMANN, Das Vermächtnis und die Erbschaftsteuer, UVR 1999, S. 430-434.

HENRICH, DIETER, Die Schenkung von Todes wegen in Fällen mit Auslandsberührung, S. 111-123; in: Festschrift für Karl Firsching zum 70.Geburtstag (Hrsg.: Henrich, Dieter; von Hoffmann, Bernd); München: Beck 1985. (zitiert: Henrich, FS Firsching)

HENSEL, CHRISTIAN, Das neue Erbschaftsteuer-DBA mit Österreich, IWB Gruppe 2, S. 601-602.

HENZL, PIPIN/ KOFLER, HERBERT/ RIEF, ROLAND/ TAUCHER, OTTO, Ist die Erbschaftssteuerbefreiung für endbesteuertes Kapitalvermögen verfassungswidrig?, ÖStZ 1996, S. 573-575.

HERMMANN, CARL/ HEUER, GERHARD/ RAUPACH, ARNDT, Einkommensteuer- und Körperschaftsteuergesetz; Stand: März 2004; 21. Auflage; Band 10: §§ 16-19a EStG; Köln: Otto Schmidt 2004. (zitiert: Hermann/Heuer/Raupach-Bearbeiter, EStG)

HERZIG, NORBERT, Verlängerte Maßgeblichkeit und Bilanzpolitik, DB 1992, S. 1053-1054.

HESS, DIETER, Analogieverbot und Steuerrecht: eine methodologischer und rechtlicher Beitrag zu den Grenzen der Lückenausfüllung im Steuerrecht dargestellt am Beispiel der Analogie; Dissertation; Köln: 1974.

HEY, JOHANNA, Das Territorialitätsprinzip als theoretische Grundlage der beschränkten Steuerpflicht - isolierende Betrachtungsweise und Objektcharakter als konkrete Ausprägungen, IWB Gruppe 1, S. 2003-2015.

HEYN, KARL, Grenzen der Buchwertabfindung ausscheidender Gesellschafter von Personenhandelsgesellschaften, S. 271-287; in: Festschrift für Gerhard Schiedermair zum 70. Geburtstag (Hrsg.: Lüke, Gerhard); München: Beck 1976. (zitiert: Heyn, FS Schiedermair)

HILBER, KLAUS H., Neue Kategorie der Endbesteuerung durch Spekulationsertragsteuer (SPEST) und Eigenkapitalverzinsung, ecolex 1999, S. 719-721.

HILBER, KLAUS H., Sparbuch: Änderung der Endbesteuerung, ecolex 2000, S. 525-526.

HILBER, KLAUS H., ABC der Steuern im Privat- und Unternehmensbereich; 4. Auflage; Wien: Linde 2003. (zitiert: Hilber, ABC)

HOCHEDLINGER, GERHARD, Die Übertragung von Unternehmen und Gesellschaftsanteilen nach § 142 HGB, GesRZ 2002, S. 185-206.

HOFMANN-WELLENDORF, SUSANNE, Erbverzicht und Ausschlagung der Erbschaft aus zivilrechtlicher Sicht, NZ 1984, S. 17ff. (BKA/RIS Rechtsdatenbank: Dokumentennummer LI0920004699)

HOLLATZ, A., Erbschaftsteuerpflicht von Personengesellschaften, DStR 1995, S. 589-592.

HOLZHAMMER, RICHARD/ ROTH, MARIANNE, Gesellschaftsrecht; 2. Auflage; Wien (u.a.): Springer 1997. (zitiert: Holzhammer/Roth, Gesellschaftsrecht)

HÖNINGER, MATTHIAS, Internationale Doppelbesteuerung im Erbschaft- und Schenkungssteuerrecht Kollisionsbegründende und -auflösende Normen des ErbStG; in: Europäische Hochschulschriften Reihe 2 Rechtswissenschaften Band 3818; Frankfurt a.M. (u.a.): Peter Lang 2003.

HÖNINGER, MATTHIAS, Die Bedeutung der Babier-Entscheidung des EuGH für das deutsche Erbschaftsteuerrecht, INF 2004, S. 335-340.

Höninger, Matthias/ Levedag, Christian, Zur formellen Verfassungsmässigkeit der Änderungen des ErbStG durch das HBeglG 2004, FR 2004, S. 739-748.

Hoog, Michael, Das niederländische Erbschaft- und Schenkungsteuerrecht; in: Internationale Erbschaftsteuerrecht und Nachlassplanung Band 2; Köln: Otto Schmidt 1996.

Hörger, Helmut, Ertragsteuerliche Behandlung der Erbauseinandersetzung – Anmerkung zum BMF Schreiben vom 11.1.1993, DStR 1993, S. 37-47.

Hörger, Helmut/ Pauli, Rudolf, Nachfolge bei Kapital- und Personengesellschaften, GmbHR 1999, S. 945-952.

Hörger, Helmut/ Stephan, Rudolf/ Pohl, Dirk (Hrsg.), Unternehmens- und Vermögensnachfolge, Steuerorientierte Gestaltung; 2. Auflage; Stuttgart: Schäffer-Poeschel 2002. (zitiert: Hörger/Stephan/Pohl-Bearbeiter)

Horn, Norbert (Hrsg.), Sammlung Guttentag: Heymann, Handelsgesetzbuch (ohne Seerecht), Band 2 Zweites Buch, §§ 105-237; 2. Auflage; Berlin (u.a.): de Gruyter 1996. (zitiert: Heymann-Bearbeiter, HGB)

Horn, Wilhelm, Die Übertragung von Gesellschaftsanteilen an Personengesellschaften im Wege der vorweggenommenen Erbfolge und durch Vererbung, FR 1995, S. 304-307.

Horschitz, Harald/ Groß, Walter/ Schnur, Peter, Bewertungsrecht, Grundsteuer, Erbschaft- und Schenkungsteuer; 16. Auflage; Stuttgart: Schäffer-Poeschel 2003. (zitiert: Horschitz/Groß/Schnur)

Hoyer, Hans, Das österreichische Erbstatut, S. 521-540; in: Festschrift für Günther Beitzke zum 70.Geburtstag am 26. April 1979 (Hrsg.: Sandrock, Otto); Berlin (u.a.): de Gryter 1979. (zitiert: Hoyer, FS Beitzke)

Hoyer, Hans, Deutsch-österreichische Erbfälle, IPRax 1986, S. 344-349.

Hoyer, Hans, Das internationale Sachen- und Obligationenrecht Österreichs in der Rechtsprechung seit 1979, ZfRV 1988 (29), S. 98-107.

Hoyer, Hans, Italienisches Legats- und Noterbrecht vor österreichischen Gerichten (zu österr. OGH, 19.11.1986- 3 Ob 579/86), IPRax 1988, S. 255-257.

Huber, Christian/ Leitner, Roman, Die Unternehmensnachfolge: Ein Leitfaden für die Praxis; Wien: Orac 2000. (zitiert: Huber/Leitner, Unternehmensnachfolge)

Huber, Paul, Grenzüberschreitende Schenkungen, FJ 1990, S. 7-12.

Huber, Ulrich, Vermögensanteil, Kapitalanteil und Gesellschaftsanteil an Personengesellschaften des Handelsrechts; in: Heidelberger rechtsvergleichende und wirtschaftsrechtliche Studien Band 2; Heidelberg: Winter 1970.

Hübner, Heinrich, Der erbschaft- und schenkungsteuerliche Freibetrag für die Übertragung von Betriebsvermögen – Erläuterungen zum gleichlautenden Ländererlass zu § 13a Abs. 2a ErbStG, DStR 1995, S. 197-203.

Hübner, Heinrich, Die Unternehmensnachfolge im Erbschaft- und Schenkungsteuerrecht; 1. Auflage, Heidelberg: Verlag Recht und Wirtschaft 1998.

HÜBNER, HEINRICH, Erbschaftsteuerliche Unternehmensbewertung und Steuerbilanzwerte, DStR 2000, S. 1205-1215.

HÜBNER, HEINRICH, Verfassungswidrigkeit des Erbschaftsteuergesetzes?, Anmerkungen zum BFH-Beschluss vom 24.10.2001, II R 61/99, DStR 2001, S. 2193-2196.

HÜBNER, HEINRICH, Das Bereicherungsprinzip des ErbStG und seine Bedeutung für Begünstigungen des Produktivvermögens – mittelbare Erwerbe nach dem StÄndG 2001, DStR 2003, S. 4-12.

HÜBNER, HEINRICH, Ergänzungsbilanzen und die Aufteilung des erbschaftschenkungsteuerlichen Werts von Personengesellschaften, ZEV 2003, S. 12-15.

HÜBNER, HEINRICH, Die (dis-)quotale Nachfolgeklausel, ZErb 2004, S. 34-39.

HÜBNER, HEINRICH, Ergänzungsbilanzen in der Erbschaftsteuer: Bewertung und Aufteilung des Betriebsvermögens, ErbStB 2004, S. 197-200.

HÜBNER, HEINRICH, Erbschaft- und schenkungsteuerliche Begünstigung der Unternehmensnachfolge durch die §§ 13a, 19a ErbStG, NWB Fach 10, S. 787-804.

HUECK, ALFRED, Anmerkungen zu BGHZ 22, 186, JZ 1957, S. 222-224.

HUECK, DIETRICH, Internationale Erbschaftsteuerprobleme bei der Vererbung von Anteilen an Personengesellschaften; in: Münchener Schriften zum internationalen Steuerrecht Heft 17; München: Beck 1993.

HUECK, GÖTZ, Drei Fragen zur Gesamthandsgemeinschaft, S. 275-294; in: Festschrift für Wolfgang Zöllner zum 70.Geburtstag, Band 1 (Hrsg.: Lieb, Manfred); Köln: Heymanns 1998. (zitiert: Hueck, FS Zöllner)

HUEMER, EDGAR, Die unbeschränkte Steuerpflicht natürlicher Personen: innerstaatliches Recht und Doppelbesteuerungsabkommen; in: Schriftenreihe zum internationalen Steuerrecht Band 2; Wien: Linde 1996.

HUEMER, OSKAR, Problematische Bewertungsgrundsätze im ErbStG, FJ-GVR 1972, S. 5-6.

HÜFFER, UWE, 100 Bände BGHZ: Personengesellschaftsrecht, ZHR 151 (1987), S. 396-421.

HÜLSMANN, CHRISTOPH, Abfindungsklauseln: Kontrollkriterien der Rechtsprechung, NJW 2002, S.1673-1680.

HUMMEL, FRANZ, Die Beurteilung der Gültigkeit eines Testaments im Abhandlungsverfahren, NZ 1955, S. 113-116.

HÜßTEGE, RAINER, Internationales Privatrecht –Examenskurs für Rechtsreferendare; 2. Auflage; München: Beck 1995.

INSTITUT DER WIRTSCHAFTSPRÜFER IN DEUTSCHLAND E.V. (HRSG.), WP-Handbuch der Unternehmensbesteuerung; 3. Auflage; Düsseldorf: IDW-Verlag 2001. (zitiert: Bearbeiter, WP Handbuch der Unternehmensbesteuerung)

JABORNEGG, PETER (HRSG.), Kommentar zum HGB: Handelsgesetzbuch mit Firmengesetzbuch und Handelsmarklerrecht; Wien (u.a.): Springer 1997. (zitiert: Jarbornegg-Bearbeiter, HGB)

JANN, MARTIN, Die Endbesteuerung von Zinsen in Österreich, S. 51-67; in: Österreich - Der steuerrechtliche EU-Nachbar, Die Besteuerung wirtschaftlicher Aktivitäten in Österreich (Hrsg.: Gassner, Wolfgang; Lang, Michael; Lechner, Eduard); Wedit/Exinger: Wien 1995. (zitiert: Jann, Österreich EU-Nachbar)

JANN, MARTIN, Kapitalertragsteuer und Endbesteuerung bei Genussrechten: Steuerfolgen von Genussrechtsgestaltungen; Wien: Linde 1998.

JARASS, HANS D./ PIEROTH, BODO, Grundgesetz für die Bundesrepublik Deutschland: Kommentar; 7. Auflage; München: Beck 2004. (zitiert: Jarass/ Pieroth-Bearbeiter, GG)

JAYME, ERIK, Grundfragen des internationalen Erbrechts – dargestellt an deutsch-österreichischen Nachlassfällen, ZfRV 24 (1983), S. 162-179.

JIROUSEK, HEINZ, Unilaterale Maßnahmen zur Steuerentlastung gem. § 48 BAO, ÖStZ 1985, S. 44-48.

JOCHUM, GEORG, Die Folgen doppelter Staatsangehörigkeit für die Erbschaftsteuer am Beispiel deutsch-türkischer Doppelstaatler – Doppelte Rechte oder doppelte Pflichten?, UVR 2000, S. 415-422.

JOCHUM, GEORG, Verfassungsrechtliche Vorgaben steuerlicher Privilegierungen, UVR 2002, S. 348-352.

JOCHUM, GEORG, Erbschaft- und Schenkungsteuer in Österreich: Steuersystem, Steuerregelungen und deutsch-österreichische Steuerfälle, UVR 2003, S. 162-168.

JOCHUM, GEORG, Anmerkung zu FG Rh-Pf, Urteil vom 6.6.2002, 4 K 2643/00, ZEV 2003, S. 171-172.

JOHNEN, CORNELIA, Die Behandlung von Erbscheinanträgen mit Auslandsberührung in der notariellen Praxis, MittRhNotK 1986, S. 57-73.

JORDAN, GÜNTHER/ HAUBOLD, JAN, Praktische Auswirkungen der Überprüfung der Verfassungsmäßigkeit der erbschaft- und schenkungsteuerlichen Behandlung des Übergangs von Betriebsvermögen – Vorläufige Steuerfestsetzungen, UVR 2002, S. 120-122.

JORDAN, PETER, Die ausländische Personengesellschaft im Grundstücksverkehr, WBl 1994, S. 149-157.

JORDE, THOMAS R./ SCHNEIDER NORBERT/ KOLKEN, VON, INES, Berücksichtigung von Auslandsvermögen in der Erbschaftsteuer, WPg 2004, S. 120-129.

JUD, WALDEMAR, Gesellschaftsvertragliche Abfindungsvereinbarungen – insbesondere der Firmenwertausschluss – in Familienpersonengesellschaften, ÖZW 1978, S. 102-113.

JÜLICHER, MARC, Zusammenrechnung mehrerer Erwerbe nach § 14 ErbStG: Der Gesetzgeber ist gefordert; in: Schriften zum Steuerrecht Band 46; Berlin: Duncker & Humblot 1993.

JÜLICHER, MARC, Freibetrag für Betriebsvermögen nach § 13a Abs. 2a ErbStG und Zusammenrechnung mehrerer Erwerbe nach § 14 ErbStG, ZEV 1994, S. 285-290.

JÜLICHER, MARC, Die Begünstigungen nach § 13 Abs. 2a Satz 1 ErbStG für Anteile an Kapitalgesellschaften, ZEV 1996, S. 97-104.

JÜLICHER, MARC, Die anrechenbare Steuer im Sinne des § 21 ErbStG, ZEV 1996, S. 295-299.

JÜLICHER, MARC, Besteuerung von deutschen Trustbegünstigten eines südafrikanischen Nachlasstrusts, IStR 1996, S. 575-581.

JÜLICHER, MARC, Ungelöste Probleme im Labyrinth des § 14 ErbStG, ZEV 1997, S. 275-280.

JÜLICHER, MARC, Die Nachsteuerregelung der §§ 13a Abs. 5 ErbStG – Vorsicht, Fußangeln!, DStR 1997, S. 1949-1955.

JÜLICHER, MARC, Kaskadeneffekt bei Schenkung unter Übernahme der Schenkungsteuer durch einen Schenker mit mehrfachem Wohnsitz, IStR 1998, S. 599-602.

JÜLICHER MARC, Umwandlungsvorgänge in der Nachsteuerregelung der §§ 13a Abs. 5 und § 19a Abs. 5 ErbStG, DStR 1999, S. 825-833.

JÜLICHER, MARC, Neues von der erweiterten unbeschränkten Steuerpflicht im ErbStG, PIStB 2001, S. 50-56.

JÜLICHER, MARC, Der Freibetrag nach § 13a Abs. 1 ErbStG, ZEV 2001, S. 60-64.

JÜLICHER, MARC, Erstattung der Erbschaftsteuer auf Vorerwerbe, ZErb 2002, S. 60-62.

JÜLICHER, MARC, Die internationale Unternehmensnachfolge, DSWR 2003, S. 20-23.

JÜLICHER, MARC, Internationales Erbschaftsteuerrecht am Beispiel des ErbStG ZErb 2003, S. 204-211.

JÜLICHER, MARC, Erbschaft- und Schenkungsteuerrecht im internationalen Kurzüberblick, ZErb 2004, S. 14-20.

JÜLICHER, MARC, Deutsch-Schweizer Nachfolgeplanung, IStR 2004, S. 37-43.

JÜRGEN, WERNER/ TRILLER, HANS, Tagungsbericht: Münchener Steuerfachtagung 1979, DStZ/A 1979, S. 227-242. (zitiert: Referent, DStZ/A 1979)

KAASS, JAN, Grundfreiheiten und Erbschaftsteuer: zur erbschaftsteuerlichen Behandlung grenzüberschreitender Erbfälle; in: Europäische Hochschulschriften Reihe 5 Band 2624; Frankfurt a.M.: Lang 2000.

KAEZLE, NORBERT, Gesellschaftsvertragliche Abfindungsklauseln im Spiegel der neueren Rechtsprechung, INF 2001, S. 689-695.

KALSS, SUSANNE, Kapitalgesellschaftsrecht und Unternehmensnachfolge, S. 61-110; in: Unternehmensnachfolge: Praktische Fragen und zivilrechtliche Gestaltungsmöglichkeiten (Hrsg.: Kalss, Susanne; Schauer, Martin); Wien: WUV-Universitätsverlag 2001. (zitiert: Kalss/Schauer-Kalss, Unternehmensnachfolge)

KAMPS, HEINZ-WILLI, Erb- und Schenkungsfälle mit Auslandberührung, ErbStB 2003, S. 92-96.

KAPP, REINHARD, Stichtagsgebundene Bereicherung bei Erwerben von Todes wegen, StuW 1993, S. 67-69.

KAPPE, KLAUS/ FASOLT, VOLKER/ STROBL-HAARMANN, ELISABETH, Unternehmensnachfolge – Vorsorge- und Planungsaspekte aus zivilrechtlicher und unternehmerischer Sicht und aus erbschaft- und schenkungsteuerlicher Sicht uns aus ertragsteuerlicher Sicht, Steuerberaterkongressreport 1998, S. 74-152. (zitiert: Kappe/Fasolt/Strobl-Haarmann-Bearbeiter, Steuerberaterkongressreport 1998)

KAROLLUS, MARTIN, Auslegung und Gültigkeit einer Substanzwertklausel - Überlegungen am praktischen Fall, NZ 1995, S. 193-200.

KASTNER, WALTHER, Erbrecht und Gesellschaftsrecht bei Personengesellschaften des Handelsrechtes, ÖJZ 1958, S. 365-371.

KASTNER, WALTHER, Buchbesprechung: OHG und erbrechtliche Nachfolge - Eine rechtsvergleichende Untersuchung von Peter Behrens, JBl 1971, S. 155-158.

KASTNER, WALTHER, Die rechtsfunktionelle Kompetenzabgrenzung von Gesellschaftsrecht und Erbrecht, NZ 1973, S. 33-34.

KASTNER, WALTHER/ DORALT, PETER/ NOWOTNY, CHRISTIAN, Grundriss des österreichischen Gesellschaftsrechts; 5. Auflage; Wien: Manz 1990. (zitiert: Kastner/Doralt/Nowotny, Gesellschaftsrecht)

KAUFMANN, FRANZ, Zur Frage der Iure-Crediti-Überlassung von Liegenschaften, NZ 1979, S. 106.

KEGEL, GERHARD/ SCHURIG, KLAUS, Internationales Privatrecht: ein Studienbuch; 9. Auflage; München: Beck 2004.

KEGEL, THOMAS, Die Privilegierung der Unternehmensnachfolge im Erbschaft- und Schenkungsteuerrecht; Dissertation; Heidelberg: 1998.

KELLER, HILMAR, Ausscheiden eines Miterben aus der Erbengemeinschaft durch „Abschichtung"?, ZEV 1998, S. 281-285.

KELLER, HILMAR, Die Problematik des § 2306 BGB bei der Sondererbfolge in Anteile an Personengesellschaften, ZEV 2003, S. 297-302.

KELLERMANN, ALFRED, Die Buchwertklausel zur Abfindung ausscheidender Gesellschafter, StbJB 1986/87, S. 403-419.

KEMMERLING, HANS/ DELP, UDO A., Aktiencrash und Erbschaftsteuer - böse Falle für Erben von Aktien?, BB 2002, S. 655-659.

Kessler, Wolfgang/ Märkle, Rudi/ Offerhaus, Klaus, Die Zukunft des Erbschaft- und Schenkungsteuerrechts nach dem Vorlagebeschluss des BFH vom 22.5.2002 II R 61/99, DB Beilage 2/2003, S. 1-11.

Killinger, Wolfgang, Aufteilung des Einheitswertes des Betriebsvermögens von Personengesellschaften gemäß § 97 Abs. 1a BewG - Ergänzende Bemerkungen zu den Ausführungen von Gebel DStR 1997, 801ff., DStR 1998, S. 710-711.

Killius, Jürgen/ Borschel, Christian, Seminar A: Erbschaft- und vermögensteuerliche Aspekte der Wohnsitzverlagerung bei natürlichen Personen, IStR 2002, S. 544-546.

Kipp, Theodor (Begr.)/ Coing, Helmut, Erbrecht: ein Lehrbuch; 14. Auflage; Tübingen: Mohr Siebeck 1990.

Kirnberger, Christian/ Werz, Stefan, Der Anwachsungserwerb als erbschaftsteuerlich relevanter Erwerb, ErbStB 2004, S. 10-13.

Klarner, Helmut, Das Bereicherungsprinzip im Erbschaft- und Schenkungsteuerrecht: Ansätze zu einer Reform des Steuerrechts; Wiesbaden: Deutscher Universitäts-Verlag 1995.

Klein, Franz, Verfassungsmäßigkeit der Neuregelung der Erbschaftsteuer durch das Jahressteuergesetz 1997, S. 327-340; in: Unternehmen, Steuern, Festschrift für Hans Flick zum 70.Geburtstag (Hrsg.: Klein, Franz; Stihl, Hans Peter; Wassermeyer, Franz (u.a.)); Köln: Otto Schmidt 1997. (zitiert: Klein, FS Flick)

Klein, Franz/ Orlopp, Gerd, (Begr.), Abgabenordnung - einschließlich Steuerstrafrecht -; 8. Auflage; München: Beck 2003. (zitiert: Klein-Bearbeiter, AO)

Klein, Manfred, Ausländische Zivilrechtsformen im deutschen Erbschaftsteuerrecht; in: Internationales Erbschaftsteuerrecht und Nachlassplanung Band 7; Köln: Otto Schmidt 2000.

Klein, Manfred, Typologie des Erbschaftsteuergesetzes bei Auslandserwerben - zugleich ein Beitrag zur wirtschaftlichen Betrachtungsweise im Erbschaftsteuerrecht, FR 2001, S. 118-128.

Klein, Manfred, Erbschaftsteuerbarkeit von Auslandserbschaften, IWB Fach 3 Gruppe 9, S. 139-144.

Klein, Manfred, Völkerrechtliche Grenzen der Erbschaftsteuer auf Auslandserwerbe, IWB Fach 3 Gruppe 9, S. 145-150.

Klein-Blenkers, Friedrich, Steuerentstehung und Verfügungsmöglichkeiten im Erbschaftsteuer- und Schenkungsteuerrecht, Teil I, DStR 1991, S. 1549-1554.

Klein-Blenkers, Friedrich, Steuerentstehung und Verfügungsmöglichkeiten im Erbschaftsteuer- und Schenkungsteuerrecht, Teil II, DStR 1991, S. 1581-1583.

KLEIN-BLENKERS, FRIEDRICH, Zur Besteuerung nach §§ 7 Abs. 7, 3 Abs. 1 Nr. 2 S. 2 ErbStG - Anmerkungen zu den BFH-Urteilen vom 1.7.1992, II R 70/88, II R 12/90, II R 20/90, DStR 1992, S. 1577-1578.

KLETEČKA, ANDREAS, Die materielle Höchstpersönlichkeit letztwilliger Verfügungen, JBl 1999, S. 277-292.

KLUGE, VOLKER, Das internationale Steuerrecht: Gemeinschaftsrecht, Außensteuerrecht, Abkommensrecht; 4. Auflage; München: Beck 2000. (zitiert: Kluge, internationales Steuerrecht)

KLUMPP, HANS-HERMANN, Teilanteilsveräußerungen unter Zurückbehaltung wesentlicher Betriebsgrundlagen, ZEV 2001, S. 55-57.

KLUNZINGER, EUGEN, Die erbrechtliche Ermächtigung zur Auswahl des Betriebsnachfolgers durch Dritte, BB 1970, S. 1197-1201.

KLUSSMANN, GÜNTHER, Zur Testamentsvollstreckung bei Beteiligungen an Personengesellschaften, BB 1966, S. 1209-1212.

KNEBEL, ANDREAS/ NEKOLA, MICHAELA, Unternehmensnachfolgeplanung bei Personengesellschaften, DB 2000, S. 169- 175.

KNECHTLE, ARNOLD, Grundfragen des Internationalen Steuerrechts erläutert an Beispielen des Internationalen Steuerrechts der Schweiz und der Bundesrepublik Deutschland; in: Schriftenreihe des Instituts für internationales Recht und internationale Beziehungen Heft 23; Basel: Helbing & Lichtenhahn 1976.

KNOBBE-KEUK, BRIGITTE, Umzug von Gesellschaften in Europa, ZHR 154 (1990), S. 325-356.

KNOBBE-KEUK, BRIGITTE, Bilanz- und Unternehmenssteuerrecht; 9. Auflage; Köln: Otto Schmidt 1993.

KNOBBE-KEUK, BRIGITTE, Rechtsfortbildung als Aufgabe des obersten Staatsgerichts; erlaubte und unerlaubte Rechtsfortbildung durch den Bundesfinanzhof, S. 303-324; in: 75 Jahre Reichsfinanzhof – Bundesfinanzhof, Festschrift (Hrsg.: Präsident des Bundesfinanzhofes); Bonn: Stollfuss 1993. (zitiert: Knobbe-Keuk, FS RFH/BFH)

KNÖCHLEIN, GERHARD, Abfindungsvereinbarungen bei Personengesellschaftsanteilen, DNotZ 1960, S. 452-475.

KNÖRZER, PATRICK, Fortsetzungsklausel ohne Abfindung – und ohne Wagnistheorie, FJ 2002, S. 161-163.

KOBLENZER, THOMAS, Familienunternehmen vor dem Generationswechsel; Herne (u.a.): Verlag Neue Wirtschafts-Briefe 2004.

KOBLENZER, THOMAS/ GROß, JOACHIM, Qualifizierte Nachfolgeklausel bei Personengesellschaften: Zivil- und steuerrechtliche Gesichtspunkte mit Musterformulierungen, ErbStB 2003, S. 367-371.

KOBOR, HAGEN, Die Auslegung im Erbschaftsteuergesetz, Die Erbschaftsteuer zwischen Zivilrecht und Ertragsteuerrecht; in: Schriften zum Steuerrecht Band 68; Berlin: Duncker & Humboldt 2000.

Kobor, Hagen, Postmortale Freibetragserklärung nach § 13a ErbStG durch den Rechtsnachfolger; zugleich Anmerkung zu BFH v. 25.1.2001-II R 52/98, FR 2001, 484 und v. 20.3.2002-II R 53/99, FR 2002, 729, FR 2002, S. 1051-1054.

Koch, Harald/ Magnus, Ulrich/ Winkler von Mohrenfels, Peter, IPR und Rechtsvergleichung: Ein Studien- und Übungsbuch zum Internationalen Privatrecht und Zivilverfahrensrecht und zur Rechtsvergleichung; 3. Auflage; München: Beck 2004.

Koch, Ulrich, Streit der BGH-Senate um die Nachlasszugehörigkeit des vererbten Gesellschaftsanteils, BB 1987, S. 2106-2111.

Kofler, Georg, Lenz: Österreich darf ausländische Kapitalerträge nicht besteuern, ÖStZ 2004, S. 757ff. (BKA/RIS Rechtsdatenbank: Dokumentennummer LI0408040020)

Kofler, Herbert/ Urnik, Sabine, Unentgeltliche Übergabe eines Personenunternehmens/Mitunternehmeranteils/Kapitalgesellschaftsanteils, S. 422-450; in: Handbuch der österreichischen Steuerlehre Band III: Gründung, Umgründung und Beendigung von Unternehmen (Hrsg.: Bertl, Romuald; Djanani, Christiana; Eberhartinger, Eva; Kofler, Herbert; Tumpel, Michael); Wien: Orac 2004. (zitiert: Kofler/Urnik, Übergabe)

Kofler, Herbert/ Bertl, Johann/ Köglberger, Walter/ Lechner, Gerhard, Steuermodell für Österreich der WT-Kammer III: Konzept für ein gerechtes österreichisches Steuersystem, SWK 1998, S. 159-162.

Köglberger, Walter, Zur Einheitsbewertung des Grundbesitzes, SWK 1995, S. 29-31.

Kohl, Reinhard, Ausschluss und Beschränkung von Abfindungsansprüchen nach dem Tod eines Personengesellschafters gegen Pflichtteilsrecht und Zugewinngemeinschaft, MDR 1995, S. 863-873.

Köhler, Hans, Überlassung an Zahlungsstatt und kridamäßige Nachlassverteilung – Änderung der Rechtslage ab 1.1.1983, NZ 1982, S. 181-187.

Koller, Ingo/ Roth, Wulf-Henning/ Morck, Winfried, Handelsgesetzbuch; 4. Auflage; München: Beck 2003. (zitiert: Koller/Roth/Morck-Bearbeiter, HGB)

Koppensteiner, Hans-Georg, Über Buchwertklauseln (I), GesRZ 1991, S. 61-68.

Koppensteiner, Hans-Georg, Über Buchwertklauseln (II), GesRZ 1991, S. 120-125.

Korezkij, Leonid, Nachweis eines geringeren gemeinen Wertes nach § 145 Abs. 3 Satz 3 BewG bei der Bewertung bebauter Grundstücke, ZEV 1999, S. 262-263.

Korn, Klaus, Steuerrechtsänderungen durch das Standortsicherungsgesetz und das Gesetz zur Umsetzung des Föderalen Konsolidierungsprogramms (Teil I), KÖSDI 1993, S. 9542-9559.

Korn, Klaus/ Strahl, Martin, Orientierung und Beratungshinweise zum Steueränderungsgesetz 2003 und Haushaltsbegleitgesetz 2004, KÖSDI 2004, S. 14055-14083.

Korn, Klaus/ Strahl, Martin, Streifzug durch die neuen Steuer-Richtlinien aus Beratersicht: ErbStR, EStR 1998, LStR 1999, GewStR 1998, KÖSDI 1999, S. 11934-11954.

Kornblum, Udo, Die Haftung für Verbindlichkeiten von Personengesellschaften; Frankfurt: Athenaeum, 1972.

Kort, Michael, Die neuere Entwicklung im Recht der Abfindungsleistungen, DStR 1995, S. 1961-1967.

Kortner, Fritz, Steuerreformgesetz 1993 und Kommunalsteuergesetz 1993: Ausgewählte Probleme mit aktuellem Stand aus der Sicht des Einkommensteuerfinanzamtes, Teil I, FJ 1994, S. 30-57.

Köster, Malte, Zur Frage der Verfassungsmäßigkeit des Haushaltsbegleitgesetzes 2004, Stbg 2004, S. 251-254.

Kowallik, Andreas L., Erbschaft- und Schenkungsteuerplanung für Immobilien im In- und Ausland durch das „Einlagemodell", DStR 1999, S. 1834-1837.

Koziol, Helmut/ Welser, Rudolf, Grundriss des bürgerlichen Rechts, Band II, Schuldrecht Allgemeiner Teil, Schuldrecht besonderer Teil, Erbrecht; 12. Auflage; Wien: Manz 2001. (zitiert: Koziol/Welser)

Kraft, Alfons/ Kreutz, Peter, Gesellschaftsrecht; 11. Auflage; Neuwied: Luchterhand 2000.

Kralik, Stefan/ Beer, Christoph, Judikaturänderung zur Erbschaftsteuerbefreiung des § 15 Abs. 1 Z 17 ErbStG, NetV 2000, 39ff. (BKA/RIS Rechtsdatenbank: Dokumentennummer LI00009190004)

Kralik, Stefan/ Beer, Christoph, Das Erbteilungsübereinkommen, NetV 2003, S. 3.

Kralik, Winfried, System des österreichischen allgemeinen Privatrechts, Band 4: Das Erbrecht; 3. Auflage; Wien: Manz 1983. (zitiert: Kralik, Erbrecht)

Krens, Peter, Grenzen der Rechtswahl im internationalen Ehegüter- und Erbrecht; Köln (u.a.): Heymanns 1999.

Kreutziger, Stefan/ Lindberg, Klaus/ Schaffner, Margit, Bewertungsgesetz Kommentar; München: Beck 2002. (zitiert: Kreutziger/Lindberg/Schaffner-Bearbeiter, BewG)

Kroiß, Ludwig, Internationales Erbrecht: Einführung und Länderbericht, in: Schriftenreihe der Deutschen Vereinigung für Erbrecht und Vermögensnachfolge (DVEV) Band 5; Bonn: Deutscher Anwaltsverlag 1999. (zitiert: Kroiß, Int. Erbrecht)

Kroiß, Ludwig/ Ann, Christoph/ Mayer, Jörg (Hrsg.), Anwaltskommentar BGB, Band 5: Erbrecht; Bonn: Deutscher Anwaltsverlag 2004. (zitiert: AnwK-Bearbeiter, BGB)

KROPHOLLER, JAN, Internationales Privatrecht einschließlich der Grundbegriffe des Internationalen Zivilverfahrensrechts; 5. Auflage; Tübingen: Mohr Siebeck 2004.

KRUG, WALTER/ RUDOLF, MICHAEL/ KROIß, LUDWIG, Erbrecht – Schriftsätze-Verträge-Erläuterungen; 2. Auflage; Bonn: Deutscher Anwaltsverlag 2003. (zitiert: Krug/Rudolf/Kroiß)

KRÜGER, DIRK/ SIEGEMUND, ULRICH/ KÖHLER, FRANK, Die Auswirkungen der Erbschaftsteuerreform auf den unentgeltlichen Übergang von Produktivvermögen, DStR 1997, S. 637-641.

KRUSE, HEINRICH WILHELM, Spezifische Gründe und Grenzen der Gesetzesbindung, DStJG 5 (1982), S. 71-83.

KRUSE, HEINRICH WILHELM, Lehrbuch des Steuerrechts, Band 1 Allgemeiner Teil; München: Beck 1991. (zitiert: Kruse, Steuerrecht I)

KRYZWON, HAGEN, Der Begriff des unbeweglichen Vermögens in Art. 25 Abs. 2 EGBGB, BWNotZ 1986, S. 154-160.

KUHN-ADLER, HANS, Der Renvoi im internationalen Erbrecht der Schweiz; in: Schweizer Studien zum Internationalen Recht; Zürich: Schulthess 1998.

KÜHNE, GUNTHER, Die außerschuldvertragliche Privatautonomie im neuen Internationalen Privatrecht, IPRax 1987, S. 69-74.

KULZER, THOMAS, Die Bewertung von Grundvermögen im Steuerrecht; in: Europäische Hochschulschriften Reihe 2 Rechtswissenschaften Band 3034; Frankfurt a.M. (u.a.): Lang 2000.

KUSCH, CLAUDIA, Unentgeltliche Übertragung von Anteilen an Personengesellschaften und Sonderbetriebsvermögen auf Kinder, StB 1999, S. 855-863.

KUSEL, RAINER, Nachsteuer gem. § 13a Abs. 5 ErbStG und Insolvenz, DB 2002, S. 2458-2461.

KUSSMANN, MANFRED/ MARTIN, KLAUS/ NIEDERFÜHR, PETER/ RICK, EBERHARD, Lehrbuch der Einkommensteuer; 9. Auflage; Herne (u.a.): Verlag Neue Wirtschafts-Briefe 1997. (zitiert: Kussmann/Martin/Niederführ/Rick)

KÜSTER, ERWIN, Gesellschafternachfolge und Erbengemeinschaft bei oHG und KG; in: Rechtsfragen der Handelsgesellschaften Heft 28; Köln: Otto Schmidt 1970.

KÜSTER, WERNER, Zur Frage der Gestaltbarkeit der Rechtsnachfolge für den Todesfall bei der OHG, DNotZ 1956, S. 460-469.

KUTTLER, CHRISTIAN, Vermögensrechtliche Auswirkungen nachfolgesteuernder Klauseln bei der OHG und GmbH für die ausgeschlossenen Erben; in: Europäische Hochschulschriften: Reihe 2 Rechtswissenschaften Band 2165; Frankfurt a.M. (u.a.): Lang 1997.

LANDSITTEL, RALPH, Der Stichtag bei Erwerben durch Vermächtnis und Erbanfall, ZEV 2003, S. 221-225.

LANG, MICHAEL, Die Besteuerung von grenzüberschreitenden Schenkungen, WBl 1987, S. 266-268.

LANG, MICHAEL, Die Auslegung von DBA und das steuerliche Verständigungsverfahren, Zugleich eine Buchbesprechung, ÖStZ 1989, S. 59-60.

LANG, MICHAEL, Die Interpretation des Doppelbesteuerungsabkommens zwischen Deutschland und Österreich, RIW 1992, S. 573-578.

LANG, MICHAEL, Doppelbesteuerungsabkommen und innerstaatliches Recht: die Einordnung von Doppelbesteuerungsabkommen in die österreichische Rechtsordnung; in: Schriften zum österreichischen Abgabenrecht Band 31; Wien: Orac 1992.

LANG, MICHAEL, Ist die Endbesteuerung von Privatdarlehn, ausländischen Kapitalanlagen und durch betriebliche Verbindlichkeiten besicherte Kapitalanlagen verfassungsrechtlich geboten? ÖStZ 1993, S. 247-253.

LANG, MICHAEL, Die Bedeutung des originär innerstaatlichen Rechts bei Auslegung und Anwendung von Doppelbesteuerungsabkommen, SWI 1999, S. 61-69.

LANG, MICHAEL, Europarechtliche Aspekte der Besteuerung von Erbschaften, DStJG 22 (1999), S. 255-274.

LANG, MICHAEL, Einführung in das Recht der Doppelbesteuerungsabkommen; 2. Auflage; Linde: Wien 2002. (zitiert: Lang, Einf. DBA)

LANG, MICHAEL, Diskriminierung von Auslandsdividenden und Rechtschutzdefizite in Österreich, IWB Fach 5 Österreich Gruppe 2, S. 555-560.

LANG, MICHAEL/ JANN, MARTIN, Entwicklungstendenzen in der Zinsbesteuerung, IStR 1995, S. 55-62.

LANG, MICHAEL/ SCHUCH, JOSEF, Doppelbesteuerungsabkommen Deutschland/Österreich; München/Wien: Beck/ Linde 1997. (zitiert: Lang/Schuch, DBA Deutschland/Österreich)

LANGE, HEINRICH/ KUCHINKE, KURT, Erbrecht: Ein Lehrbuch; 5. Auflage; München: Beck 2001.

LANGE, JOACHIM/ GRÜTZNER, DIETER/ KUSSMANN, MANFRED/ REIß, WOLFRAM, Personengesellschaften im Steuerrecht, in: Handbücher für die Beratungspraxis; 5. Auflage; Herne (u.a.): Verlag Neue Wirtschafts-Briefe 1995. (zitiert: Lange/Grützner/Kussmann/Reiß-Bearbeiter, Personengesellschaften)

LANGE, KNUT WERNER, Neuere Entwicklungen des IPR auf dem Gebiet des Erbrechts und der Vermögensnachfolge, ZEV 2000, S. 469-473.

LANGENFELD, GERRIT, Die Familiengesellschaft als Modell der Nachfolge von Ehegatten und Abkömmlingen in das Einzelunternehmen, BWNotZ 1981, S. 51-53.

LANGENFELD, GERRIT, Testamentsgestaltung: Einzeltestament, Ehegattentestament, Unternehmertestament; 3. Auflage; Köln: Otto Schmidt 2002.

LANGER, RUDOLF, Handkommentar zum Bewertungsgesetz; Wien: Manz 1974. (zitiert: Langer, BewG)

LARENZ, KARL, Methodenlehre der Rechtswissenschaft; 6. Auflage; Berlin (u.a.): Springer 1991.

LARENZ, KARL/ CANARIS, CLAUS-WILHELM, Methodenlehre der Rechtswissenschaft; 3. Auflage, Berlin (u.a.): Springer 1995.

LAUBROCK, CHRISTOPH, Nachlaß und Erbschaft in den USA, Die Behandlung in den USA belegener Nachlässe im Bundesnachlasssteuerrecht der USA und im deutschen Erbschaftsteuerrecht; in: Münchener Schriften zum internationalen Steuerrecht Heft 10; München: Beck 1986.

LECHNER, EDUARD, Ort der Geschäftsleitung von inländisch beherrschten ausländischen Gesellschaftern, S. 395-405; in: Steuern im Rechtsstaat, Festschrift für Gerold Stoll zum 65.Geburtstag (Hrsg.: Doralt, Werner; Gassner, Wolfgang; Lechner, Eduard; Ruppe, Hans Georg; Tanzer, Michael; Werndl, Josef); Wien: Orac 1990. (zitiert: Lechner, FS Stoll)

LECHNER, EDUARD, Wohnsitz, ständige Wohnstätte und Mittelpunkt der Lebensinteressen, S. 251- 263; in: Besteuerung und Bilanzierung international tätiger Unternehmen, 30 Jahre Steuerrecht an der Wirtschaftsuniversität Wien (Hrsg.: Gassner, Wolfgang; Lang, Michael); Wien: Linde 1998. (zitiert: Lechner, FS 30 Jahre WU-Wien)

LECHNER, EDUARD/ FRABERGER, FRIEDRICH, Aktuelle Fragen der Unternehmensnachfolge, S. 43-85; in: Vermögensweitergabe und Unternehmensnachfolge, Veröffentlichungen der österreichischen Gesellschaft für Unternehmensgeschichte Band 22 (Hrsg: Mosser, Alois); Wien: Manz 2002. (zitiert: Lechner/Fraberger, Unternehmensnachfolge)

LEHNER, MORIS, Der Einfluss des Europarechts auf die Doppelbesteuerungsabkommen, IStR 2001, S. 329-337.

LEIPOLD, DIETER, Erbrecht; 15. Auflage; Tübingen: Mohr Siebeck 2004.

LEISNER, WALTER GEORG, Verfassungsrechtliche Grenzen der Erbschaftsbesteuerung; in: Schriften zum Steuerrecht Band 6; Berlin: Duncker & Humblot 1970.

LEISNER, WALTER GEORG, Verfassungswidrigkeit des Haushaltsbegleitgesetzes 2004 – gebotener Rechtsschutz gegen Erhöhung der Erbschaft- und Schenkungsteuer?, DStR 2004, S. 804-806.

LEISNER, WALTER GEORG, Die Erhöhung der Erbschaft- und Schenkungsteuer durch das Haushaltsbegleitungsgesetz 2004 – verfassungswidrig?, NJW 2004, S. 1129-1132.

LEITNER, REINHARD, Steuerrechtsentwicklung in Österreich, IWB Fach 5 Gruppe 2, S. 573-582.

LIEBISCH, ARNOLD, Über die Rechtsstellung der Erben eines offenen Handelsgesellschafters, ZHR 116 (1954), S. 128-188.

LIMMER, PETER, Anmerkung zu BGH v. 18.4.2001, IX ZR 72/99, ZEV 2002, S. 327-328.

Lindacher, Walter, Grundfälle zur Haftung von Personengesellschaften, JuS 1981, S. 431-435.

Littmann, Eberhard (Begr.)/ Bitz, Horst/ Pust, Hartmut (Hrsg.), Das Einkommensteuerrecht, Kommentar zum Einkommensteuerrecht, Band 3: §§ 13-17; 15. Auflage, Stand: Juni 2004; Stuttgart: Schäffer-Poeschel 2004. (zitiert: Littmann/Bitz/Pust-Bearbeiter, EStG)

Löhle, Annette, Verfassungsrechtliche Gestaltungsspielräume und -grenzen bei der Besteuerung von Erbschaften und Schenkungen; Köln: MVK 2001.

Lorenz, Stephan, Nachlassspaltung im geltenden österreichischen IPR?, IPRax 1990, S. 206.

Lorenz, Stephan, Schenkung von Todes wegen, Sachstatut und internationales Bereicherungsrecht - Der „Bonifatius-Fall" im Internationalen Privatrecht, ZEV 1996, S. 406-410.

Loritz, Karl-Georg, Teilungsanordnung und Vorausvermächtnis, NJW 1988, S. 2697-2706.

Lorz, Rainer/ Kirchdörfer, Rainer, Unternehmensnachfolge: Rechtliche und steuerliche Gestaltungen; München: Beck 2002. (zitiert: Lorz/Kirchdörfer)

Loukota, Helmut, Internationale Steuerfälle: Ein Handbuch für die Praxis; Wien: Orac 1989.

Loukota, Helmut, Internationale Aspekte der neuen Kapitalertragsteuer, SWI 1993, S. 39-48.

Loukota, Helmut, Internationales Steuerrecht: Einführung; 2. Auflage; Wien: WUV-Universitätsverlag 2002. (zitiert: Loukota, Einführung)

Loukota, Helmut/ Jirousek, Heinz, Leitfaden – zum revidierten österreichisch-deutschen Doppelbesteuerungsabkommen; Wien: Wirtschaftsverlag 1994. (zitiert: Loukota/Jirousek)

Lübtow, von, Ilse, Erbrecht: Eine systematische Darstellung, 2. Halbband; Berlin: Duncker & Humblot 1971. (zitiert: von Lübtow, Erbrecht II)

Lüderitz, Alexander, Internationales Privatrecht; 2. Auflage; Neuwied: Metzner 1992.

Lurger, Brigitta, Doppelstaatsbürgerschaft im deutsch-österreichischen Spaltnachlass und Beschränkung durch Nacherbschaft, IPRax 1994, S. 234-241.

Lutterbach, Thomas, Steuerorientierte Planung der Unternehmensnachfolge; Düsseldorf: IDW-Verlag 2003.

Mangoldt, von, Hermann (Begr.)/ Klein, Friedrich (Fortf.), Das Bonner Grundgesetz, Band 3: Artikel 20 bis 78; 4. Auflage; München: Vahlen 2001. (zitiert: von Mangoldt/Klein/Starck-Bearbeiter, GG)

Mänhardt, Franz/ Posch, Willibald, Internationales Privatrecht, Privatrechtsvergleichung, Einheitsprivatrecht: Eine Einführung in die internationalen Dimensionen des Privatrechts; 2. Auflage; Wien (u.a.): Springer 1999. (zitiert: Mänhardt/Posch, IPR)

MANKOWSKI, PETER/ OSTHAUS, WOLF, Gestaltungsmöglichkeiten durch Rechtswahl beim Erbrecht des überlebenden Ehegatten in internationalen Fällen, DNotZ 1997, S. 10-27.

MARK, HEIN JÜRGEN, Zweckmäßige Abfindungsklauseln für Personengesellschaften und Gesellschaften mit beschränkter Haftung; Dissertation; Münster: 1996.

MÄRKLE, RUDI W., Probleme der Erbauseinandersetzung bei im Nachlass befindlichen Personengesellschaftsanteilen, DStR 1993, S. 1616-1620.

MÄRKLE, RUDI W., Strategien zur Vermeidung der Zwangsentnahme von Sonderbetriebsvermögen bei qualifizierter Nachfolge, FR 1997, S. 135-146.

MÄRKLE, RUDI W., Der Fluch des Sonderbetriebsvermögens – wie entgeht man ihm?, DStZ 1997, S. 233-248.

MÄRKLE, RUDI W., Die Übertragung eines Bruchteils eines Gesellschaftsanteils bei vorhandenem Sonderbetriebsvermögen, DStR 2001, S. 685-692.

MÄRKLE, RUDI W./ FRANZ, ROLAND, Die Erbauseinandersetzung eines Nachlasses mit Gesellschaftsanteilen, BB 1991, S. 2494-2499.

MAROTZKE, WOLFGANG, Anmerkung zu BGH v. 11.9.2002, XII ZR 187/00, ZEV 2002, S. 506-508.

MAROTZKE, WOLFGANG, „Höferechtliche Tendenzen" und dogmatische Lösungen bei der Beerbung des Mitglieds einer offenen Handelsgesellschaft, AcP 184 (1984), S. 541-583.

MAROTZKE, WOLFGANG, Die Nachlasszugehörigkeit ererbter Personengesellschaftsanteile und der Machtbereich des Testamentvollstreckers nach dem Urteil des Bundesgerichtshofs vom 14.5.1986, AcP 187 (1987), S. 223-246.

MAROTZKE, WOLFGANG, Weitestmögliche Sicherung des Fortbestandes von Unternehmen? – Ein Zwischenruf zum geplanten § 131 Abs. 2 S. 1 HGB, ZEV 1997, S. 389-391.

MARSCHNER, ERNST, Auslandsveranlagung bevorzugt, ÖStZ 2004, S. 485ff. (BKA/RIS Rechtsdatenbank: Dokumentennummer LI0405060036)

MARTENS, KLAUS-PETER, Rechtsgeschäft und Drittinteressen, AcP 177 (1977), S. 113-188.

MARTINY, DIETER, Internationale Schenkungs- und Erbfälle – Zivilrechtliche Aspekte, IStR 1998, S. 56-63.

MASCHMEIER, RAINER, Die Einantwortung der Verlassenschaft nach österreichischem Recht durch deutsche Nachlassgerichte; Dissertation; Münster: 1972.

MASSFELLER, Das Güterrecht des Gleichberechtigungsgesetzes, Teil IV: Die Zugewinngemeinschaft, DB 1957, S. 623-627.

MATTERN, FRIEDRICH, Einzelzuweisungen von Todes wegen, DNotZ 1963, S. 450-464.

Matzka, Bettina, Das österreichische Steuerrecht im Lichte der Freiheit des Kapitalverkehrs; in: Schriftenreihe zum internationalen Steuerrecht Band 9; Wien: Linde 1998.

Mayen, Norbert, Die Bestimmung des Erben durch Dritte, ZEV 1995, S. 247-249.

Mayer, Dieter, Neues zur Buchwertklausel in Personengesellschaftsverträgen, DB 1990, S. 1319-1321.

Mayer, Dieter, Schenkungswiderruf bei Gesellschaftsanteilen im Spannungsfeld zwischen Gesellschafts- und Schenkungsrecht, ZGR 1995, S. 93-110.

Mayerhofer, Leopold, Überlassung des Nachlasses an Zahlungs Statt und Kridamäßige Verteilung, NZ 1992, S. 220-223.

Mecklenbrauck, Dirk, Die Abfindung zum Buchwert beim Ausscheiden eines Gesellschafters; in: Steuer, Wirtschaft und Recht Band 165; Köln: Eul 2000.

Meincke, Jens Peter, Gesetzeswortlaut und Rechtsanwendung im Erbschaftsteuerrecht, StuW 1981, S. 219-222.

Meincke, Jens Peter, Anmerkung zu BVerfG, Beschluß vom 27.12.1992, 2BVR72/ 90, StuW 1992, S. 188-190.

Meincke, Jens Peter, Rechtfertigung der Erbschaft- und Schenkungsteuer, DStJG 22 (1999), S. 39-58.

Meincke, Jens Peter, Abfindungsleistungen aus erbschaftsteuerlicher Sicht, ZEV 2000, S. 214-219.

Meincke, Jens Peter, Ist das deutsche Erbschaftsteuerrecht EU-konform?, ZEV 2004, S. 353-358.

Meincke, Jens Peter, Erlass der Erbschaftsteuer aus Billigkeitsgründen, DStR 2004, S. 573-579.

Meincke, Jens Peter, Erbschaftsteuer und Schenkungsteuergesetz, Kommentar; 14. Auflage; München: Beck 2004. (zitiert: Meincke, ErbStG)

Menges, Jürgen/ Stähle, Tobias, Erbfolgeregelungen bei qualifizierter Nachfolgeklausel: Steuervermeidende Gestaltungshinweise zur Übertragung von Sonderbetriebsvermögen, BB 1994, S. 2122-2124.

Menz, Werner ,Die Regelung der Unternehmensnachfolge bei noch jugendlichen Erben, DB 1967, S. 1719-1720.

Mertens, Hans Georg, Die Entstehung der Vorschriften des BGB über die gesetzliche Erbfolge und das Pflichtteilsrecht; in: Münsterische Beiträge zur Rechts- und Staatswissenschaft Band 16; Berlin: de Gryter 1970.

Meyer, August, Der überschuldete Nachlass, NZ 1979, S. 89-96.

Meyer, Martin, Grundzüge und Besonderheiten des österreichischen Erbrechts, ZEV 1995, S. 8-13.

Michael, Wolf, Probleme der neuen Bedarfsbewertung von Immobilien für Zwecke der Erbschaftsteuer, DStR 1997, S. 349-354.

MICHALSKI, LUTZ, Gesellschaftsrechtliche Gestaltungsmöglichkeiten zur Perpetuierung von Unternehmen; ein Beitrag zur Unternehmensnachfolge in der Familiengesellschaft; in: R.v.Decker's rechts- und sozialwissenschaftliche Abhandlungen Band 6; Heidelberg (u.a): R.v.Decker's Verlag 1980.

MICHALSKI, LUTZ, Feststellung des Abfindungsguthabens des aus einer OHG ausgeschiedenen Gesellschafters durch einen Sachverständigen, ZIP 1991, S. 914-918.

MICHALSKI, LUTZ, BGB-Erbrecht; 2. Auflage; Heidelberg: C.F.Müller 2001. (zitiert: Michalski, Erbrecht)

MICHEL, ARNDT, § 11 ErbStG zwischen Rechtssicherheit und Einzelfallgerechtigkeit – Stichtagsprinzip, Bereicherungsprinzip, Billigkeitskorrektur und kein Ende? Kritische Bestandsaufnahme und zugleich einige Gedanken zum anhängigen Verfahren BFH II R 17/98, UVR 2000, S. 49-56.

MITSCHKE, WOLFGANG, Ertragsteuerliche Behandlung der Erbengemeinschaft und ihrer Auseinandersetzung, FR 1993, S. 149-154.

MOENCH, DIETMAR, Trost aus Schulden - Vom rechten Abzug der Nachlassverbindlichkeiten nach § 10 Abs. 5 ErbStG, DStR 1992, S. 1185-1191.

MOENCH, DIETMAR, Erbschaftsteuer in der Schwebe - zur aktuellen Situation der Erbschaftsteuer, ZErb 2003, S. 98-108.

MOENCH, DIETMAR, Erbschaft- und Schenkungsteuer, Kommentar; Stand: Juni 2004; Neuwied: Luchterhand 2004. (zitiert: Moench-Bearbeiter, ErbStG)

MOENCH, DIETMAR/ HÖLL, KLAUS, Die neue Erbschaftsteuer, Kurzkommentar; Neuwied (u.a.): Luchterhand 1997. (zitiert: Moench/Höll)

MÖHRING, PHILIPP, Zur Zulässigkeit von Abfindungsklauseln in den Verträgen der Handelsgesellschaften, S. 49-66; in: Festschrift für Carl Heinz Barz zum 65.Geburtstag am 6. Dezember 1974 (Hrsg.: Fischer, Robert; Möhring, Philipp); Berlin (u.a.): de Gryter 1974. (zitiert: Möhring, FS Barz)

MÖLLER, HARTWIG, Erbschaftsteuergesetz und ausländisches Erbrecht; Dissertation; Göttingen: 1970.

MORCK, WINFRIED, Die vertragliche Gestaltung der Beteiligung an Personenhandelsgesellschaften: Eine empirische Untersuchung; Frankfurt a.M.: Lang 1980.

MÖSSNER, JÖRG MANFRED, Zur Auslegung von Doppelbesteuerungsabkommen, S. 403-426; in: Völkerrecht, Recht der Internationalen Organisationen, Weltwirtschaftsrecht: Festschrift für Ignatz Seidl-Hohenveldern (Hrsg.: Böckstiegel, Karl-Heinz; Folz, Hans-Ernst (u.a.)); Köln (u.a.): Heymanns 1988. (zitiert: Mössner, FS Seidl-Hohenveldern)

MÖSSNER, JÖRG MANFRED, „Die Bundesgesetze werden vom Bundestage beschlossen“ (Art. 77 Abs. 1 GG), DB 2004, Heft 12, Gastkommentar.

MÜHLHAUSEN, DIETER, Das Verständigungsverfahren im deutschen internationalen Steuerrecht; in: Schriften zum Steuerrecht Band 14; Berlin: Duncker & Humblot 1976.

MÜLLER, ASTRID, Wirtschaftliche Konsequenzen des Wandels der Rechtsprechung zur ertragsteuerlichen Erbauseinandersetzung und der vorweggenommenen Erbfolge; in: Steuern, Wirtschaft und Recht Band 108; Bergisch Gladbach (u.a.): Eul 1993.

MÜLLER, GERD, Die Buchwertklausel - ein Dauerthema, ZIP 1995, S. 1561-1573.

MÜLLER, KLAUS, Die Vererbung des OHG-Anteils, S. 369-408; in: Rechtswissenschaft und Gesetzgebung, Festschrift für Eduard Wahl zum siebzigsten Geburtstag am 29.März 1973 (Hrsg.: Müller, Klaus; Soell, Hermann), Heidelberg: Carl Winter Universitätsverlag 1973. (zitiert: Müller, FS Wahl)

MÜLLER, PAUL, Das erbrechtliche Übernahmerecht, Teilungsanordnung oder Vorausvermächtnis?; Freiburg: Krause 1970.

MÜLLER, WELF/ HOFFMANN, WOLF-DIETER, Beck'sches Handbuch der Personengesellschaften, Gesellschaftsrecht-Steuerrecht; 2. Auflage; München 2002. (zitiert: Beck HdB PG-Bearbeiter)

MÜLLER-ETIENNE, DANIEL, Die Europarechtswidrigkeit des Erbschaftsteuerrechts: Das deutsche internationale Erbschaft- und Schenkungsteuerrecht auf dem Prüfstand des EG-Vertrages und der Europäischen Menschenrechtskonvention (EMRK); in: Schriften des Instituts für Ausländisches und Internationales Finanz- und Steuerwesen der Universität Hamburg Band 37; Baden-Baden: Nomos 2003.

MÜLLER-LAUBE, HANS-MARTIN/ BÜSCHING, HEINO, Der grundlose Ausschluß eines Gesellschafters und die Abfindungsbeschränkung, JA 1989, S. 1-12.

MUSCHELER, KARLHEINZ, Die erbrechtliche Universalsukzession (1.Teil), Jura 1999, S. 234-246.

MUSCHELER, KARLHEINZ, Die erbrechtliche Universalsukzession (2.Teil), Jura 1999, S. 289-297.

MUSCHELER, KARLHEINZ, Universalsukzession und Vonselbsterwerb – die rechtstechnischen Grundlagen des deutschen Erbrechts; Tübingen: Mohr Siebeck 2002.

NAUJOK, JAN-PETER, Stichtagsbewertung und Billigkeitserlass im Erbschaftsteuerrecht, ZEV 2003, S. 94-97.

NEKOLA. MICHAELA, Der Einfluss des Europarechts auf das Erbschaftsteuerrecht; Dissertation; Konstanz: 2000.

NEUHAUS, CHRISTOPH, Unternehmensbewertung und Abfindung bei freiwilligem Ausscheiden aus der Personengesellschaft; Heidelberg: Recht und Wirtschaft 1990.

NEUMAYER, KARL H., Betrachtungen zum internationalen Konzernrecht, ZvglRWiss 83 (1984), S. 129-177.

NICKEL JÖRG R./ KLEIN, MANFRED, Qualifizierte Nachfolge in Mitunternehmeranteile bei Vorhandensein von Sonderbetriebsvermögen, FR 2003, S. 954-958.

NIEDER, HEINRICH, Handbuch der Testamentsgestaltung; 2. Auflage; München: Beck 2000.

NITSCHE, GUNTER, Zivilrechtliche Probleme bei der Betriebsübergabe zwischen Angehörigen, S. 667-702; in: Handbuch der Familienverträge: Zivilrechtliche, steuerrechtliche und sozialrechtliche Folgen von Vereinbarungen zwischen Angehörigen (Hrsg.: Ruppe, Hans Georg); 2. Auflage; Wien: Orac 1985. (zitiert: Nitsche, Hdb Familienverträge)

NITSCHE, GUNTER, Akkreszenz und Erbrecht, GesRZ 1994, S. 97-101.

NITSCHKE, MANFRED, Die körperschaftliche strukturierte Personengesellschaft; Bielefeld: Gieseking 1970.

NOLL, BERND, Die persönliche Erbschaftsteuerpflicht im Überblick, DStZ 1995, S. 713-715.

NOVACEK, ERICH, Wesentliche Änderungen des österreichischen Verkehrsteuerrechts, UVR 2003, S. 49-57.

NOWOTNY, CHRISTIAN, Erbrechtliche Gestaltung und steuerlicher Verlustabzug, RdW 1988, S. 34.

OBERMEIER, ARNOLD, Ertragsteuerliche Behandlung der Erbengemeinschaft und ihrer Auseinandersetzung – zum BMF-Schreiben v. 11.1.1993 (BStBl I S.62), NWB Fach 3, S. 8517-8556.

ODENTHAL, REINER, Der neue Erbschaftsteuerfreibetrag für Betriebsvermögen nach § 13a Abs. 2a ErbStG i.d.F. des Standortsicherungsgesetzes, ZEV 1994, S. 26-28.

OERTZEN, VON, CHRISTIAN, Pflichtteilsrecht bei Vererbung von deutschen Personengesellschaftsanteilen und ausländisches Erbstatut, RIW 1994, S. 818-821.

OERTZEN, VON, CHRISTIAN, Anmerkung zu BayObLG, Beschluss vom 2.2.1995, 1Z BR 159/94, ZEV 1995, S. 418.

OERTZEN, VON, CHRISTIAN, Erbschaftsteuerplanung bei beschränkt Steuerpflichtigen, S. 1497-1508; in: Handbuch der internationalen Steuerplanung (Hrsg.: Grotherr, Siegfried); Herne (u.a.): Verlag Neue Wirtschafts-Briefe 2000. (zitiert: Grotherr-von Oertzen, Hdb internationale Steuerplanung)

OERTZEN, VON, CHRISTIAN/ HANNES, FRANK, ZEV Report: Gesellschaftsrecht/Unternehmensnachfolge, ZEV 2004, S. 388-392.

OERTZEN, VON, CHRISTIAN/ MONDL, THOMAS, Anwendbares Erbrecht in deutsch-österreichischen Erbfällen, ZEV 1997, S. 240-242.

OERTZEN, VON, CHRISTIAN/ SLABON, GERHARD, Folgerungen für schenkungsteuerliche Gestaltungen aus der vorläufigen Festsetzung von Schenkungsteuerbescheiden, DStR 2002, S. 251-252.

OFFERHAUS, KLAUS, Zur Analogie im Steuerrecht, BB 1984, S. 993-997.

OFFERHAUS, KLAUS, Was geschieht mit der Erbschaftsteuer?, DB 2002, S. 2064-2065.

Olzen, Dirk, Die gesetzliche Erbfolge, Jura 1998, S. 135-142.

Olzen, Dirk, Annahme der Erbschaft und Rechtstellung des vorläufigen Erben, Jura 2001, S. 366-370.

Ost, Andreas, Die Behandlung in Österreich belegener Nachlässe im österreichischen und deutschen Erbschaftsteuerrecht; Dissertation; Osnabrück: 1991.

Ostendorf, Claudia/ Lechner, Eduard, Wohnsitzverlegung nach Österreich, DB 1996, S. 799-807.

Österreichisches Institut für Gewerbe- und Handelsforschung, Unternehmensübergaben und -nachfolgen in Österreich 2002 (Hrsg.: Bundesministerium für Wirtschaft und Arbeit); abrufbar unter: www.bmwa.gv.at.BMWA, Stichwort: Unternehmensnachfolge. (zitiert: Institut für Gewerbe-/Handelsforschung, Unternehmensnachfolge 2002)

Ostheim, Rolf, Zur Rechtsfähigkeit von Verbänden im österreichischen Recht: Ein Beitrag zur Auslegung des § 26 ABGB; Wien (u.a.): Springer 1967.

Ott, Hans (Hrsg.), Steuergestaltung bei der Unternehmensnachfolge: eine praxisorientierte Darstellung zur steueroptimalen Gestaltung der Erbfolge im Privat- und Unternehmensbereich; Stand: März 2004; Köln: Peter Deubner Verlag 2003. (zitiert: Ott-Bearbeiter)

Otte, Gerhard, Läßt das Erbrecht des BGB eine Erbeinsetzung auf einzelne Gegenstände zu?, NJW 1987, S. 3164-3165.

Pabst, Heinz-Joachim, Vererben und Verschenken aus grundrechtlicher Sicht, JuS 2001, S. 1145-1151.

Pahlke, Armin/ Koenig, Ulrich (Hrsg.), Abgabenordnung; München: Beck 2004. (zitiert: Pahlke/Koenig, AO)

Palandt, Otto (Begr.), Palandt, Bürgerliches Gesetzbuch, 63. Auflage, München: Beck 2004. (zitiert: Palandt-Bearbeiter)

Paliege, Sylvia, Neues im österreichischen Erbrecht, ZfRV 1991, S. 169-183.

Papier, Hans-Jürgen, Die finanzrechtlichen Gesetzesvorbehalte und das grundlegende Demokratieprinzip: Zugleich ein Beitrag zur Lehre von Rechtsformen der Grundrechtseingriffe; Berlin: Duncker & Humblot 1973.

Pelka, Jürgen, (Leitung) Diskussion zu den Referaten von Prof. Dr. Michael Lang und Prof. Dr. Detlev J. Piltz, DStJG 22 (1999), S. 297-321. (zitiert: Pelka-Diskussionsteilnehmer)

Peter Part, Finanzielle Auswirkungen der Bevölkerungsalterung; in: Working Papers 8/2002 (Hrsg.: Bundesministerium für Finanzen); abrufbar unter: www.bmf.gv.at/service/publikationen/download/wp8_2002. (zitiert: Part, Bevölkerungsalterung)

Peterson, Albert, Zur Gestaltung von gesellschaftsvertraglicher Nachfolgeklausel und letztwilliger Verfügung bei der Nachfolge von Erben in eine oHG, BB 1963, S. 331-333.

Pfeiffer-Frenzel, Babara, Folgenorientierung in der Rechtsprechung am Beispiel von Fortsetzungsvereinbarungen bei Personengesellschaften im Familienbesitz; Dissertation; Frankfurt a.M.: 1979.

Philipp, Alfred, Anwendung von Doppelbesteuerungsabkommen auf dem Gebiete der Erbschaftssteuer auf Vorschenkungen, ÖStZ 1964, S. 230-232.

Philipp, Alfred, Besonderheiten bei der Auslegung von Doppelbesteuerungsabkommen, ÖStZ 1986, S. 216-219.

Philipp, Alfred/ Loukota, Helmut/ Jirousek, Heinz/ Pollak, Robert (Hrsg.), Internationales Steuerrecht: Innerstaatliche Vorschriften und zwischenstaatliche Vereinbarungen mit Erläuterungen unter Berücksichtigung der Rechtsprechung; 2. Auflage, Stand: Juli 2004, Wien: Manz 2004. (zitiert: P/L/J/P, internationales Steuerrecht)

Pietsch, Reinhart, Die qualifizierte Nachfolge in einen vererblich gestellten Anteil einer Personenhandelsgesellschaft, Teil I, UVR 1992, S. 8-13.

Pietsch, Reinhart, Die qualifizierte Nachfolge in einen vererblich gestellten Anteil einer Personenhandelsgesellschaft, Teil II, UVR 1992, S. 39-48.

Piltz, Detlev Jürgen, Das Vermächtnis als Instrument der Nachfolgeplanung, DStR 1991, S. 1108-1110.

Piltz, Detlev Jürgen, Unternehmensbewertung in der Rechtsprechung; 3. Auflage; Düsseldorf: IDW-Verlag 1994. (zitiert: Piltz, Unternehmensbewertung)

Piltz, Detlev Jürgen, Rechtspraktische Überlegungen zu Abfindungsklauseln in Gesellschaftsverträgen, BB 1994, S. 1021-1027.

Piltz, Detlev Jürgen, Die neue Erbschaftsteuerbewertung des unternehmerischen Vermögens, ZEV 1997, S. 61-68.

Piltz, Detlev Jürgen, Anrechnung ausländischer Erbschaftsteuer, ZEV 1997, S. 494-495.

Piltz, Detlev Jürgen, Die Teilungsanordnung als Instrument der Nachfolgeplanung, ZEV 1997, S. 1075-1076.

Piltz, Detlev Jürgen, Unternehmerisches Auslandsvermögen und Erbschaftsteuer, IStR 1998, S. 47-49.

Piltz, Detlev Jürgen, Schuldenabzug bei internationalen Erbfällen, ZEV 1998, S. 461-462.

Piltz, Detlev Jürgen, Ausgewählte Steuerfragen grenzüberschreitender Sachverhalte – Erbschaftsteuerrecht, Steuerberaterkongressreport 1999, S. 79-98.

Piltz, Detlev Jürgen, Internationale Erbfälle, DStJG 22 (1999), S. 275-297.

Pirrung, Jörg, Internationales Privat- und Verfahrensrecht nach dem Inkrafttreten der Neuregelung des IPR - Texte, Materialien, Hinweise; Köln: Bundesanzeiger, 1987. (zitiert: Pirrung, Inter-nationales Privat- und Verfahrensrecht)

PLANCK, GOTTLIEB, Planck's Kommentar zum Bürgerlichen Gesetzbuch nebst Einführungsgesetz, Band 5 Erbrecht; 4. Auflage; Berlin: Guttentag 1930.

POHL, DIRK, Unternehmensnachfolge durch Teilungsanordnung und Sondererbfolge im Einkommensteuerrecht; in: Rechtsordnung und Steuerwesen Band 24; Köln: Otto Schmidt 1997.

POLIVANOVA-ROSENAUER, TATJANA/ TOIFL, GERHARD, Besteuerung ausländischer Kapitalerträge und jüngste Rechtsprechung des EuGH, SWI 2004, S. 228ff. (BKA/RIS Rechtsdatenbank: Dokumentennummer LI0405070001)

POLLAN, HANS ERNST, Nochmals: Die Reichweite der Befreiung gem. § 15 Abs 1 Z 17 ErbStG im Lichte des VfGH-Erk B 128/97, NZ 2000, S. 97-102.

POSCH, WILLIBALD, Bürgerliches Recht VII: Internationales Privatrecht; 3. Auflage; Wien (u.a.): Springer 2002.

PRODINGER, CHRISTIAN, Liegenschaften im Abgabenrecht: Systemprobleme und Grundrechtsordnung; in: Schriften zum österreichischen Abgabenrecht (Hrsg.: Stoll, Gerold); Wien: Orac 1993.

PROHASKA, ROBERT, Abfindung mit Pflichtteilsansprüchen mit Grundstücken (zum Erk VfGH 24.6.1982, B 66/81), ÖStZ 1983, S. 69-72.

PROKISCH, RAINER, Fragen der Auslegung von Doppelbesteuerungsabkommen, SWI 1994, S. 52-59.

PUMP, HERMANN/ LOHMEYER, HEINZ/ LEIBNER, WOLFGANG (HRSG.), Abgabenordnung, Kommentar; Neuwied: Luchterhand 2004. (zitiert: Pump/Lohmeyer/ Leibner-Bearbeiter, AO)

PÜNDER, BURKHARD, Internationales Erbrecht – Vergleich des neuen IPR-Gesetzes mit den bisherigen Regelungen im EGBGB, MittRhNotK 1989, S. 1-8.

QUANTSCHNIGG, PETER, (Un)aufgeklärter Vermögenszuwachs durch endbesteuerte Erbschaften, RdW 1996, S. 30.

QUANTSCHNIGG, PETER/ SCHUCH, WILHELM, Einkommensteuerhandbuch; Einkommentsteuergesetz 1988 samt Kommentierung und Durchführungsverordnungen; Wien: Orac 1993. (zitiert: Quantschnigg/Schuch, ESt-Handbuch)

R&R, Verfassungsmäßigkeit der Einheitsbewertung, FJ 1995, S. 210.

R&R, Endbesteuerung in Gefahr?, FJ 1996, S. 270.

R&R, Steuerfalle: Schenkung an Offene Erwerbsgesellschaft, FJ 1997, S. 127.

RAAPE, LEO/ STURM, FRITZ, Internationales Privatrecht, Band I Allgemeine Lehren; 6. Auflage; München: Vahlen 1977. (zitiert: Raape/Sturm, IPR)

RADDATZ, AMSELM, Die Nachlasszugehörigkeit vererbter Personengesellschaftsanteile: Folgerungen für die Rechte nachlassbeteiligter Dritter; in: Münsterische Beiträge zur Rechtswissenschaft Band 50; Berlin: Duncker & Humblot 1991.

RADEISEN, ROLF-RÜDIGER, Unternehmensnachfolge im Erbschafsteuerrecht, S. 117-150; in: Handbuch der Unternehmensnachfolge – Recht – Basel II und Rating – Finanzierung – Fallbeispiele (Hrsg.: Schmeisser, Wilhelm; Kimphove, Dieter; Nathusius, Klaus); Stuttgart: Schäffer-Poeschel 2003. (zitiert: Radeisen, Unternehmensnachfolge)

RADENBORGH, VON, WOLFGANG, Abfindungsklauseln in Gesellschaftsverträgen, BB 1986, S. 75-81.

RÄDLER, ALBERT/ RAUPACH, ARNDT, Deutsche Steuern bei Auslandsbeziehungen; München: Beck 1966. (zitiert: Rädler/Raupach)

RASNER, HENNING, Abfindungsklauseln in OHG- und KG-Verträgen, NJW 1983, S. 2905-2911.

RAUCH, HORST, Parteiwille und Nachfolge in Personengesellschaft, DB 1969, S. 1277-1281.

RAUCH, HORST, Die erbrechtliche Rechtsnachfolge eines Miterben in die Mitgliedschaft eines Personalgesellschafters, DNotZ 1970, S. 78-93.

RAUSCHER, THOMAS, Die erbrechtliche Stellung nicht in der Ehe geborener Kinder nach dem Erbrechtsgleichstellungsgesetz und Kindschaftsreformgesetz, ZEV 1998, S. 41-46.

RAUTENSTRAUCH, GABRIELE, Optimale Gestaltung der Unternehmensnachfolge: Übertragung von Einzelunternehmen und Mitunternehmeranteilen hinsichtlich Erbschaft- und Einkommensteuer; Wiesbaden: Deutscher Universitätsverlag 2002.

REAL, GUSTAV K.L., International-privatrechtliches zum Erbschaftsteuergesetz; IN HONOREM IENSO PETRO MEINCKE AD DIEM NATALEM LX XXII. MENSIS OCTOBRIS MDCCCCLXXXXV, RIW 1996, S. 54-60.

REBMANN, KURT/ SÄCKER, FRANZ JÜRGEN/ RIXECKER, ROLAND (HRSG.), Münchener Kommentar zum Bürgerlichen Gesetzbuch, Band 9 Erbrecht, §§ 1922-2385, §§ 27-35 BeurkG; 3. Auflage, München: Beck 1997. (zitiert: MüKo-Bearbeiter, BGB)

REBMANN, KURT/ SÄCKER, FRANZ JÜRGEN/ RIXECKER, ROLAND (HRSG.), Münchener Kommentar zum Bürgerlichen Gesetzbuch, Band 10 Einführungsgesetz zum Bürgerlichen Gesetzbuche (Art. 1-38), internationales Privatrecht; 3. Auflage, München: Beck 1998. (zitiert: MüKo-Bearbeiter, EGBGB)

REBMANN, KURT/ SÄCKER, FRANZ JÜRGEN/ RIXECKER, ROLAND (HRSG.), Münchener Kommentar zum Bürgerlichen Gesetzbuch, Band 7 Familienrecht I, §§ 1297-1588, VAHRG, VAÜG, HausratsV; 4. Auflage, München: Beck 2000. (zitiert: MüKo-Bearbeiter, BGB)

REBMANN, KURT/ SÄCKER, FRANZ JÜRGEN/ RIXECKER, ROLAND (HRSG.), Münchener Kommentar zum Bürgerlichen Gesetzbuch, Band 5 Schuldrecht- Besonderer Teil III, §§ 705-853, Partnerschaftgesellschaftsgesetz, Produkthaftungsgesetz; 4. Auflage; München: Beck 2004. (zitiert: MüKo-Bearbeiter, BGB)

Rebmann, Kurt/ Säcker, Franz Jürgen/ Rixecker, Roland (Hrsg.) Münchener Kommentar zum Bürgerlichen Gesetzbuch, Band 6 Sachenrecht, §§ 584-1296, Wohnungseigentumsgesetz; Erbbaurechtsverordnung; Sachenrechtsbereinigungsgesetz; Schuldrechtsänderungsgesetz; 4. Auflage, München: Beck 2004. (zitiert: MüKo-Bearbeiter, BGB)

Reckhorn-Hengemühle, Monika, Die Reform des spanischen Erbschaft- und Schenkungsteuerrechts, RIW 1996, S. 212-225.

Reckhorn-Hengemühle, Monika, Aktuelles spanisches Erbschaft- und Schenkungsteuerrecht, Abwicklung deutsch-spanischer Erb- und Schenkungsfälle; in: Schriften zum Internationalen und vergleichenden Privatrecht Band 4; Frankfurt a.M. (u.a.): Peter Lang 2003.

Reiff, Peter, Die Haftungsverfassungen nichtrechtsfähiger unternehmenstragender Verbände; Tübingen: Mohr 1996.

Reimann, Wolfgang, Gesellschaftsvertragliche Bewertungsvorschriften in der notariellen Praxis, DNotZ 1992, S. 472-489.

Reimann, Wolfgang, Gesellschaftsvertragliche Abfindung und erbrechtlicher Ausgleich, ZEV 1994, S. 7-12.

Reimann, Wolfgang, Erbauseinandersetzung durch Abschichtung, ZEV 1998, S. 213-216.

Reimann, Wolfgang, Die qualifizierte Nachfolgeklausel – Gestaltungsmittel und Störfaktor, ZEV 2002, S. 487-493.

Reinicke G./ Reinicke D., Zur Kollision von Erbrecht und Gesellschaftsrecht, NJW 1957, S. 561-564.

Reinicke, Manfred/ Leibner, Wolfgang, Die Unternehmensnachfolgeberatung – typische Fehlerquellen und Vermeidung, NWB Fach 18, S. 4039-4046.

Reinisch, Mark Johannes Erhard, Erbschaftsteuer und Verfassungsrecht; Schwindegg: Reinisch-Verlag 1999.

Reischl, Klaus, Schenkung von Todes wegen als Mittel zur Vermeidung der Zwangsentnahme von Sonderbetriebsvermögen bei qualifizierter Gesellschaftsanteilsnachfolge?, ZEV 1996, S. 50-56.

Reuter, Dieter, Probleme der Unternehmensnachfolge – Gewerblicher Erbhof, verfasstes Familienunternehmen, Unternehmen an sich, ZGR 1991, S. 467-487.

Reuter, Dieter/ Kunath, Norbert, Gütergemeinschaft und Ehegatten-oHG – BGH NJW 1975, 1774, JuS 1977, S. 376-382.

Richter, Bernd, Die Abfindung ausscheidender Gesellschafter unter Beschränkung auf den Buchwert: Zulässigkeit und Grenzen privatautonomer Gestaltung; in: Schriftenreihe des Deutschen Notarinstituts Band 10; München: Beck 2002.

Riedel, Christopher H., Erbschaftsteuerliche Bedeutung von Vermächtnissen und Teilungsanordnungen, ZErb 2002, S. 17.

RIEDEL, CHRISTOPHER H., Gesellschaftsvertragliche Nachfolgeklauseln – Auswirkungen auf Pflichtteil und Erbschaftsteuer, ZErb 2003, S. 212-221.

RIEDEN, EVA, Ertragsteuerliche Behandlung der Personengesellschaften in Deutschland und Österreich; in: Steuer, Wirtschaft und Recht Band 216; Lohmar: Eul 2002.

RIEF, ROLAND, Steuerbefreiung gem § 15 Abs 1 Z. 1 ErbStG auch für Schenkungen? FJ-GVR 1994, S. 9-10.

RIEF, ROLAND, Ungewollte Abgeltung der Erbschaftsteuer durch KESt-Endbesteuerung für Dividendenwerte? SWK 1994, S. 23-25.

RIEF, ROLAND, KESt-Endbesteuerung und Erbschaftssteuer, ecolex 1994, S. 58.

RIEF, ROLAND, Die gesetzliche Verankerung des Abfärbeprinzips, FJ 1995, S. 62-65.

RIEF, ROLAND, Einheitswerte verfassungswidrig!, RdW 1995, S. 359.

RIEF, ROLAND, Sterbeversicherung oder endbesteuertes Kapitalvermögen? SWK 1995, S. 395-398.

RIEF, ROLAND, Vorlageantrag des VwGH zur Endbesteuerung: § 15 Abs. 1 Z. 17 verfassungswidrig?, RdW 1996, S. 492-493.

RIEGGER, BODO/ WEIPERT, LUTZ (HRSG.), Münchener Handbuch des Gesellschaftsrechts Band 1: BGB-Gesellschaft, Offene Handelsgesellschaft, Partnerreederei, EWIV; München: Beck 1995. (zitiert: Riegger/Weipert-Bearbeiter, MünchHdB PG Bd 1)

RIERIG, WOLFGANG, Die Rechtswahl im internationalen Erbrecht, ZEV 1995, S. 404-406.

RIERIG, WOLFGANG, Anmerkung zu BayObLG, Beschluß vom 2.2.1995, 1Z BR 159/94, DNotZ 1996, S. 109-110.

RIERIG, WOLFGANG, Der Erbverzicht im Internationalen Privatrecht, ZEV 1998, S. 248-251.

RIERIG, WOLFGANG/ BACHLER, FRAUKE, Erbvertrag und gemeinschaftliches Testament im deutsch-österreichischem Rechtsverkehr, DNotZ 1995, S. 580-598.

RITTNER, FRITZ, Handelsrecht und Zugewinngemeinschaft (III): Der Zugewinnausgleich, FamRZ 1961, S. 505-516.

RITZ, CHRISTOPH, Die Wert-, Art- und Zurechnungsfortschreibung, ÖStZ 1983, S. 287-292.

RITZ, CHRISTOPH, Schenkungssteuer: Rechtschutz bei Änderung von Einheitswertbescheiden, FJ 1997, S. 71-74.

ROBBERS, GERHARD, Verfassungsprozessuale Probleme in der öffentlich-rechtlichen Arbeit; München: Beck 1996.

RÖDDER, THOMAS, Der Einfluss der Erbschaftsteuer auf die Rechtsformwahl mittelständischer Familienunternehmen – Analyse unter besonderer Berücksichtigung der substanzsteuerlichen Änderungen zum 1.1.1993, DB 1993, S. 2137-2147.

Röhricht, Volker/ Graf von Westfalen, Friedrich (Hrsg.), Handelsgesetzbuch - Kommentar zum Handelsstand, Handelsgesellschaften, Handelsgeschäften und besonderen Handelsverträgen (ohne Bilanz-, Transport- und Seerecht); 2. Auflage; Köln: Otto Schmidt 2001. (zitiert: Röhricht/v. Westfalen-Bearbeiter, HGB)

Rokas, Nikolaos, Die Teilhaberschaft an der Offenen Handelsgesellschaft und ihre Vererbung; Berlin: Duncker & Humblot 1965.

Rolfs, Wolfgang A., Steuerliche Aspekte einer Wohnsitzverlegung von Deutschland nach Österreich, Teil I: Steuerliche Vorteile in Österreich, steuerliche wirksame Verlegung des Wohnsitzes nach Österreich, IWB Fach 5 Österreich Gruppe 2, S. 405-420.

Rolfs, Wolfgang A., Steuerliche Aspekte einer Wohnsitzverlegung von Deutschland nach Österreich, Teil III: Behandlung wesentlicher Beteiligungen, erbschaft- und schenkungsteuerliche Folgen, IWB Fach 5 Österreich Gruppe 2, S. 439-454.

Römer, Emil, Anmerkung zur Stundung der Erbschaftsteuer bei Erwerb von Betriebsvermögen oder landwirtschaftlichem Vermögen, BB 1977, S. 685-686.

Roolf, Willy J./ Vahl Günter, Die Beteiligung eines ausgeschiedenen Gesellschafters am Ergebnis schwebender Geschäfte, DB 1983, S. 1964-1968.

Rose, Gerd, Grundzüge des internationalen Steuerrechts; 2. Auflage; Wiesbaden: Gabler 1991.

Rose, Gerd, Die Substanzsteuern. Bewertungsgesetz, Grundsteuer, Erbschaft- und Schenkungsteuer; 10. Auflage; Wiesbaden: Gabler 1997. (zitiert: Rose, Substanzsteuern)

Rose, Gerd, Vorteilhafte Zusammenrechnung mehrerer Erwerbe im neuen Erbschaftsteuerrecht, DB 1997, S. 1485-1489.

Rössler, Rudolf/ Troll, Max, Bewertungsgesetz und Vermögensteuergesetz; Stand: März 2004; Berlin (u.a.): Vahlen: 2004. (zitiert: Rössler/Troll, BewG)

Roth, Günther H., Die Anpassung von Gesellschaftsverträgen, S. 575-583; in Besonderes Vertragsrecht – aktuelle Probleme, Festschrift für Heinrich Honsell zum 60.Geburtstag (Hrsg.: Harrer, Friedrich; Portmann, Wolfgang; Zäch, Roger); Zürich (u.a.): Schulthess 2002. (zitiert: Roth, FS Honsell)

Roth, Günther H./ Fitz, Hans, Handels- und Gesellschaftsrecht; Wien: Orac 2000.

Ruban, Reinhild, Erbauseinandersetzung über Betriebsvermögen nach dem Beschluss des Großen Senats vom 5.7.1990, DStR 1991, S. 65-70.

Rummel, Peter (Hrsg.), Kommentar zum Allgemeinen bürgerlichen Gesetzbuch mit IPRG, EVÜ, EheG, MRG, WGG, WEG, BTVG, HeizKG, KSchG in zwei Bänden; 1. Band: §§ 1- 1174 ABGB; Wien: Manz 2000. (zitiert: Rummel-Bearbeiter)

Rüthers, Bernd, Die privatautonome Gestaltung der Vererbung des Anteils an einer oHG durch eine beschränkte Nachfolgeklausel, AcP 1968 (1968), S. 263-285.

Sachs, Michael (Hrsg.), Grundgesetz Kommentar; 3. Auflage; München: Beck 2003. (zitiert: Sachs-Bearbeiter, GG)

Säcker, Franz Jürgen, Besprechung von Wiedemann, Herbert Die Übertragung und Vererbung von Mitgliedschaftsrechten bei Handelsgesellschaften, BB 1965, S. 1403-1404.

Säcker, Franz Jürgen, Gesellschaftsvertragliche und erbrechtliche Nachfolge in Gesamthandsmitgliedschaften: eine Analyse der unterschiedlichen gesetzlichen Ordnungsstrukturen; Bad Homburg (u.a.): Gehlen 1970.

Salzmann, Stephan, Ausgewählte Zweifelsfragen bei der Anwendung der Vorschriften für die Bewertung von Grundbesitz nach §§ 138ff. BewG unter Berücksichtigung der neuen Erbschaftsteuer-Richtlinien, DStR 1999, S. 345-350.

Sanfleber, Martina H., Abfindungsklauseln in Gesellschaftsverträgen; Düsseldorf: IDW-Verlag 1990.

Sarres, Ernst, Die Erbengemeinschaft und das Teilungskonzept des BGB, ZEV 1999, S. 377-380.

Sauer, Marc, Die Schenkung auf den Todesfall im deutsch-österreichischen Rechtsverkehr; Dissertation; Regensburg: 2000.

Schanne, Marcus, Doppelbesteuerungsabkommen und innerstaatliches Steuerrecht: Abkommensmißbrauch und Missbrauchsverhinderung; in: Europäische Hochschulschriften Reihe 2 Rechtswissenschaft Band 2586; Frankfurt a.M. (u.a.): Lang 1999.

Schauer, Martin, Rechtsprobleme der erbrechtlichen Nachfolge bei Personengesellschaften; in: Juristische Schriften Band 139; Wien: Verlag Österreich 1999.

Schauer, Martin, Rechtsgeschäftliche Gestaltungsmöglichkeiten bei der erbrechtlichen Nachfolge in Personenhandelsgesellschaften, S. 111-146; in: Unternehmensnachfolge: Praktische Fragen und zivilrechtliche Gestaltungsmöglichkeiten (Hrsg.: Kalss, Susanne; Schauer, Martin); Wien: WUV-Universitätsverlag 2001. (zitiert: Kalss/Schauer-Schauer, Unternehmensnachfolge)

Schaumburg, Harald, Grenzüberschreitende Erbfälle, S. 147-182; in: Harzburger Steuerprotokoll 1997, 36. Steuerfachtagung des Steuerberaterverbandes Niedersachsen, Sachsen-Anhalt e.V. in Bad Harzburg vom 24.bis 26. September 1997; Köln: Otto Schmidt 1998. (zitiert: Schaumburg, Steuerprotokoll 1997)

Schaumburg, Harald, Internationales Steuerrecht: Außensteuerrecht, Doppelbesteuerungsrecht; 2. Auflage; Köln: Otto Schmidt 1998.

Schaumburg, Harald, Problemfelder im Internationalen Erbschaftsteuerrecht, RIW 2001, S. 161-172.

Scheffler, Wolfram/ Spengel, Christoph, Erbschaftsteuerbelastung im internationalen Vergleich, BB 2004, S. 967-974.

Schenke, Ralf P., Das Koch-Steinbrück-Papier; das Haushaltsbegleitgesetz 2004 und die Grenzen der Änderungsbefugnis des Vermittlungsausschusses, FR 2004, S. 638-643.

Scherer, Stephan (Hrsg) Münchener Anwalts Handbuch Erbrecht; 1. Auflage; München: Beck 2002. (zitiert: Scherer-Bearbeiter)

Scheuermann, Thomas, Statutenwechsel im internationalen Erbrecht; in: Münchener Universitätsschriften, Reihe der juristischen Fakultät Band 10; München: Beck, 1969.

Schick, Walter, Bemerkungen zur Steuerrechtsauslegung und -anwendung, DStR 1982, S. 575-579.

Schild, Claus/ Ehlermann, Christian, Besteuerungsprobleme bei Beteiligungen an ausländischen Personengesellschaften, S. 1245-1261; in: Handbuch der internationalen Steuerplanung (Hrsg.: Grotherr, Siegfried); Herne (u.a.): Verlag Neue Wirtschafts-Briefe 2000. (zitiert: Schild/Ehlermann, Hdb internationale Steuerplanung)

Schindhelm, Malte, Erbfälle mit Auslandsberührung im deutschen Erbschaftsteuerrecht - Grundzüge des deutschen internationalen Erbschaftsteuerrechts-; in: Diskussionsbeiträge aus dem Institut für Ausländisches und Internationales Finanz- und Steuerwesen; Hefte zur Internationalen Besteuerung 114; Universität Hamburg: 1997.

Schindhelm, Malte, Grundfragen des Internationalen Erbschaftsteuerrechts, ZEV 1997, S. 8-15.

Schleitzer, Stephan, Testamentsvollstreckung am Gesellschaftsanteil eines persönlich haftenden Gesellschafters; in: Europäische Hochschulschriften Reihe 2 Rechtswissenschaften Band 1546; Frankfurt a.M. (u.a.): Lang 1994.

Schlicht, Zugehörigkeit des Gesellschaftsanteils zum Nachlass bei Fortsetzungsklausel (§ 139 HGB)?, NJW 1954, S. 984-986.

Schlüter, Wilfried, Erbrecht; 15. Auflage, München: Beck 2004.

Schmidt, Karsten, Gesellschaftsvertragliche Abfindungsklauseln im Schnittpunkt von Gesellschafts-, Vollstreckungs-, Familien- und Erbrecht - . Eine Stellungnahme zu den Thesen von Heckelmann, FamRZ 1974, S. 518-522.

Schmidt, Karsten, Die obligatorische Gruppenvertretung im Recht der Personengesellschaften und der GmbH – Probleme der sog. Vertreterklausel, ZHR 146 (1982), S. 525-554.

SCHMIDT, KARSTEN, Personengesellschaft und Grundstücksrecht, ZIP 1998, S. 2-8.

SCHMIDT, KARSTEN, Gesellschaftsrecht; 4. Auflage; Köln (u.a.): Heymanns 2002.

SCHMIDT, KARSTEN (HRSG.), Münchener Kommentar zum Handelsgesetzbuch, Bd. 2 Zweites Buch: Handelsgesellschaften und stille Gesellschaft Erster Abschnitt: Offene Handelsgesellschaft, § 105-160; München: Beck 2004. (zitiert: MüKo-Bearbeiter, HGB)

SCHMIDT, KARSTEN (HRSG.), Münchener Kommentar zum Handelsgesetzbuch, Bd. 3 Zweites Buch: Handelsgesellschaften und stille Gesellschaft Zweiter Abschnitt: Kommanditgesellschaft, Dritter Abschnitt: Stille Gesellschaft §§ 161-237, Konzernrecht der Personengesellschaften; München: Beck 2002. (zitiert: MüKo-Bearbeiter, HGB)

SCHMIDT, LUDWIG, EStG – Einkommensteuergesetz, Kommentar; 23. Auflage; München: Beck 2004. (zitiert: Schmidt-Bearbeiter, EStG)

SCHMIDT, NIKLAS, Ausländische Rechtsentwicklungen: Österreich: Neue Verordnung zur Vermeidung der Doppelbesteuerung, IStR 2003, Länderbericht Heft 5/2003, S.1.

SCHMIDT-BLEIBTREU, BRUNO/ KLEIN, FRANZ, Kommentar zum Grundgesetz; 10. Auflage; Neuwied (u.a.): Luchterhand 2004. (zitiert: Schmidt-Bleibtreu/ Klein-Bearbeiter, GG)

SCHMITT, MICHAEL, Gesellschaftsvertrag und Pflichtteilsrecht; in: Europäische Hochschulschriften. Reihe 2 Rechtswissenschaften Band 1513; Frankfurt a.M. (u.a.): Lang 1994.

SCHMUCKER, AXEL, Testamentvollstrecker und Erbe; Begründung, Wirkung und Beendigung der Testamentsvollstreckung; in: Europäische Hochschulschriften Reihe 2 Rechtswissenschaften Band 3370; Wien: Lang 2002.

SCHNEIDER, DIETER, Zur Rechtfertigung von Erbschaft- und Vermögensteuer, StuW 1979, S. 38-42.

SCHNEIDER, ROBERT, Steuerliche Aspekte der Unternehmensbewertung, SWK 1998, S. 786-790.

SCHNEIDER, U.H., Anmerkung zu BGH NJW 1983, 2376, JR 1983, S. 502-503.

SCHNITGER, ANNE, Geltung der Grundfreiheiten des EG-Vertrages im deutschen internationalen Erbschaftsteuerrecht, Auswirkungen des EuGH-Urteils in der Rs. Erben von Babier, FR 2004, S. 185-198.

SCHÖMMER, HANS-PETER/ BAUER/KLAUS, Internationales Erbrecht, Schweiz; München: Beck 2001. (zitiert: Schömmer, Schweiz)

SCHÖMMER, HANS-PETER/ FAßOLD, HEIDEMARIE/ BAUER, KLAUS, Internationales Erbrecht, Österreich; 2. Auflage; München: Beck 2003. (zitiert: Schömmer)

SCHOPPER, ALEXANDER, Vermögensweitergabe und Unternehmensnachfolge aus erbrechtlicher Sicht, S. 11-42; in: Vermögensweitergabe und Unternehmensnachfolge, Veröffentlichungen der österreichischen Gesellschaft für

Unternehmensgeschichte Band 22; Wien: Manz 2002. (zitiert: Schopper, Unternehmensnachfolge)

Schotten, Günther, Probleme des Internationalen Privatrechts im Erbscheinverfahren, Rpfleger 1991, S.181-189.

Schotten, Günther, Das internationale Privatrecht in der notariellen Praxis; München: Beck 1995.

Schrader, Henning, Erb- und Nacherbeinsetzung auf einzelne Nachlassgegenstände, NJW 1987, S. 117-118.

Schreiber, Klaus, Verfügung von Todes wegen - Teil 1: Begriff, Inhalt, Testament Jura 1996, S. 360-371.

Schreiber, Klaus, Verfügung von Todes wegen - Teil 2: Erbvertrag, gemeinschaftliches Testament Jura 1996, S. 409-417.

Schröder, Albert, Erbrechtliche Nachfolge in Personengesellschaftsanteile, INF 1997, S. 16-21.

Schröder, Jan, Stimmrechtskonsortien unter Aktionären: Gesellschafts- und erbrechtliche Probleme, ZGR 1978, S. 578-607.

Schrottmeyer, Norbert, Der neue § 15a ErbStG-Freibetrag für Unternehmensübertragungen, ÖStZ 1999, S. 622-626.

Schuch, Josef, Die Doppelbesteuerungsabkommen zwischen Deutschland und Österreich, S. 185-212; in: Österreich - Der steuerrechtliche EU-Nachbar, Die Besteuerung wirtschaftlicher Aktivitäten in Österreich (Hrsg.: Gassner, Wolfgang; Lang, Michael; Lechner, Eduard); Wedit/Exinger: Wien 1995. (zitiert: Schuch, Österreich EU-Nachbar)

Schuch, Josef/ Toifl, Gerald/ Urtz, Christoph, Änderungen im österreichischen Steuerrecht durch das Strukturanpassungsgesetz 1996, Fach 5 Österreich Gruppe 2, S. 341-348.

Schuhmann, Helmut, Die Bewertung von ausländischem Grundbesitz/Betriebsvermögen im Erbfall; hier am Beispiel des DBA Österreich, DVR 1987, S. 18-20.

Schuhmann, Helmut, Abfindung von Gesellschaftern: Gesellschaftsrechtliche Grundlagen und steuerrechtliche Behandlung; Bielefeld: Erich Schmidt 1996.

Schuhmann, Helmut, Nochmals: Zum Stichtagsprinzip bei der Erbschaftsteuer – Gibt es „Milderungsmöglichkeiten"?, UVR 2000, S. 450-453.

Schulze zur Wiesche, Dieter, Die Rechtsprechung des BFH der letzten zwei Jahre zur steuerrechtlichen Behandlung des Sonderbetriebsvermögens eines Gesellschafters einer Personengesellschaft, FR 1993, S. 37-43.

Schulze zur Wiesche, Dieter, Gesellschaftsrechtliche Erbfolge und Erbschaftsteuer, WPg 1997, S. 320-323.

Schulze zur Wiesche, Dieter, Gesellschaftsrechtliche Erbfolge und Erbschaftsteuer unter Berücksichtigung der qualifizierten Nachfolgeklausel und des Sonderbetriebsvermögens, BB 1997, S. 2621-2626.

Schulze zur Wiesche, Dieter, Der Betriebsvermögensfreibetrag nach § 13a ErbStG unter Berücksichtigung des Erlasses vom 17.6.1997 – Begriff des Betriebsvermögens, die Behaltensregelung des § 13a Abs. 5 ErbStG, UVR 1998, S. 192-198.

Schulze zur Wiesche, Dieter, Qualifizierte Nachfolgeklausel und Sonderbetriebsvermögen im Ertragsteuerrecht, Stbg 1998, S. 695-698.

Schulze zur Wiesche, Dieter, Erbschaftsteuer-Richtlinien 2003 - ErbStR 2003, UVR 2003, S. 131-136.

Schulze-Osterloh, Joachim, Das Auseinandersetzungsguthaben des ausscheidenden Gesellschafters einer Personengesellschaft gem. § 738 Abs. 1 S. 2 BGB – Besprechung und Entscheidung BGH WM 1984, 1506, ZGR 1986, S. 545-564.

Schürer-Waldheim, Wertbegriffe im österreichischen Abgabenrecht, Definitionen und Anwendungsprobleme; Wien: Manz 1978.

Schurig, Klaus, Erbstatut, Güterrechtsstatut, gespaltenes Vermögen und Pyrrhussieg, IPRax 1990, S. 389-393.

Schurig, Klaus, Ererbte Kommanditanteile und US-amerikanischer Trust, IPRax 2001, S. 446-449.

Schwald, Uwe Mark, Die Bedeutung erbschaft- und schenkungsteuerlicher Folgen für zivilrechtliche Rechtsgeschäfte zur Regelung der Vermögensnachfolge – Zugleich ein Beitrag zu den zivilrechtlichen Konsequenzen erbschaft- und schenkungsteuerlicher Folgen; Tübingen: Köhler-Druck 2001.

Schwimann, Michael, Überblick über das internationale Erbrecht Österreichs, NZ 1979, S. 102-108.

Schwimann, Michael, Grundzüge des internationalen Gesellschaftsrechtes (I), GesRZ 1981, S. 142-148.

Schwimann, Michael (Hrsg.), Praxiskommentar zum ABGB samt Nebengesetzen, Band 3: §§ 531-858 ABGB, AnerbG, Kärtner ErbhöfeG, Tiroler HöfeG; Wien: Orac 1997. (zitiert: Schwimann-Bearbeiter, ABGB)

Schwimann, Michael, Internationales Privatrecht einschließlich Europarecht; 3. Auflage; Wien: Manz 2001. (zitiert: Schwimann, IPR)

Schwind, Fritz, Handbuch des Österreichischen Internationalen Privatrechts; Wien (u.a.): Springer-Verlag 1975.

Sedlaczek, Dietmar, Aus der Rechtsprechung zur Erbschaft- und Schenkungsteuer 2002, UVR 2003, S. 406-412.

Seer, Roman, Die neue Erbschaft- und Schenkungsteuer auf dem verfassungsrechtlichen Prüfstand, StuW 1997, S. 283-298.

Seer, Roman, Ungereimtheiten bei der Behandlung des Betriebsvermögens im Erbschaftsteuerrecht, GmbHR 1999, S. 64-72.

Seer, Roman, Das Betriebsvermögen im Erbschaftsteuerrecht, DStJG 22 (1999), S. 191-216.

SEER, ROMAN, Die Sonderbehandlung des Betriebsvermögens im Erbschaftsteuerrecht, S. 159-188; in: Harzburger Steuerprotokoll 1998, 37. Steuerfachtagung des Steuerberaterverbandes Nieder-sachsen- Sachsen-Anhalt e.V. in Bad Harzburg vom 23. - 25.September 1998; Köln: Otto Schmidt 1999. (zitiert: Seer, Harzburger Steuerprotokoll 1998)

SEER, ROMAN, Erbschaft- und Schenkungsteuer nun erneut auf dem Prüfstand des BVerfG!, Der Vorlagebeschluss des II. Senats des BFH zum 22.5.2002 – II R 61/99, GmbHR 2002, 917, GmbHR 2002, S. 873-880.

SENS, KARIN, Die Erbenbestimmung durch Dritte; Dissertation; Marburg: 1990.

SIEBERT, WOLFGANG, Die Nachfolge von Todes wegen in die Mitgliedschaft des Gesellschafters einer OHG, NJW 1955, S. 809-813.

SIEBERT, WOLFGANG, Die Rechtsnachfolge beim Tode eines Gesellschafters einer OHG, BB 1956, S. 837-839.

SIEBERT, WOLFGANG, Nachfolge eines Miterben in die Gesellschafterstellung bei der offenen Handelsgesellschaft, BB 1957, S. 18-22.

SIEBERT, WOLFGANG, Gesellschaftsvertrag und Erbrecht bei der Offenen Handelsgesellschaft: Vortrag gehalten vor der Juristischen Studiengesellschaft in Karlsruhe am 2.Juli 1954; in: Juristische Studiengesellschaft Karlsruhe, Schriftenreihe Heft 13/13a; 3. Auflage; Karlsruhe: Müller 1958.

SIEGMANN, MATTHIAS, Personengesellschaftsanteil und Erbrecht: ein Beitrag zu Grundlagen und Einzelfragen des Rechts der Anteilsvererbung; in: Schriften zum bürgerlichen Recht Band 155; Berlin: Duncker & Humblot 1992.

SIEGMANN, MATTHIAS, Zur Fortbildung des Rechts der Anteilsvererbung, NJW 1995, S. 481-490.

SIEMERS, LOTHAR/ WALDENS, MARIE CHRISTINE/ DIMOVA, INNA, Hat der Vorlagebeschluss des BFH zur Verfassungsmäßigkeit des ErbStG Ankündigungseffekt?, BB 2003, S. 611-616.

SIGLE, WALTER, Gedanken zur Wirksamkeit von Abfindungsklauseln in Gesellschaftsverträgen, ZGR 1999, S. 659-681.

SISTERMANN, CHRISTIAN, Steuerliche Behandlung der Rechtsnachfolge bei Freiberufler-Gesellschaften, ZEV 1998, S. 166-175.

SOERGEL, TH. (BEGR.), Bürgerliches Gesetzbuch: mit Einführungsgesetz und Nebengesetzen, Band 21 Erbrecht; 13. Auflage; Stand: Januar 2002; Stuttgart: Kohlhammer 2002. (zitiert: Soergel-Bearbeiter, BGB)

SOERGEL, TH. (BEGR.), Bürgerliches Gesetzbuch: mit Einführungsgesetz und Nebengesetzen, Band 23 Erbrecht; 13. Auflage; Stand: Sommer 2002; Stuttgart: Kohlhammer 2002. (zitiert: Soergel-Bearbeiter, BGB)

SÖFFING, ANDREAS/ BREITENÖDER, FRANK, Änderungen im Erbschaft- und Schenkungsteuerrecht durch das Jahressteuergesetz 1997, NJW 1997, S. 686-693.

SÖFFING, GÜNTER, Erbauseinandersetzung in einkommensteuerlicher Sicht (Teil I), DB 1991, S. 773-779.

SÖFFING, GÜNTER, Vererbung eines Mitunternehmeranteils mittels einfacher und qualifizierter Nachfolgeklausel in zivil- und steuerrechtlicher Sicht, DStR 1991, S. 798-804.

SÖFFING, GÜNTER, Erbauseinandersetzung in einkommensteuerlicher Sicht (Teil II), DB 1991, S. 828-838.

SÖFFING, GÜNTER, Folgen aus dem Vorlagebeschluss des BFH zur Verfassungswidrigkeit des Erbschaftsteuertarifs, ErbStB 2003, S. 58-60.

SÖFFING, MATTHIAS/ PETERS, PETER, Ausgewählte Probleme im Zusammenhang mit den Erbschaftsteuerrichtlinien, ZEV 1999, S. 15-19.

SÖFFING, MATTHIAS/ VÖLKERS, HEINRICH/ WEINMANN, NORBERT, Erbschaft- und Schenkungsteuerrecht; 2. Auflage; München: Beck 2003. (zitiert: Söffing/ Völkers/Weinmann)

SÖHN, HARTMUT/ SPINDLER, WOLFGANG (U.A.), Hübschmann – Hepp – Spitaler, Abgabenordnung, Finanzgerichtsordnung, Kommentar, Band II: §§ 5-50 AO; Stand: Februar 2004; Köln: Otto Schmidt 2004. (zitiert: Hübschmann/ Hepp/Spitaler, AO)

SOLOMON, DENNIS, Erbfolge und Erbgang in deutsch-österreichischen Erbfällen, ZVglRWiss 2000 (99), S. 170-209.

SOMMER, MICHAEL/ KERSCHBAUMER, KATRIN, „Echte" und „überquotale" Teilungsanordnung – Zivil- und steuerrechtliche Probleme, ZEV 2004, S. 13-18.

SONNEBORN, ANDREA, Besteuerung der Unternehmenserbfolge: Ertragsteuerliche Konsequenzen und ihre Vernetzung im Steuersystem; in: Schriften zur betriebswirtschaftlichen Steuerlehre Band 28; Bielefeld: Erich Schmidt 1996.

SONNEVELDT, FRANS/ BOM, HANS M./ ZUIDERWIJK, JOHANN C.L., Global Estate Planing, A Practical Guide to the Principles of Estate, Inheritance and Gift Taxes; Stand: Februar 2001; London (u.a.): Kluwer Law International 2000. (zitiert: Sonneveldt/Bom/Zuiderwijk)

SONNEVELDT, FRANS/ ZWEMMER, JAAP, Avoidance of multiple inheritance taxation within Europe, General Report an National Reports, 2 and 3 June 2000 Maastricht, European Association of tax law professors. (zitiert: Sonneveldt/Zwemmer)

SPANKE, TOBIAS STEFFEN, Das Ausscheiden einzelner Miterben aus der Erbengemeinschaft durch Abschichtung; in: Europäische Hochschulschriften Reihe 2 Rechtswissenschaften Band 3375, Frankfurt a.M. (u.a.): Lang 2002.

SPIEGELBERGER, SEBASTIAN, Nachfolge von Todes wegen bei Einzelunternehmen und Gesellschaftsanteilen (Teil I), DStR 1992, S. 618-621.

SPIEGELBERGER, SEBASTIAN, Vermögensnachfolge, vorweggenommene Erbfolge, Erbauseinandersetzung und Unternehmertestament, Gestaltung nach Zivil- und Steuerrecht; München: Beck 1994.

STAHL, RUDOLF, Aktuelles Erbschaftsteuerrecht: Richtlinien, Erlasse, Rechtsprechung, KÖSDI 2003, S. 13642-13653.

STARINGER, CLAUS, Besteuerung doppelt ansässiger Kapitalgesellschaften; Wien: Linde 1999.

STAUDER, BERND/ WESTERHOFF, JOHANNES, Auswirkungen des Erbrechts des nichtehelichen Kindes auf den Unternehmensbereich, FamRZ 1972, S. 601-621.

STAUDINGER, VON, JULIUS (BEGR.), J. von Staudingers Kommentar zum Bürgerlichen Gesetzbuch: Einführungsgesetz zum Bürgerlichen Gesetzbuche/ Art. 24-28 a.F.; 5, 6 n.F.; 12. Auflage; Berlin: Schweitzer de Gryter 1991. (zitiert: Staudinger-Bearbeiter, EGBGB)

STAUDINGER, VON, JULIUS (BEGR.), J. von Staudingers Kommentar zum Bürgerlichen Gesetzbuch: Einführungsgesetz zum Bürgerlichen Gesetzbuche/ Internationales Sachenrecht; 13. Auflage; Bearbeitung 1996; Berlin: Schweitzer de Gryter 1996. (zitiert: Staudinger-Bearbeiter, IntS)

*STAUDINGER, VON, JULIUS (BEGR.),*J. von Staudingers Kommentar zum Bürgerlichen Gesetzbuch: Einführungsgesetz zum Bürgerlichen Gesetzbuche/ Fünftes Buch Erbrecht §§ 2339-2385; 13. Auflage; Bearbeitung 1997; Berlin: Schweitzer de Gryter 1997. (zitiert: Staudinger-Bearbeiter)

STAUDINGER, VON, JULIUS (BEGR.), J. von Staudingers Kommentar zum Bürgerlichen Gesetzbuch: Einführungsgesetz zum Bürgerlichen Gesetzbuche/ Fünftes Buch Erbrecht Einleitung §§ 1922-1966; 13. Auflage; Bearbeitung 2000; Berlin: Schweitzer de Gryter 2000. (zitiert: Staudinger-Bearbeiter, BGB)

STAUDINGER, VON, JULIUS (BEGR.), J. von Staudingers Kommentar zum Bürgerlichen Gesetzbuch: Einführungsgesetz zum Bürgerlichen Gesetzbuche/ Fünftes Buch Erbrecht §§ 2265-2338a; 13. Auflage; Bearbeitung 2000; Berlin: Schweitzer de Gryter 2000. (zitiert: Staudinger-Bearbeiter, BGB)

STAUDINGER, VON, JULIUS (BEGR.), J. von Staudingers Kommentar zum Bürgerlichen Gesetzbuch: Einführungsgesetz zum Bürgerlichen Gesetzbuche, IPR, Einleitung zum IPR Art. 3-6 EGBGB [u.a.]; 13. Auflage; Bearbeitung: 1996; Berlin: Schweitzer de Gryter 1996. (zitiert: Staudinger-Bearbeiter, EGBGB)

STAUDINGER, VON, JULIUS (BEGR.), J. von Staudingers Kommentar zum Bürgerlichen Gesetzbuch: Einführungsgesetz zum Bürgerlichen Gesetzbuche/ IPR Art. 25, 26 EGBGB; Anhang zu Art. 25f EGBGB: ausländische Rechte; 13. Auflage; Neubearbeitung 2000; Berlin: Schweitzer de Gryter 2000. (zitiert: Staudinger-Bearbeiter, EGBGB)

STAUDINGER, VON, JULIUS (BEGR.), J. von Staudingers Kommentar zum Bürgerlichen Gesetzbuch: Einführungsgesetz zum Bürgerlichen Gesetzbuche/ Fünftes Buch Erbrecht §§ 1967-2063; 13. Auflage; Bearbeitung 2002; Berlin: Schweitzer de Gryter 2002. (zitiert: Staudinger-Bearbeiter, BGB)

Staudinger, von, Julius (Begr.), J. von Staudingers Kommentar zum Bürgerlichen Gesetzbuch: Einführungsgesetz zum Bürgerlichen Gesetzbuche/ Buch 2 Recht der Schuldverhältnisse §§ 705-740 (Gesellschaftsrecht); 13. Auflage; Bearbeitung 2003; Berlin: Schweitzer de Gryter 2003. (zitiert: Staudinger-Bearbeiter, BGB)

Steiger, Wolfgang, Die Teilungsanordnung im Erbschaftsteuerrecht, UVR 1993, S. 72-79.

Stein, Klaus, Die Besteuerung deutsch-irischer Erbfälle; in: Internationales Erbschaftsteuerrecht und Nachlassplanung Band 4; Köln: Otto Schmidt 1998.

Stein, Klaus, Doppelbesteuerung internationaler Erbfälle: Grundbegriffe, Ursachen und Checkliste zur Gefahreneinschätzung, ErbStB 2003, S. 61-63.

Stein, Klaus, Abkommen zur Doppelbesteuerung von Erbfällen, ErbStB 2003, S. 97-99.

Stein, Klaus, Doppelbesteuerungsabkommen: Lohnt sich der Wegzug nach Österreich? Eine Betrachtung aus erbschaftsteuerlicher Sicht, ErbStB 2003, S. 125-131.

Stein, Klaus, Wegzug als Instrument der Unternehmensnachfolge bei Inlandsvermögen, ErbStB 2004, S. 116-119.

Steiner, Anton, Testamentsgestaltung bei kollisionsrechtlicher Nachlassspaltung; in: Schriften der Deutschen Notarrechtlichen Vereinigung Band 10; Köln: Otto Schmidt 2002.

Steiner, Anton, Grundregeln der Testamentsgestaltung in Fällen der faktischen Nachlassspaltung, ZEV 2003, S. 145-147.

Steiner, Anton, Grundregeln der Testamentsgestaltung in Fällen der funktionellen Nachlassspaltung, ZEV 2003, S. 500-502.

Steiner, Anton, Grundregeln der Testamentsgestaltung mit Auslandsbezug: Checkliste mit steuerlichen und zivilrechtlichen Hinweisen, ErbStB 2004, S. 223-226.

Steiner, Anton, Gestaltungspraxis gemeinschaftlicher Testamente und Erbverträge bei gemischtnationalen Ehen, insbesondere bei deutsch-österreichischen Ehepaaren, ZEV 2004, S. 362-365.

Stobbe, Thomas/ Brüninghaus, Dirk, Begünstigtes Betriebsvermögen im Erbschaftsteuerrecht: Eine vergleichende Analyse der §§ 13a, 19a und 28 ErbStG, BB 1998, S. 1611-1615.

Stöckel, Reinhard, Grundzüge einer verfassungskonformen Grundbesitzbewertung, ErbBStg 2003, S. 135-139.

Stodolkowitz, Hans Dieter, Nachlasszugehörigkeit von Personengesellschaftsanteilen, S. 439-459; in: Festschrift für Alfred Kellermann zum 70.Geburtstag am 29. November 1990 (Hrsg.: Goerdeler, Reinhard (u.a.)); Berlin (u.a.): de Gryter 1991. (zitiert: Stodolkowitz, FS Großfeld)

STOHANZL, RUDOLF, Jurisdiktionsnorm und Zivilprozessordnung samt Einführungsgesetzen und Nebengesetzen; 15. Auflage; Wien: Manz 2002. (zitiert: Strohanzl, JN)

STÖLZER, CARL, Der Tod im Gesellschaftsrecht, GesRZ 1977, S. 109-112.

STORG, PETER, Qualifizierte Nachfolge in Gesellschaftsanteile nach neuester Rechtslage, DStR 2002, S. 1384-1386.

STÖTTER, VICTOR, Die Nachfolge in Anteile an Personengesellschaften aufgrund Gesellschaftsvertrages oder Erbrechts, DB 1970, S. 525-530.

STRAHL, MARTIN, Bedarfsbewertung von unbebauten und bebauten Grundstücken: Hinweise zu den Ländererlassen und erste Praxis-Erfahrungen, KÖSDI 1997, S. 11253-11259.

STRAUBE, MANFRED (HRSG.), Kommentar zum Handelsgesetzbuch, 1. Band: §§ 1-188; §§ 343-453; 3. Auflage; Wien: Manz 2003. (zitiert: Straube-Bearbeiter, HGB)

STRECK, MICHAEL/ SCHWEDHELM, ROLF/ OLBING, KLAUS, Probleme des Erbschaftsteuerrechts (Teil I), DStR 1994, S. 1441-1448.

STRECK, MICHAEL/ DEUTSCHES STEUERBERATERINSTITUT, Die Besteuerung nach dem Wegzug ins Ausland; in: Beratungsakzente Band 19, Bonn: Stollfuss 1996. (zitiert: Streck/ Steuerberaterinstitut-Bearbeiter)

STRUNZ, WILLI, Die Nachlaß- und Schenkungsteuer im Schweizer Kanton Graubünden, RIW 1990, S. 865-868.

STRUNZ, WILLI, Die Nachlaß-, Erbanfall- und Schenkungsteuer im Schweizer Kanton Solothurn, RIW 1991, S. 322-325.

STRUNZ, WILLI, Die Gemeinde-Erbschaftsteuer im Schweizer Kanton Graubünden, ZEV 2003, S. 157-158.

SUDHOFF, HEINRICH, Unternehmensnachfolge und Pflichtteilsanspruch, DB 1961, S. 1573-1576.

SUDHOFF, HEINRICH, Die Regelung der Unternehmensnachfolge bei noch jugendlichen Erben, DB 1967, S. 649-653.

SUDHOFF, HEINRICH (BEGR.), Personengesellschaften, 7. Auflage, München: Beck 1999. (zitiert: Sudhoff-Bearbeiter, Personengesellschaft)

SUHRBIER-HAHN, UTE, Die Erbschaftsteuer im Lichte des EG-Vertrages, Zugleich Anmerkung zum EuGH-Urteil vom 11.12.2003 „Babier", ErbStB 2004, S. 124-129.

SÜß, REMBERT, Keine Nachlassspaltung bei Grundbesitz in Erbengemeinschaft, Anmerkung zu BGH IV ZB 24/00, Beschluss vom 24. Januar 2001, ZErb 2001, S. 84-87.

SÜß, REMBERT/ HAAS, ULRICH (HRSG.), Erbrecht in Europa; Angelbachtal: ZErb 2004. (zitiert: Süß/Haas-Bearbeiter)

TABACS, PETER, Aufteilung der Nachlasspassiven bei Abkommen zur Vermeidung der Doppelbesteuerung auf dem Gebiet der Erbschaftsteuer, FJ 1989, S. 69-73.

TABACS, PETER, Erbschafts- und Schenkungssteuergesetz 1995, Praxishandbuch; in: Steuer Know-How Band 6; Wien: Grenz-Verlag 1994. (zitiert: Tabacs, ErbStG)

TABACS, PETER, ABC der Gebühren und Verkehrsteuern: Grunderwerbsteuer, Erbschafts- und Schenkungssteuer, Gebühren, Versicherungssteuer, Kraftfahrzeugsteuer, Energiesteuer u.a.m.; Wien: Linde 2001. (zitiert: Tabacs, ABC)

TAFERNER, ANJA, Avoidance of Double Inheritance Taxation in Cases of Double Residence, ET 1999, S. 486-488.

TALOS, THOMAS, Buchwertklauseln bei Personenhandelsgesellschaften; in: Juristische Schriftenreihe Band 90; Wien: Verlag Österreich 1996.

TANZER, MICHAEL, Das „Analogieverbot" im Steuerrecht – Eine Wertbetrachtung auf der Grundlage des kritischen Rechtspositivismus, StuW 1981, S. 201-219.

TAUCHER, OTTO, Steuerliche Probleme bei Erbvereinbarungen und Erbauseinandersetzung, S. 927-1006; in: Handbuch der Familienverträge: Zivilrechtliche, steuerrechtliche und sozialrechtliche Folgen von Vereinbarungen zwischen Angehörigen (Hrsg.: Ruppe, Hans Georg); 2. Auflage; Wien: Orac 1985. (zitiert: Taucher, Hdb Familienverträge)

TAUCHER, OTTO, Der Erbfall im Steuerrecht, ÖGWT 1986, S. 27-30.

TAUCHER, OTTO, Internationale Erbschaften, Die zivil- und erbschaftssteuerrechtlichen Konsequenzen bei Nachlasserwerben im Ausland bzw. durch Ausländer; in: Veröffentlichungen des Ludwig Boltzmann-Institutes für Rechtsvorsorge und Urkundenwesen Band V; Wien: Manz 1987.

TAUCHER, OTTO, Erbgang und Verkehrsteuern, NZ 1991, S. 212ff. (BKA/RIS Rechtsdatenbank: Dokumentennummer LI0920032044)

TAUCHER, OTTO, Erbschaftsschenkung – Neue Rechtsprechung des VwGH, NZ 1992, S. 285ff. (BKA/RIS Rechtsdatenbank: Dokumentennummer LI09200 41349)

TAUCHER, OTTO, Personen- und Kapitalgesellschaftsverträge mit "Buchwertklauseln"- Erbschafts- und schenkungssteuerliche Betrachtung, GesRZ 1996, S. 80-85.

TAUCHER, OTTO, Unternehmensnachfolge aus steuerlicher Sicht, S. 9-37; in: Unternehmensnachfolge durch Erben und Vererben (Hrsg.: Bertl, Romuald; Mandl, Dieter; Mandl, Gerwald; Ruppe, Hans Georg); Wien: Orac 1996. (zitiert: Taucher, Unternehmensnachfolge 1996)

TAUCHER, OTTO, Reform der Erbschafts- und Schenkungsbesteuerung, S. 437-453; in: Steuern in Österreich, Gestern-heute-morgen, Festschrift des Fachsenats für Steuerrecht zum 50-Jahr-Jubiläum der Kammer der Wirtschaftstreuhänder (Hrsg.: Heidinger, Gerald; Bruckner, Karl E.); Wien: Orac 1998. (zitiert: Taucher, Steuern Österreich)

TAUCHER, OTTO, Abfindung des Pflichtteilsberechtigten mit endbesteuertem Vermögen, NZ 1999, S. 230-234.

TAUCHER, OTTO, Reichweite der Befreiung gem. § 15 Abs 1 Z 17 ErbStG – VfGH gegen VwGH, NZ 1999, S. 325-332

TAUCHER, OTTO , Disposition über erbrechtliche Ansprüche, NZ 2001, S. 117-129.

TAUCHER, OTTO, Zusammenrechnung mehrerer Erwerbe (§ 11 ErbStG) Änderung der Verhältnisse bzw. Rechtslage während des Zusammenrechnungszeitraums, NZ 2002, S. 129-136.

TAUCHER, OTTO, Anteile an Kapital- und Personengesellschaften im nationalen und internationalen Erbschafts- und Schenkungssteuerrecht, SWI 2003, S. 408-421.

TERPLITZ, JULIA, Die erbschaftsteuerliche Behandlung qualifizierter Nachfolgeklauseln, ZEV 1999, S. 45-49.

THOMANETZ, WALTER, Privates Sicherungskapitel und Endbesteuerungsbegünstigung gemäß § 15 Abs. 1 Z 17 ErbStG - Die Besicherung betrieblicher Verbindlichkeiten mit endbesteuertem Kapitalvermögen ist nicht begünstigungsschädlich, SWK 1999, S. 296-299.

THÖMMES, OTMAR, Steuerliche Folgen des Wohnsitzwechsels von Deutschland nach Österreich, S. 213-237; in: Österreich - Der steuerrechtliche EU-Nachbar - Die Besteuerung wirtschaftlicher Aktivitäten in Österreich (Hrsg.: Gassner, Wolfgang; Lang, Michael; Lechner, Eduard); Wedit/ Exinger: Wien 1995. (zitiert: Thömmes, Österreich EU-Nachbar)

THORMANN, ALOIS, Die Einheitsbewertung des Betriebsvermögens – Bewertung und Ermittlung in Theorie und Praxis; Wien: Linde 1981.

THOUET, HORST/ THOUET, PHILIPP Maßgeblichkeit des niedrigeren Verkehrswertes des Betriebsvermögens im Erbschaftsteuerrecht?, UVR 1998, S. 307-310.

TIEDAU, ERWIN, Gesellschaftsrechtliche Nachfolge im Verhältnis zum Erbrecht und zum neuen ehelichen Güterrecht, MDR 1957, S. 641-646.

TIEDEMANN, ANDREA, Die Rechtswahl im deutschen Internationalen Erbrecht, RabelZ 55 (1991), S. 17-38.

TIEDEMANN, ANDREA, Internationales Erbrecht in Deutschland und Lateinamerika; in: Studien zum ausländischen und internationalen Privatrecht Band 34; Tübingen: Mohr 1993.

TIEDTKE, KLAUS/ WÄLZHOLZ, ECKHARD, Ausschlagung einer Erbschaft gegen Zahlung einer Abfindung und Erbschaftskauf als Veräußerungsgeschäfte i.S. des § 23 EStG, BB 2001, S. 234-239.

TIMM, H., Entwicklung in Theorie und Praxis der Erbschaftsteuer während der letzten hundert Jahre, FinArch 42 (1984), S. 552-576.

TIPKE, KLAUS, Verständigungsverfahren: Rechtsanspruch auf Beseitigung der Folgen einer Doppelbesteuerung oder bloßer Rechtsreflex?, AWD 1972, S. 589-593.

TIPKE, KLAUS, Über teleologische Auslegung, Lückenfeststellung und Lückenausfüllung, S. 130-150; in: Der Bundesfinanzhof und seine Rechtsprechung Grundfragen - Grundlagen, Festschrift für Hugo von Wallis zum 75. Geburtstag am 12. April 1985 (Hrsg.: Klein, Franz; Vogel, Klaus); Bonn: Stollfuss 1985. (zitiert: Tipke, FS von Wallis)

TIPKE, KLAUS, Die Steuerrechtsordnung, Band II: Steuerrechtfertigungstheorie, Anwendung auf alle Steuerarten, sachgerechtes Steuersystem; 2. Auflage; Köln: Otto Schmidt 2003. (zitiert: Tipke, Steuerrechtsordnung II)

TIPKE, KLAUS/ KRUSE, HEINRICH-WILHELM, Abgabenordnung, Finanzgerichtsordnung: Kommentar zur AO und FGO (ohne Steuerstrafrecht), Band 1: §§ 1-154 AO; Stand: März 2004; Köln: Otto Schmidt 2004. (zitiert: Tipke/ Kruse- Bearbeiter, AO)

TIPKE, KLAUS/ LANG, JOACHIM, Steuerrecht; 17. Auflage; Köln: Otto Schmidt 2002. (zitiert: Tipke/Lang-Bearbeiter)

TISSOT, MICHAEL, Besteuerung ausländischer Kapitaleinkünfte verfasssungs- und EU-konform, RdW 2003, S. 588ff. (BKA/RIS Rechtsdatenbank: Dokumentennummer LI03112000018)

TOIFL, GERALD, Das Netz der österreichischen Doppelbesteuerungsabkommen, S. 161-184; in: Österreich - Der steuerrechtliche EU-Nachbar - Die Besteuerung wirtschaftlicher Aktivitäten in Österreich (Hrsg.: Gassner, Wolfgang; Lang, Michael; Lechner, Eduard); Wedit/Exinger: Wien 1995. (zitiert: Toifl, Österreich EU-Nachbar)

TOIFL, GERALD, Ausländische Schulden und österreichische DBA auf dem Gebiet des Erbschaftsteuerrechts, SWI 1995, S. 349-351.

TOIFL, GERALD, Die Methoden zur Vermeidung der Doppelbesteuerung im Erbschaftsteuerrecht, S. 387-438; in: Die Methoden zur Vermeidung der Doppelbesteuerung: Anrechnungs- und Befreiungsmethode (Hrsg.: Gassner, Wolfgang; Lang, Michael; Lechner, Eduard); Wien: Linde 1995. (zitiert: Toifl, Methoden zur Vermeidung der Doppelbesteuerung)

TORGGLER, HELLWIG, Erbsausschlagung und Erbschaftssteuer, ÖStZ 1969, S. 140-141.

TROLL, MAX, Zur Wertermittlung von OHG- und KG-Anteilen bei der Erbschaftsteuer, BB 1990, S. 674-682.

TROLL, MAX/ HALACZINSKY, RAYMOND/ TESS, WOLFGANG, Bewertungsgesetz, Kommentar; Stand: März 2004; München: Franz Vahlen 2004. (zitiert: Rössler/Troll, BewG)

TROMPETER, FRANK, Die Wahl unterschiedlicher Kapitalanlageformen als Instrument der inter-nationalen Erbschaftsteuerplanung, S. 1383-1411; in: Handbuch der internationalen Steuerplanung, (Hrsg.: Grotherr, Siegfried);

Herne (u.a.): Verlag Neue Wirtschafts-Briefe 2000. (zitiert: Trompeter, Hdb internationale Steuerplanung)

TUMPEL, MICHAEL, Unterbeteiligung und Mitunternehmerschaft, ecolex 1991, S. 811-813.

TUMPEL, MICHAEL, Die Beteiligung an einer Personengesellschaft als Betriebsstätte des Gesellschafters, S. 145-155; in: Die Betriebsstätte im Recht der Doppelbesteuerungsabkommen: Voraussetzungen der Besteuerung von Unternehmensgewinn im Quellenstaat (Hrsg.: Gassner, Wolfgang; Lang, Michael; Lechner Eduard): Wien: Linde 1998. (zitiert: Tumpel, Betriebsstätte im Recht der DBA)

TUMPEL, MICHAEL, Endbesteuerung von Zinsen und Kapitalverkehrsfreiheit, S. 63-92; in: Kapitalverkehrsfreiheit und Steuerrecht: Eine Analyse des österreichischen Steuerrechts vor dem Hintergrund der Kapitalverkehrsfreiheit des EG-Rechts (Hrsg.: Lechner, Eduard; Staringer, Claus; Tumpel, Michael); Wien: Linde 1999. (zitiert: Tumpel, Kapitalverkehrsfreiheit und Steuerrecht)

TUMPEL, MICHAEL, Die europarechtlichen Vorgaben für eine Reform der Erbschafts- und Schenkungssteuer, SWI 2000, S. 27-36.

TWAROCH, ALFRED/ WITTMANN, RUDOLF (U.A.), Kommentar zum Bewertungsgesetz; 2. Auflage; Wien: Orac 2003. (zitiert: Twaroch/Wittmann, BewG)

ULMER, PETER, Gesellschafternachfolge und Erbrecht, ZGR 1972, S. 195-222.

ULMER, PETER, Die Sonderzuordnung eines vererbten OHG-Anteils: Zum Einfluss von Testamentsvollstreckung, Nachlassverwaltung und Nachlasskonkurs auf die Gesellschaftsbeteiligung, S. 75-104; in: Gesellschaftsrecht und Unternehmensrecht: Festschrift für Wolfgang Schilling zum 65. Geburtstag am 5. Juni 1973 (Hrsg.: Fischer, Robert; Hefermehl, Wolfgang); Berlin (u.a.): de Gryter 1973. (zitiert: Ulmer, FS Schilling)

ULMER, PETER, Zur Gesellschafternachfolge im Todesfall, BB 1977, S. 805-808.

ULMER, PETER, Wirksamkeitsschranken gesellschaftsvertraglicher Abfindungsklauseln, NJW 1979, S. 81-86.

ULMER, PETER, Nachlasszugehörigkeit vererbter Personengesellschaftsbeteiligungen?, NJW 1984, S. 1496-1502.

ULMER, PETER, Anmerkungen zu BGH JZ 1987, 880, JZ 1987, S. 881-883.

ULMER, PETER, Abfindungsklauseln in Personengesellschafts- und GmbH-Verträgen - Plädoyer für die Ertragswertklausel, S. 477-503; in: Festschrift für Karlheinz Quack zum 65. Geburtstag am 3. Januar 1991 (Hrsg.: Westermann, Harm Peter); Berlin: de Gryter 1991. (zitiert: Ulmer, FS Quack)

ULMER, PETER, Die Gesamthandsgesellschaft - ein noch immer unbekanntes Wesen?, AcP 198 (1998), S. 113-151.

ULMER, PETER/ SCHÄFER, CARSTEN, Die rechtliche Beurteilung vertraglicher Abfindungsbeschränkungen bei nachträglich eintretendem groben Missverhältnis – Besprechung der Entscheidung BGHZ 123, 281, ZGR 1995, S. 134-155.

Ulmer, Peter/ Schäfer, Carsten, Die Zugriffsmöglichkeiten der Nachlaß- und Privatgläubiger auf den durch Sondervererbung übergegangenen Anteil an einer Personengesellschaft, ZHR 160 (1996), S. 413-442.

Urban, Christian, Unentgeltliche Übertragung und gemischte Schenkung eines Einzelunternehmers unter Berücksichtigung der Steuerreform 2000, FJ 2000, S. 3-5.

Urnik, Sabine, Der Effektivsteuertarif der Erbschaftsteuer – Eine kritische Analyse des Tariftyps und Reformvorschlag, ÖStZ 2002, S. 180-184.

Urnik, Sabine, Die Neukonzeption der österreichischen Erbschaftssteuer - Ein Vorschlag für den Gesetzgeber; Wien: LexisNexis Verlag 2002.

Urtz, Christoph, Das Verhältnis § 48 BAO und § 6 Abs. 3 ErbStG, SWI 1996, S. 539-544.

Urtz, Christoph, Anmerkung zu VwGH, Erkenntnis vom 27.1.1999, 98/16/0028, AnwBl 1999, S. 645-647.

Viskorf, Hermann-Ulrich, Erbschaft- und Schenkungsteuer bei Tod oder Ausscheiden eines Gesellschafters aus einer Gesellschaft – BFH-Urt. v. 1.7.1992-II R 12/90 und II R 20/90 (BStBl II S. 925 und S. 912), NWB Fach 10, S. 655-658.

Viskorf, Hermann-Ulrich, Anmerkung zu BFH Urteil v. 6.6.2001- II R76/99, FR 2001, S. 967.

Viskorf, Hermann-Ulrich/ Glier, Josef/ Knobel, Wolfgang, Bewertungsgesetz; 4. Auflage; Herne (u.a.): Verlag Neue Wirtschafts-Briefe 1998. (zitiert: Viskorf/Glier/Knobel, BewG)

Viskorf, Hermann-Ulrich/ Glier, Josef/ Hübner, Heinrich/ Knobel, Wolfgang/ Schuck, Stephan, Erbschaftsteuer- und Schenkungsteuergesetz, Bewertungsgesetz (Auszug), Kommentar; 2. Auflage; Herne (u.a.): Verlag Neue Wirtschafts-Briefe 2004. (zitiert: V/G/H/K/S-Bearbeiter)

Vock, Martin, Sparbücher: Übertragung und steuerliche Behandlung, ÖStZ 2000, S. 690-692.

Vocke, Wilhelm, Die Grundzüge der Finanzwissenschaft: zur Einführung in das Studium der Finanzwissenschaft; Leipzig: Hirschfeld 1894.

Vogel, Klaus, Doppelbesteuerungsabkommen und ihre Auslegung (I), StuW 1982, S. 111-124.

Vogel, Klaus (Hrsg.)/Lehner, Moris (Begr.), Doppelbesteuerungsabkommen der Bundesrepublik Deutschland auf dem Gebiet der Steuern vom Einkommen und Vermögen; 4. Auflage; München: Beck 2003. (zitiert: Vogel/ Lehner-Bearbeiter, DBA)

Vogt, Hans, Anmerkung zu BFH v. 24.10.2001, II R 61/99, ZEV 2001, S. 505, ZEV 2001, S. 508-508.

Völkers, Heinrich/ Hilgenhövel, Jens, Erbfolge in Betriebsvermögen: Zivilrechtliche Probleme bei der Zuweisung des Freibetrags gem. § 13a Abs. 1 S. 1 ErbStG, ZEV 1997, S. 141-146.

Vyas, Sandra, Der Schutzbereich der Erbrechtsgarantie, ZEV 2002, S. 1-5.

Wachter, Thomas, Anmerkung zu FG Berlin, Urteil vom 4.6.2002, 5 K 5042/00, ZEV 2003, S. 37-39, ZEV 2003, S. 39-40.

Wachter, Thomas, Rechtswahl bei Erbfällen mit Auslandsbezug: Zulässigkeit und Grenzen, ErbStB 2003, S. 298-301.

Wachter, Thomas, Besonderheiten bei der Vererbung von Wohneigentum in Österreich, ZErb 2003, S. 306-312.

Wachter, Thomas, Beschränkte Erbschaftsteuerpflicht, Grundlagen und ein ABC des Inlandsvermögens, ErbStB 2004, S. 25-27.

Wachter, Thomas, Heimliche Erhöhung der Erbschaft- und Schenkungsteuer, DB 2004, S. 31-32.

Wachter, Thomas, Erbausschlagung als steuerliches Gestaltungsinstrument, ZNotP 2004, S. 176-190.

Wachter, Thomas, Erbschaftsteueroptimierung nach Eintritt des Erbanfalls, Teil I: Zivilrechtliche Aspekte der Erbschaftsausschlagung, ErbStB 2004, S. 218-222.

Wachter, Thomas, Freibeträge bei beschränkter Erbschaftsteuerpflicht und europäische Kapitalverkehrsfreiheit, IStR 2004, S. 361-367.

Wachter, Thomas, Anmerkung zu FG Berlin v. 9.9.2003, 5 K 5035/02, ZEV 2004, S. 387-388.

Wachter, Thomas, Das Erbschaftsteuerrecht auf dem Prüfstand des Europäischen Gerichtshofs, Zugleich Anmerkung zu EuGH, Urteil vom 11.12.2003, Rs. C-364/01, IStR 2004, S. 540-543.

Wachter, Thomas, Verfassungsmäßigkeit des Haushaltbegleitgesetzes 2004 – Anmerkungen zum BMF-Schreiben vom 12.3.2004 IV D 2 – S 0338 – 13/04, DB 2004, S. 780-782.

Wacke, A., Der Tote erbt den Lebendigen. Le morte saisit le vif, JA 1982, S. 242-243.

Wacker, Roland/ Franz, Roland, Zur ertragsteuerlichen Behandlung der Erbengemeinschaft und ihrer Auseinandersetzung, BB 1993, Beilage 5 zu Heft 1993, S. 1-35. (zitiert: Wacker/Franz, BB 1993, Beilage 5/1993)

Wacker, Wilhelm H., Erbschaftsteuersysteme in den EG-Ländern (einschließlich Portugal und Spanien), intertax 1985, S. 60-70.

Wacker, Wilhelm H., Internationale Besteuerung von Schenkungs- und Erbfällen, IStR 1998, S. 32-43.

Wagner, Franz, Der Grundsatz der Selbstentscheidung bei Errichtung letztwilliger Verfügungen – eine gesetzgeberische Unentschlossenheit?; in: Schriften zum Bürgerlichen Recht Band 198; Berlin: Duncker & Humblot 1997.

Wagner, Klaus-R., Grenzen des Richterrechts, NJW 1981, S. 316-320.

Wahle, Karl, Gesellschaftsvertrag und Erbrecht bei der oHG, JBl 1966, S. 337-344.

Walter, Hans Edlef, Die sog. „isolierende Betrachtungsweise" bei der Bestimmung der inländischen Einkünfte und des Inlandsvermögens der Ausländer; Dissertation; Heidelberg: 1977.

Walter, Thomas, Erbquoten: Abweichende Erbübereinkommen schenkungssteuerpflichtig?, RdW 2000, S. 510-512.

Wälzholz, Eckhard, Vertragsgestaltungen zur Ausnutzung der steuerlichen Grundbesitzwerte, ZEV 2001, S. 392-395.

Wangler, Clemens, Abfindungsregelungen in Gesellschaftsverträgen: Rechtsgrundlagen-Ökonomische Analyse-Steuerliche Einflüsse; 2. Auflage; Bielefeld: Erich Schmidt 2003.

Wassermeyer, Franz, Die Auslegung von Doppelbesteuerungsabkommen durch den Bundesfinanzhof, StuW 1990, S. 404-412.

Wassermeyer, Franz, Das Fehlen von Erbschaftsteuer-Doppelbesteuerungsabkommen innerhalb der EU, EuZW 1995, S. 813.

Wassermeyer, Franz, Die Vermeidung der Doppelbesteuerung im Europäischen Binnenmarkt, DStJG 19 (1996), S. 151-165.

Wassermeyer, Franz/ Piltz, Detlev Jürgen (Hrsg.), Außensteuerrecht: Kommentar, Flick; Wassermeyer; Baumhoff; Stand: Oktober 2003; Köln: Otto Schmidt 2003. (zitiert: Flick/Wassermeyer/Baumhoff, AStG)

Wassermeyer, Wolf, Das US-amerikanische Erbschaft- und Schenkungsteuerrecht; in: Internationales Erbschaftsteuerrecht und Nachlassplanung Band 1; Köln: Otto Schmidt 1996.

Watrin, Christoph, Erbschaftsteuerplanung internationaler Familienunternehmen; Düsseldorf: IDW-Verlag 1997.

Watzl, Marlies, Das Vorausvermächtnis des Wohnrechts, JBl 1992, S. 613-625.

Weber, Markus, Die Besteuerung von Nießbrauch und Nutzniessung in deutsch-schweizerischen Erb- und Schenkungsfällen, Erbschaft- und Schenkungsteuer bei der Übertragung unternehmerisch gebundenen Vermögens, in: Europäische Hochschulschriften Reihe 2 Rechtswissenschaft Band 3390; Wien (u.a.): Lang 2002.

Weber-Fas, Rudolf, Staatsverträge im Internationalen Steuerrecht: Zur Rechtsnatur, Geschichte und Funktion der deutschen Doppelbesteuerungsabkommen; Tübingen: Mohr Siebeck 1982.

Weber-Grellert, Heinrich, Auf den Schultern von Larenz: Demokratisch-rechtstaatliche Rechtsanwendung und Rechtsfortbildung im Steuerrecht, DStR 1991, S. 438-445.

Weinmann, Norbert, Steuerbefreiung für den Erwerb von Betriebsvermögen im ErbStG durch das Standortsicherungsgesetz, DStR 1993, S. 1237-1242.

Weinmann, Norbert, Zusammenrechnung mehrerer Erwerbe nach § 14 ErbStG i.d. Fassung des JStG 1997, ZEV 1997, S. 185-190.

Weinmann, Norbert, Grundstücksbewertung für Erbschaftsteuerzwecke unter Berücksichtigung der gleichlautenden Ländererlässe, ZEV 1997, S. 359-369.

Weinmann, Norbert, Auswirkungen ertragsteuerlicher Änderungen im Steuerentlastungsgesetz 1999/2000/2002 auf die erbschaftsteuerliche Bewertung des Betriebsvermögens, ZEV 1999, S. 176-179.

Weinmann, Norbert, Betriebsvermögen von Personengesellschaften und seine Aufteilung auf die Gesellschaft - Änderung von § 97 Abs. 1 Nr. 5 und Abs. 1a BewG durch das StÄndG 2001, ZEV 2002, S. 49-50.

Weipert, Lutz, Die Mitgliedschaft zur gesamten Hand in Personengesellschaften, Abschied von der Sondererbfolge, S. 439-448; in: Festschrift für Gerold Bezzenberger zum 70. Geburtstag am 13. März 2000: Rechtsanwalt und Notar im Wirtschaftsleben (Hrsg: Westermann, Harm Peter; Mock, Klaus); Berlin (u.a.): de Gruyter 2000. (zitiert: Weipert, FS Bezzenberger)

Weipert, Lutz, Die Erbengemeinschaft als Mitglied der Personengesellschaft, ZEV 2002, S. 300-304.

Weirich, Hans-Armin, Erben und Vererben: Handbuch des Erbrechts und der vorweggenommenen Erbfolge; 5. Auflage, Herne (u.a.): Verlag Neue Wirtschafts-Briefe 2004.

Weithase, Franz, Geltungsvermerke im allgemeinen Erbschein, Rpfleger 1985, S. 267-271.

Wellhöfer, Werner, Ausscheiden eines Gesellschafters in der Gesellschaftspraxis, GmbHR 1994, S. 212-223.

Welling, Berthold/ Richter, Andreas, 2. Berliner Steuergespräch: „Die Bewertungstatbestände der Erbschaftsteuer auf dem verfassungsrechtlichen Prüfstand“, StB 2002, S. 353-357.

Welling, Bertold/Richter, Andreas, Die Erbschaftsteuer auf dem verfassungsrechtlichen Prüfstand, BB 2002, S. 2305-2311.

Welser, Rudolf, Die Erbrechtsreform 1989, NZ 1990, S. 137-143.

Wendt, Rudolf, Die Bewertung nicht notierter Anteile an Kapitalgesellschaften und das Stichtagsprinzip im Erbschaftsteuerrecht, StuW 1987, S. 18-34.

Wendt, Rudolf, Kommentar zu BFH v. 18.3.2003, XI R 18/02, FR 2004, 209-212.

Weninger, Rudolf, Die aktuelle Praxis des Bundesministers für Finanzen bei der Anwendung des § 48 BAO, SWI 1999, S. 204-211.

Werkmüller, Maximilian A., Die inländische Holdinggesellschaft als Vehikel zur rechtlichen und steuerlichen Optimierung der Vermögensnachfolge, ZEV 2004, S. 365-367.

Wernsmann, Rainer, Zur Vorläufigkeit der Tarifbegrenzung des § 32c EStG nach Art. 100 Abs. 1 GG, Gleichheitswidrige Gesetze als Gegenstand der konkreten Normenkontrolle, FR 1999, S. 242-248.

Wernsmann, Rainer, Das gleichheitswidrige Steuergesetz- Rechtsfolgen und Rechtschutz; in: Münsterische Beiträge zur Rechtswissenschaft Band 128; Berlin: Duncker & Humboldt 2000.

Weser, Sabine/ Saalfrank, Valentin, „Formfreier Grundstückserwerb durch Miterben, NJW 2003, S. 2937-2940.

Westermann, Harm Peter, Kautelarjurisprudenz, Rechtsprechung und Gesetzgebung im Spannungsfeld zwischen Gesellschafts- und Wirtschaftsrecht, AcP 175 (1975), S. 375-425.

Westermann, Harm Peter, Die höchstrichterliche Regelung der Erbfolge in Beteiligungen an Personengesellschaften, JuS 1979, S. 761-770.

Westermann, Harm Peter (Hrsg), Handbuch der Personengesellschaften. Gesellschaftsrecht, Steuerrecht, Arbeitsrecht, Sozialversicherungsrecht, Stand: August 2003, Köln: Otto Schmidt 2003. (zitiert: Westermann-Bearbeiter, Hdb PG)

Westermann, Harm Peter (Hrsg.), Erman Bürgerliches Gesetzbuch: Handkommentar mit EGBGB, ErbbauVO, HausratsVO, LPartG, ProdHaftG, UKlaG, VAHG und WEG, Band 1; 11. Auflage, Köln: Otto Schmidt 2004. (zitiert: Erman-Bearbeiter)

Westermann, Harm Peter (Hrsg.), Erman Bürgerliches Gesetzbuch: Handkommentar mit EGBGB, ErbbauVO, HausratsVO, LPartG, ProdHaftG, UKlaG, VAHG und WEG, Band 2; 11. Auflage, Köln: Otto Schmidt 2004. (zitiert: Erman-Bearbeiter)

Wiedemann, Herbert, Die Übertragung und Vererbung von Mitgliedschaftsrechten bei Handelsgesellschaften; München: Beck 1965.

Wiedemann, Herbert, Beschränkte und unbeschränkte Kommanditistenhaftung, S. 1037-1056; in: Recht und Wirtschaft in Geschichte und Gegenwart: Festschrift für Johannes Bärmann zum 70. Geburtstag (Hrsg.: Lutter, Marcus (u.a.)), München: Beck 1975.(zitiert: Wiedemann, FS Bärmann)

Wiedemann, Herbert, Zum Stand der Vererbungslehre in der Personengesellschaft, S. 1309-1327; in: Festschrift für Bernhard Großfeld zum 65. Geburtstag (Hrsg.: Hübner, Ulrich/Ebke, Werner F.); Heidelberg: Verlag Recht und Wirtschaft 1999. (zitiert: Wiedemann, FS Großfeld)

Wiesner, Werner/ Atzmüller, Martin/ Grabner, Roland/ Leitner, Norbert/ Wanke, Rudolf, Einkommensteuergesetz EStG 1988 mit ausführlichen Erläuterungen und wichtigen Nebengesetzen; Stand: 1.3.2004; Wien: Manz 2004. (zitiert: W/A/G/L/W, EStG)

Wilms, Heinrich, Erbschaft- und Schenkungsteuergesetz, Kommentar; Stand: Juni 2004; Bonn: Stollfuss 2004. (zitiert: Wilms-Bearbeiter, ErbStG)

WINGERT, KARL-DIETER/ KRAUSE, MICHAEL, Handkommentar der wichtigsten DBA; Herne (u.a.): Verlag Neue Wirtschafts-Briefe 1993. (zitiert: Wingert/Krause, DBA)

WINKLER VON MOHRENFELS, PETER, Forderungserlaß im Wege der Schenkung von Todes wegen (zu OLG Karlsruhe, 15.12.1987- 18U 8/87), IPRax 1991, S. 237-241.

WINZER, WILHELM, Änderungen im Erbschafts- und Schenkungssteuergesetz, SWK 2003, S. 1178-1181.

WIRNER, HELMUT, „le mort saisit le vif" oder „hereditas iacens"- Eine Grundsatzfrage bei der Abwicklung österreichisch-deutscher Erbfälle, S. 981-993; in: Festschrift für Schippel zum 65. Geburtstag (Hrsg.: Bundesnotarkammer); München: Beck 1996. (zitiert: Wirner, FS Schippel)

WITTHOFF, EBERHARD, Die Vererbung deutscher Personengesellschaften im internationalen Privatrecht; in: Europäische Hochschulschriften Reihe 2 Rechtswissenschaft Band 1343; Frankfurt a.M. (u.a..): Lang 1993.

WITTMANN, RUDOLF, Über Betriebsgrundstücke, Teil 1, ÖStZ 1986, S. 133-134.

WITTMANN, RUDOLF, Neuregelung der Bewertung von Grundbesitz für die Erbschaftsteuer ab 1.Januar 1996, BB 1997, S. 548-551.

WOCHNER, MANFRED, Gesamtstatut und Einzelstatut: Zur Auslegung des Art. 28 EGBGB unter besonderer Berücksichtigung der Entstehungsgeschichte, S. 161-184; in: Rechtswissenschaft und Gesetzgebung: Festschrift für Eduard Wahl (Hrsg.: Müller, Klaus; Soell, Hermann); Heidelberg: Universitätsverlag Heidelberg 1973. (zitiert: Wochner, FS Wahl)

WOERNER, LOTHAR, Die Steuerrechtsprechung zwischen Gesetzeskonkretisierung, Gesetzesfortbildung und Gesetzeskorrektur, DStJG 5 (1982), S. 23-51.

WOERNER, LOTHAR, Verfassungsrecht und Methodenlehre im Steuerrecht - Auf den Spuren von Heinrich Beisse, FR 1992, S. 226-233.

WOHLSCHLEGEL, HANSPETER, Personengesellschaften als Erwerber im Erbschaft- und Schenkungsteuerrecht, ZEV 1995, S. 94-98.

WÖHRLE, WINFRIED/ SCHELLE, DIETHER/ GROSS, EKKEHARD (HRSG.), Aussensteuergesetz, Kommentar; Stand: Dezember 2002; Stuttgart: Schäffer-Poeschel 2002. (zitiert: Wöhrle/Schelle/Gross, AStG)

WÖHRMANN, OTTO, Fragen aus der Praxis, RdL 1969, S. 138-140.

WOLF, ERICH, Der neue Freibetrag im Erbschafts- und Schenkungssteuergesetz: Unentgeltliche Vermögensübertragungen werden erleichtert, SWK 1999, S. 1150-1157.

WOLF, ERICH, Die Besteuerung von Betriebsübertragungen, S. 62-145; in: SWK-Sonderheft: Betriebsübertragungen in Theorie und Praxis (Hrsg.: Wolf, Erich); Linde: Wien 2000. (zitiert: Wolf, Betriebsübertragungen)

WOLF, ERICH, Steuerliche Änderungen für Betriebsübertragungen: Rahmenbedingungen durch das Budgetbegeleitungsgesetz 2001 und Kapitalmarktoffensive-Gesetz seit 1.1.2001 geändert, SWK 2001, S. 103-110.

WOLF, ERICH, Unternehmensnachfolge aus gesellschaftsrechtlicher und steuerrechtlicher Sicht, Ein Leitfaden für die Praxis unter besonderer Berücksichtigung von Familiengesellschaften; Wien: Manz 2002.

WOLF, MICHAEL, Die Begünstigung des Erwerbs von Betriebsvermögen und wesentlichen Beteiligungen nach § 13 Abs. 2 ErbStG unter Lebenden und von Todes wegen, S. 459-466; in: Steuerrecht und Gesellschaftsrecht als Gestaltungsaufgabe, Freundesgabe für Franz Josef Haas zur Vollendung des 70. Lebensjahres (Hrsg.: Crezelius, Georg; Raupach, Arndt; Schmidt Ludwig; Uelner, Adalbert); Herne (u.a.); Verlag Neue Wirtschafts-Briefe 1996. (zitiert: Wolf, FS Haas)

WOLFF, KARL, „Juristische Person" und aufgegebenes Grundstück: privatrechtliche Fragen unter rechtslogischen Gesichtspunkten; Wien: Perles 1927. (zitiert: Wolff, Grundstück)

WÜNSCH, HORST, Die Einlage bei OHG und KG I, GesRZ 1978, S. 1-8.

WÜNSCH, HORST, Die Einlage bei OHG und KG II, GesRZ 1978, S. 51-55.

ZEHETNER, ULF, Kapitalertragsteuer im Internationalen Steuerrecht: Steuerabzug und Rückerstattung der KESt aus innerstaatlicher, abkommensrechtlicher und europarechtlicher Sicht; in: Schriftenreihe zum Internationalen Steuerrecht Band 18; Wien: Linde 2001.

ZEHETNER, ULF, Die Methoden zur Vermeidung der Doppelbesteuerung im ErbSt-MA, S. 145-162; in: Erbschaftssteuern und Doppelbesteuerungsabkommen in: Schriftenreihe zum Internationalen Steuerrecht Band 21; Wien: Linde 2002. (zitiert: Zehetner, Erbschaftsteuern und DBA)

ZEMEN, HERBERT, Die gesetzliche Erbfolge nach der Familienrechtsreform; in: Wiener rechtswissenschaftliche Studien Band 18; Wien: Manz 1981.

ZEMEN, HERBERT, Zum Statut der gesetzlichen Erbfolge nach dem österreichischen IPR-Gesetz, ZfRvgl 1983 (24), S. 67-77.

ZEMEN, HERBERT, Anmerkung zu OGH v. 9.10.1986 8 Ob 534/86, ZfRvgl 1987 (28), S. 283-289.

ZEMEN, HERBERT, Die jüngste Rechtsprechung des Obersten Gerichtshofes auf dem Gebiet des Internationalen Erbrechts, ZfRvgl 1988 (29), S. 89-97.

ZEMEN, HERBERT, Das erbrechtliche Eintrittsrecht in der jüngeren Rechtsentwicklung, JBl 2004, S. 356-363.

ZIMMERMANN, RAINER, Einkommensteuerliche Risiken aus der Erbschaftsausschlagung gegen Abfindung, ZEV 2001, S. 5-8.

ZIPFEL, LARS, Unternehmensübertragungen im deutschen und internationalen Erbschaftsteuerrecht; 1. Auflage; München (u.a.): Oldenbourg 2001.

ZÖLLNER, WOLFGANG, Rechtssubjektivität von Personengesellschaften? S. 563-578; in: Festschrift für Joachim Gernhuber zum 70. Geburtstag (Hrsg.: Lange, Hermann (u.a.)); Tübingen: Mohr 1993. (zitiert: Zöllner, FS Gernhuber)

ZÖLLNER, WOLFGANG, Grundsatzüberlegungen zur umfassenden Umstrukturierbarkeit der Gesellschaftsformen nach dem Umwandlungsgesetz, S. 423-444; in: Festschrift für Carsten Peter Claussen zum 70.Geburtstag (Hrsg.: Martens, Klaus-Peter (u.a.)); Köln: Heymanns 1997. (zitiert: Zöllner, FS Claussen)

ZUNFT, Unklarheiten zu § 139 HGB, NJW 1957, S. 1129-1133.

FSC
www.fsc.org
MIX
Papier | Fördert
gute Waldnutzung
FSC® C083411

Kolibri 360 GmbH
Ferdinand-Jühlke-Straße 7
99095 Erfurt, Deutschland
produktsicherheit@kolibri360.de

Druck:
CPI Druckdienstleistungen GmbH
im Auftrag der
Kolibri 360 GmbH
Ferdinand-Jühlke-Str. 7
99095 Erfurt